Wilhelm Lübke

# Geschichte der Plastik von den ältesten Zeiten bis auf die Gegenwart

Zweiter Band

Wilhelm Lübke

**Geschichte der Plastik von den ältesten Zeiten bis auf die Gegenwart**
*Zweiter Band*

ISBN/EAN: 9783742808196

Hergestellt in Europa, USA, Kanada, Australien, Japan

Cover: Foto ©Thomas Meinert / pixelio.de

Manufactured and distributed by brebook publishing software
(www.brebook.com)

Wilhelm Lübke

# Geschichte der Plastik von den ältesten Zeiten bis auf die Gegenwart

# GESCHICHTE

DER

# PLASTIK

VON DEN ÄLTESTEN ZEITEN BIS AUF DIE GEGENWART

DARGESTELLT

VON

**DR. WILHELM LÜBKE**

PROFESSOR DER KUNSTGESCHICHTE AM POLYTECHNICUM IN STUTTGART.

ZWEITE

STARK VERMEHRTE UND VERBESSERTE AUFLAGE

**ZWEITER BAND.**

MIT 161 ILLUSTRATIONEN IN HOLZSCHNITT.

LEIPZIG 1871.

VERLAG VON E. A. SEEMANN.

# DRITTES KAPITEL.

## Nordische Bildnerei der frühgothischen Epoche.

Von 1200—1300.

Schon gegen Ende des zwölften Jahrhunderts lieſs ſich im geſammten Leben der abendländiſchen Völker der Beginn eines neuen Auſſchwunges bemerken. Das zu Ende gehende Zeitalter der Kreuzzüge hatte den Zuſtand der Nationen wie der Einzelnen durchgreiſend verändert. Der Kreis der Anſchauungen war erweitert, man hatte mit den Eigenheiten fremder Volkscharaktere ſich vertraut gemacht, von der Weltklugheit der Orientalen gelernt, überhaupt die Fähigkeit für eine ſchärfere Auffaſſung von Natur- und Menſchenleben bedeutend ausgebildet. Neben den Zügen der Kreuzheere, in denen das Ritterthum ſeine ideale Probezeit beſtand, hatte der Handel ſeine eigenen Wege gefunden, und mit dem Auſſchwunge deſſelben ging die Entwicklung eines mächtigen Bürgerthumes, das nach Freiheit und Unabhängigkeit ſtrebte, Hand in Hand. Bis dahin waren die abendländiſchen Völker Kindern zu vergleichen, welche in ſtrenger klöſterlicher Zucht gehalten, ſich bald ſchüchtern fügen, bald in unbändigem Trotz die Schranken überſpringen; bald in angelernten Künſten und Wiſſenſchaften ſich unſelbſtändig bewegen, bald in unbeholfenen Wendungen des unausgebildeten eigenen Naturgefühles ſich zu äuſsern verſuchen. Aber die Zeit der groſsen Völkerbewegungen in den Kreuzzügen hatte die bis dahin Unmündigen raſch gereiſt, und mit dem Beginn des dreizehnten Jahrhunderts bricht nun, wie über Nacht der Lenz erſcheint, mit einem Male glänzend, in tauſendfachen jungen Trieben hervor, was im Verborgenen herangereiſt war: nach langer ſtarrer Winternacht der Völkerfrühling der abendländiſchen Nationen. Geiſtiger Umſchwung.

Auch dieſer Lenz kommt im Geleit eines ganzen Chors von Sängern. Denn aus dem barbariſchen Mönchslatein arbeiten ſich überall die nationalen Sprachen hervor, die im Volke fortgelebt hatten, und erſt jetzt, da ein neuer Hauch der Empfindung ſie beſeelt, ſich ihrer eignen Schönheit, Kraft und Klangfülle bewuſst werden. Was an Sagenſchätzen aus heidniſcher Vorzeit und aus chriſtlicher Ueberlieferung im Volke lebte, deſſen bemächtigen ſich jetzt die Dichter und laſſen es in kunſtvoll gebauten Strophen und klingenden Reimen ertönen. Die provenzaliſche Ritterſchaft macht darin den Anfang, und die nordfranzöſiſche folgt ihr: aber erſt im Gemüthe der deutſchen Sänger Poeſie.

erhalten die alten Stoffe ein tieferes Leben und eine neue Befeelung. Die kurze Zeitfpanne der beiden erften Decennien des dreizehnten Jahrhunderts umfafst die wunderfame Herrlichkeit einer Blüthe nationaler Dichtung, wie wir fie in ähnlicher Fülle erft fechs Jahrhunderte fpäter auf's Neue erleben follten. Hartmann von Aue weifs in die gefchmeidige Form feiner weichen Verfe felbft die unfchönen Stoffe barocker Sagen zu hüllen; Walther von der Vogelweide läfst neben fo vielen andern Sängern als Nachtigall des jungen Lenzes der Poefie feine innigen Lieder erfchallen; neben dem gedankenvollen Tieffinn, dem fittlichen Ernft Wolfram's, der in feinem Parzival ein Werk wunderfamer Myftik in die Luft baut, feiert Meifter Gottfried von Strafsburg in feinen kryftallenen Verfen kühn die Gewalt der Leidenfchaft, die im Sturme der tieferregten Sinnlichkeit alle Schranken überfluthet. Welchen Reichthum von Tönen fchlagen diefe Sänger an! Was irgend das Menfchenherz in Luft und Leid bewegt, das klingt aus ihren Dichtungen zu uns herüber. Wie feltfam contraftirt diefe überfprudelnde Beredtfamkeit der jugendlich begeifterten Poefie gegen die ftumme, wortkarge, oder noch unbeholfen und vereinzelt ftammelnde Weife der früheren Zeit. Und daneben erwachen die alten nationalen Heldenfagen zu neuem Leben, erhalten in der Dichtung der Nibelungen einen grofsartigen Abfchlufs, und felbft der naive Volkshumor findet in dem uralten Thierepos des Reinecke Fuchs feinen Ausdruck.

Was alfo das Chriftenthum faft ein halbes Jahrtaufend hindurch mühfam zurückgedrängt hatte, das alte germanifche Naturgefühl und die Freude an den gewaltigen Heldenfagen der Vorzeit, das fteht jetzt unaufhaltfam wieder auf, fordert und erhält von der Poefie ein neues Leben. Aber Eins war unwiederbringlich verloren gegangen: der urfprüngliche Zufammenhang der Götterlehre mit den nationalen Sagen und dem angeborenen Naturgefühl. Die chriftliche Religion hatte den Mittelpunkt, aus welchem die Sage ihr tieferes, volleres Leben fchöpfte, ausgemerzt und den nordifchen Völkern gleichfam ein neues Herz für das alte in die Bruft gefetzt. Als nun die Sagen der Urzeit wieder in die Poefie eindrangen, war ihnen die urfprüngliche Seele geraubt und fie mufsten nun in oft mühevoller und gezwungener Weife fich der inzwifchen herrfchend gewordenen chriftlichen Anfchauung anbequemen. Daher kam es, dafs unfer Volk kein nationales Epos im Sinne der Ilias und Odyffee hervorbringen konnte; daher kam es ferner, dafs die Sänger nicht für das ganze Volk dichteten, fondern nur für einen auserlefenen Kreis, für das höfifch gebildete Ritterthum. Und daher mufste die gefammte Poefie das Gepräge des Künftlichen erhalten, das nur zu bald in erkünfteltes, conventionelles Wefen ausartete.

Architektur. Denfelben glänzenden Auffchwung zeigt nun auch die Architektur. Das nordöftliche Frankreich, das im gefammten Culturleben damals mit Erfolg nach der Führerfchaft rang, ftellt in dem neuen gothifchen Styl eine Schöpfung hin, in welcher Kühnheit der Conftruction und Scharffinn der Berechnung fich mit glänzender Pracht und dem edlen Ausdruck einer begeifterten Empfindung verfchmelzen. Mit diefer Wendung geht die Baukunft völlig in die Hände der Laien, der bürgerlichen Meifter über. Aber der ritterliche Geift der Epoche befeuert auch ihre Phantafie, und das gefteigerte kirchliche Leben, die fchwungvollere religiöse Empfindung geben ihren Werken einen seelenvolleren Hauch. Dies Alles vermochte aber nur durch eine reichere Anwendung und höhere Entwicklung der Plastik sich auszusprechen. Daher sehen wir nun in den Portalen und den Vorhallen, aber auch an anderen Stellen, in den Galerien der Façaden, den Baldachinen der Strebepfeiler, den Wänden der Chorschranken die Architektur eifrig bemüht, aus der bisherigen Knappheit zu breiteren Anordnungen überzugehen und der Schwesterkunst eine freiere Stätte zu bereiten. Architektur und Plastik, von denselben Künstlern ausgeübt, zeigen nun wieder eine Wechselbeziehung und ein lebendiges Zusammenwirken, wie es seit der griechischen Blüthezeit nicht mehr erblickt worden war. Denn nicht in planloser Verwirrung, sondern in durchdachter Anordnung breitet die Plastik ihre Schöpfungen über den Körper des Bauwerkes aus. Dadurch wird den Bildwerken eine freiere Stellung gesichert, dadurch der Empfindung die Möglichkeit geboten, die Gestalten ganz zu durchdringen und in natürlichen Fluss zu setzen. Man erkennt bald, dass die Künstler sich ganz anders bewegen als die Meister der früheren Zeit. Sie schauen mit unbefangenem Blick in's Leben, das sie frisch und naiv aufzufassen suchen; sie machen ihre Studien nach der Natur und selbst nach der Antike, freilich meistens mehr nach der Erinnerung als nach der unmittelbaren Anschauung; sie sind empfänglich für den Ausdruck der Empfindung, welcher in den beweglichen Zügen des Antlitzes sich spiegelt. Alles das wissen sie treu aufzufassen und lebendig wiederzugeben, und wenn dabei ein gewisser Ausdruck der Befangenheit sich oft bemerklich macht, so hat derselbe den Reiz jugendlicher Schüchternheit, nicht mehr den Stempel kindischer Rohheit. Plastik.

Das vollständigste Bild von einem Künstler des dreizehnten Jahrhunderts ist uns in dem Skizzenbuche des *Villard von Honnecourt* erhalten, welches sich in der Bibliothek zu Paris befindet und kürzlich in musterhafter Weise veröffentlicht worden ist.*) Es giebt uns überraschenden Aufschluss über die Vielseitigkeit des Strebens, die Mannigfaltigkeit der Interessen, welche die damaligen Künstler bewegten. Villard ist vor Allem Architekt und hat als solcher nicht bloss in seiner Heimath ansehnliche Bauten auszuführen, sondern er wird sogar nach Ungarn gerufen, wo er längere Zeit verweilt. Er beschäftigt sich in seinem Skizzenbuche mit schwierigen technischen Problemen, giebt Anleitungen über Aufgaben der Mechanik und Construction und zeigt sich überall als scharfsinniger, denkender Künstler. Daneben versucht er sich, wetteifernd mit andern Meistern, im Entwerfen neuer, eigenthümlicher Grundriss-Combinationen, giebt Andeutungen über die Art, wie er gewisse Probleme bei der Ausführung im Bau begriffener Kirchen zu lösen gedenkt und studirt auf seinen Reisen die Monumente, welche ihm besonders auffallen. Die Art, wie er diese dann wiedergiebt, scheint dafür zu sprechen, dass er sowohl vor den Denkmälern selbst, als auch nachher aus der Erinnerung seine Zeichnungen zu entwerfen pflegte. Aber nicht geringeres Interesse nimmt er an den Werken der Plastik und Malerei. Sein Buch ist reich an mannigfachen Zeichnungen dieser Art, die er theils Villard von Honnecourt.

*) Album de Villard de Honnecourt, manuscrit publié en fac-simile par *Lassus*, mis au jour par *Alfred Darcel*. Paris 1858. 4°.

nach vorhandenen Kunſtwerken, theils nach eigener Anſchauung oder Erfindung entwirft. Manchmal glaubt man die Skizze eines Glasbildes, einer Miniatur, eines Wandgemäldes oder auch einer Statue zu erkennen. Die Apoſtel, der ſegnende Chriſtus, die Geſtalt der triumphirenden Kirche, die Figuren des Glücksrades, dann wieder ein Cruzifix, eine treffliche Compoſition der Kreuzabnahme, eine höchſt bewegte Darſtellung des Martertodes der h. Kosmas und Damianus, eine ergreifende Zeichnung des am Oelberg in Todesangſt hingeſunkenen Chriſtus und noch manch ähnliches Bild hat der alte Meiſter ſchlicht und anſpruchslos, aber mit lebendigem Gefühl in kräftigen Strichen dem Pergament ſeines Buches anvertraut. Bezeichnend iſt, daſs die Köpfe ihm nach Art der älteren Kunſt ziemlich gleichgiltig ſind, und daſs er ſich keine Mühe giebt, den Zügen Schönheit oder gar tieferen Ausdruck zu verleihen. Dagegen ſind die Bewegungen in hohem Grade ſprechend, die Geberden oft von erſchütternder Kraft, und dabei voll Anmuth und Hoheit. Darin aber ſteht er mit ſeiner Zeit auf beſonders hoher Stufe, die Gewänder reich anzuordnen und in edlem Faltenwurfe die Geſtalt und die Bewegung hervortreten zu laſſen. Und das beruht nicht etwa auf dunkler Empfindung, ſondern auf einem lebendigen Verſtändniſs der menſchlichen Geſtalt. Mehrmals (Taf. 21 und 42) giebt er Darſtellungen nackter männlicher Geſtalten, zwar ohne Anmuth und ſelbſt ohne tiefere Kenntniſs der Anatomie entworfen, aber von einer naturaliſtiſchen Schärfe, die von genauer Beobachtung des lebenden Modells zeugt. Daſs er die verſchiedenſten Thiere, als Bären, Schwan, Heuſchrecke Katze, Fliege, Libelle, Krebs, Haſen, Wildſchwein überaus naturgetreu wiedergiebt, mag nicht ſo erheblich ſein: aber daſs er mehrmals (Taf. 46 und 47) und anderswo den Löwen mit beſonderer Sorgfalt darſtellt und zweimal ausdrücklich dabei zu wiſſen thut, daſs er ihn nach dem Leben gezeichnet habe*), beweiſt, wie viel Werth er darauf legt, und daſs man damals das Zeichnen nach der Natur noch als etwas Ungewöhnliches, keineswegs als ſelbſtverſtändlich betrachtete. Der Umſtand, daſs der eifrige Künſtler das eine Mal in naiver Ausführlichkeit mittheilt, was man ihm von der Zähmung des Löwen erzählt hat, läſst errathen, daſs er ſein Studium in einer Menagerie gemacht. Und da ihm dort ein Stachelſchweinchen ebenfalls als Seltenheit aufgefallen iſt, ſo giebt er auf dem einen Blatte daſſelbe dem Löwen als Begleiter. Aber auch antiken Denkmälern, wo er ſolche findet, ſchenkt er ſeine Aufmerkſamkeit. So theilt er einmal (Taf. 10) die Abbildung eines antiken Grabmals mit, das er freilich für das Grab eines Sarazenen hält; auch hier vergiſst er nicht beizuſetzen, daſs er es ſelbſt geſehen habe**). Weiter findet ſich (Taf. 57) die Zeichnung eines mit einer Chlamys bekleideten Jünglings, welche auf eine antike Hermesſtatue hinweiſt. Ebenſo hat er zwei Tafeln (Taf. 51 u. 52) mit Kämpfen zwiſchen Menſchen und Löwen gefüllt, deren Original wohl in einem antiken Moſaik zu ſuchen iſt.

Lehre vom Figurenzeichnen.

Aber noch wichtiger wird das Buch Villard's für unſere Betrachtung durch mehrere Tafeln, auf denen er ausdrücklich Anleitung zum Figurenzeichnen zu

*) „Et bien ſaciés (ſachez) que cil lions fu contrefait al vif.“

**) „de tel maniere fu li ſepouture d'un Sarrazin que io vi une fois.“

geben verspricht (Taff. 34—37). Er verfährt dabei nach einer unter seinen Zeitgenossen allgemein üblichen Regel, indem er durch Einzeichnen von geometrischen Figuren, namentlich von Dreiecken in die menschliche Gestalt die Sache dem architektonisch gebildeten Künstler zu erleichtern sucht*). Dies stellt sich uns freilich als ziemlich willkürliches Verfahren dar; aber es giebt uns Aufschluss darüber, warum die zahllosen Statuen jener Zeit so sicher stehen, so fest in ihrem Schwerpunkt ruhen und vor Allem, warum in ihren Bewegungen trotz der oft stark ausgebogenen Haltung ein so glücklicher Rhythmus und solches Gleichgewicht herrschen. Denn wir finden hier eine vielseitige Anwendung jenes Gesetzes der Sculptur, das die Italiener »contraposto« nennen, und welches in späterer Zeit bekanntlich in der Plastik eine grosse Rolle spielt. Es gewährt einen eigenen Reiz zu sehen, wie sicher Villard sich in seinen Zeichnungen bewegt, und wie gewandt er sein System auf die verschiedensten Gruppen anwendet. Im Bewusstsein seiner flotten Zeichenkunst schrickt er selbst vor den schwierigsten Stellungen nicht zurück, und wie er einmal den Löwen von vorn zeichnet, so stellt er ein andermal (Taf. 45) einen zu Pferde steigenden Ritter so dar, dass das Pferd in der Vorderansicht erscheint. Ueberhaupt enthält sein Buch eine Anzahl von Genrescenen, die nicht lebenswahrer aufgefasst sein könnten. So sieht man ein paar Würfelspieler, Scenen des Ringkampfes, Gaukler in verschiedenen Productionen, Ritter und Dame in zierlicher Unterhaltung u. s. w. Einmal will er Anleitung geben, wie die Höhe eines Thurmes durch Visiren zu ermitteln sei, und zeichnet dabei den Visirenden ganz vortrefflich in winzigem Maassstabe.

Das äussere Leben.

Wir sehen an diesem einzigen auf uns gekommenen Beispiele, wie strebsam, wie vielseitig die damaligen Künstler waren, welch frische Empfänglichkeit sie für Alles besassen. Aber das Leben, das sie umgab, war auch dazu angethan, ein künstlerisches Auge zu begeistern. Es war überall anmuthiger, geschmeidiger geworden, die Sitten waren milder, man legte Werth auf Schönheit des Aeussern, auf ein feines ritterliches Benehmen. Die Tracht der Geistlichen und der Laien hielt noch an den Grundzügen der Antike fest, liess wie jene den Körper klar hervortreten und sich in edler Bewegung frei entfalten; aber der barbarische Prunk byzantinischer Hofgewänder, die mit Stickereien und Edelsteinen überladen waren, verschwindet und findet nur noch an gewissen Stellen des geistlichen Prachtornats beschränkte Anwendung. Dagegen fliesst in langen schönen Linien, die auf einen geschmeidig weichen Stoff hindeuten, die ritterliche Tracht, bei Herren und Damen ziemlich übereinstimmend ein faltenreiches Untergewand, über den Hüften durch einen Gürtel befestigt, mit langem, ziemlich engem Aermel, und ein weites mantelartiges Oberkleid, auf der Schulter oder am Halse durch eine Agraffe gehalten, oder auch ganz wie in der Antike über Schulter und Arm gezogen, bald in freierem Wurfe, bald in engerer Umhüllung das reichste Wechselspiel der Formen in bewegtem Faltenwurf darlegend. So nahe dies alles noch der Antike steht, so ist es doch ein

Die Tracht.

*) „Ci commence li force des trais de portraiture si con li ars de iometrie les enseigne por legierement ovrer“.

neuer Geist, der aus den Stellungen, Geberden, ja aus den Köpfen in jugendlicher Anmuth zu uns spricht.

Polychromie. Für die völlige Würdigung der Plastik dieser Epoche ist nun auch ein Blick auf ihre Bemalung nothwendig. Um die Bedeutung derselben zu verstehen, muss man sich erinnern, dass die Architektur des Mittelalters in umfassendster Weise von der Polychromie Gebrauch machte. In der altchristlichen Epoche und bei den Byzantinern wurde das ganze Innere der Kirchen mit bunter Marmortäfelung und Mosaiken, meistens auf Goldgrund, bedeckt. Der romanische Styl erbte zwar nicht jene kostbaren Stoffe, wohl aber den Sinn für vielfarbige Erscheinung des Innern. Mit seinen Wandgemälden, seinen Teppichen und der Prachtbekleidung der Altäre suchte er Aehnliches zu erreichen; dazu fügte er den Schmuck farbenstrahlender Glasgemälde. Als die Plastik schüchtern anfing, sich an der Decoration des Innern zu betheiligen, erhielten auch ihre Werke kräftige Bemalung, um sich harmonisch dem Uebrigen anzuschliessen. Alles das gewann aber eine neue Bedeutung in der gothischen Epoche. Je inniger Plastik und Architektur sich jetzt zu gemeinsamer Wirkung verbanden, desto mehr musste Erstere sich dem polychromen Hausgesetze der Herrin unterwerfen. So finden wir denn, dass nicht bloss reich gemusterte Goldverzierung, von einem leuchtenden Roth, einem kräftigen Blau unterbrochen, die Gewänder bedeckt, sondern dass selbst die nackten Theile, Gesicht und Hände in zarter Weise naturgetreue Bemalung erhalten. Weit entfernt von grobnaturalistischer Wirkung, verklärt dieser rosige Schimmer das jugendliche Lächeln der Gesichter und verstärkt den Ausdruck der Empfindung; die Farbe im Ganzen aber verdeckt gleichsam die plastischen Mängel dieses Styles, indem sie ihn der Malerei näher stellt. Diese Polychromie gilt vorzugsweise für die plastischen Werke des Innern. Wo aber das Innere gleichsam in's Aeussere hinausquillt, und in bildnerischem Schmuck die Bedeutung des Ganzen sich aussprechen soll, an den reichen Sculpturen der Portale, da ist häufig dieselbe prachtvolle Polychromie durchgeführt, wie wir Aehnliches schon in der vorigen Epoche zu Bourges fanden. Zu ihrem Schutze dienen die angebauten Vorhallen, die ebenfalls jezt glänzenden plastischen Schmuck erhalten.

Inhalt. Mit diesen gesteigerten Mitteln hatten die Künstler einen nicht minder reich entwickelten Ideengehalt auszudrücken. Was die Scholastik in tiefsinniger Durchdringung der Heilslehre als grossartiges dogmatisches Gebäude hingestellt, was die von der Kirche ausgegangene dramatische Kunst in den Mysterien dem Volke in lebenden Bildern vorgeführt hatte, das wurde nun auch an den Portalen und Vorhallen der Kathedralen ausgemeisselt. Den Mittelpunkt bildet stets die Geschichte der Erlösung, welcher als Gegenstück die Darstellung des Sündenfalles voraufgeht. Den Scenen des neuen Testamentes werden umfassender als je zuvor die entsprechenden Vorgänge des alten Testamentes gegenübergestellt. Neben Christus und den Schaaren seiner Apostel und Heiligen machen sich die ausdrucksvollen Gestalten der Patriarchen und Propheten geltend. An Seitenportalen findet die Verehrung der Madonna ihren Ausdruck. Nicht bloss ihr Leben und ihre Verherrlichung, sondern ihre Beziehung zum Erlösungswerk bildet hier den Grundgedanken, der gleichfalls durch Gestalten und Scenen des alten Testamentes vorbildlich anschaulicher gemacht wird. In dritter Reihe fehlt dann an einem andern Seitenportale nicht die Geschichte des besonders verehrten Schutzheiligen der Stadt oder des Stiftes. Zu alledem gesellen sich Darstellungen des ganzen natürlichen und geistigen Lebens, der Kreislauf des Jahres mit seinen Arbeiten, die Wissenschaften und Künste, selbst die Vergnügungen der Menschen, so dass Alles in unmittelbare Beziehung zum Grundgedanken gesetzt, in Allem das »Wirken Gottes auf Erden« veranschaulicht wird. So geben diese grossen symbolisch-historischen Bildkreise die Summe des Glaubens und Wissens ihrer Zeit.

Endlich findet auch der Humor seine Stätte, zunächst wie früher in mancherlei originellen Gebilden an Consolen und wohl auch noch an Kapitälen, sodann vorzüglich an den Wasserspeiern, den Ausgussröhren der Dachrinnen, welche als phantastische Drachen-, Thier- und Unthier-Gestalten, als seltsame Fratzen, wunderliche Menschenfiguren, oft in possenhaften Stellungen und Grimassen gebildet werden. Die Phantastik, die den Völkern des Nordens im Blute steckt, und in jener Zeit sich unbefangen als grobe, selbst unflätige Possenreisserei sogar in die kirchlichen Mysterienspiele eindrängen durfte, suchte und fand in jenen abenteuerlichen Gestaltungen ihren Ausdruck.

## I. Frankreich.

In den nordöstlichen Provinzen Frankreichs können wir mit dem Beginn des 13. Jahrhunderts das erste Auftreten dieses Styles nachweisen. Mit dem asketisch strengen, ängstlich befangenen Style, der dort am Ende des vorigen Jahrhunderts herrschte, hat er Nichts mehr gemein. Seine kräftigen vollen Gestalten mit ihren freien, selbst kecken Bewegungen und der mannigfaltigen Gewandung bilden in jeder Hinsicht den schärfsten Gegensatz zu jenen früheren Werken. Schienen dort die ungeschickte Haltung und der Ausdruck klösterlicher Befangenheit das Ideal des bildenden Künstlers, so richten die bürgerlichen Meister der neuen Epoche kühn und freudig den Blick auf das ganze reiche Leben, das in wechselnden Gestalten sie umgab; und wie nunmehr auch in der Ornamentik der Bauwerke das conventionelle, vom antiken Akanthus abgeleitete Blattwerk der romanischen Epoche den freien Nachbildungen der Laub- und Blüthenpracht weichen muss, die der Lenz in unsern heimischen Wäldern und Fluren hervorspriessen lässt, gerade so feiert in den selbständigen plastischen Zierden das erwachte Naturgefühl seine Auferstehung. Dadurch werden die Kathedralen dieser Zeit bis in's Kleinste hinein der treue Ausdruck des freien bürgerlichen Gemeindelebens, das diese grossartigen Denkmäler geschaffen hat.

Die frühesten Zeugnisse dieses neuen Styles finden wir an der Kathedrale Laon.
zu Laon. Es sind die Statuetten in den Archivolten des etwa um 1210 entstandenen Hauptportales der Façade. Derb und keck, in freier Haltung, unterscheiden sie sich auffallend von allen früheren Arbeiten. — Das erste bedeutendere Denkmal ist jedoch der Portalschmuck der Façade von Notre Dame zu
Paris, um 1215 ausgeführt. Zunächst scheint man hier jenes ältere Südportal Paris.
(vergl. S. 377) vergrössert und den neuen Verhältnissen angepasst zu haben. Im Tympanon wurden oben zwei anbetende Engel, unten in einem Reliefstrei-

sen die Geschichte der heiligen Anna, am Mittelpfeiler die Statue des heiligen Marcellus, letztere mit sichtlicher Anbequemung an den befangenen schmalschulterigen Styl der älteren Werke hinzugefügt. Das Nordportal, der heiligen Jungfrau gewidmet, enthält am Mittelpfeiler unter einem noch schwerfälligen Baldachin die schlanke feinbewegte Gestalt der Maria, im Bogenfelde sitzende Prophetenstatuen in breiter derber Darstellung, darüber den Tod und die Krönung Mariä. Eine Fülle kleinerer Bildwerke ist an den Seitenwänden und in den Archivolten angebracht. Das Hauptportal zeigt am Mittelpfeiler die edle Gestalt Christi und ihr entsprechend an den Wänden die Apostel, sodann im

Fig. 217. Notre Dame zu Paris. Vom Hauptportal.

Bogenfelde das jüngste Gericht. (Fig. 217). Außer zahlreichen kleineren Figuren von Engeln und Heiligen finden sich hier wie bei jedem größeren plastischen Cyklus der Zeit Darstellungen des Thierkreises, und nicht bloſs wie gewöhnlich der Beschäftigungen des Menschen, sondern auch seiner Vergnügungen in den verschiedenen Monaten. Dazu kommen endlich noch Statuen der Tugenden mit den nach der Symbolik des Mittelalters ihnen zugehörigen Thieren, und als Gegensatz Schilderungen der Laster, die in völlig dramatischer Weise durch eine entsprechende Handlung charakterisirt werden. Eine prächtige Säulengalerie, mit einer Reihe von Königsstatuen geschmückt, zieht sich über den drei Portalen an der ganzen Breite der Façade hin. Doch sind diese wie die übrigen Sculpturen der Façade nach den Zerstörungen des vorigen Jahrhunderts neuerdings so stark ergänzt und überarbeitet, daſs ein Urtheil über ihren Styl bedenklich erscheint.

Amiens. Etwas alterthümlicher sind die Sculpturen an der Façade der Kathedrale von Amiens, etwa gegen 1240 ausgeführt. Das Hauptportal zeigt am Mittelpfeiler die grofsartige Gestalt Christi, noch streng und herb, doch würdevoll, der Körper schmal in befangener Haltung, der Faltenwurf scharf geschnitten, aber trefflich motivirt. Ihn umgeben die Apostel, bedeutende lebendig charakterisirte Gestalten. Im Tympanon sind Auferstehung und jüngstes Gericht in reichen ausdrucksvollen Reliefs geschildert. Das Südportal hat am Mittelpfeiler die Statue der Madonna, ruhig, einfach, von schlichter Haltung, das Gewand frei entwickelt, aber noch ohne die schwungvolle Bewegung der späteren Arbeiten, der Kopf noch ziemlich starr und ausdruckslos. Die Könige und heiligen Frauen zu beiden Seiten haben denselben Styl. Im Bogenfelde ist Tod, Himmelfahrt und Krönung der Maria, in den Archivolten ihr Stammbaum dargestellt. Am nördlichen Portal trägt der Mittelpfeiler die schlichte anspruchslose Gestalt des heiligen Firmin, umgeben von Geistlichen und Diakonen. Das Tympanon erzählt in breiter Reliefdarstellung seine Legende.

Dafs sich in Amiens jener strengere Styl selbst bis in die Spätzeit des dreizehnten Jahrhunderts erhielt, beweisen die Sculpturen am südlichen Querschiff der Kathedrale, die nach 1258 ausgeführt sein werden. In der Madonna des Mittelpfeilers sieht man die edlen schlanken Verhältnisse, die graziös eingebogene Haltung, die schwungvolle Gewandung des frei entwickelten Styles, im Gesicht mit dem heraufgezogenen Munde, dem spitzen Kinn und den schmalgeschlitzten Augen das typische Lächeln, mit welchem damals gewöhnlich huldvolle Anmuth ausgedrückt wurde. Drei liebliche Engel halten den Nimbus; andere Engel und Heilige, die auf beiden Seiten angebracht sind, haben in der Gewandbehandlung, mehr aber noch in dem fast ganz starren äginetischen Lächeln der Köpfe einen Nachklang der früheren Befangenheit. Die kleinen Figürchen oben, besonders die Apostel, die Reliefs im Tympanon und die Gruppen an den Archivolten zeigen einen klar und fein entwickelten Styl, sodafs man deutlich den verschiedenen Standpunkt der einzelnen ausführenden Künstler unterscheidet.

Chartres. Nirgends ist der Uebergang vom älteren strengen Styl zum frei entwickelten so deutlich in seinen verschiedenen Stadien zu verfolgen wie an den Sculpturen der Querschiffgiebel der Kathedrale zu Chartres, die allem Anscheine nach vor der Mitte des Jahrhunderts ausgeführt wurden. An der nördlichen wie an der südlichen Façade sind drei Portale angelegt, die sich mit ihren Vorhallen zu einem Ganzen von grofsartigster Wirkung verbinden. Wenn in Bourges und le Mans solche Vorhallen noch rein architektonisch behandelt waren, so hat hier das plastische Streben der Zeit den ganzen Bau der Bildnerei unterworfen und in Sculpturen aufgelöst.

Südlicher Kreuzarm. Das Hauptportal der Südseite hat am Mittelpfeiler eine grofsartige Christusstatue, in der Linken das Buch haltend, die rechte Hand erhoben, an den beiden Seitenwänden die Statuen der Apostel. Im Tympanon ist das Weltgericht dargestellt; Christus thront in feierlicher Strenge, von Maria und Johannes sowie von Engeln mit den Leidenswerkzeugen umgeben; darunter sieht man einen Zug der Seligen und der Verdammten. Heilige, Engel, Auferstehende sind in die Archivolten vertheilt. Der Styl ist noch durchweg streng;

gebunden, feierlich, die Gewandung antikifirend, häufig mit knappen flachen Parallelfalten, die Köpfe herb und fchwer, das Haar hart und fteif behandelt. Man ficht, wie die Künftler noch von den älteren Werken der Façade abhängig find, wie aber bei aller architektonifchen Gebundenheit ein neues Leben durch fprechende Mannigfaltigkeit der Motive fich ausprägt. In den vorfpringenden Pfeilern und Bögen der tiefen Halle find kleine fitzende Figürchen von Königen, Greifen und Jünglingen angebracht, letztere meift paarweife verbunden. An den Portalreliefs bemerkt man Spuren von Bemalung.

Fig. 218. Chartres. Südl. Kreuzfchiff.

An dem rechten Seitenportal find acht Statuen von Bifchöfen und acht Geiftliche mit Büchern und Stäben in demfelben ftrengen Style angebracht. Die Köpfe find fcharf und etwas trocken in mühevollem Streben nach individuellem Gepräge. Im Bogenfelde ift in zahlreichen Reliefs die Legende eines heiligen Bifchofs, wie es fcheint des Martinus, gefchildert. Auch hier ringt die Kunft in anziehender Frifche nach Leben und Ausdruk. In dem oberen Felde fieht man wieder den thronenden Chriftus. Eine Anzahl von fitzenden Geftalten füllt die Archivolten. Die Pfeiler und Bögen der Halle find mit kleinen Reliefs bedeckt, welche felbft die Aufsenflächen der Pfeiler völlig überziehen. Sie enthalten theils Einzelfigürchen, theils legendarifche Scenen. An der Aufsenfeite find auf Baldachinen fechs königliche Geftalten angeordnet, die einen ungleich entwickelteren Styl voll Adel und Schönheit zeigen. Das linke Seitenportal enthält wieder acht grofse Geftalten, darunter zwei ritterliche. Am Tympanon über einem ausführlichen Reliefries die ftehende Geftalt Chrifti von zwei knieenden Engeln verehrt. An den Aufsenpfeilern wieder eine Menge kleiner Reliefdarftellungen hiftorifcher und legendarifcher Art; an der Aufsenfeite auch hier fechs königliche und ritterliche Geftalten, darunter David mit der Harfe. (Fig. 218).

Nördlicher Kreuzarm.

Während alfo die ganze füdliche Halle chriftlich hiftorifchen Inhalts ift und in dem jüngften Gerichte gipfelt, enthält die nördliche als Mittelpunkt das Leben der Maria, welchem eine Schilderung der vorchriftlichen Zeit von der Schöpfungsgefchichte bis zur Vertreibung aus dem Paradiefe, dann ein Ueberblick über das gefammte Naturleben voraufgeht. Dazu gehört nach der Auffaffung des Mittelalters die Darftellung der Monate mit den fie begleitenden Arbeiten, die Thätigkeiten der Wiffenfchaften, Künfte und Handwerke, endlich eine grofse Anzahl von Tugenden, oder vielmehr von geiftigen und fittlichen Eigenfchaften. Der Styl der Geftalten zeigt hier eine viel auffallendere Verfchiedenheit als an der Südhalle. Einige find fchlaff, handwerksmäfsig mit plumpen Köpfen, schweren stumpfen Gesichtern; andere, so namentlich die Madonna, mager, starr, noch säulenartig, so dafs hier Nachklänge des älteren Styls der Façadensculpturen hart neben den ersten noch rohen Versuchen des neuen Styls sich finden. Wieder andere, namentlich die Statuen der Tugenden*), sind ebenso schlank, edel und leicht bewegt in freier Durchbildung, wie die zwölf Königsgestalten am Aeufseren der Südhalle.

Am Hauptportal hat der Mittelpfeiler die strenge Statue der Madonna mit dem Kinde, zwölf andere Gestalten zu beiden Seiten geben vorbildliche Typen aus dem alten Testamente. So Abraham, der den gebundenen Isaak hält; Melchisedech mit dem Kelch, Moses mit Säule und Gesetztafeln, Johannes mit dem Lamm, Simeon mit dem Christuskinde auf dem Arme. Im Tympanon wird Tod, Grablegung und Krönung der Maria geschildert, in den Archivolten ist durch viele sitzende Statuetten von Königen und Patriarchen der Stammbaum der Jungfrau angedeutet. Die Wände der Halle sind hier ganz durchbrochen und in glänzende Bündelsäulen aufgelöst, welche die frei bewegten, edel entwickelten Statuen von Tugenden tragen. Dagegen sind die Archivolten hier ohne bildnerischen Schmuck. Am linken Nebenportal sind sechs Statuen, darunter mehrere weibliche angebracht. In ihnen hat das Streben aus der streng statuarischen Auffassung zu freieren Formen durchzudringen, glückliche Erfolge gehabt, die mehrfach in grofser Weichheit und in feinen Verhältnissen sich ausprägen. Die Reliefs am Tympanon, Christi Geburt und die Anbetung der Könige darstellend, sind von geringerer Bedeutung.

Das rechte Nebenportal endlich hat ebenfalls sechs grofse Statuen, die in Anmuth und zum Theil in frei entwickelter Bewegung und klarem Ausdruck der Empfindung wieder die Höhe des Styles erreichen. Im Tympanon sieht man verschiedene Reliefs, darunter Engel und Teufel um einen Sterbenden streitend, im oberen Felde wieder die Gestalt Christi. Fafst man Alles zusammen, so enthalten die Hauptportale an beiden Façaden die ältesten plastischen Werke, unter denen wieder die des nördlichen durch primitivere Erscheinung an die früheren Arbeiten der Westfaçade anknüpfen. Der weitere Schmuck der Seitenportale ist dann allmählich in wachsender Uebung und gröfserer Sicherheit hinzugefügt, und endlich haben in durchgebildeter Meisterschaft und glänzender Schönheit die Sculpturen der Vorhallen den Beschlufs gemacht.

Den vollendet entwickelten Styl finden wir zuerst an den Statuen der von Ludwig IX. gestifteten und von Peter von Montereau (1245—48) erbauten Sainte Chapelle zu Paris. Hier ist in den Apostelstatuen und den kleinen Engelfiguren des Innern jeder Anklang an die Herbigkeit des früheren Styles verschwunden, der Ausdruck kirchlicher Würde mit freier weltlicher Anmuth völlig verschmolzen, doch so, dafs letztere bisweilen über erstere den Sieg davonträgt. Denn hier tritt zum ersten Mal nachweislich jene Vorliebe des neuen Styles zu Tage, durch starkes Einziehen der einen Seite und entsprechendes Herausbiegen der anderen Seite des Körpers den Gestalten den Ausdruck leichtester Bewegung, elastischen Schwunges zu geben

St. Chapelle zu Paris.

*) Abb. in den Denkmälern der Kunst Taf. 60 A. Fig. 1.

und die Figuren gleichsam in einer kühnen Diagonale gegen die strengen senkrechten Linien der Architektur aufschiefsen zu lassen. Das Alles zeigt sich ursprünglich in naiver Empfindung und feinem künstlerischem Gefühl, birgt aber in sich einen Keim des Theatralischen und Uebertriebenen, der in der Folgezeit üppig aufgehen sollte.

Notre Dame zu Paris.

An diese Werke schliefsen sich die Sculpturen des nördlichen Kreuzschiffportales von Notre Dame zu **Paris**, die der zweiten Hälfte des Jahrhunderts angehören. Hier sieht man am Mittelpfeiler eine der schönsten Madonnenstatuen, schlank, fein und graziös, der Mantel in leichtem Faltenwurf emporgezogen und unter dem rechten Arme festgehalten, ein in der damaligen Kunst beliebtes Motiv, das eine prächtige Entwicklung der Draperie gewährt; der Kopf mit dem feinen typischen Lächeln. Die Reliefs im Tympanon geben in ansprechend einfachem Styl die Geschichte der Madonna in fortlaufender Reihe, sinnig und gemüthlich. Die Engelstatuetten in den Archivolten sind überaus lieblich, trefflich gewandet und mannigfach bewegt.

Rheims Façade.

Seine höchste Schönheit und Pracht entfaltet der neue Styl jedoch an der Façade der Kathedrale zu **Rheims**, deren reiche Ausschmückung den letzten Decennien des Jahrhunderts angehören wird. Hier ist nicht blofs an den drei gewaltigen Portalen Alles mit plastischen Gestalten bedeckt, sondern die Flächen der Strebepfeiler, der Wimperge über den Portalen, des Mittelschiffs über dem grofsen Radfenster sind mit Reliefs, die Baldachine der herrlichen das Ganze krönenden Galerie, sowie der Strebepfeiler mit Statuen geschmückt, so dafs die Architektur hier fast völlig in die glänzendste Plastik aufgelöst erscheint. Hier ist alle Würde und Anmuth des Styles zu wahrhaft klassischem Ausdruck gelangt. Dennoch erkennt man selbst hier in einem der Meisterwerke der Zeit eine überaus verschiedenartige Behandlung. Es giebt schwere, kurzleibige Statuen mit plumpen Köpfen vom stumpfesten Ausdruck, noch völlig wie die älteren Werke von Chartres; andere sind von elegantester Schönheit, voll Adel und weicher Anmuth, in schlanken Verhältnissen und prächtigem Wurf der plastisch behandelten Gewänder, von anziehender Freiheit in den Bewegungen, von lächelnder Holdseligkeit und mild verklärter Würde in den Köpfen; noch andere sind überlang, ungeschickt in den Verhältnissen, mit kleinen grinsenden verzwickten Köpfen, mit überzierlichen Bewegungen. Erkennen wir in diesen die manieristische Uebertreibung, mit welcher geistlose Arbeiter den Styl ihrer besseren Zeitgenossen nachzuahmen suchen, so erscheinen jene plumperen Statuen als Werke von Künstlern, die hinter der Entwicklung zurück geblieben, von der typischen Starrheit der älteren Zeit sich nicht völlig loszureifsen vermögen. Dafs man aber bei der ungeheuren Masse von Bildwerken, welche die Zeit verlangte, die verschiedensten künstlerischen Kräfte benutzen mufste, ist selbstverständlich. Doch erscheint das Schöne und Gelungene hier überwiegend.

Schon die Anordnung ist von höchster Grofsartigkeit. Die ganzen Wandflächen der drei Portale und der sie einrahmenden Strebepfeiler sind als eine ununterbrochene Galerie überlebensgrofser Statuen behandelt, deren im Ganzen vierunddreifsig sind. Dazu kommt am Mittelpfeiler des Hauptportales die Madonna, der man hier schon den ersten Platz eingeräumt hat, während sie zu Paris und Amiens sich noch mit einem Nebenportal begnügen mufste (Fig. 219

rechts). Sie gehört nicht zu den besten der Zeit, hat überschlanke Verhältnisse und im Gesicht hat das Streben nach Anmuth zu einem leeren Lächeln und etwas gekniffenen Zügen geführt. Die Gewandung, obwohl im Hauptmotiv gut, ist etwas zu künstlich und gesucht angeordnet. Dagegen sind die übrigen Statuen des Hauptportales grösstentheils von hoher Schönheit. Der Künstler hat ein treffliches Mittel gefunden, ihnen eine höhere Lebendigkeit und mannigfachen Wechselbezug zu geben, denn kaum eine einzige steht für sich allein, sondern sie verbinden sich zu freien Gruppen, in denen man die Verkündigung, die Beschneidung und andere Momente des Lebens der Maria erkennt. Die

Fig. 219. Vom Westportal zu Rheims.

Art, wie die Gestalten sich einander zuwenden, hat Etwas von den anmuthigen Bewegungen, welche die vertraute Unterhaltung befreundeter Personen begleiten. Die feine Sitte des Weltverkehrs spiegelt sich in diesen Gruppen ähnlich wie später in den sogenannten Sante conversazioni der italienischen Malerei. So wendet sich der Engel bei der Verkündigung überaus holdselig zur Maria; so streckt die ehrwürdige Gestalt des Hohenpriesters in milder Freundlichkeit die Arme dem Christuskinde entgegen, um es zur Beschneidung zu empfangen, während die beiden assistirenden Gestalten (Fig. 219) voll Aufmerksamkeit sich vorneigen. Neben dieser lebendigen Pracht der Gewandung wirken andere wieder durch die schlichte Einfachheit, mit der das Gewand in grofsartigen Linien lang herabwallt. (Zwei weibliche Gestalten sind in der Renaissancezeit erneuert.)

Südportal. Am Südportal zeigt die südliche Reihe schwere plumpe Gestalten mit übergrofsen Köpfen, die indefs überall schon nach Bewegung und Leben ringen. Man sieht Abraham mit dem zum Opfer knieenden Isaak, Moses mit den Gesetztafeln, Johannes mit dem Lamm, Simeon mit dem Christuskind und zwei andere Heilige. Dagegen gehört die Nordreihe desselben Portals, welche Bischöfe und Könige enthält, zu den vollendetsten, schönsten der ganzen Kathedrale: leicht und frei bewegt, in klarer Gewandbehandlung, trefflich in verschiedener Charakteristik durchgeführt, haben nur die Köpfe zum Theil etwas Hartes, Scharfes, Dürftiges.

Nordportal. Am übereinstimmendsten ist die Behandlung in den Figuren des Nordportals. Hier sieht man eine Gestalt von gröfster jugendlicher Anmuth, in der Rechten ein Buch halten, mit der Linken den Mantel emporziehen und gegen die Brust drücken, so dafs seine Falten in grofsartigem Schwung bis auf die Füfse niederwallen; dann wieder einen heiligen Stephanus, dessen Diakonengewand in seiner schlichten Behandlung nicht minder schön die Bescheidenheit der Haltung hervorhebt. Ueberaus holdselig sind zwei Engel, welche in zutraulicher Weise einem schlicht und edel zwischen ihnen stehenden Heiligen zunicken. Alle diese Werke athmen die höchste Vollendung des Styls. Unabsehbar ist aber der Reichthum von plastischem Schmuck, welcher in zierlichen Reliefs, kleinen Figürchen und Gruppen überall noch an den Wänden und in den Hohlkehlen der Archivolten angebracht ist und eine ganze Welt von naiver Schönheit und Lebendigkeit enthält. An den drei grofsen Giebelflächen über den Portalen und den beiden der äufsern Strebepfeiler sieht man in der Mitte die Krönung der Maria, links die Kreuzigung, rechts den thronenden Christus von Engeln mit den Leidenswerkzeugen umringt, endlich auf den beiden äufsersten Feldern die Verkündigung, Alles voll Leben und Energie, dabei bewundernswürdig in den Raum componirt.

Giebelfelder.

Nördlicher Kreuzarm. Nicht minder reich sind die beiden grofsen Portale an der nördlichen Façade des Querschiffs geschmückt. Hier nimmt am Mittelpfeiler des Hauptportals der heilige Remigius merkwürdiger Weise die erste Stelle ein. Er ist würdig und ernst mit etwas grofsem Kopfe dargestellt, in welchem durch allerlei realistisches Detail, z. B. Fältchen an den Augen und auf der Stirn bereits auf einen individuellen Eindruck hingearbeitet wird. Weit schwerer und plumper sind die sechs grofsen Statuen an den Portalwänden, mit so übermäfsigen Köpfen und so kinderartig kurzen Körpern, dafs das Mifsverhältnifs grell hervortritt und die dichte Nachbarschaft mit andern Werken von höchster Schönheit sehr auffallend wird. Und doch sind die Köpfe an sich gut und lebendig durchgeführt. Wie verschiedene Hände aber an demselben Portale arbeiteten, sieht man an den zweiundvierzig kleinen sitzenden Gestalten von Bischöfen, Königen und Heiligen, welche in drei Reihen die Hohlkehlen der Archivolten füllen. Sie sind durchgängig von bezaubernder Schönheit, Würde und Anmuth, die Köpfchen köstlich und fein, die Stellungen vielfach wechselnd, die Gewänder herrlich entwickelt und mannigfach motivirt, so dafs keine geistreicheren Variationen eines so einfachen plastischen Themas zu denken sind. Das Tympanon zerfällt in fünf Reliefstreifen, in deren oberstem der thronende Christus zwischen zwei anbetenden Engeln erscheint. In den unteren Feldern ist die Geschichte des h.

Remigius in höchst anziehenden Reliefs mit zierlichen Gestalten in klarer Anordnung und lebendigem Ausdruck geschildert. Trefflich ist z. B. die Scene, wie der Bischof mild, aber ernst und bestimmt drei Teufel zurückweist und ihnen auf dem Fufse nachfolgt, während sie im Fliehen nicht ohne Humor ihn angrinsen und ein kleiner Teufelsprößling sich am Knie des einen festhält, um nicht zurück zu bleiben. Solcher frischen, naiven Züge ist überall eine Fülle.

Am Nebenportal enthalten die rechtwinklig vertieften Wände jederseits drei Heiligengestalten, deren Gewänder in übertriebener Feinheit der Detailirung gänzlich der Antike nachgebildet sind und einen interessanten Vergleich mit der so verwandten und doch so grundverschiedenen Gewandung der übrigen Werke dieser Zeit gewähren. Die Köpfe sind etwas hart aber doch würdevoll,

Fig. 220. Vom nördlichen Kreuzarm der Kathedrale zu Rheims.

die Verhältnisse der Körper dagegen wieder auffallend kurz und unglücklich. Alles das wird aber reichlich aufgewogen durch die grofse Christusstatue am Mittelpfeiler,*) ein Werk von solcher Schönheit, dafs man es als die feierlichste plastische Schöpfung der gesammten Zeit bezeichnen darf. Hier ist völliges Verständnifs und bewundernswürdige Durchführung der gesammten Form in untadeligen Verhältnissen, dazu eine Herrlichkeit in dem milden klaren Ausdruck des Kopfes, der vom Haar in weichen Wellen umflossen wird, dafs der göttliche Ernst des erhabensten Lehrers von lauterer Anmuth verklärt erscheint. Die rechte Hand ist erhoben und die drei vorderen Finger ausgestreckt, die Linke hält die Weltkugel und damit zugleich den von rechts herübergezogenen Mantel, der in seinem edlen Faltenwurf durch die vorschreitende Stellung des rechten Fufses motivirt wird. Das Studium der Natur ist an dieser meisterhaften Statue in allen Theilen so vollkommen, dafs an den Händen nicht

*) Abb. in den Denkmälern der Kunst Taf. 60 A. Fig. 4.

bloſs die Nagel, ſondern auch die Gliederungen der Gelenke auf's Feinſte charakteriſirt ſind.

Die Reliefs im Tympanon, der thronende Weltrichter und das jüngſte Gericht in fünf Abtheilungen, gehören wieder zum Schönſten der ganzen Zeit. Der thronende Chriſtus iſt feierlich und groſsartig, ſeine Gewandung zeigt wahrhaft antike Bewegung. Innig flehend erheben zu beiden Seiten Maria und Johannes zur Fürbitte die Hände, während zwei Engel mit den Marterwerkzeugen demüthig hinter ihnen knieen. Die Auferſtehung der Todten (Fig. 220) wird in zwei Reliefſtreifen mit einer Mannigfaltigkeit und Lebendigkeit geſchildert, daſs die neunundzwanzig kleinen Figürchen ſtets wieder in verſchiedenen, oft äuſserſt naiven Stellungen den körperlichen Akt des aus dem Grabekletterns, des Aufhebens der Deckel und zugleich die verſchiedenen Empfindungen des Erſtaunens, der Bangigkeit, frommer Ergebung und innigen Flehens ausdrücken. Dabei zeigt ſich in dem feinen Gefühl und richtigen Verſtändniſs der Formen die ſicherſte Meiſterſchaft. Man ſieht hier wieder, wie dieſe Reliefdarſtellungen die Lieblingsaufgaben der Künſtler waren, während die groſsen Statuen der Portalwände oft untergeordneten Kräften überlaſſen blieben. So ſind namentlich in den beiden unteren Reliefſtreifen, wo das Schickſal der Guten und der Böſen lebendig geſchildert wird, indem einerſeits Engel die Seelen in Abraham's Schooſs tragen, andrerſeits ſatyrähnliche Teufel die Vertreter aller Stände in das hölliſche Feuer ſchleppen, die Köpfchen durchweg von einer Feinheit, zarten Rundung und Schönheit, daſs ſie ein faſt klaſſiſches Gepräge haben; dabei aber iſt über alle eine Heiterkeit, ein kinderunſchuldiges Lächeln ausgegoſſen, wie es in keiner andern Epoche der Kunſt ſo holdſelig die Werke der Plaſtik verklärt und ſie dem Gemüthe nahe bringt. Auch die ſitzenden Geſtalten muſicirender Engel an den Archivolten ſind von der gröſsten Schönheit.

Weiterer plaſtiſcher Schmuck.

Aber damit iſt der unermeſsliche Reichthum plaſtiſcher Ausſtattung noch nicht erſchöpft. So ſind an den Strebepfeilern der Chorkapellen kleine betende Engelfigürchen angebracht; ſo ſtehen ringsum wie heilige Wächter des Gotteshauſes gröſsere Engel in den Baldachinen der Strebepfeiler, an der Südſeite faſt durchgängig ſchön, anmuthig bewegt und in edlen Verhältniſſen; nur bei einigen, die wohl erſt dem 14. Jahrhundert angehören, ſind die Körper überſchlank, die Bewegungen überzierlich, die Köpfchen etwas verzwickt. An der Nordſeite ſind ſie minder gelungen. Endlich iſt noch im Innern der Kathedrale die ganze Fläche der weſtlichen Schluſswand, welche die Portale enthält, mit kleinen Statuen in reihenweiſe übereinander angebrachten Niſchen geſchmückt. Es ſind bald einzelne, bald zu dramatiſchen Scenen, wie z. B. der Kindermord, verbundene Geſtalten. Auch hier zeigen ſich die Körper frei entwickelt in eleganten Verhältniſſen, die Behandlung iſt eine vollendet plaſtiſche, welche, ſich ihrer Mittel völlig bewuſst, namentlich durch tief einſchneidende Hauptfalten wirkſam zu gliedern verſteht. Einiges erſcheint antikiſirend, bei anderem iſt ſchon ein übertriebener Hang zum Biegen und Wenden der Geſtalten zu ſpüren. Immerhin gehören ſie zum Beſten vom Ende des 13. Jahrhunderts. Am mittleren Portalſturz kommen kleine Gruppen von je zwei Figuren vor, die zum Theil die Parabel von den Arbeitern im Weinberge friſch und lebendig vorführen. Einige Figürchen, namentlich an den Seitenportalen, sind auch hier übertrieben schlank mit winzigen, etwas geziert lächelnden Köpfen. Zum Theil mögen sie schon in's 14. Jahrhundert gehören.

Für den künstlerischen Standpunkt und die Naturstudien der Meister dieser grofsartigen Werke drängen sich dem Betrachtenden charakteristische Züge in Fülle entgegen. So sieht man draufsen an den Archivolten des Hauptportals einen heiligen Sebastian mit genau anatomisch detaillirtem und trefflich durchgeführtem Körper. Reitende sind sammt den Pferden mehrfach in vorzüglich wahrer, lebendiger Bewegung geschildert. Die Gestalten reifer Männer oder Greise sind meistens, während ihre Gewänder vollkommen den Styl der übrigen zeigen, durch Falten am Halse, an der Stirn, durch ein schärferes Hervorheben der Gesichtsformen ganz bestimmt charakteristisch, ja individuell behandelt. Andere dagegen, die ganz ideal gehalten werden sollen, wie Engel, Jünglinge, Frauen, Christus, erhalten einen mehr typisch allgemeinen Schnitt, eine vollere, sanftere, weichere Behandlung der Form. Auch das Haupt- und Barthaar wird als Mittel für die Charakteristik benutzt. Während es bei den strengeren Gestalten in harte Löckchen gleich denen des früheren Styles gelegt ist, erreicht es in den schöneren Werken eine vollendete Freiheit und Weichheit, die in kleineren Wellen oder grofsen geschwungenen Locken oder endlich in dichtem Gekräusel Alter und Geschlecht mit grofser Feinheit charakterisirt. Natur-studien.

Man hat die Blüthezeit des dreizehnten Jahrhunderts wohl mit der Glanzepoche der griechischen Kunst zur Zeit des Phidias verglichen. In der That haben, trotz ihrer Gegensätze, beide Epochen in ihrem künstlerischen Schaffen eine wunderbare Verwandtschaft. In beiden eine ähnliche Begeisterung für die höchsten Interessen, eine geniale Sorglosigkeit um die materiellen Details des Lebens, kurz jene erhöhte Stimmung, die allein fähig macht zu Schöpfungen von reinster Idealität. Beide treten einen von der früheren Zeit vielfach durchgearbeiteten Schatz geheiligter Tradition an, finden einen Kreis typisch festgesetzter Gestalten vor, welchen sie nun mit ihrem feineren Naturgefühl, ihrer tieferen Empfindung ein flüssigeres Leben verleihen können. Denn dort wie hier verlangt man nicht das Neue, sondern immer wieder das Alte, Ueberlieferte, die bekannten und vertrauten Gestalten des Mythos, die im Volksbewufstsein lebendig waren. Daher konnte die Kunst sich an den immer wiederkehrenden Aufgaben zu einem festen Styl, zu gröfserer Freiheit und endlich zu höchster Anmuth durcharbeiten. Dazu kam die bei aller Verschiedenheit doch so ähnliche Verbindung mit der Architektur. Wer wird leugnen, dafs die Kunst des dreizehnten Jahrhunderts weder in der gedanklichen noch in der räumlichen Entfaltung mit jener unvergleichlichen Klarheit der griechischen Kunst sich messen dürfe, dafs ihr namentlich die festen, für plastische Darstellung so geeigneten Ideale der antiken Kunst fehlten, und dafs die christlichen Idealgestalten eben wegen der Geringschätzung des Körperlichen keine plastische, nur malerische sind; wer wird nicht zugeben, dafs aus der scholastischen Gelehrsamkeit manches dem Volke minder Verständliche, aus der complicirten Construction der Architekten manche verwickeltere Anordnung hervorgegangen sei, und dafs letztere die Plastik vielfach zu Concessionen zwang und ungünstige Stellungen sowie eine Verkrüppelung des Maafsstabes für die Vergleich mit der griechischen Plastik.

Reliefplaſtik zur Folge hatte! Aber das gewann keinen Einfluſs auf die Hauptſache, das verdunkelte nicht die weſentlichen groſsen Grundzüge des Inhalts, das gab ſogar durch die Berufung auf tieferes Nachdenken und genaueres Betrachten dem Werke ein neues ſpannendes Intereſſe. Darin aber vor Allem lag wieder eine groſse Verwandtſchaft mit der Antike, daſs die Ausſchmückung einer Kirche des dreizehnten Jahrhunderts dem Bildhauer eine eben ſo groſse Mannigfaltigkeit der Aufgaben ſtellte, wie vormals die Ausſtattung eines griechiſchen Tempels. Jede Gattung der Sculptur fand ihre Anwendung: die Koloſſalſtatue, einzeln und zu freien Gruppen verbunden; zierliche Statuetten, bald ſitzend bald ſtehend angebracht, auf Conſolen und in Archivolten; das groſsräumige Hochrelief und das zarteſte Flachrelief, und ſelbſt dieſe wieder in der verſchiedenſten architektoniſchen Umrahmung, an den Seiten der Pfeiler, in friesartigen Streifen oder im ſpitzen Bogenfeld. Dieſer ganze Reichthum der Abſtufung bot erſt der Plaſtik das Mittel, ſich in vielſeitigſter Weiſe zur Freiheit zu entfalten.

Innere Verwandtſchaft mit der Antike.

Nur aus dieſer Gleichartigkeit des Strebens, der idealen Aufgaben und der architektoniſchen Anforderungen, nicht aber, wie man wohl geglaubt hat, aus Nachahmungen antiker Vorbilder, ging die Verwandtſchaft hervor, in welcher die edelſten Werke des dreizehnten Jahrhunderts ſichtlich mit denen der griechiſchen Blüthezeit ſtehen. Wo hätte man auch die Muſter entlehnen ſollen? Steht doch die römiſche Plaſtik in den überfüllten Reliefs ihrer Sarkophage und der ſtudirt feinen Gewandbehandlung ihrer Statuen weit ab von der Einfachheit und plaſtiſchen Klarheit des dreizehnten Jahrhunderts! Wohl erkennen wir bisweilen in der Welt von Statuen, welche die Kathedralen jener Zeit bedecken, vereinzelte Werke, welche auf direkten Studien nach römiſchen Togafiguren beruhen; allein ſie würden in der Menge verſchwinden, wenn ſie nicht einen ſo fühlbaren Contraſt mit der Mehrzahl der übrigen Werke bildeten. Dagegen iſt der feine Reliefſtyl des dreizehnten Jahrhunderts, der nur zwei Reihen von Geſtalten hintereinander duldet und jede Figur ſich in voller Klarheit darſtellen läſst, gleich dem griechiſchen aus richtigem künſtleriſchem Gefühl und aus der ſtrengen Beziehung zur Architektur hervorgegangen. Was die Statuen betrifft, ſo iſt der weſentliche Unterſchied der, daſs die griechiſchen Plaſtiker, vor Allem auf Darſtellung der menſchlichen Schönheit bedacht, die organiſchen Geſetze der Geſtalten bis in's Tiefſte ergründen, und daſs ſelbſt die Gewänder bei ihnen nur der Körper wegen geſchaffen ſind, deren Bau und Schönheit ſie in jeder Falte verrathen, ja hervorheben ſollen. Dagegen iſt bei den Bildhauern des dreizehnten Jahrhunderts, weil ſie chriſtliche Gegenſtände, alſo im Körper das Durchſcheinen der Seele, des Geiſtigen zu veranſchaulichen haben, der Körper von geringerer Bedeutung, nur in ſeinen allgemeinen Verhältniſſen empfunden und noch mehr vom Gewande verhüllt, das in dem groſsen Schwunge der Falten ſeine Bewegungen andeutet und leiſe nachklingen läſst, etwa wie eine Melodie von begleitenden Inſtrumenten getragen wird. So hat denn hier die chriſtliche Empfindung ſich einen völlig entſprechenden plaſtiſchen Styl geſchaffen und für Alles, was in ihren Kreis fällt, den angemeſſenen Ausdruck gefunden. Die holdſelige Lieblichkeit der Engel, die ſtille Seligkeit der Verklärten und Heiligen, den Ernſt der Apoſtel, die gottergebene Demuth der Märtyrer, die milde Klarheit des lehrenden und die feierliche Würde des richtenden Heilandes, das Alles ist nie höher und reiner von der Plastik dargestellt worden als hier.

Nicht minder bewundernswürdig ist die wahrhaft unversiegliche Schöpferkraft, in welcher die Plastik dieser Zeit kaum von einer andern Epoche erreicht wird. Denn das Streben nach plastischem Schmuck fand nicht blofs an den zahlreichen Kathedralen, sondern selbst an bescheidenen Pfarr- und Dorfkirchen Platz und suchte, wie die bekannte Maison des musiciens zu Rheims beweist, auch bei Profangebäuden sich zu bethätigen. Bezeichnend ist aber für den Geist der Epoche, dafs alle diese grofsen Arbeiten von den bürgerlichen Gemeinden, etwa im Bunde mit Bischöfen und Domkapiteln getragen werden, dafs dagegen die reichen und mächtigen Klosterorden, an deren Abteikirchen die Kunst der vorigen Epoche sich entwickelt hatte, sich in dieser Zeit künstlerisch unthätig verhalten. Nur die Cisterzienser machen allerdings eine Ausnahme, werden aber durch ihre strengere Regel am häufigeren Betriebe der Plastik gehindert. In der zweiten Hälfte des Jahrhunderts dringt nun aber mit der gothischen Architektur auch dieser neue Styl der Plastik in die übrigen Gegenden Frankreichs ein und ruft in verschiedenen Gegenden glänzende Werke hervor, von denen einige der wichtigsten hier erwähnt werden mögen. An der Kathedrale von Rouen zeigt das nördliche Portal der Westfaçade eine elegante noch völlig romanische Ornamentik, am Tympanon sehr naive und anziehende Reliefs, im feinen schlichten Style dieser Zeit. Es enthält die Geschichte Johannes des Täufers; man sieht Herodes tafeln und behaglich der Tochter der Herodias zuschauen, welche nach der naiven Anschauung der Zeit auf den Händen tanzt und den Körper in die Höhe wirft, während die Beine abwärts gebogen frei schweben.*) Dann folgt die Enthauptung des Johannes, wobei der Henker in überaus kühner Bewegung gezeichnet ist; weiter die Uebergabe des Hauptes, und darüber eine Gruppe, welche um das Grab versammelt ist. Auch die sehr zerstörten Reliefs des Südportals der Façade; namentlich der thronende Christus, gehören noch dem dreizehnten Jahrhundert an. — Vertreten diese Arbeiten die nördlichste Ausbreitung des Styles, so mögen die Façadensculpturen an der Kathedrale von Bourges für seine weitere südliche Verpflanzung sprechen. An den fünf Portalen ist sehr viel zerstört und erneuert; doch zeigt das mittlere eine sehr ausführliche Darstellung des jüngsten Gerichtes mit feierlich thronendem Christus und tumultuarisch behandelten Teufelsscenen. Das Wenige, was von den gröfseren Statuen ächt ist, gehört zu den besseren Werken der Zeit. Von den drei Portalen der streng und edel behandelten Façade von S. Nicolas (S. Laumer) zu Blois enthält das mittlere einige elegante Sculpturen derselben Epoche.

Menge der Denkmäler.

Rouen.

Bourges.

Blois.

Weiter im Süden hat derselbe Styl seine Verbreitung nach der französischen Schweiz gefunden, wo die Kathedrale von Lausanne (um 1275) in architektonischer wie in plastischer Hinsicht sich den edelsten Werken der Epoche würdig anreiht. Hier ist die Vorhalle am Hauptportal des südlichen Seiten-

Lausanne.

*) Ganz dieselbe Darstellung giebt Villard von Honnecourt Taf. 2 des oben citirten Albums. Ebenso findet sie sich in den Wandmalereien des Doms zu Braunschweig und anderswo.

ſchiffes in den vier Ecken mit je drei groſsen Statuen auf zierlichen Säulen geſchmückt. Unter anderm erkennt man die Apoſtel Petrus und Paulus, den Evangeliſten Johannes, den heiligen Chriſtoph, Moſes mit den Geſetztafeln und Johannes den Täufer mit dem Lamm. Es ſind ſchlanke Geſtalten in feiner Gewandung mit mannigfach entwickeltem Faltenwurf, aber nicht ſo tief und energiſch geſchnitten, wie die Meiſterwerke von Chartres und Rheims, ſondern flacher, weicher, beſcheidener. Die Behandlung iſt überhaupt flüſſig und elegant, namentlich auch Haupt- und Barthaar fein charakteriſirt. Am Mittelpfeiler ſteht eine Madonna mit abgeſchlagenen Armen, der etwas breite Kopf zeigt ein individuelles Gepräge. Das Tympanon enthält in lebendigen Reliefſcenen den Tod der Maria im Beiſein aller Apoſtel, voll inniger Empfindung; daneben ihre Auferſtehung, wobei in liebenswürdiger Weiſe eine Schaar von Engeln ihr behülflich iſt. Darüber der thronende Chriſtus in mandelförmigem Medaillon, feierlich beide erhobenen Hände ausbreitend, flieſsend weich in Gewandung und Bewegung. Daneben zwei anbetende Heilige (Maria und Johannes?); der Eine, von faſt portraitartigem Ausdruck, betet mit gefalteten Händen, während der Andere ſeine Krone darreicht. Hinter ihnen zwei anmuthige Engel mit Weihrauchgefäſsen, unten zwei andere knieend mit Tüchern, die ſie ausbreiten. Intereſſant iſt die Beobachtung, wie der Künſtler hier bei mäſsigeren Mitteln einen Auszug aus den groſsen plaſtiſchen Cyklen der franzöſiſchen Façaden zu geben, und wie ſinnig er dabei auf den dortigen Styl einzugehen weiſs. —

Grabdenkmale. Derſelbe neue Styl ſpricht ſich nun auch in den **Grabdenkmälern** aus. Der ideale Sinn der Zeit begnügt ſich ſelbſt hier mit einem allgemeinen Typus, der in der Regel das Gepräge jugendlicher Anmuth trägt, während ein ſchärferer Ausdruck des Individuellen noch nicht verlangt wird. Zu den früheſten dieſer Fontevrault. Arbeiten gehören mehrere Grabſteine in der Abteikirche zu **Fontevrault**,*) welche den Uebergang aus dem älteren Styl in die neue Auffaſſung mit feſten Daten belegen. Der Grabſtein Heinrichs II. von England († 1189) zeigt noch die ſchlichte aber edle Auffaſſung romaniſcher Zeit in klaren, ſtraffen Falten, in ſtrenger Haltung mit dem ruhigen Ausdruck des Schlummers; die Hand hält, wie im Traume, auf der Bruſt das Scepter. Aehnlich erſcheint Heinrichs Gemahlin, Eleonore von Guyenne († 1204), in Haltung und Gewandung noch ziemlich conventionell, die feinen Züge ebenfalls in ſtillem Schlummer, beide Hände auf der Bruſt gekreuzt, und nur der Wurf des Mantels zeigt ein noch mühevolles Streben nach lebendigeren Motiven. In dem Grabmal von Richard Löwenherz († 1199) iſt dagegen die Gewandung wieder einfacher, der Körper in ſchlanken Verhältniſſen, der ziemlich kleine Kopf mit weichen Zügen; das Scepter hält er mit beiden Händen vor ſich. Einen intereſſanten Beweis für die künſtleriſche Freiheit, mit der man das Individuelle behandelte, bietet der Rouen. Grabſtein deſſelben Königs in der Kathedrale von **Rouen**, wo die Geſtalt, in demſelben ſtrengen einfachen Style behandelt, ganz andere, viel gedrungenere Verhältniſſe und einen gröſseren Kopf zeigt, als dort. Ganz ähnlicher Art iſt ebendort das Grabmal eines Erzbiſchofs Moritz in einer Niſche, deren Bogen

*) Abb. in Didron's Ann. archéol. Tom. V.

von kleinen bemalten Engelfiguren umgeben sind. Wie sich geringere Künstler noch um diese Zeit im Versuch nach einer freieren Behandlung gelegentlich fruchtlos abquälten, zeigt in Fontevrault der Grabstein der Isabella von Angoulême, Gemahlin Johanns von England († 1218). Die Falten des Mantels sind ohne Verständniss hin und her gewunden, auch der Kopf ist sehr schwach in der Zeichnung; die Hände halten ein Gebetbuch. Während alle diese Gestalten noch schlummernd dargestellt sind und dadurch eine Parallele zu der befangenen Haltung der Portalstatuen der älteren Zeit bilden, ist Berengaria, Richards Gemahlin († 1219), in einem herrlichen Grabstein der Abteikirche l'Espan bei le Mans höchst lebensvoll mit freien offenen Augen gebildet. Das Gewand fliesst in weiten Falten herab, der vornehme Kopf ist von antiker Grossartigkeit, die Hände halten ein Kästchen und die Füsse ruhen auf einem Hunde, dem Sinnbild der Treue. Hier ist der Sieg des neuen Styls vollständig entschieden. Sodann finden sich in der Kathedrale zu Amiens zwei grosse bronzene Grabplatten der Erzbischöfe Eberhard von Fouilloy († 1223) und Gottfried von Eu († 1237), welche dieselbe fliessende Behandlung des Gewandes, dieselbe ideale Ausprägung der Köpfe zeigen. Von gleicher Anordnung, die ruhende Gestalt von einer Nische in gebrochenen Spitzbogen umfasst, von sechs Löwen getragen, stehen die Füsse auf zwei sich bekämpfenden Drachen. An der zweiten Platte ist Alles reicher, lebendiger, freier, die Hände namentlich in vollem Verständniss und edlen Formen durchgeführt, auch sind zwei liebliche Engel mit Kerzen und zwei andere mit Weihrauchgefässen hinzugefügt.

L'Espan.

Amiens.

Das wichtigste Gesammtdenkmal der Grabsculptur dieser Zeit ist die grosse Reihenfolge von sechzehn Denkmälern, welche die Gruft der Kirche von St. Denis auf Anordnung Ludwigs IX. erhielt, und die 1264 nach vollendetem Umbau der Kirche dort aufgestellt wurden. Sie beginnen mit den Merowingern und Karolingern und gehen bis zu den Fürsten des dreizehnten Jahrhunderts herab. Natürlich konnte hier von Aehnlichkeit nicht die Rede sein; die Künstler geben überall den typischen Idealkopf ihrer Zeit, in vollen weichen Formen, bei Frauen wie bei Männern ziemlich gleichlautend, doch fallen die Locken bei letzteren frei in demselben conventionellen Schwunge zu beiden Seiten herab, während sie bei den Frauen theilweise vom Schleier verhüllt sind. Alle haben das lange, in tiefen Falten herabfliessende, bei den Männern nur bis an die Knöchel reichende Untergewand und darüber den weiten auf der Brust befestigten Mantel. Die Rechte hält das Scepter, während die Linke sich gewöhnlich mit dem Mantel zu schaffen macht und dadurch dessen freieren Wurf motivirt. Fast scheint es, dass man der chronologischen Reihe nach verfuhr, denn die Gestalten Chlodwigs, Pipins und dessen Gemahlin Bertha sind plump und schwer, der Faltenwurf geistlos, die Haltung ängstlich und befangen. Allein schon Karls des Kahlen Gemahlin Ermentrude ist weich und anmuthig aufgefasst, wenngleich noch etwas gebunden im Styl. Etwas schwächer ist wieder Ludwig III., trockener in der Behandlung Karlmann, und ebenso Robert II. Dagegen sind die Uebrigen meistens frei und schön; so ist Eudes eine der besten Statuen der Zeit und ebenso die herrliche Gestalt der Constance von Arles edel in reich entwickelter Gewandung aufgefasst; Philipp, Ludwigs des Dicken Sohn, nicht minder vortrefflich im Wurf des lebendig bewegten

S. Denis.

Mantels; überaus grofsartig und einfach, im freiesten Adel die Statue der Constance von Castilien. Meisterlich durchgeführt sind auch die Gestalten Heinrichs I. und Roberts des Frommen, ferner Philipp, Ludwigs IV. Sohn. Aber mit besonderer Innigkeit der Empfindung sind die beiden Prinzen Philipp, Ludwigs IX. Bruder († 1221) und Ludwig, der Sohn desselben Königs charakterisirt. Eigenthümlich fein, voll jugendlicher Anmuth hebt Philipp die gefalteten Hände frei empor und bewegt das eine Knie wie zum Schreiten; die Gewandung ist schlicht und edel gelegt, das Ganze eingeschlossen von zierlicher Nische mit Baldachin, die mit mannigfach bewegten Statuetten Leidtragender geschmückt sind; aufserdem durch trefflich erhaltene Polychromie ausgezeichnet. Während auch hier die Köpfe noch ideal und typisch sind, eröffnen Isabella von Aragonien († 1271) und ihr Gemahl Philipp der Kühne († 1285) die Reihe der Statuen, an welchen unter Beibehaltung derselben Grundform zum ersten Mal das Streben nach Wiedergabe des individuellen Gepräges, nach Portraitwahrheit zur Geltung kommt. — Aus der Spätzeit des Jahrhunderts ist sodann noch das Grabmal des Erzbischofs de la Jugie († 1274) in der Kathedrale von Narbonne als ein treffliches Werk zu nennen.

Arbeiten der Goldschmiede. Dafs dieser gewaltige Aufschwung der Plastik auch auf die verwandten Künste entscheidenden Einflufs übte, namentlich aber den Arbeiten der Goldschmiede ein eleganteres Gepräge gab, erkennt man aus jedem Erzeugnifs dieser Epoche. Als eins der glänzendsten und vollendetsten Beispiele ist nach den massenhaften Zerstörungen, welche gerade diese Werke heimgesucht haben, der Schrein des h. Taurinus in der Kathedrale von Evreux vom Jahre 1255 zu nennen.*)

## 2. Deutschland.

Vielseitiges Streben. In Deutschland tritt uns die Plastik dieser Zeit nicht so grofsartig, nicht so einheitlich geschlossen, dafür aber desto mannigfaltiger entgegen. Während in Frankreich durch den schnellen Sieg des gothischen Systems das bunte interessante Treiben der früheren lokalen Schulen zum Schweigen gebracht wurde und der bei aller Neuerungslust durchaus regelsüchtige Charakter der Franzosen sich zum ersten Male in der Kunst geltend machte, erhebt sich in Deutschland als treuer Nachhall der politischen Verhältnisse gerade jetzt zu gröfster Kraft der hartnäckige Unabhängigkeitssinn der Einzelnen. Ungefügig, der einheitlichen Leitung widerstrebend, bildet jede lokale Gruppe, wie in der Architektur so in der Plastik, ihre früheren Tendenzen fort und widersetzt sich lange dem neuen französischen Styl. Aber das Beispiel reicher bildnerischer Ausschmückung, welches man von dort empfing, blieb gleichwohl nicht unbeachtet. Die oben erwähnten Sculpturen an der Schottenkirche zu Regensburg (S. 363) und jene der Galluspforte am Münster zu Basel zeigen wie wenig die knappen bescheidenen Formen des romanischen Styles bis dahin geeignet waren, einer reicheren bildnerischen Ausstattung den festen Rahmen zu bieten. In ähnlicher Weise überfluthet noch in den ersten Decennien des dreizehnten Jahrhunderts

*) Trefflich abgebildet in den Mél. d'archéol. III.

Schöngrabern. Wien. Breslau.

eine ebenso formlose als wilde Phantastik die Aussenwände der Chornische an der Kirche zu Schöngrabern in Niederösterreich, die wahrscheinlich erst zwischen 1210 und 1230 ausgeführt wurde*). An der um dieselbe Zeit erbauten Façade von St. Stephan zu Wien tritt derselbe regellose Sinn abermals auf, aber schon das herrliche Hauptportal zeigt eine maassvollere Behandlung, entfaltet seine Glieder in glänzender Decoration und beschränkt die phantastischen Zusätze auf das durchlaufende Kämpfergesims der Pfeiler. Das Bogenfeld enthält dagegen noch ganz im herkömmlichen streng romanischen Style den thronenden Christus in einem von zwei Engeln gehaltenen Medaillon. Von verwandter Art ist das Prachtportal an der Südseite der Magdalenenkirche zu Breslau, ehemals an der Kirche des abgebrochenen Vincenzklosters befindlich. Hier wird die überreiche Ornamentik nicht allein mit einer Fülle barocker phantastischer Gebilde durchzogen, sondern an den Kapitälen und Archivolten mit geschichtlichen Darstellungen in derbsten Reliefs bedeckt. Neben fabelhaften Ungethümen erblickt man an den Kapitälen der beiden äussersten Säulen zweimal Adam und Eva unter dem Baume mit der Schlange. An der innersten Archivolte dagegen sind in sieben Feldern die Hauptscenen des Lebens Christi von der Geburt bis zur Sendung des heiligen Geistes angeordnet. Alles Figürliche erscheint geradezu barbarisch, während der Styl der Ornamentik doch schon auf das erste Viertel des dreizehnten Jahrhunderts deutet.

Portal von Tischnowitz.

Indess hörten die deutschen Meister nicht auf, weitere Versuche mit dem romanischen Styl zu machen, und so gelang es denn in mehreren Fällen, die schwelgerische Ornamentik desselben zu retten, sie aber von phantastischen Elementen mehr zu läutern und eine selbständig entwickelte Plastik damit zu verbinden. Ein bedeutendes Werk dieser Art bildet das Portal der Klosterkirche zu Tischnowitz in Mähren, jedenfalls erst nach 1238 ausgeführt**). Es ist eine der glänzendsten Leistungen der Zeit, was Schönheit der Anlage, Pracht und Reichthum der verschwenderisch darüber ausgegossenen Ornamentik betrifft. In die geschmeidigen Arabeskenranken des romanischen Styles mischt sich auf geistvolle Weise der naturalistische Blätter- und Blumenschmuck der jungen Gothik, sodass die Herbstflora der früheren mit den Frühlingsblüthen der neuen Zeit verbunden ist. Dazu gesellen sich plastische Gebilde, welche noch streng am romanischen Style festhalten. Zunächst im Tympanon der thronende Christus in der Mandorla, von den Evangelistenzeichen umgeben. Zwei kleinere Gestalten in fürstlichen Gewändern, eine männliche und eine weibliche, haben sich zu Boden geworfen und bringen dem Erlöser das Modell der von ihnen gestifteten Kirche dar. Wahrscheinlich sind es die Königin Constanzia, Gemahlin Otakar's I. von Böhmen, und ihr Sohn, König Wenzel I. Hinter ihnen stehen eine männliche und eine weibliche Gestalt, vielleicht eher ihre Schutz-

*) Gediegen publicirt von *G. Heider*. Wien 1855.

**) Die reichliche Aufnahme von Laubformen, die nach gothischer Weise wirklichen Pflanzen nachgebildet sind, erlaubt schwerlich anzunehmen, dass die Einweihung vom J. 1239 dies Portal schon vollendet gefunden habe. Abgeb. und beschrieben von *Wocel* im Jahrb. der Oester. Centr. Commiss. III. Bd. Wien 1859. Die Vergleichung mit dem Portal von S. Maria in Toscanella, die der Berichterstatter anstellt, erscheint ziemlich müssig. Die nordische Kunst hat am wenigsten im 13. Jahrh. ihre Vorbilder in Italien gesucht.

heiligen als ihre nächſten Verwandten*). Dieſe ganze Compoſition iſt, einſchlieſslich der in orientaliſcher Weiſe am Boden rutſchenden Donatoren, völlig im Geiſte byzantiniſcher Kunſt. Dagegen ſind an den Portalwänden die Statuen der zwölf Apoſtel angebracht, die beiden äuſserſten etwas entfernt und auf Säulen, welche von unförmlichen Löwen getragen werden; dieſe ſammtlich noch in romaniſchem Style mit antikiſirenden Gewandern, aber in offenbarem Streben nach charakteriſtiſcher Mannigfaltigkeit (Fig. 221). Doch ſcheint die Arbeit ungleich; Einiges nicht ohne belebtere Motive, Anderes ziemlich

Fig. 221. Apoſtel. Tiſchnowitz.

roh, die Falten bei mehreren Geſtalten ſtarr in parallelen Linien. Die Kopfe haben etwas Naturaliſtiſches, das in einigen zu faſt bedenklicher Wildheit übergeht und geradezu ein national ſlaviſches Geprage anzunehmen ſcheint**).

Portal von S. Ják.

Aus ähnlicher Tendenz iſt das kaum minder prachtvolle Portal der Kirche von S. Ják in Ungarn hervorgegangen. Seine Ornamentik bewegt ſich noch völlig in romaniſchen Formen, aber der Spitzbogen und die Kleeblattform der Niſchen über den Archivolten ſprechen im Einklange mit der Geſammtanlage für das dreizehnte Jahrhundert, deſſen zweitem Viertel dies edle Denkmal angehören mag. Im Tympanon ſieht man das Bruſtbild Chriſti, von zwei knieen-

*) Letzteres nimmt Wocel a. a. O. S. 263 an. Mir ſcheint jedoch beſonders die aufrechte Stellung und die empfehlende, aber nicht belebte Bewegung der Hände dagegen zu ſprechen.

**) Ich urtheile nach Photographien, nach welchen auch die Abbildung angefertigt iſt. Mehrere Köpfe —, welche, wird nicht geſagt — ſollen in Gyps erneuert worden ſein.

den Engeln gehalten. Der Meister dieses Baues mochte aber die reiche Decoration seiner Säulen und Pfeiler nicht aufgeben oder durch Statuen unterbrechen, deren Gröfse die Anmuth der architektonischen Verhältnisse beeinträchtigt hätte. Daher ordnete er die Gestalten Christi und der Apostel in Nischen über dem Portal an, welche aufsteigend der Linie des Vorhallendaches folgen. Diese Anordnung ist ebenso wohl durchdacht als wirkungsvoll. Was den Styl der Gestalten betrifft, so scheinen dieselben den reich bewegten, aber noch durchaus auf antiker Grundlage beruhenden der romanischen Zeit nicht ohne glückliche Mannigfaltigkeit der Motive festzuhalten*).

Welche Anhänglichkeit man noch immer in den verschiedensten Gegenden Deutschlands dem älteren Style widmete, beweisen sodann die noch bedeutenderen Leistungen der fränkischen Schule im Dom zu **Bamberg**. Zunächst gehören hierher die Reliefgestalten, welche in den Wandnischen der Schranken am östlichen (Georgen-) Chor angeordnet sind. An der südlichen, wie an der nördlichen Seite sieht man je zwölf paarweise verbundene Apostel und Propheten, denen an der Südseite noch der h. Georg mit dem Drachen, an der Nordseite die Verkündigung hinzugefügt wird. Die Gestalten sind in einem aus antikisirender Ueberlieferung und naturalistischen Tendenzen merkwürdig gemischten Style durchgeführt. Nicht blofs die verschiedenen Köpfe zeigen das Streben nach charakteristischer Auffassung, sondern der Künstler sucht die ganzen Figuren dramatisch zu bewegen. Er stellt je einen Apostel mit einem Propheten zusammen, z. B. den König David mit dem Apostel Simon wie in lebhafter Unterredung begriffen, ganz so wie die Mysterienspiele des Mittelalters Propheten und Apostel in Wechselreden vorführen. Einen sieht man im Vorwärtsschreiten über die Schulter zurückblicken und seinem Nebenmanne zum Nachfolgen winken. Zwei Andere sind, während der Eine ebenfalls fortschreitet und sich umwendet, in eifrige Discussion vertieft, wobei der Gestus der Hände die Demonstration deutlich unterstützt. Aber in diesem Streben nach Lebenswahrheit wird der Künstler durch die geringen Naturstudien und die Fesseln der Tradition gehemmt. Die Gewandbehandlung stützt sich auf die antike, wie sie der Bamberger Schule des elften Jahrhunderts so geläufig war; aber man bemerkt ein Haschen nach neuen Motiven, ein Häufen der Falten und flatternd bewegte Zipfel. Die Körper sind mehrfach ganz verrenkt, und nur in ruhiger Haltung wie bei der Verkündigung macht sich in erfreulicher Weise ein feiner Sinn für das Ausdrucksvolle der Bewegung, namentlich der Arme und Hände geltend**). Die genaue, allerdings etwas harte Ausführung zeugt ebenfalls von ernstem künstlerischem Streben. Die Entstehungszeit dieser Arbeiten wird in den Beginn des dreizehnten Jahrhunderts zu setzen sein. — In unmittelbarem Anschlufs an dieselben wurden sodann am Hauptportal des nördlichen Seitenschiffs die Statuen der Propheten, welche die Apostel auf den Schultern tragen, ausgeführt. Auch hier herrscht noch dieselbe conventionelle Zierlichkeit und Schärfe der antikisirenden Gewandung, aber die Bewegungen sind etwas freier entwickelt, die Gestalten klarer markirt

Dom zu Bamberg.

*) Ich urtheile nach den Zeichnungen, welche den Bericht *R. v. Eitelberger's* im Jahrbuch d. W. Centr. Comm. I. Bd. 1856 begleiten.

**) Vergl. die Abb. in *Kugler's* Kl. Schr. I. S. 154 und 155, sowie in *Förster's* Gesch. d. D. Kunst. I. zu S. 98 und in dessen Denkm.

in feſterem Schreiten, die ganze Behandlung iſt etwas flüſſiger, während doch dieſelbe Grundlage und eine verwandte ſcharfe Charakteriſtik der Köpfe feſtgehalten wird. Bemerkenswerth iſt bei dieſer wie bei den beſten der übrigen Arbeiten derſelben Zeit die befangene vorwärts geneigte Haltung des Oberkörpers, ein Zeugniſs von architektoniſcher Gebundenheit. Die Arbeiten ſind etwas jünger als die Reliefs der Chorſchranken, aber ſie ſtehen denſelben noch ſehr nahe. Der Umſtand, daſs ſie den alten Styl nicht mehr in voller Schärfe ausprägen und doch den neuen edleren noch nicht gewonnen haben, iſt der Beurtheilung dieſer nicht zu unterſchätzenden Werke ungünſtig geweſen. Dieſelbe etwas freiere Entwicklung und flüſſigere Behandlung erkenne ich endlich an den Reliefs im Bogenfelde des nördlichen Portals der Oſtſeite. Man ſieht die thronende Madonna, von Engeln umringt und von Heiligen, die in Bruſtbildern dargeſtellt ſind, verehrt*). Dieſe Werke bilden, auf der Grenze der Epoche ſtehend, einen Uebergang zu dem milderen Style des folgenden Zeitabſchnittes.

Sculpturen in Weſtfalen. Weitere Beiſpiele von ſpätem Beharren bei romaniſchen Formen bieten ſodann zwei ebenfalls bedeutende Werke in Weſtfalen, einer Provinz, die ſich durch Feſthalten an der Tradition immer ausgezeichnet hatte. Das eine ſind die Statuen in der Vorhalle des ſüdlichen Hauptportals am Dom zu

Vorhalle zu Münſter. Münſter**): dreizehn groſsartige Geſtalten, noch in ſtreng antikiſirender Weiſe mit reich und mannigfach durchgebildeten Gewändern ausgeführt. Die Köpfe ſind charakteriſtiſch entwickelt, aber die Figuren ſelbſt kommen über eine gewiſſe conventionelle Auffaſſung nicht hinaus, die von den Ergebniſſen des neuen Styles ſich noch gar nicht berührt fühlt. Neben neun Apoſteln ſieht man die Heiligen Laurentius und Magdalena, einen Kaiſer und den Biſchof Theodorich, der 1225 den Grundſtein zum Neubau gelegt hatte, aber die Vollendung deſſelben (1261) nicht mehr erleben ſollte. So ſpät dies Datum Angeſichts des ſtrengen Styls der Bildwerke erſcheinen mag, ſo wird es doch wohl ungefähr der Zeitpunkt ihres Entſtehens ſein. Etwas mehr hat dagegen der Meiſter der

Portal zu Paderborn. Sculpturen am Südportal des Doms zu Paderborn***) der neuen Auffaſſung Zugang geſtattet, obwohl auch er, etwa um dieſelbe Zeit, noch überwiegend den romaniſchen Anſchauungen folgt. Aber aus einzelnen Zügen, wie in der Statue der Madonna am Mittelpfeiler, welche ihr Kind liebkoſend an ſich drückt, klingt eine neue Empfindung hervor. Auch die acht Geſtalten von Biſchöfen, Königen und Heiligen zu beiden Seiten zeigen einen weicheren Styl als die Arbeiten in Münſter. Am Tympanon erſcheint der Gekreuzigte neben zwei Engeln, welche Schleier ausbreiten.

Welch ſeelenvoller Schönheit aber auch die frühere Auffaſſung fähig ſei,

*) *Sighart*, a. a. O. S. 257 ff. giebt eine Beſchreibung der Bamberger Sculpturen, die nicht allein von Unrichtigkeiten wimmelt, ſondern auch keine Spur von einer Entwicklungsgeſchichte derſelben enthält. Und doch hatte *Kugler* in ſeinen Kl. Schriften I. 154 ff. ſchon alles Weſentliche in kurzen treffenden Bemerkungen angedeutet!

**) Vergl. meine Geſchichte der mittelalt. Kunſt in Weſtfalen S. 132 fg. Abbildung zweier Apoſtel in *E. Förſter's* Denkm.

***) Eine Abbildung, wenngleich nicht von genügend ſcharfer Charakteriſtik, in *Schimmel's* Denkm. aus Weſtfalen.

das sollte sich vor ihrem völligen Verschwinden in einer altbewährten Bildhauerschule glänzend offenbaren.

In den sächsischen Gegenden entwickelte sich dieser Styl, der zwar auch noch auf romanischer Grundlage ruht und sichtlich an die früheren Leistungen der dortigen Schule anknüpft, aber dieselben durch feinere Empfindung und höheres Schönheitsgefühl zu läutern sucht. Das früheste bedeutendere Denkmal dieser Richtung sind die Reliefs an der Kanzel der Kirche zu Wechselburg: an der Vorderseite der thronende Christus von den Evangelistensymbolen umgeben, neben ihm Maria und Johannes, jene auf der Schlange, dieser auf einer männlichen Figur stehend; auf den Seitenfeldern Moses mit der ehernen Schlange, Kain und Abel mit ihren Opfergaben und Abrahams Opfer (Fig. 222), lauter alttestamentliche Typen des Opfertodes Christi. Diese Werke, in kräftig Sächsische Schule. Kanzel zu Wechselburg.

Fig. 222. Von der Kanzel zu Wechselburg.

vorspringendem Relief durchgeführt, athmen ein überraschendes Naturgefühl, das durch die antikisirte Gewandung hervorbricht und selbst in den überlieferten Gestalten Christi und der Evangelistensymbole zum Ausdruck kräftigen Lebens sich aufschwingt. Während Manches, namentlich die Hände, noch ungeschickt ist, zeigt sich in den Gestalten eine edle plastische Fülle und in den Köpfen nicht nur Schönheitssinn, sondern selbst ein freies Seelenleben. So ist Kains tiefe Trauer ergreifend geschildert, so die kindliche Ergebung Isaaks naiv ausgesprochen. Die künstlerische Begabung des Meisters erhellt aber auch aus der grofsen Mannigfaltigkeit der Gewandmotive, die nur bei Abraham durch das fast pathetisch Gewaltsame der Stellung etwas unruhig ausfallen. Bei der Anbetung der Schlange ist mit Geschick der Körper des todt Daliegenden hinter den beiden vorderen Gestalten fortgeführt. Beim Opfer Abels erscheint die Ausführung nicht so fein, doch läfst sich in dieser Hinsicht nur annähernd urtheilen, da sämmtliche Figuren, ehemals vergoldet und bemalt, jetzt braunroth angestrichen sind. Ist dies treffliche Werk auch nicht gleichzeitig mit der Vollendung der Kirche im Jahre 1184, sondern wohl erst im Beginne des 13. Jahrhunderts hinzugefügt, so erscheint doch der Gegensatz mit den barbarischen plastischen Arbeiten des südlichen Deutschlands sehr auffallend und für den Zustand der deutschen Kunst jener Zeit, für ihre verschiedenen

Richtungen und Schickfale höchft bezeichnend. Ja, felbft wenn wir es in das zweite Viertel des dreizehnten Jahrhunderts herabrücken, fleht es unter fämmtlichen gleichzeitigen Arbeiten ziemlich vereinzelt da. Seine Erklärung findet es nur im Zufammenhange mit den um diefelbe Zeit oder kurz vorher entflandenen Sculpturen in der Kirche zu Hecklingen und an der Bufskapelle zu Gernrode (S. 361 fg.)

Goldene Pforte zu Freiberg.

Noch glänzender entfaltet fich derfelbe Styl an den Sculpturen der goldenen Pforte des Doms zu Freiberg im Erzgebirge*). Hier hat offenbar die prachtvolle Anlage der gothifchen Portale Frankreichs einem deutfchen Meifter um die Mitte des 13. Jahrhunderts den Anftofs gegeben, den romanifchen Styl gegen die neue Bauweife in die Schranken zu führen und mit ihr um die Palme ringen zu laffen. In grofsartiger Anlage, in Adel der Ornamentik, vor allem aber in reichlicher Anwendung bildnerifchen Schmuckes nimmt es unter allen romanifchen Portalen die erfte Stelle ein. Dafs in der That eine Einwirkung der franzöfifchen Werke flattgefunden hat, fcheint befonders aus dem Inhalt der Darftellungen hervorzugehen. Im Bogenfelde thront mit dem Chriftuskinde Maria als gekrönte Königin, zur Rechten von den drei Königen des Morgenlandes verehrt, denen zur Linken der Nährvater Jofeph und der Erzengel Gabriel gegenüber geftellt find. An die drei Archivolten ift mit Gefchick eine Darftellung des jüngften Gerichts vertheilt. In dem äufserften Kreife fieht man den Engel des Gerichts und die auf feinen Ruf aus den Gräbern erftehenden Todten, an dem innerften Kreife Chriftus von Engeln umgeben, den Auserwählten die Krone des Lebens reichend; in dem folgenden Kreife fieht man umgeben von Apofteln einen Engel, der die Seelen in Abrahams Schoofs trägt; in dem vierten Kreife noch andere Heilige, Apoftel und Propheten. Auf den vorfpringenden Kämpfergefimfen lagern Löwen, Sirenen und andere phantaftifche Geftalten; endlich find zwifchen den reich gefchmückten Säulen der Portalwände auf kleinen Säulchen die faft lebensgrofsen Statuen von acht heiligen Perfonen des alten Teftamentes aufgeftellt, die eine prophetifche Beziehung auf Maria und den Meffias haben. Links beginnt die Reihe mit der claffifch fchreitenden jugendlichen Geftalt Daniels, ihm folgt eine weibliche mit der Krone gefchmückte, vielleicht die Königin von Saba, dann ein jugendlicher König Salomo, endlich Johannes der Täufer. Rechts (Fig. 223) erhebt fich die ehrwürdige Geftalt eines langbärtigen Mannes (Noah oder Aron) mit Scepter und Weltkugel; dann eine gekrönte Frau, König David mit der Harfe und ein jugendlicher Mann mit einem Buche, vielleicht der Evangelift Johannes. Der Styl diefer Werke mufs als die höchfte Blüthe deffen bezeichnet werden, was die gefammte Plaftik der früheren Epochen in Deutfchland erftrebt hatte. Wie die Architektur des romanifchen Styles in Meifterwerken wie der Dom zu Bamberg ihre letzten Confequenzen zieht, fo feiert hier die Sculptur derfelben Epoche ihre Vollendung. Wenn die franzöfifche Gothik diefelbe Empfindung der Zeit in andern, dem damaligen franzöfifchen Geifte entfprechenden Formen ausprägte, fo haben wir hier eine ebenbürtige Aeufserung des deutfchen Geiftes.

---

*) Die Abbildungen in *Puttrich's* Denkm. von Sachfen I. 1 geben im Ganzen einen richtigeren Begriff als die in *E. Förfter's* Denkm.

Sie zeichnet sich aus durch ähnliche Meisterschaft der Ausführung, durch ein verwandtes Naturgefühl, das namentlich in den kleinen nackten Gestalten der Auferstehenden von merkwürdiger anatomischer Detailirung zeugt, aber ihre Empfindung ist weicher, inniger, zarter. Schon in dem Relief des Bogenfeldes, das außerdem durch freie und edle Raumfüllung anzieht, ist besonders in den bewegten Gestalten der knieenden Könige jene Innerlichkeit der Empfindung

Fig. 223. Von der goldenen Pforte zu Freiberg.

zu spüren. Noch wärmer giebt sie sich in den Statuen zu erkennen. Noch einmal verschmelzen hier antiker Schönheitssinn und deutsche Empfindung, getragen von einem Naturgefühl, das bis in's Kleinste der Gesichtszüge, der Hände und Füsse voll Adel und Lebenswahrheit ist. In dem weichen Fluss der Linien, der Mannigfaltigkeit der Motive, selbst in der hier noch ziemlich erhaltenen Vergoldung und Bemalung, namentlich aber im Styl der Gewänder spricht sich die Verwandtschaft mit den Kanzelreliefs von Wechselburg unverkennbar aus; es ist dieselbe Schule, aber in Freiberg zu höchster Anmuth, Leichtigkeit und Freiheit durchgebildet.

Altar zu Wechselburg.

Derselben Richtung begegnen wir wieder in einem zweiten Werke der Kirche zu Wechselburg, dem plastischen Schmucke des Hauptaltars*). Es ist ein großer steinerner Bau, mit zwei Bögen gegen die Apsis geöffnet, in den Nischen mit vier Reliefiguren, Daniel und David, einem Propheten und einem jugendlichen König geschmückt. Diese Arbeiten, in demselben grobkörnigen rothen Rochlitzer Sandstein ausgeführt, wie die Sculpturen der Kanzelbrüstung zeigen eine Vollendung und Feinheit des Styls, die über die Ungunst des Materials triumphirt. Die Gestalten haben dasselbe anmuthige, jugendliche Gepräge, dieselbe Innigkeit des Ausdrucks, den weichen Fluß der Gewänder, das allseitig entwickelte Formverständniß der Statuen von Freiberg. Hier ist nichts Unfreies mehr, aber auch noch nichts von dem Conventionellen der gleichzeitigen gothischen Sculptur. Die Mitte dieses Altarbaues trägt auf einem höheren Bogen die kolossalen, nicht wie gewöhnlich angegeben wird in Holz geschnitzten, sondern in Thon gebrannten Figuren des Gekreuzigten, nebst Maria und Johannes, diese beiden auf den niedergeworfenen Figuren des Judenthums und Heidenthums stehend. Der Körper Christi ist trefflich durchgebildet, Maria und Johannes von innigem Ausdruck, das Ganze noch in alter, wenngleich wohl etwas erneuerter Bemalung. An den Armen des Kreuzes sieht man in Reliefs Gottvater, zwei fliegende Engel und unten eine männliche Gestalt mit dem Kelche, vielleicht Nikodemus, der das Blut Christi auffängt. Der schärfere Styl, namentlich in den gehäuften Falten der Gewänder mag zum Theil sich aus dem Material erklären, hauptsächlich aber scheint er der Ausfluß einer übertreibenden Manier, die mit ihren flatternden Gewandzipfeln schon seit dem Ausgange der vorigen Epoche sich in manchen deutschen Bildwerken bemerklich machte. — Derselben Schule und Epoche gehört dort im Chore das Grabmal des Grafen Dedo, des Stifters der Kirche († 1190), und seiner Gemahlin Mechthildis an. Es sind edle Gestalten von lebendigem Ausdruck, mit fein entwickelten bewegten Gewändern, jedenfalls nicht vor 1250 ausgeführt.

Trausnitz bei Landshut.

Im übrigen Deutschland wissen wir nur noch ein umfangreicheres Denkmal dieser letzten feinen Nachblüthe des romanischen Styls zu nennen: die reiche plastische Ausstattung in der Doppelkapelle auf Burg Trausnitz bei Landshut. An der oberen Chorbrüstung sieht man in zierlichen Nischen fünfzehn halb lebensgroße sitzende Gestalten Christi, der Maria, der Apostel und Evangelisten, aus deren Reihe mehrere zerstört sind; darüber ein etwas späteres großes Crucifix nebst Maria und Johannes; ferner zur Seite der Altarnische unter reichen Baldachinen die Heiligen Barbara und Katharina, endlich an der Seite neben dem Altar eine große Darstellung der Verkündigung. Es sind fein in Stuck ausgeführte, reich bemalte Arbeiten, die durch dies Material, mehr noch durch den Styl an die sächsischen Werke der romanischen Schlußepoche erinnern. Die Auffassung ist auch hier noch stark antikisirend, jedoch in dem freieren

*) Abb. bei *Puttrich* a. a. O. und in *Förster's* Denkm.

Sinne dieser Zeit, und von frischer Lebensregung erfüllt. Die Apostelköpfe zeigen eine mannigfaltige entschiedene Charakteristik, die jugendlichen sind besonders anmuthig in mildem Lächeln dargestellt. Vorzüglich liebenswürdig ist die Verkündigung; die thronende Madonna, zu deren Ohr sich die Taube niedergelassen hat, wendet sich aufmerksam dem Engel zu, welcher gar sittig heranschreitet. Die Erbauung der Kapelle scheint unter Ludwig dem Kehlheimer bis 1231 erfolgt zu sein, und dieser Zeit entspricht auch der Styl der Bildwerke. Derselben Schule gehören die aus Holz geschnitzten mit Stuck überzogenen und bemalten Statuen Ludwigs des Kehlheimers und seiner Gemahlin Ludmilla, welche sich in der Afra-Kapelle zu Landshut befinden.

Eindringen des goth. Styles.

Wie die romanische Architektur, so vermochte auch die reife Blüthe ihrer Sculptur sich vor dem übermächtig eindringenden gothischen Style Frankreichs nicht zu halten. Die erregte Empfindung der Zeit fand ihre Gedanken verständlicher und ergreifender in den neuen energischen Formen ausgesprochen als in den noch so fein durchgebildeten Gestalten des früheren Styles, der doch immerhin den wenn auch fernen Zusammenhang mit der Antike nicht verleugnen konnte. So sehen wir denn in den ersten Decennien des dreizehnten Jahrhunderts den neuen Styl im Gefolge der Architektur eindringen und bald in den verschiedensten Gegenden selbständig geübt. Bisweilen eilt er sogar der Architektur voraus und tritt an Bauwerken auf, die noch ganz im romanischen Styl der sogenannten Uebergangszeit ausgeführt sind. So zuerst an dem romanischen Portal der Liebfrauenkirche zu Trier, einem der frühesten Gebäude des gothischen Styls in Deutschland, von 1227 bis 1243 erbaut. Das Bogenfeld giebt Scenen aus der Jugendgeschichte Christi, sodann die thronende Maria, von den drei Königen verehrt; die Archivolten enthalten die klugen und thörichten Jungfrauen, Heilige und Engel, Bischöfe und Kirchenväter; an den Wänden ehemals sechs, jetzt noch drei Statuen, welche die Kirche, die Synagoge und einen Heiligen darstellen. Die übrigen Theile der Façade setzen diesen Bilderkreis fort; an den Strebepfeilern sind als vorbildliche Typen die Opfer Abrahams und Noahs, an der obern Wand die Verkündigung, im Giebelfelde der Gekreuzigte nebst Maria und Johannes angebracht. In allen diesen Werken waltet noch eine Befangenheit, welche die Elemente des neuen Styles sichtlich als fremde, ungewohnte handhabt. Die Figuren sind meist unbelebt, nur die beiden weiblichen Gestalten der Kirche und Synagoge zeigen bewegtere Haltung. In ähnlicher Befangenheit tritt derselbe Styl an der Kirche zu Tholey in den Sculpturen des nördlichen Portals auf. Es enthält an den Archivolten die klugen und thörichten Jungfrauen, im Bogenfelde die Auferstehung Christi. Von verwandter Art sind die Sculpturen am Südportal der Stiftskirche zu Wetzlar, besonders in der Mitte die Statue der Madonna mit dem Kinde, sodann unter Baldachinen vier Heiligengestalten, oben im Giebelfelde der thronende Christus, und zu beiden Seiten wieder vereinzelt Maria und Johannes in fürbittender Geberde, also eine abgekürzte Darstellung des Weltgerichts.

Liebfrauenkirche zu Trier.

Tholey.

Wetzlar.

Bamberg.

Kurze Zeit darauf, etwa gegen 1250, erscheint der neue Styl in reifer Schönheit an den Sculpturen, mit welchen um diese Zeit die plastische Ausstattung des Doms zu Bamberg vollendet wurde. Zunächst sind es die sechs

Südliches Oſtportal. faſt lebensgroſsen Statuen, welche dem ſüdlichen*) Portal der Oſtſeite nachträglich hinzugefügt wurden. Auf Conſolen, meiſtens von angeſetzten Laubbüſcheln und unter Baldachinen, welche ſämmtlich recht unorganiſch in die Gliederung des Portals eingreifen, ſind einerſeits Adam und Eva und ein männlicher Heiliger mit dichtem krauſem Bart und Haupthaar, wahrſcheinlich Petrus, in der Linken ein (halb abgebrochenes) Kreuz haltend, dargeſtellt. Gegenüber ſieht man die Stifter des Domes, Kaiſer Heinrich II. mit Krone, Scepter und Reichsapfel und ſeine Gemahlin Kunigunde mit dem Modell des Domes in der Rechten, während die Linke in belebter Geberde bewegt iſt, daneben ein demüthig geneigter jugendlicher Heiliger, in der Hand einen zerſtörten Gegenſtand, vielleicht einen Stein haltend, alſo Stephanus. Die Gewandfiguren ſind voll Adel, die Geſtalt der Kaiſerin wahrhaft vornehm im gürtelloſen, herrlich herabwallenden Gewande, Stephanus im ſchlichten Diakonengewand, der Kaiſer und der Apoſtel in reicherem Faltenwurf des frei angeordneten Mantels, aber auch dieſe mit Feinheit ganz verſchieden charakteriſirt. Adam und Eva zeugen von einem merkwürdigen Verſtändniſs der nackten Geſtalten, die allerdings etwas ſcharf und mager, bei Adam z. B. mit Andeutung der Rippen, aber in ſchlanken Verhältniſſen durchgeführt ſind. Die Köpfe beider ſind fein gebildet, voll lieblicher Unſchuld, Adam durch Andeutung des Bartflaums charakteriſirt. Der ſchöne Kopf der Kaiſerin zeigt ein huldvolles Lächeln, der des Kaiſers iſt keineswegs ideal, ſondern mit entſchiedenem Streben nach individuellem Gepräge, Petrus endlich ebenſo kühn und energievoll wie Stephanus demüthig. So haben dieſe Statuen alle Vorzüge ohne die Mängel des neuen Styles. Derſelben Hand möchte ich auch die Statuen der Kirche und der Synagoge zuſchreiben, welche zu beiden Seiten der goldenen Pforte am nördlichen Seiten-

Südportal. ſchiff (vergl. S. 416) hinzugefügt wurden. Von ähnlicher Schlankheit, von ebenſo edler Schönheit zeigen ſie dieſelbe feine Charakteriſtik und nur in der Behandlung noch weicheren Fluſs, vollere Rundung. Die Kirche, deren Kopf in hoher, faſt ſtrenger Schönheit die Krone trägt, iſt über dem langen Gewande in einen Mantel gehüllt, der in weitem Wurf von der linken Hüfte nach dem rechten etwas vortretenden Knie herabfällt. Die Synagoge dagegen, deren edles Haupt eine Binde verſchleiert, iſt in einfacheres Gewand gekleidet, das in tiefen groſsen Falten herabflieſst. Unter der Binde erkennt man deutlich die Form der Augen. In der Rechten hält ſie den zerbrochenen Stab, die Linke läſst wie kraftlos die Geſetztafeln herabfallen. Die Feinheit der Ausführung iſt hier ſo hoch getrieben, daſs ſelbſt die kleinen Fältchen der engen Aermel unter den Achſeln auf's Zierlichſte ausgedrückt ſind. Nicht minder vorzüglich iſt ein angeſtrengt zum Gericht blaſender Engel und eine ſitzende Geſtalt Abrahams, der die lächelnden Figürchen der Seligen in ſeinem Schooſse hält; beide Werke allerdings unpaſſend und unſymmetriſch über dem Hauptgeſimſe angebracht. Offenbar wuſste der Künſtler mit dieſem Ueberſchuſs ſeiner Compoſition keinen andern Ausweg und mochte die Geſtalten doch nicht entbehren, da das Tympanon

*) Nicht dem nördlichen, wie *Sighart*, a. a. O. S. 257 ſagt, indem er das nördl. und ſüdl. Portal ſo vermiſcht, als ob er beide ſelber nie geſehen hätte. Treffliche Abb. bei *Kugler*, Kl. Schr. I. S. 156. 157., anſpruchsvollere bei *Förſter*, Denkm.

ohnehin schon in gedrängtester Anordnung eine Darstellung des jüngsten Gerichtes erhielt. Sie ist ein kleines Meisterstück von Raumbenutzung, denn in der Mitte entfaltet sich grofs und feierlich die Gestalt Christi, von Engeln umgeben. Zu den Füfsen des Thrones haben sich Maria und Johannes zu inniger Fürbitte hingeworfen. In dem kleinen Raume zwischen ihnen erblickt man mehrere gut bewegte Figuren Auferstehender. Der übrige Raum ist geschickt ausgefüllt mit einer Gruppe Seliger, welche von Engeln empfangen werden, und einer Schaar Verdammter aus allen Ständen, die ein Teufel grinsend zur Hölle schleppt. Hier ist der Ausdruck der Empfindungen die Klippe, an welcher der Künstler scheitert, denn Selige wie Verdammte zeigen dasselbe stereotype Lächeln. —

Statuen im Innern.

Endlich gehört derselben Zeit eine Reihe vorzüglicher Statuen, im Innern an der nördlichen Scheidewand des Ostchors auf Consolen angebracht. Es sind sechs fast lebensgrofse Gestalten, der Mehrzahl nach zu dem Herrlichsten der Zeit gehörend. Zunächst eine stehende Madonna mit dem Kinde, minder bedeutend, obendrein stark ergänzt. Dann folgt eine Sibylle, wie es scheint, ein streng matronaler Kopf mit der Binde, scharf hinausblickend. Mit emporgehobener Linken wirft sie eine ganze Fluth von prächtigen Falten, die in der Durchführung völlig der Antike nachgebildet sind. Noch mehr gilt das von einer andern weiblichen Gestalt mit einem Buche in der Hand, die durch den Schleier auf dem Haupte und dasselbe Motiv der reich durchgeführten Gewandung geradezu als Studie nach einer römischen Matronenstatue erscheint. Diese beiden Werke könnten von demselben Meister herrühren. Dagegen ist die folgende, der Engel der Verkündigung, wieder in dem einfachen Styl behandelt, der an den Portalstatuen uns entgegentrat, nur etwas strenger in der Durchführung. Das Gewand fliefst ganz schlicht herab, der Kopf zeigt starke Züge, scharf geschnittene Lippen, grofse Nase, geschlitzte Augen mit breitem Lächeln und langes Lockenhaar. Dann folgt ein heiliger Bischof und der h. Dionysius, letzterer mit erneutem Kopfe, beide mehr conventionell behandelt. — Wie unternehmungslustig sich diese Zeit an die schwierigsten Aufgaben machte, beweist das Reiterstandbild Königs Konrads III., welches auf einer breiten, von Consolen getragenen Platte ziemlich hoch an einem Pfeiler im Dome angebracht ist (Fig. 224). Der jugendliche Reiter sitzt leicht und elastisch in seinem hohen Sattel und schaut wie von einem Throne mit anmuthiger Wendung des Kopfes herab. Sein Pferd ist ein schwerer Gaul von unedler Raçe, dabei ziemlich steifbeinig, der Kopf mit häfslicher Rammsnase*); aber das Naturstudium, welches bis auf die grofsen Hufeisen genau ins Einzelne dringt, zeigt sich von sehr tüchtiger Seite. Selbst zu einem Reiterstandbild auf offenem Markte, also nicht mehr für kirchliche Zwecke gearbeitet, versteigt sich der kühne Muth dieser Epoche in dem Reiterbilde Kaiser Otto's I. auf dem Markte zu **Magdeburg**.**) Auch hier wirkt die lebensvolle Kraft und Frische in der Bewegung und im Ausdruck des Kopfes anziehend und

Magdeburg.

*) Sehr charakteristisch abgeb. in *Kugler's* Kl. Schr. I. S. 158. Unser Holzschnitt ist nach einer mir gütig mitgetheilten Zeichnung des Herrn Architekten *Georg Lasius* angefertigt.

**) Eine freilich ungenügende Abb. in *Otte-Quast's* Zeitschr. I.

läßt die mangelhafte Durchbildung vergessen. Zwei allegorische Gestalten von Tugenden geleiten den Reiter. In späterer Zeit, gegen Ende des vierzehnten

Fig. 224. Konrad III. Dom zu Bamberg.

Jahrhunderts, wurden noch andere Figuren hinzugefügt, und neuerdings erfuhr das interessante Denkmal eine durchgreifende Wiederherstellung.

Regensburg. Hier mögen noch die beiden kleinen Reiterbilder des h. Georg und des h. Martinus im Dom zu **Regensburg** angeschlossen werden. An der inneren

Seite des Hauptportals angebracht, rühren sie zwar erst vom Beginn des vierzehnten Jahrhunderts her, erinnern aber in Auffassung und in der schlichten, trefflichen Behandlung an den König Konrad III. des Bamberger Domes.

Der späteren Zeit des 13. Jahrhunderts gehören mehrere Grabdenkmäler des Bamberger Domes. So der Grabstein des Bischofs Eckbert von Andechs († 1237), der ungewöhnlicher Weise die Reliefgestalt des Verstorbenen in Profilstellung schreitend enthält. Diese Auffassung scheint Anklang gefunden zu haben, denn in derselben Weise wurde nicht bloss das Grabmal des Bischofs Berthold von Leiningen († 1285), sondern auch der Stein eines früheren Bischofs Günther von Schwarzburg († 1065) ausgeführt, wobei die allgemeine ideale Schönheit der Köpfe noch fern von individueller Auffassung ist. Derselben Zeit sind auch die Reliefs an der marmornen Tumba des Bischofs Suitger von Meyendorf, nachmaligen Papstes Clemens II. († 1047) zuzuschreiben*). Sie geben in einer streng antikisirenden Auffassung, der wir schon oben in mehreren Beispielen begegneten, und in glatter Ausführung Personificationen der Stärke, Kraft, Gerechtigkeit, Freigebigkeit und Mässigung, alle in merkwürdiger Weise lagernd, dazu Christus mit dem Schwert und dem Lamm. So sehen wir hier die Plastik vielbewegt und in mannigfachen Aufgaben sich erproben. Grabmäler in Bamberg.

Weiter finden wir den neuen Styl auch in den sächsischen Gegenden verbreitet. Zu seinen vorzüglichsten Leistungen gehören hier die Statuen Heinrichs des Löwen und seiner Gemahlin Mathilde im Dome zu Braunschweig, Arbeiten von unübertroffenem Adel, von ausdrucksvoller, durchaus idealer Schönheit und vom freiesten Style in den Gewändern. Man erkennt hier so recht, wie es dieser Zeit — sie werden erst nach 1250 entstanden sein — ganz wie der besten griechischen Blüthezeit nicht um naturgetreue Portraits, sondern um eine ideale Verklärung der Gefeierten zu thun war. Sodann folgt gegen 1270 der plastische Schmuck des westlichen Lettners im Dom zu Naumburg, lebensvolle Reliefscenen der Passion, und in der Mitte ein Cruzifix mit Maria und Johannes daneben. Ebendort um dieselbe Zeit die acht männlichen und vier weiblichen Statuen von Stiftern und Wohlthätern des Domes, welche Bischof Dietrich an den Pfeilern des westlichen Chores aufstellen liess. Es sind tüchtige, energische Arbeiten, aber nicht so durchgebildet, wie jenes Braunschweiger Werk. Vom Ende des Jahrhunderts mögen endlich die vier ähnlichen, aber feiner entwickelten Standbilder an den Chorwänden des Domes zu Meissen stammen, die ausserdem durch ihre wohlerhaltene Bemalung sich auszeichnen. Sie stellen Kaiser Otto I. und seine Gemahlin sammt den Kirchenpatronen Johannes und Donatus dar. Braunschweig. Naumburg.

Das südliche Deutschland scheint nur zögernd und vereinzelt dem neuen Styl den Zugang gestattet zu haben. Doch wird er in Schwaben wenigstens durch den eleganten S. Michael, der den Drachen niederwirft, am Mittelpfeiler der westlichen Vorhalle der Michaelskirche zu Hall, sowie durch das schöne Doppelgrab Graf Ulrichs von Würtemberg und seiner zweiten Gemahlin Agnes Süddeutschland. Schwäbisch Hall.

*) Mit Unrecht will *E. Förster*, Gesch. d. d. K., I. S. 65 die Arbeit in's 11. Jahrhundert hinaufrücken.

Stuttgart. im Chor der Stiftskirche zu Stuttgart, wohl bald nach 1265 gefertigt*), würdig vertreten. Dagegen finden wir in den füdwestlichen Gegenden, hart an der Grenze des französischen Gebietes, zwei der umfangreichsten und herrlichsten Leistungen des Styles, beide dem Ausgange des Jahrhunderts angehörend.

Münster zu Strassburg. Zunächst der reiche plastische Schmuck des Münsters zu Strafsburg, der die Hauptfaçade und die Portale des füdlichen Kreuzarmes umfasst. Die beiden romanischen Portale des letzteren befassen ehemals eine Reihe von Statuen, welche bis auf die Gestalten der Kirche und Synagoge in der Revolution zerstört worden sind. An dem Bilde des Evangelisten Johannes hatte sich als Urheberin *Sabina*, angeblich die Tochter Erwins von Steinbach, des Meisters der Westfaçade, genannt. Wir dürfen ihrer Hand daher vielleicht auch die noch

Fig. 225. Tod der Maria. Strafsburger Münster.

übrigen Bildwerke des Kreuzschiffes zuschreiben. Die beiden Statuen sind schlank, die Gewänder flüssig und fein drapirt. Die Reliefs in den Bogenfeldern, welche den Tod und die Krönung der Maria darstellen, sind trefflich componirt und zierlich detaillirender Behandlung durchgeführt, die Köpfe voll Adel und Leben, wenngleich etwas monoton in der Form. Bei dem Tode der Maria (Fig. 225) überrascht außer der reichen Gruppirung die grosse Feinheit der Gewandbehandlung, namentlich an der Madonna, deren Arme und Hände man durch das feine, straff angezogene Obergewand in einer Weise durchschimmern sieht, wie sie sonst nur bei antik römischen Gewandfiguren vorkommt.

Der Drang nach plastischem Schaffen war hier so gross, dass man selbst im Innern des füdlichen Kreuzarmes an dem Mittelpfeiler zwölf grosse Statuen

*) Stark modernisirt abgeb. in Heideloff's Kunst d. Mittelalters in Schwaben. Taf. 6.

Christi, der Evangelisten und anbetender Engel in mehreren Reihen anordnete. Auch diese sind fein entwickelt, zierlich im Faltenwurf mit ausdrucksvollen Köpfen und nur in der Bewegung etwas ungeschickt.

Dieser bildnerische Drang fand dann an der herrlichen Westfaçade den umfangreichsten Spielraum. Sie gehört in Anlage und Eintheilung zu den Westfaçade.

Fig. 226. Vom Münster zu Strafsburg. Westfaçade.

vollendetsten Leistungen der Gothik, nimmt die reiche plastische Belebung der französischen Werke auf, weiss dieselbe aber deutscher Auffassung gemäss überall in einen festen architektonischen Rahmen zu fassen. Die drei Portale geben in gedankenvollem Cyklus die Geschichte der Erlösung. Am nördlichen enthält das Bogenfeld Scenen aus der Jugend Christi von der Geburt bis zur Flucht nach Aegypten. An den Wänden sind gekrönte Frauengestalten, vielleicht

Sybillen und Tugenden, welche die Laster niedertreten, nebst einem Propheten angebracht. Das Hauptportal zeigt am Mittelpfeiler die Statue der Madonna mit dem Kinde, ihr entsprechend an den Wänden zehn grofsartige Gestalten von Königen und Propheten des alten Testaments. Das Tympanon enthält in vier Reliefstreifen bei sehr gedrängter Anordnung die lebhaft bewegten Scenen der Passion vom Einzuge in Jerusalem bis zur Himmelfahrt. Auch die fünf Archivolten sind mit vielen kleinen Gruppen angefüllt, welche die Schöpfungsgeschichte, die Patriarchen, die Martyrien der Apostel, die Evangelisten und Kirchenlehre, endlich verschiedene Wunder Christi darstellen. In dem hohen Spitzgiebel, der das Portal krönt, sitzt König Salomo auf seinem Throne, und auf dem abgetreppten Rande des Giebels sieht man die zwölf Löwen hocken, welche nach der biblischen Beschreibung die Stufen seines Thrones schmückten; darüber noch zwei gröfsere aufrecht stehende Löwen, welche einen zweiten Thron zu halten scheinen, den auf der Spitze des Giebels die Himmelskönigin einnimmt. Das südliche Seitenportal giebt in neu hergestelltem Relief am Bogenfelde eine Schilderung des jüngsten Gerichts und an den unteren Wänden die Statuen der thörichten und klugen Jungfrauen, letztere besonders anmuthig (Fig. 226). Der Styl dieser grofsen Menge von Bildwerken, die zum Theil getreu restaurirt sind, kommt in Leichtigkeit und Anmuth den französischen Arbeiten nahe, zeigt aber in der gehäuften Anordnung, der gar zu reichen Gewandung und besonders in dem Streben nach lebendiger Bewegung der Gestalten schon den Keim manieristischer Behandlung.

Münster zu Freiburg. Das zweite grofse Denkmal sind die Sculpturen des Münsters zu Freiburg, einfacher und strenger im Styl, auch wohl um mehrere Decennien älter, als die Arbeiten der Strafsburger Façade. Zunächst die Statuen der Apostel an den Pfeilern des Mittelschiffs, meistens gute, einfache Arbeiten, die mit der Vollendung des Schiffbaues vor 1270 entstanden sein werden. Die Köpfe sind nicht eben fein oder bedeutend, die Gewänder aber bei flachem Faltenwurf zum Theil schön motivirt. Dagegen sind die drei westlichen der Nordreihe arg manieristisch im übertriebenen Styl des vierzehnten Jahrhunderts, gewaltsam bewegt und mit tief ausgearbeiteten Falten auf den Effect berechnet. Zum Allerschönsten unserer Epoche gehört jedoch wieder die grofse Madonnenstatue, welche am Ende des Schiffes über dem Portalpfeiler angebracht ist, sammt den beiden leuchterhaltenden Engeln am nächsten Pfeilerpaar. Flüssiger, feiner, freier bewegt als jene älteren, sind sie nicht ohne ein starkes Schmiegen und Neigen, aber noch rein und naiv, den besten Arbeiten von Rheims verwandt. Dabei zeigen sie eine gewisse Fülle der Körperform und die lebendigste Motivirung der Gewänder. So wirft sich der Mantel der Madonna in grofsgeschwungenen Linien, da sie sich nach links herausbiegt, wo sie das Kind trägt. Die Gesichter sind offen, die Stirnen breit und der Mund zum gewohnten Lächeln verzogen.

Vorhalle. Demselben Style begegnen wir wieder in den Sculpturen des westlichen Portals und seiner Vorhalle, einem der herrlichsten Denkmäler dieser Zeit. Das Tympanon des Portals enthält in mehreren Reihen von Reliefs unten die Geburt Christi und die Anbetung der Hirten, sowie seine Gefangennahme und Geifselung; darüber eine ausführliche Darstellung des jüngsten Gerichts. In der

Spitze des Tympanons der thronende Christus, von Engeln und den fürbittenden Gestalten der Maria und des Johannes umgeben. Dann folgen in lebhaften Bewegungen auf Wolken sitzend die zwölf Apostel; weiterhin eine Schaar von Verdammten und eine andere von Seligen, beide durch eine Darstellung des Gekreuzigten getrennt. Endlich eine Gruppe Auferstehender. Sind hier besonders die bewegteren Scenen nicht frei von Gezwungenheit, so entfalten dagegen die Figürchen der vier Archivolten, Engeln, Propheten und Könige, Adam und Eva und die Patriarchen hohe Anmuth. Den bedeutsamsten Abschluss erhält aber das Ganze durch eine Doppelreihe von fast lebensgroſsen Statuen, welche, in den Portallaibungen beginnend, sich an den Seitenwänden der Vorhalle und an der Eingangswand fortsetzen. Den Mittelpunkt bildet an dem freien Pfeiler des Portals die Madonna mit dem Kinde, eine reiche Gewandfigur, minder schwungvoll, dagegen ruhiger als jene Statue im Innern der Kirche. Es sind im Ganzen jederseits achtzehn Gestalten, die nach der symbolischen Auffassung jener Zeit den Gegensatz des Weltlichen und des Geistlichen veranschaulichen, wobei es freilich mancherlei Zwang und Willkür giebt. Die eine Seite beginnt mit der triumphirenden Kirche, an welche in verschiedener Bewegung der Anbetung die drei Könige sich schlieſsen, von einem Engel unterwiesen und mit innigem Ausdruck gegen die Madonna gewendet. Darauf folgen die fünf klugen Jungfrauen, denen der himmlische Bräutigam entgegentritt. Ihnen schlieſst sich Magdalena an, ferner der seinen Sohn opfernde Abraham, Johannes der Täufer, die klösterlich verhüllte Maria Jacobi und in priesterlichem Gewande Aaron. Den Beschluss machen hier neben einem Engel mit Spruchband die Gestalten zweier Laster, inschriftlich als Wollust und Verleumdung bezeichnet; ihre innere Beziehung zu den übrigen Figuren dieser Seite ist etwas problematisch. Die andere Reihe beginnt, als Gegenbild zur Kirche, die edle Statue der Synagoge, mit der Binde vor den Augen. Dann folgt die Heimsuchung, wobei Maria und Elisabeth auf demselben Postamente stehen; an diese schlieſst sich in den Gestalten des Engels und der Maria eine Darstellung der Verkündigung. Diesen reihen sich, wieder nicht ohne Gewaltsamkeit der Beziehung, die fünf thörichten Jungfrauen und weiterhin die sieben freien Künste an. Vortrefflich ist in den Statuen dieser Seite der verschiedene Charakterausdruck der Köpfe, den meistens die Haltung des Körpers lebendig unterstützt. Die eine der thörichten Jungfrauen, ein wahrer Dantekopf, blickt tiefsinnig, fast finster herab. Von den Künsten ist die Eine mit klugem, scharfem Ausdruck die Dialektik; nachdenklich und doch schwungvoll die Rhetorik, aufmerksam vor sich hinblickend die Geometrie, auf Glocken lauschend die Musik, wieder eine Andere, wohl die Astronomie, schwärmerisch aufschauend. Mehrere Heilige, darunter Katharina mit Margaretha machen den Schluss. So viel Willkür und scheinbar Gesuchtes mit unterläuft, so poetisch und gedankenvoll wirkt doch das Ganze, zumal es durch die reiche, ziemlich erhaltene Bemalung noch gehoben wird.

Endlich vertritt eine Anzahl von **Grabsteinen** in verschiedenen Gegenden Deutschlands denselben einfach edlen Styl in würdiger Weise und obendrein in gesteigerter Mannigfaltigkeit der Auffassung. So im Münster zu **Strasburg** ein bischöfliches Grabmal, etwa gleichzeitig mit dem Beginn des Thurmbaues, Grabsteine.

alſo aus der ſpätern Zeit des Jahrhunderts, wofür auch das offenbare Streben nach Portraitwahrheit ſpricht. Das Werk iſt reich ornamentirt und vollſtändig bemalt. Derſelben Spätzeit gehört der Grabſtein eines Grafen Berthold von Zähringen († 1218) im Münſter zu Freiburg, der Kopf mit Schnurbart entſchieden portraitartig, der Körper im Kettenpanzer, ſteif mit geſpreizten Beinen auf einem Löwen ſtehend, die Hände zum Beten gefaltet. Das Werk gehört vielleicht erſt dem Anfange des vierzehnten Jahrhunderts, wo die lang herabfließenden Gewänder der früheren Zeit in unplaſtiſcher Weiſe dem kurzen Panzerrock weichen. Dagegen zeigen noch den Idealſtyl der früheren Zeit des Jahrhunderts die Grabmäler des Landgrafen Konrad († 1243) in der Eliſabethkirche zu Marburg*), und der merkwürdige Grabſtein Erzbiſchofs Siegfried († 1249) im Dom zu Mainz**). Neben ihm ſind die beiden Gegenkönige Heinrich Raſpe und Wilhelm von Holland, denen er die Kronen aufſetzt, in kleinerer Geſtalt angebracht, eine originelle Charakteriſtik der geiſtlichen Macht, die freilich zu gezwungenen, eckigen Bewegungen geführt hat. Treffliche Arbeiten ſind ſodann die Grabſteine eines Grafen Otto von Botenlauben und ſeiner Gemahlin in der Kirche zu Frauenrode bei Kiſſingen***), ſowie im Kloſter Altenberg an der Lahn das Denkmal des Grafen Heinrich von Solms-Braunfels †), ſämmtlich bald nach der Mitte des Jahrhunderts ausgeführt. Endlich noch vom Ausgange des Jahrhunderts der Grabſtein eines Grafen Diether von Katzenellenbogen aus der Clarakirche zu Mainz nach Wiesbaden ins Muſeum verſetzt††) und das intereſſante in gebranntem Thon ausgeführte und reich bemalte Denkmal Herzog Heinrichs IV. († 1290) in der Kreuzkirche zu Breslau, im Panzerhemd und vollem Waffenſchmuck; an den Seiten der Tumba in kleinen Figürchen das Trauergefolge der Verwandten und Prieſter.

Erzguſs. Neben dieſer lebendigen Anwendung der Steinſculptur tritt auch in Deutſchland die früher ſo ſchwungvoll betriebene Erzplaſtik für längere Zeit zurück. Wohl entſtand im Anfange des Jahrhunderts das oben (S. 367) beſprochene eherne Taufbecken des Doms zu Hildesheim; allein es gehört der Auffaſſung und Behandlung nach durchaus dem romaniſchen Style. Dagegen beſitzt der Würzburg. Dom zu Würzburg ein in frühgothiſchen Formen durchgeführtes Taufbecken, inſchriftlich 1279 durch Meiſter *Eckard* von Worms vollendet. In acht Feldern, durch primitiv-gothiſche mit Krabben geſchmückte Giebelchen bekrönt, ſieht man acht Scenen aus dem Leben Chriſti in einem Styl, der in den Gewändern der gut bewegten Geſtalten noch viel von dem vollen Schwunge des romaniſchen hat, aber ſich ſchon mit den ſchlankeren Formen und der flüſſigeren Linienführung des frühgothiſchen verbindet. Bei der Verkündigung iſt beſonders der Engel in edler Haltung, das Gewand in weichen Falten behandelt. Bei der Geburt Chriſti liegt Maria vornehm auf dem Lager, während Joſeph gemüthlich auf hohem Stuhle dabei ſitzt und ſich auf einen Stab ſtützt. Dann

*) *Müller's* Denkm. Taf. 18.

**) Treffliche photographiſche Darſtellungen dieſes und der übrigen Denkm. des Mainzer Domes in *H. Emden's* Dom zu Mainz. 1858.

***) v. *Hefner-Alteneck*, Trachten des M.-A. I. Taf. 59 u. 60.

†) *Müller's* Beiträge II. S. 27.

††) v. *Hefner-Alteneck* a. a. O. I. Taf. 68.

kommt die Taufe Christi, die gleich allen übrigen Scenen in wenigen Figuren einfach geschildert ist. Weiterhin Christus am Kreuz, dann die Auferstehung, wobei die kleinen Figuren des Stifters und des Meisters, letzterer in einer Art von Tunika, knieen. Zuletzt die Himmelfahrt und die Ausgiefsung des heiligen Geistes in bewegter Anordnung. Die Arbeit ist keineswegs roh*), fondern sorgfältig und fleifsig ausgeführt, und nur die Köpfchen ermangeln eines lebendigeren Ausdrucks.

Noch entschiedener hielten die **Goldschmiede** an den prachtvollen Formen des romanischen Styles mit seiner reichen Ornamentik und seinen vollen Gestalten fest. So an dem prächtigen Kasten der heiligen Jungfrau vom Jahre 1214 in der Kathedrale zu **Tournay**, mit kleinen Darstellungen aus dem Leben der Maria; so noch später 1247 an dem Schrein des heiligen Eleutherius in derselben Kirche**), einem der prachtvollsten Werke dieser Gattung, mit trefflich ausgeführten Apostelstatuetten. Selbst noch im Jahre 1263 folgt man bei dem Suitbertuskasten in der Stiftskirche zu **Kaiserswerth** dem älteren Style, während dagegen bei einem der reichsten Werke, dem Marienschrein des Münsters zu **Aachen*****), der defshalb kaum schon 1220 entstanden sein kann, gewisse Elemente des frühgothischen Styles sich damit verbinden. Erst die folgende Epoche sollte in diesen Arbeiten den vollständigen Uebergang zur Gothik erleben.

Arbeiten der Goldschmiede.

### 3. England.

In **England** war die Plastik bisher selten geübt worden. Die wenigen Denkmale der früheren Zeit verharren noch bis in den Ausgang des zwölften Jahrhunderts bei äufserster Rohheit und Starrheit. Sie standen im Einklange mit der unerfreulichen Schwere der normannischen Architektur. Als aber in dem benachbarten und mit England damals so nahe verbundenen Frankreich der neue gothische Styl sich glänzend erhob, nahm das praktische Inselvolk denselben schnell und bereitwillig auf. Schon im Ausgang des zwölften Jahrhunderts war ein französischer Baumeister, Wilhelm von Sens, zum Bau des neuen Chores der Kathedrale von Canterbury berufen worden. Kurz darauf erhob sich die Templerkirche und etwas später die Westminsterkirche in London in französischen Formen. Vor Allem war es aber die lange Regierungszeit Heinrichs III., welche in allen Zweigen der Kunst einen glänzenden Aufschwung sah. Wir wissen, dafs dieser König viele fremde Künstler herbeirief, dafs er einen Maler aus Florenz, einen Mosaizisten aus Rom, einen Münzmeister aus Braunschweig, einen Goldschmied aus Deutschland beschäftigte. Die Vermuthung, dafs er auch fremde Bildhauer berufen habe, liegt nahe und wird durch mehrere Grabsteine bekräftigt, welche unzweifelhaft von ausländischen Künstlern gefertigt sind. Kaum war aber die fremde Plastik eingebürgert, so mufste sie sich so gut wie die Architektur eine Umbildung gefallen lassen,

Späte Entfaltung.

*) *Schnaase*, G. d. b. Künste, V. S. 799 scheint mir das Werk etwas zu ungünstig zu beurtheilen. Vergl. *Becker* und v. *Hefner*, Kunstw. und Ger. d. M.-A. Taf. 19.

**) *Didron*, Ann. archéol. Tom. XIV.

***) Abgeb. in den Mél. d'archéol. I. T. 1—9 und in *E. aus'm Weerth*, Denkm.

welche dem nationalen Geiſte entſprach. Die Engländer ſuchten gleich allen vorwiegend ariſtokratiſchen Völkern in der Kunſt vornehmlich das Mittel, die Erſcheinung der Perſönlichkeit im Bilde feſtzuhalten. Wie daher ſpäter die Venezianer die Portraitmalerei, ſo brachten die Engländer die Portraitplaſtik zu glänzender Blüthe. Sie gingen darin aber nicht wie in Frankreich und Deutſchland vom idealen kirchlichen Style aus, ſondern ſuchten möglichſt ſcharf das beſondere Gepräge des Einzelnen hervorzuheben und kamen dadurch früher als die andern Völker zu manchen realiſtiſchen Beſonderheiten des Styls, die dann ſelbſt auf die kirchlichen Sculpturen zurückwirkten. Ein Ueberblick über ihre Grabmonumente*) wird dies einleuchtend machen.

Grabſteine. Die Grabſteine engliſcher Könige zu Fontevrault (S. 411) bewahrten noch im Anfange des Jahrhunderts überwiegend den ſtrengen Styl der früheren Zeit. Worceſter. Erſt das Denkmal König Johanns († 1216) in der Kathedrale von Worceſter, wahrſcheinlich gleich nach ſeinem Tode geſetzt, zeigt eine neue Weiſe der Darſtellung. Der König liegt mit offenen Augen in lebendiger Haltung, in der Rechten das Scepter, die Linke am Schwertgriff. Der Kopf zeugt von entſchiedenem Streben nach Charakteriſtik. Selbſt der Löwe, auf dem er ſteht, beiſst in die Schwertſcheide. Es iſt wie die erſte originelle Aeuſserung eines neuen Lebensgefühls, welches noch mit ſtrengeren Stylformen, mit dem parallelen Faltenwurfe und der ernſten Auffaſſung der früheren Zeit im Kampfe liegt. Dies Streben nach Ausdruck führt nun bei den zahlreichen ritterlichen Denkmälern zu einer eigenthümlichen Behandlung. Die Geſtalten erſcheinen ſtets in voller Rüſtung mit Kettenpanzer und kurzem Waffenrock, oft in kriegeriſcher Haltung und kampfbereit, meiſtens mit gekreuzten Beinen. Dies letztere faſt genrehafte Motiv hat man wohl als Andeutung, daſs der ſo Dargeſtellte einen Kreuzzug mitgemacht habe, erklären wollen. Es iſt aber nichts anderes als der Wunſch, dieſe rüſtigen Geſtalten nicht ruhend, ſondern ſchreitend darzuſtellen, wie wir Aehnliches, wenngleich in anderer Weiſe, nämlich durch Profildarſtellung auf mehreren Biſchofgräbern zu Bamberg fanden.

Eine Reihe ſolcher Denkmäler ſieht man in der Templerkirche zu London. Templerkirche zu London. Das früheſte iſt vielleicht der Grabſtein des Geoffrey de Magnavilla, Grafen von Eſſex, mit harten Geſichtszügen, in ſchreitender Bewegung, die durch das wehende Gewand noch mehr hervortritt. Die Rechte liegt auf der Bruſt, die Linke hält den Schild. Ganz ähnlich iſt die Geſtalt eines Lord De Ros, nur von etwas weicherer Behandlung; die Rechte wieder auf der Bruſt, die Linke am Schwert. In einem jüngeren Lord De Ros erſcheint dieſelbe Auffaſſung zierlicher, das Schreiten elaſtiſch, das Gewand reich motivirt; der Kopf iſt trotz ſeines typiſchen Lächelns und der geſchwungenen Locken voll charakteriſtiſchen Lebens, die Hände ſind wie zum Gebet gefaltet, der Ausdruck mild. Dagegen iſt die Statue des Grafen Bohun von Herefort noch ganz ſtraff geſtreckt, die Hände auf der Bruſt gefaltet. Noch herber, hart in der Aus-

*) Treffliche Abbildungen in *Stothard*, monum. effigies of Gr. Brit. 1817. Ungenügend in der Darſtellung, aber reich an Material iſt das ältere Werk von *J. Carter*, specim. of ancient ſculpt. and paint. in Engl. 1780. Neue Aufl. 1838.

führung und ſtarr in der Haltung mit geſpreizten Beinen iſt das Bild des William Marshall Grafen von Pembroke. Die rechte Hand liegt am Schwertgriff. Sein Sohn William iſt dagegen mit völlig gekreuzten Beinen in ſehr lebendiger Haltung dargeſtellt, das Schwert aus der Scheide ziehend. Der Kopf iſt noch hart behandelt, aber jugendlich, das Gewand fließend. Noch kühner und ausdrucksvoller iſt die ähnliche Statue des andern Sohnes Gilbert, der nach dem Schwerte greift und es ſchon halb aus der Scheide gezogen hat. Endlich kommt in der Kathedrale zu **Durham** ſogar ein Grabſtein vor, auf welchem der Ritter mit geſchloſſenem Viſir, vorgehaltenem Schild und gezogenem Schwerte völlig kampfbereit erſcheint. Man ſieht wie groſs das Streben nach Mannigfaltigkeit und lebenswahrem Ausdruck in dieſen Grabmälern iſt, und wie die Künſtler ſtets durch ein neues Motiv der Bewegung die gleichförmige Aufgabe zu variiren ſuchten. Dieſelbe Lebendigkeit bei ſchreitender Stellung und flatternd bewegtem Waffenrock findet ſich auch an dem Grabmal des William Longespee († 1227) in der Kathedrale von **Salisbury**. Aehnliche Werke ſieht man zahlreich in den Kirchen und Kathedralen des Landes, manche von geringer Arbeit, andere von trefflicher Behandlung. So beſonders das Grab eines Montfort in der Kirche von **Hitchendon**, das eines Lord De Vaux in der Kathedrale von **Winchester**, das Grabmal des Robert De Vere in der Kirche von **Hatfield**, die energiſche Statue des unglücklichen Herzogs Robert von der Normandie, älteſten Sohnes Wilhelms des Eroberers, in der Kathedrale von **Glouceſter** (Fig. 227) und viele andere.

Kathedrale von Durham.

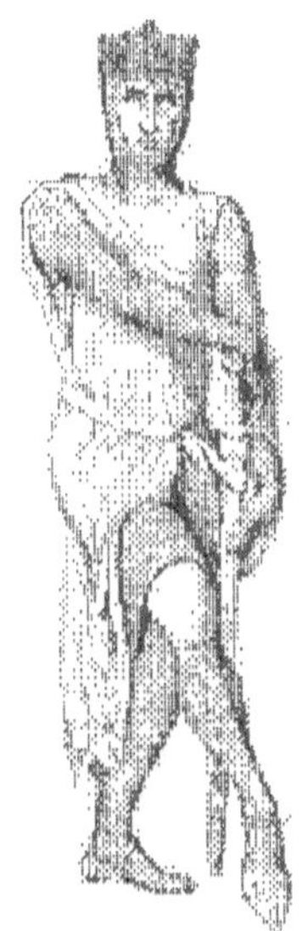

Fig. 227. Herzog Robert von der Normandie. Kathedrale von Glouceſter.

Während dieſe naturaliſtiſche Auffaſſung bei ritterlichen Grabſteinen vorwiegt, halten die biſchöflichen, königlichen und die weiblichen Statuen mehr am idealen Style feſt. So iſt die Grabfigur des Biſchofs Bridfort († 1262) in der Kathedrale von **Salisbury** ſehr bedeutend in freier, groſsartiger Auffaſſung. Die edelſten aller engliſchen Grabdenkmäler dieſer Epoche ſind aber die im Chore der Weſtminſterabtei befindlichen König Heinrichs III. († 1272) und der Königin Eleonore, Eduards I. Gemahlin († 1290), beide in Erz gegoſſen, mit groſser Meiſterſchaft modellirt, von unübertroffenem Adel der Anordnung, und namentlich die Königin von einer mit Anmuth umfloſſenen Majeſtät. Beide Werke ſind die Arbeit eines Goldſchmiedes, des Meiſters *William Torrell*, den man vielleicht als einen italieniſchen Künſtler zu betrachten hat. Doch kommen einige andere Grabdenkmäler in Weſtminſter an Schönheit jenen nahe, So das Grab einer Gräfin Eveline von Lancaſter († 1269) und das ihres Gemahls Edmund († 1296), zweiten Sohnes Heinrichs III.; endlich das Monument des Halbbruders deſſelben Königs, William von Valence († 1296), ebenfalls in

Gräber von Salisbury und Weſtminſter.

Bronce ausgeführt, aber in ſeinen emaillirten und vergoldeten Details auf franzöſiſche Künſtlerhand hinweiſend.

Kirchliche Plaſtik. Die kirchliche Plaſtik kommt in England nicht zu ſo groſsartiger Entfaltung, wie in Frankreich. Die Anlage der Façaden entbehrt meiſtens jener umfangreichen Portalbauten, in deren Ausſchmückung dort die Bildnerei das glänzendſte Feld der Thätigkeit fand. Nur ausnahmsweiſe treffen wir daher in England Façaden mit reicherem plaſtiſchem Schmuck. Dagegen ſucht und findet der lebhaft erwachte bildneriſche Trieb im Innern der Gebäude manch beſcheidenes Plätzchen, das er mit zierlichen Reliefs zu bedecken weiſs. In anmuthigſter Fülle ſieht man ſolchen Schmuck an den Bogenzwickeln der Arkaden in Kirchen und Kapitelhäuſern, ſowie an den Conſolen und Schluſsſteinen der Gewölbe. In ſolchen Werken waltet die Richtung auf's Zierliche, Graziöſe vor und verbindet ſich oft mit ſcharfer Lebensbeobachtung und ſprudelndem Humor. Das früheſte Denkmal der kirchlichen Plaſtik in England, zugleich das groſsartigſte und umfangreichſte ſind die Sculpturen der noch vor

Kathedrale von Wells. 1250 vollendeten Façade der Kathedrale von Wells*). Hier findet ſich in offenbarer Nachwirkung der franzöſiſchen Plaſtik eine ausführliche Darſtellung der Erlöſungsgeſchichte über die einzelnen Theile der groſsen Façade ausgebreitet. In vielen horizontalen Reihen ſind gegen ſechshundert Figuren in Reliefs oder Statuen angebracht. Sie beginnen mit den Standbildern der Patriarchen und Propheten, geben im Tympanon des Portals die Madonna mit dem Kinde von Engeln verehrt; ſodann folgen Reliefſcenen der Geſchichten des alten und neuen Teſtamentes, weiter oberwärts viele Koloſſalſtatuen von Biſchöfen und anderen Geiſtlichen, ſowie von Königen, Rittern und Damen, wahrſcheinlich die früheren Herrſcher des Landes; endlich krönt das Ganze eine aus vereinzelten Figuren ſich zuſammenſetzende Darſtellung des Weltgerichts. Der Styl dieſer Arbeiten zeigt einen Uebergang von der gebundenen, aber doch groſsartig behandelten romaniſchen Form zu den einfacheren, flüſſigeren Linien der neuen Epoche. Namentlich ſind die Koloſſalſtatuen der Könige und Königinnen feierliche Geſtalten, in den Gewändern noch vielfach mit conventionellen romaniſchen Motiven, entweder lang herabflieſsend, oder in bewegterem Schwunge, immer jedoch noch mit unfreiem Parallelgefält. Die Köpfe haben einen vollen, kräftigen, dabei edlen Typus. In den ſitzenden Koloſſalfiguren von Biſchöfen regt ſich dagegen ein freierer Linienzug; die Köpfe ſind noch ſtreng, aber plaſtiſch durchgebildet, die Gewandung wirft ſich in groſsen, tief und ſcharf geſchnittenen Falten; der Ausdruck iſt ſprechend lebendig. Wieder in anderen dieſer Figuren kommt der neue Styl zu weichem Fluſſe, zu voller Durchbildung.

Andere Werke. Auſserdem finden ſich Sculpturen, freilich von weit geringerer Bedeutung und Ausdehnung, an den Façaden der Kathedrale von Peterborough und von Lichfield, hier beſonders eine Anzahl arg verſtümmelter Statuen; ferner

Lincoln. an der Abteikirche von Croyland und der Kathedrale von Lincoln, die auſserdem am ſüdlichen Seitenſchiff ein mit Reliefs geſchmücktes Portal beſitzt.

---

*) *Cockerell*, Iconogr. of the weſt front of Wells Cathedral. Oxf. 1851. Vergl. *Carter*, a. a. O. Taf. 86 ff. u. *Flaxman*, lectures on ſculpture. London 1829. Taf. 2. 3. 4.

Ungleich werthvoller sind dagegen in der letzteren Kathedrale die Engelchöre, welche im Chor (nach 1282) an den Zwickeln der Triforiengalerie angebracht wurden. Der Künstler ist dabei offenbar von einer tiefsinnigen, aber dunkeln Phantasie geleitet worden; denn die Engel sind nicht allein sehr verschieden in Gestalt, Wesen, Ausdruck und Beschäftigung, sondern man findet auch die Figuren Christi, der Maria mit dem Kinde und anderes Bedeutsame eingestreut. Einmal vollzieht solch ein Engel die Strafgerichte Gottes, indem er Adam und Eva aus dem Paradiese treibt. Somit ist also die Geschichte des Sündenfalls und der Erlösung unter dem Eingreifen der himmlischen Heerschaaren, also von einem ganz neuen poetischen Gesichtspunkte aufgefaſst*). Die Ausführung zeigt überall den vollendeten, freien Styl vom Ausgange des Jahrhunderts. Alles ist voll Leben und Frische, voll jugendlicher Anmuth; die Stellungen sind überaus mannigfach durchgeführt, bisweilen etwas gezwungen, aber immer anziehend und reizend. Ebenso sind auch die Gewänder in tiefe groſse Falten geworfen, mit trefflicher Berechnung der zu erzielenden Wirkung. Das Werk ist die edelste Blüthe, welche der neue Styl in England hervorgebracht hat. — In verwandter Weise schmückte man um dieselbe Zeit die Zwickel der Arkaden im Kapitelhause der Kathedrale zu **Salisbury** mit sechzig Reliefs, welche Darstellungen aus dem alten Testamente enthalten. Obwohl stark beschädigt, sind der edle, klare Styl und die vorzügliche Raumbenutzung noch wohl zu erkennen. Salisbury.

Endlich ist der in Form von Spitzsäulen errichteten Steinkreuze zu gedenken, welche Eduard I. an den zwölf Ruhepunkten des Trauerzuges setzen lieſs, der seiner Gemahlin Eleonore Leiche von Northampton nach London brachte. Diese Denkmäler, deren sich drei, in **Northampton**, **Geddington** und **Waltham** erhalten haben, sind mit verschiedenen Sculpturen, namentlich mit der Statue der Königin geschmückt. Obwohl diese an Schönheit dem oben erwähnten Grabmale nicht gleich kommen, so sind sie doch durch innigen Ausdruck, anmuthige Haltung und flieſsende Gewandung ausgezeichnet. Als Künstler werden einheimische Bildhauer genannt: besonders ein *Wilhelm* von Irland und *Alexander* von *Abington*, der auch »le Imaginator« bezeichnet wird, während für die untergeordneten Arbeiten andere Hände und für das Architektonische ein französischer Meister nebst anderen erwähnt wird. Wir sehen also gegen Ausgang der Epoche in England neben fremden Meistern die Plastik durch einheimische Kräfte lebendig gefördert. Steinkreuze.

*) *Schnaase* giebt in seiner Gesch. d. bild. K. V. S. 778 fg. eine schöne Erklärung des Grundgedankens. Vergl. dagegen *Cockerell* in den Memoirs of the antiqu. of Lincoln. London 1850.

# VIERTES KAPITEL.

## Nordische Bildnerei der spätgothischen Epoche.

1300—1450.

Beginnende Auflösung.

Mit dem Beginn des 14. Jahrhunderts ist der Höhenpunkt des Mittelalters überschritten. Auf allen Gebieten des Daseins mehren sich die Anzeichen einer unaufhaltsam fortschreitenden inneren Auflösung, aus der sich erst in der folgenden Epoche der Keim einer neuen Zeit erheben sollte. Das imposante Gebäude der Hierarchie sieht sich in seinen Grundfesten erschüttert, und das avignonische Exil zerrüttet die Allgewalt des Papstes. Aber nicht minder ohnmächtig sinkt das Kaiserthum dahin, aufgerieben durch die fruchtlosen Kämpfe mit der Hierarchie und noch mehr entkräftet durch die fortwährend angewachsene Uebermacht der selbständig gewordenen Fürsten. Während diese Auflösung sich besonders in den beiden bevorzugten Ständen kund giebt, das Ritterthum seine innere Bedeutung durch Entartung ins Aeusserliche und Conventionelle einbüsst, die Geistlichkeit in eine Alles überwuchernde Verderbniss hinabsinkt, scheinen sich die gesunden Elemente der Zeit in den aufblühenden Bürgerstand zu retten. Hier ist frisches Wachsen und Gedeihen, hier ein stolzes Selbstbewusstsein und Gefühl der eignen Kraft, die sich in kühnem Freiheitsdrang und dem Streben nach demokratischen Verfassungen ausspricht. Daneben geht aus dem Schoosse derselben Kreise, aus den bürgerlichen Mönchsorden der Städte, die jetzt mehr und mehr aufkommen und wieder einen scharfen Gegensatz gegen die alten aristokratischen Genossenschaften der Benediktiner und Cisterzienser bilden, eine ähnliche Opposition auf geistlichem Gebiete hervor und bringt an Stelle der abgestorbenen, verknöcherten Scholastik die innerlich gewordene, subjektiv erregte Schwärmerei der Mystiker zu Tage. So finden wir überall die alten Institutionen im Wanken, überall einen neuen Lebenshauch thätig, die Empfindung des Einzelnen über die Schranken des Herkömmlichen hinausstrebend.

Veränderung der Plastik.

Solche Stimmung muss den bildenden Künsten besonders förderlich sein, da sie vornehmlich befähigt sind, die Gefühle des Einzelnen zum Ausdruck zu bringen. In der That finden wir, dass die neue Zeit sich mit aller Kraft der Pflege plastischer und malerischer Thätigkeit zuwendet, ja letztere in erster Linie bevorzugt. Denn die Malerei vermag in dem zarten Schimmer der Farbe das Leben der Seele am tiefsten zu offenbaren, und wenn auch die Plastik des Mittelalters des farbigen Schmuckes fast ohne Ausnahme theilhaftig war, so widerstrebt doch die feste materielle Form der Innigkeit einer ganz in Empfindung, selbst in Empfindsamkeit aufgehenden Zeit. Glauben wir doch ein flüssigeres Leben, eine freiere malerische Behandlung selbst in der Architektur dieser Epoche zu erkennen: wie hätte sich die Plastik derselben Richtung entziehen sollen! Und wirklich gehen Umwandlungen, nicht plötzlich, sondern ganz allmählich, unvermerkt mit ihr vor, die nur aus dem Ueberwiegen des Empfindungslebens sich erklären lassen. Die Keime zu dieser Umbildung waren schon in den Werken der vorigen Epoche vorhanden. Wir wiesen dort wiederholt auf gewisse typisch wiederkehrende Bewegungen des Körpers, auf ein conventionelles Lächeln mit halbgeschlossenen Augen und heraufgezogenen Mundwinkeln hin, wodurch Innigkeit und Holdseligkeit ausgedrückt werden sollte. Diese Züge werden jetzt immer mehr verstärkt, die Gestalten ergreift ein seltsames inneres Leben, das sich in geschwungenen Stellungen Luft macht, in starkem Herausbiegen der einen und ebenso starkem Einziehen der andern Seite, in gesenkter oder geneigter Kopfhaltung, in übertriebenem Lächeln, wobei nun die Augen sogar schief gestellt werden, indem der äussere Winkel tiefer als der innere liegt. Zugleich werden die Gewandmassen gehäuft, durch viele gar zu detaillirte Falten gebrochen, die Linien auch hierin weicher geschwungen. Diese überreiche Gewandbehandlung, die sich noch aus antiken Studien herschrieb, zeichnete schon in der vorigen Epoche die meisten deutschen Schulen aus, und da mit dem vierzehnten Jahrhundert Deutschland wieder für längere Zeit an der Spitze des künstlerischen Lebens im Norden steht, so läfst sich auch hier an frühere vorbereitende Erscheinungen anknüpfen.

So tritt an die Stelle der früheren Freiheit und Naivetät jetzt eine Weichheit, die selbst in Sentimentalität und conventionelles Wesen übergeht. Aber auch in Tiefsinn und Fülle der Gedanken sind die Werke des vierzehnten Jahrhunderts denen des dreizehnten nicht ebenbürtig. Nur selten begegnen uns noch als Nachhall jener grofsen Zeit die bedeutsamen Bildercyklen; dagegen treten uns die Leistungen der Plastik, vereinzelter wie sie meistens sind, in viel gröfserer Verbreitung entgegen. Nicht blofs in den Portalen, an den Pfeilern der Kirchen und Kapellen, auch an den Rathhäusern und Gildehallen, an den Erkern und Ecken der Wohnhäuser, ja an allen, selbst den einfachsten öffentlichen Monumenten kommt die Plastik zu ihrem Rechte. Allerdings hatte sie keine neuen Gestalten zu schaffen, sondern die im vorigen Jahrhundert geschaffenen nur zu wiederholen; aber in dieser häufigen Lösung derselben Aufgabe erreichte die Kunst grofse Mannigfaltigkeit, wie man vor Allem an den Tausenden von Madonnenstatuen erkennt. Denn keine Gestalt war so beliebt, so häufig begehrt wie die der jungfräulichen Gottesmutter, und keine war so geeignet die Innigkeit und Wärme der Empfindung, welche die Gemüther erfüllte, so zur Erscheinung zu bringen. Neue Empfindung.

War also die Plastik dieser Zeit in wichtigen Punkten der früheren untergeordnet, so suchte sie dafür in anderer Hinsicht einen Fortschritt durch genaueres Eingehen auf die Natur, durch schärfere Bezeichnung und vollere Entwicklung der Form. Allein auch diese Richtung führte bei der Schwäche der Naturerkenntnifs keineswegs zu günstigen Resultaten; denn da ein Verständnifs des gesammten körperlichen Organismus auch jetzt noch mangelte, so blieb es bei Naturalismus.

einzelnen Anfätzen, bei einer nur theilweifen Entwicklung der Form, die den neuen Werken wohl die alte Harmonie raubte, ohne ihnen dafür eine höhere Lebenswahrheit geben zu können. So find fie nur ftyllofer, unruhiger als die früheren Arbeiten. Nur in Werken kleiner Dimenfion, namentlich in Elfenbeinfchnitzereien, wo der Maafsftab eine genauere Durchbildung des Einzelnen kaum zuläfst, fteht das Wollen der Zeit oft im fchönften Einklange mit dem Können. Solche Werke geben uns den reinften Eindruck aller liebenswürdigen Seiten diefer Zeit.

Bürgerliche Meister. Dazu kommt nun endlich, dafs auch der Werth der einzelnen Leiftungen viel gröfsere Schwankungen und Verfchiedenheiten zeigt als in der früheren Epoche. Dies hing damit zufammen, dafs die Plaftik jetzt völlig in die Hände der bürgerlichen Meifter übergegangen war und an dem zünftigen Betriebe zwar eine folide technifche Schule, aber auch eine unverkennbare geiftige Schranke hatte. Und wie die glänzende ritterliche Dichtung bald verblühte und endlich in den hausbackenen Meifterfang auslief, fo fehlt auch der Plaftik des vierzehnten Jahrhunderts gar zu oft die geiftige Tiefe und der feurige Schwung, den ihre Vorgängerin aus der Gelehrfamkeit und der ritterlichen Bildung ihrer Zeit fchöpfte. Daher kommt es denn auch, dafs die Plaftik etwa anderthalb Jahrhunderte in denfelben Spuren ziemlich gedankenlos fortgeht, ohne neue Anfchauungen oder neue Darftellungsmittel zu erobern. Nur in dem einen Punkte einer gröfseren Naturwahrheit machte fie vielfach Verfuche, die allerdings als Symptome der neuen Zeitregungen bemerkenswerth find, aber in künftlerifchem Sinne doch nur den innern Zwiefpalt kund thun. Die frühere Zeit war defshalb fo grofs, weil fie nicht mehr geben wollte als ihre technifchen Mittel und die noch fchwachen Naturftudien erlaubten. Die gegenwärtige Epoche will mehr geben, als fie vermag, und fcheitert an dem noch zu geringen Maafse der Naturerkenntnifs wie an den Schranken ihrer mangelhaften pfychologifchen Beobachtung.

Anzeichen des Verfalls. So dürfen wir denn, trotz mancher gelungenen Einzelheit, in der Plaftik des vierzehnten Jahrhunderts den hereinbrechenden Verfall der Bildnerei des Mittelalters nicht in Abrede ftellen. Wie fich die früheren Gedankenkreife erfchöpft hatten, fielen auch jene grofsartigen fymbolifchen Bildercyklen in fich zufammen, und aus den Trümmern des Gebäudes nahm man die Bruchftücke hiftorifcher Schilderung und verwendete fie fortan in kleinerem Rahmen und geringerer Ausführung zur Zierde der neuen Gotteshäufer. Ueberblicken wir aber die kurze Dauer und den jähen Verfall der chriftlichen Bildnerei, und erwägen ihre Stellung und die Bedingungen ihres Wirkens, fo werden wir uns nicht über ihr rafches Hinfiechen, fondern über die glänzende Blüthe wundern, die fie trotz hemmender Verhältniffe entfaltet hat. Denn es mufs wiederholt hervorgehoben werden, dafs die Plaftik nur bedingungsweife den chriftlichen Ideenkreifen dienen kann. Je vollkommener fie ihren Beruf erfüllt, je fiegreicher fie die körperliche Schönheit der Menfchengeftalt zur Erfcheinung bringt, defto empfindlicher leidet das geiftige Wefen des Chriftenthums, das nicht auf Verherrlichung, fondern auf Abtödtung und Verfchmähung finnlicher Schönheit beruht. Nur mittelbar follte das Chriftenthum der Plaftik förderlich werden, indem es die volle Befreiung des Individuums herbeiführte. Aber um die daraus hervorwachsenden Aufgaben zu lösen, fehlte es dem Mittelalter an gründlich eindringenden Naturstudien. Erst eine neue Zeit, welche die Fesseln der befangenen kirchlichen Anschauung brach und den Schleier zerriss, der den Menschen das klare Bild der Natur verhüllte, sollte dafür Rath schaffen.

Denn wie auch schon die Meister des dreizehnten Jahrhunderts die menschliche Gestalt oft mit überraschender Lebendigkeit und Wahrheit, ja selbst im Einzelnen mit realistischen Details hinzustellen vermochten: sie wurden dabei mehr von einer frischen Einbildungskraft als von genauen Studien geleitet. Ihre Gestalten sind mehr fein empfunden, als tief verstanden. Im letzten Grunde fehlt ihnen doch jene siegreiche Gewissheit, die aus dem vollen Bewusstsein vom Gefüge des Körpers und seinen inneren Bedingungen allein hervorgeht. Auch die Künstler des vierzehnten Jahrhunderts kommen darin im Ganzen nicht viel weiter, sondern begnügen sich, wie gesagt, mit besserer Durchbildung der Einzelheiten. Aber in anderer Beziehung brachte der aufkeimende Natursinn ihrer Plastik manche Bereicherung. Sie betrachteten häufiger und mit mehr Interesse für's Detail das sie umgebende Leben und fügten ihren Darstellungen manche genrehafte, selbst humoristische Züge ein. Es war das einzige Mittel, die nachgerade etwas verbrauchten Stoffe aufzufrischen. Die Region der Teufel (bei Schilderungen des jüngsten Gerichtes) war eine der frühesten und mit Vorliebe ausgebeuteten Domänen dieses kräftig erwachten Humors. Jene dämonische Unheimlichkeit früherer Darstellungen wich jetzt burlesken Ausmalungen. Man machte sich ungescheut über den Teufel lustig. Aehnlich boten bei Darstellungen des heiligen Grabes oder der Auferstehung Christi die schlafenden Wächter genug genrehafte Motive, die mit Eifer benutzt wurden. Wer das Mittelalter kennt, wird über diese Vermischung des Heiligen mit dem Profanen, ja mit dem Niedrig-komischen nicht staunen. Geben doch im vierzehnten Jahrhundert die Mysterienspiele, die von der Kirche ausgegangen waren und sich der geistlichen Protection erfreuten, schon ganz andere Beispiele dieser Art. Wenn in einem Spiel von der Auferstehung Christi*) die Wächter am Grabe sich mit Schimpfworten und Prügeln regaliren; wenn der drei frommen Frauen wegen, die mit Spezereien den Leichnam des Herrn einbalsamiren wollen, ein burleskes Zwischenspiel eingelegt wird, wo der Salbenhändler seine Bude aufschlägt, sein Knecht Rubin ihm die Frau entführt, die schlimmen Gesellen Lasterbalk und Pusterbalk gleich den Anderen unsaubere Reden führen, und zwischen all den Unflätereien die rührenden Klagen der frommen Frauen ertönen, so muss man gestehen, dass die Bildhauer bescheidenen Gebrauch von der künstlerischen Licenz ihrer Zeit gemacht haben. Aber die Poesie ist stets die Vorläuferin und Wegbahnerin für die Plastik, und wir werden in der folgenden Epoche sehen, wie der immer zunehmende Geschmack am Rüpelhaften auch in die Bildwerke eindringt.

Verhältniss zur Natur.

Das Possenhafte.

*) Herausgegeben aus einer Handschrift der Universitätsbibliothek zu Innsbruck durch *F. J. Mone*, Altdeutsche Schauspiele. 1841. S. 109 ff.

## I. Deutschland.

Wenn wir aus der grofsen Menge plaftifcher Werke, welche diefe Zeit namentlich in Deutfchland hervorgebracht, das Bedeutendere hervorheben, fo ergiebt fich bald, dafs bei den beffern Meiftern eine Auffaffung vorherrfcht, die fich noch nicht weit von dem Style der vorigen Epoche unterfcheidet, ja fogar in Kraft der Durchbildung und Wärme der Empfindung ihr mit Glück nacheifert.

Schule von Nürnberg.

Unbedingt die erfte unter den plaftifchen Schulen des vierzehnten Jahrhunderts ift die von Nürnberg. Ihre erfte bedeutende Leiftung ift das um den Anfang des Jahrhunderts ausgeführte Weftportal der Lorenzkirche*).

S. Lorenz.

Auf der Grenze beider Epochen ftehend, erinnert es in feiner Compofition an die grofsen cyklifchen Darftellungen des dreizehnten Jahrhunderts und fchliefst fich am meiften dem vielleicht kurz vorher entftandenen Hauptportal des Strafsburger Münfters an, deffen Façade dem Meifter von S. Lorenz in mehr als einer Beziehung vorgefchwebt zu haben fcheint. Es enthält am Mittelpfeiler die Statue der Madonna, an den Seitenwänden Adam und Eva und zwei Patriarchen, in den Archivolten fitzende Apoftel und Propheten, endlich an dem Tympanon in vielen kleinen Reliefs eine Darftellung des Lebens Chrifti von der Geburt bis zur Auferftehung und das jüngfte Gericht. Um dafür Raum zu gewinnen, verfiel der Meifter auf die finnreiche Idee, unter dem eigentlichen Tympanon die beiden Abtheilungen der Thür mit befondern Bogenfeldern zu krönen, um in diefen die Gefchichte der Kindheit Chrifti, Geburt, Anbetung der Könige, Befchneidung und Flucht nach Aegypten anzubringen, wobei ihm noch Platz blieb für eine Darftellung des Urtheils Salomons. In den Bogenzwickeln brachte er vier Propheten an, die mit feltfam verrenkten Stellungen den Raum mühfam ausfüllen. Im Tympanon fchildert ein Reliefries über dem Portalbalken in dicht gedrängten Gruppen die Scenen der Paffion, aus denen fich in der Mitte der Gekreuzigte mit der Gruppe der Leidtragenden erhebt. Ein zierlicher Baldachinfries grenzt diefe Abtheilung von dem oberen Felde ab, welches die Darftellung des jüngften Gerichts enthält. Der künftlerifche Werth diefer ausgedehnten Compofitionen ift ein bedingter. Es fehlt dem Meifter nicht an Frifche der Empfindung; manche Scenen, wie die Befchneidung, die Grablegung, die Kreuzigung, das Urtheil Salomons find voll naiver Lebendigkeit, felbft im Ausdruck der Leidenfchaft oft recht gelungen, z. B. die ohnmächtige Maria unter dem Kreuze, oder die händeringende am Grabe Chrifti. Dagegen ift die Behandlung der Figuren im Ganzen etwas fteif und hölzern, die Bezeichnung der Formen leidet an Härte, die fliefsend weichen Motive der Gewänder find in der conventionellen Weife der Zeit gegeben, aber auch hier fühlt man eine gewiffe handwerkliche Trockenheit. Das Nackte ift in den Geftalten von Adam und Eva mit gutem Verftändnifs durchgeführt, aber wie unterfcheidet fich auch hier die befangenere Haltung von der leichten Bewegung und dem Adel derfelben Geftalten am Dom zu Bamberg! Man fieht wie die Kunft fpiefsbürgerlich geworden ift.

*) Eine kleine, aber charakteriftifche Abbild. in *R. v. Rettberg*, Nürnberg's Kunftleben (Stuttgart 1854) S. 21.

Der Vorgang von S. Lorenz scheint nun bald an der Sebalduskirche eine wetteifernde Nachfolge hervorgerufen zu haben, die sich durch plastische Ausschmückung mehrerer Portale bekundet. Am südlichen Schiffportal sieht man im Tympanon eine Darstellung des jüngsten Gerichts, bei welcher der Künstler sichtlich das Relief von der Lorenzkirche vor Augen hatte und mit Erfolg bemüht war dieselben Motive zu freierem Fluss, die Figuren zu grösserer Weichheit und Rundung, den Ausdruck zu stärkerem Affect auszubilden. Mild und liebenswürdig sind nicht bloss die furbittenden Johannes und Maria, sondern selbst der richtende Christus. Auch die beiden Engel mit den Leidenswerkzeugen und der sitzende Abraham mit den Seelen der Geretteten im Schooss, die nach dem Vorgange des Hauptportals von Bamberg in den Archivolten über den Säulenkapitälen angebracht sind, zeigen dieselbe Anmuth. Bei dem Jüngsten Gericht ist die Verzweiflung der Verdammten, welche durch einen phantastischen Teufel in den Höllenrachen geschleppt werden, mit einer leidenschaftlichen Bewegung dargestellt, welche zwar ins Unruhige fällt, aber von entschiedenem Talent für dramatisches Leben zeugt. S. Sebald.

Von anderer Hand, vielleicht etwas früher ausgeführt, sind die beiden grossen Statuen des heiligen Petrus und einer gekrönten Frau, welche neben dem Portal auf Consolen stehen. Sie sind schlank, edel bewegt und haben den einfachen grossartigen Faltenwurf des dreizehnten Jahrhunderts.

Das nördliche Schiffportal*) enthält am Tympanon in zwei Hochreliefs den Tod der Maria, ihre Beerdigung und darüber ihre Krönung. Es ist eins der liebenswürdigsten Werke aus der Frühzeit des vierzehnten Jahrhunderts, voll Leben und Empfindung, trefflich componirt, von fliessend weicher Behandlung. Auch zeigt sich wieder dasselbe Talent für dramatische Schilderung in den Gestalten der Juden, die bei Mariä Beerdigung vor dem Sarge niederstürzen. Derselben Zeit gehören an den Seiten des Portals die Statuen der Maria und des Engels der Verkündigung.

Bald nachher entsteht dann das zweite plastische Hauptwerk der Nürnberger Schule in der reichen bildnerischen Ausschmückung der Frauenkirche, deren Stiftung 1355 durch Kaiser Karl IV. begann, und deren Bau (wohl ohne die plastischen Details) schon 1361 vollendet war. Zuerst wurden wahrscheinlich im Chor an den Pfeilern die fast lebensgrossen Statuen Johannes des Täufers, der Maria mit dem Kinde, der heiligen drei Könige, der Veronica, sowie Kaiser Heinrichs II. und seiner Gemahlin ausgeführt. Es sind Arbeiten von gutem feierlichem Styl, würdig statuarischer Haltung, klar und edel im Faltenwurf. Eine ganz andere Hand verrathen dagegen die zahlreichen Bildwerke, mit welchen das Hauptportal und die Vorhalle an der Westseite geschmückt sind, und die eine alte Ueberlieferung dem Meister *Sebald Schonhofer* zuschreibt. Das Ganze ist, wie die Kirche selbst, der Verherrlichung der Maria geweiht. Die Vorhalle bildet drei Portale, von denen das vordere durch einen Mittelpfeiler getheilt wird. An diesem Pfeiler ist die Madonna unter reichem Baldachin als Himmelskönigin thronend dargestellt, das Christuskind auf dem Schoosse haltend, von zwei stehenden Engeln umgeben**). Ihr entsprechend Frauenkirche. Vorhalle.

*) Charakteristisch abgeb. bei *R. v. Rettberg* a. a. O. S. 23.

**) Abb. bei *Rettberg*, S. 32.

find nach dem Vorgange der Lorenzkirche in den Portalwänden Adam und Eva und zwei Patriarchen angeordnet, während in den Archivolten fich die fitzenden Geftalten der Propheten befinden. Die beiden Seitenportale enthalten unten die Statuen von Apofteln, darüber in den Archivolten fitzende weibliche Heilige, die Eckpfeiler endlich S. Lorenz und Sebald, die beiden Schutzheiligen der Stadt und Kaifer Heinrich den Heiligen nebft feiner Gemahlin. Ueber ihnen find noch Baldachine für weiteren ftatuarifchen Schmuck vorhanden, und endlich ficht man in den Bogenzwickeln fchwebende Patriarchen mit Spruchbändern, wieder nach dem Vorgange der Lorenzkirche, aber noch beträchtlich ungefchickter, wenn auch weniger gezwungen als dort. Was bei all diefen Werken am meiften auffällt, ift das Streben, die herkömmliche Auffaffung zu durchbrechen und zu einem eigenen Style durchzudringen. Nichts erinnert an die übertriebenen Manieren, die weichliche Haltung, den fentimentalen Ausdruck der meiften zeitgenöffifchen Werke. Ruhiger Ernft, würdige Haltung in den männlichen (Fig. 228), fchlichte Anmuth in den weiblichen Geftalten, getragen von einem tüchtigen Naturftudium, das eine vollere Entwickelung, eine reifere Durchbildung der Form, befonders in den beiden nackten Geftalten mit Glück erftrebt. Namentlich in den Köpfen fpricht fich ein ganz neuer Schönheitsfinn aus, der bei den männlichen auf kräftige Charakteriftik, bei den weiblichen auf ein von dem herkömmlichen Idealkopf abweichendes Gepräge ausgeht: ein liebliches Oval mit rundlichen Einzelformen, befonders ziemlich ftark vortretendem Kinn und hoher runder Stirn, der kleine Mund lieblich weich und voll. Diefer durchaus individuelle Kopf beweift, dafs der Künftler fein Ideal im wirklichen Leben gefucht und gefunden. Wie fehr es ihm gefallen, bezeugt er dadurch, dafs er es bei allen weiblichen und jugendlichen Geftalten unermüdlich wiederholt. Nicht minder lebenswahr verfährt er in der Charakteriftik der fitzenden Propheten, die er durch lebendige Motive zu individualifiren weifs. Der Eine hält fein Buch offen auf dem Schoofse, indem er über eine gelefene Stelle nachzudenken fcheint; der Andere entfaltet fein Spruchband, ein Dritter ift eifrig mit Lefen befchäftigt, wieder ein Anderer ftützt den Arm auf und greift mit der Miene tiefen Nachfinnens in den lang herabwallenden Bart. Während dies Alles dem Meifter gut gelingt, leiden die ftehenden Geftalten

Fig. 228. Von der Frauenkirche in Nürnberg.

faſt alle an einer ſteifen Haltung, da ihre Füſse wie bei Grabfiguren ſtreng parallel und etwas geſpreizt neben einander ſtehen. Am ſchwächſten aber iſt er in der Behandlung des Gewandes, namentlich bei den ſtehenden Figuren; denn da bei ihrer ſteifen Haltung kein bewegter Wurf des Gewandes motivirt wird, und da er ſichtlich die conventionelle Draperie verſchmäht, ſo entſteht ein charakterloſes, zuweilen bis in's Schlotterige gehendes Spiel mit mühſam erkünſtelten Falten, wobei ſelbſt auf den verbrauchten Kunſtgriff zurückgegangen wird, den Mantel von der einen Seite zur anderen herüber zu ziehen und unter dem Arme feſt zu halten.

Fig. 229. Vom ſchönen Brunnen in Nürnberg.

An dieſe Werke ſchlieſst ſich die nicht minder reiche Ausſtattung des Innern der **Vorhalle**. Im Bogenfelde des Portals iſt die Geburt Chriſti, die Anbetung der Könige und die Beſchneidung, an den Pfeilern und in den Archivolten eine Menge von Statuen und Statuetten, wie es ſcheint Patriarchen und Heilige, dargeſtellt, Werke von geringerem Verdienſt; auſserdem ſchlecht zu erkennen und mit dickem Anſtrich verdorben. Endlich ſind ſogar an den Gewölbrippen muſicirende und anbetende Engel angebracht, gleichſam ideale Träger der Glorie der Madonna, welche im Schluſsſtein in ihrer Krönung gipfelt. So iſt das Ganze ein prächtiger in Stein gehauener Hymnus auf die Jungfrau, bei dem die gemüthliche Innigkeit und das poetiſch Sinnvolle der Anordnung für den fehlenden tieferen Gedankengehalt oder höheren Adel der Auffaſſung entſchädigen muſs. Portal.

Welchen Aufſchwung nun die Nürnberger Plaſtik nahm, erkennt man noch jetzt an der Ueberfülle bildneriſcher Werke, mit denen nicht bloſs das Aeuſsere und Innere der Kirchen, ſondern auch Profangebäude aller Art geſchmückt wurden. Merkwürdig iſt dabei die Verſchiedenheit der Richtungen, die ſich theils aus der groſsen Anzahl der vorhandenen Künſtler, theils aus mannigfacher Einwirkung älterer Werke, vielleicht auch des benachbarten Bamberg erklären wird. So finden wir bald nach der Mitte des Jahrhunderts an **S. Sebald** eine neue Bereicherung durch den Anbau des Chores (1361—1377) und die Ausſchmückung der nördlichen ſogenannten Brautpforte, die in das alte Querſchiff führt. Sie enthält in Wandniſchen und auf Conſolen die Statuen der thörichten und klugen Jungfrauen, ſchwach im Ausdruck, namentlich in der Bezeichnung der Trauer, die ganz monoton durch Neigung des Hauptes ausgeſprochen wird, noch ſchwächer, ja geradezu puppenhaft in der Stereotypie der ungenügend ſkizzirten Köpfchen. Dagegen beſitzt der Meiſter alle jene Vortheile, welche die ältere Kunſt in anmuthiger, reich bewegter Gewandbe-

Anderes in Nürnberg.

Chor von S. Sebald.

handlung darbot, und weiſs dieſelbe an den ſchlanken eingebogenen Geſtalten in edlem Fluſs, wenn auch nicht ohne Monotonie zur Geltung zu bringen. Er huldigt darin ſo ſehr der früheren Weiſe, daſs man die Statuetten eher dem Anfange als dem Ende des vierzehnten Jahrhunderts zuſchreiben möchte.

Der ſchöne Brunnen. Zu den bedeutendſten Werken der ſpäteren Zeit des Jahrhunderts gehört ſodann der ſogenannte »Schöne Brunnen« auf dem Markte, deſſen Bildwerke man bisher auf Sebald Schonhofer zurückführte. Neuere Nachforſchungen haben indeſs ergeben, daſs das Monument von 1385—96 durch Meiſter *Heinrich den Balier* (»Parlirer«) ausgeführt worden iſt.*) (Fig. 229.) Es enthält eine Anzahl von Statuen, zunächſt die neun Helden Hektor, Alexander und Julius Cäſar als heidniſche, Joſua, David und Judas Maccabäus als jüdiſche, Chlodwig, Karl der Groſse und Gottfried von Bouillon als chriſtliche, an welche ſich die ſieben Churfürſten ſchlieſsen; auſserdem acht Geſtalten von Propheten und Patriarchen des alten Bundes. Obwohl in neuerer Zeit wiederhergeſtellt und mehrfach erneuert, laſſen ſie doch zum Theil noch den urſprunglichen Styl erkennen, der durch groſsartige Lienienführung, kräftige Charakteriſtik und naturwahre Durchbildung ſich auszeichnet.

Von den übrigen Nürnberger Denkmälern, welche dieſer Zeit angehören, ſei nur kurz das Wichtigſte erwähnt, um wenigſtens eine Vorſtellung von dem
S. Jakob. Reichthum der plaſtiſchen Production zu gewähren. Mehreres Treffliche befindet ſich in der Jakobskirche. Zunächſt die vier in Thon gebrannten ſitzenden Geſtalten der beiden Johannes, des Paulus und des Simon an der Staffel des merkwürdigen, leider durch Reſtauration verdorbenen Hochaltars. Die Gewandung iſt von prächtigem Fluſs, reich und ſchön motivirt. Sodann eine edle Statue des Jakobus im Chor, deren reiſe Durchbildung und lebensvolle Charakteriſtik ſchon auf das Ende dieſer Epoche hinweiſt. Nicht minder gut ein heiliger Petrus, der nebſt andern Apoſtelbildern ſich ebendort befindet. Weiter, auf einzelnen Conſolen, eine ſitzende Madonna von den heiligen drei Königen verehrt; Arbeiten die in den Vorzügen und Mängeln den Statuen der thörichten und klugen Jungfrauen an der Sebaldskirche nahe kommen. Dagegen möchte ich die edle Geſtalt eines Chriſtus, der mit übereinandergelegten Armen ein Bild ſtiller Trauer daſteht und auf das Wundmal in ſeiner Seite hinweiſt**), dem Meiſter von der Vorhalle der Frauenkirche zuſchreiben. Sowohl der eigenthümliche langgezogene Typus des Kopfes, das Verſtändniſs des Nackten als auch die etwas geſpreizte Stellung beweiſen dieſe Verwandtſchaſt. Wie ſehr dieſes ergreifende Motiv Anklang fand, bezeugen die allerdings zum Theil ſehr geringen Wiederholungen dieſer Statue, die man mehrmals in und an S. Lorenz und S. Sebald findet. In der Sebaldskirche ſind ſodann die zahlreichen
Einzelnes in S. Sebald. Statuen von Apoſteln und andern Heiligen, darunter auch Heinrich II. und Kunigunde an den Pfeilern des Schiffes, meiſt Mittelgut dieſer Epoche, obendrein von ſehr verſchiedenen Händen ausgeführt. Noch geringer iſt die Mehrzahl der ähnlichen Statuen an den innern Chorwänden daſelbſt; nur die betende

---

*) Vergl. *J. Baader*, Beitr. zur Kunſtgeſch. Nürnberg's. 2. Heft S. 10 ff. Dort erfahren wir auch, daſs Meiſter Rudolf, der Maler, die Bildwerke vergoldete und bemalte.

**) Abbild. bei *R. v. Rettberg*, a. a. O. S. 22.

Maria und der Engel der Verkündigung, namentlich erstere, zeugen von höherer künstlerischer Empfindung. An dem ehernen Taufbecken derselben Kirche sind die Flachreliefbilder der Apostel und anderer Heiligen sowie die frei vortretenden Gestalten der Evangelisten nicht von erheblicher Bedeutung, die Gewänder conventionell fliefsend mit gehäuften Falten, die Gestalten selbst dadurch etwas zu breit und zu kurz.

In der Lorenzkirche sind die Statuen an den Pfeilern des Schiffes wie des Chores ebenfalls von sehr verschiedener Art. Durchgängig ohne höheren Werth haben sie das herkömmliche Gepräge der spätern Zeit dieser Epoche und geben den Beweis, wie schnell hier die Kunst in äufserliches handwerkliches Wesen überging. Dagegen enthält dieselbe Kirche mehrere Bildwerke aus der ersten Hälfte des fünfzehnten Jahrhunderts, die den frühern Styl in besserer Weise wieder aufnehmen und durch gröfsere Rundung der gewöhnlich etwas gedrungenen Gestalten sich zugleich einer schlichten Naturauffassung nähern. So namentlich der Theokarsaltar vom Jahre 1437, dessen plastischer Schmuck aus den in Holz geschnitzten und gemalten Statuetten des thronenden Christus mit der Weltkugel und des ebenfalls sitzenden heiligen Bischofs Theokar, umgeben von den stehenden Statuen der zwölf Apostel, gebildet wird. Eine der frühesten und besten Holzschnitzereien, die wir haben, folgt dies Werk noch durchaus dem früheren idealen Style, der in den Köpfen den individuellen Ausdruck gänzlich ausschliefst, aber in der Anmuth der Formen, dem fliefsend behandelten Bart und Haupthaar und dem weichen Faltenwurf der Gewänder noch immer anziehend zu wirken weifs. Wie roh aber gelegentlich um dieselbe Zeit solche Werke ausgeführt wurden, beweist der Leichnam Christi im Untersatze des Wolfgangaltars derselben Kirche, dessen Gemälde weit über dem Werthe dieser abschreckenden Schnitzarbeit stehen. — Von den zahlreichen andern Werken, die sich am Aeufsern von Wohnhäusern dieser Zeit finden, sind die Reliefs am Erker des Sebaldus-Pfarrhauses hervorzuheben. Wahrscheinlich nach dem Brande von 1361 ausgeführt, enthalten sie die fünf Hauptscenen aus dem Leben der Maria in guter Anordnung und lebendiger Schilderung.

Weiteres in S. Lorenz.

An Wohnhäusern.

Einer zweiten bedeutenden Schule begegnen wir in Schwaben, zunächst an den beiden Hauptportalen des Doms zu Augsburg, dessen romanischer Bau seit dem Jahre 1321 eine durchgreifende Erweiterung und Umgestaltung erfuhr, die bis gegen Ende der Epoche währte. Die ältesten Werke sind hier am nördlichen Portal zwei gekrönte weibliche Gestalten, die eine mit Scepter und dem Modell des alten romanischen Domes, noch ganz im Styl des dreizehnten Jahrhunderts mit lang herabfallenden Gewändern, gedrungenen rundlichen Köpfen und dem etwas starrem Lächeln in den halbgeöffneten Augen. Etwas später erscheinen die beiden Statuen der linken Seite, eine Magdalena im Schleier, das Salbgefäfs in beiden Händen haltend, das Gewand zierlich im entwickelten Styl des vierzehnten Jahrhunderts, aber der Kopf sammt dem conventionellen Zug der Locken noch mehr dem typischen Wesen jener beiden älteren Figuren entsprechend. Daneben der heilige Bischof Ulrich mit dem Fisch in der Hand, der Kopf und namentlich die Locken des Bartes schon stark manierirt und ebenso die ausgebogene Haltung des Körpers. Das Ge-

Schwäbische Plastik. Augsburg. Nordportal.

wand hält in feiner Durchführung die Mitte zwifchen der plaftifchen Schärfe und Klarheit jener erften Geftalten und der weich fliefsenden Behandlung bei der Magdalena. Diefer letzeren fteht dann die Madonna am Mittelpfeiler am nächften, in deren Kopf mit den breiten portraitartigen Zügen, dem Unterkinn und dem gemüthlichen Ausdruck man fchon das funfzehnte Jahrhundert erkennt. Das Tympanon enthält in drei Abtheilungen die Reliefs der Verkündigung, Geburt Chrifti und Anbetung der Könige, fodann des Todes und endlich der Krönung Mariä. Die Anordnung ift mager, in einem etwas abgelebten Styl, mit dürftigen Figuren, conventionellen grofsen Köpfen mit gedrehten Bärten, die weiblichen Köpfchen faft kugelrund, der Faltenwurf zierlich aber conventionell, kurz eine nicht bedeutende Arbeit vom Ende des vierzehnten Jahrhunderts. Der obere Bogenrand zeigt ftatt der Krabben eine Anzahl laufender und fich beifsender Löwen voll derben Humors. Unter dem hoch hinaufgezogenen, in eine gefchweifte Spitze auslaufenden Bogen find in Nifchen die thronende Madonna, neben ihr jederfeits eine weibliche Geftalt und drei Propheten, fämmtlich mit Spruchbändern angeordnet. Darunter ficht man zwei fitzende Könige, wohl David und Salomo, auf deffen Thron fich auch jene Löwen beziehen; fodann wieder fechs weibliche Geftalten mit Spruchbändern, letztere ziemlich gut im entwickelten Styl des vierzehnten Jahrhunderts durchgeführt, erftere nur derb handwerklich.

Fig. 230. Madonna vom Dom zu Augsburg

Südportal.

Noch reicher ift das Südportal ausgeftattet. Die Madonna am Mittelpfeiler (Fig. 230) ift eine der beften diefer Zeit, der etwas grofse Kopf von liebenswürdigem Ausdruck, die Formen des Körpers reich entwickelt, die Gewandung in weichem Faltenwurf durchgeführt. An den Seitenwänden ftehen auf fehr verfchiedenartigen Poftamenten zunächft je drei Apoftel, von denen namentlich die drei zur Linken fein entwickelte Statuen von guten Verhältniffen und trefflicher Arbeit find, während die drei andern eine weit fchwächere Hand verrathen. Die übrigen fechs, an den weit vorfpringenden Strebepfeilern angebracht, durchweg gröfser, mäfsiger, zeigen denfelben Styl, aber in fchwereren Verhältniffen. Auch hier find diejenigen der linken Seite von befferer Ausführung als die andern. Aber fo verfchieden die Begabung der einzelnen Künftler erfcheint, fo übereinftimmend giebt fich ein durchgehender Schulcharakter zu erkennen, der Nichts von der manieriftifchen Haltung und Bewegung der meiften zeitgenöffifchen Werke weifs, vielmehr bei allen Geftalten eine schlicht natürliche Auffassung und gemüthvolle Empfindung zur Geltung bringt. Hier zeigt sich das bürgerliche Element der Zeit von seiner liebenswürdigen Seite. Am Tympanon ist in kleinen Reliefs die Geschichte der Maria in dicht gedrängten, lebendig bewegten Gruppen, wie es scheint noch aus der Frühzeit des Jahrhunderts dargestellt; in den Archivolten sitzen drei Reihen von Königen und Propheten, ebenfalls noch in einfach der frühgothischen Weise sich anschliessender Behandlung. Etwas conventioneller, und wohl auch später sind dagegen die Propheten in der Laibung des weitvorspringenden Bogens, welcher vorhallenartig das Portal umrahmt. Aber noch weiter erstreckt sich der plastische Schmuck über die angrenzenden Theile des Baues. An der Stirnseite der beiden Strebepfeiler, jene Apostelreihen fortsetzend, stehen links zwei gekrönte weibliche Gestalten, und zwar die Madonna, unter deren ausgebreitetem Mantel in kleinen Figürchen Papst, Kaiser, Mönche und Laien Schutz suchen, ein Werk voll Feierlichkeit; die andere Gestalt mit lieblichem portraitartigem Köpfchen, sehr breiter Stirn, etwas vortretenden Augen und kleinem nonnenhaft eingehülltem Kinn, das Gewand reich gefaltet in rundlich fliessenden Linien. Ihnen entsprechend sieht man am rechten Pfeiler die Verkündigung, ebenfalls, ein treffliches Werk, besonders die Madonna mit vollem schönem Ovalkopf, die Augen demüthig niedergeschlagen, der Engel das Spruchband in den zusammengelegten Händen haltend. Endlich ist oben an der Wandfläche über dem Portal, bekrönt von einem Spitzbogenfries mit reichem Maasswerk, eine Darstellung des jüngsten Gerichts in einzelnen Gestalten angebracht, auf Consolen, welche zum Theil Auferstehende darstellen. Oben der thronende Christus stark verwittert, beiderseits die fürbittenden knieenden Figuren von Maria und Johannes, dann je drei schlanke, indess nur oberflächlich behandelte Engel mit den Marterwerkzeugen. Schliesslich der Höllenrachen mit den sehr ruhig dreinschauenden Verdammten, gegenüber Petrus als Himmelspförtner, die Seligen einlassend. Alles im einfachen Styl vom Ausgange des vierzehnten Jahrhunderts.

Einige Werke im Maximilians-Museum geben weitere Beweise von der tüchtigen Entwickelung der dortigen Bildnerei. Vor Allem eine grosse in Holz geschnitzte und polychromirte Statue der Madonna aus der Ulrichskirche, ein Werk vom Ende dieser Epoche, feierlich im Wurf des Gewandes, der Kopf voll Huld und Grossartigkeit, das Christuskind minder gelungen. Eben so schön ist eine gleichfalls in Holz geschnitzte Statue der Madonna in der Kirche des unfern Augsburg gelegenen Dorfes Haunstetten, bei welcher die starke Biegung des Körpers einen prächtigen Wurf des ganz vorzüglich entwickelten Gewandes motivirt hat; das Köpfchen zeigt ein herrliches Profil mit langer fast gerader Nase, und auch das Christuskind ist bei leicht vorgeneigter Haltung recht anmuthig. Die Füsse ruhen auf einem Lunakopfe von fast klassischem Profil, dessen Entstehung vielleicht durch Anschauung antiker Werke auf diesem von altrömischer Cultur getränkten Boden zu erklären ist. Schon in diesen Werken zeigt sich innerhalb desselben Zeitcharakters die schwäbische Bildnerei von der in Nürnberg vertretenen fränkischen wesentlich verschieden. Während dort das Streben weniger auf Schönheit, sondern in den männlichen Gestalten auf kräftige Charakteristik, in den weiblichen auf gemüthlich innigen Augsburg. Museum.

Ausdruck gerichtet ist, beherrscht die schwäbische Schule ein höherer Schönheitssinn, der seine schlanken Gestalten theils zu schwungvoller Hoheit, theils zu lieblicher Zartheit durchzubilden sucht.

Münster zu Ulm.

Eine verwandte Richtung finden wir nun auch an den Portalen des Münsters zu Ulm, die sämmtlich in den Ausgang unserer Epoche fallen. Am Hauptportal zeigen die vier Statuen an den freien Pfeilern der Vorhalle einerseits Maria und S. Martin, andererseits Johannes den Täufer und einen Bischof bei ungünstig kurzen Gesammtverhältnissen in conventionellem Styl der Zeit. In anziehenderer Weise tritt die weiche ideale Behandlung dieses älteren Styles noch in den Statuetten der beiden kleineren Portalbögen und des grofsen gemeinsamen Bogens darüber, besonders aber in den naiven Reliefs des Tympanons auf. Diese enthalten die Schöpfungsgeschichte bis zum Sündenfall und sind voll ansprechend reizender Züge, so z. B. die kleine Eva, wie sie in das Hemdchen schlüpft, welches Gott Vater ihr sorglich überbreitet. Die übrigen Bildwerke des Portals sind vorzügliche Arbeiten der folgenden Epoche. Die Sculpturen an den Portalen der Seitenschiffe zeigen geringere Arbeit; am nördlichen die Leidensgeschichte Christi in kleinen Reliefs, von denen nur die Gruppe der Leidtragenden unter dem Kreuz von feinerer Empfindung ist. Am südlichen die Auferstehung der Todten und das jüngste Gericht.

Kreuzkirche zu Gmünd.

Treffliche Werke enthält sodann die Kirche des heiligen Kreuzes zu Gmünd, welche 1351 durch *Heinrich (Arler)* begonnen wurde, und deren Sculpturen der späteren Zeit dieser Epoche angehören. Zunächst sind an sämmtlichen Strebepfeilern des Schiffes, leider durch ein vortretendes Säulchen etwas versteckt, grofse Standbilder von Aposteln und Propheten von sehr wackerer Arbeit aufgestellt, in reichen Gewändern, meist in guter Bewegung, die nur zuweilen durch die Enge des Raumes gehemmt wird, die Köpfe voll charakteristischen Lebens. Diese Arbeiten werden mit der Vollendung des Kirchenbaues um 1410 zusammenfallen. Sodann sind vier Portale der Kirche mit

Chorportal südlich.

Bildwerken reich ausgestattet. Das südliche Chorportal enthält in der tiefen Laibungsfläche des Bogens, der dasselbe vorhallenartig umfafst, überaus naive Darstellungen der Schöpfungsgeschichte bis zum Dankopfer Noahs nach der Sündfluth, in klarer Anordnung lebendig erzählt. Bei den einzelnen Schöpfungsakten ist Gott immer in derselben Stellung wiederholt, wodurch die Bedeutung der Gestalt dem Beschauer besonders eingeschärft wird. Bei der Sündfluth sieht man die Arche Noahs als einen grofsen Kasten, aus dessen Fenstern recht gemüthlich unten die Thiere, oben die Noah'schen Eheleute herausblicken. Von den Archivolten enthalten die äufseren würdige Prophetengestalten, die inneren holdselige Engel mit den Marterwerkzeugen von einem Schönheitsgefühl, wie es in der Kunst der gesammten Epoche selten so rein zu Tage tritt. Unterhalb an den Thürgewänden finden sich Consolen für zwölf Statuen, von denen nur Moses und Jesaias ausgeführt sind. Das Tympanon endlich enthält in drei Abtheilungen das jüngste Gericht: oben Christus mit der barocken Darstellung der Schwerter an seinem Munde, von blasenden Engeln und den beiden Fürbittern Maria und Johannes umgeben. Dann folgen in der mittleren Reihe die sitzenden Apostel in lebhaftester Bewegung; unten die Auferstehung der Todten in gedrängten, dramatisch, ja selbst drastisch entwickelten Gruppen und naiver Charakteristik aller Stände, worin die Mysterienspiele schon keck vorangegangen waren. Unter den Teufeln ist ein froschartiger höchst humoristisch. Dies ganze reiche Portal erhält durch die prachtvolle alte Polychromie eine besondere Bedeutung.

Das Nordportal des Chores giebt in seinem Tympanon, ebenfalls in drei Abtheilungen, die Leidensgeschichte bis zur Erlösung der Voraltern aus der Unterwelt; die Archivolten sind in gedrängter Anordnung mit achtzehn kleinen Gruppen ausgefüllt, welche die Martyrien der Apostel und anderer Heiligen schildern. Die Arbeit ist derjenigen am Südportal verwandt, voll Leben aber nicht sehr fein. Bedeutender sind jedoch an beiden Seitenwänden die Statuen der thörichten und klugen Jungfrauen, liebliche schlanke Gestalten von großer Mannigfaltigkeit der Bewegung, bisweilen freilich etwas gezwungen, die Köpfchen von einem vollen Oval, der kleine Mund üppig schwellend, die Locken reich geringelt, der Faltenwurf effectvoll ausgetieft. Das nördliche Schiffportal enthält in zwei lebensgroßen Statuen die Verkündigung voll großartiger Auffassung und origineller Bewegung. So hält die Jungfrau wie zur Abwehr das sammt dem Gewande gefaßte Gebetbuch erröthend vor's Gesicht. Es ist eine treffliche Arbeit, die gleich den übrigen Werken durch die schöne alte Bemalung noch ausdrucksvoller wird. Das Bogenfeld zeigt Momente aus der Kindheit Christi, oben die Geburt, unten die Anbetung der Könige, etwas conventionell und gespreizt, aber in den Gewändern trefflich bewegt. Das südliche Schiffsportal endlich ist der Verherrlichung der Madonna gewidmet. Es zeigt im Tympanon den Tod der Maria; die Köpfe wohl etwas ausdruckslos, aber die Gewänder wieder ganz edel, voll Feinheit und Mannigfaltigkeit. Darüber die Krönung der Jungfrau, eine schöne Composition, die in wenig Figuren die Scene lebendig vorführt. Anmuthig neigt sich Maria dem würdevoll thronenden Christus entgegen, und zwei Engelchen streben, von Freude ergriffen, mit den großen Kerzen in den Händen lebhaft vorwärts.

Chorportal nördlich.

Schiffportale.

Gedenken wir endlich noch der prächtig humoristischen Wasserspeier an den Kapellen des Chorumganges, die voll sprudelnder Laune allerlei Thiere, Ungethüme und fratzenhafte Menschengestalten vorstellen, so ist damit die reiche plastische Ausstattung des Aeußeren erschöpft, die nach Plan und Ausführung zum Vollständigsten und Besten gehört, was diese Epoche in Deutschland hervorgebracht hat. Und doch ist im Innern der Kirche noch ein ganz vorzügliches Werk zu nennen, das mit der Vollendung des Chores gleichzeitig entstanden sein wird. Es ist das Grab Christi in der mittleren Kapelle des Chorumgangs, eine gediegene Steinarbeit von neun beinahe lebensgroßen Figuren. Der Leichnam Christi liegt ausgestreckt in der offnen Tumba, die Hände gekreuzt, der Körper vom Bahrtuch in großen Falten umhüllt, die nackten Füße mit naturalistischem Verständniß detaillirt. Der Kopf hat etwas schwere, ausdruckslose Formen, den gleichzeitigen Nürnberger Christusgestalten verwandt. Die schlafenden Wächter umgeben in naiv-charakteristischen Stellungen hockend das Grab. Die Körper und ihre Bewegungen, durch die Kettenpanzer nicht gehemmt, sind mit Verständniß behandelt, aber mehr leicht andeutend als fein

Heiliges Grab.

ausgeführt. Der Eine ist in tiefen Schlaf versunken, der Kopf ganz auf die Brust geneigt und gegen die Kniee vorgebeugt, wo die zusammengelegten Hände auch ihrerseits einen Ruhepunkt gefunden haben. Der zweite stützt den Ellenbogen auf das Knie und den Kopf in die Hand, der dritte lehnt zwischen Wachen und Schlafen in fein empfundener Bewegung den Kopf an seine Armbrust. Dies Alles ist voll Naturwahrheit, aber mit weiser Oekonomie vom Künstler nur skizzirt behandelt worden. Denn die ganze Feinheit der Ausführung, deren er fähig war, sparte er für diejenigen Gestalten auf, in welchen sich die geistige Bedeutung der Scene spiegeln mufste. Hinter dem Grabe steht die Gruppe der Leidtragenden: die beiden Marien im tiefen Matronenschleier und die langlockige Magdalena, von zwei Engeln als himmlischen Trauerzeugen begleitet. Hier sind Adel und Schönheit in hohem Grade verbunden; besonders durch die herrlich fliefsenden Gewänder empfängt das Ganze eine ergreifende Stimmung. Vorzüglich sind die Engel durch jugendlichen Reiz ausgezeichnet, mit edlem, fast griechischem Profil, etwas vornehm vortretendem Kinn, und der eine mit köstlichen Locken.

Prag. Ein vereinzeltes Werk von einem der berühmten Meister aus der Familie der Arler von Gmünd findet sich in Prag. Es ist die mit dem Zeichen des Prager Dombaumeisters *Peter* (*Arler*) versehene Statue des heiligen Wenzel im Dome: ein Bildwerk voll lebendigen Ausdrucks und freier Bewegung und ein interessantes Zeugnifs wechselseitiger künstlerischer Beziehungen; denn während Schwaben durch seine Baumeister und Bildner auf die böhmische Kunst einwirkte, empfing es (in den Gemälden der Kapelle zu Muhlhausen am Neckar) dagegen Einflüsse der böhmischen Malerschule. —

Efslingen. Vom Schlufs dieser Epoche sind die Arbeiten an der seit 1406 erbauten Liebfrauenkirche zu Efslingen. Hier enthält das südöstliche Portal im Bogenfelde Reliefscenen aus dem Leben der Maria: unten die Anbetung der Könige, in der Mitte den Tod und oben die Krönung der Madonna; Alles noch ganz naiv im hergebrachten Styl des vierzehnten Jahrhunderts, lebendig componirt, fein und geschmackvoll in den Gewändern, und nur in den Bewegungen bisweilen etwas gesucht. Am westlichen Portal der Südseite ist mit geschickter Raumbenutzung in zwei Abtheilungen das Weltgericht dargestellt,*) wobei besonders die Gruppe der Verdammten Elemente humoristischer Dramatik bietet. Ein possirlicher Teufel hält den Höllenrachen mit einem Balken, an welchen er sich festklammert, weit aufgesperrt. Solche Motive wird die Plastik von den damals schon stark possenhaften Mysterienspielen sich angeeignet haben. Naiv ist auch wie Petrus mit riesigem Himmelsschlüssel die Frommen empfängt, während aus den Fenstern neugierige Himmelsbewohner auf die Ankömmlinge blicken. Unter dem statuarischen Schmuck zeichnen sich über dem Portal die beiden grofsen sitzenden Gestalten der Propheten David und Jesaias aus,**) charaktervoll und bedeutend, die Gewänder in grofsen Massen bewegt. Recht lebendig ist endlich am Westportal***) S. Georg auf schwerfällig unedlem, aber feurig einhersprengendem Rosse dargestellt, wie er mit mächtigem

*) Charakteristisch abgeb. in *C. Heideloff's* Kunst d. M.-A. in Schwaben. S. 46.
**) Abb. ebenda. S. 47. ***) Ebenda S. 48.

Stofse den Lindwurm erlegt (Fig. 231). Tüchtige Arbeiten find dann noch die Apostelstatuen*) an den Strebepfeilern des Chors und hoch am östlichen Giebel des Schiffes die weit hinaus über Stadt und Land blickende Madonna.

Endlich gehören noch derselben Spätzeit die Bildwerke am füdlichen Hauptportal der Stiftskirche zu Stuttgart: im flachbogigen Tympanon eine Scene Stuttgart.

Fig. 231. Vom Westportal der Frauenkirche zu Eßlingen.

der Kreuztragung, gut angeordnet und lebendig bewegt, darüber im geschweiften Bogenfelde mit geschickter Raumbenutzung die Auferstehung Christi, endlich in Wandnischen oberhalb des Portals Christus und die zwölf Apostel, kurze Gestalten, deren Gewandung mit Falten überladen und deren Köpfe theils von guter energischer Charakteristik, theils etwas flach und breit ohne Ausdruck sind. Hier hat die schwäbische Plastik ihren Wendepunkt erreicht, das Gefühl für Schönheit und Anmuth mit dem Streben nach Charakteristik, die feinen schlanken Gestalten mit derben untersetzten Formen, die leichtfliefsenden Gewänder mit schwerfällig bauschigen vertauscht.

*) Ebenda S. 49.

Münster zu Freiburg.

In den rheinischen Gegenden finden wir zunächst am Münster zu Freiburg tüchtige plastische Arbeiten, die mit der Erbauung des Chores (inschriftlich seit 1354) zusammenhängen. Am nördlichen Chorportal ist in der Hohlkehle des Bogens die Schöpfungsgeschichte in zehn Reliefs lebendig geschildert. Gott erscheint in langem Gewande als eine edle Gestalt in kräftigem Mannesalter, besonders grofsartig, wo er zuletzt thronend sein Werk überschaut und sieht, dafs alles gut sei. Recht sinnig ist der Gedanke, dafs er den eben geschaffenen Adam, der wie ein steifer Rekrut vor ihm steht, erst zurechtrücken und in Bewegung bringen mufs. Bei Erschaffung der Eva erblickt man den schlafend Daliegenden in trefflicher Verkürzung von der Rückseite. Recht naiv ist auch, wie zuletzt Gott die straff dastehenden Urältern des Menschengeschlechts väterlich zusammengiebt. Im Bogenfelde erscheint der thronende Schöpfer, von einem knieenden Engel angebetet, während ein Teufel voll drastischer Bewegung hintenüber stürzt. Darunter sieht man den Sündenfall, die Vertreibung aus dem Paradiese, zuletzt Adam und Eva bei der Arbeit. Das südliche Chorportal enthält den Tod und die Krönung Mariä.

Fig. 232. Paulus aus dem Kölner Dome.

Thann.

Ein ganzes Compendium der heiligen Geschichte ist in miniaturartiger Ausführung am Westportal der Kirche zu Thann (1346) zusammengedrängt. In der Anlage dem Hauptportal von S. Lorenz zu Nürnberg verwandt, nur minder klar entwickelt, enthält es in den beiden kleineren Bogenfeldern die Kindheit Christi und seinen Kreuzestod; darüber im grofsen Bogenfelde die Geschichte Mariä bis zu ihrer Krönung; dazu in den Hohlkehlen der Einfassung zahlreiche figürliche Scenen, mit den Schöpfungsakten beginnend. Die Arbeiten sind zwar ungleich, die Formen und Verhältnisse durch den Maafsstab in ihrer Entfaltung beschränkt, allein das Ganze recht naiv und anziehend.

Köln.

Am Niederrhein erwacht erst in dieser Epoche in Köln eine höhere Regsamkeit der Bildnerei. Der 1322 vollendete Chor des Doms erhielt erst um die Mitte des Jahrhunderts unter dem Erzbischof Wilhelm von Gennep (1349—61) die polychromirten überlebensgrofsen Statuen Christi, der Maria und der Apostel an den Pfeilern. Es sind Arbeiten von einer gewissen mühevollen Sorgfalt, noch ziemlich streng in den Köpfen, die Hände fein, die Gewänder grofsartig aber nicht ohne ein studirtes Wesen und Ueberladenheit, zum Theil von etwas befangener Haltung (Fig. 232), mehrfach jedoch in jener erkünstel-

ten, ſtark ausgebogenen Wendung, die ein affectirtes Weſen ausdruckt. Ungefähr aus derſelben Zeit ſind ebendort die in weiſsem Marmor ausgeführten Hochreliefs von der Vorderſeite des Hauptaltars, in der Mitte die Krönung Mariä, zu beiden Seiten die Apoſtel, ähnlich reiche Gewandfiguren von etwas ſchwererer Anlage. Weiter enthält die Marienkapelle des Doms eine vorzügliche, edel bewegte Madonnenſtatue. Eine andere, ebenfalls vortreffliche, ſieht man an der Apſis von S. Marien in Lyskirchen zu Köln. An der Grenze der Epoche ſtehen bereits die Bildwerke des um 1420 erbauten Südportales an der Façade des Domes. Die ſitzenden Statuetten von Propheten und Patriarchen in den Archivolten, ſowie die groſsen Geſtalten der Apoſtel an den Wänden (Fig. 233) ſind von groſser Feinheit der Behandlung und zeigen auch im Verſtändniſs der Natur einen bedeutenden Fortſchritt. Noch klarer tritt dieſe Richtung, offenbar gefördert durch die gleichzeitige hohe Blüthe der Malerei, die damals in dem Dombilde des Meiſters Stephan Lochner ihre Vollendung erreichte, an den beiden Statuen der Verkündigung hervor, welche 1435 in S. Kunibert aufgeſtellt wurden. Als ſpäte Ausläufer dieſer kölniſchen Schule laſſen ſich die Bildwerke des ſüdlichen Portales am Dome zu Mainz bezeichnen, durch welches man Mainz.
in den Kreuzgang gelangt. Hier zeigt ſich in anmuthiger Darſtellung jugendlicher Heiligengeſtalten dieſer Styl noch einmal in hoher Reinheit, allerdings nicht ohne ſtarke Hinneigung zu maleriſchen Motiven. Dem Anfange der Epoche gehört dagegen das im Kreuzgange des Domes aufbewahrte, aus S. Alban ſtammende Relief, in welchem man eine Scene aus den Streitigkeiten der Bürger mit dem Biſchofe hat erkennen wollen, das aber nichts Anderes iſt, als das Bruchſtück einer Darſtellung des jüngſten Gerichtes*).

Fig. 233. Von der Weſtfaçade des Doms zu Köln.

*) Dieſe Anſicht hat *Kugler* (D. Kunſtbl. 1838 S. 195) ausgeſprochen. Vergl. *H. Emden's* Dom zu Mainz.

Wetzlar. In Wetzlar ist die herrliche Madonnenstatue am Westportal der Stiftskirche eins der reifsten Werke dieser Zeit, während die übrige plastische Ausschmückung der Kirche eine geringere, zum Theil handwerklich rohe Ausführung verrath*). Im Uebrigen scheint in Hessen wie in Westfalen die Bildnerei dieser Epoche nichts Erhebliches hervorgebracht zu haben. Nur etwa vom Anfange des 15. Jahrhunderts ist eine schön empfundene, aber vielfach beschädigte Steingruppe des in Gethsemane betenden Christus und der schlafenden Warburg. Jünger, an der Johanniskirche zu Warburg zu nennen**).

Etwas regsamer zeigt sich dagegen die Bildnerei in den sächsischen Landern, ohne dafs man jedoch eine an zahlreichen bedeutenden Aufgaben selbständig durchgebildete plastische Schule wahrzunehmen vermöchte. Recht bedeutende Werke sind zwei Madonnenstatuen im Dom zu Magdeburg, namentlich die grofse im Querschiff aufgestellte; ebenso zeigen am nördlichen Hauptportale daselbst die Statuen der thörichten und klugen Jungfrauen den herkömmlichen Styl der Zeit in ansprechender Innigkeit der Empfindung. Minder gut, conventioneller und auch roher kehren dieselben Gestalten in geringen Variationen an der Portalhalle des Domes zu Erfurt wieder, während die Madonnenstatue im Chor der dortigen Predigerkirche edler, ausdrucksvoller, wenngleich nicht frei von der Manier der Zeit erscheint.

Nochmals kommen die thörichten und klugen Jungfrauen am Nordportale der oberen Pfarrkirche zu Bamberg vor, seine Gestalten in edlem Gewandfluss, die thörichten besonders ausdrucksvoll in ihrer Trauer. Im Bogenfelde sieht man eine dick überstrichene Krönung der Jungfrau. Im Uebrigen scheint Bamberg in dieser Epoche noch von den glänzenden Unternehmungen des vorigen Jahrhunderts auszuruhen. Auch die benachbarte Bischofstadt Würzburg weist keine umfassendere plastische Thätigkeit auf, denn selbst die bildnerische Ausstattung der im Jahre 1377 begonnenen zierlichen Marienkirche stammt nur zum Theil aus dieser Epoche. Am Nordportal gehören die Reliefs des Bogenfeldes etwa der Fruhzeit des fünfzehnten Jahrhunderts an. Sie sind von guter Durchbildung und sehr lautrem Styl. Der Gegenstand ist die Verkündigung, aber die Darstellung ist über das gewöhnliche Maafs hinaus bereichert, denn oben thront Gottvater, von welchem eine Schnur wie ein langes türkisches Pfeifenrohr ausgeht, das mit einer Taube am Ohre der Jungfrau mündet. Diese wunderliche Darstellung stützt sich auf die bekannte mystische Annahme, dafs Maria den Heiland durch das Ohr empfangen habe. Am Südportal enthält das Bogenfeld die Krönung Mariä; die Köpfchen sind hier wie dort breit lächelnd, mit stumpfen Näschen und vollen Wangen. Am Westportal endlich zeigt das Bogenfeld die Darstellung des jüngsten Gerichtes in hergebrachter Weise, doch mit besonderer Lebendigkeit und offenbarem Festhalten der strengeren Formen frühgermanischen Styles. Von reifer Durchbildung ist dagegen ebendort am Mittelpfeiler der Statue die Madonna, in etwas pompöser Gewandung mit Naturgefühl durchgebildet. Sie ist stark nach links gebogen, wo sie anmuthig das Kind hält, das ebenfalls eine in

Marginal notes: Magdeburg. (beside "deutende Werke…"); Erfurt. (beside "an der Portalhalle…"); Bamberg. (beside "Nochmals…"); Würzburg. (beside "Jahrhunderts auszuruhen…").

*) *Kugler*, Kl. Schriften II. S. 178.

**) S. meine Mittelalt. Kunst in Westfalen. S. 383 fg.

dieſer Zeit ſeltene Anmuth hat und in kindlicher Bewegung mit ſeinem Füſschen ſpielt. — Etwas früher und conventioneller, wenngleich ähnlich aufgefaſst iſt die Statue der Maria im Mittelſchiffe des dortigen Domes, die von den drei ebenfalls auf einzelnen Conſolen angebrachten Königen verehrt wird.

Werke in anderem Material.

Neben dieſer reichen Anwendung der Steinſculptur, an welcher ſich die verſchiedenen Gegenden Deutſchlands je nach ihren Kräften betheiligten, ſtehen die in anderem Material ausgeführten Werke merklich zurück. Geringe Bedeutung hat die ſporadiſch angewandte Arbeit in gebranntem Thon; ganz vereinzelt erſcheint das koloſſale, aus Stuck ausgeführte und mit Moſaiken inkruſtirte Marienbild am Aeuſsern des Chores der Schloſskirche zu Marienburg, welches um 1340 ausgeführt iſt. Wichtiger ſind dagegen die Werke der Holzſchnitzerei, die beſonders an den Altären ſeit dem Beginn des 14. Jahrhunderts anfangen die Malerei zu verdrängen, was um ſo leichter gelingen mochte, als dieſe Arbeiten eine vollſtändige Bemalung erhielten, alſo an Farbenglanz mit den Werken der Malerei wetteifern konnten. Eins der ſchönſten und ſtylvollſten iſt der Hochaltar der Stiftskirche zu Oberweſel am Rhein, 1331 vollendet und geweiht. Er enthält in Niſchen, welche mit prachtvollen Maaſswerkfüllungen bekrönt ſind, zwei Reihen von kleinen trefflich geſchnitzten Figuren; die unteren geben die Geſchichte des Sündenfalls und der Erlöſung bis zum Kreuzestode Chriſti, die oberen, etwas gröſseren, ſchildern die Krönung Mariä, welcher die Apoſtel und andere Heilige zuſchauen. Noch iſt keine Spur von dem dramatiſchen Leben der ſpäteren Schnitzaltäre zu bemerken, ſelbſt die hiſtoriſchen Scenen ſind in einzelne, von Niſchen umſchloſſene neben einander geordnete Figuren aufgelöſt. Die Feinheit der Gewandmotive und der Köpfe verräth einen der tüchtigſten Meiſter der Zeit. Aus derſelben Zeit ſtammt ein kleines Triptychon in der Martinskirche daſelbſt, das in 18 Feldern die Paſſion, Chriſti Himmelfahrt und das jüngſte Gericht in einem ausdrucksvollen Styl und in mehr derb lebendiger als feiner Ausführung vorführt. Es iſt eins der früheſten Beiſpiele ſolcher dramatiſcher Auffaſſung in Schnitzaltären. Nicht ohne Uebertreibung ſind ſolche Scenen wie die Geiſselung zur Anſchauung gebracht. Die gleiche rheiniſche Bildſchnitzerſchule erkennt man in dem aus der Abtei Marienſtatt in das Muſeum von Wiesbaden gelangten Altar, welcher im oberen Theile die Krönung der Maria und die Statuetten der Apoſtel, darunter aber die Bruſtbilder von weiblichen Heiligen zeigt. Die reichere Entwicklung der Schnitzarbeit in Deutſchland haben wir ſpäter zu verfolgen.

Marienburg.

Holzſculptur.

Erzguſs.

Nicht minder wichtig ſind einige Arbeiten des Erzguſſes, obwohl auch ſie an Bedeutung und Groſsartigkeit im Geſammtbilde der Sculptur dieſer Zeit zurücktreten. Man erkennt an dieſen Werken in der Regel nur die techniſche Geſchicklichkeit der wackeren handwerklichen Rothgieſser, ſelten dagegen eine höhere künſtleriſche Auffaſſung. So ſieht man an dem ſiebenarmigen Leuchter der Marienkirche zu Colberg vom Jahre 1327 Apoſtelfiguren von recht edler Gewandbehandlung, während das Taufbecken in derſelben Kirche vom Jahre 1355 in ſeinem figürlichen Schmuck weit roher erſcheint. Nicht beſſer ſind die Arbeiten am Taufbecken der Marienkirche zu Lübeck von 1337 und dem der Nikolaikirche zu Kiel von 1344, fowie dem der Marienkirche zu Frankfurt a. d. O. vom Jahre 1376, während in derfelben Kirche der fiebenarmige Leuchter als ein Werk von künftlerifchem Werthe gilt. (Von dem Taufbecken in S. Sebald zu Nürnberg war fchon oben S. 445 die Rede). Hierher gehört auch der im Jahre 1408 in Blei gegoffene Brunnen auf dem altftädtifchen Markte zu Braunfchweig, deffen architektonifche Behandlung die der plaftifchen Theile wieder übertrifft. Sodann folgt das bronzene Taufbecken der Ulrichskirche zu Halle, 1435 in Magdeburg von Meifter *Ludolf* von Braunfchweig und feinem Sohne *Heinrich* gegoffen, kurz darauf, vom Jahre 1437, dasjenige der Marienkirche zu Berlin, auf Drachen ruhend und mit den kleinen Hochreliefbildern Chrifti, Mariä und der Apoftel gefchmückt. Endlich bekennt fich noch 1457 Meifter *Hermann Vifcher* von Nürnberg bei dem Taufbecken der Stadtkirche zu Wittenberg in den Apoftelfigürchen als fpäten Anhänger des nun völlig ausgelebten germanifchen Styles. Wie dürftig erfcheint, abgefehen von dem befcheidenen Maafse künftlerifcher Auffaffung, der bildnerifche Schmuck diefer Werke, verglichen mit den reichen plaftifchen Scenen der früheren, noch in romanifcher Epoche entftandenen Taufbecken von Lüttich und Hildesheim.

S. Georgs Reiterbild. Prag.

Diefen befcheidenen Arbeiten gegenüber gewinnt daher ein gröfseres Gufswerk, das eherne Reiterftandbild des h. Georg auf dem Hradfchin zu Prag, welches Kaifer Karl IV. im Jahre 1373 durch *Martin* und *Georg von Cluffenbach* anfertigen liefs, erhöhte Bedeutung. Das Werk ift kaum in zwei Drittel Lebensgröfse ausgeführt, aber überrafchend keck aufgefafst und voll natürlichen Lebens. In der elaftifchen Bewegung, mit welcher der jugendliche Ritter fich im Steigbügel hebt, um dem Lindwurm den Todesftofs zu verfetzen, wie in dem feurigen Einherfprengen des Roffes erinnert es an diefelbe Darftellung der Frauenkirche zu Efslingen; aber was dort befcheidenes Steinrelief war, mufste hier zu vollen plaftifchen Formen ausgeprägt werden: eine Aufgabe, die um fo vereinzelter und defshalb um fo fchwieriger war, da das Mittelalter (mit den feltenften Ausnahmen) keine Reiterftatuen kannte. Defto beachtenswerther ift die frifche Lebendigkeit des Ganzen, namentlich die zwar nicht fehlerfreie, aber doch von guten Naturftudien zeugende Durchführung des Pferdes, das obendrein durch Kreislinien auf feinem Körper als Apfelfchimmel bezeichnet wird. Ebenfo forgfältig ift die Rüftung des heiligen Ritters behandelt, überall eine genaue Betrachtung der Wirklichkeit zu Grunde gelegt, und nur der Kopf hat die conventionellen anmuthigen Züge aller jugendlichen Geftalten der Zeit.

Grabmal im Kölner Dom.

Ein anderes Meifterwerk des Erzguffes ift im Dom zu Köln das Grabdenkmal des Erzbifchofs Konrad von Hochftaden, der zwar fchon 1261 ftarb, diefes Denkmal jedoch erft im folgenden Jahrhundert erhielt, wahrfcheinlich nach 1322, als der von ihm begründete Bau des Domchors vollendet worden war. Die Geftalt des Verftorbenen ift in grofsartiger Ruhe, feierlich und würdig aufgefafst; am meiften überrafcht aber die völlig individuelle Durchbildung des Kopfes. Um diefen Fortfchritt, der fich gegen die noch ganz typifch behandelten Grabftatuen der früheren Epoche bemerkbar macht, zu verftehen, haben wir einen Blick auf die zahlreichen in Stein gearbeiteten Grabmäler diefer Zeit zu werfen.

Die Grabsteine behalten in der ersten Zeit des 14. Jahrhunderts noch eine Weile das edle Gepräge der früheren Zeit, die typische Allgemeinheit der Gesichtszüge, die ernste Ruhe der Haltung, die verklärte Lieblichkeit namentlich in den weiblichen Köpfen. Auch die Tracht bleibt zuerst noch dieselbe ideale fast antikisirende Gewandung, deren weiter Wurf und fliefsende Falten an die kirchlichen Bildwerke der Zeit erinnern. Namentlich tritt dies an den Denkmalen längst verstorbener Stifter und Wohlthäter hervor, bei welchen ohnehin an Portraitähnlichkeit nicht zu denken war. Solcherart sind die beiden schönen Grabsteine der Hemma und Aurelia in S. Emmeran zu Regensburg, wahrscheinlich erst gegen die Mitte des 14. Jahrhunderts entstanden. Hier sind die Gewänder der schlanken Gestalten in schöne Falten gelegt, die Köpfe dagegen, sowie die Hände noch schwach gezeichnet, die Nasen lang und spitz, Mund und Augen in conventioneller Zierlichkeit, letztere nur halb geöffnet und etwas schräg geschlitzt. Dahin gehören ebendort die Grabsteine Kaiser Heinrichs II., des Grafen Wammund († 1010*), sowie des h. Emmeran, durch fliefsenden, edlen Styl und gut erhaltene Bemalung ausgezeichnet. Ferner die anziehende Grabstatue der Gemahlin Rudolfs von Habsburg, der Kaiserin Anna, sammt ihrem Söhnchen, im Münster zu Basel, erst nach 1356 ausgeführt; das Denkmal der h. Gertrudis in der Kirche zu Altenberg an der Lahn, vom Jahr 1334**), sowie das der Kaiserin Editha im Dom zu Magdeburg, das erst im Anfange des 15. Jahrhunderts errichtet wurde. Aber auch an den Grabmälern kürzlich Verstorbener verzichtet man noch lange Zeit auf jede individuelle Charakteristik. So an dem Grabstein des Grafen Rudolf von Thierstein († 1318) im Münster zu Basel, einer edlen jugendlich anmuthigen Gestalt, die noch ganz im Geiste der vorigen Epoche behandelt ist. So ebendort an dem etwas geringeren Denkmale des Konrad Schaller († 1316), wo merkwürdiger Weise die Gestalt aus dem vertieften Grunde sich heraushebt. So noch um die Mitte des Jahrhunderts an den Grabsteinen Herzog Rudolfs I. von Sachsen und seiner beiden Gemahlinnen Kunigunde und Agnes in der Schlofskirche zu Wittenberg. Hier zeigt die erstere, wohl die früher ausgeführte, in den Gesichtszügen denselben Mangel einer freieren Entwicklung wie jene Regensburger Denkmäler und dazu auch im Gefält noch etwas steife Befangenheit; dagegen ist die zweite Gemahlin eine der schönsten Idealfiguren dieser Zeit, frei bewegt mit einfach grofsartigem Faltenwurf, der liebliche schmerzumflorte Kopf vom Schleier umgeben. Der Herzog selbst ist von steifer Haltung, aber im Kopfe von entschiedenem Portraitausdruck.

Grabsteine.

Wie die Künstler jetzt anfingen, die Natur vor Augen zu nehmen und getreu nachzubilden, zeigt in naiver Weise eine Miniatur in einem Manuscript, welches dem Nationalmuseum in München angehört. Dort läfst eine Königin den Grabstein ihres Gemahls anfertigen und fleht schluchzend neben dem Bildhauer, der seine Arbeit nach der herbeigebrachten Leiche des Verstorbenen ausführt. Ein anderes Beispiel, noch vom Ende des 13. Jahrhunderts, wird uns

Ideale und individuelle Auffassung.

*) Welche beide von *E. Förster* (G. d. d. Kunst I. S. 63) dem 11. Jahrhundert zugesprochen werden.

**) Abb. in *Müller's* Beitr. II. T. 19.

durch den Chroniſten Ottokar von Horneck*) bezeugt. Er erzählt, daſs Rudolf von Habsburg einem Bildhauer den Auftrag gegeben habe, ſeinen Denkſtein für den Dom zu Speyer zu arbeiten. Der Künſtler habe ſich deſshalb das Geſicht des Kaiſers bis auf die einzelnen Falten eingeprägt. Als dann aber bei zunehmenden Jahren die Falten ſich vermehrt hätten, ſei der Meiſter ausdrücklich dem Kaiſer nachgereiſt, um ſich von dieſen Veränderungen zu überzeugen und dieſelben auf ſeinem Steine nachzutragen. Der Chroniſt aber tadelt ſein Benehmen und nennt es einen »albernen Sitt.« Es war übrigens natürlich, daſs das Streben nach individueller Charakteriſtik zuerſt an den männlichen Köpſen ſich verſuchte, die durch kräftigere Entwicklung der Form, auch wohl durch den Bart dem Bildner einen Anhaltspunkt gewährten. Für die weiblichen Köpſe hielt man dagegen gern, auch bei Portraitſtatuen, an dem idealen Typus feſt, der ſich allmählich herausgebildet und namentlich an den zahlreichen Madonnenſtatuen entwickelt hatte. Erſt im weitern Verlauf und gegen das Ende der Epoche, nachdem mehrfach, wie an der Nürnberger Frauenkirche, die Künſtler begonnen hatten den leer gewordenen Typus der Madonna durch das untergeſchobene Bild irgend einer ſchönen und liebenswerthen irdiſchen Jungfrau neu zu beleben, eroberte man auch für die weibliche Portraitſtatue das Gepräge der beſtimmten Perſönlichkeit. Einzelne Nachzügler der älteren durchaus idealen Auffaſſung laſſen ſich bis in die Spätzeit des vierzehnten Jahrhunderts nachweiſen. So eine weibliche Grabſtatue vom Jahr 1370 in der Barfuſserkirche zu Erfurt, ſo namentlich das ſchöne Denkmal in der Eliſabethkirche zu Marburg vom Jahre 1376, vermuthlich des Landgrafen Heinrich des Eiſernen und ſeiner Gemahlin, wo der männliche und der weibliche Kopf weder in den gleichmäſsig jugendlichen Zügen noch in den conventionell geringelten Locken zu unterſcheiden ſind, und wo auch die männliche Geſtalt durch das lang herabflieſsende Gewand ſchön verhüllt iſt. Dagegen wird ſchon ſeit der Mitte des Jahrhunderts in den Ritterſtatuen die veränderte Tracht ein Hinderniſs für die Entfaltung der Plaſtik, denn mit den kurzen Waffenröcken, den zuerſt an den Gelenken auftretenden, dann auch weiter ſich verbreitenden Eiſenſchienen, die das geſchmeidige Panzerhemd verdrängen und den ganzen Körper in ihre ſteifen Feſſeln ſchlagen, iſt jede Möglichkeit einer edlen Darſtellung ausgeſchloſſen. Die Geſtalten zeigen ſich nun mit geſpreizten Beinen und den abſtehenden Armen, welche nicht mehr zum Gebete gefaltet, ſondern mit dem Halten des Schildes und der Waffen, wohl auch des reichgeſchmückten Turnierhelmes beſchäftigt ſind, in derſelben ungeſchickten Schwerfälligkeit wie das Leben ſie mit ſich brachte. Die Treue der koſtümlichen Durchführung und der individuellen Auffaſſung des Kopfes iſt nicht im Stande für den Verluſt einer ſtylvollen Behandlung zu entſchädigen und das Naturgefühl iſt noch zu ſchwach, um ſelbſt das Schwerfällige der äuſseren Erſcheinung für die Darſtellung ehrenfeſten ritterlichen Weſens zu verwerthen. Eins der charaktervollſten Beiſpiele iſt der Grabſtein des Gegenkönigs Günther von Schwarzburg († 1349), welcher drei Jahre nach ſeinem Tode im Chore des Doms zu Frank-

Ritterbilder.

*) Dieſe bei *Pez*, Script. rer. Auſtr. Vol. VIII abgedruckte Stelle verdanke ich dem Citat bei *Schnaaſe* VI. S. 385.

furt a. M. errichtet wurde und sich durch zierliche Detailausführung des Ko-

Fig. 234. Grabstein Günthers von Schwarzburg. Frankfurt.

stüms, sowie durch vollständige Bemalung auszeichnet (Fig. 234). In derselben

Kirche befindet ſich aus etwas ſpäterer Zeit (1371) der Grabſtein eines Ehepaars von Holzhauſen. Von verwandter Art iſt die Statue eines Ritters von Falkenſtein († 1365) in der Kloſterkirche zu Arnsburg im Heſſiſchen, nur daſs hier eine lebendigere Bewegung erſtrebt wird, die freilich noch ungeſchickt ſich äuſsert. Ferner das Grabmal des Grafen Gebhard in der Burgkapelle zu Querfurt, ſo wie das des Grafen Dietmar und ſeines Sohnes in der Kirche zu Nienburg an der Saale, zwar ebenfalls von ſteifer Haltung der beiden neben einander aufrechtſtehenden Geſtalten, und ohne Stylgefühl im Faltenwurf des dem ältern Grafen als Auszeichnung verliehenen Mantels, aber doch in dem ſtill beſcheidenen Ausdruck der beiden Köpfe recht anziehend. Vom Ende dieſer Epoche ſtammt dann der Grabſtein des im Jahre 1241 in der Mongolenſchlacht bei Liegnitz gefallenen Herzogs Heinrich II. von Schleſien in der von ihm geſtifteten Vincenzkirche zu Breslau (Fig. 235). Statt des ſonſt üblichen Löwen hat der Fürſt einen am Boden liegenden, mit beſonderer nationaler Antipathie charakteriſirten Mongolen unter ſeinen Füſsen. Der Ausdruck des Kopfes giebt mit Glück etwas Individuelles wieder, die Haltung des Körpers iſt freier als gewöhnlich, doch in den Armen nicht ohne herkömmliche Steifheit. Wie wenig man ſich aber damals an dieſe Mängel der Haltung ſtieſs, erkennt man aus dem Umſtande, daſs der Künſtler dem Herzoge zwar einen langen Mantel verliehen, denſelben jedoch über die Schultern zurückgeſchlagen hat, um ja nichts von der Geſtalt zu verlieren.

Biſchöfliche Grabmäler.

Mangelte dieſen ritterlichen Denkmälern wegen der Unſchönheit der Tracht, auf welche gleichwohl der erwachte naturaliſtiſche Sinn nicht verzichten mochte, Vieles zu einer edleren Darſtellung der Geſtalt, und konnte bei den Frauenbildern wegen der Feinheit der Geſichtszüge und wohl auch wegen der Idealität, in welcher das weibliche Geſchlecht erſchien, die individuelle Auffaſſung ſich nur langſam Bahn brechen, ſo boten dagegen die biſchöflichen Denkmäler die ſchönſte Veranlaſſung, portraitwahre Charakteriſtik mit den Anforderungen eines würdevollen monumentalen Styles zu verbinden. In den Köpfen dieſer doch meiſtens bejahrteren Kirchenfürſten prägten ſich die Erfahrungen eines bewegten Lebens, wie die damaligen Zeiten mit ihren beſtändigen Unruhen und Fehden es mit ſich brachten, oft zum Ausdruck geiſtiger Ueberlegenheit, politiſcher Klugheit, gemiſcht mit kriegeriſcher Tapferkeit aus, und zeigten dem nach individueller Darſtellung begierigen Künſtler ein dankbares Feld. Die Tracht aber, das lang herabfallende Kleid mit der darübergeworfenen weiten glockenförmigen Caſel, die, auf beiden Seiten mit den Armen aufgenommen, in ihren groſsen Wellenlinien die prächtigſten Motive für eine ſtylvolle Gewandbehandlung bot, gab den Eindruck kirchlicher Würde, ernſter Feierlichkeit. Wenn man die Reihe der noch jetzt erhaltenen Denkmäler in den deutſchen Domen verfolgt, ſo erhält man einen wichtigen Beitrag zur Geſchichte der deutſchen Plaſtik.

Im Dom zu Bamberg.

Beginnen wir mit den Denkmalern des Domes zu Bamberg, wo wir ſchon ſeit den vorigen Epochen eine bedeutende kirchliche Bildnerei fanden. Die biſchöflichen Grabſteine des 13. Jahrhunderts waren einfach typiſcher Art, obwohl auch an ihnen ſchon ein Streben nach lebendigerer Auffaſſung ſich nachweiſen lieſs (Vgl. S. 425). Merkwürdig iſt nun, daſs der Dom für dieſe

Epoche eine geringe Ausbeute gewährt, als habe alle künstlerische Thätigkeit

Fig. 235. Grabstein Herzog Heinrichs II. Breslau.

hier, nach Vollendung jener grofsartigen früheren Arbeiten, über ein Jahrhundert geschlummert. Vielleicht aber ist Manches untergegangen; wenigstens muss es auffallend erscheinen, dass man aus dem ganzen 14. Jahrhundert nur ein Denkmal nachweisen kann. Dem Bischof Friedrich von Hohenlohe († 1352) gewidmet, zeigt es eine übertrieben lange Gestalt von jener geschwungenen Körperhaltung, die den Idealfiguren der Zeit eigen ist. In dem sehr hageren Kopfe, der sich in guter Bewegung frei verneigt, ringt das Streben nach Portraitwahrheit noch mühsam mit dem herkömmlichen Typus. Mit dem Beginn des 15. Jahrhunderts scheint die Plastik in Bamberg fast noch tiefer zu sinken, wenigstens ist die Statue Bischof Alberts, Grafen von Wertheim, († 1421), noch viel manierirter, in geziertester Weise ganz durchgebogen, wie wenn die Gestalt eingeknickt wäre, und dazu zeugt der übertrieben reiche Faltenwurf von einem mühsamen Naturstudium. Nur das Gesicht mit den weichen Formen ist nicht ohne individuellen Ausdruck. Etwas später giebt sich der volle Bankerot der Plastik in dem ganz rohen und platten Grabstein Bischof Antons von Rotenhahn († 1459) zu erkennen. Hier ist der alte ideale Styl gänzlich verloren, aber kein neuer dafür gefunden. Um so merkwürdiger sticht von diesen geringen Arbeiten eine fast lebensgrosse Statue der Kaiserin Kunigunde ab, dem Anscheine nach vom Anfange des fünfzehnten Jahrhunderts, ein treffliches Werk, dessen schwungvolle breit behandelte Gewandung durch völlige Färbung noch wirksamer hervorgehoben wird. Der Kopf ist von freundlichem, aber zu allgemeinem Ausdruck.

Im Dom zu Würzburg.

Wichtiger und ausgiebiger ist die Reihe der Bischofsgräber im Dome zu Würzburg. Hatte dort das 13. Jahrhundert nur schwache Arbeiten hervorgebracht (vergl. S. 365), indess in Bamberg so Glänzendes geleistet wurde, so wendet sich nun das Blatt, und Würzburg bringt eine Reihe tüchtiger Denkmale hervor. Den Beginn macht der Grabstein des Bischofs Manegold von Neuberg († 1302). Während die Gewandung im besten Style der Zeit durchgeführt ist, macht der Kopf mit den kräftigen Zügen und dem Doppelkinn einen durchaus portraitartigen Eindruck. Als Zeichen der Landeshoheit hält der Fürstbischof mit der Rechten den Griff des Schwertes, das ruhig an der Seite lehnt. Demselben Styl begegnen wir an dem Grabstein Bischof Otto's von Wolfskehl († 1345), nur dass hier die conventionellen Züge in der etwas befangenen Haltung, den knapp gezeichneten Schultern, der stark herausgebogenen linken Hüfte auffallender hervortreten. Das Gewand ist mit tief ausgearbeitetem Faltenwurf effectvoll durchgeführt, der jugendliche Kopf scharf geschnitten und etwas hart durch das Streben nach Portraitwahrheit. Während diese in einzelnen Formen, z. B. den breiten Kinnladen, merklich hervortritt, ist das Naturgefühl des Künstlers für feinere Details, wie die noch schief geschlitzten Augen, nicht genug entwickelt. Noch übertriebener wird die Haltung an dem Grabstein des Bischofs Albert von Hohenlohe († 1372). Hier wirft sich die Gestalt wie verrenkt ganz in die linke Hüfte, wobei die übrige Haltung doch befangen bleibt und selbst im Faltenwurf ein feineres Stylgesetz nicht mehr beobachtet wird. Dagegen sind die Formen des Kopfes, eines ächten imposanten Prälatengesichts mit kühnen Augen und gebogener Nase, zu sprechender Portraitwahrheit durchgebildet. Gleich dem vorigen zeichnet sich dieser Grabstein wie die meisten älteren durch die guterhaltene Bemalung aus. Mit dem Beginn des funfzehnten Jahrhunderts muss nun ein bedeutender Meister hier den Weg aus dem unerträglich gewordenen Zwiespalt zwischen der alten Idealität und dem neu erwachten Natursinn gefunden haben. Den ersten Beweis dieses Umschwunges bietet das Denkmal Bischof Gerhards, Grafen von Schwarzenburg († 1400). Der Kopf ist schon ganz trefflich in individuellem Gepräge, das bartlose Gesicht mild freundlich, die Haltung bescheiden und vornehm; der conventionelle Faltenwurf ist festgehalten, aber das Gewand fliesst in lauter neuen originellen Motiven voll geistreicher Behandlung. Die Spur desselben Meisters glaube ich in dem fast eben so schönen Grabmal Bischof Johanns von Egloffstein († 1411) zu erkennen, der in ähnlich freier Haltung und trefflichem Gewande sich darstellt. Nur die Augen in dem lebendig durchgebildeten Kopfe sind von dem herkömmlichen Lächeln nicht frei. Vom Ende der Epoche nenne ich noch als eine tüchtige Arbeit von einfacherem Charakter das Denkmal Bischof Johannes von Born († 1440), eine lebensvolle Portraitgestalt in ungezwungener Bewegung. Die Rechte hält das Schwert, die Linke den Krummstab. Auf der Mitra sind in zierlichem Relief zwei die Monstranz haltende Engel darstellt.

Fig. 236. Elfenbeinrelief. Anbetung der Könige.

Im Dom zu Mainz.

Nicht minder wichtig sind die schon öfter besprochenen Bischofsgräber im Dome zu Mainz.*) Eins der bedeutendsten unter ihnen ist der Grabstein des Erzbischofs Peter von Aspelt († 1320). Der Künstler sollte hier, ähnlich wie an dem früher errichteten Denkmal des Erzbischofs Siegfried (vergl. S. 430) den hierarchischen Stolz des Reichsprimas durch eine plastische Andeutung der Thatsache feiern, dass Peter die drei deutschen Könige Heinrich VII., Ludwig von Baiern und Johann von Böhmen gekrönt hatte. Er stellte nun den Bischof überlebensgross dar, wie er zweien der dicht an ihn gedrängten und gleichsam schutzbedürftigen Fürsten die Krone aufsetzt. Dadurch erhielt die Gestalt des Bischofs eine hässlich verschobene Form, und besonders der rechte erhobene, in scharfem Winkel gekrümmte Arm sieht wie verrenkt aus. Trotz dieses unerfreulichen Naturalismus war das Formgefühl des Bildhauers nicht stark ge-

*) Von *H. v. Emden* in schöner photographischer Aufnahme veröffentlicht.

nug, um die Köpfe, die alle einen unschönen breiten Typus haben, zu individualisiren, und er begnügte sich mit gewissen Verschiedenheiten der äußeren Haltung und des Gewandwurfes. Die zunächst folgenden Denkmaler der Erzbischöfe Mathias von Bucheck (1328) und Adolph von Nassau (1390), sowie das Denkmal des h. Bonifazius vom Jahre 1357 zeigen keine Fortschritte und erst am Grabstein des Erzbischofs Konrad von Weinsberg (1396) ist eine neue Belebung der Gestalt, sowie eine bestimmte Portraitauffassung des Kopfes zu bemerken. Noch entschiedener kommt dieselbe beim Grabstein des Erzbischofs Johann von Nassau (1419), sowie an dem Konrads von Daun (1434) zur Geltung. Hier sind zugleich einige anmuthige Figürchen von Heiligen bei jenem, von Engeln mit Weihrauchgefäßen bei diesem angebracht. Hierher gehört denn auch in S. Emmeran zu Regensburg das Grabmal eines Bischofs: ein ganz vorzügliches, stylvolles Werk des vierzehnten Jahrhunderts.

Fig. 237. Elfenbeinrelief. Jagdscene.

Elfenbeinarbeit. Um einen vollständigen Ueberblick über die Leistungen dieser Epoche zu gewinnen, müssen wir noch in einigen Worten der Arbeiten in den Kleinkünsten gedenken. Reicher Pflege erfreute sich vornehmlich die Elfenbeinschnitzerei. Sie wurde nicht bloß an den kleinen tragbaren Altären (Fig. 236), sondern auch an Schmuckgeräthen und Gefäßen, die dem profanen Leben dienten, vielfach angewandt. An den letzteren fand die Kunst eine der wenigen Stätten sich in Darstellungen weltlicher Scenen namentlich des Minnelebens zu ergehen. Oft sieht man den Ritter und die Dame, wie in den Miniaturen der Minnesängerhandschriften, in traulichem Kosen zusammensitzen oder selbander mit dem Falken auf der Hand zum fröhlichen Waidwerk ausziehen (Fig. 237). Bisweilen findet man selbst jene beliebten allegorischen Darstellungen von der Burg der Frau Minne, die von Jungfrauen vertheidigt und von kecken Rittern erstürmt wird. In solchen Werken kommen oft die liebenswürdigen Züge der Zeit, die jugendliche Frische und Lebenslust, die Innigkeit der Empfindung zu um so reinerem Ausdruck, als diese kleinen Arbeiten schon im Maaßstab bescheiden auftreten.

Goldschmiedekunst. Minder Günstiges läßt sich dagegen von der anspruchsvolleren Technik der Goldschmiede sagen. Erst jetzt zeigt sich durch den Gegensatz, wie wohl die Meister der vorigen Epoche daran gethan hatten, die Formen des romanischen Styles so lange festzuhalten. Denn seitdem auch in diesen Werken das gothische Stylgesetz durchgedrungen war, wurde jedes Gefäß und Geräth seiner natürlichen Form entkleidet und als kleines Bauwerk maskirt. In dem Flächenschmuck herrschte ebenfalls die gothische Architektur mit ihren Maasswerkmustern so entschieden vor, daſs die freie Plastik nur kümmerlichen Raum für sich behielt. Kein Wunder daher, daſs sie bei dem Mangel an Uebung keine edlere Ausbildung gewinnen konnte und meistens bei aller Pracht der Ausführung und hoher Eleganz des architektonischen Details die menschlichen Gestalten nur in stumpfen Formen zu Tage bringt. So an dem groſsen Reliquienschrein des h. Patroklus von Soest, durch einen Meister *Rigefried* im Jahr 1313 angefertigt, jetzt im Museum zu Berlin; so auch an dem prächtigen Sarkophag des h. Emmeran in seiner Kirche zu Regensburg, einem Glanzwerke vom Anfang des 15. Jahrhunderts, geschmückt mit den getriebenen Gestalten der Evangelisten, Apostel, heiliger Bischöfe, endlich der Madonna und einer Reliefdarstellung ihrer Krönung. Manches Andere in Kirchenschätzen und Museen darf hier übergangen werden.

## 2. In Frankreich und den Niederlanden.

Französische Plastik.

In Frankreich scheint nach der glänzenden plastischen Thätigkeit der vorigen Epoche ein Stillstand eingetreten zu sein, der sich zum Theil aus der Verwirrung des Reiches durch die Kriege mit England erklären läſst. Denn wenn auch nicht alle künstlerische Thätigkeit aufhörte; wenn auch Paris, schon damals eine Weltstadt und, weithin einfluſsreich, namentlich in der Miniaturmalerei noch immer den ersten Rang behauptete, so litten doch die umfassenderen Unternehmungen der Baukunst und der mit ihr verbundenen Bildnerei immerhin unter den Wirren der Zeit. Aber nicht minder muſs man in Anschlag bringen, daſs nach dem fast unglaublichen Baueifer der vorigen Epoche, der so ziemlich alle Kathedralen und gröſseren Kirchen des Landes umgestaltet hatte, ein natürlicher Stillstand eintrat. Denn es fehlte nicht bloſs an neuen Aufgaben, sondern die künstlerische Kraft der Nation hatte sich für einige Zeit wirklich erschöpft, und die Epigonen der vergangenen groſsen Epoche mochten fühlen, daſs sie sich mit den Leistungen jener Zeit einer jugendlichen Begeisterung nicht messen konnten. Indeſs schloſs hier so wenig wie anderwärts die frühere Thätigkeit genau mit dem Beginn des Jahrhunderts ab; vielmehr zog sich die Vollendung des bildnerischen Schmuckes der Kathedralen noch durch einige Decennien, zum Theil vielleicht bis in die Mitte des Jahrhunderts hinein.

Chorschranken von N. Dame zu Paris.

Eins der wichtigsten Werke der Epoche sind die umfangreichen Reliefs, welche im Innern der Kathedrale von Paris die Chorschranken bedecken. Sie sind nur der Rest des ehemals viel reicheren plastischen Schmuckes, der zum groſsen Theil unter Ludwig XIV. ein Opfer eitler Prunksucht wurde. Die ältere Reihe der Nordseite enthält in gedrängter Anordnung und in ununterbrochenem Zuge die Geschichte Christi von der Verkündigung bis zum Gebet in Getsemane. Diese Darstellungen sind lebendig empfunden und in einem Style ausgeführt, der noch den Geist des 13. Jahrhunderts athmet; vielleicht gehören sie dem Ende der vorigen Epoche oder dem Anfange des 14. Jahrhunderts an. In manchen Punkten verschieden sind die Reliefs der Südseite. Sie führen die

Geschichte Christi fort, und zwar war die Anordnung des Ganzen so, dafs der Cyklus, vom Osten anfangend an der Nordseite bis zum westlichen Ende des Chores lief, dort am Lettner sich fortsetzte, wo die Passion, Kreuzigung und Auferstehung Angesichts der Gemeinde dargestellt waren, und dann an der Südseite, von Westen nach Osten sich bewegend, abschloss. Hier sind nun von den neuen Scenen diejenigen noch vorhanden, welche von der Begegnung Christi als Gärtner mit Magdalena bis zum letzten Abschiede von den Jüngern nach der Auferstehung reichen. Als Meister dieser neuen Geschichten nannte sich in einer jetzt ebenfalls verschwundenen Inschrift Meister *Jehan Ravy*, der sechs und zwanzig Jahre den Bau von Notre Dame geleitet, worauf dann sein

Fig. 238. Von den Chorschranken in Notre Dame zu Paris.

Neffe Meister *Jehan le Bouteiller* die Arbeit im Jahre 1351 vollendet habe. Meister *Ravy* glaubte offenbar seinen Vorgänger von der Nordseite verbessern zu müssen; denn während jener die Scenen zu ununterbrochener Reihenfolge verbunden hatte, theilte er durch Arkadenstellungen die seinigen in einzelne Felder, so dafs die noch vorhandenen neuen Darstellungen von einander durch Säulchen getrennt sind. Er folgte darin der allgemeinen Stimmung des Jahrhunderts, welche überall den ruhig epischen Reliefscharakter der früheren Zeit in's Malerische zu steigern suchte. Während aber seine etwas kurzen Gestalten bei gutem Verständnifs des Körpers und sauberer Schärfe der Ausführung allerdings in Correctheit den Figuren der Nordseite überlegen sind, waltet in jenen eine frischere Empfindung und schwungvollere Bewegung, gegen welche die weit befangenere Haltung der neuen Werke absticht und gelegentlich selbst in's Hausbackne herabsinkt (Fig. 238). So ist also an diesen Arbeiten trotz allen Aufwandes künstlerischer Sorgfalt ein Sinken der schöpferischen Kraft unverkennbar.

Im übrigen Frankreich sind die Werke dieser Epoche weder an Zahl noch an innerem Werthe erheblich. Geradezu mittelmäfsig sind die Sculpturen am füdlichen Seitenschiff der Kathedrale von Amiens; namentlich die einzelnen Standbilder zwischen den Fenstern zeigen den stark manierirten unfreien Styl des 14. Jahrhunderts. So besonders die Verkündigung, wo der Körper der Maria in ungeschickter Weise durchgebogen ist. Der grofse Christoph mit dem rittlings auf ihm sitzenden Christkind hat einen plumpen Kopf, nur die Gewandung ist nicht übel. Vergleicht man diese Werke, die wohl erst nach 1350 entstanden sind, mit den herrlichen Leistungen, welche das 13. Jahrhundert an derselben Kathedrale so reichlich hervorgebracht, so ist der Abfall ein erstaunlicher. Umfangreicher und von besserem Styl sind die Sculpturen, welche im 14. Jahrhundert an der Kathedrale von Rouen ausgeführt wurden. Dahin gehören die allerdings ziemlich unbedeutenden Statuen in den Galerien des Kreuzschiffs, sowie die besseren, welche die oberen Theile der Façade füllen. Doch stehen auch diese an Lebensfrische und Anmuth den früheren bedeutend nach. Dasselbe gilt von den Statuen am Portal des füdlichen Querschiffs, die bei noch trefflich stylisirten Gewändern etwas Kraftloses in der Haltung und wenig Naivetät der Empfindung zeigen. Dagegen sind die Postamente, auf welchen dieselben stehen, an ihren rechtwinkligen Pfeilerflächen mit einer Unzahl kleiner in ausgezackte Medaillons gefafster Reliefs bedeckt, welche, wie es scheint, die Geschichte Josephs und anderes Alttestamentarische, gegenüber Scenen aus dem Leben Christi enthalten. Hier erkennt man durch den Gegensatz deutlich, wie den Meistern jener Zeit zwar das kräftige Stylgefühl für die Behandlung grofser Statuen abhanden gekommen, wie sie aber dafür in kleineren Bildwerken durch naturwahre, oft reizende Züge des wirklichen Lebens zu entschädigen wissen. Denn ohne grofse Feinheit der Durchführung sind diese kleinen Bildwerke liebenswürdig erfunden, naiv erzählt, klar angeordnet und daher im Ganzen ein bemerkenswerthes Beispiel ächten Reliefstyls. Ihnen nahe verwandt erscheinen sodann die Reliefs im Bogenfelde des Portals, welche die Passion bis zur Auferstehung und Himmelfahrt recht lebendig schildern. Nur in den Gewändern läfst sich oft etwas Gesuchtes, Manierirtes erkennen.

*Kathedrale zu Amiens.*

*Kathedrale zu Rouen.*

In auffallender Verwandtschaft mit diesen Werken stehen die Sculpturen an der Façade der Kathedrale von Lyon. Ihre drei Portale zeigen nicht allein an ihren Wänden ganz dieselbe Gliederung, sondern namentlich an den eben so gestalteten Postamenten der fehlenden Statuen in völlig gleichen Medaillons eine Unzahl reizend componirter Reliefs voll Leben, die eine kaum übersehbare Fülle des mannigfachsten Inhalts bieten. Man sieht allerlei Symbolisches, wie den Pelikan, der seine Jungen mit dem eigenen Blute tränkt; Phantastisches verschiedenster Art, Sirenen auf Orgeln spielend, Kämpfe zwischen Drachen und seltsamen Fabelwesen; aber auch Scenen der Thierfabel, wie den Storch, welcher dem Fuchs den Knochen aus dem Halse zieht; endlich eine Menge von Darstellungen aus dem Leben Christi, den Martyrien der Apostel und dergl. Dazu kommen in den Archivolten zahlreiche sitzende Figürchen, von ähnlich feinem und klarem Styl. Die Verwandtschaft dieser Werke mit denen am süd-

*Kathedrale von Lyon.*

lichen Kreuzarm der Kathedrale von Rouen ist so grofs, dafs man beide für Arbeiten derselben Schule halten mufs.

Grabmäler. Einen weiteren Beleg für die plastische Thätigkeit bilden die Grabdenkmale dieser Zeit. Sie zeigen ebenfalls wie die deutschen den allmählichen Fortschritt in's Naturalistische und Portraitartige, aber sie schliefsen sich dem früheren Style inniger an und bewahren dadurch meistens eine monumentalere Haltung; namentlich gilt dies auch hier von den weiblichen Gestalten. Die Gruft der S. Denis. Kirche von St. Denis enthält zahlreiche Werke, die für den Standpunkt der Bildnerei bezeichnend sind. Vom Anfange des Jahrhunderts ist das Denkmal der Katharina von Courtenay, Titularkaiserin von Constantinopel († 1307), grofsartig in der Haltung und dem ruhigen Flufs des Gewandes, aber in den Gesichtszügen noch etwas starr. Viel feiner ist schon die Gestalt der Margaretha von Artois († 1311); härter und minder erfreulich die ihres Gemahls des Grafen von Evreux († 1319), und nicht minder scharf erscheint noch der Kopf Ludwigs X. († 1316), während das Gewand elegant stylisirt ist. Man sieht überall, wie jene Zeit in der idealen Auffassung des Weiblichen, Anmuthigen noch immer ihre eigentlichste Aufgabe fand. Ebenso idealisirt ist das anziehende Grabmal des fünf Tage nach seiner Geburt (1316) gestorbenen Johann I. Der Kleine zeigt die Gestalt eines etwa zweijährigen Knäbleins, das mit unschuldigem Lächeln und fromm gefalteten Händen einen rührenden Eindruck macht. Zu den edelsten Gestalten gehören sodann die Philipps V. und die Karls des Schönen († 1328), von freier Haltung und herrlichem Gewande; ferner die fein durchgeführte Statue des Grafen von Etampes († 1336), in weifsem Marmor auf schwarzmarmorner Platte; ebenso und in demselben edlen Material die Statuen Karls von Valois und seiner Gemahlin. Dadurch, dafs in all diesen Bildern die ruhige Haltung und das lang herabfallende Gewand beibehalten sind, bewahren sie sich vor der nüchternen Steifheit der meisten gleichzeitigen ritterlichen Grabsteine Deutschlands. Daneben zeigen aber die Köpfe immer bestimmter das Streben nach individuellem Ausdruck. Mit Entschiedenheit erkennt man dies schon an der Statue Philipps VI. († 1350), dessen breiter häfslicher Kopf mit dicker Nase und grofsem Munde sich merkwürdig von der Idealität der meisten früheren Werke unterscheidet. Schwer und plump, aber offenbar sehr lebenstreu ist auch die Gestalt des unglücklichen Johann des Guten der 1364 in der Gefangenschaft zu London starb. Nicht minder zeigt Karl V. († 1380) einen häfslichen aber tüchtigen Kopf; auch das Gewand hat nicht mehr die Fülle und Energie der früheren Zeit. Aehnliche Kraft der Charakteristik erkennt man an einer Marmorstatue des Pariser Erzbischofs Wilhelm von Chanac († 1348), welche jetzt unter Nr. 279 sich im Museum zu Versailles befindet. Der bedeutende Kopf ist grofs aufgefafst, die Haltung würdevoll schlicht. Die aus gewöhnlichem Stein gearbeiteten Denkmale pflegte man nach wie vor vollständig zu bemalen. So sieht man es an der einfach aber ausdrucksvoll behandelten Statue des Kanonicus Renaud von Dormans († 1386), jetzt unter Nr. 299 in demselben Museum aufbewahrt. Wie üppig übrigens um diese Zeit der Gräberluxus schon geworden war, beweist die Nachricht, dafs das Grab der Gemahlin Philipps VI., Blanca von Navarra, († 1398) von vierundzwanzig marmornen Ahnenbildern umgeben war.

Grabmäler zu Eu.

Eine Reihe von Grabstatuen bewahrt sodann die Abteikirche zu Eu in der Normandie, die Begräbnisstätte der Grafen von Eu. Vom Ende des vierzehnten Jahrhunderts beginnend, reichen sie weit über die Grenzen unsres Zeitraumes herab und gewähren ein nicht unwichtiges Zeugniss für die plastischen Leistungen der Provinz. An Feinheit den Arbeiten von S. Denis, für welche man gewiss die besten Künstler aufbot, merklich nachstehend, ja grösstentheils etwas hart und steif behandelt, lassen sie um so schärfer das individuelle Gepräge hervortreten. Bei Isabella von Artois, welche 1379 in jugendlichem Alter starb, waltet in den schwach gezeichneten Augen noch die frühere conventionelle Darstellungsweise vor; dagegen ist ihr Vater Johann von Artois († 1386), bei ähnlich harter Ausführung weit individueller gebildet, obschon bei ihm das Hervorheben der vollen Panzerrüstung wie bei den deutschen Ritterfiguren zu gespreizter, steifer Haltung geführt hat. Auch ihre Mutter Isabella von Melun († 1389) ist ungleich entwickelter und lebendiger in portraitartiger Auffassung charakterisirt. Dagegen schwankt wieder die Gestalt Philipps von Artois († 1397), bei steifer Gesammthaltung, in der Gesichtsbildung zwischen den hergebrachten conventionellen Zügen und dem Verlangen nach individueller Bezeichnung. So langsam bricht sich hier die neue Richtung Bahn, und einen so schweren Kampf hat sie gegen den früheren idealen Styl zu bestehen.

Neuchâtel.

Ein interessantes Gesammtdenkmal aus dieser Zeit ist das grosse Grabmal, welches Graf Ludwig sich und seinem Hause im Jahre 1372 in der Stiftskirche zu Neuchâtel in der Schweiz setzen liess.*) Es füllt eine Arkade zwischen den nördlichen Chorpfeilern, sodass in einer zweigetheilten Baldachinhalle er selbst sammt drei Damen, alle mit betend aufgehobenen Händen stehen. Ausserdem sind noch sieben Ritter und eine Dame, unten am Pfeiler noch zwei Damen angebracht. An der Tumba endlich sieht man zwei kleine zerstörte Reliefsfiguren. Die Hauptgestalten erscheinen lebensgross; die Frauen in ihren weich fliessenden Gewändern mit bewegt geschwungenem oder schlichtem Faltenwurf zeigen regelmässige Gesichter, die nach einem allgemeinen Schönheitsbegriff mit gerader Stirn und Nase, grossen offnen Augen, kleinem Munde angelegt, aber ohne individuelle Züge sind. Charakteristischer sind die Ritter behandelt, doch ist dafür ihre Haltung meist steif, durch die volle Rüstung gehindert. Nur Einer versucht sich in ziemlich kühn schreitender Bewegung. Auch hier schwankt also der Styl noch zwischen conventionellem Gepräge und schüchternem Verlangen nach neuer Belebung.

Späteres in S. Denis.

Aus dem Anfang des fünfzehnten Jahrhunderts bieten die Grüfte von St. Denis noch einige interessante Arbeiten. Dahin gehört die Statue Karls VI. († 1422), eine Marmorstatue von ruhiger Haltung und klar fliessender Gewandbehandlung, der Kopf dagegen merkwürdig gemein, breit und widerwärtig. Etwas besser stellt sich seine Gemahlin, Isabella von Bayern, († 1435) dar. Nichts kann aber den tiefen Fall aus dem Idealismus in den platten Realismus so scharf bezeichnen, als wenn wir sehen, dass seit Philipp VI. die Könige von Frankreich in ihren Statuen sämmtlich eine hässliche, selbst gemeine Gesichtsbildung zeigen, während früher die typische Auffassung der Zeit nur jugendlich anmuthige

*) Mitth. d. ant. Ges. in Zürich. Bd. V. 1852.

Köpfe litt. Wirklich ſcheint die franzöſiſche Plaſtik durch langes Feſthalten an den Erforderniſſen des älteren Styles die Fähigkeit einer freieren Empfindung und einer ſelbſtändigen Bewegung zu ſehr eingebüſst zu haben, um dem erwachten Bedürfniſs nach naturgetreuer Auffaſſung genügen zu können; daher erhalten wir die Wirklichkeit zunächſt in ziemlich unerfreulicher Auffaſſung. Wo indeſs ein bedeutender Meiſter berufen wurde, da fand man auch jetzt bisweilen den Weg zu einer Verſchmelzung der Portaitwahrheit mit der würdevollen Haltung, die von ſolchen Denkmalen vorzugsweiſe gefordert wird. Ein bedeutendes Beiſpiel dafür iſt in der Kathedrale zu Bourges die Marmorſtatue des 1416 geſtorbenen Herzogs von Berry, welche Karl VII. ſetzen lieſs. Wohl ſind die charakteriſtiſchen Züge des Geſichts, namentlich in den Falten etwas hart wiedergegeben, aber doch voll Lebenswahrheit, die edlen Hände ſogar meiſterlich behandelt, die Gewandung würdevoll in trefflichem Faltenwurf.

Späteres in Bourges.

Niederländiſche Künſtler.

Vielleicht liegt uns in dieſem Werke das Zeugniſs von der Thätigkeit eines jener niederländiſchen Künſtler vor, von denen wir durch manche Nachrichten wiſſen, daſs ſie um jene Zeit zahlreich nach Frankreich berufen wurden. Der Herzog von Berry war ſelbſt ein groſser Kunſtfreund geweſen und hatte unter andern Meiſtern auch einen hochgeprieſenen Maler und Bildhauer *André Beauneveu* aus dem Hennegau in ſeinen Dienſten. Ebenſo findet ſich unter den Künſtlern, welche Karl V. für die Ausſchmückung des Louvre berief, ein Meiſter *Johann von Lüttich* als beſonders geſchätzter Bildhauer. Ein anderer Künſtler aus derſelben Stadt, Namens *Hennequin*, arbeitete das Denkmal, welches jener König ſich in der Kathedrale von Rouen ſetzen lieſs. Flandern hatte ſich damals durch die Betriebſamkeit ſeiner Bürger und die groſsartige Ausdehnung ſeines Handels zu einem Reichthum aufgeſchwungen, der eine glänzende Entfaltung der Kunſt im Gefolge hatte. Der realiſtiſche Sinn des Volkes wies hier von ſelbſt auf die Ausbildung einer mehr naturaliſtiſchen Richtung hin, und die Prachtliebe des Burgundiſchen Hofes, der das künſtleriſche Leben mächtig förderte, muſste wohl nach derſelben Seite hinneigen. So kam es, daſs von hier aus um 1420 durch Hubert van Eyck die Malerei jenen Aufſchwung nahm, von welchem nicht bloſs ihre geſammte moderne Entwicklung ſondern auch ein durchgreifender Einfluſs auf die Plaſtik ausgeht. Aber dieſe letztere Kunſt empfing von der Malerei nur zurück, was ſie ſelbſt ihr früher an Anregung geboten hatte; denn noch vor dem Auftreten Huberts van Eyck läſst ſich in Flandern eine Bildhauerſchule nachweiſen, welche zuerſt einem ſchärferen Realismus Bahn bricht.

Schule von Tournay.

Schon in romaniſcher Zeit waren hier die Meiſter von Dinant durch bedeutende Erzarbeiten weit berühmt geworden. Aus der gegenwärtigen Epoche läſst ſich zwar nur durch unerhebliche Werke eine Nachblüthe jener älteren Technik nachweiſen; um ſo bedeutender tritt dagegen Tournay hervor*). Schon gegen Mitte des vierzehnten Jahrhunderts blühte hier ein Meiſter *Wilhelm du Gardin*, bei welchem 1341 Herzog Johann III. von Brabant ſein Denkmal für die Franziskanerkirche zu Löwen beſtellte. In dem Contrakt**)

*) *Waagen* hat im Kunſtblatt von 1848, Nr. 1 zuerſt auf dieſe Schule hingewieſen.

**) Vergl. den Inhalt deſſelben in *de Laborde's* Ducs de Bourgogne, I. p. LXIV.

wird ausdrücklich die Bemalung mit guten Oelfarben ausbedungen. Jenes Denkmal ist nicht mehr vorhanden, und wir vermögen daher nicht zu bestimmen, ob von den älteren Sculpturen zu Tournay Etwas ihm beizulegen ist. Zunächst sind als anziehende Arbeiten des vierzehnten Jahrhunderts verschiedene Werke in der Vorhalle der Kathedrale zu nennen. An den Wänden des Portals sind die Geschichten der Schöpfung, des Sündenfalls und der Vertreibung aus dem Paradiese naiv und lebenswahr erzählt. Nicht minder anziehend sind die Prophetengestalten und besonders am Mittelpfeiler die grosse Madonnenstatue, ein Werk voll Schönheit in der weichen Haltung des Körpers, dem edlen Gewande und den lebensvollen Zügen des Angesichts. Dieselbe Weichheit des Styls, aber auf noch höherer Stufe der Entwicklung, die auf das Ende unsrer Epoche deutet, findet man wieder an der grossen Darstellung des englischen Grusses in der Magdalenenkirche. Namentlich ist hier die Madonna von wunderbarer Schönheit, der Mantel, den sie mit der rechten Hand unter der Brust zusammenhält, umgiebt sie mit einer Fülle weichfliessender Falten; der Kopf erinnert an den jener früheren Madonna der Kathedrale, aber seine Züge sind zu reinster Schönheit durchgebildet und von edlem Seelenausdruck belebt. Leider wird durch zu grelle moderne Bemalung die Wirkung geschwächt. Nicht ganz so gut in den Verhältnissen ist der Engel, aber mit feiner Empfindung hat der Künstler die leise Scheu ausgedrückt, in welcher der himmlische Bote sich naht und eben niederknieen will. Sein Gewand läfst bereits den Einfluss der Werke Huberts van Eyck erkennen. — Als liebenswürdige Werke derselben Schule werden sodann auch die zierlichen Reliefs in der 1374 erbauten Katharinenkapelle der Frauenkirche zu Courtray bezeichnet. Es sind Darstellungen aus dem Leben der Maria und zweier Heiligen, untermischt mit humoristischen und genrehaften Scenen, welche die Zwickel der Wandarkaden füllen*).

Noch schärfer als an diesen idealen Gebilden läfst sich die neue Entwicklung dieser Schule an einer Anzahl von Grabmälern erkennen, von denen einige in den Kirchen, die meisten jedoch bei einem dortigen Kunstfreunde Herrn Dumortier aufbewahrt und dem drohenden Untergange entzogen sind. Sie gehören sämmtlich dem Ende des vierzehnten und den ersten Decennien des folgenden Jahrhunderts an. Mehrere von ihnen sind noch bei Lebzeiten der Verstorbenen auf Bestellung gearbeitet, wie man aus dem unausgefüllten Datum schliessen kann. In dem bläulichen marmorartig feinen Kalkstein dieser Gegend ausgeführt zeigen sie gleichwohl nur eine handwerkliche Auffassung, die freilich durch die reiche Bemalung, deren Spuren man noch wahrnimmt, gewinnen musste und immerhin durch das treuherzige Streben nach Naturwahrheit anziehend wirkt. Gewöhnlich ist unter gothischen Baldachinen die Madonna oder die Dreifaltigkeit dargestellt, auf beiden Seiten von den knieenden Gestalten der Verstorbenen und ihrer Familienglieder verehrt. Dies ist die damals allgemein übliche, der bürgerlichen Bescheidenheit angemessene Auffassung solcher Grabmäler, während die Grabsteine der vornehmeren Stände die lebensgrosse Statue des Verstorbenen zum Mittelpunkte machen. Die Figuren sind kurz, die Formen im Ganzen und in den Köpfen breit und rundlich, die Gewandung

Grabsteine zu Tournay.

*) Vergl. *Schnaase*, Gesch. d. b. K. VI. S. 564 und *Schayes*, Hist. de l'arch. etc. III. 186.

iſt in reichen Maſſen mit weichem Faltenwurf angelegt, wobei der ſchwere Stoff deutlich bezeichnet iſt, wie denn derſelbe Naturalismus auch in der Behandlung des Nackten nicht vergiſst die kleinen Hautfältchen auszudrücken. Zu den beſſern dieſer Werke gehören das Denkmal des Doctors der Rechte Nicolas de Seclin, das noch aus dem 14. Jahrhundert ſtammt, ferner der Grabſtein des Goldſchmiedes Jan Isac, vom Jahre 1401, beide bei Herrn Dumortier. Ihnen ſchlieſsen ſich an aus dem 15. Jahrhundert, ohne präciſere Ausfüllung des Datums, das Denkmal des Jacques d'Avesnes mit ſeiner Frau in St. Jacques, anmuthig im Ausdruck der knieenden Geſtalten, welche von ihren Schutzheiligen der thronenden Madonna empfohlen werden, auſserdem durch gut erhaltene Polychromie bemerkenswerth. Nicht minder edel aufgefaſst und fein ausgeführt das Grabmal des Euſtache Savary im Querſchiff der Kathedrale, welches die Verſtorbenen in Anbetung der Dreifaltigkeit zeigt, und endlich der Grabſtein des Jean du Bos vom Jahre 1438 bei Herrn Dumortier, auf welchem wieder die Madonna vor einem von Engeln gehaltenen Vorhang die Hauptfigur bildet. — Verwandte Grabdenkmäler, von 1409 bis 1431 reichend, finden ſich in der Kathedrale von Mons.

Werke zu Dijon.

Der Mittelpunkt für die Entfaltung dieſer niederländiſchen Kunſt wurde aber ſchon ſeit dem Ausgange des 14. Jahrhunderts die Reſidenz der Herzoge von Burgund, die Stadt Dijon. Philipp der Kühne hatte hier im Jahre 1383 die Karthauſe gegründet und durch reiche Schenkungen zur Grabſtätte ſeines Hauſes geweiht. Um dieſe neue Stiftung würdig zu ſchmücken, wurden die tüchtigſten Künſtler, namentlich aus den Niederlanden berufen. Von ihren bedeutendſten Arbeiten iſt uns ſo viel erhalten, daſs wir ihre Thätigkeit zu würdigen vermögen, zumal da gründliche Urkundenforſchung uns mit manchem hiſtoriſchen Datum unterſtützt. Noch ziemlich einfach, aber von feinſter Empfindung, im hergebrachten idealen Style erſcheinen die in Holz geſchnitzten, mit Vergoldung und Bemalung verſehenen Statuetten der Apoſtel und anderer Heiligen an zwei Altären, welche aus der Karthauſe in's Muſeum von Dijon gekommen ſind. Dieſe Arbeiten wurden 1391 von einem flandriſchen Künſtler *Jakob de Baerze* aus Dendermonde vollendet. Zugleich war ſchon ſeit 1384 ein franzöſiſcher Bildhauer *Jean de Menneville* mit den Sculpturen an den Gräbern der Karthauſe beſchäftigt; und als dieſer 1390 ſtarb, wurde ein niederländiſcher Meiſter *Claus Sluter*, der bis dahin unter ihm gearbeitet hatte, ſein Nachfolger. Der neue Meiſter überflügelte ſeinen Vorgänger und ſchwang ſich zu einer künſtleriſchen Freiheit auf, welche ſeinen Arbeiten eine der erſten Stellen unter den geſammten Werken der Epoche anweiſt. Auch fehlte ihm äuſsere Anerkennung nicht; denn 1393 verleiht ihm Herzog Philipp Titel und Stellung eines »Varlet de chambre« und 1404 erhält er vom Kloſter für eine Kreuzigung eine auſserordentliche Belohnung und zum Dank für ſeine angenehmen Dienſte auf Lebenszeit eine Stube im Kloſter eingeräumt. In daſſelbe Jahr fällt der Contrakt über das prachtvolle Grabdenkmal ſeines verſtorbenen Herrn und Gönners, welches er mit Unterſtützung ſeines Neffen *Claus de Werve* ausführte. Der Meiſter ſtarb aber über der Arbeit im Jahre 1411, worauf ſein Neffe das Denkmal vollendete.

Zu den Werken Sluters gehört zunächſt der berühmte Moſesbrunnen im

Hofe der Karthause, angeblich 1399 ausgeführt (Fig. 239). Es ist ein Werk von grofsen Dimensionen, in Stein gearbeitet und reichlich mit Gold und Bemalung versehen. Ringsum sind sechs lebensgrofse Prophetengestalten in kraftigem Relief angebracht, von einer Charakteristik, die alles bisher von der Kunst dieser Epoche Erreichte weit hinter sich läfst. Energisch wendet sich Daniel gegen Jesaias, indem er auf eine Stelle seines Schriftbandes hindeutet; der Angeredete, ältlich und vielleicht schwerhörig, sucht mit Anstrengung ihn zu verstehen. In dem greisen Zacharias ist die matte Hinfälligkeit des Alters

Mosesbrunnen zu Dijon.

Fig. 239. Mosesbrunnen zu Dijon.

trefflich ausgedrückt. Jeremias hat einen besonders portraitartigen klugen Charakterkopf. Königlich, in üppiger Lockenfülle erscheint David; Moses mit langem Doppelbart grandios und gebietend, ein ächter Heerführer des Herrn. Die Statuen sind alle etwas kurz und gedrungen und gewinnen durch das in weiten Falten geworfene Gewand noch an Fülle; aber es liegt in ihnen eine eigene Gewalt und Majestät, die durch die bedeutsame Charakteristik etwas Zwingendes erhält. Dabei sind die Köpfe im Ganzen grofsartig behandelt und doch durch die kleinsten Detailzüge naturwahr belebt. Mit vollendeter Meisterschaft sind namentlich die Hände ohne Ausnahme mit ihren Adern, Muskeln und feinsten Hautfältchen durchgeführt. Wenn der phantastische Zug der Zeit den Künstler mehrfach bis in's Genrehafte geführt hat, wenn Jeremias mit seiner

Brille und feinem Käppchen, Jefaias mit Gürtel und Tafche, Zacharias mit Dintenfafs, pelzverbrämtem Rock und hoher Mütze durchaus Portraitfiguren der Zeit find, fo ift dies Uebermaafs beim fiegreichen Durchbruch einer neuen Richtung nicht zu verwundern. — Höchft eigenthümlich drücken die Engelchen, welche mit ausgebreiteten Flügeln in die grofse obere Hohlkehle hineingeftellt find, auf die mannigfaltigfte Weife Schmerz und Kummer aus. Der eine wifcht fich die Thränen aus den Augen, der andere kreuzt voll Ergebung die Hände über der Bruft, ein dritter breitet beide Arme wie zur Abwehr empor, während ein vierter in voller Verzweiflung die Hände ringt. Auch hier find die Gewänder in lebendigem Fluffe faft virtuofenhaft behandelt. Der Schmerzensausdruck bezieht fich auf den Chriftus am Kreuz, der ehemals auf dem Brunnen ftand.

Portal der Karthaufe.

Derfelbe kühne Styl herrfcht in den Bildwerken am **Portal der Kapelle**. An den Seiten werden Philipp der Kühne und feine Gemahlin knieend von den hinter ihnen ftehenden Schutzheiligen der am Mittelpfeiler angebrachten Madonna empfohlen. Diefe Arbeiten gehören derfelben Richtung, verrathen aber eine andere Hand. Die Geftalten find fchlanker, die Gefichtszüge ftreng und fcharf durchgebildet, die Gewänder fchwungvoll. Gegenüber der Portraitwahrheit der Knieenden, die nicht frei von Befangenheit ift, zeigt die Madonna einen faft heroifchen Adel in Haltung und Ausdruck.

Denkmal Philipps des Kühnen.

Sodann kommt das Hauptwerk Sluters, das jetzt im **Mufeum** aufgeftellte Denkmal Philipps des Kühnen. Ueber einem Sockel und einer Bafis von fchwarzem Marmor erhebt fich ein gewaltiger Sarkophag, deffen vier Seiten von eleganten fpitzbogigen Arkaden auf Säulchen gefchmückt werden. In weifsem Marmor ausgeführt, wird diefe Architektur von dem fchwarzmarmornen Grunde noch glänzender hervorgehoben. In den Arkaden bewegt fich ein Zug von vierzig Leidtragenden einher, Geiftliche und Hofleute in kleinen Statuetten von weifsem Alabafter. An diefen zierlichen Geftalten hat der geniale Künftler mit befonderer Liebe feine Meifterfchaft entfaltet. Denn in der gröfsten Abwechslung der Bewegung weifs er die Trauer zu fchildern; manche hüllen fich in ihre Mönchskutten, die mit berechneter Einfachheit in breiten Parallelfalten gezeichnet find; andere werfen, wie in leidenfchaftlicher Aufregung, das Gewand in reichen Falten zurück; wieder andere drücken händeringend ihren Schmerz aus, oder laffen, wie geknickt, das Haupt tief auf die Bruft herabfinken. Mit wahrer Luft löft der Meifter wie im Spiel die gröfsten Schwierigkeiten und ift unerfchöpflich in immer neuen Variationen. Alles dies erinnert an die kleinen Engelfiguren des Mofesbrunnens, wie denn auch die etwas kurzen Körperverhältniffe den dortigen Geftalten entfprechen. Nur dafs hier in der gröfseren Aufgabe und dem edleren Material Alles zu höchfter Feinheit durchgebildet ift. Selbft die etwas unruhige Gefammtwirkung und der bisweilen übertriebene Ausdruck werden durch ihre Lebenswahrheit aufgehoben. Gefchmackvolle Vergoldung hob urfprünglich die Wirkung noch mehr. Auf dem Sarkophage liegt in grofsartiger Ruhe, die Hände zum Gebet gefaltet, die Statue Philipps des Kühnen im vollen Staatsgewande, vom Herzogsmantel in weitem Faltenwurf umhüllt. Kopf und Hände find von einer Naturtreue, einem individuellen Ausdruck und einer Feinheit, wie man fie etwa auf den um ein Decennium fpäteren Bildern Huberts van Eyck findet.

Daſs ein Meiſter von ſolchem Range den gröſsten Einfluſs auf ſeine Umgebung gewann und in den Gehülfen ſeiner bedeutenden Arbeiten eine tüchtige Schule heranbildete, iſt ſelbſtverſtändlich. Wir finden denn auch im Muſeum zu Dijon das allerdings weit einfachere Grabmal eines Jacques Germain, »bourgoys de Clugny, jadiz père de reverend père en dieu Jehan Germain evesque de Chalon,« der 1424 geſtorben. Die Geſtalt liegt in feierlicher Ruhe da, ganz in's Bahrtuch geſchlagen, welches bloſs den unteren Theil des ſcharf und herb individuellen Kopfes ſehen läſst und durch ſeinen groſsartigen Faltenwurf die ernſte Stimmung bedeutſam ſteigert. Noch beſtimmter erkennt man jedoch Sluters Einfluſs an dem Doppeldenkmal Johanns ohne Furcht und ſeiner Gemahlin Margaretha von Baiern. Obwohl es lange nach dem 1419 erfolgten Tode des Herzogs ausgeführt wurde — 1443 und im folgenden Jahre traf man die erſten Vorbereitungen dazu, 1444 wurde der Contrakt mit dem Künſtler geſchloſſen*) und 1461 war es noch nicht vollendet — ſchloſs man ſich in Form und Ausführung dem Grabmale ſeines Vorgängers an, da man weder Prachtigeres noch Schöneres zu erfinden vermochte. Auch hier an den Arkaden der Sarkophagwände wieder der Zug der Leidtragenden in einem weichen, fein entwickelten Styl, der noch ſo treu an der Auffaſſung Sluters feſthält, daſs die inzwiſchen erfolgte einſeitig realiſtiſche Entwicklung der flandriſchen Malerſchule ihn unberührt gelaſſen hat. Die beiden Statuen der Verſtorbenen liegen in edlen groſsgefalteten Gewändern da; die Köpfe ſind von ſprechendem Portraitausdruck, die Hände faſt mit peinlicher Naturtreue ausgeführt, auſserdem das Ganze vollſtändig bemalt. Der Meiſter dieſes Werkes, ein Spanier, *Jehan de la Verta* aus Aragonien (d'Aroca), war gewiſs in Flandern gebildet und darf ſeiner Richtung nach als Schüler Claux Sluters betrachtet werden. So wirkte der Einfluſs eines bedeutenden Meiſters weit über die Grenzen dieſer Epoche hinaus; aber einen weiteren Impuls ſollte die Kunſt doch erſt ſpäter, und zwar von anderen Punkten aus empfangen. Sluter's Schule.

### 3. In England.

Der Entwicklungsgang der engliſchen Plaſtik bewegt ſich in ähnlichen Grundzügen, wie der des Continents, nur tritt hier eine gewiſſe Einſeitigkeit im Verfolgen extremer Richtungen ſchärfer zu Tage. Der letzte Grund dafür liegt in dem Umſtande, daſs erſt in dieſer Epoche der engliſche Nationalcharakter aus den bis dahin noch vereinzelt beſtandenen Elementen des ſächſiſchen und normanniſchen Stammes zu einer neuen Einheit zuſammenflieſst, die fortan durch die inſulare Abgeſchloſſenheit ſich bis zur Schroffheit von den feſtländiſchen Nationen zu unterſcheiden beginnt. In der Kunſt iſt zwar auch jetzt der Ein- Ausbildung des engl. Charakters.

*) Der Contrakt (vgl. den Katalog des Muſ. v. D. 1860 S. 186) beſtimmt dem Meiſter Jehan de la Verta „tailleur d'ymaiges" die Summe von 4000 Liv., etwa 28,500 Fr., und enthält über alle Theile des Denkmals die genaueſten Beſtimmungen. Die Statuen der Verſtorbenen ſoll er machen „selon le pourtraict qui lui en sera baillé". Sodann ſoll er machen „autour de ladicte sépulture ymaiges tant pleurans (Statuen von Leidtragenden) que angelots; sur lesquels angelots il fera des tabernacles, ce qui s'estoit en la sépulture du duc Philippe".

fluſs fremder Meiſter nicht ausgeſchloſſen; vielmehr bleibt England auch fernerhin das Land, welches für ſeine reiche Kunſtpflege groſsentheils ſich auswärtiger Kräfte bedient. Dennoch tritt dies Verhaltniſs in der gegenwärtigen Periode minder beſtimmend auf, als in irgend einer anderen, ſo daſs jetzt mehr als jemals zuvor und nachher das ſpecifiſch engliſche Weſen ſich in der Kunſt des Landes ausprägt.

Kirchliche Sculpturen. Zunächſt haben wir zu betrachten, was an kirchlichen Sculpturen in dieſer Epoche entſtanden iſt[*]). Wenn dieſe Gattung an Fülle und Bedeutung hinter den Werken des Continents zurückſteht, ſo muſs man allerdings ſich erinnern, daſs der gröſste Theil derartiger Denkmäler durch den puritaniſchen Feuereifer des 17. Jahrhunderts zerſtört worden iſt. Immer wird indeſs das Erhaltene genügen, um im Allgemeinen den Charakter der engliſchen Plaſtik dieſer Epoche zu beſtimmen. Im Weſentlichen iſt derſelbe von der Form des dortigen Kirchenbaues abhängig. Da die engliſche Gothik ſelbſt an ihren gröſsten Kathedralen nur mäſsige Portale anwendet; da die Gliederung des ganzen Auſsenbaues im Laufe des 14. Jahrhunderts noch durchgreifender als früher Sache der rein architektoniſchen Decoration iſt, ſo bleibt der Plaſtik keine Gelegenheit zu groſsartigen cykliſchen Compoſitionen. Sie muſs froh ſein, wenn ſie, wie früher an der Kathedrale zu Wells, die Façaden mit Reihenfolgen von Einzelſtatuen bedecken kann. Dieſe Werke haben aber keinen religiöſen Inhalt, noch ſtehen ſie zu einem kirchlichen Grundgedanken in Beziehung, ſondern ſie ſtellen, wie ſchon früher zu Wells, chronologiſche Reihen der älteren Könige Englands dar. Ein merkwürdiger Beweis, wie früh ſich hier das politiſche Bewuſstſein und der geſchichtliche Sinn ausbildeten.

Einfluſs des Continents. In einzelnen Fällen macht ſich wohl in der Architektur wie in ihrer plaſtiſchen Ausſchmückung continentaler Einfluſs geltend, und zwar iſt es nicht mehr die franzöſiſche, ſondern die deutſche Gothik, welche, wie überall in dieſer Zeit, in erſter Linie den Ton angiebt. Die Façade der Kathedrale von York, das Portal am Kapitelhauſe zu Rocheſter ſind unverkennbare Beiſpiele dieſes Einfluſſes; allein derſelbe wirkte mehr auf die Architektur als auf die Plaſtik, und wenn man auch einzelne Bildwerke nachweiſen kann, die dem conventionellen Schwunge der gleichzeitigen deutſchen Werke folgen, ſo ſtehen dieſe in der Maſſe der engliſchen Sculpturen als Ausnahmen da.

Lichfield. Aus dem Anfange der Epoche ſtammen die Sculpturen an der Kathedrale von **Lichfield**, ſoweit dieſelben der Zerſtörungswuth entgangen ſind. Sie enthalten eine Reihe der früheren Herrſcher des Landes, einige ſitzend, andere ſtehend dargeſtellt, alle voll Leben und Mannigfaltigkeit und in ſichtbarem Streben nach individuellem Ausdruck. Aus der Frühzeit des Jahrhunderts ſtammt auch die groſsartige Madonnenſtatue am Portal des Kapitelhauſes zu

York. **York.** Auf einem Löwen und Drachen ſtehend, hält ſie mit Mutterſtolz ihr Kind dem Beſchauer entgegen, wobei die ſchlanke Geſtalt ſich ſtark heraus-

---

*) Auſser *Britton's* Cathedral und deſſelben Verf. Architect. antiquities vergl. *Carter*, Specimens of ancient ſculpture etc. 1780 und 1838. — *Flaxman*, lectures on ſculpture 1829. — *Cockerell*, Iconographie of the weſt front of Wells Cath., wo zugleich eine Ueberſicht der kirchlichen Sculpturen Englands. Wichtig für das vergleichende Studium ſind die Gypsabgüſſe im Cryſtal Palace zu Sydenham.

biegt und die Gewandung mit großer Meisterschaft in breiten Falten durchgeführt ist. Man erkennt in diesem trefflichen Werke deutlich den Einfluss der gleichzeitigen continentalen Plastik. Dagegen zeigt sich der eigentliche englische Styl an den Kapitälen im Oktagon der Kathedrale von Ely, die vor 1343 ausgeführt sind. Sie schildern in kleinen Darstellungen sechs Scenen aus dem Leben der h. Etheldreda. Hier ist nichts mehr von der, wenn auch conventionellen, doch schwungvollen Haltung der gleichzeitigen Werke des Continents; vielmehr macht sich eine Vorliebe für monotone Linien und steife Haltung bemerklich, in welcher man den ungünstigen Einfluss einer realistischen Richtung erkennen muss. Etwas später, um 1352, fallen die Bildwerke am Portal des Kapitelhauses zu Rochester, zu beiden Seiten die stehenden Gestalten der Synagoge und, als Vertreter der Kirche, eines Bischofs, der ein Kirchenmodell hält; darüber in den Archivolten die sitzenden Gestalten der vier Evangelisten oder Kirchenväter und kleine betende Engel. Diese anmuthigen Werke stehen wieder dem continentalen Style näher und beweisen abermals, dass zu derselben Zeit zwei verschiedene Auffassungen in der englischen Plastik ihre Vertretung fanden. Auch die herrliche Madonna mit dem Kinde vom Hauptportal der Kathedrale zu Wells, ein Werk von grossartiger Schönheit, edel empfunden und in fliessend freien Gewändern, gehört derselben Richtung an. Ebenso eine Statue der Magdalena am Magdalenen-College zu Oxford, die ebenfalls den trefflichsten Werken Deutschlands und Frankreichs gleichsteht. Ely. Rochester. Wells. Oxford.

Allein in der zweiten Hälfte des vierzehnten Jahrhunderts verschwindet dieser anmuthige schwungvolle Styl und macht der spezifisch englischen Auffassung Platz. Je mehr jedoch diese ihre eignen Wege geht, desto nüchterner, steifer und geistloser werden ihre Schöpfungen. Dieser Art sind namentlich die Statuen normannischer Könige, welche um 1377 an der Façade der Kathedrale zu Lincoln aufgestellt wurden. Ungleich lebendiger und frischer sind die ausgedehnten Bildwerke in der um dieselbe Zeit erbauten Vorhalle der Kathedrale von Exeter. Hier bildet die Krönung der Jungfrau den Mittelpunkt, an welchen sich die Apostel, Evangelisten und Kirchenväter, die Propheten und Patriarchen und endlich denn auch die Standbilder englischer Könige in zwei Reihen anschliessen. Letztere gehören zu den frischesten und charaktervollsten Leistungen der Zeit, und wenn in der Behandlung der Form sich eine gewisse nationale Schwerfälligkeit nicht verläugnet, so hat dagegen der Meister die einzelnen Gestalten mit grossem Geschick in eine fast dramatische Wechselbeziehung zu einander gesetzt, sodass sie, nicht unähnlich den Statuen zu Rheims, in lebhafter Unterhaltung begriffen scheinen. Auch die Standbilder von Königen am Lettner der Kathedrale von Canterbury zeigen eine ähnlich frische Auffassung, doch fehlt der Gewandbehandlung das eigentlich Stylvolle. Spätere Werke. Lincoln. Exeter. Canterbury.

Im Innern der Kirchen kommen wohl immer noch an den Consolen, Arkadenzwickeln, Schlusssteinen der Gewölbe jene kleineren vereinzelten Werke vor, welche schon in der vorigen Epoche durch Anmuth und Feinheit sich auszeichneten. Allein sie werden doch seit 1350 immer seltner und verschwinden in demselben Maasse, als die Architektur mit dem bunten Spiel ihrer eigenen Decorativformen Alles überspinnt. Als originelles Werk der zweiten Hälfte des Jahrhunderts sei die Minstrel-Galerie in der Kathedrale zu Exeter hervor- Kleinere Werke.

gehoben*). Sie vertritt an der Nordſeite des Schiffes eine Abtheilung des Triforiums und enthält in zwölf glänzend decorirten Niſchen ebenſoviel reich vergoldete und bemalte Engelgeſtalten von etwa drei Fuſs Höhe, die auf verſchiedenen Inſtrumenten ſpielen und uns wohl den ganzen Beſtand eines damaligen Orcheſters vorführen. Der Künſtler hat nach Mannigfaltigkeit der Bewegungen geſtrebt, aber es fehlt doch den Geſtalten beſonders in der Gewandung eine ſtylvolle Behandlung. Vielmehr verrathen ſie jene Weichlichkeit in der Linienführung, die in gleichzeitigen engliſchen Malereien noch auffallender hervortritt.

Abb. des h. Grabes. Hier ſind denn auch mehrere Darſtellungen des Grabes Chriſti anzureihen, die um dieſe Zeit in England wie in andern Ländern mehrfach vorkommen. Die eine, etwa vom Anfange des 14. Jahrhunderts, findet ſich in der Kathedrale von Lincoln. Hier zeichnen ſich die ſchlafenden Krieger bei etwas ungeſchickten Stellungen durch naiven Ausdruck und fein motivirte Gewänder aus. Der Styl iſt ein Nachhall der beſten Zeit des 13. Jahrhunderts. Aehnliche Denkmaler ſind in den Kirchen zu Patrington in Yorkſhire, zu Navenby und Heckington in Lincolnſhire und zu Hawton in Nottinghamſhire. Das letztere gehört zu den ſchönſten und bedeutſamſten Compoſitionen dieſer Art. Man ſieht hier über dem Grabe den auferſtehenden Chriſtus, zu ſeinen Füſsen die drei Marien in Anbetung knieend, darüber endlich die Himmelfahrt Chriſti in der üblichen Darſtellung, daſs nur ſeine Füſse noch ſichtbar ſind, während die Apoſtel mit lebhaften Geberden des Staunens ihm nachblicken. Die Affecte ſind lebendig geſchildert, die edlen Gewandmotive unterſtützen den Ausdruck, und nur die Bewegungen ſind nicht ganz frei vom Zwange. Die vier ſchlafenden Krieger, welche in Reliefs an den Flächen des Grabmals dargeſtellt ſind, zeigen bei Motiven von anſprechender Lebendigkeit eine geringere Ausführung. Ihre Tracht weiſt etwa auf die Mitte des 14. Jahrhunderts.

Grabmäler. Während die einſeitige Richtung der engliſchen Architektur eine freiere Bethätigung der Plaſtik nur in geringem Maaſse zuließs, finden wir die Vorliebe für glänzende **Grabdenkmäler**, die in der vorigen Epoche ſchon das Uebergewicht im bildneriſchen Schaffen erlangte, in immer ſteigendem Zunehmen**). Mit den vornehmeren Klaſſen wetteifert jetzt der niedere Adel und der Bürgerſtand; Jedermann will in leibhaftigem Abbild auf ſeinem Grabmale dargeſtellt ſein, in der vollen Wirklichkeit des Lebens, mit den Abzeichen ſeines Standes und in peinlicher Genauigkeit des Koſtüms. Den vornehmeren Klaſſen bleibt nichts übrig als durch reich geſchmückte Sarkophage ſich über die andern zu erheben und etwa das Ganze durch prachtvolle Baldachine zu krönen. Auch im Material wird nach möglichſter Koſtbarkeit geſtrebt. Gravirte Bronceplatten werden vom Feſtlande, beſonders aus den Niederlanden zahlreich eingeführt; noch lieber ſtellt man aber die Verſtorbenen in plaſtiſcher Rundung dar, und es fehlt in England nicht an geſchickten Kupferſchmieden („coppersmiths"), welche den Guſs ſolcher gröſseren Werke übernehmen. „Bei ſteinernen Denk-

*) Abgeb. bei *Britton*, Cathedr. ant.

**) Treffliche Abbildungen giebt *Stothard* in den Monumental eff. of Great. Brit. 1817. Vergl. auch *Britton*.

malern wendet man nicht selten Marmor und Alabaster an; Emaillirung, Gold und andrer Farbenschmuck mufs dann die glänzende Wirkung vollenden.

Aber mit dieser äufsern Pracht hält der künstlerische Werth nicht mehr gleichen Schritt. Die übergrofse Mehrzahl der massenhaft aus dieser Epoche erhaltenen Grabgestalten erscheint auffallend steif, leer und geistlos. Zum Theil ist daran wie auf dem Continent die häfsliche Tracht Schuld, die freilich in England noch rascher entartet und sich noch mehr in's Bizarre verirrt. Statt der früheren lang wehenden faltenreichen Gewänder, die nur noch ausnahmsweise, wie an dem Denkmal Aymers von Valence († 1322) in Westminster vorkommen (Fig. 240), erscheinen jetzt die Ritter in den kurzen Wappenröcken, die wie lederne wattirte Jacken den Körper umspannen und kein Fältchen zulassen. Statt der geschmeidigen Kettenhemden der früheren Zeit tritt der Schienenpanzer mit seinen eckigen Buckeln, den starren Arm- und Beinschienen in sein Recht; die Halsberge aber, die von den Schultern ab den oberen Theil der Brust, den ganzen Hals und den Kopf fast vollständig einschliefst, wird in England ebenfalls so stark wattirt und gewinnt einen so grofsen Umfang, dafs sie in ähnlicher Unförmlichkeit wie die modernen Cachenez alle jene Theile mumienhaft einwickelt. Noch ungünstiger wirkt es, dafs der Kopf meistens nicht mehr auf einem von Engeln gehaltenen Kissen, sondern auf dem grofsen Turnierhelm ruht, der mit seinem Thierkopf oder maskenartigen Menschenantlitz unangenehm hart neben dem Gesicht des Ritters hervorschaut. Dieser steifen Tracht entsprechend ist denn auch die Haltung der Gestalten von absoluter Starrheit, straff ausgestreckt mit parallel gestellten Beinen, stumpf vor sich hinblickend, die Arme in harten Winkeln gebogen und die Hände meist zum Gebet gefaltet, so monoton und ausdruckslos, als seien sie auf Kommando zu einer grofsen Todtenparade angetreten. Nur selten kommt noch das schreitende Kreuzen der Beine vor, und wenn es angewendet wird, so steht es in wunderlichem Contrast mit der ruhigen Gebetshaltung der oberen Theile und hat nichts mehr von dem energischen Ausdruck kriegerischer Rüstigkeit, wie früher, wo die Ritter meistens mit kühner Handbewegung nach dem Schwerte griffen.

Sinken des Styles.

Fig. 240. Aymer de Valence. Westminster.

Aber diese Leblosigkeit erstreckt sich nicht blofs auf die ritterlichen Gestalten, wo sie durch das Zeitkostüm entschuldigt werden könnte, sondern auch die Könige in ihren langen Talaren, die Bischöfe in ihren weiten Pontificalgewändern, die Frauen in den faltenreichen Mänteln zeigen dieselbe nüchterne Steifheit und in den Gewändern entweder monotone Parallelfalten oder, wie bei den Bischofsstatuen, eine nicht minder geistlose Symmetrie der diagonal convergirenden Falten. Nichts von der Freiheit und Mannigfaltigkeit, welche man an solchen Denkmälern in Deutschland findet; keine Spur von einem geistvollen Motiv der Bewegung; überall dieselbe pedantische Steifheit! Nur im Anfang der Epoche

Königsgräber.

Bischofsgräber. findet man einzelne bessere bischöfliche Monumente, in denen die frühere Frische der Auffassung nachwirkt. So am Cantilupe-Schrein der Kathedrale zu Hereford, der übrigens wohl kein Grabdenkmal ist, sondern nur an den Seiten in den Arkaden Figuren sitzender Ritter in den lebendigsten und originellsten Bewegungen enthält. Ferner der anziehende Percy-Schrein im Münster zu Beverley und das Burgersh-Monument in der Kathedrale zu Lincoln, Werke aus der Mitte des 14. Jahrhunderts. Aber seit 1350 vermögen selbst die mit allem Aufwand hergestellten Monumente der Könige keinen höheren Eindruck mehr zu erreichen. Man muss nur in Westminster das prachtvolle Grabmal Eduards III. († 1377) betrachten, der in seinen steifen Gewändern, dem breiten ausdruckslosen Gesicht mit straff herunterfallendem Haar und Bart und der fast

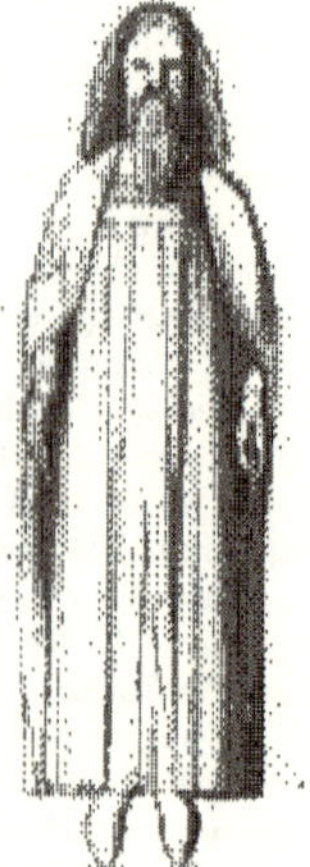

Fig. 241. Eduard III. Westminster.

Fig. 242. William von Hatfield. Kathedrale von York.

ängstlichen Gleichmässigkeit, mit der die Hände die Scepter seiner beiden Reiche halten, eher einem Eremiten als dem ritterlichen Könige gleicht (Fig. 241). Auch das eben dort befindliche Monument seiner Gemahlin Philippa († 1369) ist kaum von höherem Werthe, denn die Gewandung ist ebenso monoton, der Kopf auffallend schwach in der Charakteristik und obendrein durch die Flügelhaube, deren geschweifte Seiten ihr anscheinend aus dem Gesichte herauswachsen, geradezu entstellt. Nur die Hände haben etwas Anmuthiges in der Bewegung. Ungleich ansprechender sind mehrere Grabfiguren von jung verstorbenen Kindern dieses Königs, so des William von Hatfield in der Kathedrale zu York (Fig. 242), des John von Eltham, William von Windsor und der Blanche de la Tour in Westminster. Doch sind auch sie nicht frei von einer gewissen Trockenheit des Styles, die nur durch den anspruchslosen Ausdruck der Jugend gemildert wird. Ganz steif gestreckt in betender Haltung ist die prachtvolle vergoldete Bronzegestalt in der Kathedrale von Canterbury, bei welcher nur eine gewisse gesammelte Energie des Ausdrucks an den berühmtesten Sohn Eduards III., den schwarzen Prinzen, († 1376) mahnt. Das mit allem erdenklichen Aufwand errichtete Doppelmonument, welches Richard II. gleich nach dem Tode seiner zärtlich geliebten Gemahlin Anna von Böhmen (1394) in Westminster errichtete, läfst eine höhere künstlerische Auffassung vermissen. Beide Statuen aus vergoldetem Erz durch die Londoner Kupferschmiede *Nickolas Broker* und *Godfrey Prest* laut dem noch vorhandenen Contrakt ausgeführt, sind völlig conventionell und schwach in der Zeichnung, in Köpfen und Haltung ausdruckslos. Richards großen Besieger Heinrich IV. († 1413) finden wir dagegen in dem glänzenden Denkmal der Kathedrale von Canterbury zwar ebenfalls von etwas steifer Haltung, dafür ist aber der Kopf voll Leben und Charakter. Seine

Fig. 243. Lady Arundel. Chichester.

zweite Gemahlin Johanna von Navarra († 1437) zeigt bei einfacher etwas monotoner Gewandung einen anmuthig feinen Kopf und elegant bewegte zierliche Hände.

Ueberhaupt erfüllt die anspruchsloseren von diesen Grabmalern bei aller Einfachheit und selbst Steifheit der Haltung ein wohlthuender Ausdruck von Herzlichkeit und Treue. Besonders gilt dies von den Doppelgräbern der Eheleute. So sieht man in der Kirche zu Elford in Staffordshire das Grab eines Sir Thomas Arderne († 1391) und seiner Gemahlin Mathilde. Beide Statuen, in Alabaster ausgeführt und reich bemalt, sind in schlichter, der Ritter sogar in starr gestreckter Haltung; aber die Köpfe zeigen individuelles Leben, er mannhaft und treuherzig, sie mild und herzlich lächelnd. Wie sie so ruhig daliegen, zwei reizende Engel ihm den Helm, ihr das Kissen halten, und die Frau ihrem Lebens- und Todesgefährten ihre Hand giebt, fühlen wir uns berührt, als ob wir die einfache Geschichte eines durch eheliche Harmonie beglückten Lebens erzählen hörten. Die kleinen Figuren des Trauergefolges an den Seiten des Sarkophags haben zum Theil recht ansprechende ungezwungene Bewegung. Doppelgräber. 6.

Auch sonst fehlt es nicht an Beispielen eines frischeren Aufschwunges, der um den Beginn des 15. Jahrhunderts an den englischen Grabmalern zu spuren Grab zu Chichester.

ist. Als das schönste dieser Monumente gilt wohl mit Recht das Grabmal einer angeblichen Aebtissin in der Kathedrale zu Chichester (Fig. 243). Die Gestalt gehört zu den edelsten, welche die englische Plastik hervorgebracht hat; der schöne Kopf wird von zwei trauernden Engeln gehalten, die mit dem Ausdruck klagevoller Fürbitte zum Himmel emporblicken. Das weite Gewand fliefst in grofsartigem Faltenwurf herab. An den Seiten des Sarkophags sieht man in lebhaften Geberden die trauernden Angehörigen, deren kleinere Figuren mannigfaltig bewegt sind. Man vermuthet in dem Denkmal das Grab einer Lady Arundel. Ebenso ist uns der geniale Bischof William Wykeham († 1404), die rechte Hand Eduards III. in dessen baulichen Unternehmungen, durch ein treffliches Denkmal in der von ihm glänzend erneuerten Kathedrale von Winchester in offenbar getreuem Lebensbilde erhalten. Das Monument ist mit grofser Sorgfalt in Marmor ausgeführt, der Kopf mit dem milden klugen Ausdruck und dem klaren Blick entspricht der Vorstellung, die wir uns von dem hochgebildeten Prälaten machen. — Die zum Gebet gefalteten Hände sind in scharfer Naturtreue nachgebildet, keine Ader und kein Fältchen daran vergessen. Zu Häupten beten zwei Engel, zu Füfsen drei kleine Mönche für die Seele des Verstorbenen. — Manchmal erhalten die Denkmäler dieser Zeit durch die kleineren Nebenfiguren einen vorzüglichen künstlerischen Werth. So an einem Grabmale der Kathedrale von Hereford, etwa vom Ausgange des 14. Jahrhunderts, einem Humphrey von Bohun zugeschrieben. Der Ritter liegt ziemlich ausdruckslos und steif unten auf seiner Tumba, aber die kleinen Figuren Christi und der fürbittenden Maria, die einander gegenüber in den Arkaden des Baldachins sitzen, gehören unbedenklich zu den stylvollsten der Epoche.

Wykeham zu Winchester.

Hereford.

Warwick-denkmal.

Eins der berühmtesten Prachtwerke vom Ende dieser Periode, das Grabmal des Richard Beauchamp in der Kirche zu Warwick, zeigt sodann das volle Hereinbrechen eines Realismus, der wohl auf flandrischen Einflüssen beruht. Der glänzende Ritter und Staatsmann starb 1439 zu Rouen; für sein Grabmal wurde in der Kirche zu Warwick eine besondere Kapelle errichtet, die 1442 begonnen und sammt dem Grabe 1465 vollendet wurde. Der Kupferschmied *Thomas Stevyns* machte die Metallplatte, *William Austen*, Giefser von London, die Statue des Verstorbenen und die kleineren Figuren der Leidtragenden; ein niederländischer Goldschmied zu London, *Bartolomew Lambespring*, besorgte die Ciselirung und Vergoldung; *John Bourd* endlich fertigte den marmornen Sarkophag. Auch hier ist der Ritter, in der steifen, reich ausgeführten Tracht seiner Zeit, nur eine der vielen starren Panzerfiguren; aber der Kopf ist fast so fein und scharf durchgebildet wie ein Portait von van Eyck. Das Auge blickt sinnend vor sich hin; die Hände, die er zusammenlegen will, sind trefflich durchgeführt, und diese Bewegung giebt dem Ganzen überraschenden Ausdruck. Etwas geringeren Werthes sind die kleinen Figuren der Leidtragenden, doch gut erfunden und mannigfach in den Gewandmotiven.

Rückblick.

Wenn aber auch diese einzelnen bedeutenderen Denkmale vortheilhaft aus der Schaar der übrigen hervortreten, so vermögen solche Ausnahmen doch nicht das Urtheil zu mildern, welches wir über die Gesammtheit der plastischen Schöpfungen Englands auszusprechen haben. Armuth an Ideen, Abneigung gegen bedeutendere und tiefsinnigere Gestaltungen des kirchlichen Gedankenkreises, im Gefolge davon jäher Verfall in Styllosigkeit und Plattheit, sind die Grundzüge der englischen Plastik dieser Epoche. Was sie in einzelnen kleineren Werken an naiv Genrehaftem, an weich Empfundenem bietet, vermag keinen Ersatz für jene Mängel zu gewähren. Der tiefere Grund für diese Erscheinung liegt darin, dass das englische Volk während dieser Epoche seinen Charakter in jener specifischen Eigenheit ausbildete, in welchem derselbe uns noch jetzt entgegentritt. Realistisch nüchtern, praktisch verständig, nach aussen förmlich und mit pedantischer Genauigkeit auf Aeusserliches achtend, entbehrt der Britte jene freiere Bewegung, jenen höheren idealen Schwung, der das Leben anmuthig gestaltet und dem bildenden Künstler Stoff und Anregung bietet. Der aristokratische Sinn der Nation sucht vor Allem in glänzenden Grabmälern Befriedigung; hier kann sein übertriebener Respect vor äusserem Herkommen und Standesabzeichen sich genügen; hier findet auch der früh erwachte politisch historische Sinn reichliche Nahrung. Aber nicht ungestraft giebt die Kunst sich solcher Einseitigkeit hin. Wo neben der Portraitbildnerei keine grossen idealen Aufgaben gelöst werden, da fehlt der Ersteren der Born, aus welchem sie Erhebung zur reinen Schönheit, Freiheit der Composition, Adel der Linien und Anmuth der Formen schöpfen könnte. Die ausschliesslich realistische Portraitplastik, wie England sie gepflegt hat, muss nothwendig zur geistlosen Monotonie, zu dürftiger Trivialität vertrocknen.

---

# FÜNFTES KAPITEL.

## Italienische Bildnerei von 1200—1400.

Die italienische Kunst geht vom 13. Jahrhundert an ihre eigenen Wege und löst sich in Zielen, Erfolgen und Schicksalen von der Kunst der nördlichen Länder. Wohl erfährt sie mehrfach, namentlich im 14. Jahrhundert, Einflüsse des Nordens; selbst der gothischen Strömung vermag sie nicht ganz zu widerstehen. Aber sie beugt ihr aus und weiss mit ihr sich geschickt abzufinden. Schon diese merkwürdige Erscheinung bezeugt, wie abgeschlossen und isolirt die Kunst Italiens auf sich selbst gestellt war. Die Alpen haben in dieser Hinsicht sich durchaus als Scheidewand bewährt. Italiens Mittelalter ist in der That von dem nordischen in jeder Hinsicht unterschieden. Sonderstellung der italien. Kunst.

Wir haben dies lediglich für die künstlerische Entwicklung darzuthun; aber einige Andeutungen über die allgemeinen Culturzustände werden ein schärferes Licht auf die Verhältnisse der Kunst werfen. Wir finden in Italien nicht jene complicirten Verfassungen, welche in den nordischen Ländern das Lehnswesen und der Feudalstaat in ihrer consequenten Durchführung mit sich brachten. Culturverhältnisse.

Die Zuſtände ſind einfacher, überſichtlicher, und man fühlt in ihnen die Nachwirkung antiker Anſchauungen, die aus allen Stürmen der Zeiten ſtets wieder emportauchen. Dafür aber gliedert ſich das Gebiet Italiens ungleich mannigfacher in kleine abgeſonderte Kreiſe, als man das ſelbſt von Deutſchland ſagen kann. Denn dort ſcheiden ſich wohl die einzelnen Gruppen nach den natürlichen Grenzen der verſchiedenen Stämme: in Italien aber bildet jede nicht bloſs der bedeutenderen, ſondern ſelbſt der mittleren Städte, noch ganz anders als im Norden, einen Staat für ſich, der ſich ſcharf von den übrigen trennt. Dies begünſtigt dann das Aufkommen einer ganzen Reihe von Uſurpatoren, die mit Liſt und Gewalt die Herrſchaft an ſich reiſsen und die Praxis des modernen Despotismus als rückſichtsloſe Tyrannen zuerſt in Europa ausüben. Was gelegentlich von den Königen Frankreichs und Englands um dieſelbe Zeit geſchah, um die Herrſchermacht unumſchränkt zu machen, läſst ſich mit dem Gebahren dieſer italieniſchen Despoten nicht vergleichen; denn da es im Norden ſich um ausgedehnte Länder handelte, ſo waren die Fürſten immer gezwungen, ſich des Beiſtandes ganzer Klaſſen der Bevölkerung, namentlich der Bürger und des niederen Adels zu verſichern, um die groſsen Vaſallen zu beugen. Der italieniſche Gewaltmenſch aber, als deſſen Typus die blutige Geſtalt Ezzelino's aufragt, verfuhr gegen Alle mit der Grauſamkeit des Tigers und mit der Rückſichtsloſigkeit des brutalen Egoismus.

Beziehung zur Kunſt.

Man ſollte meinen, ſolche Zuſtände müſsten der Kunſt verderblich geworden ſein; aber dies war nicht der Fall. Nur erhielt dieſelbe dadurch eine andere Richtung, als im Norden. Der einzelne Meiſter tritt mehr für ſich hervor. Das Individuum macht ſich geltend, und das Selbſtgefühl des Künſtlers entwickelt ſich. Denn wie der Tyrann ſich durch Gewalt über Alle erhebt, ſo ſucht Jeder durch Kraft des Genies ſich aus der Maſſe zu ſondern. Das Staatsleben bietet ihm keinen Spielraum; aber der Machthaber ſelbſt bedarf der Kunſt, weil er durch ihre Hülfe ſeine Perſon verewigen, monumental verherrlichen kann. Das Denkmal in dieſem perſönlichen Sinne kommt zuerſt in Italien zur Erſcheinung. Auch darin klingt die Auffaſſung des römiſchen Alterthums nach. Aber ſogar glänzende kirchliche Unternehmungen, wie der Bau der Certoſa zu Pavia und des Domes zu Mailand, verdanken ſolcher Geſinnung hier ihre Entſtehung. Dann wetteifern die freien Städte mit einander in Rathspaläſten und kirchlichen Denkmalen. Der Glanz und Ruhm der Stadt iſt hier weit mehr die Triebfeder, als der religiöſe Sinn, obwohl natürlich auch letzterer mit einflieſst. In dieſem monumentalen Wetteifer muſs die Bedeutung des Künſtlers mächtig ſteigen. Im Norden baut, meiſselt und malt man vor Allem in frommer Hingebung. Das religiöſe Gefühl iſt dort vom Anfang ein tieferes, innigeres. Die treuherzigen Meiſter mit ihren Geſellen arbeiten handwerklich zuſammen, und ihr Werk gilt faſt mehr wie ein Produkt der Religion, als der Kunſt. Wie hätten ſie in ihrer germaniſch unbeholfenen Beſcheidenheit zu einem künſtleriſchen Selbſtgefühl kommen ſollen! Sie fühlten ſich als brave Handwerker, und dafür nahm ſie auch die Welt. Faſt nie treten ſie mit ihrem Namen hervor. Sie begnügen ſich mit der anſpruchsloſen Hieroglyphik ihres Handwerkszeichens, wie es jeder Geſelle als Marke ſeiner Arbeit aufdrückt. Aber jeder gewöhnliche Quaderſtein trägt ſolch demüthiges Zeichen eben ſo gut, wie die zierlichere Conſole oder die Statue oder das Altarbild es erhält.

Wie anders in Italien! Schon im 12. Jahrhundert durften sich dort die Urheber unbehülflicher Sculpturen als weise, kunstreiche Meister öffentlich rühmen, sich mit dem Namen des zweiten Dädalus brüsten. Ein sicheres Zeichen sowohl von dem Selbstgefühl jener Künstler als von dem lebendigen Sinn, in welchem ihre Mitbürger Antheil an jenen Werken als an Schöpfungen der Kunst, nicht der Frömmigkeit nahmen. Mit der höheren Entwicklung des gesammten Lebens steigerte sich diese Gesinnung. Der italienische Künstler arbeitet zur Verherrlichung seines Vaterlandes, aber er denkt an seinen Ruhm und ist erfüllt von einem starken Gefühl seines Werthes. Dies giebt seinen Werken eine andere Haltung. Sie werden kühler, objectiver, minder innerlich als die der nordischen Meister. Das Streben nach formaler Vollendung kann sich reiner ausprägen, weil nicht so viel Anforderungen einer tiefen Empfindung zu befriedigen sind. Selbstgefühl der Künstler.

Dazu kommt noch etwas Entscheidendes. Der Italiener hängt mit solcher Vorliebe an der Pracht altchristlicher Malereien, dass er seine Kirchen auch ferner vorzüglich mit Gemälden schmücken will. Selbst nachdem er den gothischen Styl aufgenommen hat, läfst er sich durch denselben nicht wie im Norden die grofsen Wandflächen zerstören. Es wirkt auch ein antikes Gefühl für Klarheit und für ruhige Flächen mit, um ihn einer gothischen Zerklüftung der Architektur abgeneigt zu machen. Daher decorirt er auch am Aeufseren lieber mit malerischen Mitteln, mit farbiger Incrustation bunter Marmorarten. Auch die Portale bleiben einfach und ertragen keinen reicheren bildnerischen Schmuck. So werden denn der Plastik jene grofsen cyklischen Aufgaben entzogen, an denen sie besonders in Frankreich ihre hohe Schule durchmachte. Tiefsinnige christliche Gedankenkreise überläfst sie hier gern der Malerei, und es finden sich dann die grofsen Meister, die Giotto, Orcagna, Gaddi u. A., welche diesen Inhalt in ausgedehnten Wandgemälden versinnlichen. Es ist nicht unwichtig, dafs die einflufsreichsten dieser Meister Architekten, Plastiker und Maler in einer Person sind. Als Architekten legen sie den Plan ihrer Kirchen so an, dafs der Malerei, ihrer Lieblingskunst, nicht zu kurz geschehe. Als Bildhauer wissen sie einen starken Zug plastischer Bestimmtheit und Klarheit in ihre Gemälde einfliefsen zu lassen. Der Sculptur selbst behalten sie besondere Aufgaben vor. Malerei und Plastik.

Diese Aufgaben sind durchweg kleinerer Art. Wenn einmal ganze Façaden wie am Dom zu Orvieto mit plastischen Werken nach nordischer Weise bedeckt werden, sind dieselben ohne festeren Rahmen rein malerisch über die Flächen ausgegossen. Im Uebrigen begnügt man sich mehr mit Einzelarbeiten, die den Charakter besonderer Denkmäler tragen. Altaraufsätze, Kanzeln, Taufsteine, Grabmäler, das sind in erster Linie die Leistungen italienischer Sculptur. Aus den Grabdenkmälern gehen dann früh die profanen Monumente, aus den Taufbecken die öffentlichen Brunnen hervor. Einzelstatuen werden besonders der Madonna gewidmet. In diesen Werken folgt die italienische Kunst weniger dem Zuge seelenvoller Empfindung, als dem Bedürfnifs lebendiger historischer Schilderung. Geistreich, anschaulich zu erzählen, das ist ja die Lust und das glänzende Talent südlicher Völker, und man braucht nur an die Erscheinung eines Boccaccio zu erinnern, um die frühe Richtung der italienischen Plastik auf das erzählende Relief zu begreifen. Da es sich ferner nicht um massenhafte Unternehmungen, sondern um einzelne besondere Prachtarbeiten handelt, so verbindet sich damit das Streben nach feiner Vollendung der Form. Dieses findet wieder an dem fast ausschliefslich zur Anwendung kommenden Material des weifsen Marmors seine Unterstützung. Der Glanz desselben schliefst dann auch die durchgreifende Anwendung der Farbe aus und läfst nur mäfsige Vergoldung zu. Alles drängt demnach auf reinste Ausbildung der Form. So grenzen sich für Plastik und Malerei die Gebiete zeitig ab, fliefsen nicht so unaufhaltsam wie im Norden in einander über, und eben aus dieser bestimmten Sonderung ergiebt sich die gröfsere Klarheit, mit welcher beide für sich ausgeprägt und entwickelt werden. Früher als die Meister des Nordens wissen die italienischen Künstler jeder von beiden Künsten ihre eigenste Aufgabe zu stellen.

## I. Im 13. Jahrhundert.

Nachblüthe des älteren Styles.

Bis gegen 1250 bleibt die italienische Plastik*) jener romanischen Form überlassen, in welcher vergeblich selbst begabtere Künstler nach einem höheren Ausdruck von Leben rangen. Der hergebrachte Typus tritt vielmehr hier geistloser auf als in den meisten nördlichen Ländern, und die italienische Bildnerei steht weit hinter der französischen und deutschen zurück. Denn es fehlte hier jene Spannung zwischen germanischer Empfindung und antikisirender Form, aus welcher dort die glänzende Neugestaltung der Plastik hervorging. Selbst im wild Phantastischen überbietet die italienische Kunst jetzt bisweilen die nordische. So an den Sculpturen der 1206 vollendeten Façade von S. Maria zu Toscanella und mehr noch an der des Doms zu Lucca, um 1204 von einem Meister *Guidetto* ausgeführt; am reichsten in fast barbarischer Pracht in der etwas späteren Vorhalle desselben Domes, wo die Plastik alle Flächen, selbst die Säulenschäfte übersponnen hat und neben Christlichem allerlei Thiere und phantastische Wesen zusammenstellt. Die ganze Fassung und der Inhalt lassen hier einen besonders starken Einfluss nordischer Kunst vermuthen. Aehnlich barbarische Pracht zeigt das Hauptportal des Doms zu Traù in Dalmatien, inschriftlich 1240 von einem wie es scheint einheimischen Meister *Raduanus*

Borgo San Donnino.

ausgeführt.**) Zu den tüchtigsten Arbeiten dieses späteren romanischen Styles gehören dagegen die Sculpturen an der Façade der Kirche von Borgo San Donnino; besonders sind die grofsen Löwen des Hauptportals trefflich durchgeführte Prachtexemplare ihrer Art, schon weit mehr naturalistisch als heral-

Parma.

disch. Ueberhaupt sind alle diese Sculpturen höchst kräftig, frei und lebendig, vielleicht Erzeugnisse der schon früher besprochenen Schule von Parma. Denn dafs diese auch im weiteren Verlaufe des 13. Jahrhunderts sich fortschreitend entwickelt, beweisen im Baptisterium daselbst die zwölf Hochreliefs der inneren

*) *J. Burckhardt's* Cicerone (Basel 1855, zweite Auflage unter Mitwirkung von mehreren Fachgenossen herausg. von Dr. *A. v. Zahn*, Leipzig 1870), für die gesammte italienische Kunst das bedeutendste Handbuch, ist auch für diesen Abschnitt so reichhaltig, dafs ich dies wie manches Andere kaum anders, geschweige denn besser zu geben weifs. Vgl. dazu die werthvolle mit guten Abbildungen reichlich versehene Arbeit von *Charles C. Perkins*, Tuscan sculptors, 2 Vols. 4°. London 1864.

**) Vergl. *R. v. Eitelberger* im Jahrb. d. Wiener Centr.-Commiss. V. S. 199. Taf. 10.

Galerie, welche die Monatsbeschäftigungen in edlem, an die besten gleichzeitigen deutschen Arbeiten erinnernden Style darstellen.

Wie lange sich der streng romanische Styl an manchen Orten hielt, beweisen die Reliefs an der Kanzel in S. Bartolommeo zu Pistoja, im Jahr 1250 von einem Lombarden *Guido da Como* ohne Frische in handwerklich glatter Weise gearbeitet. An der Façade des Doms zu Genua muss das steife Tympanonrelief, Christus thronend zwischen den Evangelistenzeichen, darunter die Marter des h. Laurentius mit sehr lebendigen, aber ganz verdrehten Henkern früher sein, als das Uebrige. Diese Arbeiten, neben denen mehrere in einem edlen wenngleich byzantinisirenden Style eingeritzte Umrissfiguren eines älteren Tympanons zum Vorschein kommen, bezeugen einen süd-französischen Einfluss. Dagegen sind die Reliefs an den Thürpfosten, die wohl erst zu den Erneuerungsbauten von 1307—1312 gehören, in ungemein lebendigem, phantasievollem Styl durchgeführt, der die romanische Grundlage noch festhält, in der prächtigen Rankenumfassung aber schon gothisches Naturgefühl verräth. Einerseits ist es die Kindheit Christi von der Verkündigung bis zur Flucht nach Aegypten, andererseits die Wurzel Jesse, wobei der Bildhauer die strenge architektonische Theilung auf's Glücklichste durchbrochen hat, indem er die mittleren Hauptfiguren mit den kleineren zu beiden Seiten in dramatische Verbindung setzt. Aelter und rein romanisch sind sodann die Portale des nördlichen und südlichen Seitenschiffs, ersteres von einer seltenen Feinheit in Aufnahme antiker Motive der architektonischen Decoration, womit sich jedoch romanisches elegant stylisirtes Rankenwerk, kleine Adler, Löwen, Sirenen und anderes Gethier verbinden. Das Südportal, noch viel reicher, enthält an den Pfosten prächtige Arabesken mit Hunden, Jägern, Hasen, belebte Jagdscenen, Ritter zu Pferde, Bewaffnete, Löwen, den Laute schlagenden Esel und anderes Ergötzliche. Man sieht auch hier die Einflüsse nordischer Decorationsweise. Pistoja. Genua.

Von Arbeiten des Erzgusses liegt aus dieser Epoche nicht viel vor, während derselbe gegen Ende des vorigen Zeitraumes so glänzend betrieben wurde. Wie eine Ausnahme erscheint der prachtvolle Kandelaber des Doms zu Mailand, der in köstlich stylisirtem Rankengewinde eine Fülle von kleinen Bildwerken enthält, in denen der romanische Kunstcharakter recht schön belebt erscheint, während die zahlreichen figürlichen Darstellungen schon den Styl des 14. Jahrhunderts verrathen. Namentlich in decorativer Hinsicht ist es vielleicht das Vollendetste, was die gesammte romanische Zeit, deren Nachklänge hier bis tief in die folgende Epoche reichen, in diesem Zweige geleistet hat[*]). Ausserdem wüsste ich nur die Erzthüren an der zum Baptisterium des Laterans in Rom gehörenden Kapelle des Evangelisten Johannes zu nennen. Sie wurden inschriftlich von den Meistern *Albertus* und *Petrus* aus Lausanne (»Lausenenses«) im Jahre 1203 angefertigt. Man sieht auf ihnen in kümmerlicher Gravirung die Darstellung eines grossen Thores und einer Kirche, und vor letzterer die Statuette einer sitzenden Madonna. Dagegen haben wir in einem Lande, das dem italienischen Culturkreise angehört, in Dalmatien, ein treffliches Werk der Holz- Erzguss. Holzschnitzarbeit.

*) Abb. in verschiedenen Jahrgängen von *Didron's* Ann. arch.

fchnitzerei zu erwähnen; die Thürflügel des Doms zu Spalato*), 1214 von Meifter *Andreas Guvina* gearbeitet. Jeder Flügel enthält in vierzehn durch Flechtwerk und Arabesken eingerahmten Feldern Scenen aus der Jugendgefchichte und dem Leiden Chrifti in alterthümlich herber Auffaffung und in kurzen wenig entwickelten Geftalten. Aber die Compofition, bisweilen etwas dürftig, erhebt fich in den befferen Darftellungen zu grofser Kraft und felbft zu dramatifchem Ausdruck, dem nur die ungefchickte Form fich nicht recht fügen will.

Kaiferftatue zu Capua.

Als vereinzeltes Werk der Profankunft ift fodann noch die fteinerne Statue Kaifer Friedrichs II. an der Porta Romana zu Capua vom Jahre 1236 zu nennen**). Da für eine folche Aufgabe der herkömmliche kirchliche Styl keinen Anhalt gab, fo hat der Künftler fich römifchen Statuen angefchloffen und darin denfelben Zug zur Antike bekundet, der in Italien damals in der Luft lag, und dem man in der architektonifchen Faffung der prachtvollen Königsgräber des Doms zu Palermo, in den Kirchen Toscana's, kurz überall wo freies künftlerifches Leben fich regte, begegnet. Es kam nur auf einen grofsen Meifter an, der die allgemeine Strömung für die Plaftik lebendig zu machen wufste.

Nicola Pifano.

Diefer Meifter war *Nicola Pifano.* Wir wiffen nicht viel von feinen Lebensfchickfalen, noch weniger von den künftlerifchen Verhältniffen, welche feinen Entwicklungsgang bedingten. Was Vafari von ihm erzählt, ift ein Gemifch von unverbürgten Gerüchten und von Erdichtungen, aus welchen man nur vereinzelte Körnchen von Wahrheit herauslefen kann. Nicht einmal das Geburtsjahr des grofsen Erneuerers italienifcher Plaftik fteht feft; nur foviel fcheint man annehmen zu dürfen, dafs er zwifchen 1205 und 1207 geboren wurde. Er war der Sohn eines untergeordneten Steinmetzen, Pietro von Pifa, bei welchem er die Technik feiner Kunft fchon früh erlernt haben mag. Wenn Cavalcafelle ihn, geftützt auf wahrfcheinlich unrichtige Lesarten der Urkunden, zu einem aus Apulien ftammenden Meifter machen will, fo hat er überfehen, dafs dadurch die Erklärung einer fo auffallenden Erfcheinung wie die neue Kunftweife Nicola's noch fchwieriger wird***). In der gefammten vorhergehenden Kunftweife Unteritaliens überwiegt der byzantinifche Einflufs. Mofaikmalerei an Wänden und Gewölben, mufivifche Marmordecoration an Kanzeln, Ofterleuchtern und Chorfchranken, Niellotechnik an den Bronzethüren der Kirchen; das alles find Arbeiten, bei welchen der plaftifche Sinn leer ausgeht. Die Sculptur entfaltet fich auch dort erft mit dem Auffchwung der Architektur; diefe aber entlehnt bei den fchönften Werken, wo nicht die byzantinifche Tradition vorherrfcht, ihre Motive theils den normannifchen, theils — und zwar hauptfächlich in der Capitanata, den pifanifchen Denkmalen. Wir fehen hier alfo ein Kunftgebiet, welches lange Zeit von äufseren Einflüffen zehrt, während in Toscana feit dem Ende des 11. Jahrhunderts ein felbftändiger Auffchwung der Architektur und bald auch der Plaftik zu erkennen ift. Werke wie die

*) Abgeb. im Jahrb. d. W. Centr.-Commiff. V. Taf. 16.

**) *d'Agincourt*, Sculpt. T. 33. Fig. 4.

***) Vgl. C. *Schnaafe* in der Zeitfchr. f. bild. Kunft. V, S. 97 ff.

früher besprochenen Sculpturen zu Pisa, Siena und Volterra (S. 387) zeigen in Technik und Auffassung eine Richtung, die man, wenn irgend Etwas, als Vorläuferin der von Nicola eingeschlagenen bezeichnen muss; vor Allem tritt in ihnen das Streben deutlich hervor, durch Anlehnen an die Antike den Arbeiten grössere Schönheit, Lebendigkeit und Formvollendung zu geben. Hält man diese Erscheinungen mit den in einem classischen Style durchgeführten Bauten wie Dom und Baptisterium von Pisa, S. Miniato, S. Apostoli und Baptisterium zu Florenz zusammen, so begreift man, dass aus dieser Schule unter dem starken Antrieb einer solchen antikisirenden Zeitströmung sich ein Künstler erheben konnte, der durch ungewöhnliche Begabung zu vollenden berufen war, was Viele neben ihm und vor ihm mit unzulänglichen Kräften versucht hatten. Nicola's Erscheinung ist durchaus nicht wunderbarer als das Auftreten jener nicht minder vorzüglichen Meister in Frankreich und Deutschland, welche aus

Fig. 244. Relief von Nicola Pisano. Lucca.

der unvollkommenen oder starren Sculptur der romanischen Zeit sich auf die Höhe von Schöpfungen wie die Arbeiten zu Rheims und Chartres, zu Wechselburg und Freiberg aufzuschwingen wussten. Diese Betrachtungsweise allein vermag in der That die Erscheinung eines solchen Meisters zu erklären, der unter seinen Landsleuten einsam sich erhebt und in seinen Werken das verwirklicht, wonach die besten gleichzeitigen Italiener nur dunkel zu ringen vermochten.

Dass er schon früh unter seinen Kunstgenossen hervorragte, beweist das früheste seiner Werke, von dem wir Kunde haben. In der Vorhalle des Doms zu **Lucca** arbeitete er, wie es scheint, um 1233 das Relief im Bogenfelde des nördlichen Seitenportals (Fig. 244). Es enthält eine Kreuzabnahme, in deren Composition der junge Meister sich der oben (S. 385) abgebildeten Darstellung in S. Leonardo zu Florenz angeschlossen hat*). Der Formcharakter steht dem Dom zu Lucca.

*) Diese Nachweisung verdanken wir *E. Förster*, der sie in seinen „Beiträgen zur neuern Kunstg." (Leipzig 1835) geführt und mit Zeichnungen, denen die unseren nachgebildet sind, belegt hat. *Cavalcaselle* (I, 135) will das Werk einem Nachfolger Nicola's zusprechen. Ich bleibe bis zu einer erneuten Prüfung desselben bei der Ansicht, die mir seither die wahrscheinlichste gewesen. So hoch

jenes älteren Werkes noch nahe, aber die Freiheit, mit welcher die dortigen Motive umgeſtaltet und die unſchönen gewaltſamen Züge veredelt, endlich das Ganze den räumlichen Bedingungen angepaſst iſt, verräth ſchon den groſsen Componiſten, den ſelbſtändigen Künſtler. Vergleicht man vollends die klare Anordnung und edle Empfindung dieſes Werkes mit den übrigen phantaſtiſch wilden Arbeiten derſelben Vorhalle, ſo wird die Kluſt noch gröſser, die den jungen Meiſter ſchon damals von ſeinen Zeitgenoſſen trennte.

Spätere Werke. Ein Zeitraum von faſt dreiſsig Jahren trennt dieſe Jugendarbeit von den Schöpfungen ſeiner vollendeten Meiſterſchaft. Was Nicola in der Zwiſchenzeit geſchaffen, wiſſen wir nicht. Vaſari läſst ihn in ganz Italien eine Reihe bedeutender Bauten ausführen; die von ihm genannten Kirchen ſind aber ſo verſchiedenen Styles, daſs ſie unmöglich von demſelben Meiſter herrühren können. Gewiſs iſt nur, daſs Nicola auch als Architekt viel beſchäftigt und weit berühmt war, und daſs er im Jahre 1242 den Bau des Domes von Piſtoja leitete. Aber auch in der Plaſtik muſs er inzwiſchen bedeutende Studien gemacht haben, die eine Umwälzung in ſeiner künſtleriſchen Anſchauung herbeiführten. Vaſari erzählt, es ſeien antike Sarkophage geweſen, von den kunſtliebenden Piſanern aus ihren Feldzügen heimgebracht, welche dem Meiſter den Blick für die Herrlichkeit der Antike erſchloſſen hätten. Möglich daſs er auf ſeinen Wanderungen auch nach Rom gelangt war und dort ebenſalls die Antike

Kanzel zu Piſa. ſtudirte. In der berühmten Marmorkanzel, welche er 1260 für das Baptiſterium zu Piſa ausführte, tritt dieſer neue Styl zum erſten Mal entſcheidend auf. Es iſt zugleich ein Sieg der Plaſtik über die muſiviſche Decorationsweiſe,, welche bis dahin an ſolchen Werken vorgeherrſcht hatte. Die Kanzel iſt ein auf ſechs Säulen und einer mittleren ſiebenten ruhender Freibau. Drei von dieſen Säulen werden von ſchreitenden Löwen getragen, welche kleinere Thiere in ihren Tatzen haben; den Unterſatz der mittleren Säule bilden drei männliche Figuren, darunter die eine nackt, die andere mit römiſcher Toga bekleidet iſt, und drei Thiere: Löwe, Greif und Hund. Auch am Aufgange der Treppe hält ein ruhender Löwe Wacht. Ueber den Säulen ſind vor den Bogenfeldern allegoriſche Geſtalten von Tugenden als Träger der Kanzel angebracht, und die Flächen zwiſchen ihnen mit Propheten und Evangeliſten ausgefüllt. Endlich folgt die Brüſtung, deren Flächen mit fünf bedeutenden Reliefdarſtellungen geſchmückt ſind. Sie enthalten die Verkündigung und die Geburt Chriſti, die Anbetung der Könige, die Darbringung im Tempel (Fig. 245), die Kreuzigung und das jüngſte Gericht. Von dieſen Reliefs ſchlieſst die Kreuzigung ſich noch am nächſten der früheren Darſtellungsweiſe an; dagegen iſt bei der Geburt Chriſti und der Anbetung der Könige die Schilderung ganz in antike Auffaſſung getaucht. Beſonders erinnert die Madonna, das eine Mal königlich auf ihrem Lager hingegoſſen, das andere Mal wie eine Fürſtin thronend, mit Diadem, Schleier und reichen Gewändern, eher an die Geſtalt der Juno, als an die der demüthigen Magd, die im Stalle Zuflucht ſuchen muſste. Der Künſtler anti-

ich das Verdienſt des ausgezeichneten Forſchers ſtelle, ſo finde ich in ſeinem Buche doch manche Anzeichen einer bisweilen etwas flüchtigen Betrachtung, ſo daſs ich nicht geneigt bin, ſeine Angaben blindlings anzunehmen.

cipirte hier die Königin des Himmels und schob ihr die Herrscherin des Olympos unter. Aber auch in andern, selbst in untergeordneten Figuren klingt dieselbe antike Grundstimmung an, am lautesten in mehreren der allegorischen Einzelgestalten. Für die Stärke wählte der Meister nicht das hergebrachte Bild einer weiblichen Figur mit einer Säule oder einem Schilde, sondern einen Hercules, der mit jungen Löwen spielt. Ein anderes Mal schwebt ihm eine Statue der Venus, dann wieder die grandiose Figur eines schreitenden bärtigen Dionysos vor *). Dennoch verfahrt er nicht sklavisch nachahmend, sondern frei umgestaltend und führt namentlich, wo es den Ausdruck des Heitern, Festlichen gilt, antike Anschauungen in den christlichen Kunstkreis ein. Es war, wie Burckhardt sagt, eine verfrühte Renaissance, die eben deshalb keinen Bestand haben konnte. Nicola war in der Plastik den Mitlebenden ebensoweit vorausgeeilt, wie sein Zeitgenosse Kaiser Friedrich II. in den politischen Anschauungen

Fig. 245. Von der Kanzel zu Pisa. Nicola Pisano.

es war. Eine specifisch religiöse Empfindung hat keiner von Beiden; vielmehr bricht bei Jedem in seiner Weise ein Zug moderner Subjectivität hervor. Wohl mufste bald die christliche Gesinnung der Zeit Nicola's antike Renaissance vertreiben: aber seine Wirksamkeit hatte genügt, die Plastik aus den Kinderschuhen zu befreien, ihr die Bahn einer neuen Entwicklung zu zeigen.

Welches Aufsehen das Prachtwerk von Pisa gemacht haben muſs, erkennt man daraus, daſs die Sienesen in rühmlichem Wetteifer den Meister veranlafsten, ihnen ein ähnliches, aber noch glänzenderes zu schaffen. Dies ist die noch jetzt vorhandene Kanzel im Dom zu Siena. Vom 29. September 1266 datirt der Contrakt, welcher festsetzt daſs Nicola mit seinen Gehülfen *Arnolfo* (*di Cambio*) und *Lapo* und, wenn er wolle, auch seinem Sohne *Giovanni* Anfang März des nächsten Jahres nach Siena komme, um dort für den Dom eine Kanzel zu arbeiten; daſs der Meister einen Taglohn von acht, jeder der Ge- Kanzel zu Siena.

*) Vgl. die Figur rechts auf unserer Abbildung.

fellen von fechs und fein Sohn von vier Soldi erhalte. Die Säulen und die Löwen, auf welchen diefelben ruhen, fowie der erforderliche carrarifche Marmor werden ihm befonders geliefert. Die Zahlungen laufen laut den in Siena noch vorhandenen Quittungen bis zum Anfang November 1268; die ganze Arbeit wurde alfo von ihm und feinen drei Gehülfen in anderthalb Jahren vollendet. Dazwifchen aber durfte der Meifter wegen feiner Bauten am Dom und Baptifterium zu Pifa jedes Jahr viermal auf vierzehn Tage dorthin reifen. Die Kanzel ift noch gröfser und reicher als die von Pifa. Achtfeitig hat fie an der Brüftung fieben Reliefdarftellungen und ruht auf neun Säulen. Von diefen werden vier von fchreitenden Löwen und Löwinnen getragen, die mittlere ift an ihrer Bafis von acht weiblichen Geftalten, Perfonificationen von Künften und

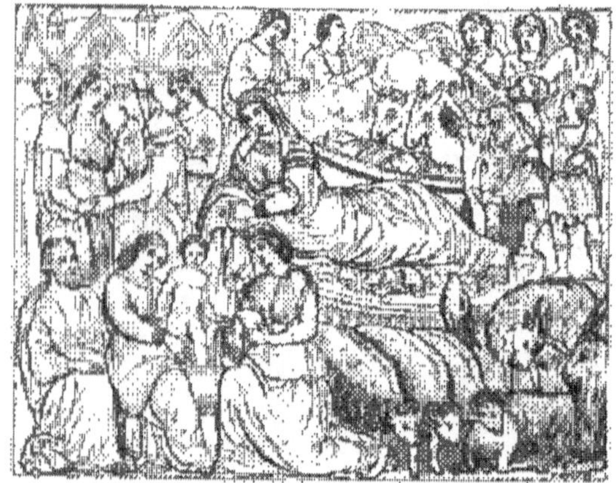

Fig. 246. Von der Kanzel zu Siena. Nicola Pifano.

Wiffenfchaften, umgeben. Ueber den Kapitälen der Säulen find auch hier theils fitzende, theils flehende Statuen von Tugenden angeordnet. An der Baluftrade ficht man in fieben Reliefs die Geburt Chrifti, die Anbetung der Könige, den Kindermord, die Flucht nach Aegypten, die Kreuzigung, und in zwei Feldern eine ausführliche Schilderung des jüngften Gerichts. Diefe Werke find technifch und ftyliftifch vollendeter als jene von Pifa, aber die Anordnung des Reliefs ift gedrängter, zum Theil felbft überladen. Antike Auffaffung kommt auch hier mehrfach vor, namentlich bei der Geburt Chrifti (Fig. 246). Aber die chriftliche Empfindung hat gröfstentheils das ftreitig gemachte Gebiet wieder erobert und erhebt fich bei der Schilderung des Kindermords und der Kreuzigung zu leidenfchaftlicher Gewalt. Ebenfo ift die grofse Darftellung des jüngften Gerichts voll trefflicher Einzelzüge, tiefen Ausdrucks und feiner Durchbildung. Wohl mag diefe lebhaftere Charakteriftik hauptfächlich auf Rechnung der jüngeren Gehülfen kommen; aber ohne Zweifel gehorchten fie darin nur einem natürlichen Einfluss der Zeit, dem auch der alte Meister sich nicht entzogen haben wird. In den Einzelgestalten der Tugenden, Künste und Wissenschaften ist die Schönheit antiker Auffassung mit der Innigkeit christlichen Gefühls mehrmals zu seelenvollem Ausdruck verschmolzen.

Ob Nicola auch der Schöpfer des berühmten Grabmals des heiligen Dominicus in S. Domenico zu **Bologna** sei, ist vielfach in Frage gestellt worden. Dass das Werk nicht, wie Vasari angiebt, eine Jugendarbeit des Meisters sein könne, ist leicht zu erkennen. Dagegen entspricht es so sehr den vollendeten Werken Nicola's, dass wir kein Bedenken tragen, die Reliefs der Vorderseite ihm zuzuschreiben. Da nun eine unverdächtige alte Nachricht bezeugt, dass im Jahre 1267 die Gebeine des Heiligen in den von N. Pisano mit seinem Gehülfen, einem Dominikanerbruder *Fra Guglielmo d'Agnello* gearbeiteten Sarkophag übertragen worden seien, so hindert nichts anzunehmen, dass die Arbeit im Jahre 1266, als der Contract für Siena geschlossen wurde, vollendet oder ihrer Vollendung nahe war. An der Vorderseite ist in zwei Reliefs die Erweckung eines vom Pferde gestürzten jugendlichen Ritters und das Wunder des unverbrennlichen Buches geschildert. Die Anordnung ist klar, die Erzählung lebendig, ja in der ersteren Scene von ergreifender Innigkeit und dramatischer Gewalt. Einige schöne Züge geben auch hier einen Anklang an die Antike. Die Madonna, welche beide Darstellungen trennt, ist von einfacher Anmuth, von geringerer Hand sind dagegen die Reliefs der beiden Schmalseiten und der Rückseite, die den Tod des Heiligen enthält. In ihnen wird man die Arbeit Fra Guglielmo's anzuerkennen haben. S. Domenico zu Bologna.

Von einem andern Werke des Meisters, einem Altare des h. Jacobus für den Dom zu Pistoja, wissen wir nur aus einer Urkunde des dortigen Archivs, laut deren Nicola sich am 10. Juli 1273 verpflichtete, bei 300 Pfund Strafe denselben auszuführen und mit sechs Bildtafeln zu schmücken. Am 13. November desselben Jahres muss ein Theil der Arbeit schon vollendet gewesen sein, da der Meister bescheinigt, hundert Pfund Lohn dafür empfangen zu haben. Das jedenfalls prachtvolle Werk scheint spurlos verschwunden, denn selbst die neueren Herausgeber des Vasari berichten Nichts davon. Dagegen ist die letzte Arbeit seines Greisenalters, der grosse Brunnen auf dem Marktplatze zu **Perugia**, der zwischen 1277 und 1280 vollendet wurde, noch erhalten. Nicola schmückte denselben unter Beistand seines Sohnes Giovanni mit Reliefs und Statuetten, während die Erzarbeit 1277 durch einen Meister *Rosso* (Rubeus) ausgeführt wurde. Die zahlreichen Reliefs der unteren Schale stellen die Monate mit ihren Beschäftigungen, die acht Wissenschaften und Künste, ferner alttestamentliche Scenen und Figuren, sowie mancherlei Allegorisches und Heraldisches dar. Sie sind frei belebt, trefflich bewegt und glücklich in den Raum componirt. Im Ganzen scheinen sie mehr Giovanni's als Nicola's Styl anzugehören. Viel befangener zeigen sich die 24 Statuetten allegorischen und biblischen Inhalts, welche die obere Schale schmücken. Sie werden dem *Arnolfo di Cambio* zugeschrieben, der allerdings 1277 dorthin berufen wurde*). Altar zu Pistoja. Brunnen zu Perugia.

Wie gross auch die Wirkung Nicola's auf seine Zeitgenossen gewesen sein Einfluss Nicola's.

*) Vgl. *Schulz*, Unteritalien I, 213.

mufs, wir finden doch nur vereinzelte Werke von Bedeutung, die feinen direclen Einflufs verrathen. Unter denjenigen feiner Schüler, die feinem Style treu blieben, ohne ihn wefentlich fortzubilden, ift an erfter Stelle *Fra Guglielmo d'Agnello* zu nennen. Zu Pifa 1238 geboren trat er in den Dominikanerorden und half, wie wir gefehen haben, feinem Meifter an der Ausführung der Arca di S. Domenico zu Bologna. Die Façade von S. Micchele zu Pifa fchmückte er mit Figuren, für den Dom dafelbft arbeitete er an einer Kanzel, die unvollendet blieb. Später ging er nach Orvieto, wo wir ihn 1293 an der Façade des Doms befchäftigt finden. Vielleicht ift er auch der Verfertiger der Kanzel in S. Giovanni fuoricivitas zu Piftoja, welche um 1270 gearbeitet, von Vafari einem deutfchen Meifter zugefchrieben wird, nach einem Dokument im Archiv zu Piftoja aber von einem Meifter Guglielmo herrühren foll, der vielleicht mit Fra Guglielmo identifch ift*). Das Werk ift eine Reduction jener grofsen Prachtkanzeln; es lehnt fich an die Wand, ruht auf zwei Säulen und feine Brüftung ift an den drei freiftehenden Seiten mit Reliefs gefchmückt. Sie beginnen zur Rechten mit den Darftellungen der Verkündigung, Heimfuchung und Geburt Chrifti**); an der Vorderfeite fieht man Scenen der Paffion, die Fufswafchung, Kreuzigung, Grablegung, links den Tod der Maria, die Ausgiefsung des heiligen Geiftes und die Himmelfahrt Chrifti. Es find Arbeiten voll Anmuth, befonders die der rechten Seite durch klare Compofition und einen Hauch antiker Schönheit ausgezeichnet. Bei der Geburt Chrifti ruht Maria wieder als Königin mit Diadem und Schleier auf dem Lager; aber dafs fie fich liebevoll vorbeugt, um ihr Kind den anbetenden Königen darzureichen, ift ein felbftändiger Gedanke des Meifters. Lebendig empfunden ift auch die Begrüfsung des Engels, voll Zartheit die Begegnung der Maria und Elifabeth. Auch die Engelgeftalt an der Mitte der Vorderfeite und die Heiligenftatuetten an den abgefchrägten Ecken find, befonders erftere, anmuthig und würdig. Wohl fehlt der übermächtige Genius eines Nicola, aber Schönheit der Empfindung und Adel der Form find nicht zu verkennen.

Fra Guglielmo.

Arnolfo.

Sodann gehört in die Reihe der Schüler Nicola's der grofse *Arnolfo di Cambio* (1232—1310), der als Architekt durch Erbauung des Domes zu Florenz, der Kirche S. Croce, des Palazzo Vecchio, des Bargello und der Loggia von Or S. Micchele dem gothifchen Styl in felbftändiger Umbildung und grofsartiger Behandlung den Eingang in Toscana verfchaffte. Als Bildhauer arbeitete er nach 1267 unter Nicola Pifano an der Kanzel zu Siena, wo man auf feine Mitwirkung fo viel Werth legte, dafs feine Herbeifchaffung zur ausdrücklichen Bedingung gemacht wurde. Seit 1277 war er für den König Karl von Anjou in Neapel thätig. In Rom fchuf er mit einem Gehülfen *Petrus* im Jahre 1285 das prächtige Tabernakel in S. Paolo fuori, an welchem er die Sculptur mit mufivifchem Schmuck, wie er bei den dortigen Cosmaten beliebt war, zu verbinden wufste. Auf den Ecken ftehen über den Säulen vier Statuen von gedrungenen Verhältniffen, Petrus, Paulus, Lucas und Benedictus darftellend; an den Feldern über den Bögen fieht man Adam und Eva, Kain und Abel beim

*) Vgl. *Tigri*, Guida di Piftoja. 1854. Piftoja p. 213.
**) Abgeb. bei *Cicognara*, I. T. 39.

Opfer, sodann schwebende Engel von trefflicher Composition. Ungleich bedeutender ist jedoch in S. Domenico zu Orvieto das Grabmal des Cardinals de Braye († 1280). Es stellt in der damals beliebten Anordnung den Verstorbenen auf dem Paradebette liegend dar, während Engel beiderseits die Vorhänge zurückschlagen. Oben, vom Spitzbogen der Wandnische und musivisch geschmückten Säulen eingerahmt, thront die Madonna mit dem Kinde, eine Gestalt von einer an die Antike erinnernden Hoheit und Lebensfülle (Fig. 247). Vor ihr kniet der Verstorbene, welcher von den Heiligen Petrus und Dominicus empfohlen wird. Sämmtliche Gestalten sind kräftig und voll Schönheit, als ob Nicola selbst sie entworfen hätte; bezeichnend für diese rein antikisirende Auffassung ist auch die fast gleichgültige Ruhe, mit welcher die Madonna dasitzt. Selbst die segnende Handbewegung ihres Kindes wendet sich nicht an den Knieenden, so nahe doch eine solche Beziehung gelegen hätte. Auch hier ist musivischer Schmuck hinzugefügt. Wenn Arnolfo diesen Mosaikstyl von den römischen Cosmaten lernte, so theilte er dafür den dortigen Künstlern den pisanischen Sculpturstyl mit. Denn wir finden diesen an zwei Grabmalern, welche inschriftlich von Meister *Giovanni Cosma* gegen Ende des 13. Jahrhunderts gearbeitet sind. Das eine, vom Jahre 1296, steht in S. Maria s. Minerva. Die Gestalt des Verstorbenen, eines Bischof Guilelmus Durantus, ist noch starr und ausdruckslos; anmuthig sind aber die beiden schlanken Engel, welche den Vorhang des Baldachins zurückschlagen. Ganz ähnlich erscheint das andere Werk, vom Jahre 1299, in S. Maria Maggiore, das Grabmal des Cardinals Consalvi, Bischofs von Albano. Auch hier gehören die beiden Engel, die zu Füssen und zu Häupten des Verstorbenen stehen und trauernd auf ihn niederblicken, zu den anmuthigeren Gebilden der Zeit. Cosmaten.

Fig. 247. Vom Grabmal des Cardinals v. Braye in Orvieto. Von Arnolfo di Cambio. (Nach Perkins).

Von selbständiger Bedeutung ist auch ein anderer Schüler Nicola's, *Tino* Tino.

*di Camaino* von Siena, der befonders in Pifa, Florenz und Neapel als Architekt und Bildhauer thätig war*). Sein Vater *Camaino di Crescentino* war 1298 unter den Künftlern, welche die Stadt Siena wegen des Baues der Fonte Nuova zu Rathe zog, und 1318 ftand er den Arbeiten am Dome vor, in welche Stellung fein Sohn im folgenden Jahre eintrat. Tino hatte in feiner Jugend Mehreres in Pifa gefchaffen. Im Dome erbaute er die Kapelle Ranieri und fchmückte fie mit dem Relief, welches die Madonna darftellt, wie fie dem Heiligen erfcheint. Wenn aufserdem behauptet wird, er habe 1312 den Taufftein im Baptifterium zu Pifa mit Reliefs gefchmückt, fo fcheint diefer Annahme die Infchrift am Denkmale felbft zu widerfprechen, welche einen Meifter *Guido Bigarelli* aus Como 1246 als Urheber des mit wunderbar feinen plaftifchen Ornamenten und eleganter mufivifcher Decoration ausgeftatteten Werkes nennt**). Dagegen arbeitete Tino im Auftrage der Pifaner das Grabmal Kaifer Heinrichs VII., der 1313 auf feinem Zuge nach Siena plötzlich geftorben war. Der Sarkophag, ehemals im Dom, jetzt im Camposanto aufgeftellt, ift mit den Relieffigürchen der Apoftel unter einem Bogenfries, gefchmückt und trägt die energifch und individuell behandelte Geftalt des im grofsartig verzierten Kaifermantel ruhenden Fürften. Die Seitenwendung des ausdrucksvollen Kopfes ift ein Zug, der von origineller künftlerifcher Intention zeugt. Dies Denkmal mufs dem Meifter Ruhm und Anfehen eingebracht haben, denn fortan wird er befonders für Grabmonumente verwendet. So fieht man im Dom zu Florenz an der Wand des füdlichen Seitenfchiffes das Grabmal des Bifchofs Antonio d'Orso. Am Sarkophag ift in fchlichter antikifirender Art dargeftellt, wie im Beifein von zahlreichen Heiligen Maria den Bifchof ihrem Sohne empfiehlt, der ihm den Segen ertheilt; auf dem Deckel aber hat der Künftler merkwürdig genug — wohl das frühfte Beifpiel diefer Art — den Verftorbenen fitzend gebildet, aber wunderlicher Weife als Leiche. Er wurde dazu offenbar durch den hohen Standort des Denkmals, das oben an der Wand auf Confolen ruht, veranlafst. Sodann fchuf Tino das im füdlichen Querfchiffe von S. Maria Novella aufgeftellte Grabmal des Bifchofs von Fiefole, Tedice Aliotti, ein mehr decorativ behandeltes Werk. Gegen 1324 mufs er nach Neapel berufen worden fein, wo er 1339 geftorben ift. Im J. 1325 arbeitete er mit dem Neapler Meifter *Gallardus* das Grabmal der Königin Maria von Ungarn, Gemahlin Karls II. in S. Maria Donna Regina; fodann 1332 das Grab der Prinzeffin Mathilde von Achaja, fowie 1338 die Denkmäler des Herzogs Karl von Calabrien und feiner Gemahlin Marie von Valois, fammtlich in der Kirche Corpus domini.

Werke in Unteritalien. Ravello.

In Unteritalien ift vor Allem die Kanzel im Dom zu Ravello, infchriftlich 1272 von einem Meifter *Nicolaus di Bartolommeo* aus Foggia*) gearbeitet, hieher zu rechnen. Zwar waltet bei ihrer Decoration der in Rom und Unteritalien beliebte mufivifche Schmuck vor; aber die fechs Löwen, welche die Säulen

*) Vgl. Siena e il fuo territorio. L. Lazzeri. Siena 1862. p. 138 fg. 153 fg.

**) Die Infchrift lautet: A. D. M. CCXLVI. SUB IACOBO RECTORE LOCI GUIDO BIGARELI DE CUMO FECIT OPVS HOC.

***) „Ego Magifter Nicolaus de Bartholomeo de Fogia marmorarius" nennt fich der Meifter. Und die Jahreszahl: „Lapfis millenis bis centum bisque tricenis Chrifti bis fenis annis ab origine plenis." Vgl. über das Werk den Auffatz *Schnaafe's* in der Zeitfchr. f. bild. Kunft. V, S. 97 ff.

tragen, gehören zu den naturwahrften der Zeit, und über dem Eingange zur Kanzeltreppe ficht man zwei holdlächelnde Frauenköpfe und die prächtige Marmorbüfte einer junonifchen Frau (Fig. 248), ganz in antiker Auffaffung mit Diadem und reicher Lockenfülle, lebendig dreinfchauend. Dafs diefe Arbeit nur von einem Künftler aus der Schule Nicola's herrühren könne, wird Jeder bei unbefangenem Blick fofort erkennen. — Ueber den ftyliftifchen Charakter der Reliefs an der Marmorfäule beim Dom zu Gaëta fehlen uns genügende Anfchauungen. Die Säule enthält an ihrem quadratifchen Schaft von etwa 20 Fufs Höhe eine grofse Anzahl biblifcher und legendarifcher Reliefdarftel- Säule zu Gaëta.

Fig. 248. Von der Kanzel zu Ravello.

lungen, die zum Theil eine gut angeordnete und ausdrucksvoll bewegte Compofition zu verrathen fcheinen. — Diefer Zeit werden auch die beiden Marmorreliefs in S. Reftituta beim Dom zu Neapel angehören, die in je fünfzehn Feldern verfchiedene Legenden des Januarius, Euftachius, Gefchichten Jofephs, Simfons, Scenen aus dem Leben Chrifti enthalten. Im Körperlichen gering und roh, miniaturhaft klein, dabei nicht frei von Manieren, z. B. in den herauspunktirten Tiefen, bieten fie doch in der lebendigen Art der Erzählung manchen erfreulichen Zug. Neapel.

## 2. Im 14. Jahrhundert.

Diefe vereinzelten Werke aus der Schule Nicola's, fo Bedeutendes auch darunter ift, fallen nicht fchwer in's Gewicht gegenüber der grofsen Mehrzahl Umfchwung des Styles.

der übrigen, welche schon seit den achtziger Jahren des 13. Jahrhunderts einen neuen bewegteren, leidenschaftlicheren Styl verrathen. Es spricht sich in ihm nicht sowohl die Ueberlegenheit eines einzelnen grofsen Künstlers als vielmehr eine Umwandlung des gesammten Geistes der Zeit aus. Eine Weile konnten die ruhigen Idealgestalten eines Nicola das allgemeine Schönheitsgefühl befriedigen und auch dem ethischen Sinn einer Generation genügen, die vorher nur rohe und ungefuge Versuche oder starr byzantinische Schablonen kennen gelernt hatte. Aber schon in Dante (1263—1321) kündigt sich der Geist eines neuen Zeitalters an. So tief er einerseits in die obstrusen Gedankengänge mittelalterlicher Scholastik eingeweiht ist, solchen Umfang auch bei ihm die Vorstellungen einer seltsamen Mystik einnehmen, unter all diesem Wust regt sich

Fig. 249. Vom Dom zu Orvieto.

mächtig bei ihm das Gefuhl individueller Freiheit, der Drang nach einer tieferen moralischen Auffassung des Lebens, das Bedürfnifs einer frischeren Beobachtung der Natur. So beginnen bei ihm die ersten Spuren einer realistischen Darstellung den Bann conventioneller Ueberlieferungen zu durchbrechen, und in der naiven Schilderung des äufseren Lebens wie in der ergreifenden Darlegung innerer leidenschaftlicher Zustände ist er der Bahnbrecher einer neuen Zeit. Sofort bemächtigt sich das in ihm zum Ausdruck gekommene Gefühl, das nur verborgen schlummerte, der künstlerischen Kreise und ruft dort jene durchgreifende Umwälzung hervor, welche mit dem Beginne des 14. Jahrhunderts zum Siege gelangt und in Meistern wie Giovanni Pisano, Giotto, Orcagna und so vielen Anderen eine Kunstweise zur Herrschaft bringt, die der vertieften und verstärkten Empfindung entspricht. An die Stelle der früheren Ruhe tritt ein subjectiv erregtes Wesen, ein Ringen nach leidenschaftlichem Ausdruck um jeden Preis. Gern opfert man die kaum gewonnene Schönheit, wo sie diese Lebhaftigkeit der Schilderung zu hemmen scheint. Anstatt der Antike beobachtet man mehr die Natur und lauscht ihr manchen Zug unmittelbaren Lebens ab, ohne daſs doch die Studien ſchon auf wiſſenſchaftliche Gründlichkeit Anſpruch machen konnten. Aber ſchon das neue Ziel ins Auge gefaſst zu haben und mit allen, obſchon noch beſchränkten Mitteln anzuſtreben, iſt ein ſchwer wiegendes Verdienſt dieſer Zeit, welches den Verluſt einer ſtylvollen Schönheit leicht verſchmerzen läſst. Sicherlich hängt dieſe neue Richtung, beſonders in Florenz, zuſammen mit den auch in der Bürgerſchaft immer mehr hervortretenden demokratiſchen Tendenzen; oder richtiger: die politiſchen Bewegungen ſind ein Ausfluſs derſelben geſteigerten Subjectivität, welche als mächtige Triebfeder auch den Geiſt der Künſtler in Bewegung ſetzt. Es war eine Zeit gewaltigen Ringens und Gährens, die in ihrem Schooſse bereits die ganze Zukunft einer mächtigen Kunſtblüthe trug. Solche herrliche Reſultate, wie das unvergleichliche Bild der italieniſchen Kunſtentwicklung fortan zeigt, waren freilich nur möglich bei einem Volke, deſſen ſinnliche Anſchauungsweiſe, genährt und veredelt unter einem günſtigen Himmel und in einem idealſchönen Lande, mit aller Macht dazu drängte, ſeine Ideale in Werken der Kunſt auszuſprechen, das Gute im Schönen verwirklicht zu ſehen. Wie einſt bei den Griechen, ſo kam jetzt bei den Italienern, beſonders in Toscana, den Künſtlern jene allgemeine Stimmung fördernd entgegen, welche in den Kunſtſchöpfungen nichts Gleichgültiges oder gar Ueberflüſſiges, ſondern die erhabenſten Offenbarungen des nationalen Genius zu erkennen vermag.

Giovanni Piſano.

Als der Schöpfer dieſer neuen Kunſtweiſe muſs *Giovanni Piſano*, Nicola's Sohn, bezeichnet werden. Er ſcheint um 1250 geboren zu ſein; als der Vater 1267 nach Siena ging, um dort die Kanzel zu errichten, geſtattete man ihm, ſeinen Sohn zur Hülfe mitzubringen; doch empfing der wohl noch ſehr jugendliche Giovanni geringeren Lohn als die beiden ausbedungenen Gehülfen. Dann fanden wir ihn um 1277 wieder als Genoſſen des Vaters bei der Ausſchmückung des Brunnens zu Perugia, deſſen Reliefs wohl hauptſächlich ſein Werk ſind. Zuerſt jedoch tritt in durchſchlagender Weiſe die neue Richtung an den Sculpturen hervor, mit welchen gegen Ende des 13. Jahrhunderts (ſeit 1290) die Façade des Domes zu Orvieto geſchmückt wurde*). Giovanni war daran mit anderen Schülern ſeines Vaters beſchäftigt. Was an bedeutenden bildneriſchen Kräften in Toscana zu finden war, ſcheint bei dieſer groſsen Arbeit mitgewirkt zu haben. In Mittelitalien hatte man ſich bis dahin für ſolche Aufgaben reicher Incruſtation mit Marmor und muſiviſchen Gemälden bedient. Noch an der Façade des Domes zu Siena wog dieſe Behandlung vor, die dem italieniſchen Sinn für ruhige aber farbig ſchimmernde Flächen am meiſten zuſagte. Jetzt tritt bei der Ausführung der Façade von Orvieto die Plaſtik gleichberechtigt neben die Malerei und die architektoniſche Zierform. Die ganzen unteren Flächen der Façade, die vier breiten Pfeiler zwiſchen und neben den drei Portalen werden mit einer Menge von Reliefs bedeckt. Dieſe enthalten in weitläufiger Ausführung die ganze Geſchichte vom Sündenfall bis zur Erlöſung (Fig. 249), dabei viele zum Theil ſchwer zu erklärende ſymboliſche Darſtellungen; endlich eine groſse Schilderung des jüngſten Gerichtes. Hatte bis dahin die italieniſche Plaſtik ſich in den engen Rahmen kleinerer Werke gefügt, ſo erobert

*) Trefflich herausgegeben von *Gruner*.

sie hier den weitesten Spielraum, um im Sinne der nordischen Bildnerei den großen christlichen Gedankencyklus zu entfalten. Gewiss ist dieser Impuls durch Einflüsse fremder Künstler zu erklären, und in der That sind zahlreiche Spuren namentlich deutscher Meister, die um diese Zeit in Italien und selbst an der Façade zu Orvieto arbeiteten, zu erkennen. Vasari spricht mehrfach, wie z. B. bei jener Kanzel zu Pistoja, von deutschen Künstlern. Ein Bildhauer Ramus, Sohn eines Deutschen, steht in so hohem Ansehen, dass eine sienesische Urkunde vom Jahre 1281 ihn zu den besten Bildnern der Welt rechnet, und die Verbannung, die er sich zugezogen hat, aufhebt, nur um seine Dienste beim Dom verwenden zu können. Durch solche Meister kamen sicher Einflüsse des neuen gothischen Styles nach Italien. Sie wurden lebhaft aufgenommen, weil sie der allgemeinen Zeitstimmung entsprachen. Aber man blieb keinen Augenblick bei ihnen stehen, sondern Giovanni vor Allen gab ihnen eine eigene nationale Umwandlung. Schon an den Sculpturen zu Orvieto sieht man das. Noch fühlt man die antiken Einwirkungen nach; aber in einem leidenschaftlichen, selbst heftigen Ausdruck, in einer frei bewegten malerischen Composition, deren Linien oft überaus weich und harmonisch fliessen, regt sich ein neuer Geist. Auch in der Anordnung des Ganzen verfährt man selbständig. Keine vertieften Portale mit massenhaftem statuarischem Schmuck zerklüften die Façade: in klarem Flachrelief, das von freien Rankenwindungen umrahmt wird, breitet sich Alles auf der Fläche aus. Schon ist die Plastik hier zu voll Selbstgefühl, um sich dem zwingenden Gesetz der Architektur zu unterwerfen. Dieses losere Verhältniss war nöthig, denn die italienische Plastik wollte vor allen Dingen erzählen, nach der Weise des Südländers gut, lebendig, fesselnd erzählen; und dazu konnte sie die engen Schranken nordischer Architektur nicht brauchen.

Giovanni's Madonna. Hier regt sich, der Subjectivität des germanischen Nordens gegenüber, der objectivere Sinn des Italieners. Noch deutlicher erkennt man ihn in den Madonnenstatuen, welche Giovanni mehrfach geschaffen hat; die trefflichste unter ihnen jene berühmte „Madonna del Fiore" am zweiten Südportal des Domes zu Florenz. Grofsartig, in königlicher Würde steht sie da, in der Rechten eine Blume, in der Linken ihr Kind tragend, auf das sie mehr gedankenvoll als gefühlvoll den Blick richtet. Von der gebogenen Haltung, welche die nordischen Madonnenstatuen dieser Zeit als verstärkenden Ausdruck der Empfindung haben, ist hier nur ein leiser Anklang gegeben. Die Gewänder sind edel geordnet, in freiem Wurf, der ebenfalls von dem mehr conventionellen Zuge deutscher und französischer Madonnen abweicht. Kein sentimentaler Hauch, kein Streben nach dem Ausdruck seelenvoller Innigkeit ist hier zu spüren. Dennoch fesselt das Werk durch die Hoheit und den Adel der Erscheinung.

Madonna della Spina zu Pisa. Noch vor jenen Werken arbeitete Giovanni an der Ausschmückung der kleinen Kirche S. Maria della spina zu Pisa, deren Statuen zum Theil trefflich, zum Theil geringere Gesellenarbeit sind. Sodann baute er — denn er war gleich seinem Vater auch ein tüchtiger Architekt — seit 1278 das berühmte Camposanto daselbst, leitete seit 1284 den Bau des Domes von Siena, dessen herrliche Façade höchst wahrscheinlich sein Werk ist, wie er denn damals für seine Verdienste um den Dombau das Bürgerrecht der Stadt empfing. Schon

Altar zu Arezzo. 1286 konnte er sich aber, unbeschadet seiner sienesischen Arbeiten, nach Arezzo begeben, um dort den Hochaltar des Domes auszuführen. Es ist ein aus vielen kleinen Reliefs und einzelnen Figuren kunstreich zusammengesetztes Werk, das in der Mitte die Statuen der Madonna und der hh. Gregor und Donatus, des Schutzheiligen der Stadt, enthält, dessen Geschichte die Reliefs erzählen. Die Compositionen sind trefflich, voll Charakter und Leben, die Figuren in dem weich fliessenden Linienzuge gothischer Plastik durchgeführt. Bei der Ausarbeitung standen dem Meister, wie Vasari erzählt, deutsche Gehülfen zur Seite, die ihn dann auch nach Orvieto begleiteten. Mit Recht hat man darauf hingewiesen, dass Giotto den Werken Giovanni's, vor Allem diesen Altarsculpturen viel zu danken habe. In der That liegen hier die Keime zum Style jenes grossen Meisters.

Fig. 250. Allegorie der Stadt Pisa. Von Gio. Pisano.

Kanzel in Pistoja.

Dann folgt die im Jahre 1301 vollendete Kanzel in S. Andrea zu Pistoja, nach dem Vorgang der beiden früheren von Pisa und Siena aufgebaut und geschmückt. Sechs Säulen von rothem Marmor und eine mittlere tragen den Bau; drei dieser Säulen ruhen wieder auf einer Löwin mit Jungen, einem Löwen, der ein Lamm zerreisst, und einem knieenden Manne; die Mittelsaule auf zwei Adlern und einem Löwen. Auf den Kapitälen stehen weibliche Figuren allegorischen Charakters; neben ihnen sind die Zwickel von Propheten mit Spruchbändern ausgefüllt, Alles in frei bewegtem Styl, hie und da noch mit antiken Nachklängen. Ueber dieser Region zieht sich die Brüstung mit ihren Reliefs hin. Sie enthalten die Geburt Christi, die Anbetung der Könige, den Kindermord, die Kreuzigung und das jüngste Gericht. Es sind also die schon öfter behandelten Gegenstände, aber ungleich überfüllter in der Composition, unruhig, naturalistisch bis in's Heftige und Unschöne. So sehr ist dem Meister die dramatische Schilderung Herzenssache, dass er sich nicht bedenkt, ihr Anmuth und Klarheit aufzuopfern. Aber man fühlt, dass es der Strom eines energischen Lebens ist, der hier die Dämme durchbricht und mit der Macht der Leidenschaft Alles fortreisst. So werden in der erschütternden Gruppe der trauernden Mütter von Bethlehem die heftigsten Accente des Schmerzes angeschlagen. Im jüngsten Gerichte sieht man eine naturalistisch scharfe Durchführung des Nackten.

Endlich gehören die Sibyllenstatuen an den Ecken zu den ausdrucksvollsten Schöpfungen der Zeit. Eine preisende Inschrift nennt den Künstler und die Zeit der Ausführung. — Von grossem Reiz ist das um dieselbe Zeit entstandene Weihwasserbecken in S. Giovanni fuoricivitas daselbst, dessen Schale von drei recht edlen weiblichen Gestalten, Glaube, Liebe, Hoffnung, getragen wird, während auf dem Becken in kleinen Reliefs die unbedeutenderen Halbfiguren der Klugheit, Gerechtigkeit, Mässigkeit und Stärke angebracht sind.

Weihwasserbecken daselbst.

Allegorie.

Eine der bedeutsamsten Seiten in der Kunst des grossen Meisters ist die Allegorie, welche dem Sinn der Zeit entsprechend, durch die Gedankentiefe eines Dante genährt, in die Schöpfungen der Plastik wie der Malerei eindringt. Mit welcher Energie er auch solche Werke auszustatten und lebensfähig zu machen wusste, bezeugt die Statue der Pisa im Camposanto zu Pisa (Fig. 250). Die Stadt ist als eine strenge Fürstin mit dem Diadem dargestellt, das königliche Haupt gebietend nach der Seite wendend und kühn um sich schauend. Als Zeichen ihrer Fruchtbarkeit hält sie zwei Säuglinge auf den Armen, welchen sie die Brust giebt. Das Postament bilden die Statuen der vier Cardinaltugenden, bis auf die unbekleidete Temperantia in grossartig stylisirten Gewändern mit plastisch durchgebildetem Faltenwurf. Weiter schuf Giovanni in S. Domenico zu Perugia das Grab Papst Benedikts XI. († 1304). Die Gestalt des Verstorbenen ist edler, als man solche bis dahin in Italien zu bilden pflegte. Auch die den Vorhang ziehenden Engel, die bei dergleichen Anlässen schon herkömmlich geworden waren, belebte der Meister, indem er sie in schreitende Bewegung brachte und ihnen einen schönen Ausdruck von Mitgefühl gab*).

Grab Benedikts XI.

Letzte Arbeiten.

Was von der prächtigen Kanzel, die er 1311 für den Dom von Pisa arbeitete, noch übrig ist, wie die Löwen und die vereinzelten Relieftafeln, zeigt bereits einen Uebergang in's Manierirte. Das letzte Werk des Meisters, das Grabmal eines Scrovegno in S. Maria dell' Arena zu Padua, inschriftlich bezeichnet (1321), ist weniger wegen der ziemlich conventionellen Madonna sammt dem Kind und den beiden Engeln, als wegen der im schärfsten Naturalismus durchgeführten Statue des Verstorbenen von Interesse. Hier sprengt der alte Meister mit den letzten kühnen Meisselschlägen die Fesseln seiner Zeit.

Nachfolger Giovanni's.

In Giovanni Pisano tritt zum ersten Male der italienische Kunstgeist selbständig und bewusst hervor. Noch findet er seine Schranken in der nicht ganz überwundenen traditionellen Behandlung und dem eng begrenzten Naturgefühl seiner Zeit. Aber was Giovanni anstrebt und was durch ihn angeregt Giotto mit den umfassenderen Mitteln der Malerei noch entschiedener versucht, geht als Vermächtniss auf die folgenden Zeiten über und wird in der Plastik später von Donatello und Michelangelo auf höheren Stufen wieder aufgenommen und zur Vollendung gebracht. Ihm bleibt das Verdienst, dass er zuerst nach dem Ausdruck individueller Empfindung gerungen, die Natur unmittelbarer angeschaut, Leben und Charakter mit aller Energie wiedergegeben hat. Die portraitartige Auffassung der Köpfe, die individuelle Durchbildung derselben, endlich hie und da auch in den ganzen Gestalten die Aufnahme der Zeittracht und damit die Anbahnung einer schärferen Charakteristik sind im Wesent-

*) Abgeb. bei *Cicognara* I. T. 24 und bei *Perkins*, I. T. IV.

lichen ihm zu verdanken. Der Einfluss des grossen Pisaner Meisters auf seine Zeitgenossen war ein ähnlich durchgreifender, wie der Giotto's in der Malerei. Alle Künstler des 14. Jahrhunderts sind von seinem Styl berührt, von seiner Art zu schildern und vorzutragen mit fortgerissen. Sowohl Pisa, namentlich im Camposanto, als auch Florenz in den Grabmälern von Santa Croce, enthalten eine Anzahl beachtenswerther Werke seiner Schule. Unter den Meistern des 13. Jahrhunderts scheint der auch als Maler und Architekt thätige *Margaritone* von Arezzo, durch Giovanni's Werke angeregt, sich von dem älteren Style, den er bis dahin übte, der neuen Auffassung zugewendet zu haben. Wenigstens spricht dafür das Grabmal Papst Gregors X., welches er für den Dom zu Arezzo 1275 arbeitete. Entschiedener noch finden wir die Meister *Agostino* und *Angelo* aus Siena*) als Nachfolger Giovanni's, mit dem sie schon an der Façade des Doms zu Orvieto gearbeitet hatten. Ihr plastisches Hauptwerk ist

Margaritone.

Agostino und Angelo.

Fig. 251. Von der Thür Andrea Pisano's. Florenz.

das Grabmal des berühmten Ghibellinischen Bischofs Guido Tarlati im Dom zu Arezzo (1330), angeblich nach Giotto's Zeichnungen ausgeführt. Es ist eine hohe von einem Giebel gekrönte Bogennische, welche die Form eines Altaraufsatzes mit der eines Grabmals nicht gerade glücklich verbindet. Da aber das kriegerisch bewegte Leben des Bischofs geschildert werden sollte, so wussten die Künstler diesen reichen Inhalt nicht anders unterzubringen, als indem sie in vier durch Pilaster getrennte Abtheilungen sechszehn Reliefstafeln mit Scenen aus seiner Geschichte einfügten. Diese Arbeiten sind als Compositionen nicht von erheblichem Werth, obwohl sie manche für die damalige Kunst bezeichnende Züge enthalten. So sieht man in einem der oberen Felder einen bärtigen Mann auf einem Throne sitzend und auf allen Seiten von Personen umringt, die dem kummervollen Alten Bart und Haupthaar zerraufen. Die Künstler haben damit die Gemeinde von Arezzo schildern wollen, die von ihren Feinden bedrängt und geschädigt wird. Eine der gelungensten Scenen

*) Von Vasari fälschlich als Brüder bezeichnet. Agostino war der Sohn eines Meisters Giovanni, Angelo der eines Ventura.

ift die Darftellung vom Tode des Bifchofs. Das Lager des Entfchlafenen wird von einer Menge Perfonen umringt, die ihren Schmerz in verfchiedener Abftufung vom ftillen Kummer bis zum lauten Auffchrei der Leidenfchaft an den Tag legen. Unter den fünfzehn an den Pilaftern angebrachten Statuetten von Bifchöfen find einige vortrefflich bewegt und alle durch Mannigfaltigkeit der

Fig. 252. Madonna von Nino Pifano. (Nach Perkins).

Motive in Stellung und Gewandung ausgezeichnet. Ueber diesem reichen Aufbau fieht man die Geftalt des Verftorbenen; zwei Engel ziehen den Vorhang fort, und von beiden Seiten nahen Priefter und Leidtragende*).

Giotto. Auch *Giotto* (1276—1336) ift hier zu nennen wegen der reichen plaftifchen Ausfchmückung, die der Glockenthurm des Domes von Florenz seit 1334 theils durch ihn, theils nach feinen Zeichnungen erhielt. In vielen einzelnen,

*) Eine allerdings ungenügende Abbildung des Ganzen bei Cicognara, I. T. 24.

an den unteren Geschossen angebrachten Reliefs gab er nach der Anschauung seiner Zeit eine Darstellung der menschlichen Culturentfaltung, welche durch manche naive Züge, sowie durch das theils Räthselhafte des Inhalts anziehen. Die Mehrzahl dieser Werke wurde durch *Andrea Pisano* (1270 bis nach 1349) ausgeführt, der in seiner Vaterstadt*) schon berühmt geworden war, als er nach Florenz berufen wurde, um nach den Zeichnungen Giotto's die Façade des Doms mit plastischen Werken zu schmücken. Von diesen ist nach Zerstörung der Façade nichts erhalten als die Statuen Papst Bonifaz VIII. und der Apostel Petrus und Paulus, jetzt im Palazzo Stiozzi zu Florenz. Diese Werke sind noch sehr befangen, aber höchst charakteristisch dadurch, dass die beiden Apostelfürsten wie antike Triumphatoren mit Lorbeerkränzen geschmückt sind. An der Façade des Doms zu Orvieto stellte er die Madonna auf, welche er in Pisa gearbeitet hatte und von dort für die neue Bestimmung herbeischaffen liess. — Grösseren Ruhm erwarb sich Andrea als Erneuerer der Erzbildnerei, die seit dem Untergang der Antike bis dahin kein Werk hervorgebracht hatte, dass auch entfernt nur sich mit der südlichen Thür am Baptisterium zu Florenz vergleichen liesse. Der Meister vollendete, wie er inschriftlich bezeugt, seine Arbeit im Jahre 1330; der Guss wurde dann von venezianischen Giessern ausgeführt. In zwanzig Reliefs ist die Geschichte Johannes des Täufers geschildert. Die einzelnen Felder haben eine feine architektonische Umrahmung, innerhalb deren jede Scene mit wenig Figuren in klarer Anordnung überaus lebendig erzählt ist (Fig 251). Die Gesetze des ächten Reliefstyles sind hier gleichsam neu entdeckt, die Gestalten richtig empfunden und die Gewänder in edlem Flusse behandelt. Wahrhaft bewundernswürdig ist der Meister in dem Geschick, jeden Vorgang mit den bescheidensten Mitteln und in maassvoller Anordnung vollkommen anschaulich, ja dramatisch bedeutsam zu entwickeln. Auch die acht Reliefsfiguren der Tugenden in den unteren Feldern sind ausdrucksvoll belebt. So gehört das ganze Werk zu den reinsten und schönsten Erzeugnissen mittelalterlicher Kunst.

Andrea Pisano.

Unter den jüngeren Ausläufern der toscanischen Schule ist Andrea's Sohn *Nino Pisano* einer der anziehendsten, besonders durch edle plastische Entwicklung der Gewänder. In Santa Caterina zu Pisa sieht man von ihm das prächtige Grabmal des Erzbischofs Simon Saltarelli vom Jahre 1352. Die Gestalt des Verstorbenen ist würdig, einfach; zwei lieblich lächelnde, aber etwas gezwungen bewegte Engel heben die Vorhänge auf. Am Unterbau sind in lebendigen Reliefs Scenen aus seinem Leben dargestellt, besonders anziehend durch die feine Behandlung der Gewänder. Am Oberbau erscheint die Madonna, schwungvoll und edel; minder bedeutend die beiden Engel und die Statuen von zwei Ordensgeistlichen. Dieselbe Kirche enthält in der südlichen Seitenkapelle eine Darstellung der Verkündigung vom Jahre 1370; ebenfalls fein und anmuthig, namentlich der Erzengel Gabriel. Für S. Maria della Spina arbeitete er die liebenswürdige Madonna, die das Kind säugt, sowie für den Hauptaltar derselben Kirche die Statuen des h. Petrus, des Täufers Johannes und der Madonna (Fig. 252). In diesen Werken fällt mehr als in anderen

Nino Pisano.

*) Andrea ist zwar aus Pontedera gebürtig, aber seiner ersten Ausbildung nach Pisaner.

italienischen das stark Ausgeschwungene, etwas Manierirte der Stellung auf. Auch macht sich schon ein Hang zu realistischem Detailliren fühlbar.

Professorengräber.

Von den in Italien häufig vorkommenden Professorengräbern enthält der Dom zu Pistoja, rechts vom Eingang, eins der frühesten. Es datirt vom Jahre 1337 und stellt in einer Spitzbogennische den Rechtslehrer Cino de' Sinibaldi dar, sitzend und umgeben von Zuhörern. Darunter ist am Sarkophag der Professor noch einmal auf seinem Katheder angebracht, und vor ihm sitzen auf drei Bänken die Studenten, in welchen der Ausdruck aufmerksamen Zuhörens mannigfach und naiv geschildert ist. *Cellino di Nese*, den wir anderweitig als Architekten am Camposanto zu Pisa und am Baptisterium zu Pistoja thätig finden, hat das Werk nach der Zeichnung eines sienesischen Künstlers gearbeitet*) Andere ebenfalls nicht bedeutende Bildhauer wie *Tommaso Pisano*,

Andere Meister Toscana's.

Fig. 253. Der Glaube, an der Loggia de' Lanzi.

Nino's Bruder, *Nicola Aretino* (Madonna als Schützerin der Christenheit am Portal der Misericordia zu Arezzo*) und Statue des h. Marcus im Dom zu Florenz), *Alberto di Arnoldo* (Maria zwischen Engeln im Bigallo daselbst) übergehe ich, um den wichtigsten toscanischen Meister der zweiten Hälfte des Jahrhunderts *Andrea di Cione*, bekannter unter dem Namen *Orcagna*, hervorzuheben. Im Jahre 1329 geboren, starb er vielleicht schon 1368, da er in diesem Jahre zum letzten Male, und zwar als schwer erkrankt, in den Urkunden erscheint. Er war gleich den übrigen bedeutenden Künstlern jener Zeit zugleich Architekt, Maler und Bildhauer. Für uns kommen hier zunächst die Sculpturen des Altartabernakels in Or San Michele zu Florenz in Betracht, das er 1359 ausführte: ein Werk, an welchem sich Alles, was die italienische Kunst von decorativen Mitteln besafs, zu höchster Pracht und harmonischer Wirkung verbunden zeigt. Außer zahlreichen Statuetten von Propheten und Engeln enthält es in Reliefs die Hauptscenen aus dem Leben der Maria, auf der Rückseite

Andrea Orcagna.

*) Abgeb. bei *Cicognara* I. T. 35.

**) Ebenda I. T. 18.

die Darſtellung ihres Todes und ihrer Aufnahme in den Himmel. Hier ſind vorzüglich die nachſchauenden Apoſtel von groſsem Werth; überhaupt waltet in der Arbeit ein edler Sinn für einfache Formbehandlung, dem ſich eine lebendige Naturbeobachtung zugeſellt. In der zierlichen Pracht des reichen Ganzen erkennt man noch den Sohn des Goldſchmiedes Cione. Die ſchönen, lebensvollen Reliefs an der Loggia de' Lanzi, die 1376 nach des Meiſters Tode, aber vielleicht nach ſeinen Plänen, begonnen wurde, ſind von mehreren Bildhauern nach den Zeichnungen des Malers Angiolo Gaddi ausgeführt worden. Die Figuren von Glaube, Liebe, Hoffnung an der Oſtſeite (Fig. 253) ſind von der Hand des *Jacopo di Piero* 1384 bis 1389, die Stärke und die Mäſsigung von *Giovanni di Fetto* gefertigt. *Giovanni di Ambrogio* arbeitete eine Gerechtigkeit, die aber nicht aufgeſtellt worden iſt. Dieſe Werke zeigen noch immer als Grundlage den Styl Orcagna's, aber ſchon in freierer Verbindung mit eingehenden Naturſtudien. Die kleinen Figürchen an den Fenſtern von Or S. Micchele, die ſich ebenfalls noch der Auffaſſung Orcagna's anſchlieſsen, wurden von *Simone*, dem Sohne des Francesco Talenti, ausgeführt. Bezeichnend für die Stellung der Plaſtik iſt der Umſtand, daſs häufig die Maler es ſind, welche den Bildhauern die Entwürfe liefern, wie ſie auch das fertige plaſtiſche Werk mit Gold und Farben zu ſchmücken haben.

Seine Schule.

Fig. 254. Von der ſüdlichen Thür des Domes zu Florenz. Von Pietro Tedesco.

Den Uebergang zu den lebensvolleren Schöpfungen der Renaiſſance machen mehrere Bildhauer, deren Thätigkeit in den Ausgang dieſer Epoche fällt und in den Beginn der folgenden hineinreicht*). *Pietro di Giovanni* (in den Urkunden als Deutſcher (Theotonico oder Tedesco bezeichnet), iſt der erſte. Als ſeine Heimath wird bald Brabant, bald Freiburg angegeben; vielleicht iſt er aber

Pietro Tedesco.

*) Wir verdanken *H. Semper* (Donatello, ſeine Zeit und Schule. I. Die Vorläufer. Leipzig 1870, Separatabdruck aus den Jahrb. f. Kunſtwiſſenſch.) die eingehende Unterſuchung über dieſe Meiſter. Seiner Schrift ſind die folgenden Abbildungen Fig. 253, 254, 255, 256 entlehnt.

identisch mit dem von Ghiberti so hoch gepriesenen trefflichen deutschen Meister von Köln, der nach dem Zeugniss jenes glaubwürdigen Gewährsmannes einen bestimmenden Einfluss auf eine grosse Zahl italienischer Künstler geübt haben muss. Seit 1386 erscheint er in den Florentiner Dombaurechnungen und bleibt für den Bau bis 1399 ununterbrochen beschäftigt. Seine Ueberhäufung mit Arbeiten ist so gross, dass ihm 1389 die Caritas für die Loggia de' Lanzi, die ihm zuerst übertragen war, entzogen und dem Jacopo di Piero gegeben wird. Ausser einer Anzahl von Statuen für die Façade des Doms, die theils zerstört, theils nicht mehr sicher nachzuweisen sind, beginnt er 1395 das gegen den Chor gelegene südöstliche Seitenportal, das als sein Werk zu betrachten ist, obwohl Anfangs *Lorenzo*, der Sohn des obenerwähnten Giovanni di Ambrogio, ihn unterstützt. Die Einfassung des Portales besteht aus gewundenen Säulen und mehreren Pilasterstreifen, welche mit Blatt- und Rankenwerk, untermischt mit figürlichen Darstellungen, ausgefüllt sind. Das vegetative Ornament am inneren Pfosten zeigt Büschel von Eichenlaub, an der Thürschräge sind es Feigenblätter, in den Zwischenräumen mit miniaturartig feinen Figürchen von Thieren aller Art, Menschen und phantastischen Wesen durchwebt. Die äusseren Pilaster haben eine Akanthusranke, deren Felder mit mancherlei Thieren, besonders aber mit musicirenden nackten Engelknaben ausgestattet sind (Fig. 254). Der deutsche Meister ist hier an verschiedenen Eigenheiten zu erkennen, zunächst an der feinen naturwahren Behandlung des verschiedenen Laubwerkes, das er neben dem in der italienischen Kunst seither vorherrschenden Akanthus einführt und mit grosser Sicherheit darstellt. Sodann aber an dem frischen Humor und der reichen Phantasie, mit welcher er in das ganze Reich der Thierwelt und der phantastischen Gestaltungen greift. Tanzende Bären, Affen in derbkomischen Situationen, bellende Hunde, pickende Vögel, sich schnäbelnde Tauben, Enten, Krebse, Löwen und Waldmenschen, Eidechsen, Schmetterlinge, Bienen, ja das ganze Thierreich und die Fabelwelt sind an diesem Werke mit unerschöpflicher Erfindung und grösster Naturfrische nachgebildet. Aehnliches gilt von den Sculpturen des Taufbrunnens im Dom zu Orvieto, welchen er seit 1402 mit »Blumen, Blättern und Reliefigürchen«, wie der Auftrag lautete, schmückte. Neben ihm arbeitete 1403 auch *Jacopo di Piero* an diesem Werke. Der heitere Natursinn, die Fülle freier lebensvoller Motive sind wie die erste Vorahnung der Renaissance.

Niccolò von Arezzo.

Noch entwickelter tritt die neue Richtung hervor bei *Niccolò di Piero de' Lamberti*, genannt Pela, von Arezzo. In Folge eines Zerwürfnisses mit seiner Familie nach Florenz übergesiedelt, taucht er dort zuerst 1388 in bescheidener Stellung als Steinmetz auf, der einige Nischen für den Chor des Doms zu arbeiten erhält. Seit 1396 arbeitete er verschiedene Statuen für den Dom und vollendete 1401 die Marmorbilder des h. Augustinus und Gregorius, welche Semper an der Ostseite des Glockenthurms in der zweiten und vierten Nische von links nachweisen zu können glaubt. Das Verständniss der Natur ist hier schon bedeutend gereift, und die Behandlung der Gewänder, namentlich des Mantels, zeigt ein entschiedenes Verlassen der conventionellen gothischen Manieren, an deren Stelle neue lebensvolle Motive treten. In den folgenden Jahren bis 1408 führte Niccolò die nördliche Domthür gegen die via de' Servi aus.

In der Anlage und selbst im Einzelnen schloss er sich dem südlichen Portale an und vertheilte über die Pilasterflächen Akanthusranken, welche er mit figurlichen Darstellungen füllte. Hier ist der Geist der antiken Kunst in hoher Frei-

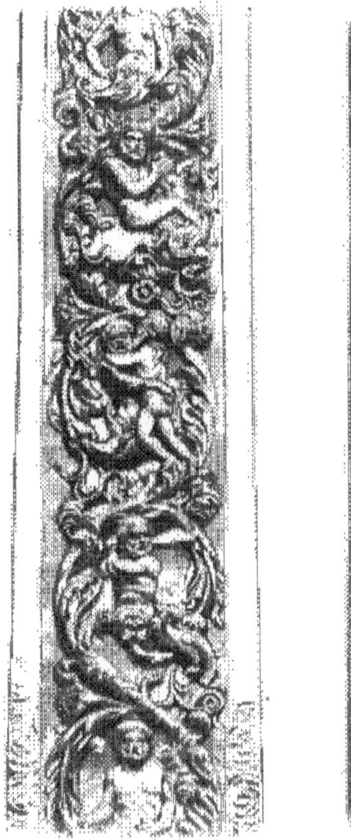

Fig. 255. Von der nördlichen Thür des Domes zu Florenz. Von Niccolò Aretino.

Fig. 256. Von der nördlichen Thür des Domes zu Florenz. Von Niccolò Aretino.

heit wiedergegeben, nicht bloss in Darstellungen wie der Ringkampf zwischen Herkules und Kakus oder der Kampf des Herkules mit dem nemeischen Löwen (Fig. 255), sondern mehr noch in der Vorliebe für nackte Gestalten, bei welchen der Künstler bereits eine grosse Kenntniss des menschlichen Körpers verräth. Die Thürschräge zeigt in sechseckigen Medaillons Brustbilder von Engeln mit Spruchbändern, zum Theil von hoher Schönheit, dazwischen aber Akanthusranken von seltenem decorativem Reiz in Composition und Ausführung, untermischt mit kleinen nackten Figürchen (Fig. 256). Hier ist die Renaissance mit ihrer freien Anmuth schon völlig erschlossen. Von mehreren andern Arbeiten des Meisters glaubt Semper die Statue des h. Marcus in der ersten Chorkapelle rechts nachweisen zu können. Sie ist 1408 entstanden. Bis 1419 ist Niccolò in Florenz thätig, von da aber scheint er in seiner Vaterstadt Arezzo Arbeiten übernommen zu haben, wo er die Façade der Misericordia mit dem Lünettenrelief der Maria als Beschützerin der Christen ausführte. Außerdem finden wir ihn mit Befestigungsbauten in San Sepolcro und in Rom an der Engelsburg beschäftigt; in Pavia arbeitet er an der Certosa, in Mailand wird sein Rath beim Dombau in Anspruch genommen. Noch einmal tritt er 1444, sicherlich hochbetagt, als Kunstrichter über das Bronzegitter im Dom zu Prato auf. Ohne Frage gebührt ihm eine hervorragende Stelle in der Entwicklungsgeschichte der toscanischen Sculptur.

Goldschmiede-Arbeiten. Von Werken der Goldschmiedekunst, welche freilich beim Vorwiegen der Marmorsculptur hier weniger als anderwärts in Betracht kommt und von jener abhängig ist, sind in Toscana doch einige bedeutende aus dieser Zeit zu nennen. Florenz. *Cione*, Orcagna's Vater, arbeitete für das Baptisterium von Florenz den jetzt in der Opera del Duomo befindlichen Altar in getriebenem und vergoldetem Silber. Eine Reihe von andern Meistern fügte später noch Manches hinzu, sodass erst 1477 das Ganze vollendet war. Neben prächtigen Verzierungen von Emaille und Lapislazuli enthält der Altar Reliefs aus der Geschichte Johannes des Täufers und zahlreiche Statuetten von Heiligen, Propheten und Sibyllen. — Pistoja. Nicht minder glänzend ist der Altar, welchen man in der Kapelle des h. Jakobus im Dom zu Pistoja sieht. Er besteht aus einem großen mittleren Aufsatz und einem unteren Antependium mit Seitenflügeln. Oben sieht man in der Mitte den thronenden Christus als Weltrichter, unter ihm größer den h. Jakobus mit Pilgerstab und Tasche. Daneben sind in kleineren Spitzbogennischen Figuren von Aposteln, Engeln und verschiedenen Heiligen angebracht. Diese Werke, seit 1287 mit Ausnahme des Jakobus von einem unbekannten Meister gefertigt, zeigen einen noch strengen pisanischen Styl. Der Jakobus, 1353 von einem Meister *Giglio* aus Pisa gearbeitet, gehört gleich den in den äußersten Feldern hinzugefügten Apostelstatuen dem flüssigen, fein durchgebildeten Style, wie ihn gleichzeitig Andrea Pisano vertritt. Besonders die Apostel sind von edler Schönheit. Die Mitteltafel des Antependiums, inschriftlich 1316 durch *Andrea di Jacopo d' Ognabene* vollendet, enthält auf fünfzehn Feldern in drei Reihen Scenen aus der Jugendgeschichte und der Passion Christi, woran sich Vorgänge aus dem Leben des Apostels Paulus schließen. Der Styl ist hier ebenfalls noch streng gebunden, die Gruppirung meist etwas wirr und auf Einflüsse des Giovanni Pisano hindeutend. In den Gewändern bemerkt man gute Motive, die indess an Unruhe und einer noch mangelhaften technischen Ausführung leiden. Der linke Flügel, seit 1357 durch Meister *Piero* aus Florenz ausgeführt, enthält in neun Feldern Geschichten des alten Testaments, von der Schöpfung der Eva bis zur Vermählung der Maria.

Diese Darstellungen sind viel geschickter, freier, lebendiger als jene früheren Arbeiten. Sodann fügte von 1366—71 *Lionardo di Sergiovanni*, ein trefflicher Schüler des Cione, den rechten Flügel mit neun Darstellungen aus dem neuen Testamente und der Apostelgeschichte hinzu. Diese Werke gehören zum Vorzüglichsten ihrer Zeit, namentlich zeigt hier die Gewandung den edelsten Styl, die reichste und reinste Durchführung. Man darf dieselben am ersten mit der Erzthür des Andrea Pisano vergleichen; doch hat der Meister den Reliefstyl nicht mehr so klar und einfach aufgefaſst wie Andrea, geht vielmehr durch Andeutung von landschaftlichen Hintergründen bereits ins Malerische über. Endlich wurden durch einen Meister *Pietro*, Sohn eines deutschen Künstlers Heinrich, seit 1386 noch vier Heiligenstatuetten, eine Verkündigung und Anderes hinzugefügt, und erst 1398 das ganze Prachtwerk vollendet*).

Von Toscana gehen in dieser Epoche die künstlerischen Anregungen für das übrige Italien aus. Was für die Malerei Giotto, das waren Giov. Pisano und seine Schüler für die Plastik. Namentlich gilt das von Ober-Italien. Wir finden überall Meister aus Toscana thätig, denen sich dann die dortigen Künstler allmählich anschlossen. In **Mailand** enthält zunächst der Dom, 1386 durch Gian Galeazzo Visconti gegründet, unter der Masse seines figürlichen Schmuckes manches anziehende, würdevolle Werk. Am meisten Gothisches ist im Innern an den Pfeilern, und zwar in den Nischen der Kapitäle zu finden. Viele von den zahlreichen Statuen daselbst zeigen kurze schwere Verhältnisse und geistlos conventionelle Gewänder, andere geben den Styl des 14. Jahrhunderts in schlanken Formen und feinem Faltenwurf wieder. Auf den ersten Blick sieht man, daſs Künstler aus den verschiedenen Ländern diesseits und jenseits der Alpen dabei betheiligt sind. Am Aeuſsern verschwinden die mittelalterlichen Werke fast unter der Masse der Arbeiten des 15. Jahrhunderts und der späteren Zeiten. Doch sind an den östlichen Theilen, besonders auf den Consolen neben den Fenstern, manche gothische Arbeiten zu erkennen. Im Innern sind sodann noch als tüchtige Arbeiten in flieſsendem, fein entwickeltem Styl die Portalreliefs über den beiden Sakristeithüren im Chorumgang zu nennen: links der Weltrichter zwischen Maria und Johannes, darüber im Tabernakel Christus abermals zwischen Engeln thronend; rechts in noch reicher durchgebildeter Darstellung der Leichnam Christi im Schooſse der Mutter, von den Seinigen betrauert, darüber eine Anzahl kleinerer Scenen.

Ober-Italien.

Mailand. Dom.

Aber schon früher unter Azzo, Lucchino und andern Mitgliedern der Familie Visconti wurde die Kunst in Mailand bedeutend gefördert und besonders die Plastik für Grabmäler und sonstige kirchliche Werke herbeigezogen. Während aber in Pisa, Siena und noch mehr in Florenz die Kunst sich selbständig entfaltete als idealer Ausdruck eines freien Gemeinwesens, wurde sie hier durch die Gewaltherrscher als Mittel zur Befestigung ihrer Herrschaft und zur Erhöhung ihres Ruhmes von auſsen eingeführt und blieb deſshalb während der ganzen Epoche auf derselben Stufe einer conventionellen Nachahmung stehen. Zuerst führte der Pisaner *Giovanni di Balduccio*, von welchem auch die Kirche

Grabmäler.

*) Die geschichtlichen Nachrichten verdankt man *E. Förster*, Beitr. zur neueren Kunstgesch. S. 65 ff.

zu S. Casciano bei Florenz eine Kanzel besitzt, 1339 das Denkmal des Petrus Martyr für die Kirche S. Eustorgio aus*). Seiner Composition nach gehört es zu den besten Werken dieser Art; die Ausführung dagegen ist von verschiedenem Werth. Das Ganze ruht auf acht Pfeilern, an welchen schöne Statuen von Tugenden angeordnet sind. Am Sarkophag und seinem pyramidalen Deckel sieht man in Reliefs verschiedene Wunder des Heiligen und andere sich auf seine Verehrung beziehende Scenen in einem härteren, übertreibenden Style, in welchem wohl die Hand geringerer Gehülfen zu erkennen ist. Denn in solcher Weise mochte sich der Einfluss des Giovanni Pisano bei Künstlern von mässigem Talent offenbaren. Namentlich erkennt man ein Bestreben, aus dem matten conventionellen Styl zu kräftigerem Ausdruck in den Köpfen durchzudringen, doch ohne sonderlichen Erfolg. Bezeichnend ist die grosse Sicherheit der Technik, in welcher sich die Tradition einer festbegründeten Schule ausspricht. So sind bei der Darstellung des Schiffbruchs die Taue und die in ihnen kletternden Matrosen ganz frei herausgearbeitet. Anziehender sind dagegen die kleineren Statuen, welche die Darstellungen trennen und den Oberbau krönen. Das Ganze gipfelt in der Madonna, zwischen den heiligen Dominicus und Petrus Martyr, darüber auf den Dachgiebeln Christus sammt zwei Engeln. — In derselben Kirche sieht man die weiteren Einflüsse dieses Styles an den Reliefs des Hochaltars, welche Scenen aus der Passion von frischem lebendigem Ausdruck enthalten. Hier ist besonders das Ringen nach dramatischem Ausdruck unverkennbar, und manches gute Motiv der Bewegung durchbricht die doch im Ganzen sehr herkömmliche Art des Vortrags. — Eine Reihe von Grabmälern in derselben Kirche giebt den Beweis von einer reichen plastischen Thätigkeit, die aber grösstentheils von geringeren Händen ausgeübt wurde. Das grösste und prächtigste, zugleich das früheste, ist in der vierten Kapelle rechts das Grab des Stefano Visconti († 1327), das zwei prächtige Säulenstellungen übereinander zeigt, in seinem plastischen Schmuck aber eine geringe handwerksmässige Ausführung verräth. Der thronenden Madonna werden durch sechs Heilige zwei Knieende empfohlen. Am Giebel ist nochmals die Madonna thronend zwischen zwei Engeln dargestellt, im oberen Dreieck Gott Vater, auf den Ecken Engel oder Tugenden**). Wie lange dieser Styl hier, ohne neue Impulse zu empfangen, fortvegetirt hat, sieht man an dem Grabmal Gaspero Visconti's († um 1430), das immer noch eins der besten ist. Gewundene Säulen, auf Löwen ruhend, tragen den Sarkophag, welcher die Anbetung der Könige und einzelne Heilige in Reliefs enthält. Darüber steht die Madonna mit dem Kinde, auf beiden Seiten Engel, welche den Vorhang des Baldachins zurückschlagen. Hier sind die Köpfchen voll Leben und Anmuth, freier als bei Balduccio, nur die Madonna hat den verkniffenen Ausdruck der Sienesen. Viel geringer ist in derselben Kapelle das Grab seiner Gemahlin Agnes, deren Gestalt flach und schwer mit wulstigen Falten knieend erscheint; darüber die Krönung der Jungfrau, durchweg etwas verkrüppelte Gestalten in schön fliessenden aber conventionellen Gewändern. Auch in der dritten und zwei-

*) Abgeb. bei d'Agincourt, Sculpt. Taf. 34.

**) Dies und die folgenden Denkm. abgeb. in *Litta*, famiglie celebre Italiane. I.

ten Kapelle sieht man Grabmäler derselben Art, aber von sehr geringer Ausführung.

Andere Arbeiten dieser Gattung findet man im rechten Kreuzschiff von S. Marco. Zunächst das Grabmal des 1243 gestorbenen gelehrten Augustinermönchs Lanfranco. Es ist eins der in Italien zahlreichen Professorengräber, wo der Lehrer auf seinem Katheder unter eifrig nachschreibenden Zuhörern dargestellt wird. In schwarzer goldgestirnter Kutte sitzt er unter frühgothischem Baldachin, ein strenges runzelvolles Mönchsgesicht; auch die Zuhörer zeigen sämmtlich feste knochige Züge, kraftvoll und lebendig. Die Statuen der h. Agnes und Katharina, welche daneben in Nischen stehen, sind kurze Gestalten mit ausdrucksvollen Köpfen im markigen Pisaner Styl, der noch Anklänge von Nicola Pisano aufweist. Oben auf dem Sarkophag liegt der Verstorbene mit verhülltem Gesicht, und zwei Engel breiten den Vorhang darüber aus. Es ist eine bedeutende Arbeit aus Pisaner Schule. Links daneben sieht man ein kleineres Professorengrab, eine ähnliche Arbeit von gleichem Werth, jedoch in den flüssigeren Formen mehr den entwickelten gothischen Styl verrathend. Hier sieht man am Sarkophag in der Mitte die Dreifaltigkeit, links die Madonna, vom Verstorbenen unter Empfehlung seiner Schutzheiligen verehrt; rechts den Professor mit jugendlich lockigem Kopf auf dem Katheder docirend. Vom Jahre 1344 sodann das Grabmal des Rechtsgelehrten Salvarinus de Aliprandis, in völlig entwickeltem gothischem Style, mit fliefsenden, reich geschwungenen Gewändern und lächelnden Köpfen. Eins der spätesten Denkmäler ist sodann das Grab eines Philippus, 1455 von *Christophorus de Luvonibus* nach dem Zeugnifs der Inschrift*) ausgeführt. Die Köpfe haben eine volle rundliche Form, in welcher sich ein höheres Naturgefühl ausspricht; die Gewänder zeigen den elegant entwickelten, aber doch bereits neu belebten gothischen Wurf. Aus derselben Spätzeit der Sarkophag, der unter diesem Denkmal angebracht ist und im Ornamentalen schon die ersten Spuren beginnender Renaissance erkennen läfst. — S. Marco.

Das Grabmal von Azzo Visconti († 1329) ehemals in S. Gotardo, jetzt gröfstentheils in Casa Trivulzi, gehört zu den reichsten, zeugt aber zum Theil von geringeren Händen, namentlich in den ungebührlich kurzen knieenden Figürchen. Ein Werk von bedeutender Anstrengung und schon als eins der frühesten Reiterstandbilder von Wichtigkeit ist das jetzt im Museo archeologico der Brera aufgestellte Grabmal, welches Barnabò Visconti sich bei Lebzeiten 1354 errichten liefs**). Der Sarkophag ruht auf sechs Säulen und ebensovielen achteckigen Pfeilern und ist reichlich vergoldet. Die Reliefs der Krönung Mariä, der Kreuzigung Christi und des todten Christus im Grabe, sammt den Statuetten der Evangelisten, Kirchenväter, anderer Heiligen und Engel zeigen einen harten mühsamen Styl. Auf dem Sarkophag steht das überlebensgrofse Reiterbild; der schwere Karrengaul, auf welchem Barnabò sitzt, steht steif und plump da, ohne Leben und Bewegung; der Kopf des Pferdes ist aber von feiner Naturwahrheit, besonders auch in der leisen Wendung, mit welcher er — Anderes zu Mailand.

*) XPOPHORVS DE LVVONIBS FECIT ANNO DNI MCCCCLV.

**) Abb. bei *Litta*, a. a. O. T. I.

dem Zügel folgt. Der Reiter sizt schlaff und dabei hölzern da, der Kopf mit den stumpfen Zügen und dem dürftigen gespaltenen Bart, portraitwahr, dabei noch völlig bemalt. Das Pferd erhält eine Stütze durch die Statuen der Stärke und Gerechtigkeit, welche nebenherschreitend mit den Schultern die Weichen des Thieres berühren. Von ähnlicher Arbeit, aber etwas weicherem Styl ist ebendort der Sarkophag der Gemahlin Barnabò's, Regina della Scala. In demselben Museum sieht man noch die prächtige grosse Statue des h. Thomas aus dem Dome, eine der besten Arbeiten aus dem Schluss der gothischen Epoche. Noch sind zwei gute Reliefs der thronenden Madonna mit Heiligen an den alten Stadtthoren, der Porta S. Lorenzo und der Porta Nuova, in anmuthigem, aber conventionellem Style des 14. Jahrhunderts zu erwähnen.

Castiglione. Wie im 15. Jahrhundert in diesen Gegenden der gothische Styl noch eine Zeit lang festgehalten, aber mit neuen Naturstudien erfrischt wird, zeigen die vortrefflichen Arbeiten zu Castiglione di Olona. Zunächst im Chor der Collegiatkirche das Grabmal des 1443 gestorbenen Stifters derselben, Cardinals Branda von Castiglione*). An die Pfeiler, welche den Sarkophag tragen, lehnen sich vier Gestalten von Tugenden. Sie sind noch gothisch empfunden, aber wie viel freier bewegen sie sich, betend oder den Sarkophag stützend. Sehr lieblich und dabei lebensvoll sind die beiden Engel am Sarkophag, welche die Inschrifttafel halten; nicht minder gut die Statuetten von Kirchenvätern und Bischöfen, welche an den Pilastern angebracht sind. Vorzüglich bedeutend aber ist die Gestalt des Verstorbenen, ein edler ernster Kopf mit fest ausgeprägten Zügen; die Gewandung mit gothischen Motiven, aber neu belebt und naturwahr durchgebildet. Völlig im Charakter der beginnenden Renaissance sind endlich die beiden nackten Engelknaben, welche an der Rückseite die Inschrifttafel halten, und die in Ausdruck und Bewegung zu den freiesten Schöpfungen der Zeit gehören. Als Meister des Werkes, der zu den Männern gezählt werden muss, die den Uebergang in die neue Zeit bilden, nennt sich *Conardus Guffus***). Diese Arbeiten sowie die Sculpturen der zwei Seitenaltäre sind nicht aus Marmor, sondern aus Sandstein, letztere außerdem durchgehends bemalt. Vom Jahre 1428 datirt sodann das grosse Relief des Portals der Kirche, die thronende Madonna mit dem Kinde, umgeben von vier Heiligen, welche den knieenden Stifter empfehlen***). Auch hier herrscht noch der gothische Styl in den Gewändern, aber in freier Umbildung, und damit mischt sich in dem portraitwahren Kopf des Cardinals, sowie in den übrigen Köpfen und dem Körper des Christuskindes ein tüchtiges Naturgefühl.

Como. Auch an der Façade des Doms zu Como sieht man neben den hart realistischen Sculpturen der Renaissance einzelne, welche noch von Künstlern des älteren Styles ausgeführt worden sind. Sie zeigen den gothischen Faltenwurf, zum Theil jedoch in einer neuen lebensvolleren Behandlung. Dahin gehören die unteren Statuen in den Strebepfeilernischen, sodann aber sämmtliche Figuren in den Laibungen der beiden Fenster. Da der Dom 1396 begonnen wurde,

*) Abb. bei *Lina*, a. a. O.
**) conardus guffus compofuit.
***) Abb. bei *Lina*, a. a. O.

gehören diese Werke schon dem 15. Jahrhundert an. Im Innern zeigt das Marmorgrab des Bischofs Bonifacius von Modena († 1347) den gothischen Styl in ziemlich conventioneller Auffassung, doch mit einigen lebensfrischen Motiven.

Zu den prachtvollsten Werken des reinen gothischen Styles gehört sodann die Arca des h. Augustinus im Dom zu Pavia; inschriftlich vom Jahre 1362. Am unteren Geschofs sind in gothisch umrahmten Flachnischen Statuetten der Apostel, des Stephanus, Laurentius und anderer Heiligen, auf den vorspringenden Pilastern allegorische Gestalten von Tugenden angebracht. Darüber erhebt sich ein zweites Geschofs mit Reliefscenen aus dem Leben des Heiligen und den durch seine Reliquien bewirkten Wundern. Dann folgt der von einem grofsen Baldachin überragte Sarkophag mit der liegenden Statue des h. Augustinus, von Engeln umstanden, welche das Bahrtuch halten. Selbst das Gewölbe des Baldachins ist mit Engelköpfen und anderem figürlichen Schmuck ausgestattet, der Oberbau dann mit drei prächtigen Giebeln bekrönt. Die Reliefs sind lebendig empfunden und gut componirt; von den Statuetten zeigen namentlich die Tugenden einfache Anmuth und schön durchgeführte Gewandung; aber auch die Apostelgestalten sind gut und ausdrucksvoll. Das Ganze ein Prachtwerk ersten Ranges. Ob es, wie man wohl vermuthet, von dem Schüler jenes Giovanni di Balduccio, *Bonino da Campiglione* herrührt, scheint mir sehr zweifelhaft. Sicher dagegen ist derselbe bezeugt als Meister des grofsartigen Grabdenkmals, welches Can Signorio della Scala († 1375) sich bei S. Maria antica zu Verona setzen liefs. Die Denkmäler der Scaliger bezeichnen künstlerisch wie culturgeschichtlich einen merkwürdigen Wendepunkt. Sie sind die ersten Monumente, welche der moderne Despotismus sich unabhängig von religiösen Rücksichten errichtet hat. Sie stehen nicht mehr in der Kirche, verschmähen absichtlich die Weihe des geheiligten Orts und treten als bewufste Verherrlichung der Gewaltherrschaft unter freiem Himmel der Oeffentlichkeit entgegen. Die bedeutenderen beginnen mit dem des Can Grande († 1329) und dem Mastino's II. († 1351). Beide zeigen den auf Säulen emporgetragenen Sarkophag, überragt von einem ebenfalls auf Säulen ruhenden Baldachin, den die Reiterstatue des Verstorbenen krönt. Erst später löste sich bei solchen Denkmälern letztere von der Architektur und erhielt als selbständiges Reiterstandbild nachdrücklichere Ausbildung. Das Grab Can Signorio's hält die gegebene Form fest, bildet dieselbe jedoch zu reichster Wirkung aus. An den sechs Ecken des Unterbaues stehen christliche Streiter, die Heiligen Quirinus, Georg, Martin, Valentin, Sigismund und Ludwig IX. Am Oberbau sind in den Nischen der Giebel christliche Tugenden dargestellt; aber diese sowohl wie der übrige plastische Schmuck und selbst das Reiterbild auf dem Gipfel sind nicht von höherem künstlerischem Werth, nur als Ganzes von stattlicher Wirkung.

Pavia.

Verona, Gräber der Scaliger.

Auch nach Venedig dringt der neue Styl durch mehrfach bezeugte Thätigkeit von Pisaner und Sieneser Meistern und erfährt bei den glänzenden dortigen Bauunternehmungen massenhafte Anwendung. Das Hauptwerk der Zeit ist der seit dem Beginn des 14. Jahrhunderts im Umbau begriffene Dogenpalast. Um 1340 steht *Pietro Baseggio* an der Spitze der Ausführung*). Die

Venedig.

*) Vgl. das verdienstliche Werk von O. Mothes, Gesch. der Bauk. u. Bildh. Venedigs (Leipzig 1859) I. S. 193.

Calendario. Bedeutung dagegen, die man früher dem *Filippo Calendario* als Architekt und Bildhauer beilegte, ist nach den neuesten Forschungen wohl auf ein bescheideneres Maafs zurückzuführen. Gewifs scheint nur, dafs er seinem Verwandten und Genossen Baseggio bei der Arbeit zur Seite stand und bei dessen Tode (vor 1354) zum Werkmeister des Palastes ernannt wurde. Aber schon 1355 traf ihn bekanntlich das Schicksal, als Verschwörer hingerichtet zu werden. Allem Anscheine nach sind die prächtigen oberen Arkaden zum Theil sein Werk. Die reichen plastischen Zierden an den Kapitälen und anderen Theilen mögen erst nach Vollendung des Aufbaues ausgeführt worden sein, ja mehrfach erst dem 15. Jahrhundert angehören.

Lanfrani. Als Zeitgenossen Calendario's lernen wir sodann einen Meister *Lanfrani* kennen, der als Schüler Giovanni Pisano's bezeichnet wird. Er ist jedoch aufserhalb thätig, errichtet die Façade von S. Francesco zu Imola und vollendet 1343 die Portalsculpturen dieses jetzt zerstörten Baues. Später soll er dort auch die ebenfalls nicht mehr vorhandene Kirche S. Antonio erbaut haben. Vorher jedoch arbeitete er (1347) das Grabdenkmal des Taddeo Pepoli in S. Domenico zu Bologna und (1348) das des Rechtsgelehrten Calderini im Klosterhofe daselbst, Arbeiten ohne hervorragende Bedeutung.

Die Massegne. In die zweite Hälfte des 14. Jahrhunderts fällt nun die Thätigkeit der Künstlerfamilie *Massegne*, über welche jedoch die Nachrichten so unklar und widersprechend sind, dafs sich ohne festeren Anhalt urkundlicher Forschung die einzelnen Persönlichkeiten derselben nicht ermitteln lassen*). Zwei Brüder *Paolo* und *Giacomello delle Massegne* sollen 1338 den Prachtaltar in S. Francesco zu Bologna gearbeitet haben. Wenn jene Künstler, wie behauptet wird, Schüler der Sienesen Agostino und Angelo waren, so läfst sich an dieser Arbeit wohl in der Gewandung ein Einflufs sienesischen Styles nachweisen; eine gewisse Befangenheit der Haltung mag als jugendliche Unfreiheit aufgefafst werden. Wenn *Paolo* aber mit zwei Söhnen, *Luca* und *Giovanni*, 1344—45 an der Pala d'oro (im Schatz von S. Marco) gearbeitet hat, so kann er 1338 nicht mehr jung gewesen sein. Die in vergoldetem Relief getriebenen Figuren der Apostel betrachtet man als Werke seiner Hand. Sie stimmen indefs im Styl keineswegs mit jener Arbeit in Bologna überein. Dagegen ist mit Gewifsheit bezeugt, dafs 1394 die Statuen aufgestellt wurden, welche *Giacomello* und *Pierpaolo delle Massegne* für den Lettner des Hauptchores von S. Marco gearbeitet hatten. Es sind die Statuen der Madonna, des Kirchenpatronen und der Apostel, Werke von hohem Werth, von ernster Schönheit und bei etwas gedrungenen Verhältnissen von jenem prächtigen Schwunge der Bewegung, der wahrscheinlich aus deutschen Einflüssen hergeleitet werden darf. Von ähnlicher, nur etwas geringerer Art sind die im Jahre 1379 vollendeten Statuen auf dem Lettner der Seitenschiffe, je vier weibliche Heilige, in der Mitte beiderseits die Madonna mit dem Kinde, das sie in zärtlicher Mutterliebe anschaut. Weiter scheinen zwei Grabdenkmäler in S. Giovanni e Paolo hierher zu gehören. Das eine, für Jacopo Cavalli 1394 errichtet, trägt den Namen des Bildhauers «Polo, nato de Jacomell»;

*) *Mothes*, a. a. O. I, S. 243 ff. hat einen Versuch gemacht, gesteht sich aber selbst ein, dafs ohne positive archivalische Ermittelungen die Vermuthungen in der Luft schweben.

das andere, dem Dogen Antonio Venier gewidmet (1400), erinnert in den drei über dem Sarkophag angebrachten Statuen an jene Bildwerke in San Marco. Derselben Werkstatt gehört sicher unter den zahlreichen Grabdenkmälern der dortigen Kirchen manches an; von andern Werken sei nur noch die anziehende Madonna mit dem h. Marcus und Johannes dem Täufer über dem Portal, wel-

Fig. 257. Vom Dogenpalast zu Venedig.

ches zum Platze der Kirche S. Zaccaria führt, sowie das Portalrelief am nördlichen Querschiff von S. M. de' Frari erwähnt.

Die mittelalterliche Auffassung bleibt in Venedig länger in Kraft als im mittleren Italien. Sie kann noch 1438 bei dem abermals begonnenen Bau des Dogenpalastes sich in einer Reihe prächtiger Werke aussprechen, mit denen dann der frühere Styl auch hier sein Ende erreicht. Diese Arbeiten knüpfen Dogenpalast.

sich an den Namen einer zweiten bedeutenden Künstlerfamilie Venedigs, die Bon oder Buoni genannt. In jenem Jahre wird am 10. November ein Contract mit *Giovanni Bon* und seinem Sohne *Bartolommeo* gemacht, welche für den Preis von 1700 Ducati die große Pforte des Dogenpalastes, d. h. die Porta della Carta errichten sollen; 1443 ist dies Werk vollendet, aber die Ausschmückung des Palastes scheint noch durch die folgenden Decennien fortgesetzt worden zu sein; denn 1463 überträgt der Senat dem Meister Bartolommeo Bon das Wenige zu vollenden, was an der Façade des Palastes noch fehle*). Die vier Tugenden am Portale, sowie oben die nackten Kindergestalten, welche die Wappen halten und jene andern, welche lustig zwischen dem gothischen Laubwerk umher klettern, zeigen in schönster Weise den Uebergang in die Auffassung der Renaissance, während die schwebenden Reliefsiguren der Engel, die im Giebelfelde das Medaillon mit dem Bilde des h. Marcus halten, sich mehr dem gothischen Style anschliessen. So bekunden denn auch die Marmorgruppen an der benachbarten Ecke des Dogenpalastes, unten das Urtheil Salomo's (Fig. 257), oben der Erzengel Gabriel, eine Neigung zum Style des 15. Jahrhunderts, obwohl hier das gothische Element in Linienzug und Empfindung noch stark hineinklingt. Wann und von wem diese Arbeiten ausgeführt wurden, ist nicht bekannt. Wohl aber können wir einige frühere Werke Bartolommeo's nachweisen, die seinen Uebergang aus dem älteren Style in den des 15. Jahrhunderts veranschaulichen. Vom Jahre 1430 stammt der Altar in der Kapelle de' Mascoli der Markuskirche. Hier waltet der gothische Styl noch so stark vor, daß vielleicht eine Mitwirkung des Vaters Giovanni anzunehmen ist. Da sodann Bartolommeo im Jahre 1439 als Baumeister von S. M. dell' Orto bezeichnet wird, so dürfen wir ihm auch die Apostel und den h. Christoph an der Façade der Kirche, namentlich letzteren als eigenhändiges Werk zuschreiben. Ebenso gehört ihm die schöne Composition der Mutter der Barmherzigkeit vom Portale der ehemaligen Scuola della Misericordia an der Kirche der Abbazia, zwischen 1430 und 1440 entstanden.

Porta della Carta.

Noch ist unter den Werken dieser späteren Zeit der plastische Schmuck der reichen Ziergiebel zu erwähnen, mit welchen wahrscheinlich nach 1423 die Markuskirche jene krönenden Abschlüsse erhielt, die für die phantastische Wirkung dieses Baues so wichtig sind. Vielleicht Arbeiten des Giovanni Bon und seiner Schule.

S. Marco.

In Padua sind es namentlich zahlreiche Grabmäler, viele und ansehnliche in den Kreuzgängen von S. Antonio, reich mit farbiger Sculptur und Wandgemälden ausgestattet, welche den Styl des 14. Jahrhunderts vertreten. Dasselbe gilt von Bologna, welches in den Kreuzgängen von S. Domenico und im Chorumgang von S. Giacomo mehreres Ansprechende der Art enthält. Zum Theil waren hier, wie wir gesehen haben, venezianische Einflüsse thätig. Im Anfange des 15. Jahrhunderts begegnen wir daselbst einem toscanischen Meister *Andrea da Fiesole*. Von ihm sind die Denkmäler des Rechtslehrers Saliceti (1403) im Kreuzgange von S. Martino und das des Bartolommeo Saliceti (1412) bei S. Domenico. Zu Ferrara sind die Sculpturen an der Façade des

Padua. Bologna.

*) *Müller*, a. a. O. I. 253 fg.

Domes, ein Weltgericht in der Weise französischer Plastik darstellend, ein beachtenswerthes, wenngleich etwas roh und derb behandeltes Werk vom Anfang des 14. Jahrhunderts.

Genua ist in dieser Epoche arm an plastischen Werken. Doch gehört wohl von dem oben (S. 487) erwähnten Schmuck der Portale des Domes Manches erst dem Anfange des 14. Jahrhunderts an. Vom Jahre 1336 ist sodann im Dome ein schönes bischöfliches Grabmal mit einer trefflichen Reliefdarstellung, wie der auferstandene Christus von seinen Jüngern erkannt und angebetet wird. Aufserdem fallen die Statuen am füdlichen Seitenportal von S. M. delle Vigne noch in diese Zeit. Genua.

Reicher, aber nicht eben mannigfaltig blüht die Plastik, begünstigt von dem angovinischen Königshause, in Neapel. Sowohl Nicola als Giovanni Pisano sollen hier persönlich thätig gewesen sein; doch läfst sich nichts Bestimmtes darüber nachweisen. Dagegen ist, wie oben erwähnt wurde (S. 496), die Thätigkeit des Tino da Camaino mehrfach bezeugt, und ihm namentlich wird die Uebertragung des pisanischen Styles nach Neapel zuzuschreiben sein. Am meisten zeugt wohl der Osterleuchter in S. Domenico mit den neun allegorischen Figuren, welche seinen Schaft tragen, von directem pisanischem Einflufs. Im Uebrigen ergeht sich die neapolitanische Sculptur in einer etwas schweren und stumpfen Aneignung des in Toscana ausgebildeten Styles. Ihre Thätigkeit besteht fast ausschliefslich in Herstellung von Grabmälern, nach immer wiederkehrender, bald einfacherer, bald reicherer Anordnung. Dieselben Tugenden und sonstigen allegorischen Wesen als Träger des Sarkophags, dieselben Reliefgestalten in ziemlich monotoner Wiederholung und einem weder durch höhere Lebendigkeit, noch durch feinere Anmuth hervorragenden Styl. Ueber die Künstler, welche diese Werke geschaffen, liegen bis jetzt keine Forschungen vor. Für das 13. Jahrhundert nennt man einen älteren, für das 14. einen jüngeren *Masuccio* als beinahe mythischen Collectivnamen. Zunächst enthält S. Domenico mehrere solcher Gräber: in der ersten Kapelle rechts das Denkmal eines Bischofs, das von vier befangenen allegorischen Figuren auf den Schultern getragen wird. Die Gestalt des Verstorbenen hat der Künstler ganz nach vorn gewendet, um den vollen Anblick des Gesichts zu gewähren. In der siebenten Kapelle ist das Grab der Gräfin Johanna von Aquino vom Jahre 1345 handwerksmäfsig roh gearbeitet; weit besser daselbst das Denkmal eines Christoph von Aquino vom Jahre 1342. Die tragenden Figuren sind recht edel, die Reliefgestalten der Madonna mit dem Kinde vor einem von zwei Engeln zurückgeschlagenen Vorhang, umgeben von vier Heiligen, zart und innig. Die nach vorn gewendete Statue des Verstorbenen zeigt sich mit gekreuzten Armen, einfach, in schöner Ruhe des Todes. Unter den zahlreichen Gräbern der Anjou-Fürsten in S. Chiara ist das Hauptwerk der Zeit das große Denkmal König Roberts (1350) hinter dem Hochaltar; viele kleinere sind zu beiden Seiten in den Kreuzschiffen aufgestellt. Die Anordnung ist die herkömmliche mit einem Baldachin auf zierlichen Säulen; mit allegorischen Figuren und anderem bildlichen Beiwerk, mit der liegenden Gestalt des Verstorbenen, vor welcher zwei Engel den Vorhang zurückziehen. Die Arbeit erhebt sich nirgends über das gewöhnliche Niveau des Zeitüblichen. Von ähn-

Neapel.

S. Domenico.

Gräber in S. Chiara.

licher Art in S. Lorenzo mehrere Grabmäler des Hauses Durazzo, sowie das Denkmal des durch Ludwig von Ungarn 1347 ermordeten Königs Karl. Den Styl dieser Werke repräsentirt recht gut die im Klosterhofe des Carmine befindliche Statue der Mutter des unglücklichen Konradin, Kaiserin Elisabeth (Fig. 258). In der Hand hält sie das Geld, mit welchem sie vergeblich das Leben ihres Sohnes erkaufen wollte.

Gräber in S. Giov. a Carbonara.

Mit dem Beginn des 15. Jahrhunderts entwickelt sich dieser Styl zu größerer Lebensfrische; besonders in den Statuen der Verstorbenen macht sich ein höheres Naturgefühl geltend. Dieser Zeit gehört das prächtige Grabmal, welches in S. Giov. a Carbonara Johanna II. sich und ihrem Bruder, König Ladislaus, 1414 durch *Andrea Ciccione* errichten liefs. Als Ganzes von bedeutender Wirkung und trefflich ausgeführt, zeigt es in den Gestalten der vier Tugenden an den Pfeilern zwar schwere Verhältnisse und breite grofse Köpfe, zum Theil aber schön bewegte Gewänder. Darüber sieht man in einer grofsen rundbogigen Mittelnische und schmalen spitzbogigen Seitennischen die königliche Familie sitzen, würdige Gestalten in edler Gewandung, nur in den Köpfen etwas ausdruckslos. Dann folgt abermals in einer grofsen Bogennische der Sarkophag mit der ruhenden Gestalt des Verstorbenen; und ganz oben als krönender Abschlufs ist der König zum dritten Male zu Rofs dargestellt. So drängt hier ähnlich wie in Verona die Selbstverherrlichung der Herrscher zu überwiegender Betonung des Persönlichen, Portraitartigen, hin.

Fig. 258. Kaiserin Elisabeth, Mutter Konradins. Neapel.

Capella Caracciolo.

Von demselben Meister ist sodann in der Chorkapelle dieser Kirche das Denkmal des Seneschals Sergianni Caracciolo vom Jahre 1433. Unten an den Pfeilern stehen als Träger in reichen Harnischen drei ritterliche, etwas gedrungene Gestalten mit portraitartigen Köpfen, der Mittlere bärtig; an den Wandpilastern zwei nackte Männer mit Säule und Thurm, Haar und Bart vergoldet. Darüber erhebt sich ein Auffatz mit zwei fliegenden, wappenhaltenden Engeln, flankirt von fialenartigen Eckpfeilern mit allegorischen Figuren ohne besonderen Werth. Auf dem Mittelbau steht der Verstorbene aufrecht, etwas steifbeinig, aber recht charakteristisch; neben ihm zwei sitzende Löwen. Das Ganze ist nicht gerade schön, jedoch interessant, weil es den Uebergang in die Auffassung der Renaissance bezeichnet.

Grab Innocenz IV.

Noch bedeutender macht sich derselbe geltend in der trefflich behandelten Gestalt Papst Innocenz IV. an seinem Grabmal im nördlichen Querschiff des Domes, gewifs nicht vor dem 15. Jahrhundert entstanden.

Der freie, dabei imponirende Prälatenkopf ist so, wie man sich etwa jenen energischen Priester vorstellen mag.

Orgelchor in S. Chiara.

Losgelöst von diesem Gräberdienst tritt uns die Plastik in Neapel nur ausnahmsweise entgegen. An der Brüstung des Orgelchores in S. Chiara sieht man Reliefs aus dem Leben der h. Katharina, kleine zierliche Arbeiten im anmuthigsten Styl des 14. Jahrhunderts, naiv und zart wie Fiesole's in Marmor. Die Gestalten heben sich auf schwarzem Grunde wirksam hervor und fesseln durch Grazie der Bewegung und Fluss der Gewänder. Dabei sind die Begebenheiten frisch aufgefasst und lebendig erzählt. Aus derselben Epoche, aber bei weitem geringer sind die Arbeiten an der Marmorkanzel, welche links im Schiffe aufgestellt ist. Sie ruht auf vier Säulen, die von gut gebildeten liegenden Löwen getragen werden. An der Brüstung sind in verschiedenen Reliefscenen Martergeschichten dargestellt, etwas steif, aber doch gemüthlich naiv. Endlich sind hier die Sculpturen am Portale des Domes, inschriftlich vom Jahre 1415, als spätmittelalterliche Arbeiten zu nennen. Das Figürliche ist von untergeordnetem Range, die Gestalten auffallend kurz, mit schwerem Faltenwurf und breiten Köpfen. Aber die musicirenden Engel im Giebelfelde haben viel natürliche Anmuth, und das Ganze gewinnt einen phantastischen Reiz durch die ungenirte Verbindung der ziemlich missverstandenen Formen nordischer Gothik mit der bunten malerischen Willkür des Südens und den naturalistischen Anforderungen der beginnenden neuen Zeit.

Kanzel.

Portal des Domes.

# FÜNFTES BUCH.

## DIE BILDNEREI DER NEUEREN ZEIT.

# ERSTES KAPITEL.

## Italienische Bildnerei im 15. Jahrhundert.

Der Beginn des 15. Jahrhunderts bezeichnet für ganz Europa den Anfang einer neuen Zeit. Das Mittelalter war die Epoche begeifterten Glaubens gewefen: jetzt bricht die Aera eines nicht minder enthufiaftifchen Forfchens an. Man ift müde geworden, im hergebrachten Geleife der Tradition zu gehen, allen tieferen Drang nach Erkenntnifs durch das Dogma der Kirche niederfchlagen zu laffen. Ein allgemeines Bedürfnifs nach Wiffen erwacht. Was die Gelehrfamkeit des Mittelalters geboten hatte, war ein Wuft unklarer Vorftellungen, durch die Scholaftik in fpitzfindige Syfteme gebracht. Um zu wahrer Wiffenfchaft vorzudringen, fehlte jede Möglichkeit einer unbefangenen Beobachtung. Man mufs nur die abenteuerlichen Märchen lefen, welche die Thierbücher des Mittelalters (die Beftiarien oder der Phyfiologus) als Compendium einer Art von Zoologie darbieten und immer auf's Neue wiederholen dürfen, ohne je durch den zu Tage liegenden Widerfpruch Lügen geftraft zu werden; man mufs erwägen, wie ftreng es verpönt war, menfchliche Leichname zu feciren, und welche Todesgefahr die Anatomen liefen, welche zuerft diefen Bann zu durchbrechen wagten, — und man wird begreifen, dafs an ächte, gründliche Erkenntnifs im Mittelalter nicht zu denken war. Kein Wunder: die Natur war verpönt, ja geächtet, und kein Auge durchdrang, kein Arm hob den Schleier, der fie verhüllte. Gegenfatz gegen das Mittelalter.

Aber diefer unnatürliche Zuftand konnte nur fo lange dauern, als der gefteigerte Spiritualismus währte, der die Blüthezeit des Mittelalters kennzeichnet. Weder einzelne Menfchen, noch ganze Völker vermögen einen fo exaltirten Zuftand der Empfindung auf die Dauer zu ertragen. Die Wirklichkeit reagirt bald gegen die Phantafie, die Natur gegen die Tradition. Wir konnten die Anzeichen folcher Gegenftrömung an den Werken der Plaftik etwa feit der Mitte des 14. Jahrhunderts auftauchen und fich gegen Ende der Epoche mehr und mehr häufen fehen. Die Bewegung war langfam, aber ftetig, daher unaufhaltfam. Zunächft konnte fie nur zu einer Lockerung und Auflöfung des mittelalterlichen plaftifchen Styles führen. Man bemerkte ein Schwanken in der Ausdrucksweife, eine Differenz zwifchen Wollen und Können. Aber zu einer durchgreifenden Umgestaltung kam es noch nicht. Wohl wiesen einzelne Künstler, die ihrer Zeit vorausgeeilt waren, auf einen energischen Realismus hin: aber noch standen sie zu vereinzelt, noch hatte man zu wenig darauf gedacht, die Natur gründlich zu erforschen; man war zufrieden, sie zu fühlen und von Ungefähr mit dem Meissel ihren Linien nachzutasten.

Umschwung. Was nun im 15. Jahrhundert dem bis dahin dunklen Ringen zu klarer Gewissheit und zum Siege verhalf, war kein äusseres Ereigniss. Wohl kam wie immer dem drängenden Triebe der Zeit eine Reihe von grossen Entdeckungen und Umwälzungen zu Gute: aber sie sind selbst grösstentheils mehr als Symptome desselben unaufhaltsam gewordenen Bedurfnisses nach Erkenntniss zu betrachten und haben dann wohl mitgewirkt, beschleunigt, gezeitigt, aber es wurde doch nur das zu allgemeiner Gültigkeit ausgeprägt, was Einzelne bisher in der Stille angestrebt hatten. Hubert van Eyck tritt in Flandern meteorartig, nachdem freilich in der Sculptur Claux Sluter vorangegangen war, mit einer neuen Malerei hervor, die, scheinbar im Dienste der alten Ideen, doch durch die Form und die Darstellungsmittel jene neue Macht in's Feld führt, welche die Kunst völlig umgestalten sollte. Und so gewaltig packt er die Zeit an der Wurzel ihres Wollens und Wesens, dass er Alles mit sich fortreisst und nicht bloss der Malerei, sondern auch der Plastik im Norden auf ein Jahrhundert fast ihre Bahnen vorzeichnet. Und wie es in solchen Epochen stets geschieht, dass das überall schlummernde Bedürfniss zur selben Zeit auf verschiedenen Punkten erwacht und Gestalt annimmt, so auch hier. Italien ist mindestens ebenso früh, wie der Norden auf denselben Bahnen, und auch hier ist es die Plastik, die der Malerei als Führerin vorschreitet, um dann bald von ihr überflügelt zu werden. Beides war naturgemäss. Wenn eine Kunstepoche, die mehr durch spiritualistische Anregungen und die Empfindung sich leiten liess, zu klarer Formbezeichnung durchdringen will, so ist die derbere Kunst, die Plastik, der Pionier, der die Wege bahnt. Im greifbar festen Stoff schaffend, drängt sich ihr zuerst das Bedürfniss auf, ihre Gestalten lebenswahr und lebensfähig durchzubilden. Sie fängt an zu messen, zu forschen, zu zergliedern, und lässt nicht nach, ehe sie Herrin des organischen Gefüges ist. Die Malerei pflegt in solchen Epochen sich zuwartend zu verhalten. Kaum ist das Resultat aber gewonnen, so eignet sie es mit ihren Mitteln sich an und lernt von der Plastik die Gestalten runden und vom Hintergrunde befreien, an dem sie früher zu kleben schienen. Daher ist fast immer dort eine lebensvollere Durchbildung der Malerei zu finden, wo sie eine gediegene Plastik zur Seite hat.

Plastik und Malerei.

Bis gegen 1450 steht die Plastik in Italien an der Spitze der Kunstbewegung; dann aber rafft die Malerei sich auf und überholt ihre Vorgängerin so rasch, dass jener nichts übrig bleibt, als sich mit einem kleineren Kreise von Aufgaben zu begnügen. Das Grabmal und die Einzelstatue bleibt fortan ihr Hauptfeld. Dazu kommen wohl noch Kanzeln, Portale, Leuchter, Weihwasserschalen und Taufbecken; bisweilen auch Altäre, obwohl dort die Malerei bald das erste Wort ergreift. Dass der Malerei als der specifisch christlichen Kunst auch jetzt die Hauptrolle zufällt, ist selbstverständlich. Sie versteht besser in grosser Ausdehnung rasch zu erzählen, zu interessiren, zu spannen. Sie ist ausserdem durch den Schmelz der Farbe vorzüglich geeignet, die Seelenbewegung, wie sie im

Antlitz ſich ſpiegelt, zu ſchildern. Erwägt man alles Dies, ſo darf man ſich nicht wundern, daſs die Sculptur in der modernen Kunſt keine höhere Bedeutung und durchgreifendere Wirkſamkeit entfaltet. So gewiſs bei den Griechen die Plaſtik die tonangebende Kunſt war, und die Malerei in zweiter Linie ſtand, ſo nothwendig muſste in der modernen Zeit das Verhältniſs ſich umkehren. Wer möchte darum die antike Malerei oder die moderne Plaſtik ſchlechthin unbedeutend oder werthlos ſchelten?

Einfluſs der Architektur.

Was aber die ſelbſtändige Entwicklung der Sculptur in Italien jetzt mächtig förderte, war die neue Form der Architektur. Mit dem Organismus der gothiſchen Baukunſt hatte die Bildnerei hier in einem unvermeidlichen Conflict geſtanden. Die Selbſtändigkeit, nach welcher jedes plaſtiſche Werk in Italien ſeit Nicola Piſano ſtrebte, fand einen Feind an den Formen und den Anforderungen jener Architektur, die in ihrer ſtrengen Geſetzmäſsigkeit den Bildwerken nur eine bedingte Stellung und Geltung im knapp zugemeſſenen Raume gewährte. Daraus war eine Auflockerung der architektoniſchen und ſchlieſslich auch der plaſtiſchen Principien hervorgegangen. Jede von beiden Künſten hatte ihre beſondern Wege eingeſchlagen und ſich nur äuſserlich und wie zufällig zuſammen gefunden. Jetzt wurde das anders. Die Renaiſſance, die ihr architektoniſches Syſtem der Antike entlehnte, ſchuf der Plaſtik geeignete, ſchön umrahmte Flächen an Frieſen, Sockeln, in Wandfeldern, in Niſchen, Giebeln und bei den Krönungen vorſpringender Theile. Auf ſo wohl vorbereitetem Platze konnte das plaſtiſche Werk ſeine volle Schönheit entfalten, ſeine ſelbſtändige Bedeutung wahren, in reinen Gegenſatz und dadurch in harmoniſche Wirkung mit der Architektur treten. Ein Hauch von jener plaſtiſchen Beſtimmtheit antiker Werke durchdrang die neuen Schöpfungen, und was früher nur dunkel geahnt und trotz widerſtrebender Verhältniſſe doch mit Anſtrengung von der italieniſchen Plaſtik verſucht worden war, das erreichte ſie jetzt, als die Sterne ihr günſtig und die Bedürfniſſe der Zeit mit ihren eigenſten Wünſchen im Einklange waren *)

## I. Toscanische Meister.

Anknüpfen an den früheren Styl.

Die toscaniſche Plaſtik des 15. Jahrhunderts knüpft in unmerklichen Uebergängen an die der früheren Epoche an. Gerade hier war mehr als anderswo bereits in der Bildnerei des Mittelalters die Baſis für eine neue Entfaltung gegeben. Sahen wir doch ſchon Nicola Piſano an der Hand der Antike die erſten Verſuche zu einer Belebung der Plaſtik machen. Aber noch reagirten die ſpecifiſch mittelalterliche Empfindung und der chriſtliche Inhalt ſo ſtark gegen dieſe Richtung, daſs ſchon die folgende Generation, ſein Sohn Giovanni an der Spitze, von jenem Wege wieder ablenkte. In Italien ſtecken indeſs die antiken Traditionen im Blute. Mit Beginn des 15. Jahrhunderts wird das, was Nicola Piſano früher vereinzelt anſtrebte, von allen Seiten wieder aufgenommen. Hand in

*) Für die bildliche Veranſchaulichung ſind wir noch immer faſt ausſchlieſslich auf die reichhaltigen, aber nicht immer genügend charakteriſtiſchen Darſtellungen im II. Bande von *Cicognara's* Storia della Scultura angewieſen. Für die toscaniſche Plaſtik bietet das ſchon citirte Werk von *Perkins* eine Anzahl trefflicher Abbildungen.

Hand mit den gelehrten Studien, die seit Petrarca dem Alterthum eine glühende Hingabe widmeten, suchen jetzt auch die Künstler die antiken Schöpfungen zum Ausgangspunkt einer neuen Kunst zu machen. Reiste doch Francesco Squarcione nach Griechenland, um antike Bildwerke zu sammeln und sie als Grundlage des Studiums aufzustellen. Mit Begeisterung gingen Brunellesco und Donatello den klassischen Ueberresten Roms nach, die Ersterem zu vollständiger Um- und Neugestaltung der Architektur den Anstoss gaben. Schon durch ihren nahen Zusammenhang mit der Baukunst musste die Plastik nachgezogen werden. Fördernd war aber in erster Linie die Stärke, welche das künstlerische Gefühl und die individuelle Selbständigkeit der Meister schon früher erlangt hatte. Wir sahen, wie in Italien bereits im Mittelalter die Kunstwerke eine Bedeutung erlangten, welche wenig mehr mit ihrer religiösen Bestimmung zu thun hatte, sondern völlig mit der Stellung und dem Ansehn ihrer Urheber zusammenhing. Die Nation hatte sich gewöhnt, die Schöpfungen der Meister auf ihren künstlerischen Werth hin anzusehen. Das Auge hatte sich geübt, das Urtheil sich geschärft, ein kunstsinniges Publikum feuerte durch Beifall und Tadel den Wetteifer der Einzelnen an. Was Einer schuf an Bedeutendem, durch Originalität und Neuheit Fesselndem, das blieb nicht mehr unbeachtet; alle Welt erkannte es, die anderen Künstler suchten es zu erreichen, zu überbieten, und so war der Weg zu immer kühneren Fortschrittten geebnet.

Aber trotz antiker Studien schloss sich die Plastik bei weitem nicht so nahe dem Alterthum an wie die gleichzeitige Baukunst. Nur in einem Punkte hat römische Kunst, wie es scheint, überwiegend auf sie eingewirkt, und der Erfolg war kein günstiger. Das ist die gedrängte, überladene Anordnung und die malerische Vertiefung des Reliefs. Diese Gattung der Bildnerei wird zuerst zwar von einigen Meistern noch ihrem Wesen entsprechend plastisch einfach behandelt. Bald aber bemächtigt sich selbst der ausgezeichnetsten Künstler der malerische Hang der Zeit, und sie geben ihren Reliefs solche perspectivische Abstufung, so reiche landschaftliche und bauliche Hintergründe, dass dieselben mehr gemalt als gemeisselt scheinen. So geht auf Jahrhunderte der wahre Geist der Reliefschilderung verloren. Auch in Freisculpturen überwiegt bald das malerische Element. Wohl werden die Gestalten runder, lebensvoller als das Mittelalter sie kannte; aber sie verlieren grösstentheils den einfachen, grossen Wurf der mittelalterlichen Gewandung, werden unruhig und mit übermässigem Detail überladen. Noch weiss der realistische Sinn das künstlerische Maass nicht zu finden; die portraitartige Schärfe der Auffassung bringt gern jeden Zug der Wirklichkeit zur Geltung. Manchmal berührt uns aus den Bildwerken dieser Epoche gerade in Toscana ein der gleichzeitigen flandrischen Kunst verwandter Hauch. Nicht unwahrscheinlich, dass einzelne Einflüsse von dort herüber gelangten. Von einem bedeutenden kölnischen Meister, der im Anfange des 15. Jahrhunderts in Italien gearbeitet habe, erzählt Ghiberti selbst und weiss ihn nicht hoch genug zu preisen*): er sei den antiken griechischen Meistern ebenbürtig gewesen, habe Köpfe und nackte Gestalten bewunderungswürdig ausgeführt, nur etwas zu kurz seien seine Gestalten gewesen. Später habe er leider der Kunst entsagt und

*) Secondo Comment. XIV (ed Lemonn. Firenze 1846).

sich in eine Einöde zurückgezogen, um Gott allein mit Reue und Busse zu dienen. Dass dieser Meister vielleicht mit *Pietro di Giovanni Tedesco* identisch sei, wurde schon oben (S. 508) angedeutet. — Indess wenn auch einzelne nordische Einflüsse einen Anstoss gegeben haben, die realistische Bewegung war auch ohnedies in Toscana schon erwacht. Ein tief eindringendes Studium aller Erscheinungen, die frohe Lust am Nachbilden aller Formen, welche das Auge zu fassen vermochte, das waren die Grundlagen, auf denen sich in selbständiger Weise durch eine Reihe strebsamer Künstler die neue Plastik erhob. Diesen Zug der Zeit erkannten wir schon an Meistern wie Niccolò von Arezzo (S. 508), obwohl er sich bei ihm und den gleichzeitigen Oberitalienern noch stark mit gothischer Empfindungsweise mischt.

Der erste dieser toscanischen Meister ist *Jacopo della Quercia*, von seinem Geburtsorte, einem kleinen Flecken in der Nähe von Siena, so genannt (1374—1438). Sein Vater, Meister Pietro d'Angelo, war Goldschmied und scheint in dieser Kunst auch den Sohn unterrichtet zu haben. Jacopo gehörte aber zu den selbständig vordringenden Geistern, zeichnete sich durch Scharfsinn und Erfindungsgabe aus und fand durch eigene Kraft den Uebergang aus dem allgemein gültigen Style des Mittelalters zu einer neuen frischeren Auffassung der Natur. Schon in seinen frühesten Arbeiten tritt dies entscheidend hervor. So am Grabmal der Ilaria del Carretto († 1405) im Dome zu Lucca*). Die liegende Statue der Verstorbenen, edel und weich behandelt, erinnert noch an die ältere Darstellungsweise; die reizend muthwilligen nackten Genien aber mit dicken Fruchtguirlanden am Sarkophag, von welchem eine Seite in der Galerie der Uffizien sich findet, sind ein völlig neuer, aus der Antike geschöpfter Gedanke. 1408 finden wir Jacopo in Ferrara, wo er eine Madonna mit dem Kinde und ein Grabmal arbeitet. Dann wurde er 1409 nach Siena berufen, um dort den Brunnen auf der Piazza del Campo mit Bildwerken zu schmücken. Doch legte er nicht vor 1412 Hand an das Werk, das erst im October 1419 vollendet wurde**). Er stellte hier in der Mitte die Madonna dar, ringsum acht Tugenden, sodann die Erschaffung der ersten Menschen, die Vertreibung aus dem Paradiese und Embleme, welche sich auf die Stadt beziehen. An diesen Werken tritt der neue Styl in voller Ausprägung hervor. Die Gestalten sind naturwahrer als alles Frühere, die Compositionen von einfacher Klarheit und Lebendigkeit. Wie sehr das schöne Werk Anklang fand, bezeugt der Beiname „della Fonte," den es dem Meister eintrug. Mehr der älteren Weise gehören dagegen die beiden Bronzereliefs am Taufbecken in S. Giovanni zu Siena vom Jahre 1417 an: die Geburt und die Predigt Johannes des Täufers, besonders erstere in gemüthlicher Naivetät erzählt und trefflich angeordnet, beide durch fliessende Gewandbehandlung ausgezeichnet. Die übrigen Reliefs wurden anderen Bildhauern zugetheilt, um Jacopo nicht von der Vollendung des Brunnens abzuhalten. In der Johanneskapelle des Domes sieht man einen marmornen Taufstein von seiner Hand mit schönen Reliefs der Schöpfung, des Sündenfalls und anderes von

Jac. della Quercia.

*) Abb. bei *Cicognara*, II. tav. 3.

**) *Vasari*, ed. Lemonn. III, 26. Einzelne Figg. abgeb. bei *d'Agincourt*, Sculpt. Taf. 33 Figg. 11 u. 12, Taf. 38 Figg. 13 u. 14.

zartem Stylgefühl, namentlich von vollendeter Durchbildung des Nackten. Am Fufse ift ein niedlicher Fries mit Genien. Für Lucca arbeitete er dann 1422 den Altar in der Sakramentskapelle von S. Frediano, mit einer Madonna und vier Heiligen, fowie Scenen aus dem Leben diefer Heiligen, infchriftlich als fein Werk beglaubigt. Auch hier fchliefst er fich dem früheren Style, namentlich in fchärferer Ausführung der Gewänder an; doch find die Reliefs von weicherer Behandlung. Dazu gehören auch zwei Grabfteine, welche die Jahrzahl 1416 tragen *). In Florenz betheiligte fich der Meifter an der Bewerbung um die Thüren des Baptifteriums, die dann dem Lorenzo Ghiberti übertragen wurden. Am zweiten Nordportal des Domes wird ihm die grofsartige Compofition der von Engeln emporgetragenen Madonna zugefchrieben **); doch hat man, fo fehr 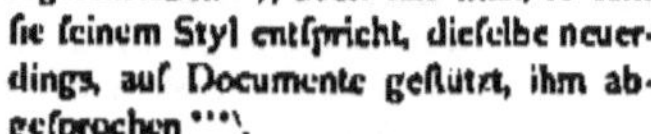 fie feinem Styl entfpricht, diefelbe neuerdings, auf Documente geftützt, ihm abgefprochen ***).

Fig. 259. Relief von Jacopo della Quercia. Bologna.

Endlich wurde Jacopo gegen 1425 nach Bologna gerufen, um das Hauptportal von S. Petronio mit Bildwerken zu fchmücken. In diefen Werken †) erreicht er die volle Freiheit des neuen Styles. Er behält den weichen Schwung der Gewänder bei, ebenfo die Klarheit des ächten Reliefftyles, und verbindet damit eine lebendige Schilderung und naturwahre Durchbildung. Vorzüglich gilt das von den zehn Darftellungen aus den Gefchichten der Genefis, welche die Thürpfoften bekleiden ††) (Fig. 259). Voll fcharfer Charakteriftik find die Reliefbruftbilder von Propheten und Sibyllen in der inneren abgefchrägten Thürlaibung; minder bedeutend, aber doch von hoher Anmuth die Madonna fammt zwei Bifchöfen im Bogenfelde, während die fünf Gefchichten aus der Kindheit Chrifti am Architrav einen etwas zu überfüllten Styl verrathen, der von der Behandlung Quercia's abweicht. Das Ganze ift ein vollftändiger Sieg der neuen Auffaffung, die Meifterfchöpfung Jacopo's und eine der frifcheften, anziehendften Arbeiten der Zeit. Und wie früher toscanifche Künftler in Bologna und anderen Orten den Styl des 13. und 14. Jahrhunderts nach Ober-

*) Abgeb. bei *Cicognara*, II. tav. 3. **) Ebenda II. tav. 50. ***) *Baldinucci* (vergl. Vafari, ed Lemonn. III. p. 25) weift fie dem *Nanni di Banco* zu.

†) Proben giebt *Cicognara* II. tav. 1. Vergl. Scalture delle porte di S. Petronio in Bologna, pubbl. da *Giuseppe Guizzardi*, con. illuft. del. March. *Virg. Davia*. Bologna 1834. Die Arbeiten zu Bologna fcheinen zwifchen 1430—1435 ausgeführt zu fein, denn in letzterem Jahre finden wir Jacopo als Werkmeifter des Doms wieder in Siena.

††) Gegenüber dem Zweifel in Burckhardt's Cicerone II. Aufl. S. 612 bemerke ich, dafs fie in der gefammten Formbehandlung, befonders in den Gewandmotiven mir mit den Uebrigen übereinzuftimmen fcheinen.

italien einführten, so sind es jetzt diese wichtigen Arbeiten, welche die neue Richtung auch in diesen Gegenden anbahnen. Endlich ist als vereinzeltes, mit Wahrscheinlichkeit dem Meister zugeschriebenes Werk das in Thon gebrannte und bemalte Medaillonrelief einer Madonna mit dem Kinde im Museum zu Berlin anzuführen.

Quercia's Einfluss erkennt man zuerst an zwei Professorengräbern im Chorumgang von S. Giacomo maggiore zu Bologna. Die Anordnung der früheren Denkmäler dieser Art (S. 506) ist beibehalten, aber im Sinne der Renaissance umgebildet. Das einfachere, im Styl der Figuren besonders edle, ist das Grab des Mediciners Niccolò Fava vom Jahre 1439. — Ein Nachfolger Jacopo's war sodann der aus Bari in Apulien gebürtige, in Bologna ansässige *Niccolò dell' Arca* (—1495), so zubenannt wegen seiner Arbeiten an der Arca des h. Dominicus in S. Domenico. Ihm gehören mehrere der anziehenden Statuetten des Deckels an, die er nach 1469 ausführte*). Früher (nach 1458) hatte er das bemalte Hochrelief des Annibale Bentivoglio in der Kapelle dieser Familie zu S. Giacomo daselbst gefertigt. Der Verstorbene ist eine lebenswahre Gestalt, auf kräftigem Ross einhersprengend. Minder bedeutend, zwar edel empfunden aber doch etwas befangen ist das grosse in Thon gebrannte und ehemals vergoldete Hochrelief einer Madonna am Pal. Publico vom Jahre 1478**). Einen trefflich behandelten Adler, ebenfalls mit dem Namen des Künstlers bezeichnet, sieht man über dem Hauptportale von S. Giovanni in Monte. Quercia's Nachfolger.

In Florenz begründete, ungefähr gleichzeitig mit Quercia, *Lorenzo Ghiberti* (1381—1455), ebenfalls Sohn eines Goldschmiedes, den neuen Styl. Auch er knüpft an die frühere Auffassung an und behält zuerst die klare Anordnung und den edlen Gewandfluss der gothischen Epoche, namentlich wie er bei Andrea Pisano ausgebildet war, bei. Aber indem er nach einer tieferen Begründung, einer vollkommenen Durchbildung strebt, gewinnen die Gestalten ein neues Leben, und die Gewänder bezeichnen mit trefflichen Motiven den Bau, wie die Bewegung der Körper. Wunderbar fliessen die Anklänge des gothischen Styles, die Ergebnisse eines schärferen Naturstudiums und die Anschauung der Antike in seinen Werken zu einer Harmonie zusammen, in welcher Adel der Linienführung und Feinheit der Empfindung sich verschmelzen. Fast ausschliesslich Erzarbeiter, weiss er seinen Werken eine Zartheit der Durchbildung zu geben, die an seine frühere Thätigkeit als Goldschmied erinnert. Lorenzo Ghiberti.

Zuerst trat er 1401 in einer Concurrenz auf, welche die Signoria von Florenz für Vollendung der noch fehlenden Thüren am Baptisterium ausgeschrieben hatte. Sechs Künstler, darunter Quercia und Brunellesco, betheiligten sich daran. Die Aufgabe war, in gegebenem Rahmen die Opferung Isaaks als Relief darzustellen. Ghiberti trug den Sieg davon. Seine Composition, die im Museum des Bargello aufbewahrt wird, zeichnet sich durch Klarheit und Lebendigkeit aus (Fig. 260). Dabei sind die Bedingungen des Reliefstyles festgehalten, die Gewänder edel angeordnet, das Nackte mit Sorgfalt durchgeführt. Ueberhaupt Concurrenz.

*) *Vasari*, ed. Lemonn. III. p. 29 Note 2.

**) Mündler's enthusiastisches Urtheil (im Cicerone, II. Aufl. S. 613 Note 1) kann ich nicht theilen. Das Werk ist nicht von 1469, wie es dort im Text heisst.

erkennt man die Nachwirkung der Reliefs von Andrea Pisano (S. 503), nur daſs Ghiberti um ein Weniges an malerischer Perspective zugiebt, wie auch seine Gestalten etwas mehr Rundung haben. Es wurde ihm nun die nördliche Pforte des Baptisteriums übertragen, und so ward jene Concurrenz für die Entwicklung der Plastik fast ebenso wichtig, wie zwanzig Jahre später die berühmte Concurrenz wegen der Domkuppel zu Florenz für den Sieg der neuen Architektur. Ghiberti begann das Werk 1403 und beendete es 1424. Es enthält, nach dem Muster der älteren Thür Andrea Pisano's, in zwanzig Bildfeldern Scenen der Kindheit, des Lebens und Leidens Christi bis zur Ausgieſsung des

Nordthür des Baptisteriums.

Fig. 260. Das Opfer Isaaks von Ghiberti. Florenz.

h. Geistes; auſserdem die Evangelisten und die vier Kirchenväter. Ghiberti steht auch hier dem älteren Style noch nahe, wie namentlich aus der Behandlung der Gewänder hervorleuchtet. Das Relief ist etwas gedrängter, die Erzählung etwas wortreicher als die knappe Weise seines Vorgängers; aber die Lebendigkeit des Vortrags, die Feinheit der Ausführung, das glückliche Gleichgewicht der Gruppen, die Mannigfaltigkeit und das Natürliche der Bewegungen geben diesem Werke den Reiz jugendlicher Frische und künstlerischer Vollendung (Fig. 261).

Statuen für Or S. Michele.

Neben dieser Arbeit führte er 1414 für eine der Nischen an Or San Michele die Bronzestatue Johannes des Täufers aus, ein Werk von groſsartiger Anlage, streng in den Linien, dabei von hoher geistiger Energie des Ausdrucks. Wenn hier noch ein Anklang des älteren Styls zu fühlen ist, so tritt in der ebendort befindlichen, von 1419—22 gearbeiteten Statue des Matthaus *) die neue Auffassung entschieden hervor, vielleicht sogar in dem Togamotiv des Mantels etwas zu stark unter dem Einfluss der Antike. Um so freier und vollendeter ist die dritte dort von ihm gearbeitete Statue des Stephanus, die daher wohl etwas später entstanden sein wird. Edel in den Linien, von feinem Schwunge der Bewegung, gehört sie zu den Werken, in welchen die Schönheit des neuen Styles sich am reinsten ausspricht.

Als Ghiberti die erste Pforte des Baptisteriums vollendet hatte, war die Bewunderung des Werkes so groß, dass ihm sofort die noch fehlende ebenfalls übertragen wurde. Er begann wohl unmittelbar die Arbeit und führte dieselbe Hauptthür des Baptisteriums.

Fig. 261. Von der älteren Thür Ghiberti's. Florenz.

im Wesentlichen von 1424—47 zu Ende. Dann gingen noch einige Jahre mit dem Ueberarbeiten, den Nebensachen, dem Rahmen und Pfostenwerk, sowie dem Vergolden hin; 1452 wurde sie eingesetzt, und der Meister erlebte noch das Glück, sie am Hauptportal von S. Giovanni glänzen zu sehen **). Dies Werk bezeichnet einen entscheidenden Umschwung in der Geschichte der Plastik. Ghiberti fühlte sich von dem architektonischen Rahmen beengt, innerhalb dessen er an seiner eben vollendeten Thür doch so herrlich und frei sich bewegt hatte. Der malerische

*) Neuerdings wohl dem *Michelozzo* zugeschrieben, aber durch Documente als Werk Ghiberti's beglaubigt. Vergl. Vasari, ed. Lemonn. III. S. 110 Note 1 u. S. 132.

**) Abbildungen der drei Pforten in *Lasinio*, le tre porte del Battistero di Firenze 1821. Florenz Fol.

Zug der Zeit ergriff auch ihn mit unwiderstehlicher Gewalt, so dass er seine zehn grossen viereckigen Felder mit Darstellungen füllte, die gleich Gemälden in perspectivisch abgestuftem Plan und mit reichen landschaftlichen und architektonischen Hintergründen sich entwickeln. Gewiss war es für die Plastik unheilvoll, dass sie nunmehr mit der Schwesterkunst wetteifernd in die Schranken trat; dennoch ergeht sich hier an der Hand eines grossen Meisters die Bildnerei auf verbote-

Fig. 262. Von der zweiten Thür Ghiberti's. Florenz.

nem Gebiete mit so unnachahmlicher Anmuth, solcher Fülle von Schönheit und Lebendigkeit, dass man bei allem Protestiren gegen die verkehrte Richtung doch von der Liebenswürdigkeit des Ganzen hingerissen wird. Dazu kommt eine Durchbildung der Gestalten, ein Fluss der Gewandung, ein weicher Schwung der Linien, in welchem sich wohl hie und da einzelne antike Motive erkennen lassen, die aber im Wesentlichen aus dem eigenen Schönheitssinn Ghiberti's geflossen sind. Den Inhalt bilden Scenen des alten Testamentes von Erschaffung der ersten Menschen an. Die perspectivische Anordnung hat dem Kunstler Raum gegeben, jedesmal mehrere Momente derselben Geschichte in einen Rahmen zu bringen. Eine festlich heitere Stimmung weht durch die frischen Compositionen, besonders da, wo bauliche Hintergründe in den zierlichen Formen der Renaissance angeordnet sind. Den Figuren hat Ghiberti meistens eine ideale Gewandung gegeben und in ihr fliessen antike Motive und die schwungvollen Linien gothischen Styles zu einer Form zusammen, die im ganzen Jahrhundert nirgends wieder in so reiner Schönheit auftaucht. Hier haben alle folgenden Künstler, sowohl Maler als Bildhauer, bis auf Michelangelo, ihre besten Inspirationen geschöpft. Aber auch die einzelnen im Zeitkostüm auftretenden Gestalten,

Fig. 263. Das Opfer Isaaks, von Brunellesco. Florenz.

wie der verlorene Sohn, fügen durch edle Naivetät sich dem Uebrigen harmonisch an. Von der meisterlichen Durchbildung des Nackten giebt die Schöpfung des ersten Menschenpaares eine Anschauung. Wie dort die liebliche Gestalt der Eva von einer Engelschaar dem feierlich dastehenden Gottvater zugetragen wird (Fig. 262), ist einer der vielen poetischen Züge, an denen dies edle Werk reich ist. Endlich dürfen auch die köstlich bewegten und mannigfach charakterisirten Statuetten und die Brustbilder in dem das Ganze umgebenden Rahmen nicht übersehen werden.

Zugleich mit dem Beginn dieses Hauptwerkes (1424) arbeitete Ghiberti die treffliche, nur durch Betreten stark angegriffene Grabplatte des Lionardo Dati im Mittelschiffe von S. M. Novella. Sodann (1427) lieferte er für das Tauf- Andere Arbeiten.

becken von S. Giovanni in Siena die bereits 1417 bestellten beiden Reliefbilder der Taufe Christi und des Johannes vor Herodes, namentlich letztere durch dramatische Lebendigkeit ausgezeichnet. In der Taufe Christi ist besonders der von der Rückseite dargestellte Johannes schön bewegt, die Haltung des ausgestreckten Armes, zwar nicht ganz frei aber bezeichnend. Sodann folgt 1428 der Reliquienkasten des h. Hyacinthus mit reizenden Engeln, welche die Krone halten, jetzt in der Galerie der Uffizien. Später vollendete er (1440) den Reliquienschrein des h. Zenobius, im Chore des Domes, der an drei Seiten Scenen aus dem Leben des Heiligen enthält. Die Composition befolgt wieder auf reichem landschaftlichem Plan eine malerische Anordnung. Die Schönheit der Gestalten, der freie Schwung der Gewänder, das echt dramatische Leben verleiht aber auch diesen Werken hohe Bedeutung. Nicht minder vorzüglich sind an der Rückseite die sechs schwebenden Engel, welche den Lorbeerkranz halten. Ein Jugendwerk des Meisters ist vielleicht, nach Burkhardts Vermuthung, das kleine Bronzerelief des thronenden Christus an dem marmornen Sacramentsschrank in S. M. Nuova: in der Haltung noch etwas befangen, aber von edlem Ausdruck und grofsartigem Wurf des Gewandes.

Brunellesco. Verwandter Richtung gehören die Werke an, welche der grofse Baumeister *Filippo Brunellesco* (1377—1446) in der Bildnerei geschaffen hat. Zuerst das Bronzerelief mit der Opferung Isaaks im Museum des Bargello, in Concurrenz mit Lorenzo Ghiberti entstanden (Fig. 263). In Anordnung und Durchführung dem Werke seines Nebenbuhlers nahe verwandt, zeichnet es sich durch dramatische Energie, kühne Verkürzungen und den scharfen Naturalismus in der nackten Gestalt des Isaak aus. Später wandte der Meister sich fast ausschliefslich der Baukunst zu. Nur einmal trat er noch mit Donatello in die Schranken, als dieser ein grofses Crucifix geschaffen hatte, dessen Ausdruck Brunellesco tadelte. Er arbeitete defshalb das hölzerne Crucifix, welches man noch in der zweiten Seitenkapelle links neben dem Chor von S. M. Novella sieht, ein Werk von edelster Formbehandlung und ergreifender Tiefe der Empfindung.

Donatello. Rücksichtsloser spricht sich der neue Styl in voller Schärfe des Naturalismus durch *Donatello* (*Donato di Betto Bardi*, 1386—1468) aus*). Auch er beginnt mit einem strengen Studium der Antike, und seine früheren Werke sind bezeichnend für diese Richtung. Bald aber wird ihm der harmonische Flufs derselben eine lästige Fessel, welche er sprengt, um den Ausdruck des Lebens und der Leidenschaft in schärfster Formbezeichnung zur Herrschaft zu bringen. Im Widerwillen gegen Alles, was blofs herkömmlich erscheinen könnte, verschmäht er den weichen Flufs der Linien, den milden Hauch der Schönheit, und schildert die unbändige Gewalt der Leidenschaft mit schneidender Herbigkeit. Aber seine Kühnheit wird durch die energische Wahrheit des Ausdrucks so ergreifend, kommt so sehr dem schöpferischen Drange der Zeit entgegen, dafs sie den milderen Geist Ghiberti's bald in Schatten stellt. Donatello ist hierin eine ähnliche Erscheinung, wie früher Giovanni Pisano und später Michelangelo. Der Einflufs des Meisters war um so gröfser, als er mit bedeutender

*) Ueber Donatello haben wir eine Monographie von *H. Semper* zu erwarten, deren erster, bis jetzt erschienener Theil sich mit den Vorläufern des Meisters beschäftigt.

Schöpferkraft in Florenz wie in Oberitalien eine grofse Anzahl von Werken hervorbrachte. Dazu kam noch die gröfste Mannigfaltigkeit, da er in heiligen wie in profanen Gegenſtanden, in Reliefcompoſitionen, grofsen Statuen wie kleineren Werken, in Bronze, Marmor und Holz gleich geſchickt war, Heiligengeſtalten, Grabmäler und Bildniſſe in unermüdlichem Fleifse hervorbrachte. Seine Begeiſterung für das Studium der Antike war ebenſo grofs, wie ſein Streben nach ſteter Vervollkommnung. Als die Paduaner ihn zu ſehr mit Lobſprüchen

Fig. 264. Verkündigung. Von Donatello.

überhäuſten, ſagte er, es ſei für ihn Zeit, nach Florenz zurückzukehren, denn bei alle dem Lobe werde er noch Alles vergeſſen, was er wiſſe; der Tadel in Florenz ſei erſprieſslicher für die Kunſt. Und gewiſs lag in der kritiſchen Schärfe, welche bei den Florentinern zu Hauſe war, ein wirkſamer Sporn für alle ſtrebenden Geiſter.

Zu ſeinen früheſten Werken gehört das Sandſteinrelief der Verkündigung, im rechten Seitenſchiff von S. Croce zu Florenz (Fig. 264). Hier wetteifert er in Adel und Anmuth mit Ghiberti. Der Engel iſt liebenswürdig, herzlich und dringend, Maria, die ſich ſcheu abwendet, hat einen Zug rührender Innigkeit. Anmuthig ſind auch die Marmorreliefs tanzender Kinder von der Orgelbrüstung des Domes, jetzt in der Galerie der Uffizien. Von höchster Lebendigkeit in Bewegung und Ausdruck, zeigt sich in ihnen ein Geschick der Composition, dass der Reigentanz sich klar im Relief ausspricht, indem die vordere Reihe sich fast frei von der Fläche löst. Manches Uebertriebene und Unschöne nimmt man bei so viel naiver Kraft der Empfindung schon in den Kauf. Gedrängter, unruhiger und unschöner sind die tanzenden Kinder an der äusseren Kanzel des Domes zu Prato, welche er nach 1434 mit *Michelozzo* arbeitete; doch auch hier finden sich einige treffliche Motive. Welche Wege seine Kunst einschlagen würde, deutete er schon früh durch das in Holz geschnitzte Crucifix an, das seinen Freund Brunellesco zu dem Ausspruche veranlasste, er habe nicht Christus, sondern einen Bauern ans Kreuz geschlagen. Man sieht das Werk in der Capella Bardi in S. Croce.

Fig. 265. St. Georg von Donatello.

Im Uebrigen ist Donatello gleich den meisten seiner florentinischen Zeitgenossen mit besonderer Vorliebe Bronzearbeiter. Dieser Umschwung aus der früheren Epoche, in welcher die Marmorsculptur überwog, erscheint nicht ohne tiefere Bedeutung; denn gerade die Bronze ist mehr als ein andres Material geeignet, einem scharfen und feinen Naturalismus als Ausdrucksmittel zu dienen, während der Marmor eine idealere Auffassung begünstigt. Aus der grossen Anzahl der für Florenz ausgeführten Werke ist zunächst eine Anzahl von Statuen, theils in Erz, theils in Marmor, zu nennen. An Or S. Michele sieht man die beiden Marmorstatuen des Petrus und Marcus, tüchtige lebensvolle Werke, die man freilich nicht mit dem idealen Maafse der ebendort befindlichen Arbeiten Ghiberti's meffen darf. Ganz vortrefflich gelang ihm indefs ebendort die jugendlich rüftige, ritterliche Geftalt des h. Georg, ebenfalls in Marmor, eine feiner fchönften und edelften Figuren Fig. 265). Für die Façade des Glockenthurmes beim Dom arbeitete er drei Marmorftatuen, angeblich Heilige, in Wirklichkeit aber, wie Donatello oft that, lebenswahre Bilder ihm befreundeter oder bekannter Perfonen. Der eine von ihnen ift der berühmte Kahlkopf ‚Zuccone', der durch Schärfe der portraitartigen Auffaffung frappirt. An demfelben Thurme brachte er über der Thür den Abraham und einen andern Propheten an. Auch für die Façade des Domes fchuf er mehrere Marmorftatuen, die theils verfchwunden, theils im Innern des Gebäudes aufgeftellt find. Die beiden fitzenden Evangeliften Matthäus und Johannes, darunter befonders der letztere trefflich, fieht man jetzt in den Chorkapellen; zwei angebliche Apoftel, die aber in Wahrheit den Poggio und Giannozzo Manetti darftellen, befinden fich am Eingang in zwei Tabernakeln. Da diefe Arbeiten aus Donatello's früherer Zeit find, fo ift es intereffant, ihn fo früh fchon mit realiftifcher Keckheit den Heiligen allbekannte Portraits unterfchieben zu fehen. Am beften gelingt ihm der Ausdruck jugendlicher Thatkraft; fo an dem bronzenen David im Mufeum des Bargello, der den linken Fufs auf den Kopf des Goliath fetzt, lebendig und frifch, obgleich nicht an den S. Georg von Or S. Michele reichend. Der marmorne David in den Uffizien, ift geradezu theatralifch karikirt. Noch unglücklicher bringt er ebendort an einem marmornen Johannes die Refultate ausfchweifender Askefe völlig fkeletartig zur Erfcheinung. Etwas gemäfsigter ift der bronzene Johannes in der Kapelle des Heiligen am Dom zu Siena, wenngleich noch krafs genug in der Formbezeichnung; ähnlich ein dritter in einer Chorkapelle der Frari zu Venedig, forgfältig in Holz ausgeführt. Völlig abfchreckend hat er diefelbe Art der Charakteriftik an der ebenfalls aus Holz gearbeiteten Statue der h. Magdalena im Baptifterium zu Florenz zur Geltung gebracht. Es ift jedenfalls bezeichnend, wie beharrlich er in allen Gegenftänden diefer Art dem Seelenausdruck religiöfer Schwärmerei aus dem Wege geht und allen Nachdruck auf die phyfifche Erfcheinung völliger Ausmagerung legt. Er fcheint darin eine Art anatomifcher Feinfchmeckerei gefunden zu haben. Es giebt nichts, das für die völlig veränderte Richtung der Kunft bezeichnender wäre als diefe Keckheit, welche die heiligen Geftalten lediglich als Vorwand für naturaliftifche Studien benutzt. Hierher gehört auch die Erzgruppe der Judith mit dem Holofernes, in der Loggia de' Lanzi. Ein Seitenftück zum David der Uffizien, geht dies Werk doch in der Charakteriftik fo weit in's Uebertriebene, dafs ftatt des heroifchen Ausdruckes die Wirkung geradezu komifch ift. Das wird immer die Folge einer ausfchliefslich das Charakteriftifche ins Auge faffenden und jede höhere Bedingung der Schönheit verfchmähenden Kunft fein.

Portraitbilder.

Dafs Donatello da am erfolgreichften fich bewegt, wo es gilt die Perfönlichkeit in aller Schärfe individueller Erfcheinung aufzufaffen, ift vorauszufetzen. An feinem Denkmal Papft Johann XXIII. († 1419) im Baptifterium zu Florenz*)

*) Abgeb. bei Cicognara, II. tav. 10.

zeigt fich die vergoldete Erzfigur des ruchlofen Papftes als ein vortreffliches, dem Charakter wohl entfprechendes Werk. Den h. Ludwig von Toulouse, über dem Hauptportal von S. Croce, ebenfalls ein Bronzewerk, foll er abfichtlich bornirt und ungefchickt dargeftellt haben, „weil es von dem Heiligen mehr als ungefchickt gewefen fei, die Regierung aufzugeben und Mönch zu werden." Man ficht, in wie geringer Achtung bei Donatello die chriftliche Askese ftand! Eine bronzene Grabplatte des Bifchofs Joh. Peccius († 1426) im Dome zu Siena zeigt ebenfalls in der Reliefgur des Verftorbenen den fcharfen Styl des Künftlers. In S. Angelo a Nilo zu Neapel ferner befindet fich das Grabmal des Cardinals Rinaldo di Brancacci, an welchem Donatello um 1427 mit feinem Schüler und Genoffen *Michelozzo* arbeitete.

Im Dom zu Montepulciano fieht man neben dem Hauptaltar zwei faft lebensgrofse Marmorftatuen, die ganz das Eckige des donatellofchen Styles haben. Der Auffatz des Altars ift durch Reliefs, mit guirlandenhaltenden Genien gefchmückt, die manches hübfche lebendige Motiv, aber keine glücklichen Körperverhältniffe zeigen. An den beiden erften Pfeilern ift rechts ein Relief von Kindern angebracht, die von einem Manne und einer Frau gehütet werden, links ein ähliches, wo fich Kinder um eine ältliche Madonna fchaaren, die ihre Hand fegnend auf den Kopf eines knieenden Mannes legt. Jenes erfte Relief ift von hoher Anmuth; dagegen zeigen auf dem andern bei grofser Beweglichkeit die Gefichter fämmtlich etwas Altbackenes. Diefe Werke find fämmtlich Refte des Grabdenkmals, welches Donatello dort um 1427 mit *Michelozzo* arbeitete.

Wichtiger als alle diefe Werke ift das eherne Reiterbild des venezianifchen Feldherrn Gattamelata vor S. Antonio zu Padua, mit welchem er die Reihe feiner paduanifchen Arbeiten eröffnete. Zum erften Male feit der Römerzeit ift hier wieder eine Reiterftatue in monumentalem Sinne und in koloffalem Verhältnifs ausgeführt worden. Schon in diefer Hinficht hat das Werk eine entfcheidende kunftgefchichtliche Bedeutung als Stammvater aller fpäteren Denkmale diefer Art. Aber das ungeftüme Leben, die energifche Haltung des Reiters, das wuchtige Schreiten des fchweren Streitroffes, welches gegen den Reiter etwas zu fehr in Maffe und im Eindruck dominirt, das find Vorzüge, die diefer Schöpfung des Meifters einen felbftändigen Werth verleihen.

Reliefs. Endlich haben wir Donatello auf einem der fruchtbarften Gebiete feines Wirkens, bei der Reliefbildnerei aufzufuchen. Neben den früheren, oben bereits erwähnten Arbeiten ift hier zunächft der Kinderfries in der Sakriftei des Domes zu Florenz, weniger durch Anmuth als durch Naivetät bemerkenswerth. Am Taufbecken in S. Giovanni zu Siena arbeitete er die Darftellung, wie des Johannes Geburt dem Joachim verkündet wird, fprechend lebendig, nur in den Gewändern sehr unruhig. Ganz in antike Anfchauung verfenkte er fich in den acht Friesmedaillons im Hofe des Pal. Riccardi zu Florenz, der damals den Medici gehörte. Es find herbe Umbildungen römifcher Kameen oder Medaillen in den Styl des Meifters, der, beiläufig gefagt, durch feine Vorftellungen Cofimo Medici zur Anfchaffung antiker Werke veranlafste, nach denen dann nachmals Michelangelo und andere Künftler ftudirten.

Zu den trefflichften Werken Donatello's gehört die plaftifche Ausfchmückung der alten Sakristei von S. Lorenzo, deren Bau sein Freund Brunellesco (um 1428) leitete. Wenn irgendwo, so zeigt sich Donatello hier in den Stuckreliefs der Wände als bedeutender Plastiker. Vielleicht durch das Gesetz der Architektur gebunden, componirt er maassvoller als in seinen späteren Arbeiten und entwickelt einen wahrhaft plastischen Styl voll Einfachheit und charaktervoller Bestimmtheit. Bedeutende Werke sind an den Schildbogenwänden die Medaillons mit den Reliefgestalten der Evangelisten, die tief in Sinnen oder Begeisterung verloren vor ihren Pulten sitzen. Auch die Flachreliefs mit Legenden- Sakristei von S. Lorenzo.

Fig. 466. Relief von Donatello. Florenz.

darstellungen in den vier grofsen Zwickeln unter der Kuppel sind klar und einfach. Ueber den beiden Seitenthüren sieht man je zwei ebenfalls edel stylisirte Heiligenfiguren in Stuckreliefs. Endlich sind auch die beiden Erzthüren mit den kleinen Reliefs von paarweise angebrachten Aposteln und Heiligen flüchtige, aber energische Arbeiten.

Eine bedeutende Anzahl von Werken schuf Donatello sodann für S. Antonio zu Padua. Hier sind die prächtig charakteristischen Bronzereliefs der Evangelistensymbole an der Sängertribüne von ihm; ebenso an den Leuchtern vier liebenswürdig-naive musicirende Engel. Am Hochaltar und an einem Altar der Südseite sieht man Scenen aus dem Leben des h. Antonius und den Leichnam Christi, von trauernden Engeln gehalten, tief ergreifend, die historischen Scenen zum Theil von grofsem dramatischem Ausdruck, obgleich wirr und über- Arbeiten in Padua.

laden. Das momentane Staunen und Entsetzen bei den Wundergeschichten ist von merkwürdiger Energie der Schilderung. Im Chorumgang sieht man dann noch eine Grablegung Christi, wo der leidenschaftliche Schmerz der Angehörigen unschön, aber wahr und erschütternd geschildert ist. Diese Werke sind bis 1456 ausgeführt, wo Donatello nach Florenz zurückkehrte. Aehnlicher Art sind endlich seine letzten florentiner Arbeiten, die beiden Kanzeln in S. Lorenzo, die er mit seinem Schüler *Bertoldo* ausführte, welcher sie auch nach des Meisters Tode vollendete. Die Brüstungen sind mit Bronzereliefs bekleidet, welche in figurenreicher malerisch gedrängter Anordnung Scenen der Passion enthalten. Hier ergeht sich Donatello's Hang zum Dramatischen in wilden, aber höchst ausdrucksvollen Schilderungen. Am maafsvollsten ist der Styl noch in der Grablegung (Fig. 266). Dennoch finden sich hier Züge von so tiefer Wahrheit und Leidenschaft, dafs sie für die Mängel der Composition und der technischen Ausführung entschädigen. Von den Evangelisten an den Aufsenseiten sind die der nördlichen Kanzel von grofsartiger, ja feierlicher Würde und einem edleren, den Arbeiten der Sakristei noch entsprechenden Style. —

Letzte Florentiner Werke.

Luca della Robbia.

Ehe wir die Nachfolger des Meisters betrachten, müssen wir uns zu einem Bildhauer wenden, der selbständig sich eine eigenthümliche Ausdrucksweise schafft und in der milden Schönheit seiner Werke sich zu Donatello und der Mehrzahl der Zeitgenossen etwa verhält wie die umbrischen Maler zu denen der florentinischen Schule. *Luca della Robbia* (1400—1481) ging wie die bedeutendsten Bildhauer der Epoche von der Goldschmiedekunst aus, welcher er ähnlich wie Ghiberti und Quercia den Sinn für zarte Durchbildung der Gestalten verdankte. Luca ist aber aufserdem der Schöpfer einer neuen Gattung der Plastik, die durch ihn und seine Schüler eine Vollendung erreicht, welche ihr neben der vornehmeren Marmor- und Erzarbeit eine ebenbürtige Stellung verbürgt. Es sind die Werke in gebranntem Thon, die aber nicht, wie auch sonst häufig geschah, bemalt, sondern mit farbiger Glasur versehen wurden. Luca mufs diese Erfindung früher gemacht haben, als Vasari annimmt, denn schon 1446 wird ihm eine Portallunette für das Innere des Doms in solcher Arbeit verdungen. Ehe wir indefs diese anmuthigen Schöpfungen betrachten, mögen die vereinzelten, aber darum nicht unbedeutenden Werke vorausgeschickt werden, die ihn auch in der Marmor- und Erztechnik bewandert zeigen.

Frühere Arbeiten.

Zu seinen frühesten Arbeiten gehören die fünf Reliefs an der Nordseite des Glockenthurmes beim Dom. Sie stellen die Grammatik, Philosophie, Musik, Astrologie und Geometrie dar, sind aber so angebracht, dafs es unmöglich ist sie zu betrachten. Sodann schuf er neben Donatello um 1445 in Marmor für die Orgelempore des Domes Friese von singenden, musicirenden und tanzenden Kindern, von denen sich zehn Abtheilungen jetzt in der Galerie der Uffizien befinden. Diese Reliefs kommen denen des Donatello an Lebensfülle, Mannigfaltigkeit und Naivetät gleich, übertreffen sie aber an Schönheit und Anmuth (Fig. 267). Nirgends ist wohl das Kinderleben in der modernen Plastik frischer, anziehender geschildert worden. In ihrer treuherzigen Natürlichkeit erinnern sie lebhaft an die singenden Engel auf dem Genter Altar des Hubert van Eyck. Das Relief ist auch hier so hoch gearbeitet, dafs die Tanzenden zum Theil sich frei von der Fläche lösen. Am schönsten sind die kleinen

Knaben, die ſo luſtig und zutraulich dreinſchauen. Ebendort ſieht man von ihm zwei unvollendete Marmorreliefs, Petri Befreiung aus dem Gefängniſs und ſeine Kreuzigung, ebenfalls recht lebendige Compoſitionen, urſprünglich für einen Altar im Dome beſtimmt, deſſen Anfertigung ihm 1438 aufgetragen wurde. Sodann ſchuf er mit *Michelozzo* und *Maſo di Bartolommeo* ſeit 1446 die Bronzethür der alten Sakriſtei des Domes, die jedoch erſt nach 1464 von Luca allein

Fig. 267. Singende. Relief von Luca della Robbia. Florenz.

vollendet wurde. Sie enthält groſsartig ſtyliſirte Geſtalten von ſitzenden Heiligen mit Engeln, die paarweiſe jenen zugeordnet und auf mannigfaltige Weiſe mit ihnen in Beziehung geſetzt ſind. Die Behandlung des Reliefs iſt hier von einer Feinheit, wie ſie nur noch an der älteren Thür Ghiberti's vorkommt. Offenbar bildete Luca ſich am meiſten nach dieſem ihm wahlverwandten Vorgänger. Für die Lünetten über beiden Sakriſteithüren fertigte er ſodann in glaſirtem Thon die Reliefs der Auferſtehung und Himmelfahrt Chriſti, die vielleicht zu den früheſten unter ſeinen Arbeiten dieſer Art zählen, in der Compoſition jedoch minder bedeutend ſind.

Luca's Terracotten.

Was wir sonst von Arbeiten Luca's kennen, gehört ausschliefslich dieser von ihm erfundenen Technik an. Die Feinheit der Glasur, ein Hauptvorzug derselben, ermöglichte die zarteste Durchbildung der Formen; die Dauerhaftigkeit der Technik gestattete die mannigfaltigste Verwendung sowohl im Innern als an der Aufsenseite der Gebäude. Wir finden sie daher an Altären wie in Medaillons und Thürlünetten; aber selbst ganze Gewölbe oder Façaden kleinerer Gebäude werden damit bekleidet. Die Figuren heben sich in weifser

Fig. 268. Madonna von Luca della Robbia.

Glasur von einem sanftblauen Hintergrunde ab. Fur landschaftliche und decorative Nebendinge wird wohl Grün, Gelb und Violett hinzugefügt, dies Alles jedoch maafsvoll und ohne die Absicht auf Illusion. Selbst in der späteren Zeit als die Schule zu einer reicheren Bemalung überging, wurden die Figuren mehr andeutend als naturalistisch ausgeführt. So schliefsen sich diese edlen Werke voll Stylgefühl der Architektur an und verdanken zum Theil diesem innigen Bündnifs mit ihr den harmonischen Reiz ihrer Wirkung. Aber noch bestimmender war jedenfalls der reine plastische Sinn des Meisters. Durch die Bedingungen seiner Technik ebenso sehr wie durch künstlerische Neigung auf

Einfachheit hingewieſen, hielt er ſich frei von dem ſpäteren maleriſchen Style Ghiberti's wie von der überfüllten Anordnung Donatello's. Allerdings begünſtigte ihn auch die Gleichartigkeit der Aufgaben. Denn nur ausnahmsweiſe hat er geſchichtliche Vorgänge zu erzählen, und in dieſen iſt er um ſo weniger glücklich, je mehr dramatiſche Lebendigkeit ſie verlangen. Dagegen zeigt er ſich unermüdlich und unerſchöpflich in der Schilderung eines von Holdſeligkeit verklärten ruhigen Seins. Die Madonna mit dem Kinde, von Engeln umgeben, ihr Kind anbetend (Fig. 268), oder in ſtiller Mutterfreude auf dem Schooſse haltend; auch wohl die Geſtalten von Heiligen oder Tugenden, das ſind Luca's Lieblingsthemata, die er immer neu variirt, ſtets vortrefflich in den Raum componirt, mit mäſsig angedeuteter Umgebung, rein in den Formen und innig in der Empfindung. Nirgends hat die chriſtliche Plaſtik im Bunde mit einem entwickelten Naturgefühl Werke von ſo echtem plaſtiſchem Gehalt und ſo wahrer religiöſer Stimmung hervorgebracht. Nie begegnet man darin der tieferen Inbrunſt eines Fra Angelico da Fieſole, noch der Gefühlsſchwelgerei der ſpäteren umbriſchen Maler; aber das Beſte, was in den früheren Bildern Perugino's und in den Gemälden des liebenswürdigen Lorenzo di Credi anſpricht, lebt auch in dieſen Schöpfungen. Minder häufig und minder bedeutend ſind die Statuen, ſtatt deren man lieber Halbfiguren anbrachte. Aber dieſe ſind ſtets im Zuſammenhange mit der Umgebung aufzufaſſen, wo ſie dann auch ihrerſeits zur vollen Geltung kommen.

Es würde zu weit führen die zahlreichen Werke, welche in Florenz und den übrigen Orten Toscana's verbreitet ſind, ja durch den Handel bald auch in andere Länder gelangten, auch nur annähernd zu nennen*). Wir müſſen uns begnügen einige der wichtigſten und bezeichnendſten hervorzuheben. Zu den anmuthigſten Werken Luca's gehören die Medaillons einer Madonna an Or S. Micchele; die Lünette an der Kirche S. Piero beim alten Markte, ebenfalls eine Madonna mit Engeln; an der Kirche der Innocenti eine herrliche Verkündigung mit einem Halbkreis von Engeln; in der Vorhalle der Akademie eine Auferſtehung Chriſti und Himmelfahrt der Maria; in S. Apoſtoli der prächtige Altar des nördlichen Seitenſchiffes, eines ſeiner ſchönſten reichſten Werke. Ueberaus heiter und liebenswürdig dann der Brunnen in der Sakriſtei von S. M. Novella, im Bogenfelde eine ſchöne Madonna mit anbetenden Engeln, darüber naive Genién mit Guirlanden. In S. Miniato ſchmückte Luca die ganze Kapelle des Cardinals von Portugal an ihrer Wölbung mit Reliefs; ebenſo in S. Croce die Wölbungen des Innern und der Vorhalle der Capella Pazzi. Eine ganze Sammlung von Arbeiten Luca's und ſeiner Schule ſieht man jetzt in einem Saale des Muſeums im Bargello.

Als Luca's Schüler und Nachfolger nahm ſein Neffe *Andrea* (1437—1528) ſammt ſeinen Söhnen *Giovanni*, *Girolamo*, *Luca* und *Ambrogio* an den Arbeiten der Werkſtatt Theil. Es iſt ſchwer, wenn nicht unmöglich, bei der Menge der Werke den Antheil der Einzelnen zu ſondern; denn mit einer Stetigkeit, die inmitten der regen Entwicklung der übrigen toscaniſchen Kunſt um ſo merk- Schüler Luca's.

*) Ich verweiſe auf die reichhaltige Aufzählung, welche *Jac. Burckhardt* in ſeinem Cicerone, zweite Aufl. S. 593 ff. giebt. Vergl. dazu die Notizen in *Vaſari*, ed. Lemonn. III, p. 76—86.

würdiger erscheint, hält die Schule an dem gegebenen Style fest und bringt bis tief in's sechzehnte Jahrhundert hinein eine Fülle von Werken hervor, die im Ganzen die schöne Empfindung und die reinen Formen bewahren. Auch jetzt ist die Lebensfülle bewundernswürdig, welche der so naheliegenden Gefahr conventioneller Wiederholung widersteht und den eng begrenzten Aufgaben stets neue Motive abzugewinnen weiss. Zu den anziehendsten Werken Andrea's gehören die Medaillons mit Heiligenbildern an der Halle, gegenüber S. M. Novella; ferner ebendort die Thürlünette mit S. Dominicus und S. Franciscus; vor allen die köstlichen Wickelkinder in den Medaillons an der Halle der Innocenti, unvergleichlich heiter in ungesuchter Mannigfaltigkeit. Von ihm sind ferner die drei Altäre in der Madonnenkapelle des Domes von Arezzo, die wieder zum Schönsten dieser Art gehören. Trefflich ist auch die Lünette am Portal des Domes von Prato, Maria mit zwei Heiligen enthaltend; ähnlich die Madonna mit Engeln über dem Hauptportale des Domes zu Pistoja. Von seinen Söhnen ging der jüngste, *Girolamo*, der nicht bloss in Terrakotten, sondern auch in Erz und Marmor arbeitete, nach Frankreich und fertigte für Franz I. im Schlosse Madrid (ehemals im Bois de Boulogne gelegen) viele plastische Werke, war dann in Orleans und anderen Orten thätig. *Luca* war namentlich geschickt in Herstellung prächtiger Fussböden aus glasirten Terrakotten. Von ihm waren die jetzt fast völlig zerstörten Fussböden in den Rafaelischen Loggien des Vatican. Von *Giovanni* endlich existirt ein prachtvolles Hauptwerk vom Jahre 1521 in der Kirche des Klosters S. Girolamo delle Poverine zu Florenz: die Geburt Christi mit verschiedenen Heiligen und vielen Engeln darstellend.

Zwei andere florentiner Künstler, die Brüder *Ottaviano* und *Agostino di Guccio* schlossen sich ebenfalls der Thätigkeit Luca's an. Agostino schmückte 1461 die Façade des Oratoriums S. Bernardino in Perugia mit Terrakotten und Marmorreliefs. Man sieht hier einzelne Scenen aus der Geschichte des Heiligen, lebendig bewegt in klarem Reliefstyl. Im Giebelfelde thront Christus, von anbetenden Engeln umgeben; im Bogenfelde darunter steht der Heilige in einer Glorie von schwebenden auf Geige, Triangel und andern Instrumenten musizirenden Engeln in weiblichen Gewändern. In diesen Gestalten ist der Einfluss der gleichzeitigen florentiner Malerei an der übertriebenen Detaillirung, den bunt flatternden Gewändern zu erkennen. Dabei erinnern die Köpfe in der Form an die des Sandro Botticelli. Das Ganze ist ein Hauptbeispiel für die verschwenderisch reiche Decoration der Frührenaissance.

Fries zu Pistoja. Endlich gehört der grosse Fries des Hospitals zu Pistoja, seit 1525 ausgeführt, zu den glänzendsten Beispielen der späteren Blüthe dieses Styles, der hier zugleich in reicherer Farbenanwendung auftritt. Er schildert in lebendigen Scenen die sieben Werke der Barmherzigkeit und zeigt trotz der figurenreichen Darstellung und der volleren Farbung noch immer dieselbe feine Beobachtung des Reliefstyls, welcher die früheren Werke der Robbia auszeichnet. —

Nachfolger Donatello's. Die Mehrzahl der übrigen Zeitgenossen geht, von dem höheren Affect und der charaktervollen Kraft Donatello's fortgerissen, in den von ihm betretenen Bahnen weiter. Doch ist kein sclavisches Anschliessen, sondern mehr die verwandte Geistesrichtung bei der Mehrzahl das Bestimmende, sodass Jeder in selbständiger Weise den Drang der Zeit nach erschöpfender Darstellung des Lebens erfüllt. Donatello's angeblicher Bruder *Simone di Betto Bardi* goss die eherne Grabplatte Papst Martins V. († 1431) in S. Giovanni in Laterano zu Rom, ein Werk von tüchtiger Charakteristik. Sodann arbeitete er dort mit einem andern Schüler Donatello's, *Antonio Filarete*, die Bronzethür am Hauptportal von S. Peter (seit 1439). Sie enthält in einzelnen Feldern die Reliefgestalten Christi und der Maria, sowie der Apostelfürsten, verehrt von dem

Fig. 269. David von Verrocchio.

knieenden Papst Eugen IV.; außerdem Scenen aus dem Leben Christi und das Martyrium der beiden Apostel. Die Einzelgestalten sind minder bedeutend, die historischen Darstellungen dagegen voll Lebensfrische. — Das prachtvolle Bronzegitter an der Kapelle della Cintola im Dom zu Prato mit seinen herrlichen Arabesken, Laubwerk sammt menschlichen Figürchen, Vögeln und andern Thieren, von bezaubernder Feinheit und Schärfe der Ausführung, ist mit Unrecht dem Simone zugeschrieben worden. Auch *Michelozzo*, der treffliche Baumeister, steht seinem Meister Donatello, als dessen Gehulfen wir ihn bereits kennen lernten, in der Auffassung nahe, doch ohne unselbständig zu werden.

Am Grabmal Johannes XXIII. im Baptifterium ift die treffliche Figur des Glaubens von ihm. In der Galerie der Uffizien ficht man das Hochreliefbild eines Johannes des Taufers, ebenfalls von feiner Hand. Seine Hauptthätigkeit gehort jedoch der Architektur. — Zu den tüchtigeren Schülern Donatello's zählt fodann *Nanni di Banco*. Er arbeitete für den Dom das Marmorbild des h. Lucas, fodann für Or S. Micchele, ebenfalls aus Marmor, die Statuen des Philippus und des Eligius, fowie in einer andern Nifche vier miteinander verbundene

Fig. 270. Denkmal Colleoni's. Venedig.

Heilige *). Diefe Arbeiten find würdig und lebensvoll, auch die kleinen Reliefs am Fufsgeftell der Nifchen zeigen einen anfprechend einfachen Styl.

Andrea Verrocchio. In voller Schärfe tritt das Streben nach kraftvoller Charakteriftik bei *Andrea Verrocchio*, einem der bedeutendften Nachfolger Donatello's auf (1432—1488). Auch er beginnt wie fo viele andere mit der Goldfchmiedekunft, treibt fodann die Malerei und mit befonderem Eifer die Bildhauerei. Er arbeitet in Silber und Gold, in Erz und Marmor und gehort zu den thätigften und einflufsreichften

*) Die Erzählung Vafari's, dafs Donatello für ein Abendeffen dem Künftler aus der Verlegenheit geholfen und die vier Statuen durch Abfchneiden an den Schultern und Armen dem Raum angepafst habe, erweift fich als albernes Märchen.

Künstlern der Zeit. Ohne höheren Schwung oder freieren Strom der Erfindung weifs er durch forgfältige, wenngleich etwas mühfame Ausführung und durch gewiffenhafte Durchbildung feinen Werken das Gepräge männlicher Tüchtigkeit zu geben. Sein Styl ift fcharf und plaftifch beftimmt, im Nackten gediegen, doch ohne Reiz, in der Gewandung zu kleinem knittrigem Faltenwurf neigend. Zu feinen liebenswürdigften Arbeiten gehört die Bronzeftatuette eines Genius, der einen Delphin an fich drückt, auf dem Brunnen im Hofe des Palazzo vecchio. Minder gelungen ift die Bronzeftatue eines jugendlichen David im Mufeum des Bargello (Fig. 269), vom Jahre 1476, obwohl in der freien Bewegung von glücklichem Wurf. Das Marmorrelief, welches den Tod der Gemahlin des Francesco Tornabuoni im Wochenbett darftellt (Uffizien), entbehrt allerdings jeder idealen Auffaffung, fchildert aber in ergreifender Weife den Schmerz der Angehörigen, wie den rührenden Ausdruck der Sterbenden. Am bedeutendften ift der Meifter da, wo es fich um Ausprägung des individuellen Lebens handelt. So in dem koloffalen ehernen Reiterbilde des venezianifchen Feldherrn Colleoni, das er feit 1479 arbeitete, welches aber erft nach feinem Tode vor S. Giovanni e Paolo zu Venedig aufgeftellt wurde (Fig. 270). Hier waltet diefelbe Herbigkeit der Charakteriftik wie bei Donatello's ähnlichem Werke. Aber Verrocchio übertrifft ihn noch in jener unwiderftehlichen Gewalt der Bewegung und dem faft brutalen und doch grandiofen Trotz des eifernen Kriegers. Auch hier kein Zug von idealer Verherrlichung, aber ein Charakterbild aus einem Guffe. Als Andrea das Modell des Pferdes vollendet hatte und es eben giefsen wollte, hörte er, dafs durch vornehmen Einflufs dem Paduaner Vellano die Figur des Feldherrn übertragen werden follte. Sofort zerbrach er Kopf und Füfse feines Modells und kehrte nach Florenz zurück. Erft als man ihm volle Genugthuung gab, nahm er die Arbeit wieder auf, ohne jedoch den Gufs ganz zu vollenden.

Für den Dom zu Piftoja arbeitete er das Grabmal des Cardinals Forteguerra († 1473) gemeinfam mit dem Bildhauer *Lorenzetti*, von dem namentlich die treffliche Statue des Verftorbenen herrührt, während Andrea nur das grofsartige Reliefbild des von Engeln umfchwebten Chriftus ausführte. Der Ausdruck ift edel, an den Gewändern ftören jedoch die kleinen knittrigen Falten. Einfacher ift die von zwei Engeln gehaltene Madonna in der Lünette über dem Grabmal des Lionardo Bruni in S. Croce, eine Jugendarbeit des Meifters. Seiner reifften Zeit dagegen gehört die grofse Bronzegruppe in einer Nifche von Or S. Micchele: Thomas, welcher die Wundmale des Herrn unterfucht. Hier erhebt fich fein Styl zu herber Schönheit und zwingender Gewalt des Ausdrucks. Das ungläubige Zweifeln des Jüngers findet an der ruhigen Gewifsheit Chrifti feinen wirkfamen Gegenfatz. Nur die Gewänder laffen auch hier in Klarheit der Anordnung manches zu wünfchen.

Als tüchtiger Nachfolger Verrocchio's zeigt fich *Baccio da Montelupo* in der Statue Johannes des Evangeliften an Or S. Michele, die einen energifchen plaftifchen Styl mit würdigem Ausdruck verbindet und auch in der Gewandbehandlung maafsvoll ift. — Dem Verrocchio verwandt, wenngleich minder bedeutend, erfcheint *Antonio Pollajuolo* (1433 bis 1498). Von Haufe aus Goldfchmied, arbeitete er mit jenem und anderen Meiftern an dem filbernen Altare

Montelupo.

Antonio Pollajuolo.

des Baptisteriums, war aber daneben auch als Bildhauer und Maler thätig. Vortrefflich in der Technik des Ergusses und in seiner Durchführung der Gestalten, strebt auch er jener scharf realistischen Formbezeichnung nach, die durch Donatello zur Herrschaft gekommen war, neigt aber mehr als die übrigen Bildhauer zu einer manieristischen Uebertreibung. Dass er zu den jungen Künstlern gehört habe, die Ghiberti bei Ausführung seiner späteren Thür für das Baptisterium verwendete, lässt sich bei seinem damals noch sehr jugendlichen Alter kaum annehmen, und so mag denn die gepriesene Wachtel an den Fruchtschnüren der Einfassung, welche man ihm zuschreibt, wohl einem anderen Künstler ihre Entstehung verdanken. Jedenfalls hat Ghiberti's Styl weniger auf ihn gewirkt als auf irgend einen der Zeitgenossen. Im Museum des Bargello sieht man von ihm das Bronzerelief des Gekreuzigten mit den Marien und den

Fig. 271. Kreuzigung von Pollajuolo. Florenz.

Aposteln, eine treffliche Arbeit, wenngleich etwas hart und scharf, von grosser Kraft der Empfindung, deren Ausdruck sowohl dem Donatello wie dem Mantegna nahe steht (Fig. 271). Von Innocenz VIII. nach Rom berufen, arbeitete er das prächtige Grabmal von dessen Vorgänger Sixtus IV. († 1484), welches man jetzt in der Sacramentskapelle von S. Peter sieht. Recht charakteristisch ist die liegende Bronzestatue des Papstes; in den allegorischen Figuren der Tugenden herrscht eine manieristische Auffassung und eine etwas kleinliche Behandlung der Gewänder, das Ganze ist aber ein Werk von hoher Bedeutung und von glänzender decorativer Pracht. Das Denkmal trägt die Jahreszahl 1493. Um dieselbe Zeit entstand ebendort das Grabmal Innocenz VIII. an einem Pfeiler im linken Seitenschiff. Es enthält unten die liegende, oben die sitzende Statue des Papstes, dabei in Nischen die vier Cardinaltugenden und im Bogenfelde darüber Glaube, Liebe und Hoffnung.

Von dem jüngeren Bruder Antonio's, *Piero Pollajuolo*, sieht man am Taufbecken in S. Giovanni zu Siena eine Reliefdarstellung vom Gastmahl des Herodes, ebenfalls in einem herben Style, aber voll dramatischen Lebens. Piero Pollajuolo.

Gegenüber diesen hauptsächlich im Erzguss thätigen Meistern liegt der Schwerpunkt einer andern Reihe florentinischer Bildhauer in der Marmorarbeit. Den Bedingungen dieses milderen Materials entsprechend, sind sie durchweg minder hart realistisch als jene und stehen in Auffassung und Formgefühl den Robbia näher. So *Antonio Rossellino* (1427—c. 1490), der in mehreren Grabmälern sich durch geschmackvolle Composition und technische Vollendung auszeichnet. Durch ihn und mehrere Künstler von verwandter Richtung wurde in dieser Zeit die neue Form des Grabdenkmals für Florenz und das übrige Italien festgestellt. Der Sarkophag erhebt sich reich geschmückt über einem Unterbau, an welchem Genien mit Fruchtschnüren und ähnliche Motive antiker Decoration auftreten. Eine Nische auf Pilastern mit eleganten Arabesken fasst das Denkmal ein. Den Hintergrund derselben füllen Gestalten von Tugenden; in dem krönenden Bogenfelde sieht man gewöhnlich ein von Engeln gehaltenes Medaillon mit dem Brustbilde der Madonna. Eins der prächtigsten Werke dieser Art ist das von Antonio nach 1459 ausgeführte Grabmal des Kardinals von Portugal in S. Miniato (Fig. 272). Auf dem reichen Sarkophag liegt die edel aufgefasste Statue des Verstorbenen; darüber zwei knieende Engel und in dem Bogenfelde eine mütterlich innige Madonna mit dem Kinde, von schwebenden Engeln im Medaillon gehalten. Ein anderes Grabmal arbeitete er für Lyon, ein drittes für die Prinzessin Maria von Arragonien (1470), welches in der Kirche Monte Oliveto zu Neapel in der Kapelle Piccolomini steht. Auch hier ist die decorative und figürliche Plastik anmuthig, besonders die jungfräulich zarte auf dem Sarkophage liegende Fürstin, die beiden schwebenden Engel zu ihren Seiten und die huldvolle Madonna in dem Bogenfelde. Nur die Genien am Sarkophag sind etwas befangen. An dem Altare daselbst sieht man ein Relief der Geburt Christi, meisterhaft lebensvoll, reich an feinen Einzelzügen, dabei klar angeordnet. In der Luft schwebt ein auf Wolken tanzender Engelchor, ächt florentinisch naiv und in den Gewändern etwas manierirt. Mit Unrecht, wie mir däucht, schreibt man diese Arbeit dem Donatello zu. Wahrscheinlich für ein ähnliches Grabmal gearbeitet ist ein Marmorrelief in den

Marmorarbeit. Rossellino.

Fig. 272. Grabmal des Cardinals von Portugal. Florenz. (Nach Teirich).

Uffizien. Zwischen dem h. Joseph und dem Engel, der die Geburt Christi verkündet, sieht man die Jungfrau in Anbetung vor dem Kinde. Der Ausdruck der Maria ist innig, das Christuskind naiv, aber etwas verdriesslich. Ein zweites Relief ebendort, dessen unbekannter Meister wohl kein Anderer als Antonio ist, zeigt die Maria mit dem Christuskinde und dem kleinen Johannes. Das Kind greift liebkosend der Mutter ans Kinn; die reizende Composition ist wie ein Lorenzo di Credi in Marmor. Nicht minder liebenswürdig ebendort eine kleine Marmorstatue des jugendlichen Johannes. Endlich arbeitete Rossellino mit Mino da Fiesole an der Kanzel des Domes zu Prato.

Einer ähnlichen Richtung gehört *Desiderio da Settignano*, der ebenso fein in seinen decorativen, wie edel in den rein plastischen Arbeiten ist. Sein Hauptwerk, das Grabmal des Carlo Marzuppini in S. Croce, ist ausser der herrlichen Ornamentik durch die edle Statue des Verstorbenen, die reizenden wappenhaltenden Genien, sowie die herzliche Madonna im Bogenfelde ausgezeichnet Fig. 273). Sein Schüler *Mino da Fiesole* (1400—1486), mehr durch den Reiz seiner Decoration und durch die ausserordentliche Fruchtbarkeit bemerkenswerth, durch die er die Verbreitung des neuen Styles am meisten förderte, scheint im Figürlichen zwar minder selbständig, erreicht aber auch darin bisweilen eine lautere Schönheit. Zudem darf man bei der Menge von Arbeiten, die dieser Meister an der Spitze einer zahlreichen Werkstatt geschaffen, nicht jede von Gesellenhand ausgeführte Nebenfigur ihm beimessen. Seine schönsten Arbeiten in Florenz sind in der Kirche der Badia: zunächst das Grabmal das Bernardo Giugni (1466). Hinter der tüchtig behandelten, aber etwas flachen Gestalt des Verstorbenen sieht man die Reliefsigur der Gerechtigkeit mit Waage und Schwert in zarter, leichter Gewandung, im Styl zwischen Donatello und Desiderio schwankend. Recht lebendig sind auch die beiden schwebenden Engel. Weit reicher ist daselbst das Denkmal des Hugo von Andeburg (1481) mit der würdigen Statue des Verstorbenen; hinter diesem eine fein entwickelte aufschwebende Gewandfigur der Caritas mit einem Kinde auf dem Arm, zu welchem ein anderes hinaufblickt. Nur gering und gewiss von Schülerhand sind die Engel mit der Schrifttafel am Sarkophag, während die beiden wappenhaltenden Kinder an Donatello erinnern. Endlich ist rechts vom Eingange von Mino das Marmorrelief einer Madonna mit dem Kinde, zwischen den Heiligen Laurentius und Leonhard, Gestalten von feinem Naturgefühl. In S. Ambrogio enthält die Capella del miracolo einen ebenfalls reich ausgeführten Altar von seiner Hand. Für den Dom zu Fiesole arbeitete er 1466 das prachtvolle Grabmal des Bischofs Salutati, und ebendort um dieselbe Zeit einen Marmoraltar mit der Madonna und zwei Heiligen, zu deren Füssen auf den Stufen der kleine Christus mit der Weltkugel sitzt, von seinem Spielkameraden Johannes verehrt. Im Dome zu Prato führte Mino bis 1473 mit Antonio Rossellino die Marmorkanzel aus, ein im Decorativen sehr anmuthvolles, im Figürlichen überaus schwaches Werk. Die Reliefs namentlich sind von auffallend geringem Werthe. Die Himmelfahrt Mariä und das Marterthum des Stephanus sind von Antonio; das Uebrige von Mino's Hand. — Ein wichtiger Theil seiner Thätigkeit gehört sodann Rom, wo namentlich Er den Styl der Florentinischen Renaissance einbürgerte. Das Grabmal Papst Pauls II. († 1471), dessen Ueberreste sich jetzt

Desiderio da Settignano.

Mino da Fiesole.

Arbeiten in Rom.

in der Gruft von S. Peter befinden, enthielt ein figurenreiches Weltgericht, ein der nordischen Kunst mehr als der italienischen dieser Epoche geläufiger Gegenstand; außerdem treffliche Gestalten von Tugenden. In S. Maria s. Minerva sieht man am Anfang des linken Seitenschiffes das prachtige Grabmal des Francesco Tornabuoni; im Kreuzgang von S. Agostino das Grabmal des Bischofs Jacopo Piccolomini († 1479) ebenfalls mit einer Darstellung des Weltgerichts.

Ein andererer Fiesolaner Meister, *Andrea Ferrucci*, der bis 1526 lebte, vertritt den Geist des 15. Jahrhunderts in liebenswürdigster Weise und bleibt demselben bis weit in die folgende Epoche hinein getreu. In der Reinheit der Empfindung steht er den tuchtigsten Malern der umbrischen Schule nahe, in Adel des Schönheitsgefühles gehört er zu den Besten des Jahrhunderts. Er arbeitete zuerst in Fiesole, dann in Imola und Neapel; sein Hauptwerk aber ist die marmorne Taufnische im Dom zu Pistoja, eine der geistvollsten Arbeiten der Zeit. Auf beiden Seiten ist in vier Reliefs die Geschichte Johannes des Täufers geschildert: ungemein innig empfunden die Geburt, dann seine Predigt, das Gastmahl des Herodes und die lebendig bewegte Scene der Enthauptung. Die Figuren sind gut durchgeführt, nur etwas lang. Oben im Bogenfelde ist fast lebensgroß die Taufe Christi in sehr starkem Relief dargestellt, schön gruppirt mit guter Raumausfullung, die Gestalten edel, doch hie und da etwas steifbeinig, dies Alles etwa in der reinsten Empfindungsweise Perugino's. Herrlich gedacht ist die Gestalt Christi, der mit geneigtem Haupte die Arme demuthvoll auf der Brust kreuzt; dabei schöne anbetende Engel, theils knieend, theils stehend mit reichen Gewandern, in der gemuthvollen Auffassung eines Lorenzo di Credi. Seit 1508 bei den Arbeiten des Domes zu Florenz beschäftigt, wurde er 1512 zum Obermeister der plastischen Ausschmuckung desselben ernannt und erhielt den Auftrag, eine uberlebensgroße Marmorstatue des Apostels Andreas zu arbeiten, die man noch im linken Kreuzflügel sieht. Sodann fertigte er 1521 ebenfalls für den Dom die Marmorbuste des Marsilius Ficinus, endlich für S. Felicità das edle Bild des Gekreuzigten. Ferrucci.

Dem Ferrucci verwandt in Adel und Schönheitssinn, uberlegen jedoch in Reichthum der Erfindung, ist der auch als Baumeister tüchtige *Benedetto da Majano* (1442—1498). Schon früh ein Meister in kunstvoller Holzschnitzerei, arbeitete er namentlich die decorativ prächtigen Täfelungen in der Sakristei von S. Croce. Mit nicht minderem Talent widmete er sich der Marmorsculptur. Sein Hauptwerk auf diesem Gebiet, die Kanzel in derselben Kirche, steht in erster Linie unter den schönsten Leistungen des Jahrhunderts. Schon die Anlage und Eintheilung des Ganzen und die Decoration bezeugen einen ungewöhnlich feinen künstlerischen Sinn. Die fünf Statuetten zwischen den Consolen des Unterbaues sind von anmuthvoller Lebensfrische. An der Brüstung sind in fünf Reliefs Scenen aus dem Leben des h. Franciscus dargestellt. Hier ist die maaßvolle Behandlung der malerischen Perspective, bei leicht angedeuteten architektonischen und landschaftlichen Gründen, bewundernswurdig. Die Gestalten sind nicht so gehauft, wie bei den meisten Zeitgenossen, die Bewegungen sprechend, die Gewander von klarem Fluß, so daß bei keinem Kunstler der Zeit die geistige Verwandtschaft mit Ghiberti so rein hervortritt (Fig. 274). Benedetto da Majano.

Nur die mittlere Darstellung, wo der Gekreuzigte zwei seltsam zusammengekauerten Mönchen erscheint, ist der Natur der Aufgabe nach dürftig. In S. Maria Novella arbeitete er für die Capella Strozzi ein schönes Marmorgrab mit einer huldvollen, von Engeln getragenen Madonna. Wie tüchtig Benedetto in scharfer Auffassung von Bildnissen war, beweisen das Reliefportrait Giotto's und die Büste des Musikers Squarcialupi im Dom. Aehnlich in den Uffizien die Büste des Pietro Mellini vom Jahre 1474, ein wahrer Balthasar Denner an unendlich fleissiger Detailausführung. Seinen Statuen mangelt in der Regel die freie Haltung; aber voll Anmuth ist gleichwohl sein Johannes der Täufer in den Uf-

Fig. 874. Relief von Benedetto da Majano. Florenz.

fizien, sowie der h. Sebastian in der Misericordia neben dem Dom, und die ganz holdselige Madonna ebendort.

Bened. da Rovezzano. Minder bedeutend, aber in ähnlicher Richtung voll schöner Nachklänge des Ghiberti'schen Styles erscheint *Benedetto da Rovezzano*. Von ihm besitzen die Uffizien fünf aus dem Kloster der Salvi stammende Marmorreliefs aus dem Leben des h. Johann Gualbert, klare Compositionen von feiner Ausführung und einzelnen überaus lebendigen Motiven. Von geringerem Werthe ist die grosse Statue des Evangelisten Johannes im Chor des Domes.

Matteo Civitali. Sehen wir uns weiter im toscanischen Gebiete um, so begegnet uns nur in Lucca noch ein bedeutender Meister, der aber auch zu den trefflichsten des ganzen Jahrhunderts gehört. *Matteo Civitali* (1435—1501), über dessen künstriſche Ausbildung wir nichts wiſſen, ſteht als einer der liebenswürdigſten und reinſten Vertreter der Plaſtik dieſer Epoche da. Dabei erreicht er bisweilen eine freie Groſsartigkeit der Geſtalten, die den beſten Gemälden des Domenico Ghirlandajo nahe kommt. Zu ſeinen früheſten Werken iſt das Grabmal des Pietro da Noceto im Dom zu Lucca vom Jahr 1472 zu rechnen, den ſchönſten Arbeiten Mino's verwandt. Würdig und ausdrucksvoll iſt die Geſtalt des Verſtorbenen; innig empfunden die Madonna im Bogenfelde. Ebendort vom Jahr 1479 das Denkmal des Domenico Bertini mit einer lebensvollen Portraitbüſte des Verſtorbenen. Auf dem um dieſelbe Zeit entſtandenen Tabernakel der Sakramentskapelle ebenda ſind nur noch die beiden herrlichen anbetenden Engel vorhanden. Sodann arbeitete er von 1482—1484 den kleinen Tempel im linken Seitenſchiff, wo die Statue des Sebaſtian (Fig. 275) den innigſten, an Perugino anklingenden Ausdruck zeigt. An dieſes Werk ſchlieſst ſich gleich nach 1484 der prachtvolle Altar des h. Regulus an der rechten Seite des Chores. Die kandelaberhaltenden Engel und die Madonna, ſowie die drei Heiligenſtatuen des Regulus, Stephanus und Johannes des Täufers zeigen eine Hoheit und Freiheit des Styles, wie ſie wenigen im 15. Jahrhundert gegeben war. Die Reliefs der Steinigung des Stephanus und des Gaſtmahls bei Herodes ſind zu dürftig und gering für dieſen groſsen Meiſter*).

Fig. 275. S. Sebaſtian von Civitali. Lucca.

Von ſüſseſter Lieblichkeit iſt die Reliefſigur des Glaubens in den Uffizien, wohl noch ein Werk ſeiner früheren Zeit. Seine letzten Arbeiten dagegen (ſeit 1492) ſchuf er für den Dom zu Genua. Es ſind ſechs Marmorſtatuen der Johanneskapelle: Adam und Eva, Jeſaias**), Habakuk, Zacharias und Eliſabeth, Geſtalten von zum Theil groſsartiger Charakteriſtik und tiefem Ausdruck; nur bei Zacharias und Habakuk ſcheiterte der Meiſter an dem beſchränkten Realismus ſeiner Zeit.

In Siena ſpielt die Sculptur ſeit Quercia keine bemerkenswerthe Rolle und Sieneſer.
empfängt meiſt ihre Einflüſſe von Florenz. Am Caſino de' Nobili ſind die Statuen der H. Anſanus und Felicianus, von *Urban da Cortona*, einem Schüler Quercia's, von kraftvoll edler Haltung und jugendlicher Anmuth; die heiligen Petrus und Paulus dagegen, 1458—1460 von *Lorenzo Vecchietta*, einem ſieneſiſchen Goldſchmied, Maler und Bildhauer gearbeitet, ſind überaus ſchwach und

*) Vergl. die Abb. bei *Cicognara*, II. tav. 19.

**) Den Jeſaias giebt unter dem irrigen Namen Abraham *Cicognara* auf derſelben Tafel.

ſtyllos. Für die Kirche des Spitals goſs derſelbe Künſtler 1466 die Erzſtatue eines auferſtandenen Chriſtus in unglaublich ſcharfer Auffaſſung, die den Einfluſs Donatello's aber ohne deſſen Geiſt verräth. Vom Jahre 1467 datirt die liegende Grabſtatue des Marianus Soccinus in den Uffizien, in welcher die naturaliſtiſche Herbigkeit ſich von der günſtigen Seite treu und lebenswahr zeigt. Am Ende der Epoche ſchlieſst dann die ſieneſiſche Sculptur mit einer der edelſten Schöpfungen der Zeit, dem Hauptaltar der Kirche Fontegiuſta vom Jahr 1517. Dem feinen decorativen Geſchmack und der Klarheit des Aufbaues entſpricht der Werth ſeiner plaſtiſchen Ausſtattung. Vor Allem gehört der von drei Engeln beklagte todte Chriſtus in dem Bogenfelde nach Compoſition und Ausdruck zu den ſchönſten Offenbarungen dieſer an edlen Schöpfungen ſo reichen Epoche.

## 2. Künstler im übrigen Italien.

Schule von Venedig.

Von den anderen Schulen Italiens tritt keine der florentiniſchen ſo ſelbſtändig und bedeutend gegenüber wie die von Venedig. Jener treffliche Meiſter Bartolommeo Buono (S. 518) bezeichnet den Uebergang in die neue Zeit und findet, allem Anſcheine nach durch eigenen inneren Trieb, den Weg in die Kunſt der Renaiſſance. Als dann die paduaniſche Malerſchule unter Squarcione und mehr noch durch Mantegna ihren Einfluſs auf das benachbarte Venedig und deſſen Malerei auszuüben begann, blieb auch die Bildhauerei nicht unberührt und ging um ſo ſchärfer auf die Bedingungen des neuen Styles ein, als ſie durch Donatello's Wirken in Padua und mehrfaches Auftreten florentiniſcher Künſtler in Venedig in lebendigen Zuſammenhang mit der tonangebenden toscaniſchen Kunſt gerieth. Die Hauptthätigkeit war auch hier der Ausſchmückung der Grabmonumente gewidmet, welche bald im Sinne der venezianiſchen Ariſtokratie den Charakter höchſter Pracht und überwiegend einen weltlich vornehmen Ausdruck erhalten.

Antonio Rizzo.

Zu den früheſten Meiſtern gehört ſeit der Mitte des Jahrhunderts *Antonio Rizzo*, wahrſcheinlich aus einer venezianiſchen Steinmetzenfamilie hervorgegangen *). Zuerſt finden wir ihn neben *Pietro Rizzo*, der vielleicht ſein Vater war, bei dem Denkmal des Dogen Francesco Foscari (1457) im Chor von S. M. de' Frari. Hier miſcht ſich in wunderlicher Weiſe gothiſche Auffaſſung mit den Ideen der neuen Zeit, als deren Vertreter man wohl den jüngeren Meiſter zu betrachten hat. In voller Entſchiedenheit bringt er die Renaiſſance an dem Grabmal des Dogen Niccolò Tron (1473—1476) in derſelben Kirche zur Geltung. Während dort der Verſtorbene noch in früherer Weiſe ruhig liegend dargeſtellt war, ſteht er hier in der Hauptniſche des in vier Stockwerken reich aufgebauten Monumentes aufrecht, und erſt im dritten Geſchoſs folgt der von Tugendſtatuen umgebene Sarkophag mit der liegenden Geſtalt des Dogen. Der plaſtiſche Aufwand iſt hier ſchon ein enormer; auſser mehreren Medaillons und andern Reliefs enthält das Werk neunzehn überlebensgroſse Statuen. Der

*) Vergl. *Mothes*, Geſch. der Bauk. etc. I, 288 ff.

Styl der Figuren ist etwas eckig und hart, erhebt sich aber in der Portraitstatue zu kraftvoller Lebenswahrheit. Um dieselbe Zeit (vielleicht schon 1471) arbeitete Antonio für den Dogenpalast, der Riesentreppe gegenüber, die grofsen Marmorstatuen von Adam und Eva, letztere in unerfreulicher Modellbefangenheit, erstere voll Ausdruck und Naturgefühl.

Sodann folgt jene Reihe von Künstlernamen, welche unter die Collectivbezeichnung der *Lombardi* zusammengefafst werden, sei dies nun blofs die Andeutung des Vaterlandes oder zugleich eines wirklichen Familienverbandes. An der Spitze steht *Pietro Lombardo*, der gleich den Uebrigen als Baumeister und Bildhauer thätig war. In seinen Madonnen und andern Heiligengestalten berührt er sich oft mit der treuherzigen Auffassung des Giovanni Bellini; in der Behandlung der Gewänder folgt er dagegen, wie die Mehrzahl der übrigen Venezianer, dem überzierlichen und selbst unruhigen Style, der durch Donatello zur Herrschaft gelangt war. Lombardi

Das erste Werk, welches, wenngleich noch schwankend, das Gepräge dieser Werkstatt trägt, ist das Grab des Pasquale Malipier († 1462) im linken Seitenschiff von S. Giovanni e Paolo. Bestimmter spricht sich der Styl an den zwischen 1462—1471 errichteten Altären des Jacobus und des Paulus im Kreuzschiff von S. Marco aus. Das Hauptwerk des Pietro ist aber das nach 1476 entstandene Grab des Dogen Pietro Mocenigo in S. Giovanni e Paolo. Hoch aufgebaut, reich mit Statuen versehen, in der Mitte aufrecht stehend die würdevolle Gestalt des Verstorbenen, ist es ein vorzüglicher Typus der imposanten Dogengräber dieser Zeit. Der Sarkophag wird von drei stattlichen Kriegern getragen. In den Seitennischen sechs Schildhalter, die alle vortefflich stehen, aber etwas knöchern sind. Den Gipfel des Ganzen krönt zwischen zwei anbetenden Engeln die würdevolle Gestalt Christi. An diesem Prachtwerke arbeitete der Meister mit seinen beiden Söhnen *Antonio* und *Tullio* bis gegen 1488. Pietro Lombardo.

Vielleicht der edelste unter den gleichzeitigen Meistern Venedigs ist *Alessandro Leopardo*, ausgezeichnet durch den hohen Schönheitssinn, mit dem er klassische Motive zur Geltung bringt. Das herrlichste aller Dogengräber, das des Andrea Vendramin († 1478) im Chor von S. Giovanni e Paolo, unterscheidet sich von den Werken der Lombardi schon durch den wahrhaft grofsartigen und klaren Aufbau und die fein abgewogene Abstufung zwischen Reliefs und Freisculpturen. An dem reichgeschmückten Sockel halten in der Mitte zwei Engel die Schrifttafel, während zu beiden Seiten reizende nackte Genien auf phantastischen Seethieren eine poetische Illustration der Meerherrschaft geben. Der Sarkophag, auf welchem von Adlern bewacht der Doge ausgestreckt liegt, steht auf einem Unterbau, der mit den mannigfaltig bewegten Statuen von Tugenden geschmückt ist. Die Seitenfelder erhielten in Nischen die von *Tullio Lombardo* ungleich gearbeiteten Gestalten von Adam und Eva. Der plastische Werth des Denkmals liegt hauptsächlich in den Statuen der Tugenden. Der Ausdruck der Köpfe entspricht in seiner Charakteristik den edlen Bewegungen; die Gewänder haben schöne antike Anklänge und tragen nur in der etwas trockenen Schärfe der Falten das Gepräge der Zeit. Sodann vollendete Leopardo den Gufs der von Verrocchio entworfenen Reiterstatue des Colleoni. Als eleganter Decorator bewährte er sich an den seit 1501 begonnenen Standartenhaltern auf Alessandro Leopardo.

dem Markusplatz, an denen das Figürliche wieder von antiken Studien zeugt. Um dieselbe Zeit arbeitete er am Denkmal des Kardinals Zeno in der Kapelle desselben in S. Marco; denn obwohl 1505 dem Pietro Lombardo die Oberleitung gegeben und Alessandro, der bis dahin mit Antonio Lombardo daran beschäftigt gewesen war, der Theilnahme enthoben wurde, so spricht doch der Styl der plastischen Werke meist für Leopardo. Jedenfalls gehören ihm die leicht und frei behandelten Gestalten der Tugenden am Unterbau, während die liegende Statue des Verstorbenen wohl Antonio's Werk ist. Diesem wird denn auch die Arbeit an dem prachtvollen Bronzealtar derselben Kapelle beizumessen sein. Auf einem Untersatz mit unglaublich dürftigem, ja kindischem, wohl von untergeordneter Gehülfenhand herrührendem Relief des auferstehenden Christus erheben sich die beiden grossen charaktervollen Statuen des Petrus und Johannes des Täufers, und zwischen ihnen thront die berühmte Madonna della Scarpa, mütterlich herzlich, als ob Giovanni Bellini sie entworfen hätte.

Tullio Lombardo. Von den Söhnen des Pietro Lombardo erscheint *Tullio* als der Bedeutendere. Ausser den Arbeiten, die er gemeinschaftlich mit seinem Vater und Bruder ausführte, schuf er im J. 1484 die vier knieenden Engel am Taufbecken von S. Martino. Bald darauf muss das Altarrelief in S. Giovanni Crisostomo entstanden sein, das in ungewöhnlicher Auffassung die Krönung der Maria darstellt. Christus, mitten zwischen den Jüngern stehend, setzt der vor ihm knieenden Mutter die Krone auf. Die Composition ist etwas leer aber von anmuthiger Innigkeit. In der Behandlung der Gewänder schliesst sich Tullio nach dem Vorgange Leopardi's sehr der Antike an; nur die Köpfe sind sammt dem Haar etwas starr und überzierlich durchgeführt. An der Façade der Scuola di S. Marco sieht man von seiner Hand unten zwei Reliefs aus dem Leben des Heiligen, maassvoll im Figürlichen, aber mit perspectivisch durchgeführten architektonischen Gründen. Aus seiner späteren Lebenszeit (1525) sind endlich zwei Reliefs in der Kapelle des h. Antonius in der Kirche des Heiligen zu Padua. Auf dem einen sieht man, wie der Heilige die Leiche eines Geizhalses öffnet und einen Stein an Stelle des Herzens findet; auf dem andern wie er einem Jüngling das gebrochene Bein heilt. So gut und lebendig hier die Erzählung ist, so herrscht doch in der Behandlung eine herbe, eckige Manier, die in den früheren Arbeiten sich nur mit leisen Andeutungen im Keime erkennen lässt. Dagegen geht sein Bruder *Antonio* dort im neunten Relief, wo der Heilige durch ein unmündiges Kind die Unschuld der Mutter beweist, einfach und edel in selbständiger Auffassung der Antike nach und ist auch in der Composition sehr bedeutend.

Dentone. Ein tüchtiger Vertreter der scharf realistischen Richtung ist *Antonio Dentone*, von dessen Werken sich jedoch wenig erhalten hat. Das Denkmal des Vittore Capello (seit 1467), jetzt in S. Giovanni e Paolo zu Venedig, enthält die lebendige, sorgsam durchgeführte Portraitgestalt des Verstorbenen, der vor der minder gelungenen h. Helena kniet. Ausdrucksvoll ist die Reliefdarstellung einer Kreuzabnahme im Vorzimmer der Sakristei von S. Maria della Salute, die man ihm zuschreibt. Auch das Grabmal des Melchior Trevisan (1500) in den Frari mit einer scharf charaktervollen Portraitstatue soll sein Werk sein.

Camelio. Von einem andern gleichzeitigen Meister, *Vittore Gambello*, genannt *Ca-*

*merlio*, der 1487 und 1510 erwähnt wird, besitzt die Akademie zwei höchst lebendig und keck gearbeitete Bronzereliefs mit Kampfscenen. Sie stammen von einem ehemals im Klosterhof der Carità aufgestellten Grabmal des Generals Briamonte. Befangener bewegt sich derselbe Künstler in Aufgaben, wie die marmornen Apostelstatuen im Chor von S. Stefano.

In der anconitanischen Mark finden wir in dieser Epoche noch kein einheimisches Kunstleben von Bedeutung; vielmehr kreuzen sich die Einflüsse verschiedener Schulen *). In Ancona zunächst wirkt als einer jener Meister, welche den Uebergang aus der Gothik in die Renaissance vorbereiten, *Giorgio da Sebenico*, also ein dalmatiner Künstler, der die Merkmale der venezianischen Decoration und Plastik an dem Prachtportal von S. Francesco vom J. 1455 und der 1459 vollendeten Façade der Mercanzia erkennen läfst. Stehen diese Bauten ungefähr auf der Stufe der noch im Wesentlichen gothischen Porta della carta zu Venedig, so tritt am Portal von S. Agostino ein stärkerer Anklang der Renaissance hervor. Die Behandlung der Portalwände mit kleinen Säulchen und anderen zierlichen Gliedern ist noch mittelalterlich; auch die Pilaster mit ihren Statuennischen sind gothisirend; aber sie ruhen auf korinthischen Säulen mit kannelirtem Schaft, und neben ihnen ziehen sich als äufserste Umfassung des Ganzen schmale Pilaster mit zierlicher Renaissancedecoration auf dem vertieften Grunde. Alles Uebrige ist mittelalterlich gedacht, namentlich aber zeigt die grofse mit einem Relief gefüllte, von einem Vorhang scheinbar eingeschlossene Bogennische hoch über dem Portal den Einflufs der prächtigen Composition von S. Francesco, die hier noch stärker mit Elementen der Frührenaissance versetzt ist. Vasari, im Leben des Duccio, will dies Portal einem sonst wenig bekannten Meister Moccio zuschreiben, der 1340 an dem Vergröfserungsbau des Doms zu Siena beschäftigt war. Es steht aber fest **), dafs Meister *Giorgio da Sebenico* auch dieses Portal angefangen hat, welches er bei seinem Tode unvollendet hinterliefs. Dies läfst sich mit den übrigen Arbeiten Giorgio's wohl zusammenreimen. Von ihm stammt offenbar die gothische Anlage und Ausschmückung des Portales. Nach seinem Tode kam ohne Zweifel ein Meister an das Werk, der den neuen Styl kennen gelernt hatte und die aus demselben geschöpften Ornamente hinzufügte. Von diesem werden auch die Bildwerke des Portales sein, die in ihrem energischen Lebensgefühl am ersten einem Florentiner Künstler zuzutrauen sind. In den Pilasternischen sieht man vier Heilige, welche in Stellung, Gewandmotiven und Ausdruck eine tüchtige Künstlerhand verrathen; am Bogenfelde über dem Tympanon ist eine anmuthige Darstellung der Verkündigung, die an die lieblichen Gestalten der Robbia erinnert; im oberen Bogenfelde sieht man den h. Augustinus in fast leidenschaftlicher Erregung sitzen und sein Buch wie beschwörend hoch emporhalten, während zwei kühn ausschreitende Engel (der eine zeigt sich von hinten, und zwar in meisterlicher Verkürzung) die Falten des Vorhangs auseinanderschlagen. Es ist eine Arbeit, die von einem sehr geschickten, die Kunstmittel völlig beherrschenden Bildhauer zeugt. Denselben Meister finden wir wieder am Portal der Madonna

Ancona.

Giorgio da Sebenico.

*) Vgl. meinen Aufsatz in der Zeitschr. f. b. Kunst. Bd. V. Heft 12. Das Historische bei *Ricci*, memorie storiche delle arti della marca di Ancona.

**) *Ricci*, I. p. 103.

della miſericordia. Hier ſind die gothiſchen Reminiscenzen völlig abgeſtreiſt, und das Werk tritt in den eleganten Formen einer reichen Frührenaiſſance auf. Schwere Fruchtſchnüre, aus Marmor trefflich gearbeitet, hängen auf beiden Seiten vom Geſimſe der Thür herab, ähnlich wie am Grabmal Marzuppini. Darunter ſtehen zwei Putten mit eleganten Weihwaſſerbecken auf dem Kopfe. Im Tympanon ſieht man die Madonna, welche ihren ſchützenden Mantel über viele Knieende ausbreitet.

Rimini, S. Francesco. Sodann haben wir in der reichen plaſtiſchen Ausſtattung von S. Francesco zu Rimini (ſeit 1450) eins der früheſten groſsen Geſammtwerke der florentiniſchen Sculptur, die hier, wenn auch zum Theil noch mit einer gewiſſen Unbeholfenheit, doch ſchon bedeutend und lebensvoll erſcheint. Sigismondo Malateſta lieſs bekanntlich durch Leo Battiſta Alberti die Kirche als ein Ruhmesdenkmal für ſich und ſeine geliebte Iſotta errichten. Nicht minder groſs als die architektoniſche Pracht iſt der Aufwand an plaſtiſchen Werken, zunächſt und vor Allem an den Pilaſtern der Kapellen. An den beiden öſtlichen Kapellen beſtehen die Sculpturen aus Flachreliefs, welche einzelne Geſtalten von Tugenden, Wiſſenſchaften, ſodann die Figuren des Thierkreiſes enthalten, alſo noch ganz dem mittelalterlichen Ideenkreiſe angehören. Sie ſind fleiſsig und ſorgſam, aber auffallend ſtumpf in den Formen behandelt, ohne alle Schärfe der Charakteriſtik, etwa wie die Werke der ſchwerfälligeren unter den gleichzeitigen Florentiner Malern. Die mittleren Kapellen haben an ihren Pilaſtern ebenſalls Flachreliefs, aber auf blauem Grunde. Es ſind Kinder, welche ſingen, muſiciren, allerlei Spiele treiben, recht naiv und anmuthig, wenngleich an Lebendigkeit den berühmten von Donatello, an Schönheit denen von Luca della Robbia nicht ebenbürtig *). Vaſari im Leben Luca della Robbia's berichtet, dieſer ſei mit noch mehreren Bildhauern nach Rimini berufen worden, um daſelbſt Marmorarbeiten für Sigismondo Malateſta auszuführen. Vaſari irrt jedoch, wenn er den Künſtler damals kaum 15 Jahre alt ſein läſst. Luca wurde 1400 geboren, Malateſta begann ſeinen Bau 1447 und führte ihn mit groſser Raſchheit, denn die Façade trägt die Jahrzahl 1450, und daſſelbe Datum ſteht am Sarkophag der Iſotta. Aber Luca's Betheiligung an dieſem Baue ſcheint mir zweifelhaft. Die Arbeiten ſind für ihn zu gering und könnten höchſtens ſeinen früheſten Anfängen zugeſchrieben werden. Erwägt man dies, ſo ergiebt ſich, wie Vaſari zu ſeiner Annahme gelangt ſein mag. Die ſpielenden Kinder erinnerten ihn an Luca's berühmte Orgelbaluſtrade im Dom zu Florenz. Aber er ſah auch, daſs die Werke in Rimini nicht auf der Höhe der florentiniſchen ſtanden. So nahm er ſie denn als Jugendarbeiten Luca's, ohne in ſeiner flüchtigen Weiſe den Anachronismus zu merken.

Die Pilaſter der weſtlichen Kapellen enthalten weibliche Figuren und zwar an der Kapelle Sigismondo's, der erſten an der Nordſeite, ſind es lauter alte Frauen, in energiſcher Charakteriſtik und kräftigem Hochrelief ausgeführt. Dieſe Arbeiten haben etwas vom Styl Donatello's. Die Baſis der Pilaſter bilden hier Elephanten von ſchwarzem Marmor. In dieſen beiden Schluſskapellen der ſüdlichen und nördlichen Seite iſt die eine Wand mit ganz flach gehaltenen Mar-

*) Abbild. bei *Perkins*, tuscan sculptors. I.

morreliefs decorirt, unten zwei Engel, welche einen grofsen Vorhang aufnehmen, der oben von einem fchönen Engel gehalten wird. Diefe feinen Figuren gehören zum Vorzüglichften der gefammten plaftifchen Ausftattung und nähern fich den anmuthigften Arbeiten Donatello's. Damit ftimmt es wohl zufammen, dafs Vafari im Leben des Antonio Filarete und Simone von dem letzteren, den er als Bruder Donatello's bezeichnet, die Arbeiten zu Rimini in der Kapelle des h. Sigismondo entftanden fein läfst. Er fügt ausdrücklich hinzu, man fehe dort viele Elephanten aus Marmor gearbeitet als Wappen Malatefta's. Das Grabmal Sigismondo's fchreibt er einem fonft wenig bekannten Bildhauer *Bernardo Ciuffagni* zu. Man fieht aber zwei Grabmäler Sigismondo's in der Kirche; das eine, rechts vom Eingang an der Weftwand, enthält fein Todesjahr 1468 und befteht nur aus einem Sarkophag in einer mit Arabesken gefchmückten Wandnifche, deren Pilafter, Archivolte und Fries den eleganteften florentinifchen Arbeiten gleichftehen. Der andere Sarkophag, in der erften Kapelle links, trägt keine Jahreszahl, ift aber mit zwei malerifch behandelten und zierlich in antikifirendem Style durchgeführten Reliefs gefchmückt, welche Scenen aus Malatefta's Leben darftellen. In dem einen fieht man ihn als Triumphator auf einer Quadriga einherziehen.

Bernardo Ciuffagni.

Die Einwirkung eines lombardifchen Meifters läfst fich fodann in Cefena nachweifen. Im Dom ift die Nifche über dem dritten Altar des rechten Seitenfchiffes mit trefflichen Marmorfiguren gefchmückt. Man fieht in der Mitte, erhöht, den auferftandenen Chriftus, nur halb vom Bahrtuch verhüllt, oben nackt; die Linke geöffnet vor fich hinftreckend, zeigt er das Wundmal der Hand, während er mit der Rechten den Kelch unter die Seitenwunde hält. Die Augen find halb gefchloffen, der Bart gefpalten, der Ausdruck etwas leer, etwa in der Weife wie Cima oder Giovanni Bellini den Chriftuskopf manchmal auffaffen. Daneben links Johannes der Täufer, in kurzem Rock und Mantel, welcher Bruft, Arme und Beine unbedeckt läfst, mit der Rechten auf Chriftus weifend, in der Linken das Kreuz haltend. Die Stellung und der Charakter des Kopfes erinnern wieder ftark an die Köpfe der Bellini'fchen Schule. Rechts fteht Johannes der Evangelift, in beiden fchön gezeichneten Händen das Buch forgfam haltend, die Stellung ift leife bewegt, mit halb angezogenem Schritt, der Kopf von köftlicher Anmuth, eine der lieblichften Schöpfungen des 15. Jahrhunderts, und zwar der fpäteren Zeit.

Cefena.

Hinter Johannes dem Täufer kniet ein älterer Mann mit dem Ausdruck milder Frömmigkeit, der infchriftlich als Carolus Verardus primus archidiaconus bezeichnet wird; hinter Johannes dem Evangeliften ein Jüngling mit langen Ringellocken, in der Infchrift als Camillus Verardus eques pontificius benannt. Die Hände der Knieenden find von bewundernswerther Lebendigkeit. Der Styl des ganzen Werkes ift zwar bedingt von dem Naturalismus, dem das ganze 15. Jahrhundert folgt, aber gemildert durch einen entfchiedenen Schönheitsfinn. Die Gewänder find in feinen Falten wie aus einem dünnen Stoffe behandelt, der fich faft durchfcheinend, als ob er nafs aufgelegt wäre, dem Leibe anfchliefst. Es ift die durch Mantegna zuerft von gewiffen antiken Werken abgeleitete Behandlungsweife, die dann in der ganzen Malerei und Plaftik Oberitaliens eine zeitlang zur Herrfchaft kam. Hier bilden fich in den Gewändern mehrfach jene Vertiefungen, welche den Gewandstyl der Lombardi bezeichnen. Ueberhaupt zeigen sämmtliche Figuren in Stellung und Bewegung, im Gesichtstypus und Ausdruck das der lombardischen Schule Gemeinsame; aber die Ausführung ist ungemein liebevoll, vollendet bis in's Kleinste; die Hände trefflich belebt, das Haar meisterlich frei und locker, besonders gehört Johannes der Evangelist zu den schönsten Inspirationen der Zeit. Ueber den beiden Johannesgestalten sind in Medaillons feine Engelbrustbilder angebracht, über den beiden Knieenden schweben zwei Engel in ganzer Figur, der zur Rechten seltsam verschränkt, alle jedoch mit feinen lieblichen Köpfen, zierlich flatternden, etwas kleinlich gebrochenen Gewändern, innigen Geberden der Andacht. Das Körperliche ist bei den Schwebenden nur mangelhaft entwickelt. Fassen wir alles zusammen, so fehlt das Markige, Charaktervolle, Energische der florentinischen Kunst, dafür aber waltet die Anmuth, Innigkeit und Holdseligkeit der lombardischen. Es kann kein Zweifel sein, dafs ein Meister aus der Familie der Lombardi das Werk geschaffen.

Schule von Padua. Vellano.

In Padua wird die Sculptur durch den unmittelbaren Einflufs Donatello's beherrscht. Sein Schüler *Vellano* scheint nur da zu sein, um den Beweis zu liefern, zu welcher Verirrung diese Richtung nothwendig in untergeordneten Köpfen führen mufste. Geringe Talente finden in Epochen eines fest begründeten allgemeinen Stylgefühls einen Anhalt an den gültigen Typen. Verloren sind aber solche unselbständige Geister in Zeiten des Suchens, wo Jeder auf eigene Hand einem neuen, oft mehr dunkel geahnten, als klar erkannten Ziele nachstrebt. Vellano's Bronzereliefs an den Chorschranken in S. Antonio (1488), mit Geschichten des alten Testamentes, sind völlig wirr und styllos, so dafs in weiten landschaftlichen Compositionen die dürftigen Figürchen als nichtssagende Staffage sich verlieren.

Riccio.

Ungleich bedeutender ist *Andrea Briosco* (von 1480—1532), nach seinen krausen Haaren *Riccio* genannt, der 1507 die beiden Darstellungen, Davids Kampf mit Goliath und sein Tanz vor der Bundeslade, hinzufügte. Hier ist eine lebendige Erzählung und eine plastische Behandlung, die den realistischen Styl durch Schönheitssinn mildert. Sein berühmtes Hauptwerk ist dann der elf Fufs hohe bronzene Osterkandelaber ebendort (1515 vollendet). Mit einer schwelgerischen Fülle von Details überladen, so dafs die Form in den Formen erstickt, erscheint er namentlich im Phantastischen gar zu bizarr und ausschweifend. Dagegen sind in den biblischen Reliefs am Fufse allerdings überwiegend malerisch gedachte, aber geistvoll entwickelte und meisterhaft durchgeführte Compositionen gegeben. Das Technische des ganzen Prachtwerkes zeugt von mustergültiger Vollendung. Für S. Fermo zu Verona schuf Andrea das Bronzegrab zweier paduanischer Aerzte aus der Familie della Torre. Neben Sphinxen, trauernden Genien und Amoretten waren in acht Bronzereliefs, welche sich jetzt zu Paris im Louvre befinden, das Leben und der Tod des Marcantonio della Torre dargestellt. Hier hat die antike Anschauung, bezeichnend für das gelehrte Padua, sich völlig an die Stelle des christlichen Herkommens gesetzt. Der gefeierte Arzt hält seine Vorlesungen unter den Augen von Apollo und Hygiea, vor einer Statue der Minerva. Dann sieht man ihn auf dem Krankenbette, das von Apollo und den Parzen umstanden wird. Seine Angehörigen bringen den Göttern Thieropfer für seine Genesung. Er stirbt aber und erscheint verjüngt an den Pforten der Unterwelt, wo Charon seiner harrt, Gorgonen, Harpyen, Kentauren und Chimären ihn bedrohen, zwei Genien aber Fürbitte für ihn einlegen. Endlich finden wir ihn im Elysium in paradiesischer Nacktheit und bekränzt, an der Hand von Nymphen in die Seligkeit hineintanzend, wo die Grazien seiner harren. Das Werk ist jedenfalls interessant als eines der frühesten Beispiele einer Auffassung, die uns jetzt wie eine Travestie erscheint und der gegenüber der herbste florentinische Realismus wohlthuend wirkt. Endlich scheinen aus der früheren Zeit des Meisters (1513) vier Bronzereliefs in der Akademie zu Venedig herzurühren, welche in etwas überladener, aber lebendiger Weise die Geschichte der Kreuzauffindung erzählen. Höher als diese Arbeiten und reiner im Styl des Figürlichen wie in der Anordnung ist ebendort ein Relief der Himmelfahrt Mariä, welches von einem Schüler des Meisters herrühren soll. Demselben dürfte man (mit Burkhardt) die Bronzethür eines Sakramentshäuschens, die aus der Kirche der Servi stammt, zusprechen. Sie wird ohne Grund dem Donatello zugeschrieben, übertrifft ihn aber an Anmuth und Einfachheit.

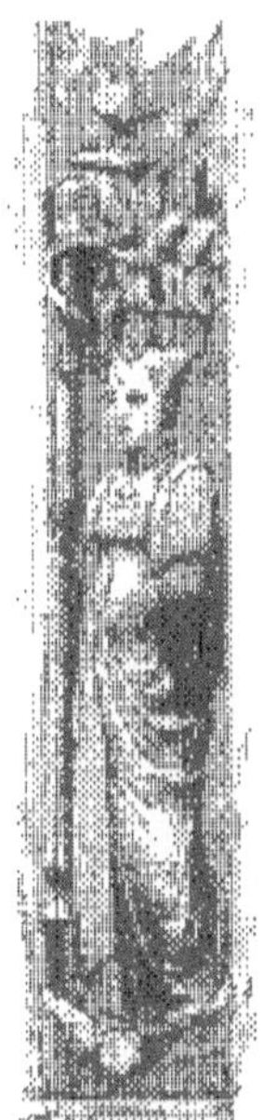
Fig. 276. Vom Portale des Palastes Portinari. Mailand.

Kehren wir nach Padua zurück, so finden wir dort in den Eremitani von einem talentvollen Schüler Donatello's, *Giovanni* aus Pisa, einen ganz in gebranntem Thon ausgeführten Altar in der von Mantegna ausgemalten Kapelle der hh. Christoph und Jacobus. Die Madonna thront zwischen sechs Heiligen, sämmtlich Hochreliefs von Terracotta, ansprechend frisch in der Bewegung, die Madonna und das Kind von herzlichem Ausdruck, die Gewänder jedoch durch etwas zu kleines flatterndes Gefält unruhig. An der Predella ist in zierlichem Relief eine schlicht naive Darstellung von der Anbetung der Hirten gegeben. Oben sieht man einen Fries von lustig springenden und tanzenden Genien, darüber einen Flachbogengiebel mit dem Brustbild des segnenden Gottvater; auf den Rand des Bogens lehnen sich schäckernde Putten. Eremitani zu Padua

In den übrigen Städten Oberitaliens läfst sich der Styl der Lombardi an einer grofsen Anzahl von Denkmälern nachweisen; doch ist es ohne gründliche historische Lokalforschung nicht möglich, das Zusammengehörige festzustellen. Einige der bedeutenderen Arbeiten mögen übersichtlich hier aufgezählt werden. So sieht man an einem Seitenaltar rechts in S. Fermo zu Verona als Antependium ein grofses Relief des todten Christus auf dem Schoofse der Mutter, von den frommen Frauen betrauert; streng, edel und ergreifend, von tiefem Seelenausdruck, wie ein Mantegna. Joseph von Arimathia und Nikodemus stehen dabei, der eine mit Hammer und Nägeln, freie Gestalten in schlichtem Faltenwurf. Auch das Familiengrab Brenzoni in derselben Kirche, das einem Florentiner, *Giovanni Russi*, zugeschrieben wird, zeigt einen verwandten milderen Andere in Ober-Italien. Verona. Giov. Russi.

Styl in der grofsen Reliefgruppe der Auferftehung Chrifti. In S. Anaftafia enthält der Chor das Denkmal des Feldherrn Sarego (1432) mit der tüchtigen Reiterftatue des Verftorbenen und zwei Dienern in faft römifcher Rüftung, die den Vorhang zurückfchlagen. Tüchtige plaftifche Arbeiten aus etwas fpäterer Zeit enthalten in derfelben Kirche der erfte und vierte Altar im nördlichen Seitenfchiff.

Fig. 277. Kapitäl aus der Certofa bei Pavia.

Schule von Mailand.

Eine befondere Stellung nimmt die Plaftik im Gebiete von Mailand ein*). Der Sieg des neuen Styles wird hier durch die Bauten Michelozzo's (feit 1456 dort thätig), entfcheidender noch durch Borgognone's Façade der Certofa bei Pavia (feit 1473) herbeigeführt. An Michelozzo's Capella Portinari in S. Euftorgio befchränkt fich die plaftifche Decoration auf Friefe von Engelköpfen. Reich ift dagegen die Ausfchmückung des jetzt im Mufeo archeologico der Brera aufgeftellten Portales vom Palafte des Pigallo Portinari, welches

*) Vgl. meinen Auffatz in der Zeitfchr. f. bild. Kft., Jahrg. VI., auf welchem das Folgende beruht.

mit hoher Wahrscheinlichkeit auf Michelozzo zurückgeführt werden darf. Die beiden Medaillonköpfe des Hausherrn und der Dame sind markig und lebensvoll; die schwebenden Engel mit dem Wappenschild dagegen ungeschickt und plump, die vier Seitenfiguren in den Bewegungen etwas gezwungen, die weiblichen Figuren aber anmuthig und besonders die Köpfe vortrefflich (Fig. 276). Erst mit Bramante's Bauten und der Certosa beginnt die reiche Anwendung plastischen Schmucks und damit ein höheres Leben der Bildnerei.

Um die stylistische Entwicklung dieser Bildhauerschule zu verstehen, muss man sich klar machen, welche künstlerischen Einflüsse für dieselben maassgebend gewesen sind. In erster Linie darf angenommen werden, dass Donatello's umfangreiche Thätigkeit in Padua (bis 1456) eine bedeutende Einwirkung auf die gesammte Kunst Oberitaliens ausgeübt hat. Unter den Malern steht der junge Mantegna offenbar unter diesem Eindrucke, und das herbe, plastische Wesen, der schneidend scharfe Gewandstyl ist aus dieser Quelle herzuleiten. Mantegna bringt zugleich aus dem Studium antiker Statuen die Vorliebe für jene Behandlung der Gewänder, bei welchen der sehr feine Stoff wie nass um den Körper gelegt erscheint, um den Bau und die Formen der menschlichen Gestalt lebendig zu markiren. Diese Richtung geht alsbald unter den Händen der Bildhauer Oberitaliens zu einem solchen Extrem über, dass die Gewänder sich in einzelnen grossen Vertiefungen nass an den Körper festzusaugen scheinen, um dazwischen dann in scharfen Falten vorzutreten. Es ist wohl der hässlichste Faltenstyl der Welt, so unplastisch wie möglich, aber charakteristisch in dieser wunderlichsten aller Manieren für die grosse Mehrzahl der oberitalienischen Bildhauer im letzten Viertel des 15. Jahrhunderts. Styl dieser Schule.

Nun macht sich aber daneben eine andere Auffassung bemerklich, deren Ursprung in der Nachwirkung des weich geschwungenen gothischen Styles zu suchen ist. Sobald dieser conventionell abgelebte Styl sich, wie wir es mehrfach nachweisen konnten, mit frischeren Naturstudien erfüllte, ergab sich daraus eine anmuthig edle Auffassung, meistens zwar etwas weich, selbst energielos, aber im Lieblichen, Jugendlichen sehr anziehend (vgl. Fig. 277). Während die Werke der ersteren Richtung ihre Parallelen in Malern wie Mantegna, Bartolommeo Montagna, Carlo Crivelli finden, stehen den Meistern der zweiten Gattung Maler wie der anmuthig milde Borgognone, auch Bramantino zur Seite. Das Leidenschaftliche tritt in dieser Schule überhaupt zurück und findet nur in Modena durch Mazzoni eine allerdings einseitig schroffe Vertretung, die indess bei Meistern wie Mantegna und selbst Giovanni Bellini (vgl. die Pietà des letzteren in der Brera) ihre Vorbilder findet. Seit den achtziger Jahren kommt dann der Einfluss Lionardo's dazu, dessen Mailänder Thätigkeit für die Entwicklung der gesammten dortigen Kunst von nachhaltiger Bedeutung war, obwohl trotzdem eine ganze ausgebreitete Schule an jenem harten, übertrieben realistischen Style bis in's 16. Jahrhundert festhielt. Am meisten macht sich die Einwirkung Lionardo's auf die Plastik in dem eigenthümlichen Schnitt der süsslächelnden Köpfe geltend. Seit 1520 sodann geht in der oberitalischen Bildnerei jener Umschwung vor sich, der die gesammte damalige Kunst ergriff und hauptsächlich in einer mehr oder minder rückhaltlosen Aufnahme des Raffaelischen Idealstyles bestand. Doch bleibt daneben auch Manches aus der localen

Ueberlieferung in Kraft, so dafs die Plastik um jene Zeit ähnliche Erscheinungen bietet wie die Malerei in den zahlreichen trefflichen Werken des Gaudenzio Ferrari und des Bernardino Luini, von denen der erstere bekanntlich mehr die Raffaelische Richtung aufnimmt, während der andere dem Style Lionardo's treu bleibt. So unmittelbar aber geht hier die Plastik des 15. Jahrhunderts bei der Ausführung der grofsen monumentalen Arbeiten, die ihr geboten werden, in die der folgenden Epoche über, dafs wir vorgreifend sie in ihrer ganzen Entwicklung zusammenfassen müssen.

Bramante. Diese allgemeinen Bemerkungen werden uns bei Betrachtung der einzelnen Denkmäler zu Gute kommen. Zunächst ist das Decorative an den Bauten *Bramante's* von hohem Werthe. Am Chor von S. Maria delle Grazie ist es namentlich die Reihe von Brustbildern in Terracotta, welche in grofser Ausdehnung sich um die drei Apsiden und die dazwischen angeordneten recht-

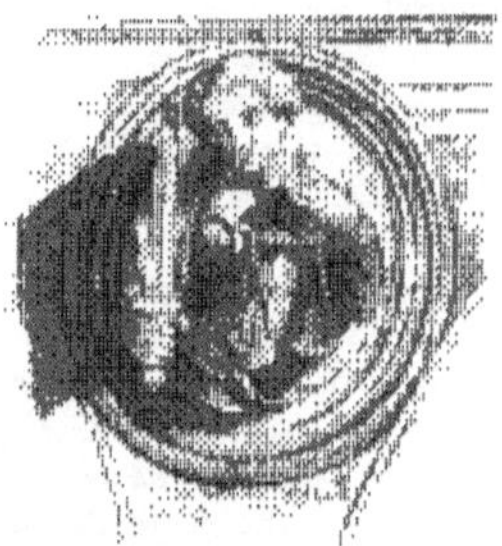

Fig. 278 und 279. Terracotten vom Ospedale Grande zu Mailand.

winkligen Theile als Fries hinzieht. Es sind männliche und weibliche Heilige, meisterlich und scharf in gebranntem Thon ausgeführt; in einem energischen Realismus behandelt, wie er an antik römischen Medaillen vorkommt. Am Hauptportal der Kirche trägt der Architrav ähnliche Köpfe in Marmor, etwas weicher und fleischiger gearbeitet. Zu den vorzüglichsten Terracotten gehören sodann die grofsen Köpfe im Friese der herrlichen Kapelle in S. Satiro, Werke voll bedeutsamer Charakteristik, noch gehoben durch die lebensvollen Kindergruppen, welche sie auf beiden Seiten umgeben. Von der äufseren Decoration dieser Kirche sieht man in einem versteckten aus der Via Torina zugänglichen schmutzigen Winkel die Anfänge einer reichen Marmorbekleidung am Sockel der dort heraustretenden Façade. Es sind stark beschädigte, aber überaus zierliche Reliefs von zwei Sibyllen und von der Erschaffung Adams und Eva's. Adam liegt schon auf dem Rücken und wird von Gott kräftig an der Hand gefafst, wobei drei Engel assistiren. Eva erhebt sich lebhaft, mit betender Geberde auf den Schöpfer zuschreitend. Die Figuren sind schlank, etwas mager, die Gewänder Gottvaters und der Engel scharf und eckig gebrochen in harten Falten; doch sind die Compositionen voll Leben und Naturgefühl bei miniaturhaft feiner Ausführung. Dieſe Marmorarbeiten ſtammen aus derſelben Schule, welche an der Façade der Certoſa thätig war.

Der Terracottaſtyl hatte ſchon vorher eine reiche Anwendung an dem Oſpedale Grande erfahren. Die ungeheure Façade wirkt nicht bloſs durch den unübertroffenen Reichthum, ſondern mehr noch durch die ſchöne Vertheilung und Abſtuſung ihres Schmuckes. Der reine Backſteinbau hat nie eine prächtigere und zugleich edlere Schöpfung hervorgebracht. Wir müſſen die Hauptpunkte kurz recapituliren. Zwei Reihen ſpitzbogiger Fenſter, durch Säulchen zweigetheilt. Der gemeinſame Rahmen mit elegant decorirten Gliedern, vor Allem einer Arabeske von Weinlaub und Trauben, mit köſtlich bewegten Putten und Vögeln durchzogen. Im oberen Bogenfeld kräftig behandelte Bruſtbilder von männlichen und weiblichen Heiligen. Die untere Fenſterreihe von rundbogigen Blendarkaden auf Halbſäulen umſchloſſen. In den Zwickelfeldern wieder Bruſtbilder von Heiligen, in noch ſtärkerem Relief vortretend. Dann folgt der breite Fries, der beide Geſchoſſe trennt, mit Roſetten und Laubwerk, Adlern und Engelköpfen abwechſelnd decorirt. Oben die Fenſter des unteren Geſchoſſes mit demſelben reichen Schmuck wiederholt, aber rechtwinklig umrahmt und in den dadurch gewonnenen Feldern abermals mit Reliefköpfen geſchmückt, ſo daſs vier Reihen ſolcher Köpfe und Bruſtbilder ſich herſtellen. Das Alles mit unvergleichlicher Friſche und Schärfe in den reinſten Formen ausgeführt und gebrannt, ein wahres Wunder der Thonplaſtik. Die 29 Arkaden rechts vom Hauptportal ſind minder reich ausgeſtattet als die 17 Arkaden der linken Seite. Manche Medaillons ſind unausgefüllt geblieben. Die Köpfe in den oberen Fenſtern ſind tüchtig, etwas ſchärfer und realiſtiſcher behandelt als in den übrigen Theilen, hie und da mit frei flieſsendem, ziemlich detaillirtem Bart. An der linken Seite zeigt ſich der höchſte Reichthum. Ihre Terracotten ſind vielleicht das Freieſte, Lebensvollſte, Bedeutendſte, was die oberitalieniſche Plaſtik in gebranntem Thon geſchaffen. Sie tragen das Gepräge der vollendeten Kunſt des 16. Jahrhunderts. Die männlichen Köpfe ſind von höchſter Kraft, dabei Alles kühn und breit in groſsartiger Formbehandlung, die weiblichen Bruſtbilder von herrlicher Fülle und Weichheit, ſchön und ſelbſt üppig im Schnitt der Linien und dem in vollen Maſſen flieſsenden Haar; die Putten in der Fenſterumrahmung voll Leben, Friſche und Anmuth. Dazu kommt noch die nicht minder reiche Ausſtattung des groſsen, etwas ſpäter durch Richini ausgeführten Mittelhofes. In der oberen und unteren Säulenſtellung ſchmücken Medaillonbilder die Felder über den Bögen, im Ganzen nicht weniger als 152 Köpfe. Der Styl iſt hier etwas abgeflacht, conventioneller als ſelbſt an den ſpäteren Theilen der Façade, obwohl einzelne ſehr tüchtige Arbeiten vorkommen. Am flaueſten, auch im Relief am kraftloſeſten ſind die Werke der unteren Arkaden der rechten ſchmaleren Seite.

Terracotten.

Den ſeltenen Vorzug hatte die Mailänder Sculptur: ſie beſaſs ſeit dem Ausgang des 14. Jahrhunderts zwei Bauwerke erſten Ranges, an welchen die Thon- und die Marmorplaſtik fortwährend zur Ausübung kamen: das Oſpedale für die Arbeit in Thon, den Dom für die Marmorarbeit. Betrachten wir nun, ſoweit es uns möglich iſt, die Sculpturen des letzteren. Im Innern des Domes finden ſich hauptſächlich gothiſche Bildwerke, und zwar namentlich unter den

Marmorplaſtik.

Dom.

zahlreichen Statuen der Pfeilerkapitäle, die bekanntlich einen Kranz von Nifchen bilden. Die Hauptftellen für die Statuen am Aeufseren find in den Fenfterhöhlungen und an den drei Seiten der unzähligen Strebepfeiler. Sie ftehen hier überall in Reihen auf reich gefchmückten Confolen über einander. In den Fenftern find durchweg die älteren, an den Pfeilern die jüngeren Arbeiten zu fuchen. An der Façade und der Nordfeite gehören die Figuren meiftens der Spätzeit des 16. Jahrhunderts und noch jüngeren Epochen an. An der Oftfeite des Chorpolygons findet man eine Anzahl recht forgfältiger, wenn auch nicht geiftvoller Arbeiten der Frührenaiffance. Auch in den Fenfterfchrägen der Nordfeite, fowie in dem weftlichen Fenfter des nördlichen Polygons ift eine grofse Anzahl von Werken vom Ende des 15. Jahrhunderts vorhanden. Hier fielen mir namentlich eine feine Jünglingsgeftalt und eine betende Heilige als tüchtige Sculpturen auf. In der Laibung des grofsen öftlichen Chorumgangfenfters ficht man einen Täufer Johannes im übertriebenften realiftifchen Styl der Zeit mit hartem knittrigem Gewande. Beffer find nördlich am Chorumgang Adam und Eva, obwohl beide Geftalten etwas Schwerfälliges in Form und Stellung haben. Ebendort fieht man noch manche gute Figur aus der Zeit um 1500.

Brera. Sodann giebt es manche Werke derfelben Epoche im archäologifchen Mufeum der Brera, welche die Mannigfaltigkeit der damals in Mailand thätigen bildnerifchen Kräfte bezeugen. Zunächft nenne ich ein marmornes Ciborium mit einer Madonna in der Mitte, die nicht eben bedeutend ift. Um fo köftlicher find die drei Engel, welche auf jeder Seite anbetend nahen, im zarteften Relief und von einer Schönheit, dafs man fie einem der beften Florentiner zutrauen follte. Nur die Körper find etwas zu lang und fchmächtig, die Köpfchen aber holdfelig, die Gewandung von gröfster Feinheit. Mehr ornamental bedeutend ift das Grabmal des Bifchofs Bagaroto vom Jahre 1519, aus S. Maria della Pace. Die Geftalt des Verftorbenen ift würdig, in grofsartig geordnetem Gewandwurf, der Arm leife unter den Kopf gezogen und dadurch der Eindruck ruhigen Schlummerns erzielt. An den fechs Säulen in wunderlicher Kandelaber- und Vafenform find Medufenköpfe in Medaillons aufgehängt. Diefe Anordnung ift nur die Wiederholung eines prächtigen Grabmals in der erften füdlichen Kapelle von S. Euftorgio. Es ift dem 1484 verftorbenen Jacobus Stephanus de Brippio gewidmet. Auf vier ähnlichen vafenartigen Säulen (ein fehr unfchönes Motiv!) ruht der prächtig gefchmückte Sarkophag. Zwifchen kleinen Pilaftern von grofser Zierlichkeit find die Verkündigung, Geburt Chrifti, Anbetung der Könige, Befchneidung, Flucht nach Aegypten dargeftellt: Arbeiten von minutiöfer Ausführung, malerifch componirte Reliefs mit landfchaftlichen Gründen, die Figürchen anmuthig, genrehaft, mit fein und charakteriftifch behandelten Köpfen, die Gewänder in einem ftark manierirten gebrochenen Faltenwurf. Darüber Chriftus mit der Weltkugel, von zwei Engeln verehrt, ganz oben Madonna mit dem Kinde. An den Stylobaten der Säulen hat der Künftler in feinen Rundbildern feinen antiken Reminiscenzen Luft gemacht, indem er Kaiferköpfe, Apollo und Marfyas, Kentauren darftellte. Doch ift das Figürliche hier etwas fchwach.

Kehren wir noch einmal zur Brera zurück. Zu den bedeutendften Werken, welche auf der ersten Stufe des neuen Styles stehen, gehört eine überaus edel aufgefasste weibliche Grabstatue, liegend mit gekreuzten Armen dargestellt, mit grofsartig durchgebildetem Faltenwurf, Kopf und Hände mit dem feinsten Naturgefühl behandelt, das Gewand in lang fliefsenden Linien, in denen noch gothische Reminiscenzen nachklingen. Den entwickelten Realismus des 15. Jahrhunderts verrathen sodann mehrere meisterlich gearbeitete Reliefköpfe, so zunächst ein männliches Portrait von energischem Ausdruck, das üppige Haar mit einem Lorbeerzweig umwunden, besonders der Mund von gewaltiger Kraft, das Ganze an die Köpfe von Mantegna oder Buttinone erinnernd. Ein anderer Kopf giebt die noch kühneren gebieterischen Züge eines älteren Mannes, der besonders durch die stark vortretende Unterlippe einen Charakter von rücksichtsloser Festigkeit gewinnt. Das kurz geschorene Haar bedeckt ein Barett. Noch ein anderer mit grofser perrückenartiger Frisur erinnert an die Köpfe von Bellini. Sodann ist auf schwarzem Marmor ein Reliefkopf des Lodovico Moro vorhanden, kenntlich durch das dicke Unterkinn und das reiche Haar, ein Werk feinster Ausführung und meisterlicher Auffassung. Zu den bedeutendsten Arbeiten der Zeit gehört ferner die Statue einer betenden Frau mit langem bis auf die Füfse herabfallendem Lockenhaar, in einfach fliefsendem, grofsartig gemustertem Gewande und mit ausdrucksvollem Kopfe. Von Reliefcompositionen fällt besonders ein zierlich ausgeführtes Medaillon mit der Darstellung der Geburt Christi auf. Maria und Joseph und mit ihnen eine Gruppe von Engeln beten das Kind an, das auf dem Boden liegt. Der Styl der Gewänder gehört in seinen unruhig geknitterten Falten zum Manierirtesten der Zeit. Dagegen zeigt ein Relief des lehrenden zwölfjährigen Christusknaben im Tempel, wie er von seinen Eltern wiedergefunden wird, den edel durchgebildeten Styl etwa aus der Zeit um 1520. Die Scene ist lebendig componirt, die Figürchen sind anmuthig, der architektonische Hintergrund in trefflicher Perspective durchgeführt.

Einer der vorzüglichsten Bildhauer Oberitaliens ist *Giovanni Antonio Amadeo*. Er gehört in die Reihe der Künstler des 15. Jahrhunderts, welche an der Ausschmückung der Certosa von Pavia betheiligt waren. Ehe wir ihn dort aufsuchen, müssen wir ihn aus seinen beglaubigten Werken in der Capella Colleoni zu Bergamo kennen lernen. Zunächst das Grabmal Colleoni's, eins der prächtigsten Werke der Plastik Oberitaliens, obwohl in der Gesammtcomposition etwas locker und willkürlich. Zwei Sarkophage sind übereinander vor einer Wandnische angebracht; der untere ruht auf vier cannelirten Pfeilern, die von wunderlich ungethümen Löwen getragen werden. Auf demselben halten drei sitzende und zwei stehende Heldengestalten (letztere an den Ecken) Wacht an dem eigentlichen Sarkophage, der sich auf mehreren phantastisch gebildeten Stützen erhebt. Diesen krönt die lebensgrofse Reiterstatue des Verstorbenen, aus vergoldetem Holz gearbeitet und von Marmorstatuen von Tugenden begleitet. Darüber wölbt sich ein Baldachin, dessen Bogen auf zwei schlanken Säulen ruht. Gio. Ant. Amadeo.

Alle Theile dieses Aufbaues sind nun auf verschwenderische Weise mit Bildwerken geschmückt. Zunächst bildet den Sockel des unteren, gröfseren Sarkophags ein köstlicher Fries nackter Kinder, welche Medaillons mit Wappenschilden und Kaiserköpfen halten. Sie tummeln sich dabei in allerlei Spielen. Grabmal Colleoni.

Einer zeigt fich zuverfichtlich in der Rolle eines Discuswerfers. Ein Anderer fitzt auf dem Rücken eines Gefpielen, der den Kopf im Schoofs eines Dritten birgt. Einige find im zarteften Relief von der Rückfeite in meifterlicher Perfpective dargeftellt. Ueber diefem Friefe find die gröfseren Flächen durch Reliefs der Paffionsgefchichte ausgefüllt, an der Vorderfeite drei, an den Schmalfeiten je eins. Von links angefangen fieht man zuerft die lebendig componirte Geifselung; dann die Kreuztragung mit fehr reichem landfchaftlichem Grunde, der die Lage Bergamo's mit den aufwärts führenden Baumalleen veranfchaulicht. Die Theilnehmenden find in häfslich übertriebenen Geberden des Schmerzes dargeftellt; nur Magdalena ift eine anmuthige Geftalt; Chriftus wenig bedeutend. Noch extremer find die Affecte auf der figurenreichen Kreuzigung gefchildert; doch hat der Künftler uns fchadlos zu halten gefucht durch die reizende Mädchengruppe, welche links den Vordergrund füllt. Eine fchöne Frau hält ein Kind auf dem Schoofse, welches der Execution zufchauen mufs; — allerdings ein Zug von naiver Rückfichtslofigkeit. In demfelben Charakter einer forcirten Ausdrucksweife ift auch die Kreuzabnahme gehalten. Alle diefe Werke find in ftarkem Hochrelief, welches zum Theil faft Freifculptur wird, mit reichen landfchaftlichen Gründen ausgeführt. Nur die Auferftehung an der rechten Seite ift ziemlich flach behandelt und rührt offenbar von anderer Hand her.

Zwifchen diefen Reliefs find die Statuetten von vier Tugenden angebracht, zum Theil von einem überaus feinen Styl, viel weicher und anmuthiger als die meiften mailändifchen Arbeiten der Zeit. Die Köpfe zeigen den Typus der Lombardi mit den hohen runden Stirnen und dem etwas gleichgültig ruhigen Blick. Indefs erkennt man auch hier verfchiedene Hände. Am feinften find die Juftitia mit ihrem ächt peruginesken Kopfe und die Caritas mit den beiden allerliebften Kindern. Bei den andern haben die Gewänder einen etwas wulftigen fchweren Styl; die Temperantia zeigt zudem einen blöden Ausdruck, die Spes ift ftarr und leer hinauflächelnd.

Die faft doppelt fo grofsen fünf Heldengeftalten, die den oberen Sarkophag umgeben, find trotz einer etwas fcharfen und kleinlichen Gewandbehandlung von hoch bedeutender Erfindung, grofsartig angelegt, und bekunden eine entfchiedene Einwirkung Donatello's. Das Motiv des tiefen Verfunkenfeins bei dem einen der Sitzenden, des begeifterten Aufblickens bei dem andern find Züge, die in folcher Gröfse nur felten gefunden werden. Erft bei Michelangelo findet fich fpäter Verwandtes.

Am oberen Sarkophag geben kleine Pilafter von zierlichfter Ausführung die Eintheilung. Das Decorative ift, beiläufig gefagt, an dem ganzen Denkmal von der höchften Vollendung. Zwifchen den Pilaftern fieht man die Reliefs der Verkündigung, der Geburt Chrifti und der Anbetung der Könige. Sie find nicht gerade bedeutend in der Erfindung, auch nicht frei von Befangenheit, aber lebendig componirt, anziehend und gemüthlich im Ausdruck und erinnern in der Lieblichkeit der Köpfe am meiften an Borgognone. Befonders reizend find bei der Geburt Chrifti die Engel, von denen einer die Laute fchlägt, während ein anderer die Orgel fpielt, ein dritter die Blafebälge in Bewegung fetzt. Bei der Anbetung der Könige ift der lockige Jüngling rechts von hoher Schönheit.

Auch der Reliefstyl ist bei maafsvoll behandelten Hintergründen weit klarer behandelt als in den unteren Reliefs der Passion.

Völlig dem Styl der Lombardi entsprechen die beiden grofsen weiblichen Gestalten, welche auf dem oberen Sarkophage neben dem Reiter stehen. Die feinen Gewänder sind in antikisirender Weise behandelt, mit knappem Faltenwurf, die etwas leeren Köpfe sind indefs nicht ohne Anmuth. Der Reiter hat eine steife Haltung, aber der Kopf ist von bedeutendem individuellem Ausdruck. Das Pferd ist merkwürdig gut und lebendig gebildet, namentlich der seitwärts gewendete Kopf, in dessen Bewegung man die kräftige Zügelführung des Reiters merkt. Die beiden Bogenfelder sind mit Kaiserbildnissen in Medaillons geschmückt und über dem Schlufsstein hält ein trefflich bewegter nackter Genius das Wappen des Verstorbenen.

Das kleinere Grabmal an der linken Seitenwand der Kapelle ist Colleoni's Tochter Medea († 1470) gewidmet. Wir haben es im Wesentlichen als Werk Amadeo's aufzufassen.*) Es ist ein Wandgrab. Der Sarkophag ruht auf drei geflügelten Engelköpfen, die ihm als Consolen dienen, in einer von Pilastern eingefafsten Nische, die von Consolen mit drei derben Putten getragen wird. Der links befindliche Kleine ist lebendig bewegt; sie halten sämmtlich Füllhörner. Grab der Medea Colleoni.

Am Sarkophag werden drei Felder durch zierliche Pilaster getrennt. Das mittlere enthält den todten Christus, mit der Hand auf die Wunde zeigend, von zwei Engeln in ganz flachem Relief angebetet. Der Kopf Christi ist nicht bedeutend, der Körper aber fein und edel; in den Engeln macht sich wieder ein Hang zu übertriebenem Ausdruck geltend. Die Seitenfelder sind mit schönen Kränzen, welche die Wappenschilder umschliefsen, geschmückt.

Auf dem Sarkophage ruht die Gestalt der Verstorbenen in langfliefsendem Brokatkleide, das über den Füfsen trefflich motivirte Falten bildet. Die Gesichtszüge sind nicht schön, aber jungfräulich still und rein, trefflich beseelt, die kleinen krausen Löckchen des üppigen Haares sowie die Perlenschnur um den Hals meisterhaft behandelt. Merkwürdig individuell ist das lange, schmale, enge Ohr.

Ueber der Hauptfigur sieht man in der Nische ein Flachrelief der Madonna mit dem Kinde, das lebhaft erregt auf die neben ihr hockende h. Katharina zuschreitet, während auf der andern Seite im Nonnenhabit die h. Agnes sitzt. Diese Gestalten sind voll Adel und Schönheit, die Gewänder trefflich in grofsen Massen geordnet, die Bewegungen durchweg frei und lebensvoll. Vorzüglich gelungen die Madonna, ohne Frage eine der schönsten Oberitaliens. Der Kopf ist von lieblicher Form, die Hände sind meisterhaft behandelt, auch das Kind ist voll Anmuth. Dieses herrliche Relief und die edle Gestalt der Medea sind also für die Beurtheilung Amadeo's als Basis anzunehmen. Mir schien demnach, dafs ihm von dem Denkmal Colleoni's nur die Justitia und Caritas, die Heldenstatuen, die Reliefs der Jugendgeschichte Christi und der Kinderfries mit Sicherheit zugesprochen werden können. Das Uebrige wäre dann von verschiedenen anderen Händen gearbeitet.

---

*) Es trägt am Sarkophag die Inschrift: IOVANES . ANTONIUS . DE . AMADEIS . FECIT . HOC . OPVS.

Façade der Kapelle.

Die Façade des kleinen Baues ist bekanntlich eins der höchsten Prachtstücke Oberitaliens; aber die Wirkung der überaus reichen und feinen plastischen Details wird durch die unruhig bunte Incrustation mit weissen und rothen Marmorplatten fast zu nichte gemacht. Auch die monströs hässlichen Säulen in den Fenstern und an der den Bau abschliessenden Balustrade schaden dem Eindruck. Das Beste an der Façade sind die kleinen Reliefs, welche sich unter den Fenstern dicht über dem Sockel hinziehen. An den Pilasterbasen sind es antike Gegenstände, Thaten des Herkules, von grosser Freiheit und Lebendigkeit, die nackten Körper trefflich entwickelt. Die übrigen enthalten Scenen aus der Genesis, die geistreich erfunden und frisch ausgeführt sind. Charakteristisch ist bei der Erschaffung Adams das starre halbtodte Liegen des noch nicht Beseelten dargestellt. Bei der Erschaffung Eva's ist die nachlässig schlummernde Haltung Adams vortrefflich gegeben; die kleine üppige Eva wird sanft von Gott bei der Hand ergriffen. Den Sündenfall sodann begehen beide, indem sie gemuthlich bei einander sitzen, und die Schlange mit Engelsköpfchen und Fledermausflügeln sich zu ihnen herabneigt. Die Vertreibung aus dem Paradies ist so lebendig bewegt, dass man an Studien Donatello's glauben muss. Wie reizend sitzt sodann nachher Eva mit dem Kinde beim Spinnen, während Adam bei der Ermahnung Gottes die Hacke nachlässig in der Hand hält und fast trotzig dasteht. Der Brudermord zeichnet sich durch Kühnheit und dramatische Gewalt aus; die Verkurzung des nach vorn ausgestreckten Abel ist ziemlich gelungen. Bei Abrahams Opfer endlich fallt die fliessende Gewandbehandlung auf. Die ganze Reihenfolge gehört zu den trefflichsten Schöpfungen der Zeit; wir dürfen sie wohl auf Amadeo zurückführen. An der Seite liest man die Jahreszahl 1476. Aufserdem ist das rein Ornamentale an Pilastern, Friesen, vor Allem aber die unvergleichlich schöne Akanthusranke an der Portaleinfassung vom höchsten Werth. Geringer ist das rein Figürliche. Die Kaiserköpfe am Sockel und den beiden Seiten der Eckpilaster sind Mittelgut. Ebenso zeigen die Busten Cäsars und Trajans, welche in wunderlichen Tabernakeln als Krönung der Fenster dienen, zwar eine grosse Begeisterung furs klassische Alterthum, aber einen unerfreulich harten, geistlosen Styl. Die Köpfe auf den langen Halsen schauen gar nüchtern drein. In diesen Werken glaube ich die Hand des *Tommaso Rodari* zu erkennen. Die weiblichen Figuren (zwei neben dem Portal auf hässlichen Postamenten, je zwei ferner auf den Hauptgesimsen der beiden Fenster) sind mit den scharfen bauschigen Gewändern derselben Art wie die geringen Figuren am Grabmal Colleoni's: Mittelgut der lombardischen Schule. Nicht bedeutender ist der Gottvater mit Engelköpfen im Giebelfelde des Portals, sowie die Engel, welche ungeschickt genug auf dem Giebel stehen und einen Vorhang halten. Besser sind die Putten, welche auf den Fenstergesimsen hocken und rittlings auf den Consolen über den Schlussteinen der Kaiser-Tabernakel sitzen.

Certosa von Pavia.

Unerschöpflich ist sodann die plastische Decoration der Certosa von Pavia. Seit 1473 beginnt die Ausfuhrung der Marmorfaçade, mit welcher zugleich die nicht minder reiche Ausstattung der Kirche wie des Klosters Hand in Hand ging. Unter den vielen Künstlern, die dabei betheiligt waren — man nennt gegen dreissig allein für die Façade — wird man leicht die Meister des

15. Jahrhunderts von den späteren unterscheiden; aber die einzelnen zu erkennen bedarf es einer strengeren Sonderung, wobei man von ihren anderweit festgestellten Werken auszugehen hat. Unter den wichtigsten Meistern des 15. Jahrhunderts wird *Amadeo* genannt; neben ihm *Andrea Fusina*, *Alberto da Carrara*, *Siro Siculi*, *Angelo Marini* u. A., denen sich im Anfang des 16. Jahrhunderts *Cristoforo Solari* anschliesst. An der Façade gehören wie so oft bei den Monumenten der Renaissance nicht die Statuen, sondern die Reliefs zum Besten. Die kleinen Figuren der Propheten in den untersten Nischen der Pilaster zeigen den übertrieben realistischen Styl und die unruhig gebrochenen Gewänder Façade.

Fig. 180. Betende Engel vom Hauptportal der Certosa von Pavia.

der gewöhnlichen lombardischen Schule. Die Statuen der Apostel und anderer Heiliger, welche auf Consolen vor den Pilastern angebracht sind, gehören meistens schon dem 16. Jahrhundert an. Als Arbeiten *Busti's* und seiner Schule glaube ich besonders einige schöne weibliche Statuen bezeichnen zu können: oben am linken Eckpfeiler an der vorderen und der inneren Seite; ebenso die am rechten Eckpfeiler an der inneren Seite und die männliche neben ihr an der Vorderseite. Frisch und lebendig, aber von anderer Hand ist der heilige Sebastian. Die meisten sind schon stark überladen. Zu den besseren gehören noch Adam und Eva. Aber, wie gesagt, das Beste sind die Reliefs. In dem unabsehbaren Reichthum dieser Arbeiten konnten die Meister ihrem Hange nach liebevoller Detailausführung am meisten Genüge thun. Treffliche Arbeiten sind schon unter den Medaillonköpfen des Sockels; zum Anmuthigsten gehören die kleinen Engelgruppen an den Candelaberfaulen in den Fenftern, von grofser Feinheit find die biblifchen Gefchichten, welche fich unter der Fenfterbrüftung hinziehen, meiftens in malerifcher Anordnung mit reichen, architektonifchen und landfchaftlichen Hintergründen.

Haupt-portal. Die höchfte Feinheit und Pracht entfaltet fich an dem Hauptportal, das fchon feiner architektonifchen Compofition nach ein Werk erften Ranges ift. Die Portalpfoften beftehen in der Tiefe und in der Breite aus zwei Pilaftern, in deren Flächen Weinranken mit Laubwerk und pickenden Vögeln gefpannt find. Die Ranken find fo verfchlungen, dafs fie fechs ovale Rahmen bilden, in welche biblifche und andere Reliefſcenen componirt find. Aufserdem aber find die breiten Streifen zwifchen den Pilaftern mit je vier Reliefs ausgefüllt, welche fich auf die Gründung der Certofa beziehen. Alle diefe Arbeiten find weit entfernt von der realiftifchen Schärfe, welche der Mehrzahl der bisher befprochenen oberitalienifchen Werke eignet. Maafsvoll in der Bewegung, anmuthig im Ausdruck und elegant in den Formen find fie vielleicht, wie Kinkel angedeutet hat, auf *Agoftino Bufti* zu beziehen. Auch ihre technifche Vollendung fpricht wohl dafür, und das fchlanke Verhältnifs der Figuren mit den kleinen Köpfen ebenfo.

Der Reichthum diefer unvergleichlichen plaftifchen Ausftattung fetzt fich nun aber noch am Friefe über den Säulen und den Thürbalken fort. Es bildet fich dort aus Ranken und Blättern eine Reihe von funfzehn kleinen Medaillons, die in zierlichfter Ausführung mit betenden Engelgruppen, welche die Paffionswerkzeuge halten, ausgefüllt find, alles in demfelben anmuthig weichen Style (Fig. 280). Endlich enthält der Portalbogen das Relief einer thronenden Madonna, welche von Karthäufermönchen verehrt wird: ein Werk anderer Hand, in fchärferer und edler plaftifcher Behandlung, in dem lieblichen Kopfe der Jungfrau an Luini erinnernd.

Inneres der Kirche. Nicht minder grofs ift der plaftifche Reichthum des Innern der Kirche fowie des Klofters. Im Schiff der Kirche gehören die meiften Arbeiten den fpäteren manierirten Epochen an. Doch findet fich in der erften Kapelle links ein Lavabo mit köftlich gearbeiteten Ranken und dem Relief des h. Bruno, eins der delicateften Werke des 15. Jahrhunderts. Das Meifte aus den früheren Epochen der Renaiffance kommt auf den Chor und das Kreuzfchiff fammt den Nebenräumen. Am Hauptaltar enthält das Antependium in der Mitte ein Hochrelief von Engeln, deren zwei in der Mitte ein Medaillon mit der Darftellung der Pietà halten, während andere Kelche tragen oder Weihrauchgefäfse fchwingen. Diefe Engel find voll naiver Anmuth, nur mit leichten Gewändern bekleidet, welche die Formen klar durfcheinen laffen. Vortrefflich ift aber das Relief der Pietà, meifterlich in den Raum componirt, ergreifend ausdrucksvoll wie ein Mantegna, dabei miniaturhaft fein ausgeführt. Diefes fchöne Werk wird dem *Criftoforo Solari*, genannt *il Gobbo*, zugefchrieben (Fig. 281).

Beim Heraustreten aus dem Chore fieht man über dem Portal der Chorfchranken einen fchönen Fries, welcher in der Mitte den todten Chriftus, von Engeln betrauert, zu beiden Seiten andere Engel mit den Werkzeugen der Paffion enthält. Es find Arbeiten in einem befondern milden Style, die Gewänder in grofsen Maffen einfach angeordnet mit weich fliefsendem Faltenwurf der Ausdruck der lieblichen Köpfe voll süfser Innigkeit. Diese Reliefs zeigen weniger als alle übrigen das Streben nach Zierlichkeit der Detailausführung. Sie erinnern in der schlichten Weichheit der Empfindung am meisten an Borgognone. Besonders anmuthig wirkt die überaus grofse Mannigfaltigkeit der Behandlung des bald lang in Locken fliefsenden, bald kurz gekrausten, bald schlicht herabfallenden, bald in malerischer Unordnung vertheilten Haares.

Fig. 281. Pietà. Vom Hochaltar der Certosa von Pavia.

Ein grofser Reichthum an Sculpturen findet sich sodann in den Kreuzarmen. Zunächst im nördlichen sieht man die beiden Grabstatuen des Lodovico Moro und seiner Gemahlin Beatrice d'Este, beide von der Hand des *Cristoforo Solari*. Der Herzog ist eine grofsartig entworfene Gestalt, der mächtige Kopf charaktervoll behandelt, nur die reich drapirte Gewandung vielleicht etwas zu studirt in der Anordnung. Die Meisterschaft des Meifsels verräth sich wieder in der zierlichen Stickerei des Kopfkissens. Seine Gemahlin mit einem Kopf von köstlicher Anmuth, übergossen von der Ruhe eines sanften Schlummers, ist eine der

Sculpturen im Kreuzschiff.

schönsten Grabstatuen, die ich kenne. Wohl hat der Meister in der Behandlung des krausen Lockenhaares etwas zu viel gekünstelt, auch die langen Augenwimpern sind bei aller virtuosen Feinheit der Ausführung etwas zu steif, doch thut das der Gesammtwirkung keinen Abbruch. Vom feinsten Geschmack ist auch die Stickerei des in langen schönen Falten fliessenden Kleides und des reich geschmückten Bahrtuches. Es ist in Allem ein Meisterwerk ersten Ranges.

Denkmal G. Galeazzo's. Im südlichen Kreuzschiff ist das Hauptwerk das Denkmal Giov. Galeazzo Visconti's, des Gründers der Certosa. Um 1490, wie man glaubt, nach dem Entwurfe des *Galeazzo Pellegrini* begonnen, wurde es erst 1562 vollendet und trägt in seinem reichen plastischen Schmucke das Gepräge nicht bloss verschiedener Hände, sondern auch verschiedener Zeiten. Am Architrav der untern Arkaden liest man den Namen eines *Giovanni Christoforo* von Rom. Dieser sonst nicht bekannte Künstler muss in hervorragender Weise bei der Ausführung betheiligt gewesen sein. Vielleicht schuf er den ganzen architektonischen Aufbau. Das Denkmal hat die Form eines Freigrabes, das aus sechs Pfeilern besteht, welche durch Archivolten verbunden sind. So entstehen in der Front zwei Arkaden, an den Seiten je eine Arkade, welche den Sarkophag mit der Statue des Verstorbenen umgeben. An seinem Grabe halten die Wacht Fama und Victoria, manierirte Arbeiten der späteren Zeit von der Hand des *Bernardino da Novi*. Die Arkaden mit ihren Pilastern, Sockeln, Bogenfeldern und Friesen sind mit feinen decorativen Sculpturen, kriegerischen Emblemen und Trophäen, Wappen und Festons mit Fruchtschnüren völlig bedeckt. Der Oberbau, ebenfalls durch reiche Pilaster gegliedert, enthält in den Flächen Reliefs aus dem Leben des Verstorbenen. In der Mitte erhebt sich in einer Bogennische die Statue der Madonna mit dem Kinde, von *Benedetto de' Brioschi*, eine würdige, aber noch etwas alterthümliche Arbeit, der Lionardeske Kopf durch zu scharf gekniffene Lippen im Ausdruck beeinträchtigt, auch die Hände unlebendig schwer, die Gewänder mit hart geschnittenen, obwohl gut und breit motivirten Falten; das Kind aber ist frei und natürlich bewegt. Die Rückseite zeigt in der Nische die sitzende Statue Galeazzo's. Die Statuetten der Tugenden und wappenhaltenden Victorien, welche die obere Bekrönung bilden, zeigen den scharfen etwas conventionellen Styl des 15. Jahrhunderts, aber verbunden mit lieblichen Zügen und entschiedenem Schönheitssinn. In diesen Arbeiten wird man die Hand des *Giov. Antonio Amadeo*, der neben *Giacomo della Porta* an dem Monumente betheiligt ist, erkennen dürfen. Weiter gehören die sehr anziehenden frisch und naiv behandelten Reliefs aus dem Leben Galeazzo's zu den älteren Arbeiten. Er empfängt seine Befehlshaberstelle vom Vater, wird vom König Wenzel zum Herzog von Mailand erhoben, gründet die Universität Pavia, erbaut Gotteshäuser und Festungen und ist siegreich im Kriege. Besonders das letzte Relief, welches mit grosser Energie und liebevoller Detailschilderung einen Reiterkampf darstellt, ist zwar völlig malerisch componirt, aber mit bewundernswürdiger Schärfe und Lebendigkeit durchgeführt. Die reichen Rüstungen der Ritter und Rosse boten dem Künstler willkommene Gelegenheit, seine technische Meisterschaft glänzen zu lassen. Die Statue des Verstorbenen zeigt eine tüchtige Portraitauffassung, aber die kleinliche Draperie des Gewandes deutet auf die Spätzeit des 16. Jahrhunderts. Man darf sie wohl auch dem Bernardino da Novi zutrauen.

Rechts von diesem Denkmal ist eine Statue der Veronica aufgestellt, welche man einem Meister *Angelo Marini* oder dem *Siro Siculi* zuschreibt. Es ist eine tüchtige Arbeit der Zeit um 1500, die Gewänder zeigen etwas scharfe Behandlung, das sehr feine Köpfchen erinnert in Form und Ausdruck an Borgognone. Dagegen gehören zu den manierirtesten Werken, in welchen der realistische Styl des 15. Jahrh. mit all seinen lombardischen Uebertreibungen, besonders den bis zum äufsersten Uebermaafs geknitterten Gewändern zur Geltung kommt, die Sculpturen an dem Portal, welches aus dem Kreuzschiff in die Brunnenkapelle der Mönche führt. Im Tympanon sieht man knieende Einsiedler, rings Gestalten von Tugenden, an den Pforten die vier Kirchenväter. Auch der Christus im Giebelfelde ist nicht besser. Vortrefflich sind dagegen die über dem Portal eingelassenen Marmorbüsten der Bianca Maria, Bona Maria, Isabella und einer vierten fürstlichen Frau, aufserdem noch zwei andere, ohne Namenbezeichnung, sämmtlich weifs auf schwarzem Grunde, in schlichter Lebenswahrheit trefflich durchgeführt. Ihnen entsprechen an ähnlicher Stelle im nördlichen Kreuzarm die trefflichen Büsten von Galeazzo Visconti, Lodovico und Francesco Sforza sowie einiger anderer Fürsten Mailands, unter welchen Galeazzo sich durch meisterliche Behandlung und energische Charakteristik auszeichnet. Geringer sind daselbst im Tympanon die Wächter am Grabe Christi; im Giebelfeld über der Thür endlich ist eine wild phantastische Versuchung des heil. Antonius dargestellt, die man dem *Alberto da Carrara* zuschreibt. Anderes im Kreuzschiff.

Vom südlichen Kreuzschiff geht man in die Brunnenkapelle der Mönche. Hier ist das Lavabo ein Werk von ausgezeichneter Arbeit. Zwei Delphine sind auf dem Becken angebracht, darüber erhebt sich eine männliche Büste von so lebensvoller Charakteristik, so individuellem Gepräge, dafs die Angabe, es sei hier der Architekt der Kirche (welcher?) dargestellt, begreiflich wird. Im Tympanon ist die Fufswaschung der Apostel durch Christus in einem Relief von merkwürdiger Schärfe und Energie des Ausdruckes geschildert. Die Gestalten haben etwas seltsam Schlottriges, ihre Magerkeit wird durch die knappen knittrigen Gewänder noch auffallender, die hartknochigen Köpfe und das übertrieben detaillirte Haar haben etwas von der herben Schärfe der paduanischen Malerschule. Bei alledem spricht aber die Kraft der Charakteristik für einen sehr tüchtigen Meister. Man nennt auch hier *Alberto da Carrara*. Die Composition ist reich im malerischen Styl durchgeführt. Lavabo.

Demselben Künstler schreibt man auch die Thür zu, welche vom südlichen Querschiff in's Kloster führt. Sie ist an der inneren Seite (in der Kirche) mit einer Pietà geschmückt, welche in scharf realistischem Styl und schreiendem Affect jenen Arbeiten wohl entspricht. Anders verhält es sich aber mit der überaus prächtigen plastischen Ausstattung, welche dieselbe Thür an ihrer Aufsenseite (in dem Kreuzgange) zeigt. Sie trägt am oberen Balken die Inschrift: »Johannes Antonius de Amadeis fecit opus.« Wir haben also hier wieder ein beglaubigtes Werk *Amadeo's*. An den Pfosten ziehen sich elegante Ranken mit feinen nackten Putten im zartesten Flachrelief hinauf. Daneben an der äufseren Einfassung, im wirksamsten Gegensatz fast frei im kühnsten Hochrelief, Portal von Amadeo.

liebliche Engel, klagend und die Marterwerkzeuge haltend. An der Oberschwelle der Thür setzt sich diese Darstellung fort und schliesst in der Mitte mit einer Pietà. Die Figurchen zeigen den innigsten Ausdruck und sind meisterhaft gearbeitet; die Ranken, welche sie umgeben, haben aber in der Composition etwas Steifes. Darüber im Bogenfelde wird eine thronende Madonna mit dem Kinde von knieenden Karthäusern verehrt, welche durch Johannes den Täufer und einen heiligen Bischof empfohlen werden (Fig. 282). Scharf und bestimmt ist der Styl dieser Arbeiten, aber die kraftig und klar gezeichneten Formen sind bei den Engeln voll Lieblichkeit, bei der Madonna und dem Kinde einfach und edel, von reiner Empfindung beseelt. Die Verwandtschaft dieser Arbeiten mit denen von Bergamo fallt beim ersten Blick ins Auge.

Terracotten. Kaum minder ausgedehnt ist die Ausstattung mit plastischen Werken in gebranntem Thon. Hauptsächlich betrifft dieselbe den kleineren und den grossen Kreuzgang, welche das Kloster umschliesst. Der kleinere bildet ein Quadrat von 7 zu 7 Arkaden, welche auf Säulen von carrarischem Marmor

Fig. 282. Relief von Amadeo. Certosa von Pavia.

ruhen. Dieselbe Anordnung wiederholt sich an dem grossen Kreuzgange, dessen Ausdehnung 102 zu 125 Meter misst. Seine 120 Arkaden sind in derselben Weise aus Marmorsaulen gebildet; beide Klosterhöfe erhalten aber ihren Hauptschmuck durch die unermesslich reiche Decoration in gebranntem Thon, welche die Archivolten, Friese und Gesimse bekleidet, und zu denen noch Statuen kommen, welche auf Consolen über den Säulenkapitälen angebracht sind. Ueber diesen befindet sich in jedem Bogenfelde der Arkaden ein Medaillon mit einem Brustbilde in kräftigem Hochrelief. Schon die technische Behandlung dieser Werke, abgesehen von ihrem lebensvollen trefflichen Style, ist bewundernswürdig. Dahin gehört endlich noch die Ausstattung des Brunnens, welcher zum Waschen der Hände vor dem Eintritt ins Refectorium diente. Er ist mit einem edel componirten Relief geschmückt, welches Christus in Begleitung seiner Jünger darstellt, wie er die Samariterin am Brunnen unterweist. Das Werk, durch die Unbill der Zeiten arg mitgenommen, hat neuerdings eine durchgreifende Restauration erfahren.

Dom von Como. Gewahrt der plastische Reichthum der Certosa einen Ueberblick über die Geschichte der oberitalienischen Sculptur vom 15. Jahrhundert bis in die spätesten Zeiten, lasst sie uns Meister der verschiedensten Richtungen vom herbsten einseitigen Realismus bis zum geläuterten Idealismus neben und nach einander wirksam schauen, so bietet der ebenfalls sehr reiche plastische Schmuck des Domes von Como, eines der edelsten Denkmale der italienischen Gothik und Renaissance, das nicht so vielseitige, aber in seiner Art ebenfalls interessante Bild von Werken einer ziemlich übereinstimmenden, einheitlichen Schule.

Der Dom zu Como steht schon durch seinen Ursprung in einem bedeutsamen Gegensatze zu der Certosa zu Pavia und dem Dom von Mailand. Sind jene gewaltigen Denkmale durch die Mittel eines ruhmbegierigen Fürsten ausgeführt worden, so ist der Dom von Como ähnlich den Domen von Florenz, Siena, Pisa u. a. das schöne Zeugniss von der patriotischen Kunstliebe eines städtischen Gemeinwesens. Eine prächtige, mit Sirenen, Putten und Arabesken geschmückte Inschrifttafel an der Ostseite des Chores berichtet: da dies Gotteshaus durch Alter baufällig geworden, habe die Bürgerschaft von Como 1396 dasselbe zu erneuern begonnen: nach Vollendung der Façade und der Seiten seien sodann die östlichen Theile am 22. December 1513 angefangen worden; *Tommaso Rodari* habe das Werk ausgeführt. Wir werden sehen, dass dieser Künstler, unterstützt durch seinen Bruder *Jacopo*, als Architekt und Bildhauer schon bei der Ausstattung des Langhauses sammt der Façade thätig war. Er bewegte sich bei diesen Arbeiten, welche innerhalb der Jahre 1491 bis 1509 durch inschriftliche Daten bezeugt werden, noch ganz im Style der decorationsfrohen, üppigen Frührenaissance, wie sie an der Certosa für diese Gegenden in mustergültiger Weise festgestellt war. Beim Bau des Chores und der ebenfalls im Halbkreis geschlossenen Kreuzarme wendet er sich dann plötzlich jener ruhigeren, geläuterten Behandlungsweise zu, auf welche die späteren Mailänder Bauten Bramante's zuerst im Gebiete Oberitaliens hinlenkten. Als Architekt nimmt Rodari demnach eine ansehnliche Stelle ein. Als Bildhauer hat er seine Stärke im rein Ornamentalen, das er mit hohem Reiz und grosser Delicatesse behandelt. Das Figürliche dagegen erhebt sich zumeist nicht über die Mittelmässigkeit, und zwar ist es der unschön harte Realismus der lombardischen Schule, welchen er in allen Arbeiten befolgt. Allein neben ihm waren offenbar noch andere Bildhauer bei der Ausschmückung dieses prächtigen Gebäudes beschäftigt, die zum Theil eine grössere Bedeutung beanspruchen dürfen.

Zunächst ist eine Anzahl von Arbeiten herauszuheben, die offenbar von Meistern des älteren, noch halb gothischen Styles herrühren. Dahin gehört ein Theil der Sculpturen an der Façade, mit deren Ausstattung man wahrscheinlich den Anfang machte. Die vier Strebepfeiler namentlich haben in ihren unteren Theilen Reliefs verschiedener Art, Einzelgestalten von Heiligen, aber auch allerlei Embleme und Symbolisches, untermischt mit biblischen Spruchstellen in eleganter Majuskelschrift: das Ganze in etwas spielender Weise angeordnet. Etwas über der Fensterbank macht dann ein energisches Gesimse diesen mittelalterlichen Spielereien ein Ende, um die übrige Ausdehnung der Pfeiler in zierliche Nischen zu theilen, welche Statuen aufnehmen, je zehn an den beiden inneren, je sechs an den Eckpfeilern. Dem älteren Styl gehört am ersten Pilaster (links) die erste Statue, ein Bischof, am zweiten wieder die erste, ein Kardinal (wohl die Kirchenväter) und die dritte, ein jugendlicher Heiliger, am dritten die vierte, der heil. Antonius, am vierten keine. Dagegen zeigen sämmtliche Statuetten in den Laibungen der vier Fenster denselben Styl. Von ver- Façade.

wandter Art ist im Inneren der Kirche der erste jetzt nicht mehr benutzte Altar der Südseite vom Jahre 1482. Seine Gestalten sind kurz und plump, in einem harten Style, der den gothischen Faltenwurf in conventioneller Weise und in handwerklicher Ausführung befolgt.

T. Rodari. Zur Herstellung dieser Arbeiten verwandte man offenbar Künstler der älteren Schule, die von der Renaissance nur vom Hörensagen wufsten. Den neuen Styl führte dann, wie es scheint, *Tommaso Rodari* ein, an der Spitze einer Anzahl von tüchtigen Gehülfen, von denen uns nur sein Bruder *Jacopo* durch die Inschriften überliefert wird. Erstlich vollendeten sie die Ausschmückung der Façadenpfeiler, deren übrige Statuen übereinstimmend den scharf ausgeprägten, namentlich im Faltenwurf leicht zu erkennenden lombardischen Styl zeigen. Auch die fünf Statuen in den Nischen über dem Hauptportal gehören dahin. Ebenso am oberen Theil der Façade in zwei noch gothisirenden Nischen die Verkundigung, im Giebelfelde der auferstandene Christus, von Engeln angebetet, und selbst die kleinen Figürchen in dem zierlichen Kuppel-Tabernakel, welches den Giebel bekrönend abschliefst. In allen diesen Arbeiten überwiegt eine gewisse an die Manieren der Zeit gebundene Unfreiheit. Auch die Reliefs in den Bogenfeldern der drei Portale an der Façade, in der Mitte die Anbetung der Könige, links die Geburt, rechts die Beschneidung Christi, sind malerische, aber ziemlich unbedeutende Compositionen, die sich nicht über das Niveau der anderen Bildwerke erheben.

Wie weit Tommaso Rodari an diesen Werken selbst betheiligt ist, läfst sich kaum ermitteln. Dagegen lernen wir ihn mit Bestimmtheit kennen an dem ersten Altar im rechten Seitenschiff, dessen Inschrift lautet: »Opus per Tomam de Rodariis de Marozia 1492.« An der Predella sind die beiden Medaillonköpfe der Stifter tüchtige Arbeiten, dagegen genügen die idealen Halbfiguren der Madonna sammt den heiligen Petrus, Katharina sowie einem Bischof und einem Mönch weit weniger. Die Pilaster enthalten sechs ziemlich geistlose und matte Scenen aus der Passion, die Körper hart und übertrieben, der Gewandstyl häfslich geknittert. Auch der auferstandene Christus, von zwei Engeln verehrt, der das Ganze krönt, ist nur Mittelgut. Häfslich und spiefsbürgerlich gebärden sich die Wehklagenden bei seiner Grablegung. Bezeugt ist ferner Tommaso's und seines Bruders Jacopo Thätigkeit an dem prachtvollen Portal der Nordseite, welche als die Schauseite der Kirche weit reicher behandelt ist als die Südseite. An den beiden Pilastern im Innern liest man an sehr versteckter Stelle die beiden Namen Thomas und Jacobus. Schon das Innere dieses Portals ist überaus reich decorirt. An den Pfeilern sieht man je drei Engel mit Marterwerkzeugen in dem herkömmlichen herben Styl. Allerliebst sind dagegen die Putten in den Arabesken an den inneren Seiten der Thürpfosten, wo auch die Namen der Künstler sich finden. Köstliche Ornamente bedecken den Architrav und die Kapitäle, welche wieder die beliebten Putten aufweisen. Das Schönste sind aber die Kinderscenen am Friese, voll Heiterkeit und Anmuth, wo u. a. zwei schelmische Kleine von lustigen Gespielen in einem Kinderwagen gezogen werden, während das Christuskind die Mitte des Frieses einnimmt. In solchen heiteren decorativen Spielen ist diese Schule am stärksten. Gespreizt und unschön dagegen im oberen Aufbau Christus, von zwei anbeten-

Nord-portal.

den Engeln umgeben, ebenso mittelmäßig die beiden Heiligen auf den Ecken. Die höchste Ueppigkeit erreicht aber der Schmuck an der Aussenseite des Portals. Sie gehört in ihrer unabsehbaren Pracht, in der unübertroffenen Delicatesse der Behandlung, in dem hohen decorativen Reiz zu den vollendetsten Schöpfungen der Epoche und findet nur an der Certosa ihres Gleichen. Die vortretenden, ganz mit plastischen Ornamenten bedeckten Säulen, die doppelten Pilaster, zwischen welchen kleine Nischen mit Statuen die Fläche beleben, die köstlichen Friese von gekreuzten Füllhörnern und Arabesken des edelsten Geschmackes, alles das im Verein mit zahlreicher figürlicher Zuthat giebt den Eindruck reichster Phantasiefülle. Aber die Statuen des heil. Petrus, Paulus, Protus und Hyacinthus, die Prophetenbrustbilder in der Schräge der Archivolte, die betende Madonna in der Nische des oberen Tabernakels sind sammtlich von geringem Werth in dem harten unerfreulichen Style, den wir schon kennen. Anmuthiger, obwohl auch nicht ohne Befangenheit sind die anbetenden und musicirenden Engel, mit welchen der obere Aufsatz geschmückt ist, und auch das Relief der Heimsuchung im Bogenfelde, obwohl etwas lahm in der Composition, zeigt eine liebenswürdige Naivetät in Ausdruck und Bewegung der Gestalten. Das Werthvollste sind aber auch hier die überschwänglich reichen ornamentalen Reliefs, welche grösstentheils antiken Inhalt zeigen: schon am Sockel beginnen Kentauren, Thaten des Herakles, römische Opferhandlung, dann kommen Genien, Kaiserbildnisse, Seepferde, auf welchen Eroten reiten, und dergl. in reichster Fülle und heiterer Abwechselung.

Von dieser Begeisterung für das klassische Alterthum giebt aber nichts eine so hohe Vorstellung wie die beiden prächtigen Denkmäler des älteren und jüngeren Plinius, die an der Façade zwischen den Portalen an hervorragender Stelle angebracht sind. Es war zugleich ein Akt des Lokalpatriotismus, welcher, wie die rühmenden Inschrifttafeln bezeugen, Volk und Senat von Como i. J. 1498 bestimmte, ihren berühmten Mitbürgern diese Monumente zu errichten, deren Ausführung nach dem Zeugniss derselben Inschrift den Brüdern *Tommaso* und *Jacopo Rodari* anvertraut wurde. Die Statuen sind sitzend, jede unter einem von Säulen getragenen Baldachin, dargestellt. Die üppigste Ornamentik bekleidet diese Nischen, und namentlich sind die phantastisch aufgebauten Tabernakel mit Genien, Sphinxfiguren und anderen antiken Darstellungen in bewundernswürdig eleganter Ausführung geschmückt. Der feinste decorative Sinn beherrscht das Ganze. Die beiden Statuen sind im Charakter und dem Kostüm von Gelehrten der Zeit um 1500 dargestellt, in langem Talar, dessen Faltenwurf die scharfen knittrigen Brüche dieser Schule zeigt. Die Körperverhältnisse sind nichts weniger als musterhaft, der Oberleib ungewöhnlich gestreckt, der Hals übertrieben lang, die Köpfe aber haben etwas Feines, Sinnendes, und trotz unleugbarer Mängel ruht über dem Ganzen der Hauch einer weihevollen Stimmung. Auch die kleinen Reliefs mit Scenen aus dem Leben der Gefeierten sind naiv und lebensfrisch.

Denkmäler der beiden Plinius.

Nach alledem wird man den beiden Rodari auch das Portal der Südseite zuschreiben müssen, obwohl das Figürliche an der Aussenseite zum Theil auf Beihülfe geringerer Hände hinweist. Das Aeussere wurde 1491 begonnen, denn man liest dort: »Haec porta incepta fuit die 6. mensis Junii 1491«. Das

Südportal.

Innere trägt die Jahrzahl 1509, wohl das Vollendungsdatum des Ganzen. Obschon nicht ganz so reich wie das Nordportal, ist doch auch dieses Werk von grosser Pracht und im Decorativen von bedeutendem Werthe. Die Brustbilder von Tugenden an der Archivolte, das Relief der Flucht nach Aegypten im Bogenfeld sind handwerklich und gering, die vier weiblichen Statuetten an den Portalwänden stehen etwa denen am Nordportal gleich. Das Ornamentale, darunter wieder allerlei Antikes, Sphinxgestalten und dergl. ist dagegen von grosser Feinheit. Die innere Seite des Portales ist vom höchsten Reichthum, die Arabesken am Architrav köstlich erfunden und ausgeführt, der Fries von Nereiden und Tritonen im Kampf deutet auf lebendige Benutzung antiker Studien. Die zwölf Statuetten von Heiligen in den Nischen der Pfeiler haben etwas gedrungene Körperverhältnisse und den scharf gebrochenen Gewandstyl. Im Bogenfelde ist der todte Christus, von Maria und Johannes betrauert, wie ein vergröberter Bellini'scher Gedanke. In der Archivolte sieht man Halbfiguren von Tugenden, im oberen Aufsatz den Auferstandenen, Alles Arbeiten von mittlerem Werthe. Von ähnlichem Charakter sind die Statuetten, welche die innere Laibung der Fenster des südlichen Seitenschiffes schmücken. So groß ist nämlich der plastische Reichthum, dass wie die Seitenportale nach innen und aussen selbständige Decoration zeigen, auch die Fenster in ihrer inneren und äusseren Wand mit Sculpturen ausgefüllt wurden. Im Inneren sind es Statuetten von Heiligen, am Aeusseren dagegen Arabesken mit Medaillons, köstlichem Rankenwerk und Fruchtgehängen, von höchstem Luxus und elegantestem Geschmack. An der Südseite sind die Fenster einfacher, bloss mit Waffen und Trophäen geschmückt. Dazu kommen an den Strebepfeilern Statuen von Heiligen, an der Nordseite sorgfältige Arbeiten, zum Theil in einem antikisirenden Charakter, mit fein entwickelten Gewändern im Style Mantegna's, an der Südseite geringer, flüchtiger, manierirter. Zum Originellsten und Bedeutendsten gehören die Wasserspeier, die auf geistvolle Weise ins Antike übersetzt sind, indem man sie als Atlanten mit Urnen auf den Schultern dargestellt hat. Es sind tüchtige frei und lebensvoll behandelte Gestalten, die schon dem 16. Jahrhundert angehören.

Mit alledem ist die reiche plastische Ausstattung dieses schönen Baues noch nicht erschöpft. Zunächst sind im Innern die Apostelstatuen an den Schiffpfeilern zu erwähnen, schwächliche Arbeiten, lange, hagere Gestalten mit kleinen Köpfen von armseligem Ausdruck, die Gewänder in fliessendem Faltenwurf, der jedoch die Formen kokett durchscheinen läst. Sie zeigen den Uebergang zu den Manieren des 16. Jahrhunderts. In dem scharfen früheren Style mit eckig gebrochenen Gewändern sind die beiden Reliefiguren von Tugenden ausgeführt, welche zur Decoration der Orgelempore gehören. Das rein Ornamentale daran ist wieder voll Schönheit und Anmuth.

Altäre. Sodann sind noch mehrere Altäre als Schöpfungen des herben realistischen Styles aus der Spätzeit des 15. Jahrh. zu bezeichnen, die freilich unter sich wieder gewisse Unterschiede der Auffassung und Behandlung verrathen. Der erste Altar im nördlichen Seitenschiff, vom Canonicus Ludovicus de Muralto gestiftet, zeigt feine Pilastereinfassung mit graziösen Ornamenten. Das Figürliche jedoch ist scharf und hart, die Köpfe unbedeutend, zum Theil sogar hölzern unlebendig. Bedeutender, aber auch unschöner und übertriebener ist die grosse

Marmorgruppe der Beweinung Christi auf dem letzten Altar desselben Seitenschiffes. Sowohl die Madonna, welche den Sohn auf dem Schoofse hält, als die schreienden Weiber, der heulende Johannes zeigen jenes Uebermaafs des Ausdruckes, der die Arbeiten Mazzoni's verräth und wohl auf einen Einflufs der paduanischen Schule zurückgeführt werden mufs. Die Figuren haben sehr untersetzte Verhältnisse und bei allem Affect doch geringes Gefühl für lebendigen Organismus. Besser sind die gut bewegten anbetenden Engel des oberen Auffatzes. Ganz abweichend von allen übrigen Arbeiten sowohl im Material wie im Styl ist dagegen der Altar des heil. Abbondio im südlichen Seitenschiff, ein Werk von seltener Schönheit und Bedeutung. Es besteht ganz aus vergoldeter Holzschnitzerei, eine Technik, die für Altäre in Italien fast niemals zur Anwendung gekommen ist und sicherlich auf deutsche Einflüsse deutet. Vielleicht das Werk eines deutschen Künstlers, der in Italien sich die volle Beherrschung eines geläuterten idealen Styles angeeignet hatte. Schon die architektonische Einfassung zeugt von hoher Meisterschaft in Verwendung der anmuthig spielenden Formen der Frührenaissance. Die Figur des heil. Abbondio in der unteren Nische ist von grofser Schönheit, die ganz vertieften malerisch behandelten Scenen aus seinem Leben zu beiden Seiten verrathen das Studium Donatello's. In den drei oberen Nischen sieht man die Madonna mit dem Kinde, die heil. Katharina und eine andere Heilige, jugendherrliche Figuren, die Madonna mit mildem, an Luini erinnerndem Kopfe. Lebendig sind auch die Heiligenstatuetten auf dem oberen Gesimse, namentlich ein ekstatisch aufblickender Sebastian. Ganz oben der todte Christus, von Maria und Johannes betrauert, diese mehr in dem scharfen herben Styl, der hier überwiegt, alles Andere aber von hohem Lebensgefühl und freierer Schönheit.

Den Schlufs der inneren Ausstattung bilden die einzelnen halblebensgrofsen Marmorstatuen von Heiligen und Tugenden, welche in den Nischen der Kreuzarme angebracht sind. Schön belebt ist der heil. Sebastian in der nördlichen Apsis, etwa wie aus einem Gemälde der venezianischen Schule; die heil. Agnes eine schon ziemlich flaue antikisirende Gewandfigur. Die übrigen zeigen den scharfen lombardischen Gewandstyl und ziemlich conventionelle Bewegungen, dabei jedoch einzelne anmuthige Köpfe. Gesucht antikisirend, fast schon akademisch sind Petrus und Paulus. Alle diese Arbeiten, etwa um 1525 entstanden, bezeichnen das Ausklingen der oberitalienischen Plastik in einen allgemeinen abgeflachten Idealstyl. Einzelstatuen.

Eine merkwürdig abweichende Richtung vertritt der modenesische Meister *Guido Mazzoni*. Er geht von einer schlichten, treuen Beobachtung der Wirklichkeit aus, die in einzelnen Köpfen sich mitunter in anziehender Tüchtigkeit bewährt (Fig. 283); aber seine Neigung treibt ihn bald in den Formen und im Ausdruck so weit über das selbst den entschiedensten Realisten Italiens geläufige Maafs hinaus, dafs er in leidenschaftlichen Schilderungen selbst die Grimasse nicht verschmäht und im Stylgefühl mehr mit der damaligen deutschen als mit der italienischen Plastik zusammentrifft. Der in Oberitalien übliche gebrannte Thon ist durchgängig das Material seiner Arbeiten. Es sind Freigruppen mit naturalistischer Bemalung, von einer Nische umrahmt, meist in dramatischer Haltung, in Thon übertragenen »lebenden Bildern« vergleichbar. Den Lieblings- Mazzoni.

gegenstand bildet der todte Christus im Schoofse der Mutter, umgeben von den trauernden Angehörigen. So das grofse Hauptwerk in S. Giovanni zu Modena, wo die dramatische Schilderung des Schmerzes grafs bis ins Widerwärtige ist. Selbst in ruhigeren Gruppen wie die von zwei Heiligen verehrte Madonna in der Krypta des Doms herrscht ein niederer Realismus vor. In S. M. della Rosa zu Ferrara sieht man eine Gruppe des todten Christus unter den wehklagenden Angehörigen, welche jener erstgenannten entspricht. Mazzoni arbeitete in seinen späteren Jahren für Neapel und wurde dann nach Frankreich berufen. Die Kirche Monte Oliveto zu Neapel besitzt eine Gruppe der um den Leichnam Christi Trauernden, von demselben niedrigen Naturalismus in Form und Ausdruck, wie jene früheren (Fig. 284).

Fig. 283. Madonna von Mazzoni. Modena.

Römische Denkmäler.

Nach dem Kirchenstaat und Unteritalien gelangte der neue Styl zunächst durch toscanische Künstler. Rom namentlich ist in vielen seiner Kirchen angefüllt mit jenen Marmorgräbern, welche durch Mino da Fiesole (S. 553) und durch eine Reihe von ihm angeregter einheimischer Künstler dort geschaffen wurden. Es würde zu weit führen, hier näher auf diese Werke einzugehen, und wir müssen wegen des Einzelnen auf die reichhaltigen Notizen verweisen, welche Burckhardt in seinem Cicerone (S. 614 bis 617 der 2. Aufl.) beibringt. Doch mögen wir uns nicht versagen diese Gräber im Ganzen mit seinen eignen treffenden Worten zu bezeichnen. »Sie geben, heifst es dort, zusammen in ihrer edlen Marmorpracht das Gefühl eines endlosen Reichthums an Stoff und Kunst; die Gleichartigkeit ihres Inhalts, der doch hundertfach variirt wird, erregt das tröstliche Bewufstsein einer dauernden Kunstsitte, bei welcher das Gute und Schöne so viel sicherer gedeiht, als bei der Verpflichtung stets »originell« im neueren Sinne sein zu müssen. An den Grabmälern ist der Todte in einfache Beziehung gesetzt mit den höchsten Tröstungen; ihn umstehen in den Seitennischen seine Schutzpatrone und die symbolischen Gestalten der Tugenden; oben erscheint zwischen Engeln die Gnadenmutter mit dem Kinde oder ein segnender Gottvater — Elemente genug für die wahre Originalität, welche hergebrachte Typen gern mit stets neuem Leben füllt, und dabei stets neue künstlerische Gedanken zu Tage fördert, anstatt bei der Poesie und andern aufserhalb der Kunst liegenden Grofsmächten um neue »Erfindungen« anzuklopfen.«

Römische Meister.

Die meisten dieser Gräber sind von ungenannten Meistern, viele gewifs aufser Mino von andern toscanischen Künstlern ausgeführt. Doch finden wir früh schon einen einheimischen Bildhauer, den *Paolo Romano*, von welchem das Grabmal des Comthur's Caraffa im Priorato di Malta und das des Cardinals Stefaneschi (1417) in S. M. in Trastevere herrühren. Hier ist die

Geſtalt des Verſtorbenen trocken aber individuell behandelt, das Gewand ſteif. Reifer entwickelt zeigen ſich die beiden Schüler jenes Meiſters, *Niccolò della Guardia* und *Pierpaolo* aus Todi, am Grabmal Pius II. († 1464) in S. Andrea della Valle. Zu den beſten dieſer Grabmäler gehören ſodann das Denkmal des Cardinals Pietro Riario († 1474) in S. Apoſtoli, das des Cardinals Lodovico Lebretto († 1465) in Araceli, mit der edlen Geſtalt des Verſtorbenen; ebendort im Chor das des Giovanni Battiſta Savelli († 1498); vor Allem aber in der Sakriſtei von S. M. del Popolo der Altar, welchen 1492 (?) der Cardinal Borgia, nachmaliger Papſt Alexander VI. errichten ließ *). In derſelben Sakriſtei

Fig. 284. Aus einer Gruppe von Mazzoni. Neapel.

ſieht man das Grabmal des Erzbiſchofs von Salerno Pietro Guil. Rocca († 1482), mit der trefflichen Geſtalt des ſchlummernden Todten, darüber im Bogenfelde, innig wenngleich etwas befangen, ein Relief der Madonna mit dem Kinde, von zwei Engeln angebetet. In der Kirche ſelbſt iſt noch eine groſse Anzahl von Grabmälern, unter denen Altar und Grab des Cardinals Giorgio Coſta von

*) So iſt bei *Platner*, Beſchr. Roms III. S. 225 angegeben. Ich weiſs damit meine eigene Notiz freilich nicht zu reimen, nach welcher ich am Gebälk die Worte las: „DV̄ ANDREAS HOC OPVS COMPOSVIT" u. ſ. w.; zuletzt die Jahrzahl 1473. Hiermit iſt alſo ein ſeither unbekannter Meiſter *Andreas* bezeugt.

Portugal († 1508), in der vierten Kapelle rechts, eine tüchtige Grabstatue und schön empfundene Reliefs zeigt. Von ungleicher Arbeit sind die Sculpturen am Denkmal des Cardinals Pallavicini, welches dieser sich bei Lebzeiten 1501 setzen liefs. Eins der reichsten ist das Denkmal des Bernardino Lonati im linken Kreuzschiff, doch stehen die figürlichen Arbeiten den decorativen an Werth nicht gleich. Dagegen ist manchmal an den bescheidensten Denkmälern irgend ein rührender Zug von Schönheit. So in S. M. della Pace an dem Grabmal der Beatrice und Lavinia Ponzetti (1505), zweier Schwestern, die im zarten Alter von sechs und acht Jahren an demselben Tage von der Pest hingerafft wurden; zwei Köpfchen voll süfser Kinderunschuld.

Neapel. In Neapel stiefsen wir ebenfalls schon mehrfach auf die Thätigkeit florentinischer Künstler. Aber auch aus andern Gegenden berief man für gröfsere Unternehmungen Bildhauer und Baumeister. So den Mailänder *Pietro di Martino*, der gleich nach 1443 den Triumphbogen des Alfons am Castel Nuovo erbaute*), zugleich das zierliche Siegesthor, durch welches die neue Kunst hier ihren Einzug hielt. An den Reliefs der Attika, welche in antikisirender Art den Triumphzug schildern, ebenso an den vier Statuen der Tugenden in den oberen Nischen treten die klassischen Studien lebendig hervor. Ein *Isaias von Pisa* wird als Bildhauer genannt, und ein Neapolitaner *Guilielmo Monaco* gofs die ehernen Thürflügel, welche in gedrängter aber lebendiger Anordnung Schlachtscenen schildern. Gegen Ende der Epoche finden wir dann den *Tommaso Malvito* aus Como, der 1504 die glänzende Marmordecoration der Krypta des Domes vollendete. Dreischiffig auf Säulen mit horizontaler Decke, ist der ganze Raum mit Marmorsculptur incrustirt, die im Ornamentalen mannigfaltige Erfindung und graziöse Durchführung zeigt. Die Decke wird durch grofse und kleine Medaillons mit Brustbildern etwas schwerfällig geschmückt. Sie enthalten die Madonna sammt Heiligen und Engeln in unerfreulich scharfem Styl, der aber von tüchtigem Naturstudium zeugt, manchmal auch von inniger Empfindung beseelt wird. Ein wunderliches Werk ist die an einem Betpult knieende Marmorfigur des Cardinals Olivier Caraffa, eine sorgfältige aber herbe Portraitstatue. So sehen wir also in Neapel fast während der ganzen Epoche die Sculptur meist in fremden Händen.

*) Irrthümlich legt Vasari dem Giuliano da Majano beigelegt. Vergl. Vasari ed. Lemonn. IV. p. 11.

# ZWEITES KAPITEL.

## Nordische Bildnerei von 1450 bis 1550.

Erste Spuren des Realismus.

Auch im Norden hatte fich fchon feit Beginn des 15. Jahrhunderts der Geift der neuen Zeit, der Sinn für die Wirklichkeit, der Realismus geregt; ja in manchen Aeufserungen des künftlerifchen Lebens war er dort zeitiger fiegreich hervorgetreten als felbft in Italien. Sahen wir doch fchon am Ausgange des 14. Jahrhunderts Claux Sluter in Dijon mit kühner Hand den Naturalismus in die Plaftik einführen, den dann das Eyck'fche Brüderpaar bald mit Hülfe der vollendeten Oeltechnik in die Malerei hinübertrug. Gründlicher und erfolgreicher als irgend ein gleichzeitiger Italiener ftellte der grofse Meifter Hubert mit ftaunenswerth neuer Kunft die Geftalten bis zum Täufchenden lebenswahr auf die Fläche der Bilder. So rafch war der Umfchwung, dafs die Plaftik nicht zu folgen vermochte. Faft fcheint es, als habe fie, geblendet und fchier erfchrocken ob der glänzenden Erfolge der Schwefterkunft, eine Zeitlang in müfsiger Refignation gefeiert, ehe fie fich entfchliefsen konnte, ihrerfeits den Wettkampf wieder aufzunehmen. Gewifs ift wenigftens, dafs bis gegen 1450 kein bemerkenswerther Umfchwung fich in ihren Schöpfungen geltend macht. Wohl tritt in einzelnen Zügen ein ftärkeres, wenn auch nicht höheres Lebensgefühl hervor: aber in der ganzen Faffung behaupten ihre Werke bis tief in's 15. Jahrhundert, wie wir fchon fahen, den conventionell gothifchen Styl, mit der harmonifchen Cadenz feiner Falten, mit dem weichen Ausdruck einer etwas unbeftimmten Empfindung.

Conflict mit der Architektur.

Was den völligen Durchbruch der neuen Auffaffung in der Plaftik erfchwerte, war nicht der Mangel an realiftifchem Sinne, fondern die fortdauernde Herrfchaft der gothifchen Architektur. Diefe Bauweife, fo fehr fie fchon umgeftaltet war, fo fehr fie, ohne ihr eignes Vorwiffen gleichfam, auch ihrerfeits der veränderten Zeitftrömung die bedenklichften Zugeftändniffe gemacht hatte, war doch die reinfte Tochter des mittelalterlichen Geiftes und mufste als folche inftinktmäfsig eine Antipathie gegen die neue naturaliftifche Richtung haben. Und diefe Abneigung fcheint gegenfeitig gewefen zu fein. Denn gewifs ift es nichts Zufälliges, dafs die Eyck und ihre Schule, fo getreu fie in allem Uebrigen das Spiegelbild ihrer Zeit geben, fo unerbittlich fie die heiligen Geftalten des alten wie des neuen Teftamentes in die Kleider und die Umgebung des 15. Jahrhunderts ftecken, doch in der Architektur die gothifchen Formen verfchmähen und faft immer zu denen des romanifchen Styles greifen. In der That fand die neue Plaftik, lebenswahr und felbft extrem realiftifch, wie fie im Laufe des ganzen Jahrhunderts auftrat, keinen Platz im Syſteme der Gothik. Denn ſobald die Geſtalten eine naturwahre körperliche Durchbildung erhielten, machten ſie das Recht auf freiere Bewegung geltend, und dafür war in den engen Hohlkehlen, an den beſchränkten Bogenfeldern der Portale, zwiſchen den knappen Säulenſtellungen der Baldachine kein Raum.

Compromiſs mit derſelben.

Als nun trotzdem der Zug nach realiſtiſcher Treue, der aus den Tafelbildern ſchon geraume Zeit ſiegreich hervorſtrahlte, auch die Plaſtik mit fortriſs, muſsten ihre Werke ſich wohl oder übel mit dem Syſtem der herrſchenden Architektur abzufinden ſuchen. Aber dies konnte zu keinem reinen Style, zu keiner vollen Befriedigung führen. Bis gegen die Mitte des 16. Jahrhunderts beherrſcht die gothiſche Bauweiſe faſt ausſchlieſslich den ganzen Norden. Während dieſer langen Epoche liegt die Plaſtik mit ihr im Kampfe. Die Conceſſionen, welche die Gothik machen konnte, waren zwar hinreichend, ihr eignes Geſetz aufzulockern, aber nicht genügend, die gerechten Anforderungen der Plaſtik zu erfüllen. Wie eine mündig gewordene Tochter, die fortwährend dem ſtrengen Hausgeſetze ſich unterwerfen ſoll, dem ſie längſt entwachſen iſt, windet und müht ſich die Bildnerei, um trotzdem ihr neues Lebensgefühl zum Ausdruck zu bringen. Iſt es zu verwundern, daſs die Heftigkeit und die Härten dieſes Kampfes ſich in allen ihren Zügen ausprägen? daſs es ihr ſelten gelingt, zu einem reinen Ausdruck der Schönheit durchzudringen? Eine weitere Folge iſt, daſs ſie ſich der Tyrannei der Architektur nach Kräften zu entziehen ſucht. So bildet ſie denn ſelbſtändig das Altarbild, das Grabdenkmal für ihre Zwecke um und verdrängt beim erſteren die Malerei, beim anderen die Baukunſt zum guten Theil aus ihren Poſitionen. Die Architektur hatte für ſolche Werke fortan nur einen leichten Rahmen zu liefern; aber ſie vermochte ihnen keine durchgreifende Gliederung mehr zu geben.

Folgen davon.

Erwägt man dies Alles, ſo kann kein Zweifel bleiben, woran es eigentlich im letzten Grunde der nordiſchen Kunſt gebrach, um im Anſchluſs an die neuen Ideen ſich zu einer harmoniſchen Geſammtkunſt zu entfalten, wie ſie Italien von 1420 bis 1520 im höchſten Sinne errang. Es fehlte der belebende, umgeſtaltende Einfluſs der Antike, es fehlte die neue Architektur, welche den beiden bildenden Künſten in ihrer fortgeſchrittenen Geſtalt den Rahmen, die zuſammenfaſſende Einheit gegeben hätte. Während in Italien die Baukunſt der Renaiſſance ein Syſtem ſchuf, das der zur freien Schönheit entwickelten Plaſtik nicht bloſs aus Mitleid hier und da ein Winkelchen, eine Hohlkehle, eine ſchmale Conſole überlieſs, ſondern ihrer begeiſterten Mithülfe zur eigenen Vollendung bedurfte, fand die Sculptur in der nordiſch-gothiſchen Baukunſt nur ein Hemmniſs ihrer freieren naturwahren Durchbildung. Ihr gerade hätte aber der mildernde Hauch antiker Idealität beſonders wohlgethan. Denn faſt in jeder Hinſicht war ſie gegen die Schönheit ungünſtiger geſtellt als die Plaſtik Italiens. Den italieniſchen Künſtler umgiebt und umgab ein ſchönerer Menſchenſchlag, unter milderem Himmel erwachſen und gehoben durch jenes Selbſtgefühl, das wie eine antike Erbſchaft allen romaniſchen Nationen eigen iſt. Damit verbindet ſich bei ihnen jene ſchwungvollere Art, die eigne Perſon in Gebärde, Haltung und Tracht zur Geltung zu bringen, die uns bei den Franzoſen ſo leicht als theatraliſche Affectation erſcheint, die bei den Italienern aber in einem naiveren Gefühl und in ſchönerem Rhythmus ſich äuſsert. Rechnen wir dazu, daſs das Italien des 15. Jahrhunderts in Feinheit der äuſseren Sitte, in einer einfacheren Anmuth der Tracht, vor Allem in ausgebildeterem Blick für das Schöne den übrigen Völkern weit überlegen war, ſo gewahrt man, welche Vortheile der italieniſchen Kunſt zu Gute kamen.

Wenn trotzdem ſogar dort der Realismus der Zeit manchmal in herber Schärfe die Schranken der antiken Anſchauung und des eigenen Schönheitsgefühles überſprang, was ſollte da das Loos der nordiſchen Kunſt ſein, die von der Antike nicht berührt war und deren Anſchauungskreis im Leben mehr *charaktervolle* als *ſchöne* Geſtalten umſchloſs! Die ehrſamen Bürger und die tölpiſchen Bauern des 15. Jahrhunderts waren kein Gegenſtand, an denen ſich ein reines Schönheitsgefühl hätte nähren und ſtärken können. In engen Lebenskreiſen, ſpieſsbürgerlich beſchränkt aufgewachſen, trug Jeder die Feſſeln ſeines zunftigen Berufes in Tracht, Bewegung und Gebärden zur Schau. Wenn der Südländer leicht die Unterſchiede der Stände in dem gleichmäſsig würdevollen äuſseren Auftreten abſtreift, ſo hafteten dem Nordländer damals noch viel hartnäckiger als jetzt jene engen Formen an, die nicht den Menſchen, wohl aber das Sonderweſen des einzelnen Spieſsbürgers bezeichnen. Eine unſchön bunte, überladene oder eckig zugeſchnittene Tracht ſteigerte dieſes Gepräge ins phantaſtiſch Verzwickte. Dafür konnte die ausdrucksvolle Kraft der männlichen, die holde Anmuth der weiblichen Köpfe allein nicht vollauf entſchädigen. Daſs die alten deutſchen Meiſter das Schöne, welches ſich wirklich ihren Augen bot, unübertrefflich lebenswahr darzuſtellen vermochten, das beweiſt noch jetzt ſo manches liebliche Mädchengeſicht, ſo mancher energiſche Charakterkopf auf Gemälden, in Holzſchnitzereien und in Steinarbeiten. Aber die Plaſtik bedarf mehr als des Kopfes; ſie muſs auf eine harmoniſche Auffaſſung des *ganzen Körpers* bedacht ſein. Nun liegt es aber am allerwenigſten im germaniſchen Volkscharakter, die ganze Geſtalt zum rhythmiſch bewegten Träger der Empfindung zu machen. Mag die Bewegung der Seele im feucht ſchimmernden oder ſtrahlenden Auge, im lächelnden oder ſchmerzlich zuckenden Mund, im geſteigerten Incarnat des Antlitzes ſich hervordrängen — wir vermögen ihr dort nicht zu wehren; aber die übrigen Glieder ſollen gleichſam nicht wiſſen, was die Seele bewegt und im Geſichte ſich ſpiegelt. Die Heiligkeit der Empfindung erſchiene uns profanirt, wenn ſie den ganzen Körper zum Ausdruck mit fortriſſe und ſich im Geſtus, in der Stellung und leidenſchaftlichen Bewegung überall äuſsern wollte. Die lebensvolle Rhythmik, mit der ſich bei den romaniſchen Nationen jede innere Wallung in der ganzen Geſtalt offenbart, würde uns als etwas Theatraliſches erſcheinen, und würde es für uns auch ſein. Damit iſt aber ausgeſprochen, wie wenig der Bildhauer bei uns an *höchſten plaſtiſchen Motiven* findet.

Ungunſt der äuſseren Verhältniſſe.

Man wird nach alledem ſich nicht darüber wundern, daſs die nordiſche Sculptur in dieſer Epoche eine vorwiegend *maleriſche Tendenz* verfolgt. Kommt ja ſelbſt in den italieniſchen Bildwerken ſeit Ghiberti eine verwandte Richtung zur Herrſchaft. Und doch iſt das Maleriſche der nordiſchen Sculptur noch weſentlich verſchieden von dem der Italiener. Ghiberti und die, welche ihm folgen, geben zwar im *Ganzen* maleriſche Compoſitionen, aber die ein-

Maleriſche Haltung der Plaſtik.

zelnen Gestalten sind bei ihnen meist von ächt plastischer Schönheit, entfalten ihre Formen rein und scharf nach den Bedingungen der wahren Sculptur. Anders die weit überwiegende Mehrzahl der nordischen Werke. In ihnen ist durch die gesteigerte Bedeutung des Kopfes, durch die bunte Tracht das Malerische auch für die einzelnen Figuren so stark betont, dass selten eine stylvoll durchgebildete Gestalt gefunden wird. Während bei den Italienern, namentlich in den toscanischen Schulen, die Malerei sich der Plastik nähert, geht im Norden die Plastik umgekehrt in die Malerei über. Ein wichtiges Symptom dieses Verhältnisses sind die geknitterten, eckig gebrochenen Gewänder, welche zuerst, wenngleich noch maassvoll, auf den Gemälden der Eyck's auftreten, dann aber in immer grösserer Buntheit und Ueberladung sich über alle Werke der Malerei und der Bildnerei ausbreiten. Wohl kommt ein übertriebenes Faltenwesen auch in der italienischen Kunst vor; aber dort beruht es auf der Nachahmung der überreichen, spätrömischen Gewandfiguren, hebt also die grossen Hauptformen nicht auf, durch welche die Bezeichnung des körperlichen Organismus möglich wird. In der nordischen Kunst verschwindet dagegen meistens die menschliche Gestalt so vollständig unter einer barocken Faltengebung, die nicht den Bewegungen des Körpers, sondern lediglich den Launen des Künstlers gehorcht, dass von einem klaren Gefühl für das organische Leben nicht die Rede ist. Wenn dergleichen schon bei der Malerei unerfreulich wirkt, doch immer noch durch den Zauber der Farbe gemildert, ja wohl gar zu einem reicheren coloristischen Spiel ausgebeutet wird, so ist es in der Plastik, deren Basis eine deutliche Formbezeichnung bleiben muss, fast unerträglich.

Polychromie.

Und doch wird dieser Uebelstand auch hier gedämpft durch den vollen Farbenglanz, den man den meisten Werken der Bildnerei zutheilt, und durch den sie ohnehin auch von dieser Seite der Malerei sich nähern. Denn im Norden fehlt der weisse Marmor, der in Italien die reinere Ausbildung der Form so sehr begünstigte. Man ist auf grobkörnigeren Sand- oder Kalkstein angewiesen, mehr aber noch und mit bezeichnender Vorliebe auf das derbe Eichen- oder Lindenholz, aus dessen Blöcken das kühn gehandhabte Messer des Bildschnitzers eine Welt von reichen Altarwerken, Chorstühlen, Schreinen u. dergl. zu gestalten weiss. Die Mehrzahl dieser Werke von Stein und von Holz erhalten ihre vollständige Bemalung und wetteifern an Goldglanz und Farbenschimmer mit den gemalten Tafeln, die sich mit ihnen oft zu grossen Gesammtcompositionen verbinden. So strebt die nordische Plastik von allen Seiten in's Malerische hinein.

Stoffgebiet der Plastik.

Fragen wir nach dem Stoffgebiet dieser Kunst, so folgt sie darin wie die italienische dem Zuge der Zeit, dass sie das Historische in den Vordergrund stellt. Und zwar wetteifert sie mit ihrer südlichen Rivalin im Ringen nach möglichst lebendiger Erzählung, möglichst naturtreuer Schilderung. Ja im Drange nach dramatischer Entwicklung der Scenen überbietet sie jene um ein Erhebliches. Man darf sogar, abgesehen von namhaften Ausnahmen, die italienische Plastik dieser Epoche mehr episch, die nordische mehr dramatisch gesinnt nennen. Wenn daher die italienische sich viel mit den Legenden der Lokalheiligen zu schaffen macht, so ist das weit weniger Sache der nordischen. Sie hält sich, wie sie denn ausschliefslicher kirchlich-religiös ist, am meisten an das Leben Christi, und auch von diesem wählt sie mit Vorliebe die Passionsgeschichte. In solchen Scenen kann sie ihrem Hange nach leidenschaftlicher Schilderung vollauf genügen, und sie thut es mit unerschöpflicher Erfindungskraft. Weder im Charakter ihrer Gestalten, noch im Ausdruck der Empfindungen sucht sie dabei das Edlere, Geläuterte: vielmehr sind ihr die derbsten Charakterfiguren, die heftigsten Motive, die rückhaltlosesten Gebärden die liebsten. Sie folgte auch darin einem Verlangen der Zeit, und sie entsprach den ästhetischen Bedürfnissen ihrer Auftraggeber am sichersten, wenn sie den leidenden Christus mit den häfslichsten, strokhhaftesten, widerwärtigsten Fratzen von Henkern umringte. Man mufs sich ins Gedächtnifs rufen, dafs die grelle Zusammenstellung des Gemeinen mit dem Hohen in den beliebten Mysterienspielen noch viel weiter ging und jeden kühnen Griff der bildenden Kunst nach dieser Seite von vorn herein entschuldigte. Ich erinnere nur an das von Mone veröffentlichte Spiel von der Auferstehung Christi, wo der Gang der frommen Frauen zum Salbenhändler, um den Herrn einzubalsamiren, zur Einschaltung der gröbsten unflätigsten Scenen benutzt ist, die mit Behagen ausgesponnen und durch die plattesten Gemeinheiten gewürzt werden. Offenbar zur köstlichen Erbauung für das gesammte Publikum, von dem wohl Niemand Anstofs daran nahm, dafs mitten in die Ekelworte, mit welchen der Knecht Rubin und die sauberen Gesellen Lasterbalk und Pusterbalk untereinander und mit dem Weibe des Händlers verkehren, die Gesänge der Engel und die Klagen der frommen Frauen hineintönen. Wenn man in diesem und in ähnlichen »geistlichen Spielen« beobachtet, was damals die Gemüther der Menschen ertrugen, so wird man die gesammte Malerei und Bildnerei der Epoche in ihren häfslichsten Fratzen noch maafsvoll finden.

Legt man nun für die Würdigung der plastischen Werke den Maafsstab an, der sich aus den vorausgeschickten Betrachtungen ergiebt, so mufs die Fülle von Kraft, Tiefe, Innerlichkeit, ja im Einzelnen auch von Schönheit in Erstaunen setzen, die man in den Schöpfungen dieser Epoche antrifft. Selbst wo die Form knorrig und schroff ist, wird man durch die Wahrheit der Empfindung, durch die Ehrlichkeit und Energie dieser anspruchslosen Arbeiten von meist namenlosen Meistern wohlthuend berührt. Ihre Verfertiger fühlten sich wohl selten als Künstler, und auch ihre Umgebung nahm sie für das, was sie in der bürgerlichen Ordnung des damaligen Lebens waren: für ehrsame Handwerksmeister. Niemand verzeichnete ihre Namen; keine höhere Bildung nahm sie auf ihre Flügel; kein Vasari verfafste ihre Lebensgeschichten. Aber nur um so sympathischer berührt es uns, wie sie mit aller Anstrengung nach dem Höchsten gerungen. Die Theilnahme wächst, wenn man vor Allem in Deutschland, das während dieser Epoche im Norden die Bildnerei mit dem glänzendsten Erfolge betreibt, die fast unabsehbare Fülle des trotz aller Zerstörungen noch Vorhandenen kennen lernt; wenn man, von Ort zu Ort, von Gau zu Gau wandernd, eine Mannigfaltigkeit der Richtungen, eine Rastlosigkeit und Frische des Schaffens beobachtet, welche den charaktervollen Grundzug deutschen Wesens, die in den Tiefen des eignen Gemüthes wurzelnde Kraft individueller Auffassung aufs Schönste bezeugen.

Würdigung der plastischen Werke.

Aber eine grofse Anzahl diefer Werke befitzt auch ein abfolutes künftlerifches Verdienft. Nicht immer werden wir durch herbe, unfchöne Formen verletzt; vielmehr gelingt es manchem der bekannten und unbekannten Meifter, eine feltene Lauterkeit und Durchbildung zu erreichen. Und das hat hier um fo höheren Werth, als das germanifche Streben nach individueller Freiheit mit befonderer Energie in diefen Arbeiten nach Ausdruck ringt. In Italien hatten die Künftler fich weit mehr einer allgemeineren Idealform genähert, waren nur vereinzelt und vorübergehend bei kirchlichen Gebilden zu einer portraitartigen Auffaffung gelangt. Im Norden ruht der Schwerpunkt der neuen Kunft auf dem fiegreichen Betonen des Individuellen. Dies führte eine ungleich gröfsere Mannigfaltigkeit der Richtungen mit fich. Jeder Meifter hat, namentlich für Madonnen und andere Frauenköpfe, fein eigenes Schönheitsideal, in welchem wir noch jetzt den fchmerzlich füfsen Reflex fubjectiver Herzenserlebniffe ahnen können. Diefe Richtung mufste als natürlicher Rückfchlag im Norden fich um fo fchärfer durchfetzen, als man gerade hier in der vorigen Epoche am hingebendften die idealiftifchen Typen der gothifchen Kunft in Sculptur und Malerei gepflegt hatte. Man war nun der ewig gleichförmigen Schönheit im Wurf der Falten, des ftillen monotonen Lächelns der Gefichter herzlich fatt, und wollte lieber die Wirklichkeit mit allen ihren Härten, mit ihren eckigen Geftalten, ihren vielfach gebrochenen Gewändern, als jene leer und allgemein gewordene Schönheit. Aber felbft auf diefem Umwege durch die ftrenge Schule des Realismus verloren nur die ganz Einfeitigen oder Unbedeutenden das höchfte Ziel aus den Augen. Andere wufsten mit dem Feuer der tiefften Empfindung den fpröden Stoff der Wirklichkeit in Flufs zu bringen und ihn in eine Form zu giefsen, in welcher das individuell Bedingte den Stempel der Schönheit und die Weihe feelenvoller Innigkeit empfing.

## I. In Deutschland.

Wir haben unfre Umfchau mit den Arbeiten Deutfchlands zu beginnen, weil alle übrigen nordifchen Länder in der Plaftik fich während diefer Epoche nur untergeordnet verhalten. Deutfchland allein kann fich darin an Fülle und Bedeutung der Denkmäler mit Italien meffen. Was ihm an harmonifcher Schönheit abgeht, erfetzt es reichlich durch die gröfsere Innerlichkeit der Empfindung und durch die Vielfeitigkeit der Beftrebungen. Wenn die italienifche Plaftik durch das dominirende Hervortreten der florentiner Meifter an Feinheit und fefter Richtung viel gewann, fo wurde in Deutfchland durch die Selbftändigkeit vieler einzelner Kreife eine Anzahl von Schulen hervorgerufen, die fich durch individuelle Auffaffung von einander unterfcheiden. Da aber das künftlerifche Schaffen andrerfeits ein zünftig eingefchränktes war und die Meifter oft nur in dem Zweige der Bildnerei arbeiten durften, der ihrer Genoffenfchaft zuftand, fo ergiebt fich daraus die weitere Nothwendigkeit, die verfchiedenen technifchen Gebiete gefondert zu betrachten. Denn jene gröfsere Freiheit der Auffaffung hatte ihr Gegengewicht an den engeren Schranken, die in technifcher Hinficht dem Schaffen gezogen waren. In doppelter Weife ein bezeichnender Gegenfatz zur Plaftik Italiens.

### a. Die Holzschnitzerei.

Dafs die Holzschnitzerei*) die Lieblingstechnik der deutschen Sculptur dieses Zeitraums ist, bezeichnet stärker als irgend eine andere Thatsache das Streben, die Bildnerei von der Architektur zu befreien und sie selbständig auf eigene Füfse zu stellen. Vorwiegen der Holzsculptur. Früher spielte sie eine bescheidene Rolle, denn so lange Architektur und Plastik innig verbunden Hand in Hand gehen, findet letztere im Steinmaterial das wichtigste Feld der Thätigkeit. Was wollten neben dem Reichthum von Steinsculpturen in früherer Zeit die wenigen Holzarbeiten sagen! Wohl gab es in diesem Material einzelne Statuengruppen, wohl liebte man kolossale Cruzifixe über dem Triumphbogen der Kirchen anzubringen; wohl kommen auch im 14. Jahrhundert oder im Anfange des folgenden hier und da Holzschnitzaltäre vor, wie jener prächtige in der Kirche zu Tribsees in Pommern. Aber erst seit der Mitte des 15. Jahrhunderts nimmt die Holzschnitzerei in Deutschland einen solchen Aufschwung, dafs ihre Werke an Masse, und in gewissem Sinne auch an Bedeutung die Arbeiten in Stein und Erz überragen. An Bedeutung; denn nirgends treten die Tendenzen der Zeit so entschieden heraus wie gerade in jenen Schnitzereien. Wie in Italien die Erzarbeit, so stellt in Deutschland die Holzsculptur den realistischen Drang der Zeit am schärfsten und einseitigsten dar: jene, weil sie einer schneidend herben Formbezeichnung entgegenkam; diese, weil sie die malerische Richtung vorzüglich begünstigte.

Die Holzschnitzerei ist nämlich grofsentheils mit der Thätigkeit des Malers verbunden, vielleicht geradezu mehr von ihr als von der Plastik ausgegangen. Wir müssen da freilich einen Unterschied machen. Alle überwiegend architektonisch angelegten Werke: Chorstühle, Baldachine, Tabernakel, Orgelgehäuse, Thürflügel u. dergl. hängen mit der Kunst des Steinmetzen zusammen, und so finden wir Künstler, die in dieser Art der plastischen Holzarbeit so gut wie in der Steinsculptur bewandert sind. Aber die Hauptthätigkeit der Holzschnitzerei liegt in jenen zahlreichen Altären, welche sich in vielen Abtheilungen neben und übereinander aufbauen, mit doppelten, ja oft vier- oder sechsfachen Flügeln versehen. Die Schnitzaltäre. In solchem kolossalen Umfange erkennt man kaum noch den bescheidenen Keim jener kleinen tragbaren Triptychen der ältesten christlichen Zeiten. Der Haupttheil dieser grofsen Altäre besteht aus einem tiefen Schrein, der entweder mit einigen grofsen Statuen oder mit vielen kleinen Reliefscenen ausgefüllt ist. Letztere überwiegen und finden manchmal selbst neben den Statuen in Seitenabtheilungen einen Platz. Sie schildern die Vorgänge durchaus malerisch, auf perspectivisch entwickeltem Plan mit landschaftlichen Gründen. Die kleinen Figuren sind zahlreich und füllen in gedrängter Anordnung den Raum bis zum fernen Hintergrunde. Sie stufen sich von den völlig frei herausgearbeiteten Statuetten des Vordergrundes durch das sehr energische Hochrelief des Mittelgrundes bis zum Flachrelief der tiefen landschaftlichen Ferne ab. Unterstützt durch reiche Bemalung und Vergoldung, gewähren sie

*) Vergl. den Aufsatz von *Schorn*, zur Gesch. der Bildschnitzerei in Deutschl. Kunstbl. 1836. Nr. 2. Viele werthvolle Beobachtungen auch in *Waagen's* genug citirten, aber zu wenig gelesenen Buche: Kunstw. und Künstler in Deutschl. 2 Bde. Leipzig 1843. 1845.

ganz den Eindruck der Wirklichkeit und veranſchaulichen uns die Art, wie die beliebten Myſterienſpiele aufgeführt wurden; denn gewiſs ſind ſie die in Holz überſetzten geiſtlichen Schauſpiele jener Zeit*).

Verbindung mit der Malerei.

Dieſe Werke treten nun häufig mit Gemälden in Verbindung, mit denen vereint ſie in der Regel erſt ein Ganzes ausmachen. Meiſtens pflegen die Flügel, welche den Mittelſchrein ſchlieſsen, in gemalten Darſtellungen jene Reliefſcenen fortzuſetzen. In ſolchen Fällen muſste die Anordnung und Leitung des Ganzen in der Hand eines Meiſters liegen, und dieſer Meiſter muſste in beiden Kunſtzweigen Erfahrung haben. Wirklich können wir dies Verhältniſs mehrfach nachweiſen. So kommen in den Verzeichniſſen von Nürnberger Künſtlern, die neuerdings veröffentlicht wurden**), mehrfach ſolche vor, die als »Maler und Bildſchnitzer« bezeichnet werden; von Michael Wohlgemuth, dem Lehrer Dürers, wiſſen wir, daſs er groſse Altarwerke jener gemiſchten Art in Accord übernahm und an der Spitze einer zahlreichen Werkſtatt ausführte. Endlich haben die Maler und Bildſchnitzer Nürnbergs eine gemeinſame Zunftordnung, wie aus einer Urkunde vom Jahre 1509 hervorgeht***). Dieſe Vereinigung beider Handwerke ſcheint nur auf den erſten Blick fremdartig. Führten doch die Maler ihre Bilder auf Holztafeln aus, die eine beſondere Zubereitung erforderten; von da bis zum Schnitzen des Holzes und dem Auftragen der Farben auf die runden Figuren war nur ein Schritt. Wenn aber auch gewiſs nicht jeder Bildſchnitzer zugleich Maler war, ſo wurde doch durch den innigen Zuſammenhang die Holzſchnitzerei nothwendig um ſo maleriſcher, als die ganze Kunſt der Zeit nach dieſer Seite neigte. Dennoch hatten die Meiſter bei der Färbung ihrer Schnitzwerke ein Princip, das noch aus der früheren Epoche datirte (vergl. S. 396) und keineswegs auf rein naturaliſtiſche Wirkung zielte. Die nackten Theile, namentlich die Köpfe wurden zwar ganz lebensgetreu und mit feiner Nuancirung gemalt, aber alles Uebrige, beſonders die Gewandung, erhielt in den Hauptmaſſen prächtige Vergoldung, die durch damascirte Muſter einen gedämpften matten Schimmer annahm und obendrein durch Hinzutreten von anderen entſchiedenen Farbentönen, vorzüglich an der Unterſeite der Gewänder, gebrochen wurde. Die alten Meiſter erreichten dadurch eine Schönheit und Harmonie der Wirkung, die allen neueren Verſuchen bis jetzt vollſtändig fehlt. Man vergleiche nur, und es wird ſich herausſtellen, wie weſentlich der ſcharf gebrochene Styl der Gewänder für dieſen Farbeneffect zugeſpitzt iſt.

Wenn wir nun eine Ueberſicht der einzelnen Schulen zu geben verſuchen, ſo können ſelbſtverſtändlich nur die wichtigſten und bezeichnendſten Werke genannt werden. Die groſse Maſſe der Chorſtühle, Pulte und ähnlicher Arbeiten müſſen wir ohnehin übergehen und werden ſie nur da hervorheben, wo ſie ein beſonderes plaſtiſches Verdienſt haben.

Die Priorität in der Aufnahme und Ausbildung des neuen realiſtiſchen

---

*) Ueber dieſen Zuſammenhang und den Gedankenkreis der Schnitzaltäre vergl. die gehaltvollen Ikonograph. Studien von *A. Springer* in den Mitth. der Wiener Centr. Commiſſ. 1860. S. 125 ff.

**) Durch *J. Baader* in den Beiträgen zur Kunſtgeſch. Nürnberg's (Nördlingen 1860) 1. S. 1 fg.

***) *J. Baader*, a. a. O. a. S. 25.

Styles darf die schwäbische Schule in Anspruch nehmen. In Wechselwirkung mit der Malerei entfaltet sich die dortige Schnitzkunst zu einer Auffassung, in welcher die Schärfe der Formbehandlung durch den Zug eines sanften Schönheitssinnes, durch den Hauch einer gemüthvollen Empfindung gemildert wird. Auffallend früh (1431) tritt diese Richtung bereits an einem Altar in der Kirche zu Tiefenbronn unweit Calw hervor*). *Lucas Moser*, «Maler von Wil» (dem benachbarten Weil) nennt sich inschriftlich als «Meister des Werkes» und darf also nicht bloss für die Gemälde, sondern auch für die Schnitzwerke als Urheber angenommen werden. In der Mitte des Schreins ist in vergoldeter Schnitzarbeit Maria Magdalena zu sehen, wie sie von sieben Engeln zum Himmel emporgetragen wird. Ein originelles Zeugniss hat der Künstler dabei seiner Zeit in einer zweiten Inschrift ausgestellt: «Schrie Kunst schrie und klag dich ser, din begert jecz Niemen mer, so o we!» Eine Klage, die wohl zu allen Zeiten laut geworden ist, der man aber für die gegenwärtige Epoche eine besondere Bedeutung vielleicht beilegen darf. Denn in Deutschland wenigstens scheint ein frischeres Kunstleben erst nach der Mitte des Jahrhunderts wieder zu beginnen. Dieselbe Kirche bietet dann in ihrem Hochaltar, welchen *Hans Schühlein* von Ulm 1469 ausgeführt, ein Beispiel von den inzwischen gewonnenen Fortschritten. Er enthält im Mittelschrein die geschnitzten Darstellungen der Kreuzabnahme und der Beweinung des todten Christus. Zu den Seiten oben Katharina und Elisabeth, unten der Täufer und der Evangelist Johannes. Der innige Ausdruck der Köpfe, der klare, nur wenig von knittrigen Falten gestörte Fluss der Gewänder und das entwickeltere Formverständniss geben diesen Werken einen selbständigen Werth. Obgleich Schühlein sich ebenfalls als Maler bezeichnet, dürfen wir ihn um so mehr als Leiter und Urheber des Ganzen betrachten, als kein anderer Name neben dem seinigen aufgeführt ist.

Schwäbische Arbeiten.

Altäre zu Tiefenbronn.

Um dieselbe Zeit finden wir auf der Grenze von Schwaben und Franken einen Künstler verwandter Richtung in dem Maler *Friedrich Herlen*, der 1467 als Bürger von Nördlingen erwähnt wird. Wenn die Schnitzwerke des Hauptaltars der dortigen Georgskirche, ein Christus am Kreuz zwischen Maria und Johannes, wirklich vom Jahre 1462 herrühren, so muss der schon stark übertriebene Ausdruck des Schmerzes, der einer vorgeschrittenen Zeit anzugehören scheint, mit Recht überraschen. Sicherer sind wir bei dem Hochaltar der Jakobskirche zu Rothenburg an der Tauber, der inschriftlich 1466 von Friedrich Herlen ausgeführt wurde. Da auch hier der Maler sich ausschliesslich als Urheber des Werkes nennt, so dürfen wir ihm die Schnitzarbeiten um so eher zuschreiben, als dieselben an künstlerischem Werthe den Gemälden überlegen sind. Der Schrein enthält sechs fast lebensgrosse gut bemalte Figuren von Heiligen, darunter Maria und Johannes, in der Mitte Christus am Kreuz, von vier Engeln umschwebt; über dem Schrein ein Baldachin mit einem kleineren Ecce homo. Diese Arbeiten beweisen durch tiefen Ausdruck und feine Formbehandlung, sowie durch den Styl der Gewänder den Einfluss der flandrischen Schule, wie denn Herlen auch in einer nördlinger Urkunde als ein Künstler bezeichnet wird, der mit niederländischer Arbeit umzugehen wisse. Minder

Altäre von Fr. Herlen.

*) Vergl. *Waagen*, Kunstw. und Künstler in Deutschl. II. S. 233 ff.

bedeutend sind die Schnitzwerke am Altar der Blasiuskirche zu Bopfingen vom Jahre 1472 sowie an einem andern Altar in der Georgskirche zu Dinkelsbühl.

Altäre in Rothenburg. Spätere Arbeiten dieser Gegenden scheinen eine Mitte zwischen dem fränkischen und schwäbischen Styl zu halten und unterscheiden sich von der Mehrzahl der übrigen durch den gänzlichen Mangel an Bemalung. Dahin gehört der Altar des h. Blutes in der Jakobskirche zu Rothenburg vom Jahre 1478, mit einer malerischen Darstellung des Abendmahls, das durch die scharfen knittrigen Brüche der Gewandung sich mehr zur fränkischen Schule neigt. In der Spitalkirche daselbst enthält ein Altar die Krönung der Maria und in der Predella ihren Tod, ausgezeichnete Arbeiten von hohem Schönheitsgefühl und darin mehr der schwäbischen Schule verwandt. Creglingen. Sodann der prachtvolle Marienaltar in der Wallfahrtskirche bei Creglingen vom Jahre 1487, ebenfalls unbemalt, durch Schönheit der Anordnung und Reichthum der Charakteristik hervorragend, in der Gewandung an flandrische Gemälde erinnernd*). — Nördlingen. Noch ist in der katholischen Salvatorkirche zu Nördlingen ein stattliches Altarwerk zu nennen, das im Mittelschrein die fast lebensgrofsen Hochreliefsfiguren der h. Michael, Stephanus und Johannes des Täufers, an den innern Flügelseiten die Flachreliefs des h. Olaf und der h. Barbara zeigt: tüchtige, aber doch nur handwerkliche Arbeiten. Die Köpfe, angenehm offen und breit, jedoch etwas starr, verrathen, gleich dem Styl der Gewänder, fränkische Kunst.

Ulmer Meister. Der Hauptsitz der schwäbischen Schule, der Ort, welcher die Auffassung derselben am reinsten ausprägt, ist Ulm**). Neben Schühlein, den wir als Maler und Bildschnitzer schon kennen lernten, finden wir dort in dem älteren J. Syrlin. *Jörg Syrlin* einen der vorzüglichsten deutschen Meister der ganzen Epoche. Während aber in den bisher betrachteten Werken die Schnitzkunst sich an die Malerei anlehnte, tritt sie in den Arbeiten Syrlins in voller Selbständigkeit und in einer plastischen Schönheit hervor, die unter den gleichzeitigen Schöpfungen kaum eine ebenbürtige findet. Als sein frühestes Werk gilt ein im dortigen Alterthumsverein aufbewahrtes Singepult, mit seinem Namen und der Jahreszahl 1458 bezeichnet. Das Pult ruht auf den lebendig ausgeführten Statuetten der vier Evangelisten. — Vom Jahre 1468 datirt der prachtvolle Dreisitz welcher am Eingange des Chores im Münster zu Ulm die Rückseite des Kreuzaltares bildet. An den Seitenwangen sieht man die Halbfiguren der erythräischen und der samischen Sibylle, die sich auf die Brüstung lehnen. Der zierlichste Oberbau, von drei schlanken Pyramiden geschlossen, krönt das Ganze. In den Giebelfeldern desselben sind die Brustbilder von acht Propheten angebracht; oben erscheint in dem mittleren, höheren Baldachin die lebensgrofse Gestalt Christi, ganz nackt, nur von einem schön gefalteten Schurz und von einem Mantel umgeben, der lose über die Schultern gelegt ist. Diese eine Figur zeigt die ganze Kunst des Meisters in dem edlen ausdrucksvollen Kopfe, in dem fast vollendeten anatomischen Verständnifs des Nackten, das doch maafsvoll zur

*) Abgeb. in den Jahresheften des Würtemb. Alterth.-Ver. 1. Heft. Neuerdings beschrieben und in Holzschnitt dargestellt von Dr. *G. Bem.*

**) Vergl. Ulms Kunstleben im Mittelalter, von *Grüneisen* und *Mauch*. Ulm 1840.

Geltung gebracht iſt, endlich in der würdigen Bewegung, ſowie in der groſsartigen Gewandbehandlung. Die Köpſe der Propheten ſind von herrlicher Kraſt der Charakteriſtik, die Sibyllen haben mehr liebliche als groſsartige Köpſe von einem ſchönen Oval*). Rechnet man dazu den klaren und trefflich entwickelten Auſbau und die herrliche Ornamentik des Werkes, ſo begreiſt man, warum die Ulmer nach deſſen Vollendung dem Meiſter gleich im folgenden Jahre 1469 den Auftrag gaben, ein neues Chorgeſtühl für das Münſter anzuſertigen, welches in vier Jahren vollendet ſein ſollte.

Die Ulmer Chorſtühle.

Dieſe Chorſtühle, unbedingt an Reichthum und künſtleriſchem Werthe die erſten ihrer Art und von keinem der zahlreichen ähnlichen Werke auch nur entfernt erreicht, ſind in der kurzen Friſt bis 1474 ausgeführt worden**). Schon in dem Architektoniſchen der Anlage bewährt ſich wieder der groſse Künſtler. In zwei Reihen erheben ſich, nach hergebrachter Weiſe, die Stühle an beiden Seitenwänden des langen Chores. Ihre Rücklehne ſteigt 17 Fuſs hoch empor und ſchlieſst dort mit einem Geſimſe, das nur von den Fialen und Giebeln der zierlichen Bekrönungen überragt wird. An den Endpunkten und in der Mitte, wo die Eingänge ſind, ſteigen höhere, reichere Baldachine auf, ſo daſs das Ganze eine wohldurchdachte Gliederung und Steigerung erhält. Aber den höchſten Werth verleiht dieſem Meiſterwerke doch die plaſtiſche Ausſchmückung, die hier ſelbſtändiger als irgendwo an ähnlichen Arbeiten zur Anwendung kommt. Der Künſtler giebt in geſchloſſenen Reihen drei Cyklen von Perſönlichkeiten des Heidenthumes, Judenthumes und Chriſtenthumes, denen zum Theil eine prophetiſche Beziehung auf Chriſtus beigelegt wird. Mit Rückſicht auf die Plätze, welche die beiden Geſchlechter im Kirchenſchiff einnehmen iſt auch in dieſen Bildniſſen die Nordſeite den Männern, die Südſeite den Frauen eingeräumt. Die untere Reihe, aus Büſten beſtehend, die an den Seitenbrüſtungen angebracht ſind, iſt dem Heidenthum gewidmet. Links ſieht man ſieben Geſtalten von weiſen Heiden: Pythagoras, Cicero, Terenz, Ptolemäus, Seneca, Quintilian und Secundus; rechts ebenſo viele Sibyllen; daran ſchlieſst ſich einerſeits das Bruſtbild des Meiſters, andererſeits das ſeiner Frau, wie angegeben wird und mir nicht unwahrſcheinlich iſt. Die zweite Reihe befindet ſich in den Rückwänden der Stühle und enthält links in ſtark erhobener Arbeit die Bruſtbilder von Propheten und Vorfahren Chriſti, rechts von frommen Frauen des alten Teſtamentes. Die oberſte Reihenfolge endlich, aus kräftig gearbeiteten Bruſtbildern in den Giebelfeldern der Krönung beſtehend, iſt dem Chriſtenthum gewidmet. Sie zeigt links die Figuren der Apoſtel und anderer ausgezeichneter Heiligen, rechts weibliche Geſtalten, darunter Magdalena, Martha, Eliſabeth, Walburgis und Andere.

Dem ſinnigen Gedankengange entſpricht die Ausführung. Der Meiſter verfügt über eine Feinheit der Charakteriſtik, die ihm ſowohl im Anmuthigen, wie im Würdevollen zu Gebote ſteht. Am vorzüglichſten ſind die beiden unteren Reihen. Da ſie ganz nahe betrachtet werden, ſo gab er ihnen die zarteſte

*) Vorzügliche Aufnahmen und Darſtellungen des Werkes in der Kunſt des Mittel. in Schwaben. Herausgeg. von *Egle*. Stuttgart 1862.

**) Abb. in den Verhandl. des Vereins für Alterth. in Ulm und Oberſchwaben.

Durchführung, die sich namentlich in den edlen Köpfen und den zart ausgearbeiteten Händen erkennen läfst. An letzteren sieht man ein gediegenes anatomisches Verständnifs ohne Härte und Schärfe; ebenso frei in schönem Lockenfall ist das Haar behandelt. Die Sibyllen zeigen anmuthige Köpfe mit feinem Lächeln, das bisweilen von stiller Melancholie umflort ist. Das Gesicht hat ein weiches Oval, die Nase im Profil edle, kaum merklich gebogene Linien, der kleine Mund ist wie zum Sprechen geöffnet. Schlank und fein sind die Hände, mit schmalen zartgebildeten Fingern; kurz, in Allem waltet ein Schönheitssinn, der wenige Schöpfungen des Jahrhunderts so rein verklärt. Die Bildwerke der beiden oberen Reihen sind nicht minder lebensvoll, doch etwas breiter, nicht so fein detaillirend behandelt. An den oberen Gestalten zeigen Lippen und Augen noch Spuren von Bemalung, letztere mit dunklem Stern auf weifsem Grunde. Aufserdem ist nur an den architektonischen Gliedern ein bescheidener Zusatz von Vergoldung zu bemerken. Auch Humoristisches ist an passendem Ort eingestreut und mit freier Laune behandelt.

Fig. 285. Vom Fischkasten zu Ulm.

Anderes von Syrlin.

Was Syrlin nach diesem Hauptwerke noch ausgeführt hat, wissen wir nicht. Nur eine vereinzelte Steinarbeit vom Jahre 1482, der unter der Bezeichnung des „Fischkastens" bekannte Brunnen auf dem Markte zu Ulm trägt seinen Namen *). Es ist eine gewundene gothische Pyramide, an deren unterem Theile drei schlanke Ritter, keck und zierlich in schreitender Bewegung angebracht sind (Fig. 285). Jede dieser eleganten Gestalten zeigt ein anderes Motiv der Haltung. Die lebensvolle Frische des kleinen Werkes war ursprünglich durch Bemalung noch erhöht. Was man dem Meister noch aufserdem in Ulm zuschreibt, steht nicht auf seiner Höhe. Noch entschiedener sind ihm die reichen, aber handwerksmäfsigen Chorstühle des Stephansdomes zu Wien (1484) abzusprechen, als deren Verfertiger sich neuerdings ein Meister *Wilhelm Rollinger* herausgestellt hat. Wohl aber könnte er die Steinfiguren gefertigt haben, welche an der Façade des Rathhauses die Theilungsstäbe der Fenster schmücken und die Fenster einfassen. Sie sind Syrlins würdig, die langen Ge-

*) Abb. in den Verhandl. des Ulmer Alterth.-Vereins.

wänder frei fließend, die Stellungen leicht, ungezwungen, die Köpfe voll individuellen Lebens, das Haar fein behandelt. Dagegen sind die Statuetten an der Seitenfront conventionelles Mittelgut.

Der jüngere *Jörg Syrlin*, in der Schule des Vaters gebildet, nimmt dessen Styl auf und scheint ein würdiger Erbe der Kunst seines Vaters gewesen zu sein. Er arbeitete 1493 die Chorstühle und 1496 den Dreisitz im Chor der Kirche zu Blaubeuren. An den Chorstühlen ist alles Figürliche so barbarisch zerstört, dafs man den Styl der wenigen erhaltenen Köpfe mehr ahnen als be- J. Syrlin der Jüngere.

Fig. 186. Vom Altar zu Blaubeuren.

urtheilen kann. Die zwei Figuren am Dreisitz zeigen elegante Bewegung und geistreich lebendige Köpfe. Mehr architektonisch als plastisch bedeutend ist der 1510 von ihm gearbeitete Schalldeckel der Kanzel im Münster zu Ulm. An der Brüstung der Kanzel scheinen mir die drei patriarchenartigen Gestalten die Hand des jüngern Syrlin zu verrathen. Sie haben zwar eine gewisse Befangenheit der Haltung, aber sehr ausdrucksvolle Köpfe, die gleich den Händen fein durchgeführt sind. Gerade die Hände aber in ihrer leichten Bewegung und freien Bildung erinnern vorzüglich an Syrlin'sche Kunst. Von 1512 datiren dann die Chorstühle der Kirche zu Geifslingen, mit stark beschädigten Prophetengestalten.

Andere Ulmer Meister.

Neben den Syrlins waren in und um Ulm noch andere tüchtige Bildschnitzer thätig, die in manchen Einzelheiten den Einfluſs des älteren Syrlin bezeugen. Eines der ſtattlichſten Werke dieſer Schule, ehemals dem jüngeren Syrlin zugeſchrieben, iſt der groſsartige Hochaltar der Kirche zu Blaubeuren vom Jahre 1496*).

Altar zu Blaubeuren.

An Pracht, Schönheit und Eleganz der Ornamentik ſeines Gleichen ſuchend, ragt er auch durch die Fülle bildneriſchen und maleriſchen Inhalts hervor. Im Mittelſchrein ſieht man eine groſse Maria mit dem Kinde, über welcher zwei ſchwebende Engel die Himmelskrone halten. Die beiden Johannes und die Heiligen Benedikt und Scholaſtica umgeben ſie. Auf den Innenſeiten des inneren Flügelpaares ſind in Flachreliefs die Geburt Chriſti und die Anbetung der Könige dargeſtellt (Fig. 286). Alles Uebrige iſt reichlich mit Gemälden bedeckt. Die Hauptfiguren, namentlich Maria, haben etwas Würdiges, ſelbſt Groſsartiges, aber ſie reichen bei Weitem nicht an den Adel Syrlin'ſcher Kunſt. Die Zeichnung hat nicht ſeine Freiheit, die Durchführung bleibt hinter der ſeinigen erheblich zurück. Auſserdem iſt die Form der weiblichen breiter, ſchwerer, im Ausdruck gewöhnlicher, die Behandlung des Haares minder geiſtreich. Der prachtvollen Bemalung iſt die feinere Detaillirung überlaſſen, wie denn z. B. die Adern auf den Händen bloſs gemalt ſind. Offenbar hat der Schnitzer von vorn herein auf die Mithülfe des Malers gerechnet; doch erklärt das allein nicht den Unterſchied des Styles, ſondern wir müſſen eine ganz andere, uns freilich unbekannte Künſtlerhand annehmen. Der Maria liegt wohl ein groſsartiges Motiv zu Grunde, aber ſie iſt ziemlich ſteif, das Kind häſslich, der Faltenwurf zwar vortrefflich in feierlichem Schwunge angelegt, aber ohne feinere Entwickelung, vielmehr an Härten und Unklarheiten leidend. Das Anmuthige ſucht der Künſtler in den meiſten Geſtalten durch ein ſteifes Genick zu erreichen, wobei der Kopf in den Nacken fällt, die Naſe ſich hebt und aller Ausdruck verloren geht. Die Reliefſcenen ſind in einfacher Anordnung recht lebendig geſchildert; nur die höhere Freiheit fehlt auch hier den Geſtalten. Die landſchaftlichen Gründe ſind nicht geſchnitzt, ſondern lediglich aufgemalt, mit goldenem Himmel, eine naive Verbindung der beiden ſo nahe zuſammengehenden Künſte. Die Altarſtaffel enthält in frei gearbeiteten Bruſtbildern Chriſtus und die Apoſtel, ſehr tüchtige Charakterköpfe voll Mannigfaltigkeit, dabei mit auſsergewöhnlichem Formverſtändniſs durchgeführt; aber ebenfalls einen merklichen Grad weniger ſchönheitsvoll und ideal, als die Arbeiten Syrlins. Es verſteht ſich, daſs bei alledem das Ganze eine der gediegenſten Leiſtungen ihrer Art iſt, ſchon durch die Pracht der Ausführung und den Glanz der Farben hervorragend.

Altar im Ulmer Münſter.

In Ulm ſelbſt ſind noch die Schnitzwerke am Altar im Chore des Münſters zu erwähnen, die gleichzeitig mit den Gemälden deſſelben 1521 entſtanden ſein werden. Der Schrein ſchildert in gemüthlicher Familienſcene, wie das kleine Chriſtuskind ſeine erſten Schritte verſucht. Sie gehen nur von der Mutter Schooſse zur Groſsmutter, die daneben ſitzt und ſich ihm freundlich zuneigt. Mehrere Heilige ſtehen als theilnehmende Zuſchauer dabei. Es iſt ein anzie-

*) Vergl. Der Hochaltar von Blaubeuren, gez. von C. u. M. *Heideloff*, gest. von *F. Wagner* und *Fr. Walther*.

hendes Werk von herzlichem Ausdruck in den nicht gerade feinen, aber offenen rundlichen Köpfen. Unmittelbar nach Syrlin wollen sie freilich nicht recht munden. Da der Altar aus der Barfüsserkirche stammt, für welche ein *Daniel Mauch* (*Mouch*) einen andern Altar geschnitzt, so will man in ihm den Urheber auch dieses Werkes sehen, was freilich eine einstweilen durch nichts zu begründende Vermuthung ist.

Chorstühle in Schwaben.

Von den zahlreichen anderen Chorstuhlwerken Schwabens nennen wir nur noch als eins der prachtvollsten das der Stiftskirche zu Herrenberg *), inschriftlich 1517 durch *Heinrich Schickhard* vollendet. In der Anordnung und Art des bildnerischen Schmuckes sichtlich von dem Ulmer Muster abhängig, erreicht es bei aller Tüchtigkeit dasselbe doch bei Weitem nicht an künstlerischer Durchbildung. Demselben Meister schreibt man auch das treffliche aus einer Holzplatte geschnitzte Denkmal zu, welches im Saale des Schlosses zu Urach dem 1519 verstorbenen Grafen Heinrich von Würtemberg gesetzt wurde. Doch scheint mir schon die Renaissance-Decoration desselben dagegen zu sprechen. Die Gestalt des Fürsten schreitet lebensvoll auf einem Löwen dahin. Prachtvoll ist die Ausführung, wie denn überhaupt das Werk eine besondere Vorliebe für das Holzmaterial bezeugt, da man sonst für solche Denkmale den Stein oder das Erz vorzog. Hier sei auch noch des schönen Betstuhls Grafen Eberhards im Bart vom Jahre 1472 gedacht, der in der Kirche zu Urach steht und durch das naive Relief des schlafenden Noah mit seinen Söhnen ausgezeichnet ist.

Altäre in Gmünd.

Zu den schönsten Schnitzwerken Schwabens vom Ende des 15. Jahrhunderts gehört der grosse, neu bemalte Altar in einer Kapelle des nördlichen Seitenschiffes der h. Kreuzkirche zu Gmünd. Wie wir hier schon früher eine reiche Blüthe der Plastik fanden (S. 448), so zeigt sich auch jetzt diese Kunst in lebendigem Fortschritt. Der Altar enthält den Stammbaum Christi oder die Wurzel Jesse. Unten liegt der Patriarch, in tiefen Schlaf versunken, den langbärtigen Kopf auf die Hand gestützt, eine würdevolle Gestalt. Im Schrein darüber sitzen Maria und Anna, die das Christuskind gehen lehren. Neben ihnen jederseits eine schöne junge Frau mit einem Kinde, also die sogenannte »heilige Sippschaft Christi,« ein damals oft behandelter Gegenstand. Es sind ganz reizende Köpfchen und anmuthige Gestalten, wie man sie noch heut in Gmünd auffallend häufig antrifft. Die feinen Gesichter mit dem edlen Oval sind nur etwas indifferent im Ausdruck, die Figuren nicht ohne Befangenheit in der Bewegung, dafür aber in prächtigem, gross gezeichnetem Gewandwurf, der nur wenig durch eckige Falten unterbrochen wird. Rings sind kleine Brustbilder von Propheten und Königen angeordnet, lebendig aber mitunter etwas demonstrativ bewegt, die sich oben in dem zierlichen Rankenwerk fortsetzen, wo sie keck aus Blumenkelchen hervorschauen. Zwischen ihnen in der Mitte ein ganz vorzüglicher Christus am Kreuz, trefflich im Nackten und edel im Ausdruck; ganz oben krönt feierlich thronend Gottvater das Prachtwerk.

Nicht minder edel spiegelt sich der Schönheitsinn dieser Schule in dem etwa gleichzeitigen Schnitzaltar der ersten südlichen Chorkapelle derselben Kirche. Der Leichnam Christi wird von Johannes gehalten und von Maria um-

*) Vergl. *C. Heideloff*, die Kunst des Mittelalters in Schwaben. Heft I.

faſst, während Magdalena das Bein unterſtützt und höchſt zart die herabſinkende Hand des Herrn zu ergreifen ſucht. Ein eigenthümlicher Adel der Empfindung bewahrt dieſe Darſtellung bei aller Tiefe des Ausdrucks vor unſchönen Uebertreibungen. Die Köpfe und Hände ſind vorzüglich durchgeführt, Chriſtus voll Würde, nur die Gewänder zeigen einen minder reinen Styl. — Der Altar in der folgenden Kapelle derſelben Seite enthält gleichfalls ein groſses Schnitzwerk: die ehrwürdige Geſtalt des h. Sebald als Pilger mit langem Bart, in der Hand ein Kirchenmodell, ſchreitet in groſsartiger Bewegung einher. Sein Gewand iſt frei in breiten Maſſen angelegt, der Kopf von portraitartigem Gepräge. Unten ſieht man knieende Donatoren, oben zwei hübſche ſchwebende Engel. Der obere Aufſatz hat die Darſtellung einer ſchönen weiblichen Heiligen, welcher zwei derbe Henker einen Nagel in die Bruſt zu treiben ſuchen. — Wie lange übrigens hier die Luſt an der Schnitzarbeit vorhielt, beweiſen in derſelben Kirche die Chorſtühle, eine ſtattliche Renaiſſance-Arbeit vom Ende des 16. Jahrhunderts. Sie werden jederſeits bekrönt durch zwölf Doppelſtatuen, etwa von halber Lebensgröſse, Apoſtel, Patriarchen und Propheten darſtellend. Origineller Weiſe iſt es jedesmal dieſelbe Figur, die nach innen und nach auſsen angebracht iſt, ſo daſs ſie, jenen ſiameſiſchen Zwillingen gleich, aus einem Stück gearbeitet, mit dem Rücken an einander ſitzen. In der ſtyliſtiſchen Behandlung miſchen ſich Nachklänge älterer Kunſt mit manieriſtiſchen Einflüſſen Italiens. —

Meiſter von Ravensburg. Einen anderen Sitz der ſchwäbiſchen Schnitzarbeit finden wir in Ravensburg. Aus der dortigen Pfarrkirche ſtammt ein ehedem bei Herrn von Hirſcher zu Freiburg im Breisgau befindliches Standbild der Madonna, inſchriftlich von einem Meiſter *Schramm* gearbeitet. Dieſelbe Hand will man in einem andern Schnitzwerke erkennen, das aus Ravensburg in den Beſitz des Bildhauers Entres zu München gekommen iſt*). Es ſtellt die Meſſe des h. Gregor ſammt Katharina und Onoſrius dar, Geſtalten ohne rechte Lebensfähigkeit in etwas verkümmerten Verhältniſſen, aber mit ausdrucksvoll edlen Köpfen und ſchön flieſsender Gewandung, dazu mit feiner Bemalung verſehen. Endlich ſchreibt man demſelben Künſtler ein faſt lebensgroſses Standbild des h. Ulrich in der Kirche zu Bodnegg zwiſchen Ravensburg und Wangen zu.

Altäre in Mühlhauſen. Mehrere Schnitzaltäre in der kleinen Kirche zu Mühlhauſen am Neckar ſind zwar weniger als hervorragende Kunſtwerke, wohl aber als bezeichnende Typen der ſchwäbiſchen und der fränkiſchen Schule beachtenswerth. Den lauteren Schönheitsſinn der ſchwäbiſchen Schnitzerei erkennt man an einem Altare, deſſen Schrein fünf gekrönte heilige Jungfrauen zeigt. Zwei halten ein Buch, die dritte einen Korb (Eliſabeth?), die vierte, wohl Barbara, einen Kelch. Die Körper ſind mit Verſtändniſs ausgebildet, die Bewegungen fein motivirt, die Gewänder in weichem Fluſs, die reizenden rundlichen Köpfchen mit blonden Locken oder geflochtenen Zöpfen geſchmückt. Den fränkiſchen Kunſtcharakter glaube ich dagegen in den fünf faſt lebensgroſsen bemalten Holzſtatuen des Hauptaltares derſelben Kapelle zu entdecken. Es ſind die Heiligen Vitus, Wenzel, Sigismund und zwei andere Heilige, reich bemalt und vergoldet. Die

*) *E. Förſter* hat es in ſeinen Denkm. abgebildet. Wohin das Werk nach der Verſteigerung der Sammlung gelangt iſt, vermag ich nicht anzugeben.

Köpfe haben eine tüchtige Charakteriſtik, aber die körperliche Durchbildung der Figuren erſcheint ſchwach, und die Gewandung hat jene ſcharfbruchigen knitterigen Falten, die nirgends ſo beliebt waren wie in der Nürnberger Schule. Auch der Altar in der Kirche zu Beſigheim, von welchem wir in Fig. 287 eine Probe geben, läſst den Einfluſs fränkiſcher Kunſt erkennen *).

Fig. 287. Johannes der Täufer. Beſigheim.

Schnitzwerke in Hall.

Noch ſtärker tritt der Einfluſs der fränkiſchen Schule in den zahlreichen Schnitzwerken der Michaeliskirche zu Hall hervor, deren keines übrigens von ausgezeichnetem Werthe iſt. Das Bedeutendſte enthält der Hochaltar in einem figurenreichen gedrängten Relief der Kreuzigung. Die kleinen Geſtalten ſind fein ausgeführt, namentlich die weiblichen; einige zeigen auch ausdrucksvolle Bewegung, wie z. B. Magdalena, welche beide Arme gegen den Gekreuzigten ausbreitet. Daneben die übrigen Vorgänge der Paſſion von geringerer Hand, in einer Menge etwas dürftiger, ſteifer Compoſitionen. Das Ganze neuerdings grob angemalt. — Nur mittelmäſsig iſt der Altar in der öſtlichen Kapelle des Chorumgangs, eine h. Sippſchaft, dabei als Hauptfiguren Maria und Anna, welche das (jetzt verſchwundene) Chriſtuskind gehen lehrten. Nicht viel beſſer der Altar vom Jahre 1521 in der erſten nördlichen Chorkapelle, mit den etwas kurzen Hochrelieffiguren dreier Biſchöfe, und auf den Flügeln den Flachbildern des h. Onofrius und Nikolaus. Nur die Köpfe bewahren den faſt in allen Werken der Zeit unverkennbaren Sinn für lebensvolle Darſtellung. — Talentvoller, aber ganz entſchieden unter dem Einfluſſe des herben fränkiſchen Styles zeigt ſich der Meiſter des Altars in der erſten ſüdlichen Chorkapelle an dem Hochrelief der Ausgieſsung des h. Geiſtes und den vier flacheren Flügelbildwerken, welche den Einzug Chriſti in Jeruſalem, den Unglauben des Thomas, die Himmelfahrt Chriſti und den Tod Mariä ſchildern. Es iſt ein handfertiger Nachahmer des Würzburger Meiſters Tilman Riemenſchneider. Ziemlich handwerklich ſind auch in der zweiten ſüdlichen Chorkapelle die drei Heiligengeſtalten, namentlich die Köpfe unbedeutend, dagegen die Gewänder in groſsen Motiven klar durchgeführt, noch frei von unruhiger Manier. — Vom Anfange des 16. Jahrhunderts datirt endlich ein Schnitzaltar der Sakriſtei, der in der Mitte ein ſteifes Relief des h. Michael hat, welcher den Drachen tödtet. Von beſſerer Hand rührt das Abendmahl her, welches davor in kleinen Figuren recht frei und lebendig

*) Herausgeg. im 7. Heft des Württemb. Alterthumsvereins.

dargestellt ist. Mittelgut dagegen sind die Reliefs der Seitenflügel: der reiche Mann und der arme Lazarus, Weltgericht und Hölle, derb und ohne höheres Verdienst. Doch hat dieses Werk gleich den meisten Altären der Kirche seine alte Bemalung gerettet. — Es wird berichtet, dafs gegen Ende des 15. Jahrhunderts in Hall ein Meister *Peter Lokkorn* lebte, dem die Holzarbeit an der Michaelskirche übertragen war. Was von den vorhandenen Werken etwa von ihm herrühre, läfst sich schwerlich noch ermitteln; doch mufs er sehr geschätzt gewesen sein, denn als im Jahre 1487 der Propst von Elwangen ihn sich von der Stadt erbat, wurde dies Gesuch abschläglich beschieden.

Altar zu Heilbronn.

Eins der herrlichsten Werke deutscher Kunst findet sich dagegen in der Kilianskirche zu Heilbronn. Nicht blofs an Gröfse, Pracht und Reichthum, sondern mehr noch an Kunstwerth steht der dortige Hochaltar den berühmtesten Arbeiten dieser Art ebenbürtig zur Seite *) Er besteht aus einem von zierlichen Baldachinen gekrönten Schrein, der die überlebensgrofsen Holzstatuen der Maria mit dem Kinde, zwischen einem h. Papst und Bischof und den Märtyrern Stephanus und Laurentius enthält. Diese Figuren sind grofsartig entworfen und mit kühner Meisterschaft durchgeführt. Maria zeigt einen vollen, runden Kopf mit offenem Ausdruck und schön geschwungenen Lippen. Reizend bewegt ist das Christuskind, würdevoll die beiden Kirchenfürsten, und herrliche jugendliche Köpfe mit krausem, meisterlich behandeltem Lockenhaar zeigen die beiden Märtyrer. Die Gewandung hat wohl scharfe Brüche in der Weise, wie wir sie bei Riemenschneider finden werden, aber die Hauptmassen sind in grofsem Styl angeordnet. Die Altarstaffel ist durch reich verschlungenes gothisches Laubwerk in drei Nischen getheilt, die mit sieben lebensgrofsen Brustbildern ausgefüllt sind. In der Mitte ein Ecce homo von höchst edlem Ausdruck, von Maria und Johannes an beiden Händen gehalten: eine Scene von ergreifender Tiefe des Gefühls. Besonderes fein empfunden ist der Zug, wie die schmerzerfüllte Mutter auch den Ellnbogen des Sohnes in zarter Sorgfalt unterstützt. Daneben die vier grofsen Kirchenväter in verschiedenen Stellungen tiefen Nachsinnens, das Kinn auf die Hand lehnend oder das gedankenschwere Haupt senkend: Portraitköpfe von individuellem Leben und feiner Durchführung. Ueber den Baldachinen des Schreins, umrahmt von Laubwerk, sieht man zwei Sibyllen und zwei weibliche Heilige, oben in der luftig durchbrochenen Bekrönung Christus am Kreuz, an dessen Stamm Magdalena kniet, daneben auf Consolen Maria und Johannes, und noch höher, ebenfalls unter Baldachinen, mehrere Statuetten von Heiligen.

Das ist nur der mittlere Theil. Dazu kommen noch die jetzt seitwärts aufgestellten Flügel mit Reliefdarstellungen, die an künstlerischem Werthe die übrigen Werke wohl noch übertreffen. In wohldurchdachten Compositionen, die nur mäfsig auf die malerischen Tendenzen der Zeit eingehen, ist rechts der Tod Mariä und die Ausgiefsung des h. Geistes in kräftigem Relief geschildert. Bei dem Tode der Maria drängen die Apostel sich in grofser Bewegung heran, ihr den letzten Beistand der Kirche zu bringen. Johannes reicht ihr — mit jenem naiven Anachronismus, der eine der stärksten Seiten der mittelalterlichen

*) Eine ungenügende Abbild. in *Titot*, Beschreib. der Hauptkirche in Heilbronn (Heilbr. 1833).

Kunſt, — die geweihte Kerze; Petrus kommt mit dem Weihwedel, ein dritter mit dem Weihrauchfaſs, wieder Andere knieen und beten für die ſcheidende Seele. Die Köpfe ſind prächtig charakteriſirt, mit feinen Portraitzügen, geiſtreich behandeltem Haar und lebendigem Ausdruck der Empfindung. Das Körperliche iſt trefflich verſtanden, wie man z. B. an der Unterſeite der Füſse bei den Knieenden ſieht, wo der gewiſſenhafte Naturalismus jedes Fältchen wiedergegeben hat. Auch die Ausgieſsung des h. Geiſtes iſt vorzüglich componirt, ſodaſs ſich auf die in der Mitte befindliche Maria Alles zu beziehen ſcheint und jede der Geſtalten ſich klar entwickelt. Wie die Verſammelten Alle aufblicken, und die Erwartung ſich bis zur höchſten Erregung ſteigert, während Maria ſtill und geſammelt in der Mitte ſitzt, das iſt ebenſo glücklich gedacht wie mit Verſtändniſs ausgeführt.

Auf der andern Seite giebt ein breites Relief in zwei verbundenen Scenen die Geburt und die Auferſtehung Chriſti. Der Künſtler hat hier in wenig Figuren das Nöthige nicht bloſs einfach, ſondern auch ſchön ausgedrückt. Das Chriſtuskind iſt eben geboren und wird, am Boden liegend, von der Mutter, dem h. Joſeph und drei lieblichen herbeigeeilten Engeln verehrt. Maria iſt eine der gelungenſten Geſtalten, welche das 15. Jahrhundert hervorgebracht: groſsartig, in vollen Formen, neigt ſie mit dem Ausdruck innigen Dankes das edel geformte Haupt zur Anbetung. Der landſchaftliche Hintergrund iſt mäſsig detaillirt. In der Ferne wird die Geburt Chriſti den Hirten auf dem Felde verkündigt. Daneben ſchreitet Chriſtus mit der Siegesfahne zwiſchen den beſtürzt auffahrenden Wächtern einher. Hier herrſcht die lebendigſte Mannigfaltigkeit in den Stellungen der theils Schlafenden, theils in Verwirrung Auftaumelnden. Der eine mit der Armbruſt zeigt einen herrlichen Portraitkopf. Ueberall aber iſt eine Schönheit, Kraft und Lebensfülle über das Werk ausgegoſſen, daſs ich es unbedenklich zu den Meiſterſchöpfungen rechne, mit denen die nordiſche Kunſt ſich neben die gleichzeitige italieniſche ſtellen kann. Nur die Gewänder, obwohl groſs und mannigfaltig angelegt, haben die eckigen Faltenbrüche der Zeit. Dabei hat die Wirkung durch den modernen Oelanſtrich noch viel eingebüſst. Den Namen des Meiſters enthält die letztbeſchriebene Tafel in umgekehrt angebrachten hebräiſchen Schriftzügen*); die Jahreszahl iſt 1498.

Thür zu Conſtanz.

Das ſüdlichſte Denkmal Schwabens, aber nicht ſchwäbiſcher Kunſt, da dieſe, wie wir gleich ſehen werden, viel weiter ſüdwärts vordrang, — ſind die 1470 von *Simon Hayder* vollendeten Thürflügel am Dom zu Conſtanz**). Sie erzählen in guter, lebendiger Anordnung die Leidensgeſchichte Chriſti in einer Anzahl von kräftig behandelten Reliefbildern.

Sculpturen der Schweiz.

Die Thätigkeit der ſchwäbiſchen Schule läſst ſich bis tief in die Schweiz hinein, wo man in dieſer Epoche die Architekten und Bildhauer wiederholt aus dem benachbarten Schwaben berief, an einer Reihe von Werken verfolgen. So an einem Schnitzaltar in der katholiſchen Kirche zu Winterthur, der aus der Kirche zu Reams (Graubünden) ſtammt und nach inſchriftlichem Zeugniſs

*) Es bedarf eines Abklatſches in Papier oder Staniol, um die Inſchrift ganz zu leſen. Etwas wie *Albrecht Michael Sturm* lieſs ſich zunächſt vorläufig entziffern.

**) Abb. in den Denkm. des Oberrheins. Heft I.

1501 durch einen Meister *Ivo Strigeler*, wie es scheint von Memmingen, gefertigt wurde; besonders aber an dem prachtvollen Hochaltar des Doms zu Chur, gegen Ende des 16. Jahrhunderts von einem Meister *Jacob Rösch* ausgeführt (1499 noch nicht ganz vollendet) *). Es ist wieder ein Hauptwerk und Meisterstück nordischer Kunst, um so interessanter, da es hart an der Schwelle von Italien den Geist oberdeutscher Plastik so rein und schön vertritt. Zudem fesselt es schon durch die vorzügliche Erhaltung und die noch unberührte glänzende Polychromie. Aber auch dem Inhalte nach ist es vielleicht unter allen ähnlichen Werken das vollwichtigste. Denn es enthält einerseits die ganze Leidensgeschichte Christi bis zum Kreuzestode, andrerseits (im Innern und in dem krönenden Tabernakel) die Verherrlichung der Maria und der Ortsheiligen; dies Alles verbunden mit den prophetischen Gestalten des alten Testamentes, mit den Heiligen, Märtyrern und Engeln, sodafs hier der ganze historisch-symbolische Inhalt, den die Kunst des 13. Jahrhunderts über die Portale und Façaden der Kirchen ausgofs, in diesem geistvoll durchdachten Altarschrein zusammengedrängt ist. Die Ausführung erscheint, wie immer bei solchem Umfange, ungleich, die Gestalten neigen, wie die späteren schwäbischen Werke pflegen, zu etwas untersetzten Verhältnissen. Aber in den weiblichen und jugendlichen Figuren, namentlich oben im Baldachin, herrscht eine Holdseligkeit und Schönheit, die wieder an die besten Arbeiten in Schwaben erinnert.

Altar in Chur.

Andere Altäre in Graubünden.

Dies treffliche Werk steht aber im Graubündnerlande nicht vereinzelt da **). Drei Schnitzaltäre bewahrt noch jetzt die Klosterkirche von Churwalden; davon der Marienaltar in der inneren Kirche vom Jahre 1477 durch Gröfse und Pracht, sowie den lustigen Aufbau hervorragt. In der äufseren Kirche ist der Luciusaltar vom Jahre 1511 noch wohlerhalten; der Katharinenaltar jedoch gröfstentheils zerstört. Einen ähnlichen Schnitzaltar vom Jahre 1470 besitzt die Marienkirche zu Lenz im Albulathale; ferner die Pfarrkirche in dem benachbarten Brienz, wo 1519 Altar und Kirche eingeweiht wurden. Von reicher Anlage und prächtiger Ausführung scheint der Altar in der Pfarrkirche des Dorfes Alveneu zu sein, mit grofsen Statuen der Maria, inmitten von Heiligen, sowie mit Reliefs geschmückt. In der Kirche zu Saluz sieht man einen Schnitzaltar mit Scenen aus dem Leben Christi und Heiligenfiguren; einen andern von geringerem Werth in der Pfarrkirche zu Tinzen; einen bedeutenderen vom Jahre 1504 in der Kirche zu Ems im Rheinthal; vom Jahre 1520 in der Pfarrkirche zu Igels im Lugnezthal. Den Altar in der ebendort gelegenen Sebastianskapelle hat im Jahre 1506 der oben erwähnte *Ivo Strigeler* gearbeitet. Die grofse Zahl solcher Werke, die sich hier auf engem Raume zusammengedrängt findet, mufs in Erstaunen setzen. Doch würden wir in vielen Gegenden Deutschlands einen ähnlichen Reichthum aufweisen können, wenn dieselbe Pietät gegen das Alterthum sich häufiger fände.

Luzern.

Als eines vereinzelten Werkes sei noch des Reliefs an einem Seitenaltare der Stiftskirche zu Luzern gedacht, welches in gemüthvoller Auffassung den Tod der Maria im Beisein der Apostel schildert.

*) Genaue Beschr. in den Mitth. der antiq. Ges. in Zürich Bd. XI. Hft. 7.

**) Die folgenden Notizen verdanke ich gütigen Mittheilungen des Herrn Dr. *Chr. G. Brügger* von Churwalden.

Sculpturen am Oberrhein.

Am Oberrhein zeigen die wenigen noch vorhandenen Schnitzarbeiten viel Verwandtschaft mit dem dort durch Martin Schongauer in der Malerei begründeten Style. Ein Meister *Desiderius Beychel* arbeitete 1493 die Chorstühle und die Altarstaffel mit den Apostelbildern für die Kirche der Antoniter in Issenheim, jetzt im Museum zu Colmar*). Das Figürliche ist etwas handwerklich und derb. Trefflich dagegen sind ebendort die grofsartigen Figuren eines Antonius zwischen Augustinus und Hieronymus. Bedeutend scheinen auch die Chorstühle des Münsters zu Breisach, ehemals im dortigen Kloster Marienau. In derselben Kirche ist ein prächtiger Schnitzaltar mit Heiligenfiguren und der Krönung Mariä vom Jahre 1526; das daran befindliche Monogramm H. L. gehört einem bis jetzt unbekannten Meister. Endlich ist im Münster zu Freiburg im Breisgau ein unbemalter geschnitzter Marienaltar im Chorumgange zu nennen.

Fig. 288. Madonna von Blutenburg.

Schule von Augsburg.

Ein Hauptsitz schwäbischer Kunst ist Augsburg, in der Malerei der Schwesterstadt Ulm wohl ebenbürtig, in der Plastik sie nicht erreichend. Doch bewegen die einzelnen Bildwerke, die wir dort finden, sich in einem edlen Style, dessen Schönheit auf einer vollen Entwicklung der Form und grofsem Adel der Köpfe, namentlich der weiblichen beruht. Im Maximilians-Museum sieht man eine der feierlichsten Madonnenstatuen, etwa aus der Mitte des 15. Jahrhunderts, aus der Ulrichskirche dorthin gebracht. (Vergl. die nähere Schilderung auf S. 447.) Hier mag auch der ebendort befindliche Torso einer in Thon gebrannten Statue des h. Sebastian vom Ende des Jahrhunderts genannt werden: ein Werk vom strengsten, grofsartig energischen Naturalismus. Endlich ist in das Nationalmuseum zu München eine lebendig bewegte grofse Reliefdarstellung vom Tode der Maria gelangt, die aus Augsburg stammt.

Bairische Schnitzwerke.

In den bairischen Schnitzwerken kämpft ebenfalls die idealere Auffassung mit dem realistischen Streben der Zeit und gelangt bisweilen zu einer edlen Läuterung der Naturformen und zum Ausdrucke eines innigen Gefühles. Eine Anzahl vorzüglicher Beispiele besitzt die reiche Sammlung des neuerdings begründeten Nationalmuseums in München. So z. B. eine herrliche aus Ingolstadt stammende Reliefgruppe, welche die oft behandelte Scene vom Tode der Maria in einer Grofsartigkeit der Auffassung und einem Adel der Empfindung schildert, die noch schöner hervortritt, wenn man das Werk mit den ebendort vorhandenen Darstellungen desselben Gegenstandes aus Augsburg und aus Würzburg vergleicht. Namentlich letztere unterscheidet sich durch herberen

*) Vergl. *Fr. Mone* im Anzeiger des Germ. Mus. 1869. Nr. 7. S. 231.

Ausdruck und schärfere Formbezeichnung, während die Augsburger Gruppe zwar ebenfalls ein inniges Gefühl, aber in minder durchgebildeten Formen verräth. Der Kopf der sterbenden Maria ist von geradezu klassischer Schönheit. Diesen Styl möge eine Abbildung *) der betenden Madonna aus der Kirche von Blutenburg bei München veranschaulichen, die wohl zu den reinsten Schöpfungen der Zeit gehört (Fig. 288). Von den übrigen im Nationalmuseum bewahrten Holzwerken nenne ich noch eine anmuthige Gruppe der Maria, Anna und des Christuskindes. Maria hat den Kleinen gestillt, und die Grofsmutter verlangt

Fig. 289. S. Margaretha. Freising.

Fig. 290. Von einem Altar zu München.

nun nach dem Kinde. Ein Werk von ähnlichem Adel in Form und Ausdruck. Dagegen ist das Streben nach portraitartiger Charakteristik in der trefflichen, aus Eichstädt erworbenen bemalten Statue des h. Willibald zu erkennen, die an naturalistischer Feinheit und Schärfe den Werken Riemenschneiders verwandt ist. Die äufserste Uebertreibung dieses Hanges nach Charakteristik, wie sie oft ins phantastisch Karikaturhafte ausläuft, bezeichnen die Narrenstatuen vom Rathhaus zu München, in denen eine tolle Faschingslust mit energischem Humor zur Erscheinung kommt. — Wenn die Zeittracht bei den heiligen Gestalten angewendet wird, so erscheint auch diese hier minder eckig und bunt, als ander-

*) Diese sowie die Mehrzahl der in diesem Abschnitt mitgetheilten Abbildungen sind nach trefflichen Photographien *Hanfstängl's* mit gröfster Treue in Holz geschnitten worden.

wärts, vielmehr in vollerem Flufs der Falten. So an den zierlichen bemalten Holzstatuen einer h. Barbara und Margaretha (Fig. 289), welche das Museum zu Freising besitzt.

Den Uebergang zur österreichischen Plastik möge uns ein vorzüglicher Schnitzaltar vermitteln, der aus einer Kirche zu Botzen in das Münchener Nationalmuseum gelangt ist. Zwar ohne bedeutende Ausdehnung, nimmt er doch wegen der Feinheit der Durchführung die Aufmerksamkeit in Anspruch. In der Mitte ist in einer Freigruppe die Anbetung des neugeborenen Christuskindes durch Marie und Joseph dargestellt. Der Kleine liegt zwischen Beiden und verlangt in reizender Bewegung nach der Mutter. Vier Engelein mit offenen Kindergesichtern voll Verwunderung und Freude umknieen den Neugeborenen mit dem naiv neugierigen Ausdruck, mit welchem die Kinder ein eben hinzugekommenes Brüderchen begrüfsen. Der gemüthliche Ton deutschen Familienlebens klingt aus der Darstellung und giebt selbst den befangenen Bewegungen der Aeltern etwas Anziehendes. Durch eine offene Galerie schauen zwei Hirten neben Ochs und Esel in gemeinsamer Andacht herein. Im Hintergrunde nahen in reicher Landschaft schon die h. drei Könige mit ihrem Gefolge hoch zu Rofs. — Der von Johannes, Maria und Magdalena gehaltene Leichnam Christi in der Altarstaffel zeigt den Meister von seiner schwächeren Seite; dagegen sind die beiden auf prächtigem Teppichgrund angebrachten Flachreliefgestalten zweier heiliger Frauen auf den Flügeln (Fig. 290) von einer feierlichen Anmuth, die durch die vollen Formen und selbst durch eine gewisse Befangenheit der Haltung bedingt wird.

Schnitzwerke in Oesterreich.

Weitaus der bedeutendste österreichische Meister, so weit wir urtheilen können, ist *Michael Pacher* von Brauneck in Tyrol, der schon in einer Urkunde vom Jahre 1467 als Bürger daselbst vorkommt*). Er war, wie so viele Künstler jener Zeit, Maler und Bildschnitzer zugleich; denn in einem noch vorhandenen Contract vom Jahre 1471 wird ihm ein Schnitzaltar für die Kirche in Gries verdungen und dabei die Gröfse des Altars in der Kirche zu Botzen als maafsgebend bezeichnet. Der Altar zu Gries befindet sich noch am Platze; den zu Botzen (den man voreiliger Weise ebenfalls als Pacher'sches Werk angesehen hat) will man in dem eben besprochenen des Münchener Museums erkennen. Sicherer ist, dafs Pacher den Flügelaltar der Kirche von S. Wolfgang in Ober-Oesterreich gearbeitet und 1481 vollendet hat. Dies ist wieder nach Umfang und künstlerischem Werth eins der hervorragendsten Werke der Epoche. Während die vier Flügel an äufseren und inneren Seiten mit Gemälden geschmückt sind, umfafst der Mittelschrein eine einzige Darstellung in überlebensgrofsen Figuren. Maria als Himmelskönigin, von kleinen Engeln umgeben, die ihr die Schleppe des Mantels tragen, kniet rechts vor ihrem gegenüber auf dem Throne sitzenden Sohne, der sie huldreich anschaut und seine segnende Rechte gegen sie erhebt. Zu beiden Seiten stehen die h. Wolfgang mit dem Kirchenmodell und Benedikt mit dem Bischofsstabe. Die Anordnung ist grofsartig, einfach, wirksam; denn die Gestalten, strahlend von Gold und Farben, heben

Michael Pacher.

*) Ueber ihn vergl. *Ed. Freih. von Sacken* in den Oesterr. Kunstdenkm. (Stuttgart) I. S. 125 ff. mit Abb. auf Taf. 19.

ſich klar aus dem Schattendunkel der tiefen von Baldachinen gekrönten Niſche. Allerdings zeigen die Figuren einen Mangel an körperlicher Durchbildung, und es wird hier ſchon in bedenklicher Weiſe die Unſitte der Zeit fühlbar, unter bauſchigen, wunderlich verzwickten und eckigen Gewandfalten jede klarere Entwicklung der Form verſchwinden zu laſſen. Es ſcheint daher, daſs »der erber und weis Maiſter Michel Pacher« (wie er in jener Urkunde heiſst) ſeine Studien in fränkiſcher Schule gemacht habe. Aber ſeinen eigenen Schönheitsſinn und ſeine Poeſie hat er zu bewahren gewuſst, und die offenbaren ſich in dem ſüſs demüthigen Kopf der Maria, die das ſchöne Oval ihres Geſichtes wie verlegen ſeitwärts wendet und den geſenkten Blick auf der Gemeinde weilen läſst; ebenſo in dem würdigen, feierlichen Ausdruck des ſegnenden Chriſtus und den offenen, naiven Kindergeſichtern der Engel, die zwar im Faltenwurf eben auch wunderlich bizarr erſcheinen, aber mit der keck ausſchreitenden Bewegung ihre jubelnde Heiterkeit originell ausdrücken. Wie mangelhaft das Körperverſtändniſs des Künſtlers iſt, erkennt man an den übertrieben langen, in ihren Gewändern ganz verſchwundenen beiden Heiligen, während Chriſtus und Maria eher zu gedrungene Verhältniſſe haben. Trotz alledem iſt das Ganze voll Poeſie und Adel der Empfindung. Die Altarſtaffel enthält in klarem, etwas genrehaftem Relief die Anbetung der Könige. In dem luſtigen Tabernakelbau, der das Werk krönt, ſieht man von geringerer Hand Chriſtus am Kreuz, umgeben von Johannes und Maria in lebhafter Schmerzäuſserung; daneben Johannes den Täufer und S. Michael, letzterer wieder in heftigem Affect die Waage haltend und mit dem Schwerte dreinſchlagend. Darüber ſind auf einzelnen Conſolen zwei weibliche Heilige, zwei anbetende Engel und der thronende Gottvater angebracht. Von höherer Bedeutung ſind die jugendlich ritterlichen Geſtalten der h. Georg und Florian, die zu den Seiten des Altares auf reichen Conſolen ſich erheben. S. Florian trägt einen Turban und gieſst Waſſer aus einer Kanne auf eine brennende Burg.

Schnitzwerke in Tyrol.

Von anderen Werken des Meiſters ſind bis jetzt (auſser den hier zu übergehenden Gemälden) nur zwei geſchnitzte Tafeln im Urſulinerinnenkloſter zu Brauneck nachgewieſen*). Aber ſeine Thätigkeit als Bildſchnitzer ſteht in Oeſterreich nicht vereinzelt da. Wir verdanken den Nachforſchungen dortiger Gelehrten eine reiche Anzahl von Notizen über Werke ähnlicher Art**); nur vermögen wir den künſtleriſchen Charakter dieſer Arbeiten einſtweilen nicht feſtzuſtellen. Uebereinſtimmend ſcheinen die meiſten dieſer Altarwerke im Mittelſchrein mehrere groſse Heiligenſtatuen, an den Flügeln Reliefbilder und zum Theil Gemälde zu haben. Zunächſt iſt die Heimath Michael Pachers, Tyrol und die angrenzende Steiermark reich an Werken dieſer Art. Eine groſse gedankenvolle Compoſition zeigt ſich an dem Altar der Kirche zu Lana; reiche Bildwerke enthält ein anderer Flügelaltar in der Kirche zu Weiſſenbach. Den Altar in der Kirche zu S. Magdalena im Thal Ridnaun fertigte 1509 Meiſter *Matheis Stöberl*. Andere ähnliche Werke ſieht man in der

*) Von einem *Friedrich Pacher* aus Brauneck, vielleicht einem Sohne Michaels, iſt bis jetzt nur ein Gemälde bekannt.

**) Hauptſächlich in den Mitth. der Centr.-Comm., Jahrg. I., II., III. und V.

Franziscanerkirche zu Botzen vom Jahre 1500, wo, wie ſo oſt, die Sculpturen den Gemälden an Werth überlegen ſind; ebendort in der Pfarrkirche ein Altar, zu deſſen Herſtellung der Contract ſchon 1421 (wenn dies kein Irrthum!) mit Meiſter *Hans Maler* von Judenburg abgeſchloſſen wurde. In der Kirche zu Mils bei Hall iſt ein Oelberg aus Holz geſchnitzt, deſſen ſcharf realiſtiſche Auffaſſung gerühmt wird. Was im vorarlberger Landesmuſeum zu Bregenz an Reſten alter Holzſchnitzerei aufbewahrt wird, iſt nicht erheblich und deutet auf ſchwäbiſchen Einfluſs. Ein Altar vom Jahre 1493 findet ſich in der Kirche zu S. Katharina im Kathal; andere in Reiſling, S. Johann und zu Wenk in Steiermark; in der Kirche zu Hallſtadt*) (Anfang des 16. Jahrhunderts) in Oberöſterreich; ein impoſantes Werk zu Beſenbach bei Linz; in S. Michael bei Freiſtadt, in Waldburg und in Kaſermarkt. Weiter in Niederöſterreich ſind Schnitzaltäre zu Zwetl, Mauer, Pulkau, Laach, Schönbach, Pöggſtal und Heiligenblut. Auch zu anderen Zwecken zog man die Holzſchnitzerei heran. So zeigen die Thürflügel der Capuzinerkirche zu Salzburg**) tüchtig gearbeitete Reliefbüſten der Maria, Johannes des Täufers und der Apoſtel, von denen zwei gegenwärtig fehlen, vom Jahre 1470. So ſieht man an den Pfeilern der Kirche zu Wiener-Neuſtadt Holzſtatuen der Apoſtel mit Prophetenbildern verbunden, der Maria, des Sebaſtian und anderer Heiligen in ſehr energiſchem, aber ſchroff unſchönem Naturalismus, der an die extremſte Richtung der Nürnberger Schule erinnert***).

Steiermark.

Ober- und Niederöſterreich.

Schnitzwerke in Böhmen und Mähren.

In Böhmen laſſen ſich die Altäre der Kirche zu Eyle, Zbraslav und zu Libis bei Melnik nennen, letzterer ein Paſſionsaltar, während ſonſt in ſüddeutſchen Gegenden die Scenen der Leidensgeſchichte ſeltner vorkommen als in Norddeutſchland. Verwandter Richtung gehört die lebensgroſse Gruppe in der Kirche zu Graupen, welche den gemarterten Chriſtus, von wüthenden Volksmaſſen umtobt, mit erſchütternder Kraft darſtellt. In Mähren arbeitete 1515 ein Meiſter *Andreas Morgenſtern* aus Böhmen einen Altar für die Kirche zu Adamsthal.

Siebenbürgen und Ungarn.

Die Vorliebe für dieſe Kunſtgattung verbreitete ſich damals genau ſo weit als der Einfluſs deutſcher Kunſt reichte. So finden wir denn ſelbſt in Siebenbürgen einen Schnitzaltar vom Anfange des 16. Jahrhunderts in der Kirche zu Radeln, Bezirk von Schäſsburg. Ganz beſonders reich an ſolchen Prachtwerken ſind die Kirchen in Oberungarn, in der Zips, die wie die meiſten Gebirgsländer dieſen Kunſtzweig pflegte. Hier enthalten viele Kirchen eine ganze Anzahl ſolcher Flügelaltäre, unter denen mehrere von höherem künſtleriſchem Werthe zu ſein ſcheinen. Sechs Altäre dieſer Art beſitzt allein die Jakobskirche in Leutſchau†). Eben ſo viele die Pfarrkirche zu Bartfeld††), darunter einer vom Jahre 1505; andere in der Eliſabethkirche zu Kaſchau

*) Abb. in den Mitth. 1858. Taf. 3.

**) Abb. ebenda 1856. Tafel 3.

***) Zwei Statuen in ſtylgetreuer Abb. in den Oeſterr. Denkm. (Stuttgart) II. Taf. 36.

†) Vergl. den ausführlichen Bericht von *W. Merklas* in den Mitth. der Oeſterr. Centr.-Comm. 1860 S. 277 ff. und die Abb. auf Taf. 8 und 9.

††) Ueber dieſe berichtete ebenda 1858 S. 253 ff. *J. v. Lepkowski.*

und in der Kirche zu Georgenberg. Dieſe Gegenden, damals unter polniſcher Herrſchaft, haben ihren Kunſtmittelpunkt wohl ohne Zweifel in Krakau gehabt, und dort werden wir nun einen der namhafteſten Meiſter deutſcher Holzſchnitzerei, aus deſſen Schule jene oberungariſchen Werke wahrſcheinlich hervorgegangen ſind, aufzuſuchen haben.

Veit Stoſs. Es iſt *Veit Stoss*, über deſſen Geburtsort, ja über deſſen Namen ſogar ein noch immer nicht zum Abſchluſs gekommener Streit geführt wird. Die Polen nennen ihn *Wit Stwosz* und behaupten er ſei zu Krakau geboren *). Dagegen iſt neuerdings geltend gemacht worden, daſs Veit aus Nürnberg ſtamme, da er im Jahre 1477 ſein dortiges Bürgerrecht aufgegeben habe und nach Krakau gegangen ſei **). Im Jahre 1496 kehrte er von dort in ſeine Vaterſtadt zurück, wobei er für ſeine Wiederaufnahme drei Gulden zahlte. Wenn Stoss bei ſeinem Weggehen von Nürnberg etwa vierzig Jahre zählte, was zu vermuthen ſteht, da er ſchon weit berühmt ſein muſste, um einen Ruf nach Krakau zu bekommen, ſo wird er um 1438 geboren und vielleicht ein Sohn des Gürtlers Michel Stoss ſein, der 1415 als Bürger in Nürnberg aufgenommen wurde. Aus ſeinem ſpäteren Leben wiſſen wir, daſs er dem Ehrbaren Rath der Stadt Nürnberg viel Noth und Sorgen machte. In einem Dekret wird er ein »irrig und geſchreyig man« genannt; in einem andern ein »unruwiger hayloſer Burger, der Einem Erbern Rat vnd gemainer Statt vil unuw gemacht.« Er hatte nämlich eine Schuldverſchreibung gefälſcht und darauf hin einen ungerechten Prozeſs gegen einen Mitbürger begonnen. Seines Verbrechens überführt, ſollte er nach dem Geſetze den Tod erleiden; aber auf vielſeitige Fürbitten begnadigte ihn der Rath und lieſs ihn nur brandmarken. Der Henker muſste ihm beide Backen mit einem glühenden Eiſen durchbohren. Ganz daſſelbe Verbrechen einer Fälſchung hatte Veit's Kunſtgenoſſe Aleſſandro Leopardo in Venedig begangen, um ſich von einer drückenden Schuldforderung loszumachen. Er wurde aber, laut Beſchluſs vom 9. Auguſt 1487, nur aus Venedig verbannt, und die Ausführung dieſes Urtheils ward ſogar verſchoben und ſchlieſslich, wie es ſcheint, ganz unterlaſſen, damit der Künſtler das Reiterſtandbild Colleoni's vollende ***). Veit Stoss aber lieſs es bei dem einmal begangenen Verbrechen nicht bewenden. Er brach der Stadt den geleiſteten Schwur, floh zu ihren Feinden, zettelte ihr allerlei verdrieſsliche Händel an, kehrte dann aber zurück und muſste ſich eine Gefängniſsſtrafe und andere Beſchränkungen gefallen laſſen. Er ſtarb 1533 im höchſten Alter, wie es heiſst erblindet.

Stoſs' Kunſtwerke. Dieſer heilloſe, unruhige Bürger, dieſer Meineidige und Fälſcher iſt nun, zum Trotz allen Denen, die nur aus perſönlichen Erlebniſſen der Künſtler oder Dichter deren Werke erklären und conſtruiren möchten, einer der innigſten, zarteſten Bildſchnitzer, in deſſen Werken die jungfräuliche Reinheit der Madonna und anderer Heiligen verherrlicht wird wie durch wenige Meiſter der Zeit. Die Reihe ſeiner bekannten Werke beginnt mit dem groſsen Hochaltar der Frauen-

---

*) In einem Schreiben an den Nürnberger Rath unterzeichnet er ſelbſt als „*Fyt Stuosz*". Neudörfer (S. 23) nennt ihn von *Krakau* gebürtig.

**) Durch *J. Baader* in den Beitr. zur Kunſtg. Nürnb. II S. 44 ff. Vergl. I. 14 ff.

***) Das Nähere bei *Mothes*, Geſch. d. Bauk. in Venedig II. 147.

kirche zu Krakau, den er von 1472—84 fertigte*). Der Schrein enthält in kolossalen Figuren die Krönung Maria, eine grossartige Composition; die Flügel sind mit Reliefs aus dem Leben der Jungfrau und ihres Sohnes bedeckt. Darauf folgt 1492 das Grabmal des Königs Kasimir IV. in der Kreuzkapelle der Kathedrale: ein Werk von ernster Pracht und feierlicher Anordnung, ganz in rothem Tatramarmor ausgeführt**). Auf dem Sarkophage ruht die Gestalt des Königs im reichen Krönungsornat, mit Krone und Scepter; die mageren greisenhaften Züge sind von entschiedenem Portraitausdruck. Die Seiten des Sarkophags zeigen kleine Figuren, welche paarweise ein Wappen umgeben. Es sind die verschiedenen Stände, die mit lebhaften Geberden des Schmerzes den Tod des Herrschers beklagen. Ueber dem Grabmal erhebt sich auf acht schlanken Marmorsäulen, deren Kapitäle mit beziehungsreichen biblischen Darstellungen in zierlichen Figürchen bedeckt sind, ein gothischer Baldachin von flachen sich kreuzenden und mit Krabben besetzten Schweifbögen. Als Verfertiger der Kapitälsculpturen nennt sich ein Schüler des Veit Stoss, *Jörg Huber*. Das ganze Denkmal ist bei allem Reichthum von würdevoller Einfachheit. In Krakau. Jörg Hueber.

Als Holzschnitzer bewährte sich Veit Stoss sodann wieder 1495 durch die Rathsherrnstühle im Chor der Frauenkirche. Dass der fleissige Meister ausser diesen Werken mit seiner zahlreichen Werkstatt gewiss in oder um Krakau noch Manches ausgeführt hat, lässt sich vermuthen. Wie weit seine Arbeiten verbreitet waren, geht daraus hervor, dass nach seinem Tode die Testaments-Executoren eigene Boten nach Polen, Böhmen, Ungarn und Siebenbürgen schickten, entweder um Forderungen einzutreiben oder nach seinen Waaren zu sehen***). Ebenso bezog er fleissig die Messen von Süd- und Mitteldeutschland, um mit seinen Erzeugnissen Handel zu treiben, so gut wie Dürers Frau an Jahrmärkten die Stiche und Holzschnitte ihres Mannes öffentlich feil bot. Während aber Dürer es mit allen seinen Werken äusserst gewissenhaft nahm, fassten die meisten seiner Kunstgenossen ihr Gewerbe oft ziemlich handwerksmässig auf und liessen manche geistlose oder gar rohe Gesellenarbeit unbekümmert unter ihrem Namen in die Welt gehen. Unter diesen Voraussetzungen muss man überall eine scharfe Revision dessen vornehmen, was unter berühmten Meisternamen eine oft unerfreuliche Dutzendarbeit birgt. In solchem Sinne wären auch die Schnitzarbeiten in und um Krakau einer strengen Sichtung zu unterwerfen†).

Als Veit Stoss im Jahre 1496 nach Nürnberg zurückkehrte, fand er dort ein Kunstleben, wie es keine deutsche Stadt später oder früher in ähnlicher Fülle und Gesundheit gesehen hat. Adam Krafft stand auf der Höhe seines Schaffens; Dürer und Peter Vischer begannen ihre schönste Blüthezeit, und neben Stoss in Nürnberg.

*) Wie dieses Datum mit der oben erwähnten Thatsache, dass Stoss erst 1477 sein Nürnberger Bürgerrecht aufgegeben habe und nach Krakau gegangen sei, zu vereinigen ist, muss ich dahingestellt sein lassen.

**) Eine genaue Beschreibung giebt *J. von Lepkowski* in den Mitth. der Centr. Comm. 1860. S. 296 ff. Abb. in *E. Förster's* Denkm. VI.

***) *J. Baader*, a. a. O. II. S. 46.

†) Die dahin zielende Arbeit des Herrn von *Lepkowski* in der Krakauer Zeitung 1857 Nr. 128 bis 134 ist mir leider nicht zu Gesicht gekommen.

diesen Jüngern war der alte Wohlgemuth an der Spitze einer grofsen Werkstatt noch immer unermüdlich mit Malen und Bildschnitzen geschäftig. Zu den frühesten Arbeiten, die Veit Stofs in Nürnberg hervorgebracht, zähle ich das edle Flachrelief der Krönung Mariä durch Christus und Gottvater, jetzt in der Burgkapelle aufbewahrt (Fig. 291). Die Composition ist klar angeordnet, der Reliefstyl mit Geschick gehandhabt, die Ausführung von meisterlicher Vollendung. Wohl sind die Körper etwas mager, aber von feiner Formbezeichnung, wohl ist die Haltung namentlich bei Christus etwas gezwungen, wohl beeinträchtigt ein krauser Faltenwurf die Einfachheit der Anlage: aber ein Geist liebenswürdiger Reinheit und Milde waltet in der Scene, die eher etwas still Gemüthliches als etwas Feierliches hat. Die Madonna ist ein ächter Typus der lieblichen und feinen, wenn auch keineswegs poetischen oder durchgeistigten Frauenköpfe des Meisters. Christus hat einen unbedeutenden Ausdruck, aber in dem prächtigen Kopfe Gottvaters ist, wenn auch nicht gewaltige Kraft, so doch milde, väterliche Würde.

Krönung Mariä.

Fig. 291. Relief von Veit Stofs. Nürnberg.

Vom Jahre 1504 ist sodann in der Frauenkirche die grofse Madonnenstatue auf dem Altar des rechten Seitenschiffes *). Hier erhebt sich der Meister zu freier Grofsartigkeit des Styles; Gewand und Gestalt sind trefflich entwickelt, wenngleich die Falten mehrfach an scharfen Brüchen leiden; im Kopfe herrscht königliche Anmuth. Zurückgeneigt, hält sie mit reizender Handbewegung das Kind, das nackt in muthwilliger Bewegung sich vorwärts drängt. Nur der Kopf des Christkindes ist minder gelungen. Das Hauptwerk des Meisters ist aber der Englische Grufs der Lorenzkirche, von dem Patrizier Anton Tucher 1518 gestiftet. In der Mitte des Chores hängt das kolossale Werk vom Gewölbe herab. Die Begrüfsung des Engels hat etwas Stürmisches. Wie im Fluge rauscht er heran, dafs die Gewänder, stark bewegt, ihn umwogen und die Gestalt in den grofsen Bauschfalten fast verschwindet. Maria ist voll königlicher Hoheit, doch bleibt ihre Bewegung etwas gebunden. Die eine Hand legt sie auf die Brust, mit der andern, die das Gebetbuch hält, deckt sie etwas wunderlich den Schoofs. Doch ruht majestätische Anmuth auf der Gestalt. Rings ist ein Kranz von Medaillons angebracht, die sieben Freuden Mariä in Flachreliefs ent-

Madonna der Frauenkirche.

Englischer Grufs.

*) Für die gesammte Nürnberger Kunst giebt sehr werthvolle Notizen *R. v. Rettberg*, Nürnberg's Kunstleben. Stuttgart 1854.

haltend. Hier begegnen wir wieder dem ächt plastischen Sinn des Meisters. Die Compositionen können nicht klarer, sprechender, die Bedingungen des Reliefstyles nicht schöner eingehalten sein. Dabei waltet hier ganz die milde Lieblichkeit seiner Frauenköpfe. Sieht man von den Unarten des Faltenwurfes ab, die er mit den meisten Zeitgenossen theilt, so läfst sich nicht Vieles aus der Epoche finden, das an einfacher Schönheit diesen Arbeiten gleich stände.

In diesen Nürnberger Schöpfungen hat Veit Stofs die Schnitzkunst von der immerhin stark beschränkten, eingeengten Stellung, die sie bis dahin bei der Ausschmückung der Altäre einnahm, erlöst, sie ganz auf sich selbst gestellt und dadurch erst ihr einen wahrhaft plastischen Styl, sowohl für die Freistatue, als das Relief erobert. Seine besten Arbeiten zeigen nur in einer gewissen einseitigen Körperbildung und in der unruhigen Gewandung, von der er sich nicht loszumachen wufste, ihre zeitliche Befangenheit: in allem Uebrigen haben sie eine unvergängliche Geltung. Nur von ihm kann daher auch die berühmte Rosenkranztafel in der Burgkapelle sein, die sich ehemals in der Frauenkirche befand. In der Mitte einer sieben Fufs hohen und fünf Fufs breiten Tafel ist ein Kranz von wirklichen Rosen im Relief angebracht, der mehr als die obere Hälfte der Tafel umfafst. Er wird in vier Reihen von kleinen Brustbildern ausgefüllt, die sich um ein Antoniuskreuz vertheilen. Oben Gottvater mit der Taube des h. Geistes, umgeben von Maria mit dem Kinde und von Engeln; dann Patriarchen und Propheten, Apostel, Kirchenväter, Märtyrer, zuletzt weibliche Heilige, unter denen Anna mit der kleinen Maria und dem Christkind auf den Armen nicht fehlt. Was unten noch von der Tafel übrig ist, wird durch eine dem Raume geistreich angepafste, höchst lebendige Darstellung des jüngsten Gerichtes ausgefüllt. Aufserdem besteht aber der ganze Rand der Tafel aus einer Fülle von kleinen Reliefs. Oben sind in einem Streifen die Brustbilder von zwölf Heiligen angebracht. Die übrigen drei Seiten werden von 23 kleinen Feldern mit miniaturartig ausgeführten Scenen gebildet, welche die Geschichte der Menschheit und ihrer Erlösung von der Erschaffung der Eva bis zur Himmelfahrt Christi und Mariä schildern. Nichts geht an Feinheit und Zierlichkeit über diese Darstellungen. Wenig Werke erreichen aber auch die lebensvolle Kraft der Erzählung, die sich selbst den tragischen Katastrophen gewachsen zeigt. Als Muster dramatischer Schilderung sind die Vertreibung aus dem Paradiese, Kains Brudermord, die Geifselung Christi zu bezeichnen. Dagegen ist z. B. Isaaks Opferung minder gelungen, weil Abraham etwas apathisch, wie das zuweilen den Stofsischen Gestalten begegnet, aus dem Bilde herausschaut. Dazu kommt eine Klarheit des Reliefstyles, eine geistreiche Beweglichkeit der Composition, die lebhaft an jene Bildwerke des englischen Grufses erinnern. Für Veit Stofs zeugt auch Vieles in der Bildung der bärtigen Männerköpfe und der feinen Frauengesichter. Für ihn ferner die eigenthümliche Art in der Behandlung des Nackten, namentlich bei dem thronenden Weltrichter die rundliche (nichts weniger als schöne oder normale) Form des Brustkastens. Auch die Gewandung entspricht im Ganzen seinem Style, obwohl sie klarer und einfacher ist, als sonst an seinen Nürnberger Arbeiten. Diese Abweichungen erkläre ich mir daraus, dafs ich die Rosenkranztafel als eins seiner frühsten dortigen Werke betrachte; geschaffen, noch ehe der daselbst herrschende krause

Rosenkranztafel.

40*

Faltenstyl ihm zur Gewohnheit geworden war; geschaffen im Wetteifer mit den ergreifenden Werken Adam Kraffts; geschaffen endlich, um in Fülle der Gedanken, Anmuth der Form und Meisterschaft zartester Ausführung den Nürnberger Mitbürgern eine Probe von der Triftigkeit seines Krakauer Ruhmes zu geben.

Altar im Johanniskirchlein.

Ein späteres Werk des Meisters ist vielleicht der Hauptaltar des Johanniskirchleins. Er enthält in bemaltem Schnitzwerk die fast lebensgrossen Statuen der Maria mit dem Kinde und der beiden Johannes. Die Köpfe sind von feiner Form, nur der Madonnenkopf ist etwas leer und gross, eine kalte Schönheit; doch so, dass man ihn dem Veit Stoss wohl zutrauen kann, da in seinen früheren Werken die Keime zu solcher Entwicklung wohl vorhanden sind. Die Gewänder, etwas bauschig, aber grossartig entworfen, scheinen mir von seiner Art. Das Kind ist naiv und lebendig an einer Traube naschend dargestellt. Die beiden Heiligen sind etwas conventionell in der zurückgebogenen Haltung, besonders Johannes der Täufer; ganz fein belebt die Hände. (Die in der Nähe stehende Statue der Dionysius ist ein gediegenes Werk von vollkommen durchgeführter Gewandung, der Kopf von milder Wehmuth umflort. Es schien mir von anderer, aber nicht minder trefflicher Hand.)

Andere Arbeiten.

Am meisten dem Veit Stoss verwandt in den Vorzügen, aber auch in den Mängeln des Styles scheint mir in einer Kapelle der Aegidienkirche das Flachrelief eines englischen Grusses; der Engel recht schön, die Hände fein, nur die Madonna etwas steif. Ebenfalls seiner Art entsprechend in der Jacobskirche, die ein ganzes Museum von Nürnberger Holz- und Steinsculpturen ist, ein Altar mit der Freigruppe der h. Anna, welche das Christuskind auf dem Schoosse und die neben ihr stehende Maria im Arme hält. Diese faltet fromm die Hände und blickt mit dem schönen Ovalköpfchen etwas theilnahmlos aus dem Bilde heraus. Köstliches Lockenhaar fliesst über ihre Schultern herab, die Gewandung ist schwungvoll geworfen; nur Haltung und Ausdruck der h. Anna sind nicht sehr gelungen, und die Gruppe hat kein schönes Gleichgewicht. Da aber Veit Stoss ein Meister in der Anordnung ist, so dürfte hier keins seiner eigenen Werke, sondern die Arbeit eines unter seinem Einfluss stehenden Künstlers anzunehmen sein. Neben diesem Altare ist auf zwei Consolen die Heimsuchung durch die Einzelgestalten der Maria und Elisabeth dargestellt. Die Elisabeth ist von geringerem Werthe, die Maria dagegen in dem hastigen Schreiten, dem kühnen Schwung des wehenden Gewandes und der edlen Schönheit des feinen Ovalkopfes ein ächter Gedanke des Meisters. Endlich tragen das volle Gepräge seines Geistes und seiner Hand zwei Reliefstafeln der Verkündigung und Beschneidung im Besitze des Herrn Bruno Lindner in Leipzig. Sie stehen der Krönung Mariä auf der Burg im Styl am nächsten. Eine ähnliche und nicht minder werthvolle Krönung der Jungfrau, von durchaus gleicher Anordnung wie jene, findet sich im Chorumgang der oberen Pfarrkirche zu Bamberg. Dagegen wird das grosse Cruzifix mit Maria und Johannes auf dem Hochaltar von S. Sebald aus dem Jahre 1526, welches man als das letzte Werk von Veit Stoss bezeichnet, schwerlich von dem damals etwa 88jährigen Meister gearbeitet worden sein, obwohl seine Richtung sich daran zu erkennen giebt, und Neudörffer es ihm zuschreibt. Der Körper Christi ist vortrefflich durchgebildet, der Kopf, fo weit man urtheilen kann, edel. Johannes ift mit der fanften Neigung des Hauptes ausdrucksvoll charakterifirt, auch die Geftalt, trotz baufchender Faltenmaffen, deutlich bezeichnet. Nur Maria's Gewand ift ganz knitterig, und ihr Geficht keineswegs edel. — Ob endlich von den lebensgrofsen Bildern Adams und Eva's, die der Meifter für den König von Portugal gearbeitet, noch etwas vorhanden, wiffen wir nicht. Neudörffer rühmt, fie feien »folcher Geftalt und Anfehens, als wären fie lebendig, davor fich einer entfetzet, fo man fie betrachtet und befchauet.« —

Nürnberg's Holzfculptur vor Stofs.

Wir müffen nun beträchtlich zurückgreifen, um ein vollftändiges Bild von der Entwicklung der Nürnberger Holzfculptur zu gewinnen. Denn als Stofs 1496 dorthin kam, hatte die Auffaffung der neuen Zeit fich fchon feit geraumer Zeit Bahn gebrochen und eine Reihe von Werken hervorgebracht, deren Urheber, obwohl fie uns dem Namen nach unbekannt find, alle Beachtung verdienen. An einigen Arbeiten, die bald nach 1450 fallen mögen, kann man den Uebergang aus der Behandlung des Mittelalters in die der neuern Zeit nachweifen. In der Sebaldskirche fteht an einem Chorpfeiler ein grofses bemaltes Hochreliefbild der Himmelskönigin. Sie hält in zierlichem Ungefchick auf beiden Armen den derben Jungen, der fich ungebärdig ftreckt und fträubt und mit einer Birne fpielt. Zwei kleine Engel ftrengen fich auf's Aeufserfte an, ihr die Krone auf's Haupt zu drücken, indefs zwei andere zu ihren Füfsen die Mondfichel halten, auf welcher fie fteht. Während nun das ftarke Einbiegen der Geftalt, die unter einer Maffe prachtvoll fliefsender, noch in gothifchem Schwunge geworfener Falten faft verfchwindet und verhältnifsmäfsig fchwer erfcheint, noch an die frühere Epoche erinnert, ift das etwas leer lächelnde Geficht mit der breiten Stirn durchaus individuell, wenngleich noch ohne portraitartige Schärfe. — An einem anderen Altar derfelben Kirche ficht man in zierlicher vergoldeter und gemalter Schnitzarbeit die Maria mit der h. Anna, zwifchen ihnen das Chriftuskind, auf einer Bank zufammenfitzen. Die Grofsmutter lieft eifrig aus einem Gebetbuche vor, aber der Kleine greift lebhaft nach der Kugel, welche Maria in der Hand hält. Es ift ein liebenswürdiges Werk von runden, weichen Formen und bezeichnet ebenfalls den Uebergang von der gothifchen Kunft zur neueren Auffaffung, und zwar auf noch etwas früherer Stufe. Geringer find die vier Heiligen, die hinter der Hauptgruppe ftehen.

Michael Wohlgemuth.

Der entfchiedene Umfchwung in den Realismus fcheint in Nürnberg gegen 1470 eingetreten zu fein. Unter den thätigften Meiftern ift Dürers Lehrer *Michael Wohlgemuth* (1434—1519) zu nennen. Zwar kennen wir ihn nur als Maler, aber da die meiften feiner grofsen Altarwerke aus Schnitzereien und Gemälden zufammengefetzt find, und er bei mehreren als Unternehmer der ganzen Arbeit auftritt, fo mufs er auch für die Bildwerke mindeftens die Oberleitung, wenn nicht vielleicht felbft die Ausführung übernommen haben. Vieles in feinen Werken zeigt rohe Gefellenhand, wie er denn mit einer zahlreichen Werkftatt förmlich fabrikmäfsig die Herftellung folcher umfangreichen Arbeiten betrieb. In welcher Weife es dabei gelegentlich herging, erfahren wir aus dem Contrakt, den Wohlgemuth 1507 mit dem Rath von Schwabach wegen eines Altares abfchlofs. Es wird darin ausdrücklich beftimmt: »wo die Tafel an einem oder mer Orten vngeftalt wurd,» folle er fo lange daran ändern, bis eine von beiden Theilen ernannte Commiffion fie für «wolgeftalt» erkläre; «wo aber die Tafel dermafsen alfo grofsen vngeftalt gewinn, der nit zu endern were, fo foll er folich Tafeln felbs behalten vnd das gegeben gelt on abgang vnd fchaden wiedergeben.» Bemerkenswerth ift übrigens, dafs auch bei den Hauptwerken Wohlgemuths die Sculpturen an künftlerifchem Werth die Gemälde übertreffen.

**Kreuzkapelle zu Nürnberg.**

Zu den früheften Arbeiten diefer Art gehört der feinem Style nach um 1470 entftandene Hauptaltar der Hallerfchen Kreuzkapelle vor Nürnberg, das grofsartigfte Altarwerk, welches die Stadt noch bewahrt. Im Schreine fieht man als lebensgrofse Freigruppe die Beweinung Chrifti. Der todte Körper ift von edlem Ausdruck und dabei vortrefflich gelegt, ohne Härte und Unfchönheit. Maria weint, über fein Antlitz niedergebeugt und ihn unter dem Arme haltend. Maria Jacobi ergreift voll Zartheit den anderen Arm, während zu feinen Füfsen hingefchmiegt Magdalena in Thränen ausbricht und leife den Körper mit dem Bahrtuch bedeckt. Johannes, Nikodemus und Jofeph von Arimathia, prächtige Charaktergeftalten, ftehen dahinter. Eine vierte Figur ift verfchwunden. Bezeichnend für die Zeit erfcheint befonders die maafsvolle Klarheit der Gewandbehandlung, welche die völlige Entwicklung der Körperform und die Schönheit der weiblichen Köpfe noch mehr hervortreten läfst.

**Altar zu Zwickau.**

An dem Altar der Frauenkirche zu Zwickau*), der 1479 an Wohlgemuth verdungen wurde, fieht man im Innern die Madonna, umgeben von acht anderen weiblichen Heiligen: grofse bemalte und vergoldete Statuen von angenehmem Ausdruck.

**Schwabach.**

Auch jener Altar in der Kirche zu Schwabach vom Jahre 1507, der unter fo eigenthümlichen Contraktbedingungen zu Stande kam, enthält im Schrein fowie an den Innenfeiten der Flügel Schnitzwerke.

**Heilsbronn.**

Ebenfo in der Kirche des Klofters Heilsbronn bei Nürnberg der prächtige Altar, den man dem Wohlgemuth zufchreibt**). Endlich ift hier vielleicht auch das Schnitzwerk des grofsen Altars der Kirche zu Hersbruck bei Nürnberg zu nennen, das mit den Gemälden eine der ausführlichften Darftellungen des Lebens und Leidens Chrifti ausmacht.

**Albrecht Dürer.**

Den grofsen Schüler Wohlgemuths, *Albrecht Dürer* (1471—1528), haben wir hier zunächft wegen des in Holz gefchnitzten Altarfchreines (1511) in der Kapelle des Landauer Klofters zu nennen. Der Rahmen, der ehemals das Dürer'fche Dreifaltigkeitsbild enthielt, ift in feinen Renaiffanceformen, in welche fich noch Gothifches zierlich mifcht, ausgeführt. Das Bogenfeld wird von einem Holzrelief des Weltrichters mit Maria und Johannes ausgefüllt. Maria betet, ftill in fich verfunken; Johannes fleht innig nach oben gewendet. Chriftus, der auf dem Regenbogen thront, macht nach der linken Seite eine herrlich machtvolle Bewegung des Abweifens, während die Rechte fegnend fich ausftreckt. Dies Werk athmet fo fehr die Gröfse, Feierlichkeit und Tiefe Dürer'fchen

---

*) Vergl. die eingehende Befchreibung und Würdigung in *Waagen's* Kunftw. in Deutfchl. I. S. 63 ff.

**) Ueber beide und die übrigen dafelbft befindlichen Werke vergl. *Waagen* a. a. O. 294 ff. u. 303 ff.

Geiftes, dafs er gewifs als geiftiger Urheber deffelben betrachtet werden mufs. Sodann aber hat der vielfeitige Meifter wiederholt kleine Kunftwerke in Buchs gefchnitzt oder in Speckftein gefchnitten. Von erfterer Art ift eine Statuette der Maria als Himmelskönigin vom Jahre 1513, ehemals im Boifferée'fchen Befitz, von deren Grofsartigkeit unfere Abbildung (Fig. 292) eine ungefähre Vorftellung giebt. Die Sammlung zu Gotha bewahrt die ebenfalls vorzüglichen Statuetten von Adam und Eva; das Mufeum in Braunfchweig ein geiftreiches in Speckftein gefchnittenes Hochrelief mit der Predigt des Johannes. Ein ähnliches

Fig. 292. Nach einem Dürer'fchen Schnitzwerk.

Werk von hohem Werth ift die im Britifchen Mufeum zu London in der Kupferftichfammlung vorhandene Darftellung der Geburt des Johannes, vom Jahre 1510, offenbar ein Seitenftück des Braunfchweiger Reliefs: Beide von wunderbarer Feinheit der Ausführung bei gröfster Lebendigkeit der Erzählung*).

Kehren wir nun nach Nürnberg zurück, um eine Ueberficht über die werthvollften Schnitzereien zu halten, von deren Meiftern uns keine Nachrichten vorliegen. Mehrere vorzügliche Werke befitzt die Jakobskirche. Vor Allem

Andere Schnitzwerke zu Nürnberg.

*) Letzteres fehr gut abgeb. bei *E. Förfter*, Denkm. Bd. VII.

In S. Jakob. eine Gruppe der Maria mit dem Leichnam Christi*), schön aufgebaut, von klarer Entwicklung der Form und tiefem Ausdruck. Eben so gut componirt ist eine Gruppe, wo der sinkende Christusleichnam von Maria und Johannes aufgefangen wird; nur waltet hier ein harter Realismus, der besonders in den Köpfen unerfreulich wirkt. Dagegen zählt eine sitzende Madonna zu den reinsten Schöpfungen dieser Zeit. Vielleicht gehörte sie ursprünglich zu einer Gruppe der Anbetung der Könige, denn sie führt dem Christkinde das Händchen zum Segnen. In der Linken hält der Kleine die Weltkugel; Maria mit der Krone auf dem Haupte erinnert in der lieblichen Form des Gesichtes, in der Zeichnung der Hände und der Gewandung am meisten an die Madonnen Adam Kraffts. Auch die schöne Linienführung im Aufbau dieses kleinen Meisterwerkes ist seiner würdig. — Einen Künstler der Stoss'schen Richtung glaube ich dagegen in dem Altar zu erkennen, welcher Maria mit der h. Walburgis und einem h. Bischof in Rundfiguren enthält. Die Behandlung ist tüchtig, der Kopf der Maria schön entwickelt; dagegen läst der Künstler, um ein Motiv der Drapirung zu gewinnen, sie mit der linken Hand, die eigentlich das Kind halten sollte, ziemlich ungeschickt nach dem Mantel greifen. — Derselben Richtung gehört ein anderer Altar an, welcher die Madonna zwischen dem h. Sebastian und Bartholomäus auf den Flügeln, sodann in Flachreliefs die h. Erasmus und Barbara, Martin und Katharina enthält. Die Arbeit ist tüchtig aber handwerklich, ohne tiefere Empfindung, die Flachreliefs sind von schwächerer Hand. Werthvoller sind die etwas älteren, stark naturalistischen aber ausdrucksvollen Figuren der Altarstaffel, etwa von 1470, welche den von den drei Frauen betrauerten Christusleichnam darstellen. Endlich ist ein sehr schöner Schnitzaltar zu erwähnen, dessen Aussenseite mit schlechten Gemälden in der Weise Schäuffeleins vom Jahre 1516 bedeckt sind. Dagegen zeigen die vier in ziemlich flachem Relief ausgeführten und sehr gut polychromirten Heiligengestalten des Innern, S. Anna mit dem Christkinde, welches von der neben ihr stehenden Maria angebetet wird, die h. Genovefa, Margaretha und Helena darstellend, die Hand eines vorzüglichen Meisters. Der Faltenwurf ist grossartig, obwohl etwas gebrochen, die Behandlung des Reliefs zeugt von gutem Verständniss der Perspective, die ovalen Köpfchen sind voll Liebreiz. Auch die Miniaturfigürchen einer Geburt des Johannes an der Altarstaffel haben viel naive Anmuth.

In S. Clara. Einen bedeutenden Meister lernt man in den Statuen eines Christus am Kreuz mit Maria und Johannes und der am Kreuzesstamm niedergesunkenen Magdalena kennen, die über dem Chorbogen von S. Clara angebracht sind. Der prächtige Fluss der Gewänder, die edle Durchbildung des Christuskörpers zeugen von reinem Geschmack. Die Köpfe kann man nicht beurtheilen, so abscheulich sind sie neuerdings durch Uebermalung entstellt worden. — In der S. Aegidien. Euchariuskapelle bei der Aegidienkirche weist ein grosses Schnitzwerk der Vermählung der h. Katharina (die Madonna, eine herrliche Gestalt in grossartigem Gewande) auf einen Künstler der Stossischen Richtung. Anziehend ist der kleine Christus, der in naiver Unbehülflichkeit auf dem Schooss der Mutter steht, um der Katharina den Ring zu reichen. Nur die Köpfe sind durchweg

*) Gut abgeb. bei *Rettberg* S. 74.

zu grofs, Maria's Geficht obendrein gar zu gleichgültig. — In der Frauenkirche wird das über dem Bogen des Hauptportals im Innern angebrachte Relief einer Kreuzfchleppung und Grablegung mit Unrecht Veit Stofs beigelegt. Die erftere Compofition ift eins der lehrreichen Beifpiele von der Verirrung ins Wilde, Wirre und Häfsliche; bei der Grablegung ift Chriftus felbft zwar unedel, aber die Gruppe der Jünger und Frauen in ihrer Trauer fehr fchön bewegt. Auf Stofsifche Schule deutet dagegen das treffliche Schnitzwerk an einem Altar in einer füdlichen Kapelle von S. Lorenz, die beiden Statuen der Magdalena und Margaretha, fowie an den Flügeln die Reliefgeftalten eines Bifchofs und des h. Matthäus enthaltend. In derfelben Kirche fieht man noch mehrere Altäre mit Schnitzwerken diefer Zeit von einer mehr handwerklichen Tüchtigkeit. Ebenfalls nur untergeordnet ift die würdelofe Auferftehung Chrifti, obwohl technifch gut durchgeführt, in der Holzfchuher-Kapelle auf dem Johanniskirchhof. Ganz gewöhnlich und untergeordnet der Hauptaltar in der Imhoff'fchen Kapelle auf dem Rochuskirchhofe. Recht fein und liebenswürdig dagegen die Schnitzwerke des Rofenkranzaltars derfelben Kapelle, deffen Gemälde den Namen Burgkmaiers und die Jahreszahl 1522 tragen. — Faft alle Werke diefer Zeit überragt aber die berühmte und durch Abgüffe überall bekannte betende Maria in der Kapelle des Landauerklofters, jetzt zur Kunftfchule gehörig. Sie ftammt von Gnadenberg in der Pfalz und fcheint mit einem nicht mehr nachzuweifenden Johannes zur Seite eines Crucifixes geftanden zu haben. Darauf deutet die Haltung des Kopfes, darauf die fchönen fchmerzlich gerungenen Hände. An Feinheit der Bewegung, Adel der Form und Reinheit der Gewandbehandlung fteht dies Werk fo einzig in feiner Zeit da, dafs es bis jetzt unmöglich war, es auf einen beftimmten Meifter zurückzuführen. Für deutfchen Urfprung zeugt fchon die befcheidene Innigkeit, mit welcher der Schmerz ohne das mindefte Pathos fich ausfpricht. In diefer Hinficht vermifst man fogar in den lieblichen Zügen jenen fchärferen Accent des Leidens, den man bei einer Schmerzensmutter unter dem Kreuzesftamm erwarten follte.

Frauenkirche. S. Lorenz. Holzfchuher-Kapelle. Imhoff-Kapelle. Madonna im Landauer Klofter.

Einflüffen der Nürnbergifchen Schule begegnet man in vielen Bezirken des übrigen Deutfchlands, da keine Stadt nur entfernt an Thätigkeit auf diefem Felde fich mit Nürnberg meffen konnte. So fieht man in der oberen Pfarrkirche zu Bamberg ein bemaltes und vergoldetes Relief der Auferftehung und Krönung Mariä, das in der anmuthigen Madonna und den energifch lebendigen Geftalten der Apoftel, die das Grab umknieen, unverkennbar auf nürnbergifche Abftammung hinweift. Weiter fcheint die Thätigkeit der Schule fich über Thüringen und Sachfen ausgebreitet zu haben.

Bamberg.

Einen vorzüglichen Meifter, der wohl der fchwäbifchen Schule am nächften verwandt erfcheint, lernt man in den vier zu gleicher Zeit (um 1512 und 1514) errichteten Altären im Querfchiff der Elifabethkirche zu Marburg kennen. Die im füdlichen Arme enthalten die Legenden der heiligen Martin und Georg, fowie Scenen aus der Gefchichte Johannes des Täufers; von den nördlichen ift der eine der h. Elifabeth gewidmet, während der andere eine Darftellung der »heiligen Sippfchaft« umfafst*). Hier herrfcht eine Reinheit des Gefühles, ein

Marburg.

*) Abgeb. in *E. Förster's* Denkm. Bildn. I.

Adel, namentlich in den weichfließenden Gewändern, daß man wieder erkennt, wie wenig damals den deutschen Meistern bisweilen an der höchsten Vollendung fehlte.

Werke am Niederrhein.

Eine selbständige Auffassung treffen wir sodann am Niederrhein. Doch tritt hier die Plastik so sehr hinter die Malerei zurück, wird gleich dieser so vollständig von dem herben Realismus der spätern Eyckischen Nachfolger bedingt, daß von einer erfreulichern Entwicklung der Holzsculptur nicht die Rede sein kann. Dazu kommt, daß die Schnitzarbeit sich von den Altarwerken nicht zu emancipiren vermag und selbst in diesen hier weit mehr ins malerische Extrem verfällt, als dies anderwärts geschah. Die rheinischen Altäre verschmähen

Fig. 293. Altar von Pfalzel. Ambraser Sammlung in Wien.

in der Regel die größere Freisculptur und überfüllen auch den Mittelschrein am liebsten mit jenen vertieften, rein malerischen Darstellungen heiliger Geschichten, die wir schon kennen lernten. Mehr als anderswo sind hier die Scenen der Passion beliebt, deren eckige übertriebene Schilderungen der Sculptur dieser Zeit weit mehr Anlaß zur Entfaltung ihrer Schwächen als zum Geltendmachen ihrer Vorzüge geben. Wir können uns hier um so kürzer fassen, da es an eingehenden Schilderungen und Veröffentlichungen dieser Denkmäler-Gruppe nicht fehlt*). Zu den tüchtigsten Werken gehören die Altäre im Dom und in der

*) Vergl. *F. Kugler's* Rheinreise in den Kl. Schriften Bd. II. — Dazu die schätzbaren Abbildungen in *E. aus'm Weerth's* Denkmälern.

Liebfrauenkirche zu Frankfurt a. M.; ferner der in die Ambrasersammlung nach Wien gelangte Altar der Kirche zu Pfalzel, mit Passionsscenen (Fig. 293); die Altäre in der Martinskirche zu Münster-Maifeld, zu Adenau, die ziemlich späten zu Euskirchen und Zülpich; ferner ein Altar in S. Peter zu Köln und ein anderer schon aus vorgeschrittener Zeit des 16. Jahrhunderts im Dome daselbst; weiter abwärts endlich die bedeutenden aber späten Altäre im Münster zu Xanten und in der Klosterkirche zu Calcar.

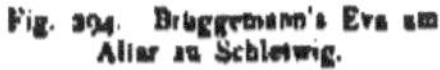

Fig. 294. Brüggemann's Eva am Altar zu Schleswig.

Werke in Westfalen.

Ueberaus reich an Werken dieser Art ist sodann Westfalen*), das in seinen Sulpturen wie in den Gemälden den vom Rhein empfangenen Styl mit selbständiger Empfindung ausbildet. Bemerkenswerth ist hier die grosse Anzahl von Schnitzarbeiten, die noch im 15. Jahrhundert den idealeren Styl der früheren Epoche in Gewandung und Gesichtsausdruck festhalten und doch in den Gegenständen schon die Lieblingsthemata dieser späteren Zeit, namentlich die Passion, vielfach variiren. Zu den früheren Werken sind hier zu rechnen die Altäre in der Oberen Pfarrkirche zu Iserlohn, in der Jakobskirche zu Koesfeld, der Johanniskirche zu Osnabrück sowie der benachbarten kleinen Kirche zu Bissendorf; ferner in den Kirchen zu Windheim bei Minden, zu Schildesche bei Bielefeld und zu Kirchlinde bei Dortmund. Dann erst tritt gegen Ausgang des 15. Jahrhunderts der leidenschaftlich bewegte, unruhig realistische Styl in einer Menge von Beispielen auf. Eins der vorzüglichsten Werke dieser Art ist der Hochaltar der Pfarrkirche zu Vreden; ein anderer in der kleinen Kirche zu Hemmerde bei Unna wurde 1489 durch *Konrad Borgetrik* aus Braunschweig gearbeitet. Auch andere unbedeutende Kirchen, wie die des benachbarten Rhynern haben prächtige Schnitzaltäre. In S. Nikolai zu Bielefeld ist ein ähnlicher vom Jahre 1509, in der Kirche des benachbarten Dorfes Enger ein anderer vom Jahre 1525, durch einen Meister *Hinrik Stavoer* ausgeführt. Zu kolossalem Umfange entwickeln sich die Altäre der Petrikirche zu Dortmund und der Kirche der benachbarten Stadt Schwerte, letzterer 1523 »aufgerichtet.«

Im norddeutschen Flachlande.

Weiterhin sind es die norddeutschen Niederungen, welche sich durch zahlreiche Werke ähnlicher Art auszeichnen. Für dies ganze Gebiet vertritt die Holzschnitzerei, bei dem Mangel eines für plastische Zwecke geeigneten Stein-

*) Näheres in meinem Buche über die westfälische Kunst des Mittelalters.

materials, fast ausschliesslich die bildnerische Thätigkeit. In den sächsischen Gegenden findet man namentlich in Halle mehrere grössere Altarwerke, unter denen der Flügelaltar der Ulrichskirche vom Jahre 1488 das ausgezeichnetste ist. Andere von verwandter Art, aber minder bedeutend in der Neumarktkirche und in S. Moritz daselbst. Die ganze Derbheit der norddeutschen Auffassung spricht sich mit grosser künstlerischer Kraft in den Passionsscenen am Altar des Doms zu Schleswig aus, welcher 1515 bis 21 von *Hans Brüggemann* ausgeführt wurde. Wie der Meister Dürer's Compositionen der Passion benutzt hat, ist er seinem Vorbild auch ebenbürtig an dramatischer Gewalt, aber überlegen an Schönheitssinn, der, freilich untermischt mit manchem Unschönen und Gewaltsamen, in den fein durchgebildeten Köpfen und in mancher Einzelgestalt überraschend sich zu erkennen giebt. Selbst das Nackte sucht er nach Kräften, wenn auch noch nicht mit vollem Erfolg, darzustellen *) (Fig. 294). Während dies Altarwerk unbemalt geblieben ist, zeigt der Altar in der Pfarrkirche von Segeberg in Holstein reichen Schmuck an Gold und Farben. Maassvoller im Styl und edler im Ausdruck ist der Altar der Kirche zu Altenbruch im Lande Hadeln, mit einer reichen Darstellung der Passionsgeschichte **). In Mecklenburg bewahren die Klosterkirche zu Doberan und die Nikolaikirche zu Rostock ***) Altarwerke, die noch in dem früheren idealen Style die Leidensgeschichte darstellen. Besonders reich ist aber Pommern †) an Werken dieser Art. Zu den früheren gehört der Hochaltar der Nikolaikirche zu Stralsund, wieder mit Passionsscenen geschmückt; ferner der stark überschätzte Altar in der Kirche zu Tribsees ††), der für die Schwäche im Künstlerischen durch Reichthum an mystisch-symbolischem Inhalt zu entschädigen sucht. In der Mitte sieht man unter Assistenz Gottvaters, der von Engeln, sowie von Sonne und Mond begleitet wird, das Geheimniss der Transsubstantiation in äusserst barock geschmackloser Weise sich vollziehen. Die Evangelisten, geflügelt und mit den Köpfen ihrer Thiere versehen, schütten aus Säcken Mehl in einen Mühltrichter, dessen Werk durch die Apostel, welche beiderseits Schleusen aufziehen, in Bewegung gesetzt wird. Unten kommt das Brod in Gestalt des Christkindes aus dem Mehlgang hervor, von den vier Kirchenvätern in einem Kelch aufgefangen und gleich daneben in beiderlei Gestalt von Priestern an die Gläubigen ausgetheilt. Darüber sieht man einerseits Adam und Eva im Höllenrachen, andererseits die Verkündigung als den Anfang des Erlösungswerkes; auf beiden Seiten die acht Hauptscenen der Passion, am oberen Abschluss aber als Krönung des Ganzen die Brustbilder von zwölf Propheten.

Sachsen.

Schleswig-Holstein.

Mecklenburg und Pommern.

*) Trefflich abgebildet von *Böhndel*, Der Altarschrein in der Domkirche zu Schleswig. Noch besser in Photographien herausgeg. von *F. Brandt* in Flensburg, mit Text von *Aug. Sach*, Schleswig 1865. Vergl. darüber *Fr. Eggers* in H. Grimm's Künstler u. Kunstw. II.

**) Nach dem Bericht von *Phil. Liemer* im D. Kunstbl. 1853. S. 437 ff.

***) Vergl. meinen Aufsatz im Deutschen Kunstbl. 1852. S. 314 ff.

†) Ausführliche Berichte in *Kugler's* Pomm. Kunstgesch. I. Bd. der Kl. Schriften.

††) Wenn *F. Kugler* 1840 in seiner Pommer'schen Kunstgesch. dies Werk in damals sehr verzeihlicher Uebertreibung als eine dem Fiesole ebenbürtige Schöpfung pries, so nahm er im J. 1857 als wir gemeinsam den wegen einer Restauration nach Berlin gebrachten Altar betrachteten, das Uebermaass seines Lobes ausdrücklich zurück. Vergl. die Abb. bei *Förster*, Denkm. VIII.

Das künstlerische Verdienst der Arbeit ist gering, die Figuren sind verkümmert, die Compositionen matt und lahm, das Ganze aber als Prachtstück mittelalterlicher Mystik, etwa vom Anfang des 15. Jahrhunderts werthvoll. Zu den späteren Arbeiten in Pommern gehört ein Altar in der Marienkirche zu Greifswald mit der Grablegung Christi; die Hochaltäre der Marienkirche zu Köslin, der Marienkirche zu Kolberg, der Jakobikirche zu Stralsund, sowie der Marien- und der Nikolaikirche zu Anclam. Merkwürdig ist hier auch der grosse hölzerne Kronleuchter in der Marienkirche zu Kolberg vom Jahre 1523, mit guten Statuen der Maria und Johannes des Täufers. Sodann findet sich in der Marienkirche zu Danzig in der Färberschen Kapelle ein Schnitzaltar mit Passionsscenen und der Kreuzigung Christi, die an niederrheinische Arbeiten erinnern und wahrscheinlich aus Calcar stammen.

Märkische Arbeiten.

In den brandenburgischen Marken ist ebenfalls noch jetzt, nach manchen Zerstörungen, eine Anzahl von Schnitzwerken vorhanden, die für diese wie für die übrigen norddeutschen Gegenden ein überaus langes Beharren bei mittelalterlicher Formgebung bezeugen. Noch im Jahre 1474 hält ein wackerer Bildschnitzer am Hochaltar der Kirche zu Dambeck, unfern Salzwedel, an der flüssigen Behandlung des gothischen Idealstyles fest. Hier wie an dem Altar der Klosterkirche zu Arendsee bildet das Leben der h. Jungfrau den Gegenstand der Schilderung, und zwar in Arendsee ihre Krönung inmitten der Apostelgestalten. Denselben Darstellungskreis finden wir am Hochaltar der Kirche zu Werben: in der Mitte Maria von Christus gekrönt und gesegnet, daneben ihr Tod und ihre Verklärung. An der Altarstaffel sieht man fünf Reliefscenen: die Verkündigung, Heimsuchung, Geburt, Anbetung der Könige und Beschneidung. Daneben und an den Flügeln viele Statuetten von Aposteln und Heiligen unter Baldachinen von zierlichster Form und Ausführung. Hier herrscht durchweg die fein bewegte gothische Gewandung, in den Köpfen ein lieblicher Ausdruck von Ruhe, während die Affecte ungeschickt ausgesprochen sind, sodass man versucht ist, das Werk etwa in die Mitte des 14. Jahrhunderts zu setzen und nur den mittleren Aufsatz dem folgenden Jahrhundert zuzuweisen. Vergoldung und Bemalung sind vollständig erhalten. Diese Datirung erhält eine Art von Bestätigung durch die schönen Glasfenster der Kirche vom Jahre 1463, welche Tod und Krönung Mariä schon unter flandrischem Einfluss darstellen, während andere Glasgemälde daselbst in strengerer conventionell gothischer Zeichnung und glühender Farbenpracht noch aus dem 14. Jahrhundert zu datiren scheinen. Sehr anmuthige Statuetten weiblicher Heiligen, noch ganz im schön bewegten Linienzuge der Gothik, enthalten die einfach strengen Chorstühle der Marienkirche zu Salzwedel. Ebendort in derselben stylistischen Behandlung ein hübsches Lesepult mit einer Krönung Mariä und den Evangelisten. Der Maria ist ferner der Altar der Petrikirche zu Stendal gewidmet; mit sehr ungeschickter Darstellung ihrer Krönung sammt einzelnen Heiligenfiguren. In derselben Kirche ist auch über dem Lettner noch das grosse Krucifix mit Maria und Johannes erhalten, eine Anordnung, die sich im Dom zu Havelberg, in der Marienkirche zu Salzwedel, endlich in S. Jakob und in S. Marien zu Stendal wiederholt. In beiden letzteren Kirchen stehen diese grossen Statuen noch im Zusammenhang mit der ganzen, in reich durchbrochenem Schnitzwerk ausgeführten Scheidewand des Chores, die in S. Jakob mit den Apostelstatuen und der Krönung Mariä, in der Marienkirche mit den Apostelbildern geschmückt ist. Denn in letzterer Kirche kommt der prächtige Marienaltar gleichsam als Abschluss dieses vielleicht einzig in seiner Art noch erhaltenen Ganzen hinzu. Die Zeit der Ausführung fällt in die letzten Decennien des 15. Jahrhunderts. — Den derb realistischen, leidenschaftlich bewegten Styl vertritt dann der prachtvolle Flügelaltar der Marienkirche zu Salzwedel, der in dreissig ausdrucksvoll entwickelten Reliefbildern das Leben und Leiden Christi, in der Mitte die Kreuzigung schildert. Oben sieht man unter zierlichem Baldachin ein Standbild der Himmelskönigin. So hat Maria hier, wie fast überall in norddeutschen Schnitzwerken, mit dem Eindringen des Realismus zurücktreten und den für die veränderte Zeitstimmung bezeichnenden Schilderungen der Passion das Feld räumen müssen. Aehnliche, nur noch spätere, dabei auch wildere und rohere Darstellungen der Leidensgeschichte sieht man an einem Altar der Kirche zu Seehausen, während ein kleinerer stark beschädigter Seitenaltar ebendort noch den idealen Styl der früheren Zeit vertritt.

Schlesische Schnitzwerke.

Endlich fehlt es auch in Schlesien nicht an Beispielen der Holzsculptur, obwohl dieselben meistens von untergeordnetem Kunstwerth sind und sich nicht zur selbständigen Bedeutung einer eigenthümlichen Schule erheben. Zwei rohe Altäre dieser Art, der eine von 1498, sieht man in der Elisabethkirche zu Breslau*). Ein bedeutendes Werk, etwa aus der Mitte des Jahrhunderts, ist dagegen der grossartige Marienaltar derselben Kirche. Der Schrein enthält in derben wirksam gearbeiteten Figuren die bekannte mystische Darstellung der Maria mit dem Einhorn auf dem Schoosse, daneben den Engel der Verkündigung auf dem Hüfthorn blasend, sodann Johannes den Täufer und die h. Elisabeth mit dem Kirchenmodell. Darüber in musterhaft klarem Aufbau die Krönung Mariä mit Christus und Gottvater; noch weiter oben die thronende Himmelskönigin sammt musicirenden Engeln. Den anmuthigen Styl dieser früheren Zeit befolgen auch zwei Schnitzaltäre der Corpus-Christikirche daselbst. Derb und tüchtig ist wieder das Schnitzwerk eines Altars in der Bernhardinerkirche, welcher an der Staffel die Brustbilder der vier Kirchenväter und im Schrein darüber eine Hochreliefdarstellung der Sendung des heiligen Geistes enthält. Den knittrig unruhigen Gewandstyl der Schlussepoche des Jahrhunderts vertritt ein Schnitzaltar der Magdalenenkirche mit einer grossen Statue der Himmelskönigin, umgeben von vier Heiligen an jedem der beiden Flügel, letztere von ziemlich grober, doch handfertiger Arbeit und immer noch vorzüglich im Vergleich mit den Sudeleien der gemalten Aussenseiten. Roh und schlecht sind vollends die drei Holzstatuen des Ecce homo mit Petrus und Paulus an dem Altar der Goldschlägerzunft in derselben Kirche, der inschriftlich im Jahre 1473 gefertigt wurde und viel bessere Gemälde enthält. In einer südlichen Seitenkapelle sieht man ferner eine ebenfalls sehr rohe Schnitzarbeit des Gekreuzigten sammt Maria, Johannes und Magdalena und vier kleinen Pas-

*) Vergl. meinen Aufsatz in der Berliner Zeitschr. für Bauwesen 1856. Dazu die eingehenderen Untersuchungen von *A. Schultz* in den Wiener Mitth. 1862 Novemberheft. Endlich Dr. *Luchs*, die S. Elisabethkirche zu Breslau 1860, und *W. Weingärtner* in den Mitth. von 1863.

sionsscenen. Durch naive Anmuth und schlichten Schönheitssinn zeichnet sich ebendort das Relief des h. Lukas aus, welcher die Madonna malt, während diese ein Röckchen für ihren am Boden spielenden Knaben webt. Weitaus das beste der Breslauer Sculpturwerke aus dieser Zeit ist aber ein Ecce homo hinter dem Altar der Dominikanerkirche, fast zu elegant und weich für diese Epoche*). Sämmtliche Breslauer Denkmäler weichen sowohl im Stoffkreise als auch in der stylistischen Behandlung von den norddeutschen Werken entschieden ab. Hie und da lassen sich fränkische Einflüsse nicht verkennen; so namentlich an dem Altar im k. Museum, mit einem grofsen Standbild der Madonna und einzelnen Reliefscenen aus ihrem Leben, von denen Förster in seinen Denkmalen eine Probe gegeben hat. Hauptsächlich aber wird die in Krakau durch Veit Stofs begründete Schule in erster Linie es gewesen sein, von deren Meistern**) zum Theil die Anfertigung dieser Werke, zum Theil die Einwirkung auf die etwa in Breslau lebenden Bildschnitzer ausgegangen sein mag. Eine einläfsliche Untersuchung und Vergleichung dieses gesammten östlichen Kunstkreises fehlt uns leider noch.

### b. Die Steinsculptur.

Aufgaben der Steinsculptur.

Neben dem Umfange, den die Anwendung der Holzschnitzerei erlangt hatte, blieb der Steinsculptur nur ein eng begrenztes Feld der Thätigkeit. Die grofse Architektur verschmähte mehr und mehr ihre Beihülfe. Die gothischen Bauwerke der Epoche sind entweder in nüchterner Kahlheit aufgeführt, oder sie suchen und finden ihren Schmuck ausschliefslich in den geometrischen Zierformen eines spielend ausgebildeten Maafswerkes. So sah sich also auch die Steinsculptur auf eigene Wege angewiesen und wurde auf eine selbständige Thätigkeit hingedrängt. Zwar wurde sie bei kleineren architektonischen Werken, bei Kanzeln, Taufsteinen, Brüstungen, bei Brunnen u. dergl. reichlich in Anspruch genommen, aber fast nie erlangte sie in diesen Schöpfungen einer überwiegend auf decorative Gesammtwirkung angelegten Richtung eine freiere Stellung, um ihre Gestalten rein zu entfalten. Daneben blieben ihr fast ausschliefslich die Grabdenkmale vorbehalten; allein da diese während der ganzen Epoche im Norden fast nur in der bescheidenen Form des Grabsteines auftraten, so konnte auch hierbei die Plastik zu einer volleren Ausbildung nicht gelangen. Im besten Falle hatte sie statt der einfachen Reliefgestalt des Verstorbenen irgend eine kirchliche Darstellung, etwa der thronenden Maria oder des Erlösers hinzuzufügen. Auch liebte man wohl bei reicheren Grabmälern eine oder mehrere Scenen aus dem Leben oder dem Leiden Christi darstellen zu lassen. In allen diesen Fällen war es fast ausschliefslich das Hoch- oder auch wohl das Flachrelief, auf welches die Steinplastik angewiesen wurde, und

*) In der That hat sich das Werk als eine Arbeit der späteren Zeit des 16. Jahrh. herausgestellt.

**) Ich erinnere an den auf S. 615 schon erwähnten Stofsischen Schüler *Jörg Huber*, der 1494 — also kurz vor seines Meisters Abgang — in Krakau das Bürgerrecht erlangte und eine eigene Werkstatt begründete.

wobei sie in der Regel sogar auch den architektonischen Rahmen aus eignen Mitteln sich schaffen mußte. Wirkliche Freisculptur wird fast nie in Stein verlangt, sodaſs steinerne Statuen dieser Epoche zu den seltneren Ausnahmen gehören.

Malerischer Charakter.

Es ist klar, daſs durch diese Verhältnisse auch die Steinsculptur unaufhaltsam ins malerische Gebiet hinübergedrängt wird, und daſs sie so gut wie die Holzschnitzerei den Gesetzen der tonangebenden Kunst, der Malerei, anheim fällt. Lediglich dem Verdienste einzelner bedeutender Meister muſs man es zuschreiben, wenn diese trotzdem ihren Werken einen klareren plastischen Styl aufprägen, der auch darin sich äußert, daſs häufiger als bei den Holzarbeiten von einer durchgängigen Bemalung Abstand genommen wird. In einseitig scharfer Nachbildung der Wirklichkeit wetteifert dagegen die Steinplastik mit der Holzsculptur.

Werke des Uebergangs.

Realistische Steinbildwerke lassen sich in Deutschland erst seit 1470 etwa nachweisen, sodaſs die Holzschnitzerei die Priorität der Entwicklung in Anspruch nehmen darf. Dagegen giebt es um 1450 eine Anzahl von Steinsculpturen, die im harmonischen Gewandwurf und in der milderen Charakteristik noch den Styl des Mittelalters festhalten und eine vollere Durchbildung der Form damit zu verbinden wissen. Eine Anzahl solcher Werke, dem Ende der vorigen Epoche angehörig, ist am betreffenden Orte von mir schon besprochen worden. Hier mögen nur zwei bedeutende Reliefs in S. Emmeran zu Regensburg hervorgehoben werden, welche die Grabmäler der Familie Pfaffenhofer bezeichnen, das eine von 1429, das andere 1449 als spätestes Datum tragend. Das frühere stellt Christus mit den schlafenden Jüngern am Oelberg dar; das spätere, in welchem wir denselben Künstler auf einer vorgeschrittenen Stufe erblicken, enthält eine originelle und anziehende Schilderung des Todes Mariä*). Anordnung und Formgefühl gehören noch der früheren Epoche; aber die naturalistischen Details in den nackten Theilen, namentlich den Händen, verrathen den Einfluſs der neuen Zeit. Demselben Meister begegnet man in einem Steinrelief der nördlichen Vorhalle des Obermünsters, welches beide Gegenstände in verwandter Behandlung wiederholt. — Ungleich energischer geht in Nürnberg der Bildhauer *Hans Decker* auf die neue realistische Auffassung ein, mit der er unter seinen Zeitgenossen ganz einsam dasteht. So an der groſsen Grablegung in einer Kapelle der Aegidienkirche vom Jahre 1446, die so groſsartig und mächtig componirt ist wie ein Bild von Mantegna. Der Christuskopf ist edel, der Körper hart und mit Anstrengung anatomisirt. Auch Maria zeigt einen bedeutenden Ausdruck, und Johannes preſst in tiefem Schmerz mit beiden Händen den Arm des geliebten Meisters an seine Lippen. Die Gewänder sind noch ganz einfach und edel angeordnet.

Kaiser Ludwig's Denkmal in München.

Erst einige zwanzig Jahre später beginnt dann die Steinsculptur in Deutschland in breiterer Nachfolge die offene Heerstraſse des Realismus zu betreten. Bald nach 1468 zugleich mit dem Bau der Kirche, muſs der aus röthlichem Marmor gearbeitete Grabstein Kaiser Ludwigs des Baiern († 1347) entstanden sein, der den Mittelpunkt des prachtvollen Denkmals in der Frauenkirche zu

*) Abgeb. in *E. Förster's* Denkm.

München bildet. In der oberen Hälfte thront der Kaiser im Krönungsornate mit Krone, Reichsapfel und jetzt abgebrochenem Scepter. Zwei Engel halten hinter ihm einen Teppich ausgebreitet (Fig. 295). Es ist ein ideales Charakterbild, in welchem sich individuelle Formgebung mit grofsartigem Stylgefühl zu würdevoller Schönheit verbindet. Der Faltenwurf des Mantels zeigt schon die Neigung zu scharfen Brüchen, aber noch gemäfsigt und beherrscht durch ein Gefühl für edle Einfachheit. Das volle Verständnifs der Form, die gedie-

Fig. 295. Von der Grabplatte Kaiser Ludwig's. München.

gene Ausführung, welche die Menge zierlichen Details der ruhigen Gesammtwirkung unterordnet, verleihen diesem Werke einen Platz unter den Meisterschöpfungen der Zeit. Merkwürdig contrastirt mit der oberen die untere Hälfte des Steines, welche zwei sich entgegen schreitende Gestalten mit aller Steifheit und Nüchternheit des schärfsten Realismus, auch im Faltenwurf viel härter und unruhiger darstellt. Der Löwe, der an dem in ritterliche Rüstung Gekleideten schmeichelnd hinaufspringt, ist von wunderlich heraldischer Leblosigkeit. Dieser auffallende Unterschied im Werthe beider Hälften des Steines erklärt sich daraus, dafs die im unteren Bildwerk gestellte Aufgabe die Fähigkeit des Künstlers überstieg. Denn nach einer sehr ansprechenden Erklärung*) handelt es sich um

*) In *E. Förster's* Denkm. Bildnerei I.

die Verföhnung zwifchen Herzog Ernft und feinem Sohne Albrecht dem Jungen, der bekanntlich, wegen des an feiner Gemahlin Agnes Bernauer auf Geheifs des Vaters begangenen graufamen Mordes, gegen diefen aufgeftanden war und fich erft mit ihm verföhnte, nachdem er feinen zornigen Schmerz mit Feuer und Schwert ausgetobt hatte. Und doch fo fchwierig ein folcher Gegenftand einem Künftler der damaligen Zeit werden mochte: ficht man von der fteifen Haltung ab, fo liegt im Ausdruck wohl etwas von Verföhnung, von gegenfeitigem Vergeben und Vergeffen. Als Meifter des Werkes wird ein fonft unbekannter *Hans* »der Steinmeifsel« genannt.

Bildwerke Nürnbergs. Kein Ort in Deutfchland ift für die Steinfculptur diefer Zeit fo bedeutend wie **Nürnberg**, das in mehr als einer Beziehung hier die Stelle einnimmt, welche in Italien Florenz zukommt. Eine der früheften und fchönften Schöpfungen des neuen Styls ift das grofse Relief eines thronenden Chriftus an der Südfeite der **Lorenzkirche**. Unter einer fpätgothifchen Bekrönung, überdacht von einem Baldachin, deffen Vorhänge von fliegenden Engeln zurückgefchlagen werden, thront der Erlöfer, in der Linken den Reichsapfel mit dem Kreuz, in der Rechten das Scepter fammt dem offnen Buch des Lebens haltend. Ein Kranz von fchwebenden und knieenden Engeln umgiebt ihn wie eine Aureole von jugendlicher Schönheit. Die beiden vorderen find mit reichen Kronen gefchmückt; der eine hält ein mächtiges Schwert, der andere eine Lilie. In der Mitte knieen an den Stufen des Thrones in winzigen Figürchen Stifter und Stifterinnen. Das ganze Werk ftrahlt von Schönheit und Herrlichkeit, und obwohl in der Gewandung die harten eckigen Brüche ftark mitreden, ift doch die Anordnuhg fowie die Compofition im Ganzen grofsartig und würdevoll. Wer dies Werk, das um 1470 entftanden fein mag, gefchaffen hat, läfst fich nicht nachweifen. Von den Werken der bekannten Nürnberger Meifter unterfcheidet es fich fowohl im Styl der Gewandung wie in dem eigenthümlichen Schönheitsfinn, ja felbft im Charakter der Architektur. Am meiften Berührungspunkte bietet es mit den Schöpfungen Adam Krafft's, und es wäre nicht undenkbar, dafs wir hier eine feiner früheren Arbeiten vor uns hätten. Da aufserdem die Gewandbehandlung, die Architekturformen, und mehr noch die naive Schönheit der Engelköpfe mit dem reichen Lockenhaar auf fchwäbifche Einflüffe zu deuten fcheinen, fo würde unfere Vermuthung eine Bekräftigung erhalten, wenn die Sage zu hiftorifcher Gewifsheit würde, dafs Krafft aus Ulm gebürtig fei. Wir wollen indefs einftweilen von folchen Vermuthungen abftehen und uns zu den ficheren Werken diefes bedeutenden Meifters wenden.

Adam Krafft. *Adam Krafft* mag um 1430 geboren fein. Seit 1462, wo er das Michaelchörlein der Frauenkirche baute, finden wir ihn in Nürnberg. Nach Neudörffers Angabe verheirathete er fich 1490 zum zweiten Male, und ftarb 1507 zu Schwabach im Spital. Die Reihe feiner ficheren und datirten Werke *) beginnt erft 1490 mit den berühmten Stationen und läfst fich von da ununterbrochen bis an feinen Tod verfolgen. Um fo auffallender, dafs wir aus der ganzen früheren Lebenszeit nichts mit Beftimmtheit nachweifen können. Wohl hat man ihm das 1469 begonnene Tabernakel im Münfter zu Ulm zufchreiben wollen; doch

*) Mufterhaft herausgegeben von *F. Wanderer*. Verlag von Schrag. Nürnberg. Fol.

ſcheint der Charakter der Architekturformen dem zu widerſprechen. Möglich dagegen, daſs unter den zahlreichen Bildwerken, die man noch an Privathäuſern in Nürnberg ſieht, manche frühere Arbeit des Meiſters zu finden iſt. Schwerlich wird man ihm das Relief des Jüngſten Gerichts über der Schauthür an der Südſeite der Sebaldskirche zuſchreiben dürfen. Denn 1485 kann er nicht wohl einen ſo weichen rundlichen Styl der Gewänder befolgt haben, wie er in dieſem durch Mannigfaltigkeit der Charakteriſtik ausgezeichneten Werke herrſcht. Daſſelbe ſcheint vielmehr ſeine Entſtehung einem Meiſter zu verdanken, der weit mehr an der Tradition des älteren Styles feſthielt.

Das erſte ſichere Sculpturwerk des Meiſters ſind die ſieben Stationen an dem zum Johanniskirchhofe führenden Wege (Fig. 296). Es ſind gedrängte Die Stationen.

Fig. 296. Von den Stationen Adam Krafft's. Nürnberg.

Compoſitionen in ſtark vorſpringendem Relief, vielfach beſchädigt und zum Theil reſtaurirt, dennoch durch die Kraft und Innigkeit der Empfindung von ergreiſender Wirkung. Die Figuren erſcheinen keineswegs ideal, vielmehr kurz und derb, meiſtens in die damalige Nürnberger Tracht gekleidet, die Gewänder obendrein durch viele eckige Brüche überladen. Nur die Geſtalt Chriſti zeigt ſchlichten Adel im Ausdruck wie in der einfacheren Anlage des Gewandes. Die Scenen haben durchweg eine klare Anordnung und eine lebendig wahre Schilderung. Je weniger die »ſieben Fälle« Chriſti auf dem Gange nach Golgatha dem Bildhauer dankbare Motive darzubieten ſcheinen, deſto gröſser iſt die Kunſt des Meiſters in Schattirung und dramatiſcher Steigerung der Scenen. Wie kummervoll niedergebeugt ſehen wir den »Mann der Schmerzen« auf dem erſten Bilde, wo ihm ſeine Mutter begegnet! Wie tief iſt dort das Seelenleid der gramgebeugten Maria ausgedrückt! Die folgende Station, wo der unter der Laſt Zuſammengebrochene von den Schergen emporgeriſſen wird, giebt mehr äuſserlich einen Moment empörender Gewalthat. Aber zu den ſchönſten dieser Darstellungen gehört die dritte, wo Christus zu den ihn beklagenden Frauen das warnende Wort ausspricht: »Ihr Töchter von Jerusalem, weinet nicht über mich, sondern über Euch und Eure Kinder.« Hier ist Alles voll innerer Seelenbewegung, voll dramatischen Ausdrucks. Auch die vierte Station, Christi Begegnung mit Veronika, gehört zu den tief empfundenen. Die fünfte zeigt wieder das rohe Treiben und Drängen der Peiniger; auf der sechsten ist der Erbarmenswerthe unter der Last des Kreuzes lang hingestürzt. Die letzte und zugleich die schönste, ergreifendste zeigt den Leichnam Christi im Schoofse der Mutter, die noch einmal einen Kuss auf die verstummten Lippen drückt, (Fig. 297), während Maria Jacobi sanft die herabgesunkene Hand des Todten ergreift und Magdalena bitterlich weinend sich über den Leichnam beugt.

Fig. 297. Aus der VI. Station Krafft's. (Nach Wanderer).

Golgatha. Zu diesen Bildern gehört denn auch der Schädelberg mit den drei Kreuzen. Christi Körper ist fein gezeichnet, edel in den Formen und im Ausdruck des Kopfes. Um ihn möglichst ideal zu halten, hat der Künstler sogar, von seiner gewohnten Auffassung abweichend, ihn ungewöhnlich lang und schlank gebildet, ohne jedoch durch elegante Formen dem geistigen Ausdruck zu schaden. Der Kopf Christi hat nichts Verklärtes, wohl aber jene Ruhe, in welche ein Nachhall der überstandenen Leiden hineinklingt. Die beiden Schächer sind lebendig bewegt, der böse fast in krampfhafter Zuckung; die Körper, kürzer, naturalistischer behandelt, sind doch stylvoll und gleich dem des Erlösers mit Verständnifs durchgeführt. Von den Gruppen, welche ehemals das Kreuz umstanden, sind nur Maria und Johannes, und auch diese ziemlich verwittert, übrig geblieben.

Auf diese Arbeiten folgten 1492 die ausgedehnten Reliefs des Schreyer'-

schen Grabmals, welche in einer Höhe von neun und einer Länge von 34 Fuss an der nordöstlichen Aussenwand des Chores von S. Sebald sich hinziehen: die figurenreichste und umfassendste Composition Krafft's. Aus reichem landschaftlichem Grunde heben sich in fast frei gearbeiteten Darstellungen, ergreifend lebendig geschildert, die Kreuztragung, Kreuzigung, Grablegung und Auferstehung Christi heraus. Trotz der Menge der Gestalten, der unruhigen Gewänder und der zu reichen landschaftlichen Details treten die Hauptzüge der Composition klar hervor. Grossartig angeordnet ist besonders die Grablegung, wo Maria im tiefsten Leid niedergesunken den letzten Kuss auf des Sohnes kalte Lippen drückt, während Magdalena, ganz in Schmerz aufgelöst, zu seinen Fussen kniet. Bei der Auferstehung erscheint Christus überaus edel bewegt und von hoheitsvollem Ausdruck. Dass die Ausführung nicht in allen Theilen gleich vollendet ist, kann bei der Ausdehnung des Werkes nicht überraschen. Schreyer's Grabmal.

In der Sebaldskirche sieht man am ersten südwestlichen Pfeiler des Schiffes über dem Altar eine Passionsscene Krafft's vom Jahre 1496, die wieder reich an trefflichen Zügen ist. Sie schildert abermals den unter der Kreuzeslast hinsinkenden Christus. Lebendig bewegte Kriegsknechte, eine etwas passive, aber schöne Gruppe der frommen Frauen und der, hier minder tief aufgefasste, Erlöser sind zu klarer, wohl abgewogener Composition verbunden. Passionsbild in S. Sebald.

Es mag dem Meister eine erfrischende Abwechselung gewesen sein, als er 1497 das kleine prächtige Genrebild, das noch über der Thür der Stadtwaage sich befindet, in seiner kräftigen, hier vom Humor umspielten Auffassung arbeiten konnte. Sodann führte er bis 1500 das zierlich kunstvolle, 64 Fuss hohe Tabernakel der Lorenzkirche aus. Es enthält in seinen oberen Partieen kleine etwas überfüllte Scenen aus der Passion, eine trefflich componirte Darstellung des Abendmahls und anderen figürlichen Schmuck, der jedoch zu sehr von den krausen Formen der Architektur verdeckt wird, um genossen und gewürdigt zu werden. An den unteren Theilen sind feine Statuetten von Heiligen angeordnet, darunter auch eine liebliche Madonna. Am wichtigsten sind aber die drei lebensgrossen knieenden Figuren, welche den Unterbau auf ihren Rücken tragen. Der Eine ist jung, unbärtig, der Andere männlich, kraftvoll, mit vollem Krausbart (vielleicht der Meister selbst, der nach Neudörffers Zeugniss sich hier sammt zwei Gesellen dargestellt hat); der dritte ist älter und stützt sich auf seinen Stab. Diese Gestalten sind meisterhafte Charakterbilder voll Portraitwahrheit, dabei vorzüglich fein durchgeführt. — In dieselbe Zeit (1498) fällt noch das herrliche, grosse Relief der Madonna im nördlichen Schiff der Frauenkirche, wo der Meister auch nach der Seite weiblicher Anmuth und Schönheit sich als einer der Besten bewährt. Maria, fast frei herausgearbeitet, steht auf einer Console und hält voll Glückseligkeit das mit einem Hemdchen bekleidete Kind vor sich hin, welches mit der linken Hand die Wange der Mutter streichelt. Während von oben zwei Engel, freudig bewegt, mit der Krone nahen, schweben zwei andere herab und breiten in herrlichem Faltenwurf den weiten Mantel der Madonna wie schützende Flügel über die ganze Christenheit, die in kleinen Figuren unten kniet, und über die Familie Pergersdörfer, für deren Grabmal das Werk ausgeführt wurde. Ein Jubelklang himmlischer Freude durchrauscht diese ebenso feierliche als liebliche Darstellung, die den Meister so gross im

Relief an der Stadtwaage.

Tabernakel in S. Lorenz.

Denkmal in der Frauenkirche.

Milden und Anmuthigen zeigt wie wenig andere. Auch die Gewänder sind flüssiger im Zug der Linien als in den übrigen Werken Krafft's; die Köpfe der Engel und der Maria erinnern an die verwandten des Tabernakels der Lorenzkirche.

Weitere Werke Krafft's.

Angesichts solcher Werke ist es schwer zu glauben, gleichwohl aber durch Neudörffer bezeugt, dass auch die drei Passionsscenen im Chorumgange von S. Sebald vom Jahre 1501 von Krafft herrühren. Man möchte sie eher einem Gesellen Kraffts, aber einem in alle Unschönheit, Härte und Schärfe der Zeit verfallenen zuschreiben. Erst im Vergleich mit diesen Arbeiten weiss man den Hauch maass- und seelenvoller Auffassung zu würdigen, der in den übrigen Werken des Meisters selbst die herbsten Gestalten umspielt. Dagegen zeigt die Krönung der Maria durch Christus und Gottvater, links am Choreingange der Frauenkirche (1500) den Styl Krafft's in seiner liebenswürdig herzlichen Weise. Maria kniet andächtig betend, in dem offnen Antlitz der Ausdruck kindlicher Reinheit und Zutraulichkeit. Gottvater ist eine grossartige Gestalt. Nur haben die Figuren wie die meisten Bildwerke dieser Kirche durch rohe Bemalung in neuerer Zeit sehr gelitten *). Denselben Gegenstand führte der Meister 1501 für ein Landauer'sches Grabmal etwas umfangreicher aus. Dies schöne Werk befindet sich jetzt in einer Kapelle der Aegidienkirche. Die Gestalten sind hier besonders kurz, aber edel bewegt, die Maria wieder mit unschuldigem Kindergesicht voll Lieblichkeit, Gottvater besonders feierlich, nur Christus nicht recht innerlich belebt. Die Gewänder sind trotz der knittrigen, bauschigen Falten grossartig angeordnet. Oben schweben zwei Engel mit der Krone, unten sind musizirende Engel; sodann links die anbetende Christenheit, rechts die ebenfalls knieenden Mitglieder der Landauer'schen Familie **).

Letzte Arbeiten Krafft's.

Auf Krafft weist auch eine aus den lebensgrossen Statuen der Maria und des Erzengels Gabriel bestehende Verkündigung (1504) am Eckhause der Winklerstrasse, der südwestlichen Thür von S. Sebald gegenüber. Maria ist anmuthig bewegt; ihr Kopf gleicht in der rundlichen Form und dem offenen Ausdruck der Pergensdörfer'schen Madonna der Frauenkirche, ohne jedoch zu vollkommener Lieblichkeit durchgebildet zu sein. Aus dem Todesjahre des Meisters 1507 datirt sein letztes Werk, wieder eins der umfangreichsten. Es ist die Grablegung Christi in der Holzschuher'schen Kapelle auf dem Johannis-Kirchhof. Fünfzehn lebensgrosse Statuen, in eine tiefe und breite Nische zusammengeordnet, ähnlich jenen Gruppen des Mazzoni in Modena, stellen die Scene ergreifend lebendig dar. Der edle Leichnam Christi mit dem stillen wehevollen Antlitz wird von Joseph von Arimathia, dem der Meister seine eigenen Züge gegeben hat, mit inniger Zartheit gehalten. Auch Nikodemus ist eine Gestalt von herrlichem Ausdruck. Im Uebrigen hat der greise Meister,

---

*) In der Jakobskirche sind fast alle Bildwerke „bronzirt", d. h. mit einem hässlichen, stumpfen, schmutzig-grünen Farbenton bedeckt worden. Dies war das erste Stadium der Verballhornung, in welches die moderne Restaurationswuth verfiel. Das zweite Stadium, durch die Sculpturen der Frauenkirche vertreten, ist das des gefühllosen Ueberschmierens mit grellen Farben, worin man sich ohne Zweifel sehr mittelalterlich polychrom vorkommt. Das eine ist so scheusslich wie das andere.

**) Eine gute Abb. der Hauptfiguren bei v. *Rettberg* a. a. O. S. 93.

was gewiſs nicht zu verwundern, die ergreifende Gewalt der Schreyer'ſchen Grablegung an S. Sebald hier nicht mehr erreicht.

Krafft iſt vielleicht der treuſte Spiegel des deutſchen Weſens. Der Kreis ſeiner Darſtellungen iſt nicht weit. Er beſchränkt ſich faſt ohne Ausnahme auf die Verherrlichung der Maria und die Leidensgeſchichte ihres Sohnes. Aber in dieſe Gegenſtände hat er ſich mit ganzem Gemüthe verſenkt und ſchildert ſie mit einer Herzlichkeit, welche um ſo bewegter wirkt, als der Meiſter mit zarter Scheu alles Pathetiſche vermeidet. Heftiger, leidenſchaftlicher ſind die Paſſionsſcenen von der Mehrzahl der damaligen Meiſter geſchildert worden; rührender, ergreifender von keinem. Und dieſe Wahrheit der Empfindung verklärt alle ſeine Geſtalten und giebt ihrem ſchlichten bürgerlichen Weſen einen Hauch jener ſeelenvollen Schönheit, der ſelbſt den Mangel idealer Schönheit vergeſſen macht *).

Einzelnes an Wohnhäusern.

Wenn man aufmerkſam die Straſsen des unvergleichlichen Nürnberg durchwandert, ſo wird man unter den zahlreichen Bildwerken, meiſtens Madonnen, welche die alten Häuſer ſchmücken, noch manches edle Werk dieſer Zeit entdecken. Gegenüber der Klarakirche ſieht man an einem Eckhauſe auf Conſolen übereinander zwei weibliche Heilige, davon die untere die h. Klara: weiche edle Arbeiten, welche Krafft recht wohl in jüngeren Jahren gearbeitet haben könnte. Beſtimmt weiſt auf ſeine Hand (von Neudörffer bezeugt) das lebendige Steinrelief des auf muthigem Roſs gegen den Drachen einherſprengenden S. Georg an einem Hauſe der Thereſienſtraſse. Eine Madonna vom Jahre 1482 an einem Hauſe gegenüber der Nordſeite von S. Sebald ſteht ebenſalls der Auffaſſung des Meiſters nahe. Alle dieſe Werke werden jedoch übertroffen von der ſchönſten Madonnenſtatue Nürnbergs nicht bloſs, ſondern vielleicht Deutſchlands, an dem Hauſe S. 1306 der Hirſchelgaſſe. An Schönheit der Empfindung den beſten dieſer Zeit ebenbürtig, verbindet ſie damit einen Adel der Form, eine Reinheit des Styls wie kein gleichzeitiger Meiſter des Nordens, mit einziger Ausnahme von Peter Viſcher, ſie erreicht. Gleichwohl braucht man hier nicht an italieniſche Einflüſſe zu denken, ſondern ſich nur einen hochbegabten Meiſter vom Anfang des 16. Jahrhunderts vorzuſtellen, der die ſchönſten Intentionen des 14. Jahrhunderts mit neuem Naturgefühl zu beleben weiſs. Daſs wir ſolche Künſtler beſaſsen und ſie nicht einmal zu nennen wiſſen, hat die deutſche Kunſtgeſchichte noch oft zu beklagen. —

Tilman Riemenſchneider.

Einen Meiſter verwandter Art von wenig geringerer Begabung lernen wir in *Tilman Riemenſchneider* von Würzburg kennen **). Aus Oſterode am Harz ſtammend, erſcheint er zuerſt im Jahre 1483 als Bildſchnitzergeſelle in Würzburg und wird nebſt mehreren andern vom Magiſtrat als Malerknecht in Pflicht genommen, weil in Würzburg die Bildhauer wie an manchen andern Orten zur Zunft der Maler gehörten. Er mag alſo gegen 1460 geboren ſein. Im Jahre 1495 iſt Riemenſchneider als anſäſſiger Bürger aufgeführt, 1504 tritt er in den

*) Was von den Sakramentshäuschen in benachbarten Orten, die ohne Weiteres Krafft zugeſchrieben werden, wirklich ſeiner würdig iſt, vermag ich nicht anzugeben. Sämmtlich neuerdings abgebildet in dem oben genannten ſchönen Werke von *Wanderer*.

**) Vergl. die treffliche Monographie *C. Becker's*, Leben und Werke des Bildhauers T. Riemenſchneider. Leipzig 1849. 4. Mit 7 Kupfertafeln.

Fig. 298. Grabstein Eberhard's von Grumbach. Rimpar.

unteren Rath, 1518 in den oberen Rath der Stadt, und 1520 wird er mit der höchsten Ehrenstelle als erster Bürgermeister betraut. In den folgenden Jahren während der Unruhen des Bauernkrieges steht er als einer der angesehensten Männer an der Spitze der Kämpfer für religiöse und politische Freiheit. Die blutdürstige Pfaffenreaction des Bischofs Konrad von Thüngen behielt aber die Oberhand, und Riemenschneider wurde 1525 mit den übrigen freisinnigen Rathsmitgliedern aus dem Rathe gestofsen. Von da bis an seinen Tod im Jahre 1531 scheint er ganz zurückgezogen gelebt und selbst die Kunst nicht mehr gepflegt zu haben.

Die meisten Werke Riemenschneiders sind Steinarbeiten. Minder kräftig und grofs in der Anlage als bei Adam Krafft, neigen seine Gestalten mehr zum Feinen, selbst Dürftigen. Die Körper sind nicht untersetzt, vielmehr schlank und mager, die weiblichen Köpfe breit und etwas leer. Statuarische Ruhe gelingt ihm besser als Bewegung, und er ist in erzählenden Reliefs ein gutes Theil befangener als die Nürnberger Meister. In der Gewandung hat er den knitterigen Faltenwurf der fränkischen Kunst zu einem nur ihm eigenen Styl mit vielen geradlinigen rechtwinklig-gebrochenen Falten ausgebildet. Dennoch sind die Hauptmotive oft von grofsartigem Wurf, wie denn die Gewänder bei ihm meistens dem Körper eng anliegen. Besonders anziehend ist aber Riemenschneider durch seine jugendlichen Köpfe mit ihrem wehmüthig schönen Ausdruck und der lockigen Haarfülle. In der zierlichen Durchbildung der Hände erinnert er am meisten an den älteren Syrlin, und es ist nicht undenkbar, dafs er auf seinen Wanderungen durch die Ulmer Schule gegangen wäre, wie denn auch ein Anklang an Schongauer in seinen Werken sich kund giebt. Seinem Stoffkreise nach gehört er zu den vielseitigeren, beweglicheren Künstlern der Zeit. Sein Kunstcharakter.

Als sein frühestes Werk darf man wohl mit Becker den Grabstein des Ritters Eberhard von Grumbach († 1487) in der Kirche zu Rimpar bei Würzburg betrachten (Fig. 298). Mit der Meisterschaft eines Virtuosen ist die imposante Gestalt bis in die kleinsten Details der Tracht durchgeführt und dem steifen ritterlichen Kostüm der Zeit doch der Ausdruck eines straffen heldenhaften Wesens abgewonnen. Vom Jahre 1490 datiren die überlebensgrofsen Statuen von Adam und Eva am südlichen Portal der Liebfrauenkirche zu Würzburg, welche inschriftlich 1493 vollendet wurden. Stark beschädigt und neuerdings überarbeitet, lassen sie doch noch das sorgfältige, wenngleich etwas befangene Naturstudium des Meisters erkennen und gehören jedenfalls zu den besten nackten Figuren der gleichzeitigen nordischen Kunst. Reizend bewegt in schlanken Verhältnissen mit lieblichem Ovalkopf und lang herabfliefsendem Haar zeigt sich Eva. Adam hat eine steifere Haltung, wie sie denn Beide aussehen, als sei es ihnen recht unbehaglich, sich nackt zu zeigen. Adams Kopf, jugendlich schön, unbärtig, mit einem Hauch von Trauer, mit reicher Lockenfülle und sanfter Neigung ist ein ächter Gedanke Riemenschneiders und eine der poesievollsten Inspirationen der damaligen deutschen Kunst. Grab zu Rimpar. Statuen für die Frauenkirche zu Würzburg.

Dieselbe Jahreszahl 1493 trägt eine lebensgrofse Maria mit dem Kinde, auf der Mondsichel stehend, im nördlichen Seitenschiff der Neumünsterkirche. Grofsartig angelegt, ist das Gewand stark geknittert und originell, aber sehr willkürlich motivirt. Sehr anmuthig hält sie mit den meisterlich durchgeführten Madonna der Neumünsterkirche.

Händen den kleinen Christus, der in naiver Bewegung sich aufmerksam vorbeugt und nach Kinderart mit seinen Zehen spielt. Auffallend ist bei der Madonna der dünne Hals und der grosse, breite Kopf, der indess durch den offenen, ächt deutschen Ausdruck von Herzlichkeit einnimmt. — Im Hofe des Spitals in der Mainvorstadt zu Würzburg sieht man eine Holztafel mit den Hochrelieffiguren der vierzehn Nothhelfer, stark zerstört und mit Oelfarbe überstrichen, 1494 von Riemenschneider ausgeführt und durch naiv charakteristische Zeittrachten anziehend. Aus demselben Jahre stammte das für den Dom zu Würzburg gearbeitete, bis an das Gewölbe des Chors reichende Sacramentsgehäuse, welches bei der Modernisirung des Domes zerstört wurde.

Anderes zu Würzburg.

Auf einem anderen Gebiete, dem der Portraitdarstellung, begegnen wir Riemenschneider in dem Grabstein des Fürstbischofs Rudolph von Scheerenberg († 1495) im Dom. Das Denkmal ist in röthlichem Marmor ausgeführt, der seitwärts geneigte Kopf zeigt einen charakteristischen Naturalismus, durch seine Bemalung noch verstärkt. Die Haltung ist ungezwungen, die Gewandung breit angelegt, aber in eckigen Faltenbrüchen. Ein reich durchbrochener phantastisch geschweifter Baldachin krönt das Ganze; anmuthige Engel am Sockel halten die Inschrifttafel, zwei höchst gutmüthige Löwen die Wappen. — Ein würdiges Marienbild vom Jahre 1498 sieht man am Rathhause zu Ochsenfurt. In der Marienkirche zu Würzburg deutet der Grabstein des Ritters Konrad von Schaumburg († 1499) ebenfalls auf „Meister Dill", sowohl in seinen Schwächen, wie in den Vorzügen. Denn da der Ritter fern von der Heimath auf einer Pilgerfahrt gestorben war, so musste der Künstler ihm einen Charakterkopf eigener Erfindung geben, der durch den seelenvollen Ausdruck und das lockige Haar an die Idealwerke Riemenschneiders erinnert. Die Haltung des Körpers aber erhielt dadurch einen Mangel an Freiheit und charakteristischer Lebendigkeit, dass er bei dem Mangel an eigener Anschauung zur Nachahmung der conventionellen Weise gothischer Denkmäler seine Zuflucht nahm.

Denkmal zu Bamberg.

Wie hoch Riemenschneiders Ruf damals schon gestiegen war, sieht man daraus, dass er im Jahre 1499 den Auftrag erhielt, ein prachtvolles Grabmal für Kaiser Heinrich II. und seine Gemahlin Kunigunde im Dom zu Bamberg zu errichten. Diese Arbeit, eins der Hauptwerke des Meisters, wurde 1513 vollendet. In marmorartigem Kalkstein ausgeführt, der eine miniaturartige Vollendung des Einzelnen gestattete, erhebt sich das grosse Monument in der Form eines reichgeschmückten Sarkophages, auf welchem die überlebensgrossen Gestalten des Kaisers und der Kaiserin, treffliche Charakterfiguren in der phantastischen Tracht des 15. Jahrhunderts, ruhen *). Am Sarkophage sind fünf Scenen aus dem Leben des kaiserlichen Paares in starkem Hochrelief geschildert. Zuerst macht Kunigunde, im vollen Staat, mit Turban und Diadem geschmückt, die Feuerprobe, um sich von dem Verdacht der Untreue zu reinigen. Die Röcke zierlich aufhebend, geht sie über glühende Pflugschaaren vorsichtig daher. Der Kaiser, der umgeben von Hofleuten mit zusammengelegten Händen dasitzt, sieht gar nicht hin. Auf dem zweiten Bilde bezahlt Kunigunde aus einem auf ihrem Schoofs stehenden Teller die Werkleute der

*) Gute Abb. bei *E. Förster*, Denkm. VII.

von ihr erbauten Stephanskirche. Hier bildet die prächtige Charakteristik der Handwerker mit der vornehmen Haltung und der feinen Gestalt der Kaiserin und ihrer beiden Frauen einen schönen Gegensatz. Das dritte Bild zeigt den Kaiser in nicht sonderlich gelungener Verkürzung auf dem Krankenbett liegend, neben ihm den h. Benedikt, wie er den Patienten von seinen Steinschmerzen befreit. Sodann folgt Heinrichs Tod. Der Kaiser, ein markiger Kopf mit herrlichem Bart, liegt mit der Krone im Bett und sucht seine naiv schluchzende Gemahlin zu trösten. Ein Hofmann kniet in ziemlich verzwickter Stellung daneben. Unter dem Gefolge sind feine Mädchengesichter und ein wehmüthig schöner Jünglingskopf, dessen schmales Oval von einer Lockenflut umgeben ist. Den Beschluss macht Heinrichs Seelenwägung. Der Kaiser kommt schüchtern gegangen; ein Diener legt den Kelch der kaiserlichen guten Werke in die eine Waagschaale, während drei possirliche Teufel vergeblich an der andern Schaale zerren. S. Michael schwingt hoch sein Schwert und hat ganz die steife Stellung, wie auf flandrischen Bildern der Zeit. Naiv und anmuthig, fein im Formgefühl und meisterhaft in der Technik, beweisen diese Werke doch, dass Riemenschneider kein grosser Erzähler ist, dass seinen Figuren bei aller Anmuth die Fähigkeit der freieren Bewegung mangelt, dass ihm die dramatische Lebendigkeit eines Veit Stoss und Adam Krafft abgeht.

Neben dieser grossen Arbeit schuf der Meister aber noch manches andere tüchtige Werk. So zunächst von 1500—1506 die überlebensgrossen Sandsteinfiguren Christi, Johannes des Täufers und der Apostel, welche an den Strebepfeilern der Marienkirche zu Würzburg aufgestellt sind. Obwohl überarbeitet, gehören sie zum Theil zu den werthvollsten Leistungen Riemenschneiders, namentlich die sechs an den Chorpfeilern befindlichen. Nur die beiden Johannes sind durch neue Arbeiten ersetzt, und die Originale in der Sammlung des historischen Vereins aufgestellt worden. Einige sind grossartig in Bewegung und Ausdruck mit energischen Charakterköpfen; andere zeigen den rührend schönen, von Wehmuth umflossenen jugendlichen Kopf, der eine Lieblingsform des Meisters. Die Haltung ist meistens etwas befangen, die Gewänder haben scharfe Brüche, aber gleichwohl bleibt der Eindruck im Ganzen ein hochbedeutender. *Statuen für die Frauenkirche zu Würzburg.*

Vom Jahre 1508 datirt sodann die Gruppe des von den beiden Marien und Johannes beweinten todten Christus an der Kirche zu Heidingsfeld bei Würzburg*), ein ächtes Werk des Meisters, mit innigen edlen Köpfen und wahrem Ausdruck des Schmerzes, aber ohne freiere Belebung der Composition und in dieser Hinsicht Krafft entfernt nicht gleichkommend, obwohl in einer gewissen feineren Anmuth ihn übertreffend. — Das Tabernakel mit dem Erlöser und den Schutzheiligen des Stiftes, welches Riemenschneider um 1510 für den Hochaltar des Doms zu Würzburg arbeitete, ist spurlos verschwunden. Dagegen erkennt man in dem grossen, vor dem Chor vom Gewölbe herabhängenden Cruzifix ein Werk des Meisters. Ebenso rührt von ihm der einfache, aber durch seine Charakteristik und edle Haltung ausgezeichnete Grabstein des gelehrten Johannes Trithemius († 1516) in der Neumünsterkirche, rechts *Werke zu Heidingsfeld, zu Würzburg.*

*) Abgeb. bei *Becker* a. a. O.

vom Haupteingange. Das milde, wohlwollende Geſicht iſt wie die ganze Geſtalt trefflich im Flachrelief modellirt, und der groſse Faltenwurf zeigt auch nach dieſer Seite eine Läuterung des Schönheitsſinnes. Wirkungsvoller konnte Riemenſchneider die Reife ſeiner Auffaſſung an dem Grabmale des Fürſtbiſchofs Lorenz von Bibra († 1519) bewähren, welches er im Dom dicht neben jenem früheren ebenfalls aus Salzburger Marmor ausführte. In der Anlage jenem verwandt, unterſcheidet es ſich vor Allem darin, daſs die begleitenden architektoniſchen Formen die einer phantaſtiſch ſpielenden Frührenaiſſance ſind, die mit der unentbehrlichen Zuthat naiver nackter Genien ausgeſtattet iſt. Voll Reiz in den Köpfen, laſſen ſie eine ungezwungene Bewegung allerdings vermiſſen. Auch die Genien mit Feſtons in der Lünette, die den oberen Abſchluſs bildet, ſind wunderlich componirt, aber im Einzelnen von entzückender

Fig. 299. Relief Riemenſchneiders. Maidbronn.

Anmuth in Köpfchen und Geberden. Die beiden Heiligenſtatuetten daneben zeigen die feinſte individuelle Charakteriſtik. Dieſe tritt dann an der groſsen Reliefgeſtalt des Verſtorbenen mit einer faſt herben Schärfe des Naturgefühls hervor. Der Kopf erſcheint in ſeiner welken Abgelebtheit durchaus portraitwahr und in jener feinſten Ausführung, welche Riemenſchneiders Werke kennzeichnet. Die Gewandung iſt nicht ganz ſo ſchwungvoll und groſs angelegt, wie bei dem früheren Biſchofsgrabe; die Haltung aber von lebensvoller Natürlichkeit, die Bewegung wahrhaft vornehm.

zu Volkach. Ein holdſeliges bemaltes Marienbild aus Holz, umgeben von einem Roſenkranz mit fünf kleinen trefflichen Hochreliefs, Scenen aus ihrem Leben enthaltend, arbeitete Riemenſchneider 1521 für die Wallfahrtskapelle bei Volkach*). Ebendort befindet ſich ein anderes Schnitzwerk des Meiſters, die h. Anna mit

*) Eine Abb. bei *Becker* a. a. O.

Maria und dem Christkind auf dem Schoofse. — Seine späteste Arbeit scheint die grofse Beweinung Christi, ein Hochrelief in Sandstein vom Jahre 1525 in der Kirche zu Maidbrunn bei Würzburg zu sein; von der wir nach Becker eine Abbildung geben (Fig. 299). Nicht blofs im Umfange der Composition, sondern auch in Tiefe des Ausdrucks und Kraft der Schilderung übertrifft er hier die frühere einfachere Darstellung desselben Gegenstandes. In dem unbärtigen Nikodemus mit dem Salbgefäfs will man das Portrait Riemenschneiders erkennen. Die wunderlichen gefiederten Engel oben neben dem Kreuzesstamm haben wir fortgelassen. zu Maidbrunn.

Aufser diesen Arbeiten enthält die Sammlung des historischen Vereins in Würzburg noch Einiges von Riemenschneiders Hand, namentlich einen Stephanus und eine grofsartige Marienstatue, beide von Stein*). Sodann sieht man in der Krypta der Neumünsterkirche in einer Nische an der linken Seite drei lebensgrofse steinerne Brustbilder des h. Kilian sammt seinen Gefährten von solcher Trefflichkeit der Behandlung und so edler Charakteristik, dafs ich sie nur dem Meister selbst zuschreiben kann. Für ein vorzügliches Miniaturwerk Riemenschneiders halte ich auch drei anderthalb Fufs hohe, aus S. Florian stammende, jetzt im Munzkabinet zu Wien aufbewahrte Figürchen von feinster Holzschnitzarbeit und trefflicher Bemalung. Sie stellen einen jungen Mann mit dem schönen Riemenschneider'schen Johanneskopfe, ein anmuthiges Mädchen und eine scheufsliche Alte vor, die durch Drehung eines einfachen Mechanismus nach einander zum Vorschein kommen. Anderes von Riemenschneider.

Andere Würzburger Steinsculpturen, die seinem Style nahe stehen, werden von seinen Schülern ausgegangen sein, unter denen in erster Reihe sein Sohn *Jörg* erscheint. Von diesem rührt gewifs der schlichte, würdige Grabstein des Meisters her, jetzt im Besitz des dortigen historischen Vereines. Eine recht würdige Arbeit dieser Epoche ist ferner die Gruppe am Aeufseren der Pleichacher Kirche zu Würzburg, welche Christus im Gebet am Oelberg neben den drei schlafenden Jüngern darstellt. Die Köpfe und Geberden sind minder originell, als bei Riemenschneider, mehr conventionell aufgefafst, nur Johannes hat Etwas von der ausdrucksvollen Schönheit der Idealköpfe jenes Meisters. Die Gewänder, breit und mit vielen Querfalten angelegt, lassen die Gröfse und die energische Schärfe des Riemenschneider'schen Faltenwurfs vermissen. Seine Schule. Oelberg an der Pleichacher Kirche.

Sind indefs hier, namentlich in der feinen Zeichnung der Hände, doch Anklänge an seinen Styl, so steht dagegen der Meister der grofsen Gruppe vom Tode der Maria, welche man im Dome rechts neben dem Eingange sieht, jener Richtung selbständiger gegenüber. Maria, die mit geschlossenen Augen auf dem Sterbebett liegt, gehört zu den idealsten Schöpfungen der Zeit und steht im reinen, fast griechischen Schnitt des Gesichtes, im Adel der Züge, die von einem stillen Lächeln verklärt werden, über den Madonnen Riemenschneiders und der meisten Zeitgenossen. Die Apostel schauen theils erstaunt hinauf, theils überlassen sie sich ihrem Schmerze. Johannes, der sich niedergeworfen hat, die Hand der Sterbenden ergreift und mit Verzweiflung in den Tod Mariä im Dom.

*) Letztere abgeb. bei *Becker* a. a. O.

abgehärmten Zügen nach einer letzten Spur des Lebens zu forschen scheint, ist ein herrlicher Gedanke. Ueberhaupt gehört diese grosse, leider mit Oelfarbe überstrichene Gruppe an Lebensgefühl, Tiefe des Ausdrucks und Kraft der Charakteristik zu den gediegensten Schöpfungen der Zeit. Auch in dem fliessenden Zug der Gewänder waltet noch das frühere Schönheitsgefühl. Das Werk mag um 1480 (durch einen schwäbischen Meister?) entstanden sein, ehe Riemenschneider in Würzburg der Plastik eine neue Wendung gab.

Loyen Hering.

Im Dom zu Bamberg ist das stattliche Marmordenkmal des Bischofs Georg III. von Limburg († 1522), ausgeführt von einem Meister *Loyen Hering* aus Eichstädt, neben jenem Würzburger des Fürstbischofs Lorenz von Bibra, als eines der frühesten Zeugnisse der italienischen Renaissance in Deutschland beachtenswerth. Während in der architektonischen Einfassung dieser Einfluss deutlich zu Tage tritt, auch vielleicht auf die edle Charakteristik der Reliefstatue gewirkt hat, die ganz frei ist von allen Unarten des zeitüblichen Styles, zeigt die das Werk krönende Gruppe des Weltrichters mit Maria und Johannes als Fürsprechern, in der leidenschaftlichen Bewegung einige Uebertreibung und Unruhe. Von demselben tüchtigen Meister findet sich in der Carmeliterkirche zu Boppard ein Grabstein der Margaretha von Eltz, vom Jahre 1519. Die Verstorbene kniet sammt ihrem Sohne, der das Denkmal gesetzt, anbetend vor der Dreieinigkeit, welche nach Dürers Composition, aber mit freier Umbildung des scharfen Dürer'schen Faltenstyls in eine flüssigere, weichere Behandlung dargestellt ist. Ohne eben geistvoll zu sein, zeugt die Arbeit von tüchtiger Gediegenheit der Auffassung.

Schwäbisch Hall.

Wenden wir uns südlich nach Schwaben, so treffen wir an der Nordseite der Michaeliskirche zu Hall eine grosse bemalte Steingruppe vom Jahre 1506, Christus am Oelberg mit den schlafenden Jüngern, eine Arbeit, die an Kunstwerth den dortigen Schnitzereien entschieden überlegen ist. Christus selbst erscheint zwar etwas unedel im Ausdruck und in den Formen, aber Johannes hat einen herrlichen Kopf von jener stillen Wehmuth, die an Riemenschneider erinnert. Recht tüchtig sind die anderen Gestalten, wie auch die Gewandung durchweg in klarem Faltenwurf, freilich zum Theil conventionell und ohne eigenthümliche Motive angeordnet ist. — Dicht daneben an der nordwestlichen Ecke derselben Kirche sieht man einen einfach würdigen Grabstein des Kaspar Eberhard vom Jahre 1516.

Portal des Ulmer Münsters.

Im oberen Schwaben hat die Steinplastik neben der Holzschnitzerei auch in dieser Epoche manches tüchtige Werk hervorgebracht. So zunächst am Münster zu Ulm, wo die Ausschmückung des Hauptportals in dieser Zeit vollendet wurde. Die Statuen am Mittelpfeiler desselben scheinen um den Ausgang des 15. Jahrhunderts hinzugefügt zu sein. Unten ein Ecce Homo, steif in der Stellung und ohne Idealität, aber mit Geschick in scharf naturalistischer Auffassung durchgeführt. Daneben Johannes und die trauernde Maria, welche im Ausdruck tiefen Schmerzes die Hände voll Ergebung auf der Brust kreuzt: Gestalten von edler Innigkeit der Empfindung, in den Gewändern zwar zu reich bewegt, aber noch ohne eckige Brüche. Darüber die h. Anna, welche Maria und das Christkind auf den Armen hält, eben so würdevoll und gleich der Maria von fast klassischem Schnitt des Profils. Ausserdem an den Seitenwänden des Portals je sechs Heiligengestalten, darunter die vier grofsen Kirchenväter. Von diesen zeigen die der südlichen Seite dieselbe Schönheit, besonders in den edlen Charakterköpfen, und nur die Gewänder neigen etwas zu unruhiger Manier, obwohl sie immer noch maafsvoll behandelt sind. Dagegen ist die Gewandung an den nördlichen Figuren nur roh angelegt und hart gebrochen; ohne feinere Belebung.

Ein bedeutendes Werk ist auch das 90 Fufs hohe Sakramentsgehäuse des Münsters Es wurde 1469 angefangen, und wenn dies nicht auch der Zeitpunkt wäre, wo Jörg Syrlin seine Arbeit an den Chorstühlen begann, so trüge ich kein Bedenken, auch dieses Werk dem trefflichen Meister zuzusprechen. Dem Style der Figuren nach hat er darauf ein gröfseres Anrecht, als irgend ein Anderer. Schon die freie und kühne Entwickelung der schlanken Pyramide zeugt von hoher Meisterschaft; bestimmter aber weisen auf ihn die Heiligenstatuetten, welche den Aufbau schmücken, namentlich der Sebastian, dessen nackter Körper in Auffassung und Behandlung dem des Ecce homo an Syrlins Dreisitz vom Jahre 1468 entspricht. Sehr fein, lebendig und ausdrucksvoll sind auch die Statuetten am Geländer, leicht in der Bewegung und klar in der Gewandung. Dagegen scheinen die Figürchen an den oberen Theilen der Pyramide von geringerer Art, wohl nur Gesellenarbeit, dazu verworren im Faltenwurf und oberflächlich in der ganzen Behandlung. — Gewifs hat aber Syrlin mit den Bildwerken des Taufsteins nichts zu schaffen, der angeblich von 1470 datirt und mit den Büsten von Propheten und Patriarchen geschmückt ist. Von derber, lebendiger Charakteristik, stehen sie in Adel der Auffassung merklich niedriger als Syrlin.

Sakramentsgehäuse.

Taufstein.

Die schwäbischen Werke zeichnen sich fortan mehr durch Anmuth und Würde der Köpfe, als durch ein höher entwickeltes Formgefuhl aus. Die Gestalten sind in der Regel sehr untersetzt und erhalten durch sehr breite, massige, in harten Falten gebrochene Gewänder noch mehr Fülle. Ein liebenswürdig gemuthlicher Zug herrscht in den Darstellungen vor, während die fränkische Schule energischer, dramatischer componirt. Treffliche Arbeiten dieser Art finden sich zunächst in Urach. Weniger der originelle, hübsch aufgebaute Marktbrunnen*) mit drei Statuetten von Rittern und der etwas schlotterigen Figur des grofsen Christoph; weniger auch in der Amanduskirche die Kanzel, eine ziemlich geistlose Steinmetzenarbeit vom Ende des 15. Jahrhunderts mit steifen, trockenen Brustbildern der Kirchenväter: wohl aber der prächtige Taufstein, einer der schönsten in ganz Deutschland, inschriftlich 1518 durch einen Uracher Meister *Christoph* angefertigt, der sich mit gewissem künstlerischen Selbstgefühl ausdrücklich »Statouarius« nennt. Sein Monogramm findet sich auch an dem eben erwähnten Brunnen, den ich daher als eine frühere Arbeit des Meisters betrachten möchte. Die Aufsenseite des Taufbeckens enthält in zierlicher architektonischer Einfassung die Brustbilder von sechs Propheten und das des Joseph. Letzterer erscheint in seiner jugendlicher Gestalt; neben ihm Moses mit bedeutendem würdevollem Kopfe. Dann folgt das anmuthige Bild des David mit der Harfe; auf ihn Jesaias und, in langem Bart und Turban, die prächtige

Urach.

*) Vergl. die schöne Aufnahme in den Jahresh. des Würtemb. Alterth.-Vereines.

Figur des greisen Jeremias. Weiter Jonas, durch den Fisch bezeichnet, portraitartig scharf und von lebendiger Bewegung. Den Beschluss macht Josua in voller Rüstung der Zeit, mit Schwert und Federbarret. Die Arbeit ist von ebenso hoher technischer Vollendung, als künstlerischer Originalität; der Naturalismus des Meisters Christoph ruht auf eindringenden Studien und einer feinen Auffassung individuellen Lebens.

Reutlinger Taufstein. Mit diesem kleinen Meisterwerke wetteifert an Reichthum und Schönheit der Taufstein der Marienkirche zu Reutlingen vom Jahre 1499, jenen an Werth und Fülle plastischen Schmuckes noch überbietend. Acht Strebepfeilerchen gliedern den Unterbau und sind oben mit ebenso vielen Statuetten von Aposteln geschmückt, die bei etwas kurzen Körperverhältnissen meisterlich charakterisirte Köpfe zeigen. Am Unterbau aber sind die zwischen den Pfeilern liegenden Nischen mit miniaturartigen Darstellungen der Taufe Christi und der sieben Sakramente ausgefüllt. Die Composition der kleinen Scenen ist äusserst klar und lebendig, die Ausführung von unübertrefflicher Eleganz. Die Gruppen füllen die Tiefen der Nischen so, dass bei rein malerischer Anordnung die vorderen Figürchen frei herausgearbeitet, die übrigen als Reliefs behandelt sind. Das Schönheitsgefühl der schwäbischen Schule offenbart sich namentlich in den anmuthig bewegten Frauengestalten mit reizenden Köpfchen und im malerischen Zeitkostüm.

Reutlingen, heiliges Grab. Diesem zierlichen Werke gegenüber beweist in derselben Kirche ein noch bedeutenderes Denkmal derselben Zeit, was die Schule hier in Arbeiten grossen Maassstabes vermochte. Es ist das etwa um 1480 entstandene heilige Grab, unter allen ähnlichen Denkmälern Deutschlands wohl das bedeutendste*). Schon die reiche architektonische Bekrönung in ihrer üppigen Phantastik gehört zum Schwungvollsten ihrer Art. So wenig dies Hinüberwuchern in's vegetative Reich an grossen architektonischen Compositionen zu billigen ist, so berechtigt erscheint es in kleineren Werken dieser Art, wie an Kanzeln, Taufsteinen und dergleichen. Der sprudelnde Uebermuth einer geistreichen Decoration ist mit wegwerfenden Phrasen von »Entartung des Styles« nicht ausreichend bezeichnet; denn diese Werke haben mehr ächt künstlerisches Verdienst, als mit der monotonen Strenge des 13. Jahrhunderts für ähnliche Zwecke jemals erreicht wird. Der decorativen Pracht entspricht an diesem Meisterwerk der Werth der plastischen Ausstattung. Am Sarkophag sind fünf Apostelbüsten im Hochrelief angebracht, herrliche Köpfe von würdevoller Schönheit und vollendet freier Behandlung, die namentlich an den Bärten und dem Haupthaar hervortritt. Nicht minder vorzüglich sind die beiden schlafenden Kriegsknechte, unübertrefflich leicht hingegossen, die Köpfe voll Lebenswahrheit. Hinter dem Grabe in der Tiefe der Nische stehen Johannes und die drei Frauen, lieblich runde Köpfe nicht gerade von tiefem, aber doch von wehmuthig rührendem Ausdruck. Die schwäbischen Meister mochten nicht wie die fränkischen die weiche Schönheit der Köpfe der dramatischen Schilderung der Leidenschaft opfern. Die Gewandung zeigt mannigfache, schön erfundene Motive, die aber durch eine zu studirte Häufung der Falten in Unklarheit fallen. Geringere Steinmetzenarbeit ist der auferstandene

*) Eine Abb. in den Jahresheften des Württemb. Alterth.-Ver.

Christus in dem mittleren Baldachin und nicht besser scheinen die vier als Bekrönung angebrachten Brustbilder von Propheten.

Fig. 300. Grabstein des Dr. Vergenhans. Stuttgart.

Es ist hier wohl am Platze, auf die seit Syrlin in der schwäbischen Schule so beliebt gewordene Anordnung von Büsten hinzuweisen, die allerdings eine liebevolle Durchführung begünstigte, aber das Studium der ganzen Gestalt zurückdrängte, welches doch dieser Zeit so sehr Noth that. Daher gerade in dieser Schule fast durchgängig die ungebührlich kurzen Körperverhältnisse bei ganzen Figuren. So sieht man es z. B. an den Apostelstatuen im Chor der Stiftskirche zu Tübingen, gedrungene Körper in hart gebrochenen Gewändern, die Köpfe zum Theil recht lebendig. Besser und feiner die kleinen Engel und die Prophetenbüsten an den Consolen (drei von den Aposteln in der Zopfzeit erneuert). Unter den Bildwerken am Aeusseren des 1470 begonnenen Chores und des Schiffes ist, bei mehr decorativer Behandlung, manche tüchtige Arbeit; namentlich ein Ecce homo ist würdevoll aufgefasst. Merkwürdige Zeugnisse von dem plastischen Drange dieser Schule sind am nördlichen Seitenschiff die Reliefs in den Fensterkrönungen, die anstatt des sonst so allgemein üblichen Maasswerkes dienen: eine von Engeln gekrönte Maria, ein h. Georg und ein Martinus, den Mantel theilend, zu Pferde, trefflich in den Raum componirt, aber handwerklich gearbeitet. Sodann an der Ostseite die wunderliche Gestalt eines

Tübingen.

aufs Rad geflochtenen Miffethäters, von hartem Realismus. — In derfelben Kirche ift eine Kanzel aus diefer Zeit, an deren Brüftung Maria mit dem Kinde und die vier grofsen Kirchenväter, deren Bücher auf den Zeichen der vier Evangeliften ruhen. Die Köpfe find ausdrucksvoll, die Gewänder hart und unfchön. Eine ähnliche Kanzel mit denfelben Darftellungen findet fich in der Stiftskirche zu

Herrenberg. Stuttgart.

Herrenberg; eine dritte, werthvollere in der Stiftskirche zu Stuttgart. Hier find in ganzer Figur die fitzenden Geftalten der Evangeliften in kräftigem Hochrelief dargeftellt, auffallend fchlank in den Verhältniffen, fein charakterifirte Köpfe, die Gewänder noch in klarem Flufs, fodafs man auf eine etwas frühere Zeit (um 1470) fchliefsen möchte. Dagegen zeigen die Statuen vom ehemaligen Lettner unförmlich kurze Verhältniffe und eckig gebrochenen Faltenwurf. Derfelben Art find auch die Statuen am Apofielthor diefer Kirche vom Jahre 1494. — Weitaus das edelfte Werk diefer Zeit in Stuttgart ift der 1501 errichtete Oel-

Justitia.

Drei kluge Jungfrauen.

Fig. 301. Vom Hauptportal des Münsters zu Bern.

berg bei der Leonhardskirche. Hier erhebt fich in der feierlichen Geftalt Chrifti am Kreuze, und in der rührenden Gruppe der Maria, des Johannes und der am Kreuzesftamm knieenden Magdalena die fchwäbifche Plaftik zu einer an die beften Nürnberger Werke erinnernden Tiefe und Kraft der Seelenfchilderung*). Endlich bewahrt die Stiftskirche noch eine tüchtige Bildnifsfigur derfelben Zeit in dem rothmarmornen Grabftein**) des 1512 geftorbenen Probftes Dr. Ludwig Vergenhans (Fig. 300).

Sculpturen in der Schweiz.

Diefelbe fchwäbifche Schule in dem etwas breiten derben Styl ihrer Geftalten erkennt man in der Schweiz an der plaftifchen Ausfchmückung der Oswaldskirche in Zug und mehr noch an den prächtigen Sculpturen des Hauptportals vom Münfter zu Bern, diefe von *Nikolaus Küns* gearbeitet. Die

*) Abb. diefes Oelberges, fowie der Kanzeln von Herrenberg und Stuttgart fammt Statuen des Lettners und des Apoftelthores der Stiftskirche in *Heideloff's* Kunft des Mittelalters in Schwaben. Lief. 1—3.

**) Ebenda Heft 3, dem unfere Fig. entlehnt ift.

eleganten Statuen der klugen und thörichten Jungfrauen, sowie der Gerechtigkeit an letzterem bezeugen den Einflufs von Hans Holbein und Nikolaus Manuel. Befonders die Justitia mit dem fast durchschimmernden Gewande und der eleganten Bewegung ist bezeichnend für den Geist dieser Schule um 1520. (Fig. 301.) Eine reiche Kanzel vom Jahre 1486 findet sich im Münster zu Basel. Noch prächtiger ist die des Münsters zu Strafsburg von demselben Jahre, ein Werk des Meisters *Hans Hammerer*. Hier sind auch die Bildwerke des nördlichen Querschiffportals am Münster als tüchtige Arbeiten derselben Zeit zu nennen. Die Marter des h. Laurentius im Tympanon ist gut componirt und lebendig in ziemlich grofsen Figuren dargestellt, der nackte Körper des Heiligen von einem edlen Naturalismus. Energische Portraitgestalten voll charakteristischen Lebens sind die Einzelbilder an den Pfeilern neben dem Portal; nur leiden sie durch die Ueberladung mit hartem Faltenwurf. Auf der linken Seite ist es eine grofsartige Madonna, auf deren Arm der kleine Christus äufserst lebendig zu den auf drei benachbarten Consolen aufgestellten heiligen drei Königen hinüberstrebt. — Endlich ist vom Jahre 1507 ein grofses Steinbild Christi am Kreuz mit Maria und Johannes, auf dem Kirchhofe bei Colmar, zu nennen. — im Elsafs.

Kehren wir nach Schwaben zurück, so finden wir auch diesmal wieder Augsburg als Sitz einer tüchtigen Schule, deren Schönheitssinn an Reinheit der Empfindung und Gröfse der Form fast allen andern Schulen überlegen ist. — Augsburg. Im Maximilians-Museum sieht man ein aus dem Dom stammendes Hochrelief vom Ende des 15. Jahrhunderts. — Relief aus dem Dom. Es enthält die Maria mit dem Leichnam Christi, über den sie sich in tiefem Schmerze niederbeugt. Neben ihr die h. Barbara, edel und lebendig, das Gesicht von einem schönen Oval; andrerseits Petrus und Andreas, Gestalten von markiger, ja gewaltiger Charakteristik, die den knieenden Stifter, einen Rechberg, der Madonna empfehlen. Darüber schweben zwei Engel mit Kreuz und Marterfäule. Noch bedeutender ist ein aus S. Ulrich stammendes Relief, ebenfalls von einem Grabmal, aber in reicherer Anordnung. — Relief aus S. Ulrich. Maria thront an der Seite vor einem Teppich, den zwei schöne Engel ausgebreitet halten. Ihr gegenüber sieht man zwei Reihen von Heiligen: Afra, Hieronymus, Suibertus und Benediktus, vor ihnen S. Ulrich und Konrad, welch letzterer seinen Schützling den Konrad Morlingen († 1510) empfiehlt. Hier ist in Allem eine freie Schönheit des Styls, eine Feinheit der Charakteristik, eine Vollendung der Ausführung, dafs man ein in Stein übertragenes Gemälde des grofsen Holbein zu sehen glaubt. Von der ursprünglichen Bemalung sind noch Spuren zu erkennen. — Vom Ende der Epoche (1540) rührt ein in der Katharinenkapelle am Kreuzgang des Domes aufgestellter Altar mit Steinreliefs in einem edel entwickelten Styl und dabei noch voll naiver Empfindung. — Relief beim Dom. Sie schildern die Geburt Christi und daneben in vier kleineren Scenen die Verkündigung, Heimsuchung, Anbetung der Könige und den Tod der Maria.

Wie lange man in einzelnen Fällen noch an alterthümlichen Formen festhielt, beweist der herrliche Renaiffance-Altar im Obermünster zu Regensburg*), — Regensburg. welchen die Aebtissin Wandula von Schaumberg kurz vor 1545 stiftete. In zierlich ausgeführten Reliefs von Kehlheimer Marmor sieht man den Tod und

*) Abb. in *Förster's* Denkm.

die Verklarung der Maria in der Mitte, auf beiden Seiten von den kleineren Darstellungen der Verkündigung, Geburt und Anbetung der Könige, der Auferstehung, Himmelfahrt und der Sendung des h. Geistes begleitet. Schlichte Treuherzigkeit der Empfindung zeichnet die sehr kurzen, rundlichen Figuren aus, deren kraus gebrochener Faltenwurf noch an Dürer'sche Zeit und Kunst anklingt.

Grabsteine zu Berchtesgaden.

Mehrere Grabsteine von Fürstpröpsten in der Stiftskirche zu Berchtesgaden lassen die verschiedenen Entwickelungsstadien der Plastik von 1440 bis 1540 etwa in anziehender Weise erkennen. Diese Werke sind grofsartig angelegt, in dem rothen, leider bisweilen unruhig gefleckten Marmor des dortigen Gebirges mit beachtenswerther technischer Gewandtheit ausgeführt und zum Theil von erheblichem Kunstwerthe. So zunächst der Grabstein des Fürstpropstes Petrus Pyentzenauer († 1432), im Wesentlichen noch den conventionellen Manieren des gothischen Styles folgend, aber schon mit deutlichem Streben nach individuellem Gepräge und naturwahrer Bewegung des Gewandes. Die etwas überlebensgrofse Gestalt steht auf zwei Löwen und hält in der Linken das Gebetbuch, in der Rechten die Inful. Ein in winzigem Maafsstabe ihm beigegebener Mefsner macht sich am unteren Ende des Abstabes zu schaffen. Zwei Engel halten hinter dem Haupte des Verstorbenen einen Teppich ausgebreitet. Dieselbe Anordnung wiederholt sich am Grabstein Ulrich Bernauer's († 1495), wo die Reminiscenzen des gothischen Styles völlig abgestreift sind, und eine markige Charakteristik die Gestalt bis in die kleinsten Beiwerke belebt. Den energischen Prälatenkopf bedeckt die Mitra, auf welcher die Verkündigung in zwei lieblichen Figürchen ganz im Style eines Martin Schön ausgeführt ist. Auch das Brustbild des h. Petrus im oberen Abschlufs der Inful zeigt denselben Styl. Das Werk stammt offenbar von einem bedeutenden wahrscheinlich oberbairischen Meister. Derselben Zeit ungefähr gehört das prächtige Denkmal im Chor, welches die edle Gestalt und die vornehmen Züge des Fürstpropstes Gregorius Reiner zeigt, überragt von einem Baldachin in spätgothischen reichen Laubformen. Die Engel, welche den Teppich halten, gleichen aufs Genaueste zwei anderen, die über der Sakristeithür gleich neben diesem Denkmal als Wappenhalter angebracht sind. Der Grabstein von Balthasar Hirschauer († 1508) zeigt den neuen Styl zu edler Freiheit durchgebildet, im Gewande aber den gebrochenen Faltenwurf der Zeit, freilich in grofs angelegten Motiven. Der Kopf mit der gebogenen Nase, dem fein gezeichneten Munde, dem gelassenen Ausdruck könnte ein Dürer sein. Das letzte dieser Denkmäler, an der Südwand des Chores, dem 1541 verstorbenen Fürstpropst Wolfgang Lenberger errichtet, ist ganz in den Formen der Renaissance durchgeführt, die aber mit wenig Feinheit aufgefafst sind. Die Gestalt selbst mit dem lebensvollen, leise seitwärts gewendeten Haupte ist sehr tüchtig.

Sculpturen in Oesterreich.

Ueber Umfang und Werth der Steinsculpturen in Oesterreich liegen nicht genug Nachrichten vor, um ein Urtheil schon jetzt möglich zu machen. Doch scheint es, dafs man für die bedeutendsten Arbeiten fremder Meister bedurfte; wahrscheinlich weil die frühere Zeit diese Gattung der Plastik dort wenig gepflegt hatte. So berief Kaiser Friedrich III. den Meister *Nicolaus Lerch* im Jahre 1467 aus Leyden, um das Grabmal der verstorbenen Kaiserin Eleonore für die Stiftskirche zu Wiener-Neustadt zu arbeiten. Als dies vollendet war, erhielt Lerch den Auftrag, das Grabmal des Kaifers für S. Stephan zu Wien anzufertigen. Da der Kaifer und der Meifter feines Grabmals im Jahre 1493 ftarben, als erft der Deckel des Monumentes fertig war, wurde Meifter *Michael Dichter* zu „Sr. Majeftät Grabmacher" erwählt. Aber erft 1513 wurde das grofsartige Werk zu Ende geführt. In Pracht der Anlage und Reichthum der Ausfchmückung gehört dies Denkmal zu den bedeutendften der Zeit; aber der künftlerifche Werth der plaftifchen Arbeiten entfpricht keineswegs dem Aufwand an Mitteln. Ganz aus röthlichem Marmor errichtet, befteht es aus einem breiten geländerartig durchbrochenen Unterbau, über welchem fich der Sarkophag mit feinem Deckel erhebt, der, von einem ftolzen Ehrenkranz von Wappen umgeben, die Geftalt des ausgeftreckt daliegenden Kaifers trägt. Die Anordnung des Ganzen zeugt um fo mehr von Einficht und Originalität, als in Deutfchland den Künftlern nur felten Gelegenheit geboten wurde, grofsartigere Freimonumente diefer Art auszuführen. Faft mit dem Geifte eines Italieners hat der Künftler die gothifchen Formen fehr maafsvoll und eigentlich nur an untergeordneten Theilen, an der Krönung des oberen Gefimfes und den Baldachinen der am Sarkophag wie am Unterbau angeordneten Heiligenftatuetten zugelaffen. Im Uebrigen war es feine ganz berechtigte Hauptabficht, möglichft viel Relieffelder zu gewinnen, was ihm an den Seiten des Sarkophags denn auch gelang. Man fieht wieder, wie wenig der gothifche Styl geeignet war, für wortreiche Verherrlichung von weltlichen Herren den Rahmen herzuleihen. Die Reliefs des Sarkophags enthalten eine Krönung der Maria und acht „fromme Werke" des Kaifers, d. h. Stiftungen von Klöftern u. dergl. Dazwifchen fieht man in kleinen baldachingekrönten Nifchen die Statuetten der Reichsfürften, die wie ein feierliches Trauergefolge den Sarkophag umgeben. An den Pfeilern des Unterbaues find in Nifchen die Statuetten Chrifti und der Apoftel angeordnet, in den Bogenlaibungen des Geländers fodann noch viele kleinere Figuren von Bifchöfen, Aebten u. dergl., fodafs man im Ganzen über 240 Figuren zählen will. Diefer reiche plaftifche Schmuck ift von verfchiedenem Werthe, ohne fich irgendwie zu hoher geiftiger Bedeutung oder Schönheit zu erheben.

Friedrichs III. Grab in S. Stephan.

Vom Jahre 1481 datirt in der Katharinenkapelle des Stephansdomes der ebenfalls aus Marmor gearbeitete Taufftein mit den einfach würdigen Statuetten der Apoftel. — Von höherem Kunftwerth ift die durch Lebenswahrheit und Kraft der Charakteriftik ausgezeichnete Portraitbüfte des Meifters *Jörg Oechfel*, welche nach Art einer Confole die alte Orgel im nördlichen Seitenfchiffe trägt. Das treffliche Werk verdient aufserdem als ein Markftein in der Baugefchichte von S. Stephan Beachtung, denn der wackere alte Meifter hat fich dies Denkmal kurz vorher gefetzt, ehe er von dem ränkevollen und gewaltthätigen *Anton Pilgram* von Brünn aus der Bauführung verdrängt wurde. Diefer ift feit 1506 als Werkmeifter von S. Stephan nachzuweifen*) und errichtete um 1512 die prachtvolle Kanzel mit den Bruftbildern der Kirchenväter und kleinen Heiligenfiguren. Unter der Treppe brachte er feine eigene Portraitbüfte an, ebenfalls ein Werk von charaktervoller Tüchtigkeit. Diefe Arbeiten fowie

S. Stephan, Taufftein.

Kanzel.

*) Alle gefchichtlichen Notizen über die Werke von St. Stephan verdanke ich der gediegenen Einleitung *J. Feil's* zu *A. R. v. Perger's* Dom von S. Stephan (Trieft 1854).

jenes Werk Oechfels fcheinen darauf zu deuten, dafs beide Kunftler ihre Ausbildung in der fchwäbifchen Schule gefunden haben. — Aufsen am Chor von S. Stephan fieht man eine leider ftark zerftörte Kreuztragung Chrifti, 1523 von *Konrad Flauen* gearbeitet. Sodann an der Südfeite eine zum Gedächtnifs des Kirchenmeifters Johann Straub errichtete Hochreliefstafel vom Jahre 1540, welche in einfachem Renaiffancerahmen in der Mitte den Abfchied Chrifti von den h. Frauen, ringsum in fieben Medaillons Darftellungen aus feinem Leben enthält. In diefen Arbeiten mildert fich der Styl zu grofser Weichheit und Anmuth; die Compofition ift im Ganzen wie in den einzelnen Scenen fprechend lebendig, die Anordnung klar.

Sculpturen am Aeufseren.

Rheinifche Plaftik.

Auch in den übrigen Gegenden Deutfchlands tritt die Steinplaftik vereinzelter auf als die allgemein verbreitete Holzarbeit. Doch finden wir am Main und Rhein Lokalfchulen, die an den zahlreichen Grabmälern nicht gerade eine höhere felbftändige Bedeutung bewähren, aber doch manches wackere und felbft edlere Werk hervorbringen. Viele Denkmäler folcher Art fieht man in der Kirche zu Wertheim am Main. Sie fpiegeln die verfchiedenen Wandlungen, welche die deutfche Sculptur in diefer Epoche auch anderwärts durchmacht. Eins der früheften Werke diefer Zeit ift der Grabftein Ruprechts von der Pfalz in der h. Geiftkirche zu Heidelberg. Werthvoller und anziehender find die Reliefstafeln in der Nicolauskapelle des Doms zu Worms, welche die Geburt Chrifti, die Verkündigung, Grablegung und Auferftehung, fowie den Stammbaum der Maria darftellen. Während diefe Arbeiten die realiftifche Auffaffung vom Ende des 15. Jahrhunderts in ganzer Beftimmtheit repräfentiren, zeigen im Dom die anmuthigen Figuren dreier weiblicher Heiligen einen etwas früheren und weicheren Styl.

Wertheim.

Heidelberg. Worms.

Frankfurt.

Mainz.

In Frankfurt a. M. ift auf dem Kirchhofe des Domes die Gruppe Chrifti am Kreuz fammt den Schächern und den trauernden Frauen eine tüchtige Arbeit vom Jahre 1509. Reichere Ausbeute gewährt aber auch jetzt Mainz mit den Bifchofsgräbern des Domes, die meift in prachtvoller Entfaltung den fortgefchrittenen Styl der Epoche zur Geltung bringen. So der markige Denkftein des Erzbifchofs Diether von Ifenburg (1482) und zwei Jahre fpäter das würdevoll fchlichte Grabmal eines Domherrn Albert von Sachfen. Etwas herber im Styl, namentlich in dem eckig gebrochenen Faltenwurf erfcheint der Denkftein des Domdechanten Bernhard von Breitenbach (1497). Gröfsere Fülle und höheres Lebensgefühl zeigen fchon die Grabmäler der Erzbifchöfe Berthold von Henneberg (1504) und Jakob von Liebenftein (1508), fowie der des Erzbifchofs Uriel von Gemmingen (1514), der am meiften den Arbeiten Riemenfchneiders verwandt ift. Alle diefe Werke folgen in der Architektur noch dem gothifchen Style. Ein tüchtiges Denkmal verwandter Richtung findet man in Trier in der Liebfrauenkirche an dem Grabftein des Erzbifchofs Jakob von Syrk, vom Anfange des 16. Jahrhunderts. Im Dome dafelbft tritt fodann der italienifche Einflufs zuerft in dem prachtvollen Renaiffance-Denkmal des Erzbifchofs Richard von Greifenklau (1527) hervor, dem das des Erzbifchofs Johann von Metzenhaufen (1540) fich anfchliefst. Auch in andern rheinifchen Orten bereitet fich diefer Umfchwung um diefelbe Zeit vor. Im Dom zu Mainz wird er durch das Grabmal des Cardinals Albrecht von

Trier.

Italienifcher Einflufs.

Mainz.

Brandenburg (1545) eingeleitet. **Oberweſel.** In der Stiftskirche zu Oberweſel gehört der Denkſtein des Kanonicus Lutern (1515) noch der früheren Behandlungsweiſe an; aber ein vorzügliches Epitaph der Frau Eliſabeth von Gutenſtein und ihres Gemahls vom Jahre 1520 von hohem Adel der lebensvollen Geſtalten zeigt die Vermiſchung gothiſcher Formen mit denen der Renaiſſance, und zur völligen Herrſchaft ſieht man letztere dann gelangt in dem trefflichen Hochrelief vom Jahre 1523 in derſelben Kirche, Maria mit dem Kinde und den knieenden Stifter darſtellend. Vielleicht die Hand deſſelben unbekannten Meiſters ſchuf dann 1548 in der Carmeliterkirche zu **Boppard.** Boppard das herrliche Doppeldenkmal, auf welchem Johann von Eltz und ſeine Gemahlin lebensgroſs vor einer Darſtellung der Taufe Chriſti knieen. Hier läutert ſich die energiſche Charakteriſtik der deutſchen Auffaſſung zu völliger Freiheit und reinem Adel der Durchbildung*). — Mehrere tüchtige Denkmäler, die ebenſalls den Uebergang zur Renaiſſance bezeichnen, bewahrt ſodann die Kirche zu **Lorch.** Lorch. Lebendig und ſchlicht das Doppelgrabmal Johann von Breitbach's († 1500) und ſeiner Gemahlin, frei bewegt in klarem Gewandfluſs; ähnlich das des Ritters Johann Hilchen von Lorch († 1512) und ſeiner Gemahlin, er mit Streitaxt und Roſenkranz etwas ſpreizbeinig, aber doch lebensvoll; namentlich aber das ſtattliche Renaiſſancemonument des tapfern Ritters Johann Hilchen von Lorch, des Jüngern, der 1548 ſtarb. Die Grabplatte iſt 1550 ausgeführt. Es iſt eine mächtige breitſchulterige Geſtalt, kühn ausſchreitend, der Kopf mit groſsem Bart, im Ausdruck mild und ernſt; in der Grabſchrift wird der Kriegsthaten des tapfern Streiters gegen Frankreich und den „Erbfeindt den Durcken" Erwähnung gethan.

**Sculpturen in Weſtfalen.** Weſtfalen iſt arm an Steinarbeiten dieſer Epoche, und ſelbſt an den zahlreichen, mit groſsem Aufwand hergeſtellten Sakramentsgehäuſen, deren eins der gröſsten und ſchönſten in der katholiſchen Pfarrkirche zu Dortmund, ſteht der plaſtiſche Schmuck an Bedeutung weit hinter dem Ornamentalen zurück. So iſt es auch an einem der üppigſten Lettner vom Anfange des 16. Jahrhunderts, dem ſogenannten Apoſtelgang im Dom zu Münſter. Von Grabſteinen dieſer Epoche möge nur der eines Grafen Bernhard von Lippe († 1511) und ſeiner Gemahlin Anna von Holſtein, in der Kirche zu Blomberg genannt werden. Eine recht würdige Darſtellung des Kalvarienberges mit den drei Kreuzen und den Geſtalten der Maria, des Johannes und der Magdalena hat ſich an der Jakobikirche zu Koesfeld erhalten. Vom Jahre 1488 datirt ein ſchön empfundenes, auch in den Gewändern edles Relief der Kreuzabnahme in einer Kapelle von S. Moritz bei Münſter.

**Sächſiſche Sculpturen. Erfurt.** Etwas reichere Ausbeute gewähren die ſächſiſchen Gegenden, obwohl von einer durchgreifenden Thätigkeit einheimiſcher Schulen nicht zu reden iſt. Zu den früheren Werken gehört in der Severikirche zu Erfurt das Altarrelief eines trefflich bewegten S. Michael, ſowie die Sculpturen des Taufſteins vom Jahre 1467. **Havelberg.** Hier mag denn auch der prächtige Lettner des Doms zu Havelberg Erwähnung finden, der ſich vor ſpäteren Arbeiten dieſer Art durch reichen figürlichen Schmuck auszeichnet. Er enthält in vielen kräftigen Reliefs

*) Für die rheiniſchen Gegenden enthalten die Studien *Kugler's* im II. Bande der Kl. Schriften eine Fülle werthvoller Notizen.

die Leidensgeschichte Christi, dazwischen auf Consolen die Statuen der Apostel und der Madonna, letztere noch im idealen gothischen Gewandfluss. Aehnliche Reliefs sieht man ebendort an mehreren Altären. An dem glänzenden Lettner des Domes zu Halberstadt, vom Jahre 1510, überwiegt das decorative Element. Dagegen sind an der Kanzel im Dom zu Freiberg, die origineller Weise als riesige Tulpe gestaltet ist, plastische Arbeiten von selbständigem Werth und energisch durchgebildetem Styl. Die Treppe wird von einem Gesellen getragen, welcher alle Zeichen grosser Anstrengung zu erkennen giebt. Unten klettern zwischen den grossen Blumenranken vier reizend naive nackte Engelknaben, von denen der eine humoristischer Weise mit einem Bergmannsjäckchen bekleidet ist, aus welchem die Flügel possierlich hervorbrechen. Oben sitzen zwischen den Blumenblättern die grossen Brustbilder der vier Kirchenväter, deren Köpfe eine meisterhafte Feinheit portraitartiger Charakteristik zeigen. Den Schalldeckel krönt eine schöne Madonna mit anmuthig bewegtem Kinde. Der Meister dieses ausgezeichneten Werkes, welches auf schwäbische Einflüsse zu deuten scheint, hockt am Fusse der Kanzel in ganzer Gestalt, mit ruhiger Zuversicht um sich schauend.

Halberstadt. Freiberg.

Annaberg.

Weiter besitzt die Kirche zu Annaberg ein Werk der Steinsculptur aus dieser Epoche, welches weniger durch besondere Feinheit der Ausführung als durch den beispiellosen Umfang und durch die wahrhaft verschwenderische Anwendung der Plastik hervorragt. Die Brüstungen der Emporen, welche sich rings um die Wände ziehen, sind nämlich mit nicht weniger als hundert einzelnen Hochreliefs geschmückt, die von 1499—1525 von einem Meister *Theophilus Ehrenfried* mit zwei Gehülfen ausgeführt wurden. Die ersten 22 schildern die verschiedenen Altersstufen des Menschen, und zwar des männlichen wie des weiblichen Geschlechts mit der im Mittelalter beliebten Hinzufügung von symbolischen Thiergestalten. Die übrigen Reliefs enthalten die Geschichte des alten und des neuen Testaments, der Maria und der Apostel mit ihren Martyrien. Das Weltgericht macht den Beschluss. Tüchtig, wenn auch nicht besonders fein durchgeführt, hin und wieder mit Benutzung Dürer'scher Compositionen, müssen diese Arbeiten in ihrer früheren Bemalung und Vergoldung einen unvergleichlich prächtigen Eindruck gemacht haben. — Von höherem Kunstwerth, durch Grossartigkeit der Empfindung und Freiheit der Form ausgezeichnet, ist an derselben Kirche die sogenannte goldne Pforte mit einer Darstellung der Dreifaltigkeit. Sodann die Thür der 1522 beendeten Sakristei, deren Formen eine geschmackvolle Mischung von Motiven der Renaissance und der Gothik zeigen, und die in dem Bogenfeld eine gemüthliche Reliefscene der h. Anna, Maria und des Christkindes, umgeben von dienenden Engeln, enthält. Endlich wurde in demselben Jahre der Hochaltar aufgestellt, welcher in zierlichem Kalksteinrelief auf rothmarmornem Grunde eine hübsch componirte und fleissig ausgeführte Darstellung des Stammbaums der Maria zeigt. Dieses Werk ist in Augsburg von einem dortigen Bildhauer und Schnitzer *Adolph Dowher* gefertigt worden. Ein allerdings vereinzeltes, aber beachtenswerthes Zeugniss für den Einfluss der schwäbischen Kunst in diesen Gegenden.

Zu den zierlichsten Werken vom Anfang des 16. Jahrhunderts gehört das

Grabdenkmal der Kaiserin Editha, welches man in der mittleren Chorkapelle des Doms von Magdeburg sieht. Auf einem reich decorirten Sarkophage liegt die anmuthige, leider stark zerstörte Gestalt der Verstorbenen, die mir von der Hand Riemenschneider's scheint, denn der mild wehmüthige Ausdruck des Kopfes und die eigenthümlich geknitterte Behandlung des Gewandes erinnert an die Kaiserin Kunigunde in Bamberg. Am Sarkophag sind S. Mauritius und sieben weibliche Heilige unter spätgothischen Baldachinen, auf den Ecken ruhende Löwen angebracht. Die Anordnung ist offenbar durch das Vorbild bedingt, welches Vischer im Denkmal des Erzbischofs Ernst gegeben hatte. Die Heranziehung eines auswärtigen Meisters für dies zierliche Monument wird noch wahrscheinlicher, wenn man die Figuren am Lettner, rohe Steinmetzenarbeiten vom Ende des 15. Jahrhunderts betrachtet. Magdeburg.

Dagegen hatte man gleichzeitig in Lübeck über bessere Kräfte zu verfügen. In der Marienkirche sind die Chorschranken um 1500 mit Hochreliefs der Passion in Stein geschmückt worden, an denen man trotz moderner Ergänzungen und geschmackloser Oelfarbenanstrichs eine tüchtige, charaktervolle Arbeit der Zeit erkennt, mit mehr Schönheitsinn durchgeführt als den meisten damaligen Künstlern eigen war. Auch die Einzelstatue eines h. Antonius im südlichen Seitenschiff nahe beim Chor zeugt von demselben edlen Formensinn und verwandter Auffassung. Eine nicht minder beachtenswerthe Arbeit ähnlicher Richtung aus derselben Zeit ist die Madonnenstatue, welche in S. Peter zu Hamburg im nördlichen Seitenschiff aufgestellt ist. Die weiche Schönheit des Kopfes, die lebendige Bewegung des Kindes, das reich motivirte Gewand, welches keine eckigen Brüche zeigt, das Alles sind Züge eines Künstlers, der dem einseitigen Realismus der Zeit aus dem Wege zu gehen weiss. Lübeck. Hamburg.

### c. Die Erzarbeit.

Weniger allgemein, als die beliebte Holzschnitzerei und die Steinsculptur wird in dieser Epoche die Erzarbeit bei den Deutschen gepflegt. Sie scheint fast nur in Nürnberg zu umfassender Anwendung gekommen zu sein; dafür aber erhebt sie sich hier durch die Kraft eines der grössten Meister deutscher Kunst zu reinster Vollendung. Es ist *Peter Vischer*, der ehrsame Bürger und Rothgiesser von Nürnberg. Bedeutung Nürnberg's.

Wir wissen nicht viel von dem äusseren Leben, noch weniger von dem Bildungsgange dieses ebenbürtigen Zeitgenossen eines Albrecht Dürer. Sein Vater war jener Hermann Vischer, der 1457 das Taufbecken der Stadtkirche zu Wittenberg gegossen hat. Er folgt in seinem figürlichen Schmuck noch den Traditionen gothischer Kunst und zeugt keineswegs von einer höheren Begabung. Auch sonst ragt, was in diesen Gegenden an Broncewerken geschaffen wurde, nicht über das Mittelmässige hinaus. Mehrere Grabplatten im Dom zu Bamberg liefern dafür Belege. Die älteste von ihnen scheint die des Bischofs Georg I. († 1475) zu sein. In ihr ist das realistische Streben der Zeit noch keineswegs zu günstigen Erfolgen gelangt; denn die Haltung erreicht nicht mehr den schönen Schwung früherer Werke und leidet dafür, anstatt eine Peter Vischer. Verbreitung des Erzgusses.

freiere Natürlichkeit zu bieten, an unlebendiger Steifheit. Auch die Grabplatte Bischof Heinrichs III., die laut Inschrift 1489 gefertigt wurde, erscheint in ähnlicher Richtung als ein mittelmäfsiges Werk, bei welchem namentlich die schlecht gezeichneten Hände auffallen. Aehnliches gilt von den Grabplatten der Bischöfe Vitus I. († 1503) und Georg II. († 1505), die gleich jenen im Flachrelief die Gestalten der Verstorbenen zeigen: handwerklich wackere Arbeiten, namentlich durch saubere Ausführung der reichen Damaszirung in Gewändern und anderen Beiwerken achtungswerth, auch im Styl des Faltenwurfes wohlverstanden, aber doch immer etwas stumpf und ausdruckslos. Wenn daher mehrere dieser Werke auf Peter Vischer zurückgeführt werden, so kann man das nur in dem Sinne gelten lassen, dafs der Gufs in der berühmten Vischer'schen Werkstatt zu Nürnberg ausgeführt wurde. Als Zeugnisse seines Geistes und seiner Kunstrichtung dürfen solche Arbeiten untergeordneten Ranges uns nicht aufgedrängt werden. Diese Auffassung findet eine Bestätigung in der urkundlichen Notiz, dafs jenes Denkmal Bischof Georgs II. zwar in der Vischer'schen Werkstatt gegossen wurde, aber nach dem Entwurf des Bamberger Malers Wolfgang Katzheimer*).

Eherne Gräber zu Bamberg.

Welchen Bedarf übrigens das einzige Bamberg in jener Zeit an bronzenen Grabplatten hatte, erfährt man bei einem Ueberblick der in der Sculptur des Domes vorhandenen Denkmäler dortiger Domherren, Pröpste und Dechanten. Dem frühesten dieser Werke vom Jahre 1414 schliefsen sich aus den letzten Decennien desselben Jahrhunderts noch fünf andere an, von denen die beiden älteren von 1464 und 1475 die Gestalten der Verstorbenen nur in eingegrabenen Umrissen geben. Mit dem Denkmal des Domherrn Erhard Truchfefs von Wetzhausen († 1491) beginnt die Reihe der Reliefwerke. In den beiden ersten Decennien des 16. Jahrhunderts sind sodann vierzehn ähnliche Tafeln, darunter nur eine in vertiefter Arbeit, hinzugekommen. Gegen 1520 nimmt der Luxus in diesen Werken allmählich ab; denn bis 1540 zählen wir nur noch sechs solcher Tafeln, und von da hören sie fast gänzlich auf und begnügt man sich meist mit metallnem Wappen und Inschriftplatte. Alle diese Werke rühren von unbekannten Meistern her. Nur einmal nennt sich *Hans Krebs*, welcher die Reliefttafel des 1515 verstorbenen Domherrn Georg von Stibar arbeitete. Aber auch von diesem Künstler wissen wir nicht, wo er gelebt, und wir vermuthen nur, dafs er nach Nürnberg gehört habe.

Die Vischer'sche Giefshütte.

Es mufs uns also genügen, eine rege, wenngleich sehr einseitige Thätigkeit im Erzgufs für die damalige fränkische Kunst nachgewiesen zu haben. Dafs aber Nürnberg der Hauptort dieses Schaffens war, erhellt schon aus dem Umstande, dafs man sich mit Bestellungen aus verschiedenen Gegenden Deutschlands dorthin an die Vischer'sche Werkstatt wandte. War das schon unter dem älteren Hermann Vischer für Wittenberg geschehen, so wuchsen Ansehen und Ruf der wackeren Nürnberger Rothgiefserfamilie noch unter dem ungleich begabteren Sohne *Peter Vischer*. Derselbe wurde 1489 als Meister aufgenommen und 1494,

P. Vischer's Leben.

zugleich mit dem Bildschnitzer *Simon Lamberger*, vom Kurfürsten Philipp von der Pfalz nach Heidelberg berufen, um diesem »mit ihrem Rath und Handwerk

*) Vergl. *Heller*, Beschr. der bisch. Grabm. im Dom zu Bamberg S. 32.

zu dienen.» Was Vischer dort geschaffen, ist unbekannt, wohl auch schwerlich noch vorhanden. Die übrige Zeit seines Lebens scheint dem Meister unausgesetzt zu Nürnberg in fleissiger Arbeit hingegangen zu sein. Fünf Söhne unterstützten ihn bei seinen umfangreichen Schöpfungen. Unter ihnen wird der gleichnamige *Peter**) im Jahre 1527 als Meister bei dem Handwerk der Fingerhuter aufgenommen. Meister *Hans* (*Johann*), «der Giesser» zubenannt, scheint besonders den Guss geleitet zu haben. Von ihm kennen wir mehrere Werke. Von *Hermann*, der wieder den Namen des Grossvaters führt, wissen wir unter Anderem, dass er in Italien gewesen und von dorther manche Visirung und Risse mitgebracht. Von *Jacob* und *Paul* dagegen wissen wir nichts zu nennen. Im Jahre 1529 starb Peter Vischer. Seine Söhne überlebten ihn, wie es scheint, nicht über das Jahr 1540 hinaus.

Vischer's frühere Werke.

Fig. 302. Apostelfigur vom Grabmal des Erzbischofs Ernst zu Magdeburg. Von P. Vischer.

Wichtiger als diese dürftigen Nachrichten von seinem äusseren Leben ist das, was der Meister selbst in seinen zahlreichen Werken über seinen inneren Entwicklungsgang berichtet. Das Bild eines reichen und tiefen Künstlerlebens rollt sich auf, und die einzelnen Züge desselben sind um so sicherer, da Vischer, ähnlich wie Dürer, seine Werke mit Jahreszahl und Monogramm zu versehen pflegte; eine Abweichung von der damals in Deutschland üblichen Sitte, die das Herannahen einer neuen Zeit, das Erwachen des künstlerischen Selbstgefühls und das Bewusstsein der fortschreitenden Stylentwicklung klar bekundet. Und wirklich gewährt der Lebensgang Vischers ähnlich wie der Dürers die Thatsache eines unablässigen künstlerischen Fortschreitens. In seinen frühesten bekannten Werken, dem Grabdenkmal des Erzbischofs Ernst im Dom zu Magdeburg vom Jahre 1495, sowie dem des Bischofs Johann im Dom zu Breslau vom Jahre 1496, hat Vischer die noch von seinem Vater gehandhabten conventionellen Formen der früheren Zeit verlassen und sich dem Realismus der damaligen Nürnberger Schule eines Wohlgemuth und Adam Krafft in ganzer Schärfe hingegeben. Und doch macht sich hier schon der ihm eigene Schönheitssinn geltend, denn während die Gestalt des Bischofs an dem Magdeburger Denkmal in den harten Gewandbrüchen und der energischen Portraitauffassung verräth, wie vollständig der Meister damals in den herrschenden Ton der Darstellung einstimmte, beweisen die Statuetten der Apostel, welche an den Seiten des Sarkophags unter durchbrochenen gothischen Baldachinen angebracht sind (Fig. 302), eine Kraft des Styles und einen Adel der Auffassung, dass man in ihnen den Keim der späteren Apostelfiguren des Sebaldusgrabes schon erkennt. Die Köpfe sind ausdrucksvoll und voll Mannigfaltigkeit der Charakteristik, aber ohne die scharfen Details des Realismus. Bei einigen fliesst der Bart zurück, wie durch rasche Bewegung im Winde. Die Gewänder sind grossartig, in breiten Massen und reich entwickelten Motiven angeordnet, wohl etwas scharf in den

*) Für dies und die folgenden Notizen vergl. *Baader*, Beiträge zur Kunstg. Nürnb. I. u. II. Heft.

Brüchen, aber ohne alles Eckige, durchaus in freiem Fluſſe. Nur die Verhältniſſe der Geſtalten haben etwas Kurzes, Gedrungenes und laſſen den Adel der ſchlanken Apoſtel am Sebaldusgrabe noch vermiſſen. Auch die Hände ſind noch hart und anatomiſch knöchern; vollends realiſtiſch ſind ferner die Statuetten des h. Stephanus und Mauritius behandelt, mit portraitartig individuellen Köpfen. Von bewundernswerther techniſcher Meiſterſchaft zeugt aber das Ganze bis in die kleinſten Einzelheiten; ſo ſind namentlich am Unterbau die Wappen mit herrlich in flachem Relief durchgeführten Thierfiguren vortrefflich. Im Architektoniſchen herrſcht noch ganz die Gothik, deren Formen mit dem vollen decorativen Reiz der Spätzeit behandelt ſind. Liegt in den Nebenfiguren der Realismus mit einem ſich ſchon deutlich regenden idealen Sinn im Kampfe, ſo kommt er dagegen mit Recht in der Geſtalt des Verſtorbenen zur ausſchlieſslichen Herrſchaft. Ein markiges Geſicht, bartlos, in groſsen männlichen Zügen lebensvoll ausgeprägt, aber ſcharf realiſtiſch, jedoch ohne Verirrung in untergeordnetes Detail. Etwas hart ſind Augenlieder, Stirnfalten und ähnliche Details, die Formen aber in gediegenſter Modellirung durchgebildet. Die Gewänder der im ſtärkſten Hochrelief behandelten Figur ſind ſcharf und hart gebrochen, nicht ohne Unruhe, aber doch in groſsen Maſſen angelegt. So wurzelt das groſsartige Monument, welches neben dem Sebaldusgrabe als das Hauptwerk Viſcher's bezeichnet werden muſs, in einem energiſchen Realismus*). Es fehlt uns auch nicht an einem Zeugniſs dafür, daſs eine ähnliche Richtung ſich im Erzguſs zu Nürnberg ſchon vorbereitet hatte. Hoch an der weſtlichen Seite der Sebaldskirche, an der Löffelholzkapelle, ſieht man eine überlebensgroſse eherne Statue des Gekreuzigten vom Jahre 1482. Energiſch und mit gründlichem Naturſtudium durchgeführt, geht ſie in realiſtiſcher Härte der Detailbildung ſehr weit und ſucht den gar zu äuſserlich maſſiven Eindruck weder durch Adel der Form noch durch Würde der Empfindung zu mildern. Lieſse ſich dies immerhin tüchtige, reſolute Werk auf jenen *Eberhard Viſcher* zurückführen, der 1459 Meiſter wurde und 1488 ſtarb, und vielleicht der Bruder des älteren Hermann war, ſo hätten wir für die Werkſtatt ſelbſt den Beweis eines realiſtiſchen Uebergangsſtadiums noch vor den erwähnten Grabmälern Peter Viſchers**).

Volle zehn Jahre vergehen ſeit der Vollendung jener bedeutenden Arbeiten, ohne daſs wir für dieſe lange Epoche ein ſicheres Werk des Meiſters nachzuweiſen vermöchten. Dieſe Lücke iſt um ſo empfindlicher, da während jenes Zeitraumes in Peter Viſcher's künſtleriſcher Anſchauung ein Umſchwung eingetreten iſt, der ihn von der Einſeitigkeit des allgemein herrſchenden Styls befreite und ihn zu einer durchaus ſelbſtändigen geläuterten Auffaſſung führte. In unvergleichlicher Schönheit gelangt dieſelbe an dem Hauptwerk ſeines Lebens,
Sebaldusgrab. dem von 1508—1519 ausgeführten Sebaldusgrab in S. Sebald zu Nürnberg, zum Siege. Es galt hier dem verehrten Schutzpatron ſeiner Vaterſtadt, deſſen Gebeine ein aus dem Mittelalter ſtammender Sarkophag umſchloſs, ein würdiges Denkmal zu errichten. Was Viſcher an Kunſtfertigkeit und Erfindungsgabe beſaſs, brachte er, in der Ausführung von ſeinen fünf Söhnen unterſtützt, bei

*) Ueber dieſes und andere Werke Viſcher's werde ich an anderm Orte eingehender handeln.

** Auf Hermann dagegen, wie *Rettberg* S. 95 freigiebt, iſt die Arbeit ſchwerlich zu beziehen.

diesem Werke zur Geltung. An Reichthum und Schönheit, an vollendeter Feinheit der Durchführung hat es in der ganzen Plastik dieser Epoche nur ein Seitenstück: Ghiberti's grosse Bronzethür zu Florenz. In dem zierlichen Aufbau und der Fülle des bildnerischen Schmuckes, der alle Theile überspinnt, kommt noch einmal die nordische Phantastik des 15. Jahrhunderts zum vollen Ausbruch; aber ein klarer Sinn beherrscht den ganzen Aufbau, und eine geläuterte Empfindung adelt jede Einzelheit.

Der Unterbau.

Der Sarkophag des Heiligen ruht auf einem Unterbau, dessen Flächen mit vier Reliefscenen aus dem Leben desselben geschmückt sind. In wenig Zügen und in klarer Anordnung trifft Vischer hier den ächten Reliefstyl, wie er so rein in der ganzen Epoche nur in seltenen Ausnahmen erscheint (Fig 303). Mit

Fig. 303. S. Sebald wärmt sich an brennenden Eiszapfen. Vom Sebaldusgrabe zu Nürnberg.

höchster Lebendigkeit weiss er zu erzählen und selbst die unfassbar dunklen Wundergeschichten dadurch der Plastik zugänglich zu machen, dass er den Reflex der übernatürlichen Ereignisse im Staunen der Zuschauer naiv sich spiegeln lässt. An der einen Schmalseite ist die Statuette des h. Sebald angebracht, und an der andern Schmalseite hat der Meister sein eigenes Bild aufgestellt. Diese Anordnung allein ist bezeichnend für den Geist der Epoche und für das wohlbegründete Selbstgefühl des wackern Meisters. Aber noch deutlicher bezeugt die grosse Verschiedenheit der Auffassung der beiden Statuetten die feine Unterscheidungsgabe des Künstlers. Denn der Heilige, in langem Pilgergewande schreitend, den Stab in der einen, das Kirchenmodell auf der andern Hand, zeigt in dem einfach grossen Faltenwurf und dem ehrwürdigen Kopf mit lang herabfliessendem Bart sich als ideales Charakterbild, während die stämmige Gestalt des Meisters, dessen breites ächt deutsches Gesicht vom kurzen Krausbart umgeben und von einer runden Kappe bedeckt wird, in dem schlichten Schurzfell und der Anspruchslosigkeit der ganzen Haltung eine volksthümlich realistische Erscheinung bietet (Fig. 304).

Baldachin.

Dieſer einfache Kern des Denkmals wird nun umfaſst und überragt von acht ſchlanken Pfeilern, die ſich nach oben in zierlichen Spitzbögen zuſammenwölben und von einem dreifachen reich gegliederten Kuppelbau gekrönt werden. Zwiſchen den Pfeilern ſind noch zierliche Kandelaber angebracht, deren Verlängerung ſich bis zur Spitze der Bögen fortſetzt. Wir können dieſe Grundzüge des architektoniſchen Aufbaues nicht berühren, ohne ſeinen ſelbſtändigen Werth hervorzuheben. Denn gegenüber unverſtändigen Anfechtungen, die einem älteren, im gothiſchen Styl durchgeführten Entwurf vom Jahre 1488 den Vorzug geben wollen*), iſt nachdrücklich darauf hinzuweiſen, daſs das ausgeführte Werk an architektoniſcher Schönheit und Originalität, ſowie an Zweckmäſsigkeit für die Aufnahme plaſtiſchen Schmuckes jener Skizze unbedingt überlegen erſcheint. Wohl miſcht der Meiſter im Sinne ſeiner Zeit die reichen Decorativformen der Renaiſſance mit dem ſchlanken Aufbau, den ſcharfen Gliederungen, dem Spitzbogen der Gothik, und fügt endlich in den krönenden Kuppeln mancherlei Reminiscenzen romaniſcher Baldachine, durch gothiſche Details bereichert, hinzu. Alles das iſt aber nicht bloſs geiſtſprühend und phantaſievoll erfunden, ſondern auch mit weiſer Berückſichtigung des künſtleriſchen Zweckes und des beſtimmten Materials**) angelegt, und mit einer jubelnden Luſt in verſchwenderiſchem Gedankenreichthum durchgeführt, daſs jeder Tadel ſchweigen und ſich vor der Ueberlegenheit einer ſolchen wie aus einem Guſs in die Form gefloſſenen Schöpfung beugen muſs. Wie ſinnreich ſchon, das Ganze auf die feſten Schalen von Schnecken zu ſtellen! wie mannigfach ſind die reichen Baſen der Pfeiler, Säulen und Kandelaber, die zahlreichen Kapitäle und Conſolen gebildet! und mit welcher künſtleriſchen Ueberlegung ſind bei alledem die architektoniſchen Hauptlinien feſtgehalten, ſo daſs derſelbe Gedanke ſich in allen Regenbogenfarben der Phantaſie ſpiegelt.

Fig. 304. Peter Viſcher's Portraitbild vom Sebaldusgrab.

Die Apoſtelbilder.

Und doch gipfelt die Herrlichkeit des Ganzen völlig erſt in dem reichen bildneriſchen Schmuck. An den Hauptſtellen, in der Augenhöhe des Beſchauers, erheben ſich an den Pfeilern des luſtigen Gebäudes die idealen Pfeiler der Kirche, die Apoſtel (Fig 305—316). Es ſind ſchlanke Geſtalten in vollendeter Entwicklung der körperlichen Erſcheinung, theils mit milden theils mit groſs-

*) Der Kurioſität halber erinnere ich an den wunderlichen Einfall *Heideloff's*, der jenen älteren Entwurf *Veit Stoſs* zuſprechen und *Viſcher* überhaupt nur zum mechaniſchen Ausführer und Gieſser Stoſsiſcher Modelle machen wollte. Ernſthaft darauf zu erwidern iſt wohl nicht nöthig.

**) Gerade dieſen Punkt, gewiſs nicht den unwichtigſten, haben jene klugen Leute überſehen, die gegen die angebliche „Willkür" des Meiſters deklamiren, und denen er freilich nur dann genügt hätte, wenn er widerſinnig genug geweſen wäre, die „conſequenten" Formen irgend eines Steinſtyles in ſein *Erz* zu überſetzen.

artigen Köpfen, ruhig in Nachfinnen verfunken wie Judas, Thaddäus und Thomas, theils in wehmuthigem Ausdruck wie Bartholomäus und Johannes, oder in erregter Bewegung einander gegenüber tretend wie Philippus und Paulus, Simon und Andreas. Die Gewänder verbinden den idealen Schwung der besten gothischen Epoche mit der reichen Mannigfaltigkeit der Antike und dem vollen Lebensgefühl der neuen Zeit. Diese unübertroffen edlen Gestalten haben die nächste Verwandtschaft mit den Figuren Ghiberti's, welchem Vischer in Reinheit und Adel der Empfindung überhaupt am nächsten steht. Nur mit dem Unterschiede, dass bei Ghiberti die Antike, bei Vischer das Mittelalter stärker hervorklingt. Letzteres erscheint um so klarer, als in mehreren dieser Gestalten, wie im Matthäus und dem jüngeren Jacobus sogar eine leise Nachwirkung der conventionellen Haltung gothischer Figuren unverkennbar ist. Mit klarem Bewusstsein hat der grosse Meister die Gebrechen des Realismus seiner Zeit erkannt und sich von der Befangenheit seiner früheren Werke vollkommen befreit. Es kann kaum zweifelhaft sein, dass der erste Anstoss dazu, sowie zur Aufnahme von Renaissance-Motiven ihm aus Italien gekommen ist. Aber er wurde dadurch nicht zum Nachahmer, vielmehr wusste er die volksthümliche Frische und Wärme der Empfindung der deutschen Kunst mit südlichem Formenadel zu verschmelzen, dabei aber, was irgend an Fluss und Schwung in der Kunst der eigenen Vorfahren lag, zu neuem Leben zu erwecken und der deutschen Plastik dieselbe Bedeutung zu erringen, welche der Malerei in ähnlicher Art durch Holbein zu Theil wurde.

Hoch über den Aposteln werden die Pfeiler durch zwölf kleinere Statuetten bekrönt, zum Theil Propheten in ähnlicher Feinheit der Charakteristik, vier Figuren dagegen in kecker Haltung und mit jugendlichen Zügen in der Tracht der Zeit, der Eine sogar mit aufgestreiften Hemdärmeln. Vielleicht ebenfalls Propheten, in deren Charakteristik der Meister dann aber dem phantastischen Hange seiner Epoche starke Zugeständnisse gemacht hat. Ausserdem sind alle übrigen decorativen Theile mit einer unabsehbaren Fülle von Bildwerken bedeckt. Besonders reich wuchert dies heitere Leben am Unterbau. Auf den Ecken sitzen die phantasievollen Figürchen des Nimrod, Simson, Perseus und Herkules zwischen ihnen am Fuss des mittleren Kandelabers die Gestalten der Stärke, Mässigkeit, Klugheit und Gerechtigkeit, köstlich bewegte Gestalten von grösster Anmuth. Auf den kleinen verbindenden Bögen des Unterbaues, dem mittleren Gesimse und den oberen Kapitälen der Kandelaber tummeln sich Schaaren von nackten Kindern, wohl etwas schwer in den Formen, aber durch reizenden Muthwillen, liebenswürdiges Spiel, graziösen Humor wahrhaft entzückend. Dem hier eingeschlagenen Gedankengange entspricht es, dass auf der mittleren höchsten Kuppel das Christkind als naive Bekrönung des Ganzen steht. Aber mit alledem thut sich die unerschöpfliche Phantasie des Meisters noch nicht genug. Er wagt einen vollen Griff in die antike Fabelwelt, bringt ihre Delphine als gothische Krabben an den Bögen an, verwendet ihre Harpyien zu reizenden Lichthaltern und schüttet ein ganzes Heer ihrer Tritonen, Sirenen, Satyrn, Faune über die Basen der Säulen und Kandelaber aus. Und aus dieser bunten Fülle des natürlichen und phantastischen Lebens erheben sich oben in ruhiger Klarheit die hohen Gestalten der Apostel als Träger der geistigen

Die Propheten.

Der übrige plastische Schmuck.

Fig. 305 bis 316. Die Apoſtel Peter Viſcher's

Simon Zelotes. Andreas. Bartholomäus. Matthäus.

Philippus. Paulus.

Machte des Chriſtenthums. Reicher, gedankenvoller, harmoniſcher hat nie ein Werk deutſcher Plaſtik die Schönheit des Südens mit der Innigkeit des Nordens verbunden *).

Andere Werke P. Viſcher's.

Dieſelbe Lauterkeit des Styls, zum Theil in noch feinerer Durchbildung finden wir an den ſpäteren Werken des Meiſters. So zunächſt an einem vorzüglichen Relief der Krönung Mariä, vom Jahre 1521, von dem ſich zwei Abgüſſe in der Schloſskirche zu Wittenberg und im Dom zu Erfurt finden. Hier zeigt die Behandlung des Reliefs wieder eine claſſiſche Einfachheit in leiſe aus der Fläche vortretenden Figuren. Maria hat im Kopfe mit der hohen runden Stirn einen etwas befangenen mit Veit Stoſs zuſammentreffenden Typus; herrlich und groſsartig ſind dagegen die Köpfe von Chriſtus und Gottvater, majeſtätiſch ihre Bewegungen und der Gegenſatz zu der demüthigen Innigkeit der Jungfrau. Die Gewänder flieſsen in groſsem klarem

*) Die Inſchrift am Fuſse des Denkmals lautet: „Petter Viſcher purger zv Nurmberg machet das werch mit ſeinen ſunnen. vnd ward folbracht im jar 1519 vnd iſt allein Got dem allmechtigen zv lob vnd ſanct Sebolt dem himelfurſten zv eren mit hilff frumer leut von dem almuſſen bezahlt."

am Sebaldusgrabe zu Nürnberg.

Thomas. Jakobus der Jüngere. Jakobus der Aeltere. Judas Thaddäus.

Petrus. Johannes.

Wurf, der indefs bei Maria nicht ganz ungefucht ift. Nicht minder vorzüglich erfcheint ein anderes Relief, ebenfalls vom Jahre 1521, im linken Seitenfchiff des Doms zu Regensburg, das Grab der Frau Margaretha Tucher bezeichnend (Fig. 317). Es ftellt die Begegnung Chrifti mit den Schweftern des Lazarus dar und zeigt in den Gewändern wie in der Architektur des Hintergrundes noch entfchiednere Einwirkung der Renaiffance. In Compofition und Empfindung unübertrefflich edel, erfcheint die Ausführung etwas trockner als die der vorigen Werke. Sodann gehört das Flachrelief einer Grablegung in der Aegidienkirche zu Nürnberg, vom Jahre 1522 und mit dem Monogramm Peter Vifchers bezeichnet, hierher. Es ift gewifs eine Erfindung des Meifters, wie aus der Innigkeit des Ausdrucks, der fchönen Anordnung und dem Adel des Formgefühls hervorgeht. Meifterlich ift auch der Oberkörper Chrifti behandelt, ebenfo der herabhängende Arm, höchft edel der Kopf in feinem verklärten Schmerz. Aber gewiffe Mängel in der allerdings fchwierigen Verkürzung des Körpers laffen darauf fchliefsen, dafs der Entwurf durch die ausführenden Hände eines Anderen, vielleicht eines feiner Söhne gegangen ift.

Grabmäler P. Vischer's. Höchst bedeutend sodann zwei grosse Grabdenkmäler aus den letzten Lebensjahren Vischers, die seine Kraft noch ungemindert, sein Schonheitsgefühl ungetrübt zeigen. Das eine liess sich der Cardinal Albrecht von Brandenburg 1525 in der Stiftskirche zu Aschaffenburg setzen. Es stellt in mässigem Relief die lebensgrosse Gestalt des Kirchenfürsten dar, grossartig in würdevoller Haltung, die Gewänder in prächtigem Wurf und reicher Damascirung. Der ausdrucksvolle Kopf ist von mächtiger Bedeutung und enthält alle Elemente einer prägnanten Charakteristik, aber geläutert unter dem Einfluss eines idealen, auf das Wesentliche und Grosse gerichteten Sinnes. Nur Holbein hat gleichzeitig in Deutschland solche Charakterbilder geschaffen. Das zweite noch vorzüglichere, ein wahrer Triumph der Plastik, ist das Denkmal Kurfürst Friedrichs des Weisen in der Schlosskirche zu Wittenberg, vom J. 1527. In einem schlichten Renaissancerahmen erhebt sich die Reliefgestalt des Fürsten, eine der herrlichsten Portraitfiguren, voll Feuer in den blitzenden Augen, voll Geist und Lebenskraft. Der dichte krause Bart entspricht der kernigen Mannhaftigkeit der Gesichtszüge und der ganzen Erscheinung. Der kurfürstliche Mantel ist in wuchtigen Falten gebrochen und doch bis in's Kleinste durch seine Motive belebt. Ist dies herrliche Denkmal wirklich von dem gleichnamigen Sohne unseres Meisters gearbeitet worden, wie Baader angiebt, und ist es dasselbe Werk, welches von den geschworenen Meistern des Rothschmiede-Handwerks dennoch als Meisterstück zuruckgewiesen wurde, so bleibt kaum etwas Anderes zu vermuthen übrig, als dass der Vater ihm den Entwurf dazu angefertigt, mindestens

Fig. 317. Relief Peter Vischer's. Regensburg.

ihm dabei wesentlich beigestanden habe. So erklärt sich denn vielleicht warum der Nürnberger Rath unterm 22. Mai 1532 abermals diese Arbeit als Meisterstück geltend machen will, mit dem Bemerken, Peter Vischer bestehe damit als Meister gar wohl, wenn er auch die Meisterstücke nicht immer in vorschriftsmäsiger Ordnung mache. Oder sollte der alte Kunz Rösner Recht haben, wenn er in seiner handschriftlichen Chronik von Nürnberg sagt, »Peter habe den Vater in Kunsten übertroffen«?

Andere beglaubigte Werke Peter Vischers des älteren kennt man nicht. Und doch glaube ich eine bisher kaum beachtete bedeutende Arbeit ihm mit hoher Wahrscheinlichkeit zuschreiben zu können. Wir erfahren durch Baader, dass im Jahre 1513 der Meister mit Aufträgen für das Grabmal Kaiser Maximilians beschäftigt war; und zwar handelte es sich nicht um blossen Guss fremder Modelle, sondern der Nürnberger Gesandte Kaspar Nützel berichtet im Juni desselben Jahres dem Kaiser, er habe Peter Vischer besucht, und »der pild ains, darzu er den form hat gantz zugericht,« soweit vorgeschritten gefunden, dass es in den nächsten drei Wochen »vngeuerlich« gegossen werden könne. Dieses »Bild« glaube ich an dem berühmten Denkmale des Kaisers in der Hofkirche zu **Innsbruck** nachweisen zu können. Es ist das Standbild König Arthurs von England (Abb. auf S. 674) nicht bloss von allen das edelste, durch ruhige schlichte Schönheit und vollendete Meisterschaft der Durchführung ausgezeichnet, sondern wie zur ausdrücklichen Bestätigung sogar mit der Jahreszahl 1513 bezeichnet, der frühesten, die man an dem gesammten Denkmal findet. Ob dagegen die übrigen Bildwerke, welche der Meister für denselben Zweck versprochen hatte, zur Ausführung gekommen sind, vermag ich mit Sicherheit nicht zu entscheiden. Doch steht die Statue König Theodorichs, ebenfalls mit 1513 bezeichnet, wenngleich minder fein modellirt und durchgeführt, im geistigen Ausdruck jener ersteren so nahe, dass ich den Entwurf ebenfalls Vischer zuschreibe. Archivalische Forschungen, von Hrn. Schoenherr zu Innsbruck angestellt, ergeben, dass beide Bilder nicht zu den dort gegossenen zählen. Dass aber Vischer wirklich für das Grabmal Arbeiten ausgeführt, erhellt aus einem Briefe Kaspar Nützel's vom Jahr 1517, dessen Abschrift ich Hrn. Baader verdanke, und in welchem der Gesandte im Auftrage des Kaisers mit dem Rath zu Nürnberg wegen Bezahlung Meister P. Vischers für die zum Grabmal desselben gelieferten Arbeiten unterhandelt*).

Ausserdem arbeitete P. Vischer in den letzten Jahren seines Lebens ein prachtvolles Gitter für das Begräbniss der Fugger in Augsburg. Aber es blieb in Nürnberg, wurde von den Herren für das Rathhaus erworben, zu Anfang unseres Jahrhunderts jedoch verkauft und eingeschmolzen! Es enthielt ausser biblischen Gestalten unter Anderem eine Darstellung des Kentauren- und Lapithenkampses, würde also einen wichtigen Beleg für Vischers Art der Auffassung antiker Stoffe geboten haben. Ein anderes, dem Meister wohl mit Recht zugeschriebenes Werk dieser Gattung ist das Relief von Orpheus und Eurydike in der Kunstsammlung des neuen Museums zu **Berlin**. Dagegen fragt sich sehr, ob wir die Statuette des Apollo als Bogenschützen, gegenwärtig im Landauer

Bilder zu Innsbruck

Antike Stoffe.

*) Vgl. *Baader's* Beiträge in den Jahrb. für Kunstwissenschaft I, S. 243 fg.

Brüderhause zu Nürnberg, ehemals im Schiefsgraben der Stadt, für ein ächtes Werk Peter Vischers nehmen dürfen. Zwar ist die Bewegung der jugendlichen Gestalt, wie sie im frischen Vortreten zum Schluss den Bogen spannt, überaus glücklich gedacht; aber in der Durchführung mangelt jenes tiefere Verständnifs und jene feinere Ausprägung der Form, die den ächten Werken des Meisters eigen sind. Der Untersatz mit seinen Delphinen und nackten Kindern entstellt geradezu durch Plumpheit das im Uebrigen ansprechende Ganze. Wohl mag die Skizze zur Statuette noch von Peter Vischer herrühren; Modell und Guss dagegen stammen gewifs von einem seiner Söhne, wie das auch theilweise durch die Jahreszahl 1532 bestätigt wird. Noch ein Wort schliefslich über die Idee des kleinen Werkes, um gewisse Redensarten von «Geschmack- und Taktlosigkeiten», welche «die klassische Bildung» schon hier an den Tag gelegt haben soll, zurückzuweisen. Da bleibt nur zu fragen, ob für den Platz, wo die Bürger sich im Bolzenschiefsen übten, eine treffendere Figur erfunden werden konnte, als dieser rüstige jugendliche Bogenschütz, heifse er nun Apollo oder anders. Wer sich an den Namen stöfst, dem ist nicht zu helfen, wen die Nacktheit ärgert, mit dessen Armseligkeit ist vollends nicht zu streiten. Ihm mögen alle Pluderhosen und Stulpenstiefel des modernen «Realismus» zugewiesen werden, um jede Blöfse damit zu decken.

Werke der Vischer'schen Giefshütte.

Wie weit unter Peter Vischers Leitung sich der Ruf der Nürnberger Giefshütte verbreitete, erkennen wir am besten daraus, dafs sogar für den Dom zu **Schwerin** eine Erztafel zum Gedächtnifs der 1524 verstorbenen Herzogin Helene von Mecklenburg bei Vischer bestellt wurde. Ueber dies Werk giebt ein Brief des Meisters aus seinem Todesjahr 1529 Nachricht*), worin er «auf ziemlich derbe Weise sein Befremden darüber ausspricht, dafs man ihm die fertig gegossene Arbeit seit Jahr und Tag auf dem Halse lasse und sie weder abhole noch ihm Geld schicke, und in welchem von irgend einer persönlich künstlerischen Theilnahme für das Werk gar nichts durchklingt»**). Ohne Zweifel war es eine fremde Arbeit, deren Guss lediglich man der berühmten Vischerschen Hütte übertrug. Dem entspricht auch die etwas flaue und stumpfe Modellirung, welche mit der technischen Gediegenheit des Gusses contrastirt. Uebrigens enthält die Tafel nur Inschrift, Wappen und decorative Zuthaten. — Werthvoller ist ein anderes rein decoratives Werk, das seiner zierlichen Renaissanceformen wegen wohl ebenfalls auf die Vischersche Werkstatt zurückgeführt werden muss: ein bronzener, auf vier Pilastern ruhender Baldachin in der Stiftskirche zu **Aschaffenburg**, das Grab der h. Margaretha bezeichnend. Die feine und phantasievolle Behandlung der Decoration, die lebendig bewegten Engel, welche oben als Leuchterhalter knieen, weisen auf Vischersche Arbeit.

Denkmale zu Römhild.

Weiterhin ist hier eine Anzahl werthvoller Denkmäler anzureihen, die mit Wahrscheinlichkeit als Erzeugnisse der Vischerschen Werkstatt betrachtet werden. So in der Kirche zu **Römhild** die Denkmale Hennebergischer Grafen***). Das frühere wurde vermuthlich vor 1490 dem Grafen Otto IV. noch bei Lebzeiten

*) *Lisch* in den Jahrb. des Ver. für mecklenburg. Gesch. III. Bd. (Schwerin 1838) S. 159.

**) So *Kugler*, Kl. Schriften II. S. 652. Anm. 2.

***) Herausgeg. von *A. Döbner* (München 1840). Vergl. die gründliche Analyse in *Kugler's* Kl. Schr. II. 648 ff.

errichtet und stellt denselben in einer lebensgrofsen Erzstatue frei vor der Wand auf einen Löwen stehend, und in voller Rüstung dar. Die Figur ist etwas dünnleibig und steif, auch dem Löwen mangelt die völlig freie lebensvolle Bildung und ebenso erscheinen die Wappenthiere; dagegen zeigt der Kopf des Ritters feines Naturgefühl in scharf individueller Auffassung, und so mag uns hier wohl, wie Döbner annimmt, eine Arbeit aus Vischer's früherer Zeit erhalten sein. Erscheint hier die Auffassung schon voll individuellen Lebens, so erhebt sich dieselbe zu noch reicherer Durchbildung in dem trefflichen, vielleicht zwischen 1507—1510 ausgeführten Doppeldenkmal des Grafen Hermann VIII. und seiner Gemahlin Elisabeth von Brandenburg. Namentlich zeigen die lebensgrofsen auf dem Deckel des Sarkophags ruhenden Gestalten der Verstorbenen einen seltenen Adel der Charakteristik, die besonders in den Händen und im Gesicht der Dame sich zu klassischer Lauterkeit erhebt. Diese Hauptgestalten stehen der Auffassung Peter Vischers so nahe, dafs es schwer fällt sie ihm nicht zuzuschreiben, und dafs selbst das Fehlen seines Monogramms mir nicht als genügender Gegenbeweis erscheint. An den kleinen Nebenfiguren herrscht gröfstentheils der langfaltige Gewandstyl des Sebaldusgrabes, jedoch in geringerer Durchführung. Andere dieser Statuetten befolgen sogar die scharfbrüchige Gewandbehandlung der übrigen Nürnberger. Nach alledem mögen diese Nebenfiguren wohl in Vischers Werkstatt, aber von untergeordneten Händen gearbeitet sein. Endlich gehören zu den Beweisen für Vischerschen Ursprung noch die Evangelistenzeichen, welche genaue Wiederholungen der am Magdeburger Denkmal vorkommenden sind. Der Meister hat offenbar dieselben Modelle zweimal benutzt.

Mit demselben Rechte mufs nun aber auch für das eherne Grabdenkmal des Grafen Eitel Friedrich II. von Zollern und seiner Gemahlin Magdalena, Markgräfin von Brandenburg, in der Stadtkirche zu Hechingen die Urheberschaft Vischer's in Anspruch genommen werden*). Das Denkmal bestand ursprünglich aus einem Sarkophag, welcher auf Löwen ruhte, und an dessen Ecken vier leuchtertragende Engel angeordnet waren, während andere Engel die Wappen hielten. Nach einer im Jahre 1782 verübten Zerstörung ist nur die obere Platte mit den lebensgrofsen Reliefbildern des fürstlichen Ehepaares übrig geblieben. Aber auch dieser Rest zeigt so unverkennbare Aehnlichkeit mit den betreffenden Theilen des gröfseren Römhilder Denkmals, namentlich findet sich sogar in den Köpfen der Ritter solche Uebereinstimmung, dafs man nur an einen Ursprung aus derselben Meisterhand denken kann. Da Graf Eitel Friedrich 1512 starb, einige Buchstaben auf der Platte aber auf seinen Sohn hindeuten, so hat wohl erst dieser nach dem Absterben des Vaters das Denkmal ausführen lassen. Möglicher Weise besitzen wir in einer Handzeichnung Dürers vom Jahre 1513 in der Florentiner Sammlung die erste Skizze zu dem Hechinger Denkmal**). Das elegant Straffe in der Haltung des Grafen,

Denkmal zu Hechingen.

*) Vergl. *Döbner's* Aufsatz im Anzeiger des Germ. Mus. März, 1853. — Eine stylgetreue Abb. gab *G. Eberlein* in den Jahresheften des Wuertemb. Alterth.-Ver. Dass. Denkm. sammt dem Doppeldenkmal zu Römhild trefflich abgeb. in *Stillfried's* Alterth. d. hohenzoll. Hauses. 2. Folge. Bd. II.

**) Mir war diese Aehnlichkeit schon früher aufgefallen, ehe *R. Bergau* im Anzeiger des germ. Mus. 1869 12. darauf hinwies und die Zeichnung publicirte. Es wäre dann das Römhilder Denkmal etwas später zu setzen und als freie Variation des Hechinger zu betrachten, beide Werke aber von ſeine freundliche wie mild zuredende Bewegung, das Sanfte, ſtill Ergebene in der Gräfin, die ſo ganz ohne Affect die ſchöngeformten Hände übereinander legt, die ſchlanken Verhältniſſe der Geſtalten, das Alles giebt ein ideales Lebensbild und iſt eines Meiſters wie Viſcher würdig; denn wer ſonſt hätte damals ſo edle, ausdrucksvolle und dabei ganz anſpruchsloſe Geſtalten ſchaffen ſollen! Auch gewiſſe Feinheiten der Modellirung, wie z. B. das linke, etwas zurücktretende Bein des Ritters perſpectiviſch behandelt iſt, deuten auf einen groſsen Meiſter.

Denkmal zu Krakau.

Aus ungefähr derſelben Zeit (1510) datirt das prächtige eherne Denkmal des Cardinals Friedrich, eines Sohnes Königs Kaſimir IV. von Polen, im Dom zu Krakau*). Es beſteht aus zwei groſsen Erzplatten, von denen die eine in eingegrabenen Linien die edle Geſtalt des Verſtorbenen, die andere in ſeinem Flachrelief den Cardinal knieend vor der ſeitwärts ſitzenden gekrönten Maria darſtellt. In naiver Bewegung ſtreckt das Chriſtuskind dem Betenden das Händchen entgegen. Hinter dem Cardinal ſchreitet der Schutzpatron Polens, S. Stanislaus, an der Hand einen Todten führend, den er nach der Legende zum Leben erweckt hat. Wohl mag dieſe Tafel in der Viſcherſchen Werkſtatt gegoſſen worden ſein; aber der ſchärfere Realismus, das befangenere Naturgefühl und der etwas knittrige Styl der Gewänder ſprechen gegen die Urheberſchaft Peter Viſchers. Weit eher möchte ich den Entwurf einem von Veit Stoſs angeregten Künſtler zuſchreiben.

Arbeiten der Söhne Viſcher's, in Wittenberg.

Von den Söhnen des Meiſters nennen wir *Hermann Viſcher* als den älteſten zuerſt. Von ihm rührt das Grabmal Johannes des Beſtändigen in der Schloſskirche zu Wittenberg vom Jahre 1534 her. In der Anordnung und Auffaſſung ſchlieſst es ſich dem an der gegenüberliegenden Wand aufgeſtellten Denkmal Friedrichs des Weiſen an, ohne daſſelbe jedoch in Kraft der Charakteriſtik und Reinheit des Styls zu erreichen. Wenn indeſs der Kopf etwas matter im Ausdruck erſcheint und das Gewand von etlichen unruhigen Brüchen ſich nicht frei hält, ſo bleibt doch das Ganze noch ſehr werthvoll. Auch das eherne Grabmal des Biſchofs Sigmund von Lindenau († 1544) in der Vorhalle des Doms zu Merſeburg ſtammt nach dem Zeugniſs des Monogramms von demſelben Meiſter, der dabei in Aufnahme conventioneller italieniſcher Stylformen ſchon ziemlich weit geht. Der Biſchof kniet, beide etwas kurzen, fetten Hände wie vor Verwunderung ausbreitend, das runde behäbige Geſicht aufwärts wendend, vor einem kleinen Cruzifix, an welchem ein faſt zu eleganter, wie von Guido Reni gebildeter Chriſtus hängt. Der Kopf des Knieenden iſt gut modellirt, aber ohne tieferen Ausdruck, in dem Gewande macht ſich eine kleinliche unſichere Behandlung geltend.

in Aſchaffenburg.

Von *Johann Viſcher* beſitzt die Stiftskirche zu Aſchaffenburg eine Grabtafel mit dem Hochrelief einer Maria mit dem Kinde vom Jahre 1530; huldvoll und von ſchönen reichen Formen, die Gewandung in groſsen Maſſen angeordnet und lebendig bewegt, ſodaſs hier der läuternde Einfluſs italieniſcher Kunſt ſich in der Formgebung offenbart.

Dies Denkmal erſcheint um ſo wichtiger, als es einen Anhalt gewähren

---

Peter Viſcher's Hand nach einer erſten Dürer'ſchen Skizze mit groſser künſtleriſcher Freiheit modificirt und ausgeführt.

*) Abb. in *Förſter's* Denkm.

kann für die Aufhellung der Entstehungsgeschichte eines andern Werkes der Vischerschen Hütte. Es ist das Monument des 1499 gestorbenen Kurfürsten Johann Cicero, ehemals in der Kirche zu Lehnin, jetzt im Dom zu Berlin*). Dasselbe besteht aus zwei Theilen, einer unteren Platte, die in streng und styl-voll behandeltem Flachrelief die Gestalt des Verstorbenen enthält. Der Kopf ist mit conventionell gekraustem Bart und Haupthaar umgeben, der Pelz am Kragen und am Kurhut in kleinen Strichen ebenso herkömmlich behandelt. Ueber dieser älteren Platte erhebt sich, auf sechs mit Löwen ausgestatteten Pfeilern ruhend, der Sarkophag, der nochmals in Hochrelief die Gestalt des Kurfürsten enthält, letztere aber an Adel der Form und Feinheit des Lebensgefühls der ersteren merklich nachstehend, obwohl ein Streben nach freierer Auffassung und größerer Wirkung nicht zu verkennen ist. Der Styl der Bildwerke und der architektonischen Glieder weist die untere Platte etwa in die Zeit vom Beginn des Sebaldusgrabes, d. h. noch vor 1510, das obere Werk dagegen in eine spätere Epoche. Von der unteren Platte spricht ein Brief Peter Vischers aus dem Jahre 1524, in welchem der Meister dem Kurfürsten Joachim I. den Empfang von 200 Gulden bescheinigt und das Grabmal, über welches der Fürst in seiner Giesshütte mit ihm gesprochen, anzufertigen zusagt, wenn man ihm eine Zeichnung der Tafel, deren Form und Stellung ihm „aus der Acht" gekommen sei, zuschicken wolle. Nach alledem scheint die untere Tafel aus der Vischerschen Werkstatt hervorgegangen zu sein, ohne dass ihr wirklich ein Modell Peter Vischers zu Grunde liegen dürfte, nach seinem Tode aber das ganze Denkmal durch seinen Sohn *Johann* vollendet worden zu sein. Wenn der Name des Letztern und die Jahreszahl 1530 an der untern Tafel angebracht sind, so wird dies daraus zu erklären sein, dass Johann schon bei Lebzeiten des Vaters von diesem mit dem Werke betraut war und somit als eigentlicher Schöpfer desselben gelten durfte. Endlich scheint nach einer Notiz Baader's**) Johann der Meister der trefflichen Grabplatte des Bischofs Lorenz von Bibra im Dom zu Würzburg zu sein, von welcher später die Rede sein wird.

Denkmal in Berlin.

Fig. 318. Labenwolf's Gänsemännchen.

*) Publicirt von *Kuhr* (Berlin 1843). Vgl. darüber d. Aufl. *Kugler's* in den Kl. Schriften II. S. 659 ff.
**) In den Jahrb. für Kunstwissensch. I. S. 244.

Pankras Labenwolf.

Unter den Schülern P. Viſchers iſt beſonders noch *Pankras Labenwolf* zu nennen. Er ſtellte das eben erwähnte Prachtgitter des Meiſters im Rathhauſe auf und machte dazu einige Wappen und andere Verzierungen. Zu dem Springbrunnen im Hofe des Rathhauſes goſs er 1550 das Becken und die Säule, auf deren Drachenkapitäl ein Knabe mit einer Fahne ſteht; ein zierliches Werk. Origineller iſt ein anderer Brunnen deſſelben Meiſters hinter der Frauenkirche auf dem Gemüſemarkt: die derb humoriſtiſche Figur eines Bauern mit zwei Gänſen, aus deren Schnäbeln das Waſſer ſich ergieſst (Fig. 318). Ein tüchtiges Werk des Künſtlers iſt auch das Grabmal des Grafen Werner von Zimbern († 1554) in der Kirche zu Möskirch bei Sigmaringen.

Andere Nürnberger Arbeiten.

Endlich ſind hier noch einige Werke von Zeitgenoſſen Viſchers in Nürnberg nachzuholen. So das bronzene Denkmal des Anton Kreſs in der Lorenzkirche vom Jahre 1513, welches den Verſtorbenen knieend vor einem Cruzifix darſtellt. Aus ſpäterer Zeit dann in derſelben Kirche die Denktafel des Hektor Pömer († 1541), in der Aegidienkirche die Grabplatte des Biſchofs von Stadion († 1543), mit der Reliefafel des Gekreuzigten zwiſchen Maria, Johannes und zwei Biſchöfen. — Eine groſse Anzahl von Erzplatten, freilich zumeiſt in nur handwerklicher Art ausgeführt, bewahrt der Dom zu Würzburg. Doch ragen einige darunter an Trefflichkeit ſo hervor, daſs man dieſe vielleicht ebenfalls als Erzeugniſſe der Nürnberger Werkſtätten betrachten muſs. Ganz meiſterhaft iſt das Flachreliefbild des Biſchofs Lorenz von Bibra († 1519), nach dem Zeugniſs eines Würzburger Chroniſten*) wirklich in Nürnberg gegoſſen, aber ſchwerlich, wie er annimmt, nach einem Modell von Riemenſchneider, der das Marmordenkmal des Biſchofs (vergl. S. 642) gearbeitet. Denn die Auffaſſung des Kopfes iſt auf der Erzplatte weſentlich abweichend und durch ſo feuriges Leben ausgezeichnet, daſs man geradezu an Peter Viſcher denken möchte. Damit ſtimmt denn auch das groſsartige Gepräge der Geſtalt und beſonders die herrlich bewegte, frei flieſsende Gewandung mit ihren reichen Damascirungen, die von dem eckigen Faltenbruch Riemenſchneiders weit entfernt iſt. Nur die Behandlung des gothiſchen Rankenwerks, die geringe Bildung der Wappenthiere und das nicht eben fein entwickelte Laubwerk am Wappen machen bei genauerer Betrachtung doch ſtutzig, und ſo erſcheint es als eine treffende Löſung des Räthſels, wenn wir nach einer Notiz Baaders das Werk auf *Hans Viſcher* beziehen**). — Vorzüglichen Adel zeigt ferner die Grabplatte Biſchof Konrads († 1540), die mit dem trefflich charakteriſirten Kopf und dem flieſsend feinen Gewandſtyl wieder an Viſchers Werkſtatt erinnert. Stumpfer und handwerklicher dagegen iſt die Erztafel Biſchof Melchiors († 1558) behandelt.

Erzwerke zu Würzburg.

Im übrigen Deutſchland. Lübeck.

Im übrigen Deutſchland treten Erzarbeiten dieſer Epoche nur vereinzelt auf. Nur das alte handelsmächtige und kunſtreiche Lübeck enthält noch jetzt eine anſehnliche Zahl werthvoller Werke des Bronzeguſſes. Nach dem Vorbilde der Marienkirche, welche ſchon im 14. Jahrhundert ein ehernes Tauf-

*) Vgl. *Becker* im Leben Riemenſchneiders. S. 15.

**) Ich glaube dieſe Notiz (ſ. oben S. 669 Anm.), obwohl darin von einem Georg Bibra die Rede iſt, nur auf dieſes Monument beziehen zu dürfen, da weder in Würzburg noch in Bamberg ſich ein anderes befindet, welches herbeigezogen werden könnte.

becken erhalten hatte, werden seit der Mitte des 15. Jahrhunderts mehrere der übrigen Kirchen mit ähnlichen Werken geschmückt. Zuerst S. Aegidien, wo 1454 *Hinrik Gherwiges* das einfache auf drei knieenden steinernen Engeln von steifem gothischen Styl ruhende Becken goss. Die gothischen Formen bewahrt auch das ungleich bedeutendere Taufgefäss des Domes, 1455 von *Laurens Groven* ausgeführt, ebenfalls von drei knieenden Engeln getragen, rings mit geschweiften Bogenarkaden decorirt, in welchen Christus segnend, die Madonna demüthig mit übergeschlagenen Armen und die Apostel in seinen reich entwickelten gothischen Gewändern angebracht sind. Auch die Köpfe zeigen lebensvolle Anmuth, so dass der Meister sich als einen der trefflichsten Künstler der Zeit bewährt. Durchaus verwandt in Anlage, Ausführung und Decoration ist sodann das 1466 entstandene Taufbecken der Jacobikirche. Die mittelalterlichen Formen bewahrt aber noch das reiche, ganz in Erz gegossene Tabernakel der Marienkirche, 1479 vom Goldschmied *Nicolaus Rughesee* und dem Erzgiesser *Nicolaus Gruden* gefertigt. Am Fusse sind fünf ruhende Löwen, am Postament sechs knieende Engel, mit den Leidenswerkzeugen (bei einer Wiederherstellung erneuert) angebracht, der ganze Bau ist außerdem mit Statuetten des Ecce homo, der h. Anna und Maria, der Apostel, ganz oben mit einer Figur des Gekreuzigten geschmückt. Das Figürliche ist jedoch hart und kümmerlich, die Gewänder haben etwas Schlotteriges und zeigen, dass die Künstler zwischen dem alten herkömmlichen und dem neuen naturalistischen Style schwanken. Gleichwohl hat das Ganze wegen des kunstreichen Aufbaues und der zarten detaillirenden Ausführung grosse Bedeutung. Von grossartiger Pracht sind ferner die 1518 noch in gothischen Formen durchgeführten Bronzegitter, welche den ganzen Chor und die Kapellen abschliessen, ein Werk von grossem Aufwand und decorativem Werthe. Die Renaissance tritt dann zuerst auf an dem Erzdenkmale des 1518 verstorbenen Gothard Wigerinck, dessen kleine figürliche Darstellungen mit zierlicher Behandlung den lebendigsten Ausdruck verbinden. Anderwärts tritt namentlich an Taufgefässen der Erzguss mehrfach auf. So sieht man in der Marienkirche zu Stendal ein Taufbecken mit der Jahreszahl 1474. Es enthält unter acht geschweiften Spitzbögen schwerfällig kurze Figürchen von Heiligen; unten am Fuss die Gestalten der Evangelisten, nach alter wunderlicher Symbolik mit den Köpfen ihrer betreffenden Thiere versehen, wobei natürlich Matthäus am besten fährt. Von einem Meister *Hans von Köln* stammt das Taufbecken in der Marienkirche zu Salzwedel, vom Jahre 1520, sammt seinem prachtvollen Gitter, weniger durch selbständigen Bildschmuck als in decorativer Hinsicht durch seine glänzenden spätgothischen Formen bemerkenswerth. Etwas später ist das mehr antikisirende Taufbecken der Stiftskirche zu Emmerich, dessen Schaale auf zierlichen Sirenen ruht.

Stendal. Salzwedel. Emmerich.

Erfurt.

Mit Vorliebe ist der Erzguss in Erfurt bei Grabplatten zur Verwendung gekommen. Im Dom sieht man eine grosse Anzahl solcher Denkmale, welche den Canonikern des Stiftes gewidmet sind. Die ärmeren geben nur den Kopf des Verstorbenen, den Kelch, welchen er in Händen hält, sowie das Wappen und die ringsumlaufende Inschrift in Bronze, während die Platte selbst aus Stein gehauen ist. Hier handelt es sich nur um gravirte Erzarbeit, und selbst von den ganz in Metall ausgeführten Platten ist eine Anzahl in dieser Art behandelt, so dafs dieselben als Werke der zeichnenden Kunst nicht hieher gehören, obwohl es schwer fällt, der überaus geistreich behandelten Platte des Canonicus Johannes von Heringen († 1505) mit dem herrlichen ausdrucksvollen Kopfe nicht wenigstens zu gedenken. Die Reliefplatten aus dem 16. Jahrhundert sind meistens tüchtige, aber doch mehr handwerkliche Arbeiten, die ein Hervorheben des Einzelnen nicht beanspruchen. Bedeutender ist im Dom zu Merseburg das Grabmal des Bischofs Thilo von Trotha († 1510). Auf dem Epitaph ist der Verstorbene in ziemlich starkem Relief vor der Dreieinigkeit im Gebete knieend dargestellt. Die Figur erscheint ungebührlich kurz, der Gewandwurf ist nicht frei von Härten, der Kopf zeigt ein etwas ängstliches Streben nach Lebendigkeit. Dagegen zeugen die Gestalten der Dreifaltigkeit von edler Auffassung, namentlich Gottvater ist trotz einzelner realistischer Züge grofsartig, der Gekreuzigte, welcher von ihm gehalten wird, zeigt eine elegante Körperbehandlung und Bewegung, worin sich italienischer Einfluss kund giebt. Das Epitaph ist offenbar erst um 1550 dem älteren Sarkophag hinzugefügt, ebenfalls einer tüchtigen Erzarbeit, aber von anderer, durchaus selbständiger Hand. Die Figur des Bischofs in Flachrelief ist streng realistisch, aber tüchtig behandelt; von seltner Schönheit und geistvoller Lebendigkeit sind aber die beiden Engel, welche an den Schmalseiten knieen. Aus der Mitte des 16. Jahrhunderts stammt sodann die Grabplatte Bischof Adolphs von Nassau, der in schlechtverstandener Renaissance-Architektur vor dem dornengekrönten Christus kniet. Es ist der in geringer Hand verwilderte, zurückgebliebene und verkommene Realismus des 15. Jahrhunderts, der hier am Ausgang der Epoche noch vereinzelt fortvegetirt.

Merseburg.

Eine der glänzendsten Leistungen vom Ausgang der Epoche dagegen finden wir in dem Denkmal Kaiser Maximilians in der Hofkirche zu Innsbruk. Von dem Antheil, welchen P. Vischer daran hat, war schon oben die Rede. Das Ganze ist aber jetzt im Zusammenhange zu besprechen als die pomphafteste Verherrlichung, welche, ganz im Sinn der Neuzeit, ein Fürst hier durch die weltlich gewordene Kunst erfahren hat. Ein kolossaler Marmorsarkophag erhebt sich inmitten der Kirche, umgeben von 28 gegen acht Fufs hohen ehernen Standbildern von berühmten Helden, von Ahnen und Verwandten des österreichischen Herrscherhauses. Den Plan des Werkes scheint der Kaiser selbst gefafst und mit dem gelehrten Konrad Peutinger von Augsburg festgestellt zu haben*) In Augsburg sollte dann noch in demselben Jahre mit dem Gufs der einzelnen Standbilder begonnen werden. Ein sonst nicht bekannter, aber allem Anscheine nach bewährter Künstler *Joerg Muschgat* hatte die Modelle anzufertigen, welche von *Hans* und *Laux Zotmann* in Erz gegossen werden sollten**). Noch ein dritter Giefser *Lorenz Sartor* wird dort 1510 genannt. Aber zugleich war des Kaisers Hofmaler *Gilg Sesslschreiber* »von Augsburg«, geboren in München, wie aus einem kaiserlichen Schreiben aus Kaufbeuren vom 23. Mai

Innsbruck. Denkmal Kaiser Maximilian's.

*) Einen noch reicheren Entwurf, 37 Standbilder umfassend, fand ich in einem Manuscript der Museumsbibliothek zu Innsbruck.

**) Die urkundlichen Daten finden sich im Tyroler Künstler-Lexicon. Innsbruck 1830, in *Herberger's* Konrad Peutinger etc. und vollständig zusammengestellt in *Nagler's* Monogrammisten I. S. 480 ff.

1509 hervorgeht*), ernstlich befolchen, ein grosses Bild, so zu unsrem Grab gehört, giessen zu lassen, damit wir denselben Guss bei unsrer Durchreise in Innsbruck sehen mögen»; auch sollte *Peter Laiminger* (*Löffler*) den Guss unverzüglich ausführen. Unterm 29. November 1509 erlässt der Kaiser dann von Brentonico aus die Weisung, für die bessere Förderung seines Grabmals in Mühlau bei Innsbruck seinem Hofmaler eine eigne Behausung und Werkstatt zu errichten. Aber noch 1511 fehlte es dem Künstler an den nöthigen Einrichtungen sowie an Kupfer und Messing, und so wenig rückte die Arbeit vor, dass der Kaiser in einem Schreiben, das er aus Augsburg am 16. April 1513 an die Regierung in Innsbruck richtet, sich beklagt, es sei bisher nur ein Bild gegossen worden, das 3000 Fl. koste, wogegen in Nürnberg 6—7 Bilder hätten gegossen werden können. Die Regierung nahm nun sogleich im Mai desselben Jahres ein Inventar auf über alles, was bis dahin in Mühlau fertig vorlag, und dies Inventar weist erst ein Bild (Ferdinand von Castilien) gegossen, ein anderes (Eleonora) in Wachs geformt und ausserdem sechs «visirte» auf. Um dieselbe Zeit fanden auch Unterhandlungen mit einem andern dortigen Meister *Steffen Godl* statt, der sich erbot mit 10—11 Centnern Metall eine Statue zu giessen, während Sesslschreiber 16 Centner für nöthig hielt. Nach alledem wird es nicht mehr befremden, wenn wir 1513 auch Peter Vischer für das Grabmal thätig fanden. Dass der Meister wirklich Arbeiten für das Grab ausgeführt hat, geht nun unzweifelhaft aus einem Briefe des Gesandten Kaspar Nützel an den Rath zu Nürnberg (d. d. Augsburg 29 Juli 1517) hervor, worin er Bericht giebt, wie er mit dem Kaiser wegen Bezahlung Peter Vischers für die Arbeiten zu seinem Grabe unterhandelt habe**). Aber vielfache Geldverlegenheiten des Kaisers scheinen den Fortgang der Sache gehemmt zu haben, vielleicht wirkte auch die Zersplitterung der Arbeiten nachtheilig auf den raschen, gleichmässigen Betrieb. Abermals beauftragte daher Maximilian 1516 Gilg Sesslschreiber mit der Leitung des Unternehmens, «mit Visiren, Schneiden, Formieren, Giessen, Ausberaiten», liess indess trotzdem auch in Augsburg weiter arbeiten, wo wahrscheinlich Muschgat, der bis 1527 lebte, die Modelle herzustellen hatte. In Augsburg wurden aber allem Anscheine nach nur die 32 Brustbilder gegossen, welche in den Urkunden mehrfach als ebenfalls zu dem Grabmal gehörig angeführt werden, und die seit langer Zeit spurlos verschwunden sind. Ende Mai 1516 wird ebenfalls ein Inventar zu Mühlau aufgenommen, in welchem damals von den Standbildern sechs als gegossen, drei als geformt, drei als geschnitten aufgeführt werden. Alle diese sind ausdrücklich als Werke Sesslschreibers bezeichnet. Der Reihenfolge nach sind es König Philipp, Kaiser Rudolph, Erzherzog Ernst, Theobertus, Margaretha, Ferdinand von Castilien, Kunigunde, Eleonore, Maria von Burgund, Kaiser Friedrich III., und die einstweilen unter

---

*) Diese und die folgenden Notizen verdanke ich der aufopfernden Bereitwilligkeit des Herrn Dr. *Schönherr*, K. Rath und Archivar in Innsbruck, der mit seltenem Eifer auf meinen Wunsch die dortigen Archive durchgesehen und alles auf das Denkmal Bezügliche mir mitgetheilt hat. Vgl. desselben Beiträge zur Gesch. d. Denkmals im Archiv für Gesch. u. Alterthumskunde Tyrols. I. Jahrg. 1. Heft. Innsbruck 1864.

**) Die Abschrift dieses Berichtes liegt mir durch die höchst dankenswerthe Güte des Herrn *Baader*, k. Archivrath in München, vor.

den vorhandenen Statuen nicht ſicher nachzuweiſenden König Ladislaus und Eliſabeth »Graf Meinhards Tochter«. Aber in einem ſpäteren Verzeichniſſe werden auch noch andere, namentlich Zimburgis, Karl der Kühne und Philipp der Gute als Arbeiten Meiſter Gilg's, letztere beiden wenigſtens von ihm »viſirt«, beſtätigt, ſodaſs derſelbe bei mehr als der Hälfte der Koloſſalbilder als Urheber, und nicht bloſs als Gieſser bezeugt iſt. Selbſt die Statue Kaiſer Maximilians war 1516, von ſeiner Hand geformt, ſchon vorhanden. Da er alſo jedenfalls der Hauptmeiſter des Werkes war, ſo haben wir in dieſem bisher wenig bekannten Meiſter Gilg einen ſehr tüchtigen Künſtler anzuerkennen. Im Jahre 1518

Fig. 319. König Arthur. Fig. 320. Kaiſerin Eleonora.
Vom Maximilians-Denkmal zu Innsbruck.

wurde der geſchickte, aber etwas unzuverläſſige Meiſter der Arbeit enthoben, und die Fortführung des Werkes in die Hände des ſchon erwähnten *Steffen Godl* gelegt. Dagegen iſt von *Gregor Löffler**), den man früher für den Hauptmeiſter des Werkes hielt, nur bekannt, daſs er Kanonen und Glocken, ſpäter auch die Statue des Kaiſers und im Jahr 1549 das elegante von *Chriſtoph Amberger* in Augsburg entworfene Standbild Chlodwig's gegoſſen hat.

*) Ueber Gregor und die übrigen Mitglieder ſeiner Familie urkundliche Nachrichten im K. K. privil. Boten von und für Tyrol. 1825. Stück 29 ff.

Prüft man nun die Bilder selbst, so ragen an einfacher Schönheit die oben angeführten des Königs Arthur (Fig. 319) und Theodorichs, sodann Leopold III. und Margaretha (letztere als Arbeit Meister Gilgs bezeugt) über alle andern hervor. Sie gehören, mit Ausnahme Leopold's, zu den frühesten Arbeiten*). Von den übrigen**) sind vor Allem die weiblichen Gestalten durch stille Anmuth und ruhigen Fluss der Gewänder ausgezeichnet; in erster Linie die Königin Maria Blanca vom Jahre 1525, dann Kunigunde und Eleonore (Fig. 320), diese beiden von Meister Gilg, sodann Johanna von Castilien (1528) sämmtlich durch schlanke Formen und meistens durch prachtvolle Ausführung der Damastgewänder hervorragend. Etwas gespreizt und in gesuchter bauschiger Anordnug des Mantels, dadurch phantastisch schwerfällig in der Erscheinung ist Zimburgis; schlichter, aber auch nüchterner Königin Elisabeth von Ungarn (1529) und Maria von Burgund; letztere wieder von Sesslschreiber. — Unter den männlichen zeichnen sich durch gute Verhältnisse und lebendige Auffassung Albrecht der Weise (1528), Philipp der Gute und Chlodwig aus, letzterer jedoch mit etwas gespreizter Haltung der Hände. Auch Kaiser Albrecht (1527) gehört noch zu den besseren, obwohl er nicht recht frei bewegt ist, und ähnlich verhält sich's mit Karl dem Kühnen. Lebensvoller erscheint wieder Philipp I. von Spanien, wenn man der Inschrift glauben will, 1533 von einem Meister *A. P.* ausgeführt, in Wirklichkeit aber nach dem Zeugniss der Urkunde schon 1516 durch Sesslschreiber gegossen, so dass sich die Inschrift nur auf die später selbständig hinzugefügte Basis bezieht. Dasselbe gilt von dem in ähnlicher Weise mit 1533 bezeichneten Bilde des Erzherzogs Ernst, welches ebenfalls auf Meister Gilg zurückgeht, während diese Jahreszahl beim Standbilde Gottfried's von Bouillon sich auf das ganze Bild beziehen mag, letzteres freilich am wenigsten gelungen, was aber aus der Natur der Aufgabe sich erklären lässt. Eine der derbsten und tüchtigsten, aber zugleich schwerfälligsten Gestalten ist die Herzog Theoberts von Burgund, inschriftlich 1535 von *Bernhard Godl* gegossen, in Wahrheit aber ebenfalls ein Werk Sesslschreiber's***). Hier hat der Künstler, beim Mangel jeder Portraitvorlage, sich naiv genug dadurch geholfen, dass er das gar nicht vorhandene Gesicht durch das herabgelassene Visir verdeckt. In Wahrheit spielt bei der Mehrzahl dieser Gestalten das meist sehr phantastische, selbst unschön manierirte Kostüm die Hauptrolle, und nicht gering ist die Erfindungsgabe der Meister anzuschlagen, welche sämmtliche 28 Figuren in stets verschiedenen

Die Standbilder.

*) Für die Margaretha wird diese Vermuthung bestätigt durch das erste Inventar, welches sie 1513 als „visirt" aufführt; für Arthur und Theodorich durch die inschriftliche Jahrzahl 1513.

**) Sämmtliche Standbilder sind in tüchtiger Auffassung gez. von *J. G. Schedler* und gest. von *C. Eichler* und *C. Schleich* Innsbruck, (F. Unterberger) erschienen.

***) Die Angabe des Giessernamens an dieser Stelle, sowie jenes Monogramm A. P. vom Jahre 1533 kann sich unmöglich auf die Statuen selbst beziehen, sondern es ist damit nur der Giesser der später hinzugefügten Basis („Capiel" sagen die Urkunden), auf welcher das Erzbild steht, gemeint. Denn Herzog Theobert war laut Inventar schon um Trinitatis 1516 gegossen; dasselbe war der Fall bei Philipp von Spanien und Erzherzog Ernst, deren Basis mit 1533 bezeichnet ist. Da nun in den Inventaren mehrmals erwähnt wird, dass die „Capiele" nachträglich gegossen wurden, so haben wir ein bemerkenswerthes Beispiel für die Unbefangenheit, mit welcher man damals bei derartigen Inschriften verfuhr. Ich nehme dies Zeugniss in Anspruch, um das zu bekräftigen, was ich S. 669 bei Gelegenheit des Berliner Denkmales gesagt habe.

reich variirten Trachten von höchſter Pracht der Durchführung hinſtellten. Selbſt die übrigen, ziemlich ſchwerfälligen und zum Theil nüchternen Standbilder bieten doch in dieſer Hinſicht manches Intereſſe. Auch verrathen die meiſten, wegen der ſchlichten Naivetät der Auffaſſung durchaus noch den Charakter der erſten Hälfte des 16. Jahrhunderts. In's Theatraliſche fallen nur wenige, obſchon einige der früheren wohl einen Anflug davon haben. Die Standbilder König Ferdinands, mehr noch Kaiſer Rudolfs und am meiſten, ja geradezu in Karikatur übergehend, die Statue Rudolfs IV., Grafen von Habsburg gehören dieſer Richtung an. Doch möchten ſelbſt dieſe kaum lange nach 1540 entſtanden ſein. —

Die Statuetten.

Auch die 23 halblebensgroſsen Erzbilder von Heiligen und Verwandten des öſterreichiſchen Hauſes, urſprünglich wohl für die nähere Umgebung des Denkmals beſtimmt, ſpäter auf dem Schwibbogen des Chores, jetzt in der Silberkapelle aufgeſtellt, zeigen in den etwas kurzen Verhältniſſen, in der ſchweren, aber einfach klaren Gewandung, welche bisweilen wieder mit aller Pracht durchgeführt iſt, in dem ſchlicht naiven Gepräge der nicht ſehr feinen, aber charakteriſtiſchen Köpfe ſoviel Verwandtſchaft mit den früheren unter den Koloſſalſtatuen, daſs ſie ſchwerlich nach 1540 entſtanden ſind. Die Vermuthung Dr. Naglers, daſs ſie um 1529 von *Stephan Godl* ausgeführt worden ſeien, hat demnach viel für ſich. — Endlich kann ich am wenigſten glauben, daſs die Erzſtatue des im Gebet knieenden Kaiſers auf dem Deckel des Sarkophages von einem Italiener (man nennt *Lodovico Scalza del Duca*) und zwar erſt 1582 gearbeitet worden ſei. Dies edle Werk in einfach ſchönem Styl, mit dem rührenden Ausdruck innigen Gottvertrauens, hat ſo ſehr das Gepräge deutſcher Empfindung, das mindeſtens das Modell oder die Vorlage dazu von deutſcher Hand herrühren muſs. Wenn dagegen *Hans Lendenſtrauch* um 1572 die vier Erzgeſtalten der Cardinaltugenden gegoſſen hat, die auf den Ecken des Sarkophagdeckels ſitzen, ſo weiſen dieſe umgekehrt auf einen durch italieniſche Einflüſſe geſchulten Künſtler, obwohl damals in Italien ſelbſt eine ſo feine, ſo wenig manieriſtiſche Behandlung zu den Ausnahmen zählte*).

Statue des Kaisers. — Die vier Tugenden.

Reliefs am Sarkophag.

Endlich ſind noch die Marmorreliefs zu erwähnen, welche den Sarkophag ſchmücken. Die erſten vier werden als Werke der Kölner Meiſter *Gregor* und *Peter Abel* bezeichnet; die übrigen zwanzig arbeitete *Alexander Colins* aus Mecheln bis 1566. Sie ſchildern mit groſser Ausführlichkeit und in völlig maleriſcher Anordnung Scenen aus dem Leben des Kaiſers, Schlachten und Belagerungen, Bündniſſe, Hochzeiten, ſowie andere Haupt- und Staatsactionen. Beſonders die Arbeiten Colins zeichnen ſich durch virtuoſenhafte Meiſselführung, durch miniaturartige Feinheit und Zierlichkeit aus; auch läſst ſich nicht leugnen,

*) Wirklich geht aus den archivaliſchen Notizen, die ich Herrn *Schönherr* verdanke, hervor, daſs Kaiſer Max ſchon 1516 durch Gilg Seſſlſchreiber geformt war, wie denn die Vorlage für den Mantel ſchon 1508 in Antwerpen beſtellt wurde. Das Bild ſcheint aber zwei oder gar drei Mal gegoſſen worden zu ſein. Denn 1553 übernahm *Gregor Löffler* es für 300 fl. zu gieſsen; 1570 kam *Lendenſtrauch* von München, „um das groſse Bild und die Virtutes zu gieſsen"; 1582 wurde *del Duca* zum „Umguſs" deſſelben aus Italien verſchrieben. Er erhielt dafür 450 Kronen. Geformt wurden aber die Tugenden ſowohl wie der Kaiſer, letzterer für 150 fl., von *Alexander Colins*. Alſo hat, wie ich vermuthete, der Italiener nichts als den Guſs beſorgt.

dafs dem Reichthum der Anordnung die Mannigfaltigkeit der Gestalten, die feine Charakteristik der Köpfe gleichkommt, in denen Portraitwahrheit und scharfe Wiedergabe der verschiedenen Nationalitäten trotz des winzigen Maafsstabes mit geistreicher Lebendigkeit hervortreten. Aber es liegt im Wesen des malerisch behandelten Reliefs, dafs es einen ächt plastischen Eindruck nimmer machen kann, und dafs es bei Aufgaben dieser Art in gar zu breite Redseligkeit verfallen mufs. Immerhin ist doch die realistische Treue und die frische Lebendigkeit, die hier Tausende von winzigen Gestalten durchdringt, aller Anerkennung werth. In den Schlachtscenen trifft man Züge von höchster Leidenschaftlichkeit und Kühnheit, in den grofsen Ceremonienbildern erfreut, neben der verständigen Anordnung, eine Fülle von zierlichen Details.

## 2. In den übrigen Ländern.

Neben Deutschland treten die anderen Länder des Nordens in der Entwickelung der Plastik dieser Epoche minder bedeutend hervor. Zwar müssen wir zugeben, dafs unsere Kenntnifs der betreffenden Kreise mangelhafter ist als die der Heimat: gleichwohl läfst sich die Thatsache einer mehr vereinzelten Pflege der Plastik in den Nachbarländern nicht leugnen.

Französische Plastik.

Am meisten leistet noch immer Frankreich. Aber es fehlt viel daran, dafs wir hier den Eindruck einer so regen volksthümlichen Entwicklung der Kunst empfingen, wie die gleichzeitige deutsche Bildnerei sie darbot. Die mit der Ausbreitung der königlichen Macht in gleichem Verhältnifs fortschreitende Concentration des Lebens, die durch Karl VII. und besonders durch Ludwig XI. vollendet wurde, bahnte auch für die Kunst jene Centralisation an, die alle freieren nationalen Impulse zerstörte und das künstlerische Schaffen in die Sphäre des Hoflebens hineinzog. Damit ging die Aufnahme der italienischen Renaissance, die besonders durch Franz I. befördert wurde, Hand in Hand. Auch hierbei war es wieder bezeichnend, dafs die neue Auffassung nicht wie in Deutschland den einheimischen Künstlern auf mancherlei Wegen durch eigenes Suchen und Streben zuflofs, sondern dafs der prachtliebende König Kunstwerke in Italien bestellte und ankaufte, mehr noch dafs er eine Anzahl italienischer Meister nach Frankreich berief. Denn während die deutschen Künstler unbefangen die fremde Form mit der heimischen Empfindung durchdrangen und Beides in phantasievoller Weise zu einem neuen Style verschmolzen, wurde nach Frankreich einfach die fremde Kunst als ein fertiges Product importirt, das sich zwar in der Architektur zu einem Compromifs mit den Gewohnheiten und Anschauungen des Landes verstehen mufste, in der Plastik und Malerei dagegen mit der ganzen Selbstgefälligkeit einer formell überlegenen Bildung sich aufdrängte. Um aber diese Verhältnisse in ihrem tieferen Grunde zu begreifen, mufs man sich erinnern, dafs schon im Ausgang der vorigen Epoche (vergl. S. 479) niederländische Künstler es waren, welche in Frankreich den Styl der Sculptur bestimmten, sodafs also der originale Kunstgeist des Landes wirklich sich in der grofsen Epoche des frühgothischen Styles auf Jahrhunderte erschöpft zu haben scheint. Noch vollständiger war dies in der Malerei der Fall, die mit Ausnahme der Glasgemalde und der Miniaturen in Frankreich keine nennenswerthe Blüthe bis ins 16. Jahrhundert hinein getrieben hat. Wie aber die Plastik aus dem Wetteifer mit der Schwesterkunst immer neue Anregung schöpft, sahen wir sowohl in Italien wie in Deutschland.

Kirchliche Sculpturen. Zunächst läfst sich, wenn man an einigen der spätgothischen Kirchen in Paris Umschau hält, das greisenhafte Versiegen der Bildnerei erkennen. Die Sculpturen in der 1435 erbauten Vorhalle von S. Germain l'Auxerrois folgen in überaus schlanken Verhältnissen noch dem früheren idealistischen Styl. Dagegen lassen die Bildwerke am Portal von S. Merry (um 1520) mit ihren äufserst kurzen, derben Figuren keinen Hauch mehr von jener älteren Auffassung erkennen. Recht würdig ist in S. Etienne du Mont die Steingruppe des von den Seinigen betrauerten todten Christus, zwar nicht von besonderer Kraft und Tiefe des Ausdrucks, aber doch innig empfunden und ohne realistische Uebertreibung durchgeführt. — Gering und dürftig sind dagegen die Bildwerke am südlichen Querschiffportal von S. Remy zu Rheims, und geradezu ins Wirre und Manierirte fällt die Reliefdarstellung eines jüngsten Gerichtes am Tympanon in der Vorhalle von S. Maclou zu Rouen.

Holzsculptur. St. Denis. Einen Schnitzaltar, für Frankreich eine Seltenheit, sieht man in der ersten nördlichen Kapelle der Kirche von S. Denis. Er enthält in zierlich durchgeführten Reliefs, etwa vom Anfange des 16. Jahrhunderts, die Leidensgeschichte Christi in dem malerisch lebendigen, aber doch noch ziemlich gemäfsigten Styl der Zeit. Ein Hauptwerk der Holzsculptur sind aber die prachtvollen Chorstühle der Kathedrale von Amiens, inschriftlich 1508 von *Jean Trupin* ausgeführt, an Reichthum und Geschmack der architektonischen Anlage, sowie an Bedeutung des bildnerischen Schmuckes einzig mit denen des Ulmer Münsters zu vergleichen. Sie sind fast gänzlich bedeckt mit den Geschichten des alten und neuen Testaments in lebendig entwickelten, zierlich ausgeführten Reliefs. Eine kaum minder glänzende Arbeit vom Jahre 1535 scheinen die Chorstühle in S. Bertrand zu Comminges zu sein. In Rouen spricht sich eine glänzende Frührenaissance in den geschnitzten Thüren von S. Maclou am nördlichen Portal der Façade mit vortrefflichen biblischen Reliefs, und an der kleinen jetzt als Weinkeller dienenden Kirche S. André aus.

(Amiens. — Comminges. Rouen.)

Steinarbeit. Im Uebrigen behauptet die Steinarbeit in jeder Hinsicht den Vorrang. Mehrmals fallen ihr noch bedeutende kirchliche Aufträge zu, wobei es indefs bezeichnend ist, dafs sie sich vom Aeufsern mehr ins Innere zurückzieht und hier besonders an den prachtvollen Chorschranken ein weites Feld der Thätigkeit findet. Wohl noch aus der zweiten Hälfte des 15. Jahrhunderts rühren die alten Theile der Schranken in der Kathedrale von Chartres. Die ersten acht Bilder der Nordseite stehen unter glänzenden Tabernakeln, die mit Fialen und geschweiften Bögen gekrönt sind; die Figuren zum Theil ganz freistehend, die Gruppen malerisch vertieft, doch nicht überfüllt und meistens gut geordnet. Einige Scenen aus der Geschichte Christi verrathen eine ungeschickte Hand durch ihre steifen Bewegungen und die breiten stumpfnasigen Köpfe mit scharfen Backenknochen und blödem Ausdruck. Dagegen spricht sich der Realismus der Zeit beim Tode, der Grablegung und der Krönung Mariä in wohl motivirten, bei allem Reichthum doch nicht knitterigen Gewändern und in anmuthig

(Chorschranken zu Chartres.)

edlen Köpfen wohlthuend aus. Beſonders ergreifend und bedeutend ſind freilich auch dieſe Werke nicht. Den letzteren entſprechen an der Südſeite acht Scenen aus dem Leben Mariä, zum Theil gemüthlich naiv und in anziehend weichem Styl, mehrfach jedoch ſtark reſtaurirt.

Chorſchranken zu Amiens. Nordſeite.

Später, realiſtiſcher und im Ganzen werthvoller ſind die höchſt umfangreichen Bildwerke an den Chorſchranken der Kathedrale zu Amiens, von allen ähnlichen Werken wohl die luxuriöſeſten. An der Nordſeite ſieht man in ausgedehnten Reliefs mit beigeſchriebenen naiven franzöſiſchen Verſen*) und der Jahreszahl 1531 die Geſchichte des Täufers Johannes. Es ſind, umfaſst von reichen Spitzbogenniſchen, überragt von zierlichen Maaſswerken, vier groſse Bilder in ſtark erhobener Darſtellung, perſpectiviſch vertieſt in maleriſcher Anordnung, Alles trefflich bemalt und vergoldet. Die Compoſitionen äuſserſt lebendig und doch klar, die ausdrucksvollen Köpfe individuell durchgebildet, die Gewänder der Nebenfiguren im glänzendſten Zeitkoſtüm, die Körper tüchtig entwickelt, auch das Nackte mit Verſtändniſs ausgeführt, gehören dieſe Arbeiten zu den werthvollſten Leiſtungen, welche die kirchliche Plaſtik dieſer Epoche in Frankreich hervorgebracht. Zuerſt iſt dargeſtellt, wie Johannes Chriſtum ſieht und ihn der ſtaunenden Menge zeigt; dann Johannes Predigt in der Wüſte, und die Taufe Chriſti, dieſe beſonders ſchön und einfach angeordnet; endlich nochmals Johannes als Buſsprediger, wobei die zuhörende Menge recht lebendig geſchildert wird. Die zweite (öſtliche) Abtheilung umfaſst wieder vier Scenen: die Gefangennahme des h. Johannes; das im Zeitkoſtüm genreartig durchgeführte Feſtmahl, wo Herodias das Haupt des Buſspredigers verlangt; ſeine Enthauptung und zuletzt abermals eine Tafelſcene, wo das abgeſchlagene Haupt auf den Tiſch geſetzt wird, Herodias ihm die Augen ausſticht, ihre Tochter darob in Ohnmacht fällt und von einem artigen jungen Manne aufgefangen wird, während ein Page vor Entſetzen mit der Bratenſchüſſel entweicht. Unter dieſen gröſseren Darſtellungen ſind, dort in zehn, hier in fünf Medaillons, Scenen aus der Jugendgeſchichte und Wunderthaten aus der Legende des Johannes geſchildert. Das Relief iſt flacher und bei einfach klarer Anordnung recht liebenswürdig im Ausdruck; auch hier Alles bemalt.

Südſeite.

Von ungleichem Werthe ſind die Reliefs der Südſeite, welche die Geſchichte des Schutzpatrones von Amiens, des h. Biſchofs Firmin erzählen. Die erſte Abtheilung umfaſst in vier Bildern das Leben des Heiligen. Zunächſt ſein erſtes Auftreten in Amiens, wo er von Fauſtinian und den Seinigen mit Freuden aufgenommen wird, eine derbe ausdrucksvolle Straſsenſcene im Zeitkoſtüm, mit mancherlei lebendigen Genrezügen. Sodann predigt er das Chriſtenthum in einem Bilde, das an Uebertreibungen aller Art, an unedlen Frauengruppen und wirr überladener Anordnung leidet. Auch das folgende Relief mit der Taufe Fauſtinians und der Seinigen iſt ohne Würde, und ebenſo die Enthauptung des Heiligen eine unſchön übertriebene Scene. S. Firmin kniet

*) Z. Beiſp.: „Sainct Jehan voyant Jheſus vers luy marcher
Vecy le agneau de dieu (dict yl) tres cher.
Interrogue Sainct Jehan quy il eſtoit,
Dict eſt ce voix quy au deſert preſchoit." etc.

dabei auf einer befonderen Confole, und ihm gegenüber auf einer anderen der betende Stifter. Unterhalb diefer Darftellungen ift in einer vertieften Nifche das Grab eines Bifchofs angeordnet. Die Geftalt des Verftorbenen liegt würdig und ausdrucksvoll da, und zwei Engel von flandrifchem Typus fchlagen nach italienifcher Weife die Vorhänge zurück, während zwei Diakonen die Wappen halten. — Die zweite Abtheilung der Schranken erzählt, wieder in vier Reliefs, die Auffuchung, Auffindung und feierliche Einholung des heiligen Leichnams, wobei namentlich die Ausgrabung feiner Gebeine recht würdevoll gefchildert und gut angeordnet ift. Uebrigens zeigen fich diefe füdlichen Reliefs bei kleineren Figuren durchgängig viel überfüllter, als jene der Nordfeite. Auch hier fieht man ein bifchöfliches Grabmal mit befonders edler Geftalt des Ruhenden, der Kopf tüchtig charakterifirt und die Hände vorzüglich durchgebildet. Daneben und darunter werden in dreizehn flachen Medaillonreliefs Leben und Wunderthaten des Heiligen gefchildert. Die Anordnung ift überfüllter, die Behandlung flauer, ungefchickter als an der Nordfeite.

Reliefs in den Kreuzarmen. Mit alledem ift aber der plaftifche Schmuck des Innern diefer fchönen Kathedrale noch nicht erfchöpft. Im füdlichen Kreuzarme fieht man an den dort fortgefetzten Schranken unter vier noch glänzenderen Bogennifchen das Leben des h. Jakobus dargeftellt. Die Gruppirung ift wieder überaus reich, die Geftalten ftehen gedrängt auf malerifch vertieftem Grunde und erhalten durch den überladenen Faltenwurf der Gewänder etwas Unruhiges. Dennoch zeichnen fich die Compofitionen vor jenen Firminiusfcenen durch Klarheit und ächte Lebensfülle aus; namentlich find die Köpfe von hoher Energie des Ausdrucks. — Den Abfchlufs diefer grofsen Arbeiten bilden endlich im nördlichen Querarm die vier fchon ziemlich manierirten Darftellungen am Grabmal des Meifters Johan Wyts, welche das «Atrium» (Austreibung der Verkäufer aus dem Tempel), «Tabernaculum», «Sancta» und «Sancta Sanctorum» fchildern.

Refultat. Fafst man diefen beifpiellos reichen Cyklus von Arbeiten zufammen, fo mufs die Energie in Erftaunen fetzen, mit welcher hier das beginnende 16. Jahrhundert mit Dem zu wetteifern fucht, was das dreizehnte am Aeufseren der Kathedrale gefchaffen hatte. Der Gegenfatz der realiftifch-hiftorifchen und der fymbolifch-allegorifchen Auffaffung ift felten fo nahe und in fo bedeutenden Beifpielen zufammengedrängt. Die ftyliftifchen Vorzüge der älteren und die naturaliftifchen Verdienfte der jüngeren Kunft treten in ganzer Beftimmtheit hervor. Dafs nach der Anfchauung feiner Zeitgenoffen der Meifter des 16. Jahrhunderts den Sieg behauptete, leidet wohl keinen Zweifel. Wir freilich erkennen auf den erften Blick, wie viel an Schönheit und Adel, an Klarheit der Reliefbehandlung, mit einem Wort an ächtem Stylgefühl der neuere Meifter aufgab, um dem Durfte nach vollen Zügen aus der Wirklichkeit um jeden Preis zu genügen.

Alby. Von verwandter Art fcheint der bildnerifche Schmuck an den Chorfchranken der Kathedrale von Alby im füdlichen Frankreich zu fein, während die drei in Alabafter ausgeführten Reliefs der Verkündigung, Anbetung der

Roscoff. Könige und Geifselung Chrifti in der Kirche zu Roscoff an der Nordküfte der Bretagne einen fpäten, liebenswürdigen Nachzügler des gothifchen Styles verrathen.[1] Aber felbft wo die architektonifchen Formen der zierlichen Frührenaissance angehören, behalten die kirchlichen Sculpturen oft die alte Naivetät der Auffassung. So die Reliefs an der reizenden Kanzel von S. Nicolas in Troyes, nach 1525 in Holz ausgeführt und in der ganzen Anlage an die berühmte Kanzel von S. Croce zu Florenz (S. 555) erinnernd. Sie erzählen in guter lebendiger Anordnung die Geschichte des heiligen Kirchenpatrones und verbinden antikisirende Formen mit Innigkeit der Empfindung und Schärfe der Charakteristik. Aehnlich zierliche Reliefscenen aus dem Leben Christi sieht man am Lettner der unfern Troyes gelegenen Kirche zu Villemaur. — Endlich ist noch eine grosse bemalte Steingruppe der Grablegung in der Krypta der Kathedrale von Bourges vom Jahre 1545 zu nennen. Christus, würdig aufgefasst, aber mit dem vollen naturalistisch durchgeführten Ausdruck des Leidens, wird von Joseph von Arimathia und Nikodemus gehalten. Dahinter stehen Johannes, der die ohnmächtige Mutter auffängt, und Magdalena mit dem Salböl, nebenan einige andere Figuren und der Stifter. Das Ganze ist ein später, recht tüchtiger, aber doch etwas markloser Nachklang des 15. Jahrhunderts. —

Troyes. Villemaur. Bourges.

Während in solchen kirchlichen Werken die ältere Auffassung ziemlich unbeirrt sich behauptet, geht mit den Grabdenkmälern eine Umwandlung zu Gunsten des neuen italienisirenden Geschmackes vor sich. Glanz und Macht des Fürstenthumes führen die Renaissance gleichsam officiell in Frankreich ein, stellen ihr eine Reihe von Aufgaben überwiegend weltlicher Art, deren Zweck und Mittelpunkt die Verherrlichung der vornehmen Stände ausmacht, und verlangen dafür die möglichst elegante und prunkvolle Lösung. In Gesammtanlage, Auffassung, Formbehandlung schliesst man sich dem von Italien durch eine Anzahl von Künstlern eingedrungenen Style an und sucht sich desselben nach Kräften zu bemächtigen. Daher sind diese französischen Werke, in erster Linie die Grabmäler, gewöhnlich reicher, prächtiger als die deutschen; aber es fehlt ihnen der frischere Lebenshauch eines in allen Zügen selbständig schaffenden und vordringenden Kunstgeistes. Viel früher als in Deutschland fliesst bei ihnen etwas Aeusserliches, Conventionelles in die Schöpfungen hinein und geht zu einer weichen Eleganz über, in welcher man das Wehen der Hofluft zu erkennen meint. Damit hängt auch die Vorliebe für das Material des weissen Marmors zusammen. Bisweilen aber verbinden sich Feinheit der Naturauffassung und Innigkeit der Empfindung mit einer lauteren und grossen Formbehandlung zu schönstem Adel.

Grabmäler.

Im Museum des Louvre, Abtheilung der modernen Sculptur, kann man an einer Reihe von Denkmälern die Entwicklung der französischen Bildnerei verfolgen. Die liebenswürdig zarte Marmorbüste einer jungen Frau (No. 79 des Katalogs) mit einfachem unschuldigem Ausdruck eröffnet den Reigen. Dann folgt, ebenfalls noch aus dem 15. Jahrhundert, die treffliche Marmorstatue des Peter von Evreux Navarra, treu und schlicht in der Auffassung, Kopf und Hände mit feinem Natursinn durchgeführt. Der zurückgeschlagene Waffenrock giebt ein glückliches Motiv des Faltenwurfs. Die Statue seiner Gemahlin Katharina von Alençon ist noch edler, in schlichtem Gewande und maassvoll schönem Style. Beide Bilder stammen aus der Karthäuserkirche zu Paris. Nicht minder trefflich ist die aus dem Convent der Cölestiner in das Museum gelangte

Denkmäler im Louvre.

Marmorstatue der Herzogin Anna von Burgund († 1432). Bei höchst einfacher Behandlung des Gewandes verräth der ausdrucksvolle Kopf ein stilles inneres Leben und eine ruhige Sammlung des Gemüthes, wie sie solchen Monumenten am schönsten entspricht. Das Maafs detaillirender Charakteristik der Formen ist schon etwas gröfser, doch ohne den geistigen Gehalt zu übertönen. Alle diese Werke gehören wohl erst den letzten Decennien des 15. Jahrhunderts an. Vom Anfange des folgenden stammt dann das Marmorrelief des h. Georg, der den Drachen besiegt, 1508 von *Michel Colombe* ausgeführt*). Es ist etwas steif und schwerfällig, dabei malerisch componirt. Völlig hart und unerfreulich tritt der Realismus der Zeit, durch Bemalung noch verstärkt, an den knieenden Statuen des Philipp von Comines († 1509) und seiner Gemahlin auf, welche aus der Kirche der Augustiner in das Museum übergegangen sind.

Gräber in Brou. Zu den schönsten Werken dieser Art gehören dagegen die Grabmäler, welche Margaretha von Oesterreich nach 1504 in der Kirche zu Brou für sich, ihren Gemahl Philibert von Savoyen und ihre Schwiegermutter Margaretha von Bourbon ausführen liefs. Reichthum der Anordnung, zierliche Pracht der Ausführung und edle Charakteristik der Gestalten verbinden sich darin zu seltener Wirkung. Neben italienischen und französischen Künstlern werden auch zwei Schweizer, *Konrad* und *Thomas Meyr*, als ausführende Bildhauer genannt. Eine originelle Verschmelzung gothischer und Renaissanceformen von hoher decorativer Pracht zeigt das Grabmal im Chor der Kathedrale von Rouen, (in Rouen.) welches der Cardinal Georg von Amboise sich und seinem gleichnamigen Oheim nach 1510 errichten liefs. Meister *Roulland de Roux* soll es mit mehreren Gehülfen ausgeführt haben. Die beiden lebensgrofsen Gestalten knieen in langfaltigen Prachtgewändern auf einer schwarzen, von Consolen getragenen Marmorplatte. Der ältere, ein bedeutend aufgefafstes brutales Pfaffengesicht, der jüngere ebenfalls widerwärtig, aber voll energischen Lebens, Beide in pomphaft bauschigen Mänteln. Unter den Consolen sind Pilaster und dazwischen Nischen mit sitzenden Statuen von Tugenden, Alles von grofsem decorativem Reiz, aber die Figuren ungleich, mehrere mit trefflich stylisirten Gewändern, andere etwas unruhig geknittert. So sind auch die Köpfe nur zum Theil glücklich belebt, andere dagegen blöd und befangen. Die prachtvoll in Gold und Farben strahlende Rückwand zeigt S. Georg und andere Heilige, ebenfalls von ungleichem Werth. Die Wölbung ist mit reizenden vergoldeten Kassetten geschmückt, und über ihr steigt eine reiche Bekrönung auf mit Statuetten in Nischen und zierlichem Kinderfriese, alles in spielenden Renaissanceformen, die auch an den luftigen Pyramidenspitzen wiederkehren, mit denen dies üppige Prachtstück in gothisirender Weise abschliefst.

Tours. Einer der vorzüglichsten französischen Bildhauer dieser Epoche ist *Jean Juste*. Von ihm sieht man in der Kathedrale seiner Vaterstadt Tours ein kleines Marmorgrab zweier früh (1495 und 1496) verstorbener Kinder Karls VIII., von denen das jüngere nur 25 Tage lebte, das andere etwas über drei Jahr alt wurde. Genien halten die Wappen auf dem Sarkophag, der ganz mit zierlichen (wohl restaurirten) Arabesken bedeckt ist. Auf dem Deckel ruht das

*) Vergl. *Henry Barbet de Jouy*, descr. des sculpt. mod. (Paris 1855) S. 43.

lieblichste und unschuldigste Kinderpaar still neben einander. Das Kleinere hält die Händchen unter dem Hermelinmäntelchen, das Aeltere legt die seinigen fromm über einander. Die Gewänder, die feinen Gesichter mit den krausen Löckchen und den weichen Augenlidern, das Alles ist von köstlicher Zartheit. Am Kopfende knieen voll inniger Hingebung zwei reizende Engel im Gebet. — Eine glänzendere Aufgabe löste dieser treffliche Meister an dem um 1530 ausgeführten*) Grabmal Ludwigs XII. und seiner Gemahlin Anna von Bretagne in der Kirche von S. Denis. Der Aufbau ist in der elegantesten Renaissance mit musterhaft feiner Decoration durchgeführt. Die Gesammtform dieses und der nachfolgenden Königsgräber läfst sich auf jenes Prachtdenkmal des Gian Galeazzo Visconti in der Certosa bei Pavia (S. 578) zurückführen. Es sind Freibauten von durchbrochenen Arkaden, welche, mit Figuren von Heiligen und von Tugenden geschmückt, den Sarkophag umgeben. Aber während in Italien der Todte wie im Schlummer ausgestreckt daliegt, und die oberen Theile des Denkmals mit Idealgestalten der Schutzpatrone und der Madonna ausgestattet sind, tauchen diese französischen Königsgräber tief in den nordischen Realismus ein. Denn es tritt an ihnen jene herbe, durch den Contrast mit den zierlichsten Kunstformen nur noch schneidendere Auffassung hervor, dafs unten auf der Bahre die Leichen der Gestorbenen in grausiger Wahrheit des Todes ausgestreckt liegen, während oben auf der Platform dieselben als noch Lebende im Gebete knieend dargestellt sind. Es war eben die Zeit, welche sich in schroffen Gegensätzen gefiel und mit Vorliebe die Todtentänze und ähnliche erschütternde Schilderungen mitten in das glänzend bewegte Leben hineinwarf. Die ausgestreckten nackten Gestalten des verstorbenen Königspaares sind von grofsartiger Auffassung, scharf und markig in unverschleierter Wahrheit, die Körper in einem herben Naturalismus durchgeführt, die Köpfe von mächtig ergreifendem Ausdruck, namentlich der starr zurückgeworfene der Königin. Die oben knieenden Statuen, ebenfalls von Marmor, sind ganz schlicht und innig, voll charakteristischen Ausdrucks, die Gewänder in grofsem Faltenwurf edel geordnet. Mit diesen Gestalten erreicht die französische Plastik ihre klassische Vollendung. Von anderer Hand, wohl auch später und von geringerem, dabei ungleichem Werthe sind die übrigen, mehr decorativen Figuren. Die eine von den sitzenden Apostelgestalten zeigt magere, verzwickte Formen, affectirte Bewegungen und ein süfsliches Lächeln, welches an Lionardo da Vinci anklingt; die andere, auch nicht ganz von Manier freie, erscheint doch voller, breiter, kräftiger. Sie können beide nicht von Jean Juste herrühren. Die kriegerischen Reliefscenen am Unterbau sind wenigstens von zierlicher Ausführung. — Dagegen wüfste ich Keinen als den trefflichen Meister von Tours zu nennen bei den im Museum des Louvre befindlichen Alabasterstatuen des Louis de Poncher, Finanzministers Franz I., und seiner Gemahlin Roberte Legendre. Sie müssen vor dem Tode Beider (1520 und 1521) vielleicht bald nach 1505 gearbeitet sein, denn damals liefs Poncher die Kapelle in S. Germain l'Auxerrois errichten, aus welcher die Statuen stammen. Beide sind ausgestreckt

S. Denis Grab Ludwig's XII.

im Louvre.

---

*) Im Jahr 1531 trägt Franz I. dem Cardinal Duprat auf, Jean Juste von Tours für das marmorne Grabmal des „feus roy Loys et Royne Anne" zu bezahlen.

liegend in ſtillem Todesſchlaf dargeſtellt, in edler, groſsartiger Formbehandlung, die Gewänder herrlich entwickelt, die Köpfe von vollendeter Feinheit individueller Auffaſſung, namentlich die ſchönen Geſichtszüge der Dame in wunderbar ergreifender Stille der Todesverklärung. Beide Werke gehören zu den köſtlichſten Schöpfungen der goldenen Zeit.

Ein ſehr bedeutender Meiſter iſt ſodann *Pierre Bontemps*, welcher 1552 im Auftrage Heinrichs II. das Grabmal Franz I., ſeiner Gemahlin Claude und
S. Denis Grab Franz I. ihrer Kinder in S. Denis arbeitete. In der Geſammtanlage ſchlieſst es ſich dem Denkmal Ludwigs XII. an, überbietet daſſelbe jedoch an Groſsartigkeit. Auf der oberen Platform die knieenden Geſtalten des königlichen Ehepaares und ſeiner drei Kinder, die wieder zum Edelſten gehören, was die franzöſiſche Plaſtik hervorgebracht. Hier iſt Würde, Einfachheit und Ruhe, gröſster Adel in der Auffaſſung, edler Styl der breit und doch anſpruchslos flieſsenden Gewänder, innige Beſeelung im Ausdruck der fein charakteriſirten Köpfe.

G. Richier. Um dieſelbe Zeit lebte in Lothringen ein Bildhauer *Richier*, von dem in der Kirche zu St. Mihiel eine aus dreizehn lebensgroſsen Figuren beſtehende Steingruppe der Grablegung Chriſti noch vorhanden iſt *). Von derſelben Hand rührt die mit der Jahreszahl 1523 und dem Monogramm G. R. bezeichnete Gruppe eines Kalvarienberges in der Kirche zu Hatton-le-Châtel. Endlich hatte Richier in der Kirche S. Etienne zu Bar-le-Duc das Grabmal des 1544 gefallenen Herzogs René von Chalons auszuführen. Im Louvre ſchreibt man ihm ein mit miniaturhafter Zierlichkeit ausgeführtes Hochrelief zu, welches Daniels Urtheil über Suſanna darſtellt. Ueberaus fein iſt beſonders der Ausdruck der Köpfe, und nur die Bewegung der Geſtalten, namentlich Daniels, hält ſich nicht frei von Uebertreibung. Ebendort von demſelben die reizend naive und friſche Statue des Chriſtkindes, gleich den übrigen Werken dieſes beſcheidenen und tüchtigen Künſtlers aus dem an der Maas brechenden Kalkſtein gearbeitet.

Amiens. Aber nicht überall wurde mit ſolchem Erfolge der neue Styl durchgeführt. An einem Biſchofsgrabe in der Kathedrale von Amiens iſt die knieende Geſtalt des Verſtorbenen ſammt den allegoriſchen Figuren von Tugenden ziemlich ſteif und ausdruckslos, die Architektur bei aller Zierlichkeit der Details doch nur ſchwerfällig. Weit werthvoller zeigt ſich das prachtvolle Grabmal
Rheims. des h. Remigius im Chor von S. Remy zu Rheims, vom Cardinal Robert de Lenoncourt 1537 errichtet und neuerdings (1847) gründlich erneuert. Die an den Langſeiten angebrachten zwölf Heiligenſtatuen ſind gröſstentheils würdige, ausdrucksvolle und charakteriſtiſche Geſtalten mit tüchtigen Köpfen und ſchlichter Haltung. An der öſtlichen abgerundeten Seite kniet eine lebensvolle Portraitgeſtalt vor dem weihenden Biſchofe, dem von Chorknaben aſſiſtirt wird.

Weltliche Plaſtik. Endlich kommt auch in einigen freilich vereinzelten Fällen die Plaſtik für rein profane Gegenſtände und Zwecke zur Geltung. Noch ganz im mittelalter-
Bourges. lichen Geiſte findet dies am Hauſe des Jacques Coeur zu Bourges ſtatt, welches dieſer reiche Bürger und hochherzige Patriot bis 1453 erbauen lieſs. An der Façade ſchauen Hausherr und Hausfrau im Bruſtbilde heraus, als wollten ſie

*) Die Notizen über Richier finden ſich in der Deſcript. des ſculpt. modernes du Louvre. (Paris 1855). S. 47.

dem Eintretenden freundlich Willkommen zurufen. Sodann sind uber den einzelnen Portalen im Hofe charakteristische Reliefs angebracht, um die Bestimmung der verschiedenen Eingänge zu bezeichnen. So sieht man über der Thür, die zur Kapelle führt, die Vorbereitungen zum Messopfer; über einer anderen Thür sind ergötzlich naive Kuchenscenen geschildert; eine dritte ist mit Darstellungen weiblicher Handarbeiten und männlichen Schaffens, mit Spinnen, Dreschen u. dgl. geschmückt. Frisches Lebensgefühl athmet aus diesen kleinen anziehenden Bildwerken. — Vom Ende der Epoche datiren sodann die zierlichen Friese im Hofe des Hôtel Bourgtheroulde zu Rouen, welche in fünf Abtheilungen am linken Flügel des Gebäudes die Zusammenkunft Franz I. mit Heinrich VIII. (1520) schildern. Die Erzählung ist schlicht und naiv, in reicher malerischer Anordnung, aber mit bescheiden behandeltem Relief. Oben an der Attika sieht man in kräftigerem, auf die Ferne berechnetem Relief Darstellungen von Triumphzügen und Verwandtes. Etwas früher dagegen werden die oberen Partien des Hauptbaues sein, dessen untere Theile noch dem gothischen Styl angehören. Hier sind unter und neben den Fenstern allerlei biblische Geschichten in flachem Relief, aber in völlig malerischer Haltung über die Wandfelder ausgestreut. — Rouen.

Weit spärlicher noch als in Frankreich ist die Plastik in den Niederlanden durch Denkmäler dieser Epoche vertreten. Zum Theil mag dies untergeordnete Verhältniss sich daraus erklären, dass hier die Malerei seit den Eycks die bevorzugte Kunst war und blieb, und dass die Plastik, seit sie in den Denkmälern von Tournay (S. 470) dem Realismus zuerst Bahn gebrochen, die Führerschaft ausschliesslich der beweglicheren Schwesterkunst überlassen hatte. Von der Farbenpracht der durch Hubert van Eyck zur Vollkommenheit entwickelten Oelmalerei scheint man so geblendet und berauscht gewesen zu sein, dass der ernstere Formengeist der Plastik daneben keinen Reiz zu üben vermochte. Selbst wo man Metall für die Grabmäler anwendet, zieht man vor, die Platten mit eingegrabener Zeichnung zu schmücken, wie noch jetzt manch erhaltenes edles Denkmal bezeugt. Mehrere Tafeln dieser Art sieht man in S. Jakob und in der Kathedrale zu Brügge, und zwar vom Beginn des 15. bis in den Anfang des 17. Jahrhunderts reichend. Plastik in den Niederlanden. Grabplatten in Brugge.

Erst gegen Ausgang des 15. Jahrhunderts finden wir eine bedeutende Leistung der Plastik in dem 1495 durch *Jan de Baker* von Brüssel ausgeführten Monument der Maria von Burgund, Gemahlin Kaiser Maximilians, in der Liebfrauenkirche zu Brügge. An dem prächtigen, mit Wappen in Schmelzwerk geschmückten Marmor-Sarkophag sind die kleinen Engel und die wappenhaltenden Figürchen fein und naiv im Style gleichzeitiger flandrischer Maler, namentlich eines Memling angebracht. Auf dem Sarkophag liegt die vergoldete Erzfigur der schönen Maria, ein Werk von edler Lebenswahrheit. Später (1558) wurde auf Philipps II. Geheiss das Denkmal Karls des Kühnen durch den Bildhauer *Jongherling* aus Antwerpen hinzugefügt. In der Anlage jenem früheren verwandt, kommt doch in den Einzelheiten und im Charakter der Gestalten die italienisirende Richtung in nüchterner Weise zum Vorschein. Dagegen bewahrte noch im Jahre 1544 ein unbekannter trefflicher Meister an dem Grabmal eines Ritters von Oyeghem, das sich in einer ehemaligen Seitenkapelle Brugge, Fürstengräber.

Grab in S. Jakob. von S. Jakob zu Brugge befindet, die einfache Empfindung und das feine Naturgefühl der heimischen Kunst in den marmornen Gestalten der beiden Eheleute, besonders aber eines mit liebevoller Innigkeit dargestellten Töchterleins.

Kamin. Ein Prachtbeispiel üppigster Innendecoration ist der herrliche in Holz geschnitzte Kamin des dortigen Justizpalastes v. J. 1529. Die zierlichste Renaissance-Ornamentik verbindet sich hier mit figürlichen Darstellungen, mit den tüchtigen fast lebensgrofsen Standbildern Karls V. und seiner Vorfahren, Karls des Kühnen sammt seiner Gemahlin, seiner Tochter Maria und Maximilians, sowie anderer Verwandten. Dazu kommen vier Marmorreliefs mit der Geschichte Susanna's; das Ganze ein Prunkstück ersten Ranges. —

Plastik in England. In England, wo die Bildnerei im Laufe der vorigen Epoche zwischen starken fremden Einflüssen und schwachen selbständigen Versuchen schwankte, scheint man sich mehr und mehr von der Unfähigkeit, zu einem charaktervollen eigenen Style durchzudringen, überzeugt zu haben. Man findet es bequemer, fremde Künstler herbeizuziehen und diesen die bedeutenderen Aufgaben zu übertragen. Wie Hans Holbein in der Malerei, so beherrschten andere auswärtige Künstler in der Plastik das Feld. Wo wir dies durch bestimmte Namen und Daten nicht erhärten können, liefert der Charakter der Kunstwerke selbst den klarsten Beweis.

Tewkesbury. Ein später Nachklang mittelalterlicher Behandlungsweise sind die Reliefs der Abteikirche von Tewkesbury, die bei deutlich hervorbrechender Auflösung des alten Styles doch in Bewegung und Gewandung noch germanische Motive verrathen. Sodann spricht sich mit grofser Bestimmtheit der Einfluss der gleichzeitigen deutschen Kunst in den Engel- und Apostelstandbildern der von 1502—1509 erbauten Kapelle Heinrichs VII. in Westminster aus. Aber auch früher schon, in den letzten Decennien des 15. Jahrhunderts, begegnet uns derselbe Einflufs an mehreren reliefgeschmückten Taufbecken. Eins der schönsten, etwa um 1470 entstanden, ist das der Kirche zu Walfingham in Norfolk. Es enthält an seinen acht Seiten die Kreuzigung und die sieben Sakramente in reizenden, lebendig durchgeführten Darstellungen voll geistreicher Frische. An Feinheit und Anmuth stehen sie den zierlichsten schwäbischen Arbeiten dieser Art nahe. Aehnlichen Taufsteinen begegnet man in den Kirchen zu East-Dereham (1468) und Worsted, beide in Norfolk.

Westminster. Taufbecken.

Grabmäler. Für die Grabdenkmäler kommen die gravirten Erzplatten auch hier in dieser Epoche mehr und mehr in Gebrauch. Die meisten Arbeiten dieser Art scheint man aus den Niederlanden erhalten zu haben. Unter den umfangreicheren Monumenten steht das oben (S. 482) besprochene Warwick-Denkmal, das noch in den Anfang dieser Epoche hineinreicht, als eins der prachtvollsten an der Spitze. Aus der Frühzeit des 16. Jahrhunderts (um 1509) datirt dann das marmorne Grabmal des Sir Giles Daubeny in Westminster. Es stellt den Ritter nach herkömmlicher Weise im Panzer steif ausgestreckt dar, die Hände zum Gebet gefaltet. Der Kopf ist gut und einfach, dabei charaktervoll behandelt. Bedeutender jedoch sind einige andere Denkmäler daselbst, welche von dem Florentiner *Pietro Torrigiano* ausgeführt wurden. Dieser hatte als Mitschüler von Michelangelo und anderen Zeitgenossen im Garten der Medici den Unterricht Bertoldo's, des Schülers Donatello's genossen. Da er einst aber

Gräber in Westminster.

im Jähzorn durch einen Faustschlag das Nasenbein Michelangelos zerschmetterte, musste er flüchten, kam zuerst nach Rom und dann nach England, wo er mehrere bedeutende Aufträge erhielt. Er war es, der die Renaissance nach England verpflanzte. Sein Hauptwerk ist das Grabmal Heinrichs VII. und seiner Gemahlin in Westminster, welches 1519 vollendet und mit tausend Pfund Sterling bezahlt wurde. Er brachte dabei jene opulente Form eines aus Arkaden von schwarzem Marmor bestehenden Freibaues zur Anwendung, welche aus Italien gleichzeitig ihren Weg nach S. Denis gefunden hatte. Reiche Decoration, Statuen und Reliefs schmücken das Ganze. Die Gestalten des Königs und der Königin, prachtvoll in vergoldetem Erz ausgeführt, sind höchst edel, von schlichter Naturwahrheit, fein durchgebildet und dabei grossartig aufgefasst. Die wappenhaltenden Engel auf den Ecken sind frisch und naiv etwa im Charakter eines Luca della Robbia. Auch die kleinen zierlichen Relief-Medaillons am Sarkophag sowie die Heiligengestalten gehören zu den trefflichsten Arbeiten dieser Art. — Gewiss mit Recht schreibt man dem Torrigiano auch das ebendort befindliche Grabmal der Mutter Heinrichs VII., Margaretha von Richmond, († 1509) zu. Von ähnlicher Anlage, scheint es das erste Werk zu sein, welches er in England geschaffen hat. Die Gestalt der Verstorbenen ist in einem grossartigen, doch edlen und ausdrucksvollen Naturalismus aufgefasst. Im Jahre 1518 am 5. Januar, als das Denkmal Heinrichs VII. seiner Vollendung bereits nahe war, verpflichtete der Künstler sich, ein ähnliches, aber um ein Viertel grösseres Monument für Heinrich VIII. und dessen Gemahlin Katharina von Arragonien anzufertigen und dasselbe in vier Jahren zu vollenden. Es kam aber nicht zur Ausführung, denn aus unbekannten Gründen ging Torrigiano 1519 nach Spanien, um dort sein Heil zu versuchen. Vieles soll er daselbst, wie Vasari erzählt, ausgeführt haben; aber nachzuweisen als ächt ist nur ein überlebensgrosser h. Hieronymus von gebranntem Thon im Convent von Buena Vista zu Sevilla. Der Heilige ist knieend in affectvoller Bewegung dargestellt, in so grossartigem und edlem Naturalismus, wie ihn wenige gleichzeitige Werke zeigen *). Torrigiano's Thätigkeit nahm ein frühes Ende, denn 1522 fiel er als Opfer der Inquisition. —

Plastik in Spanien.

Wir haben nun zum Schluss einen Blick nach Spanien **) zu werfen, wo unter Ferdinand und Isabella die Kunst einen glänzenden Aufschwung nahm. Es ist bezeichnend, dass dasselbe Fürstenpaar, welches die Grösse des Reiches begründet, die Gewalt des Feudalismus bricht, die letzten Reste der maurischen Herrschaft zerstört, den modernen Staat mit kräftiger Hand an die Stelle mittelalterlicher Verfassungen setzt und endlich auch dem grossen Christoph Columbus zu seiner Entdeckung des neuen Welttheiles die Hand reicht, auch die moderne Kunst in Spanien einführt. Im 15. Jahrhundert sind es überwiegend flandrische Einflüsse, welche zuerst der spanischen Kunst eine Anregung gaben. Zugleich scheinen aber deutsche Bildhauer besonders die Holzschnitzerei gefördert zu haben, denn Spanien ist das einzige unter den romanischen Ländern, welches mit Vorliebe für die prachtvollen, hoch aufgethürmten Altäre die Schnitzarbeit

*) Ich urtheile nach dem Abguss im Glaspalast zu Sydenham.

**) Einiges bildliche Material bietet *Villa Amil*, España artistica y monumental.

zur Anwendung bringt. Um den Anfang des 16. Jahrhunderts beginnen aber die Zuzüge italienischer Künstler und Kunstwerke, die dann den Styl der Renaissance auch in Spanien einbürgern. Unter solchen Verhältnissen erhebt sich nun in Spanien etwa seit den achtziger Jahren des 15. Jahrhunderts eine Reihe von eingebornen Künstlern, welche getragen von dem Aufschwung des nationalen Lebens, sich der fremden Formen bemächtigen und daraus einen eigenen Styl schaffen, der die nordischen und südlichen Einflüsse durch Schwung der Phantasie zu glanzvollen Wirkungen zu verbinden weiss. Eine genaue Kenntniss der spanischen Kunst dieser Epoche mangelt uns freilich noch, und es wird gerade hier der eigenen Anschauung bedürfen, um die vereinzelten spärlichen Notizen zu einem lebendigen Bilde zu verarbeiten.

Schnitzaltäre.

Die Schnitzaltäre bestehen wie die deutschen aus zahlreichen Abtheilungen über und neben einander, die mit bemalten Statuen, Hochreliefs und Gemälden in einzelnen Feldern sowie in baldachinbekrönten Nischen geschmückt sind. Ein Prachtwerk dieser Art ist der Hochaltar des Doms von Sevilla, von 1482—1497 durch *Dancart* und *Bernardo Ortega* gearbeitet*). Noch grossartiger thürmt sich der Hauptaltar des Doms von Toledo auf, der um 1500 durch *Diego Copin* und *Peti Juan* ausgeführt wurde. Auch die Kathedrale von Burgos besitzt einen prachtvollen Altar dieser Art.

Andere kirchliche Sculpturen.

Ausserdem werden die Kirchen an Portalen und Façaden, mehr aber noch im Innern an den Chorschranken, den Wandnischen, in besonders reich angelegten Kapellen in verschwenderischer Weise mit plastischen Werken ausgestattet. So der Chor des Doms von Sevilla, welchen *Nufro Sanches* mit Sculpturen schmückte; ebendort die Portale der Façade und der Seitenschiffe mit Terracotten von *Lope Marin* (1548); so die Façade des Domes von Huesca, an welcher *Juan de Olotzaga* die kolossalen Standbilder ausführte; sodann der Chor der Kathedrale von Burgos, dessen Nischen um 1540 energische Darstellungen der Leidensgeschichte von einem Künstler niederländischer Herkunft, *Philipp von Burgund*, erhielten. So noch eine Fülle plastischer Werke in den meisten bedeutenderen Kirchen des Landes.

Grabmäler.

Besonders glänzend entfaltet sich nun auch der Gräberluxus. Zuerst folgt die Anlage und Ausschmückung der Grabmäler nach den Gesetzen des gothischen Styles, der freilich in spielend decorativer Weise, aber in üppiger Pracht behandelt wird. So an dem Grabmal des Archidiakonus Don Fernando Dies de Fuente Pelayo († 1490), welches man in der Annenkapelle des Domes von Burgos sieht**). Der Verstorbene, eine tüchtig charaktervolle Gestalt, liegt, ein Buch in den Armen haltend, auf einem Sarkophag, der mit kleinen biblischen Reliefs geschmückt ist. Ein Flachbogen mit üppiger Laubbekrönung schliesst die tiefe Wandnische ein und wird von Baldachinen, von durchbrochenen Giebeln mit Filialen überragt. Statuetten von Heiligen sind auf Consolen an-

*) Diese und andere Angaben nach *Caveda*, Gesch. der Baukunst in Spanien, übers. von *P. Heyse*, herausgeg. von *F. Kugler*. Stuttgart 1858.

**) Herrn Major *Friedrich Mahler* in München verdanke ich eine schön ausgeführte Abbildung dieses Denkmals, zu einer Reihe trefflicher Aufnahmen spanischer Monumente gehörig, durch deren Veröffentlichung der Kunstgeschichte ein wichtiger Dienst geleistet würde.

gebracht; oben sieht man in grösseren Figuren Maria und Johannes den Täufer, darüber den segnenden Gottvater. Die Anordnung des Ganzen und der Styl der Bildwerke erinnern so sehr an nordische Kunst, dass die Vermuthung nahe liegt, *Simon von Köln*, der kurz vorher die Karthäuserkirche zu Miraflores vollendete, sei der Meister des Werkes. Um dieselbe Zeit (1486—1493) arbeitete *Gil de Siloë* die noch prachtvolleren Denkmäler König Johanns II., seiner Gemahlin und des Infanten Don Alonso in der Karthause von Miraflores. An dem Monumente des Alvaro de Luna und seiner Gemahlin im Dome von Toledo, seit 1489 durch *Pablo Ortiz* ausgeführt, rühmt man die lebensvolle Charakteristik der Hauptgestalten und die Tüchtigkeit des übrigen plastischen Schmuckes. Auch die vier Fürstengräber in der Erlöserkirche zu Ona am Ebro gehören noch demselben Styl und der gothischen Auffassung an.

Dagegen dringt in den ersten Decennien des 16. Jahrhunderts mit der Renaissance auch die neue plastische Behandlung durch italienische Meister ein und beherrscht fortan die Grabmäler. Von edelster Pracht ist das grosse Monument Ferdinands und Isabella's in der Kirche des Schutzengels zu Granada, vielleicht noch vor dem Tode Ferdinands († 1516) ausgeführt*). Es ist ein grosser Marmorsarkophag von prächtigem Aufbau in edelsten Renaissanceformen, an den Ecken mit trefflichen Greifen, an den Flächen mit feinen Reliefs und den Statuetten der vier Kirchenväter geschmückt. Diese sowie die grossen auf dem Deckel ruhenden Gestalten der Verstorbenen sind würdig in einfach edlem Style durchgeführt. Wahrscheinlich rührt dies Prachtwerk von einem italienischen Künstler her, wie denn das nicht minder reiche Monument des Infanten Don Juan in der Thomaskirche zu Avila nach Zeichnungen des *Domenico Alessandro Florentin* in Italien gearbeitet wurde. Ebenso war es ein Italiener, *Giovanni da Nola*, der für die Franziskanerkirche zu Belpuch im Arragonien das Grab des Herzogs von Cardona († 1532) ausführte. Die edle Pracht dieses neuen Styles fand solchen Anklang, dass zu derselben Zeit *Alvaro Monegro* nach Plänen und unter Leitung des *Alonzo de Covarrubias* für den längst verstorbenen König Enrique II. in der Kathedrale von Toledo ein ähnliches Denkmal ausführen musste. So bewährt sich auch für Spanien die bezeichnende Thatsache, dass es in erster Linie die Grabmonumente sind, an denen der Styl der neuen Zeit zur Herrschaft kommt.

Italienischer Einfluss.

*) Ich urtheile nach dem Gipsabguss im Museum von Versailles, Erdgeschoss, Galerie Nr. 16. 311.

# DRITTES KAPITEL.

## Italienische Bildnerei im 16. Jahrhundert.

Engere Begrenzung der Plaftik.

Ueberblickt man im Ganzen die plaftifchen Leiftungen des 15. Jahrhunderts, fo kann man nicht leugnen, dafs die Bildnerei jener Epoche im Norden der Malerei entfchieden überlegen war, und dafs fie in Italien wenigftens mit Erfolg gegen die begünftigtere Schwefterkunft in die Schranken trat. Jemehr aber die Malerei von der Sculptur lernte, defto ficherer mufste fie diefelbe überflügeln. Was im chriftlichen Zeitalter ihr die erfte Stelle einräumte, ift früher fchon erörtert worden; als fie nun um den Beginn des 16. Jahrhunderts, im Wetteifer mit der Plaftik und gefördert durch diefelbe, fich zu freier Entfaltung der Form und zu höchfter Vollendung aufgefchwungen hatte, war der Zeitpunkt gekommen, wo die meiften und die gröfsten Aufgaben ihr wie von felbft zufielen, und die Bildnerei fich mit engeren Schranken begnügen mufste. Namentlich ging die Ausfchmückung der Altäre faft ohne Ausnahme in die Hände der Malerei über, und nur die Grabdenkmale blieben auch fortan der vornehmfte Schauplatz für die Thätigkeit der Plaftik.

Gröfsere Freiheit.

Aber in diefen engeren Grenzen erobert fich die Bildnerei*) ein um fo gröfseres Maafs von Freiheit der Bewegung. Hatte in der vorigen Epoche die jugendliche Architektur der Renaiffance ihr gern und forglich die Stätte für ein wirkfames Eingreifen in die Gefammtcompofition bereitet, fo mufste die ftrenger und ernfter gewordene Baukunft jetzt noch ausgedehntere Conceffionen machen, wenn fie fich die Mitwirkung der Plaftik gewinnen wollte. Je felbftändiger aber letztere wurde, defto weniger mochte fie fich dem Maafse der Architektur anbequemen, und fo bereitete fich in diefer Epoche immer mehr die Auflöfung des alten Bündniffes vor; beide Künfte lernten auf einander verzichten, gingen ihre gefonderten Wege und traten fchliefslich nur noch mit froftiger Oftentation zu einer rein äufserlichen, mehr fcheinbaren als wirklichen Verbindung zufammen.

Vollendung der Form.

Wie indefs auch die Confequenzen diefer neuen Richtung zum fchliefslichen Verderben der Plaftik führen mochten: die Anfänge, die fie im Beginn des 16. Jahrhunderts machte, und deren Nachklänge fich noch ziemlich rein bis gegen 1540 erkennen laffen, waren überaus herrlich. Durch den gewiffenhaften

*) Auch für diefe Epoche mufs ich vorzugsweife auf *Jac. Burckhardt's* „Cicerone" (Zweite Auflage. S. 636–689) verweifen, der wie immer in gedrängtefter Darftellung den Stoff erfchöpfend behandelt.

Naturalismus der früheren Epoche geschult, warf die Bildnerei jetzt alle inneren Schranken jenes Styles ab und erhob sich zu einer Freiheit und Schönheit, die ihre Leistungen einen Augenblick mit den Glanzwerken der antik-römischen Plastik wetteifern ließen. Die Verschmelzung christlicher Ideen mit antiker Form schien gerade in ihren Schöpfungen ihre Verherrlichung zu feiern. Eine große Auffassung, eine breite, markige Behandlung, eine wahrhaft plastische Composition, das sind die Vorzüge der edelsten Werke dieser Zeit. Die Einzelgestalt, die Gruppe werden nicht mehr nach malerischen Gesetzen angelegt, sondern mit aller Energie und mit grossem Erfolge wird nach klarer Entfaltung der Form, nach harmonischem Aufbau und ächt plastischer Durchbildung gestrebt. Selbst für die Gewandung erobert man für kurze Zeit jenes für die Bildnerei einzig wahre Princip zurück, das in der Antike herrscht, und dessen Ziel die Verdeutlichung der Gestalt in ihrem Bau und ihren Bewegungen durch den beseelten Fluss des Faltenwurfes ist. Nur das Relief bleibt auch in dieser Epoche, wenige Ausnahmen abgerechnet, in den Geleisen des malerisch überfüllten Styles der früheren Zeit. Denn hier verführten gerade die Beispiele der Alten, die man überall vor Augen hatte, verführten besonders die gedrängten Compositionen römischer Sarkophage zu diesem Irrwege, auf welchem ein Masse von Talent geradezu geopfert wurde.

Idealismus.

Indem man also die Naturauffassung durch erneutes und vertieftes Studium der Antike läuterte, erhob man sich zu einem Idealismus, der in den besten Werken dieser Epoche ganz rein und gross erscheint, weil er absichtslos ein Höchstes in vollendeten Formen ausprägt. Das plastische Werk wird nun nicht mehr als decorativer Theil der Architektur, sondern für sich selbständig, für sich vollgültig hingestellt. Damit wächst auch der Maasstab, und je mehr diese ganze Zeit auf das Bedeutende und Erhabene hinzielt, desto allgemeiner sucht sie es auch in überlebensgrossen Formen zu erreichen. Die Lebenszeit Rafaels (bis 1520) bezeichnet aber streng genommen auch die Grenze dieser goldenen Zeit. Um die Kürze derselben zu erklären, genügt es nicht darauf hinzuweisen, dass überall das Aufsteigen zu einem Ziele, ein langsames und mühevolles, das Verweilen auf der Höhe aber nur ein kurzes ist; dass die Menschennatur jene feinere Luft, die auf den Gipfeln des Idealismus weht, auf die Dauer nicht zu ertragen vermag und sich bald wieder in die dickere Atmosphäre der Erdenniederungen zurücksehnt. Es kommt noch etwas Anderes ins Spiel. Die Antike war für jene grössten Meister, welche mit allem Ernst ihres Wesens ihr nacheifern suchten, wohl ein Jungbrunnen, aus welchem die Kunst sich neues Leben trinken konnte. Aber da man die antike Auffassung auf christliche Stoffe anwenden musste, kam bald ein Zwiespalt zu Tage, unter welchem der christliche Inhalt zunächst Schaden litt. Sobald aber die Form höher geachtet und gepflegt wurde, musste sie hohl und seelenlos werden, weil sie sich eben nur auf Kosten des Inhalts so überheben konnte. Das ist und bleibt dann immer der Anfang des Manierismus. Verfielen diesem Dämon selbst die grössten Meister, wie hätte er nicht für alle die kleineren, für die Nachbeter und Nachtreter, verhängnissvoll werden sollen! Vollends drängte aber der Geist der Zeit in die Allegorie hinein, und damit betrat man eine Bahn, auf welcher die Kunst, losgelöst von dem Gesammtbewusstsein, abgetrennt von der lebendigen

Kurze Dauer der Blüthe.

Wechselwirkung mit dem Volksgeiste, gar bald seelenloser Nüchternheit und subjectiver Spitzfindigkeit verfallen musste.

## I. Florentiner Meister.

Lionardo da Vinci.

Zu den Meistern, die zuerst den Uebergang in die freien Formen des 16. Jahrhunderts fanden, müssten wir vor Allem *Lionardo da Vinci* zählen, wenn von dem kolossalen Reiterbilde des Francesco Sforza, das er in Mailand ausführen sollte, etwas mehr als bloße Studien und Entwürfe in alten Stichen auf uns gekommen wäre. Sechszehn Jahre hatte er mit den Vorbereitungen und der Vollendung des Modelles zugebracht, und in so kolossalen Verhältnissen war das Werk angelegt, dass 100,000 Pfund Erz zum Guss erforderlich waren. Bei der Hochzeit Kaiser Maximilians mit Bianca Maria Sforza hatte man das Modell als imposante Decoration unter einem Triumphbogen aufgestellt. Als aber 1499 die Franzosen Mailand einnahmen, wurde dasselbe durch die Armbrustschützen, die das Pferd zum Zielpunkt ihrer Schiessübungen machten, völlig zerstört. Auf jenen alten Stichen sieht man den Reiter mit einem Feldherrnstab in der Hand, als ob er sich eben zum Kampf anschicke. Unter dem Pferde liegt ein gefallener Krieger ausgestreckt, der zugleich als Stütze dient.

Rustici.

Eine Spur von Lionardo's Geist scheint auch seinen Mitschüler bei Verrocchio *Giov. Franc. Rustici*, (c. 1476—c. 1550) beseelt zu haben. Von edler Geburt, widmete er sich aus Neigung der Kunst und schloss sich, so lange Lionardo in Florenz lebte, diesem vorzüglich an. Mehrere kleinere, von Vasari gerühmte plastische Arbeiten Rustici's sind verschollen. So ein Marmorrelief der von Cherubim umschwebten Madonna und eine ähnliche Darstellung der Madonna mit dem Christuskind und dem kleinen Johannes; so eine Erzstatue des Merkur für den Brunnen im Pal. Medici, und ein Bronzerelief der Verkündigung, das dem König von Spanien geschickt wurde. Das Modell zu einem David, der ebenfalls für einen Brunnen in dem Palaste der Medici bestimmt war, kam nicht zur Ausführung und ging »zu grossem Schaden für die Kunst« in Stücke. Sein Hauptwerk dagegen, das er im Wetteifer mit Andrea Sansovino ausführte, ist die noch wohlerhaltene Erzgruppe des predigenden Johannes über dem nördlichen Portal des Baptisteriums. Sie besteht aus den überlebensgrossen Statuen Johannes des Täufers, eines Pharisäers und eines Leviten, welche Beide (Fig. 321 u. 22) in einer mühsam zurückgehaltenen, mit Misstrauen und Abneigung im Kampfe liegenden, aber tief innerlich erregten Aufmerksamkeit zuhören. In der Gewandbehandlung spürt man den reinen Nachklang Ghiberti's; die Auffassung der Formen aber zeugt, namentlich im Nackten, von einer grossartigen Freiheit, welche das 15. Jahrhundert nirgends erreicht hatte.

Das Werk war auf Bestellung der Zunft der Kaufleute ausgeführt worden. Als es zu allgemeinem Beifall vollendet war (1511), erfuhr der Künstler die bittere Kränkung, dass man ihm an dem wohlverdienten Lohn mäkelte und ihn mit dem fünften Theile dessen, was er zu fordern berechtigt war, abfertigte. Er zog sich »fast verzweiflungsvoll«, wie Vasari sagt, zurück und schuf fortan nur kleinere Werke, meistens aus Gefälligkeit, von denen jedoch nichts Sicheres mehr nachzuweisen ist. Nach Vertreibung der Medici aus Florenz (1528) begab

Rustici sich nach Frankreich, wo er Manches für Franz I. arbeitete. Schon hatte er das Modell zu einem kolossalen Reiterbilde des Königs in Angriff genommen, als dieser (1547) starb. Die Arbeit blieb liegen, und der hochbetagte, vom Schicksal schwer verfolgte Meister folgte bald dem Könige nach.

*Andrea Sansovino.*

Mit durchgreifenderem Erfolg und frischerer Schöpferkraft trat ein anderer Florentiner Meister, *Andrea Contucci dal Monte Sansovino**) (1460 bis 1529) in die Entwickelung der Plastik ein und gab in einer Reihe von Werken ihr jene lautere Schönheit, jene maassvolle Freiheit, jene Innigkeit der Empfindung, die ihn als den nächsten Geistesverwandten Rafaels erkennen lassen. In der Schule Pollajuolo's gebildet, scheint er früh den Einfluss Lionardo's erfahren und vielleicht auch, nach Jac. Burckhardts ansprechender Vermuthung, von Matteo Civitali berührt worden zu sein.

Fig. 321 u. 322. Pharisäer und Levit, von Rustici. Florenz.

*Früheste Werke.*

Zu seinen frühesten Arbeiten gehören die Reliefs der Krönung Mariä, der Verkündigung und einer Pietas, welche er im Auftrage der Familie Corbinelli für die Sakramentskapelle im linken Seitenschiffe von S. Spirito zu Florenz arbeitete. In diesen Werken erscheint er noch befangen vom Style des 15. Jahrhunderts, von den Einflüssen seines Lehrers und des Donatello. Später erst, so scheint mir, fügte er in freierem Style, aber auch noch in zierlich kleinen Dimensionen die Statuetten der Apostel Jakobus und Matthäus in den Seitennischen, sowie die anmuthig bewegten leuchterhaltenden Engel und das Christuskind hinzu.

*Arbeiten in Portugal.*

Neun Jahre weilte Andrea sodann, etwa von 1491 an, in Portugal, wo er für die Könige Johann II. und Emanuel als Baumeister und Bildhauer thätig war. Eine Marmorstatue des h. Markus und ein Thonrelief mit der Darstellung einer Mohrenschlacht sollen noch jetzt im Kloster S. Marco bei Coimbra vorhanden sein**).

*) Die correctere Schreibweise ist San Savino; ich behalte aber die üblich gewordene volksthümliche Ausdrucksweise bei.

**) *Raczynski*, Les arts en Portugal. p. 345 Note.

Florentiner Arbeiten.

Nach Florenz zurückgekehrt, begann er 1500 eines seiner schönsten Werke, die Marmorgruppe der Taufe Christi für die östliche Pforte des Baptisteriums (Fig. 323), von *Vincenzo Danti* später beendet, im vorigen Jahrhundert noch mit einem sehr überflüssigen Engel erweitert. Zum ersten Mal ist hier die Behandlung der Formen eine vollendet freie und grofsartige, sowohl in dem unübertrefflich edlen nackten Körper Christi als in dem einfachen Gewande des Täufers, mit welchem die Kunst sich von der ins Kleine gehenden Zierlichkeit der früheren Zeit auf einmal lossagt. Dazu in Christus der schönste Ausdruck würdevoller Sammlung und freiwilliger Hingebung, in Johannes aber der volle Reflex von der geistigen Tragweite des Momentes in feurig vorbrechender Bewegung. Nur kurze Zeit und nur wenigen Meistern war es gegeben, tiefe Seelenerregung so rein und grofs auszusprechen. — Um dieselbe Zeit (1502) arbeitete Andrea das marmorne Taufbecken des Baptisteriums zu Volterra, mit den Reliefs der vier Cardinaltugenden und der Taufe Christi*); sodann (1503) für die Johanneskapelle des Domes von Genua die Marmorstatuen der Madonna mit dem Kinde und Johannes des Täufers, namentlich erstere von hoher Schönheit**).

Volterra.

Genua.

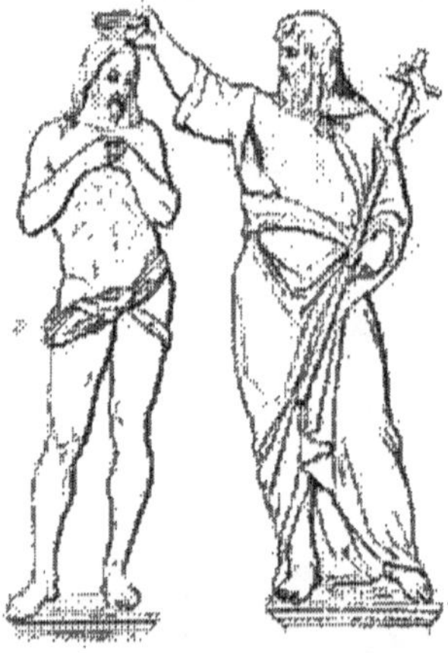

Fig. 323. Die Taufe Christi von Andrea Sansovino. Florenz.

Gräber in S. M. del Popolo zu Rom.

Bald darauf wurde Andrea durch Julius II. nach Rom berufen, um in S. Maria del Popolo die beiden Marmorgräber der Cardinäle Ascanio Maria Sforza und Girolamo Basso della Rovere zu arbeiten, die man daselbst noch im Chore sieht. Vor 1509 waren beide Werke vollendet, zu gleicher Zeit ungefähr mit Rafael's Disputa und Michelangelo's Decke der sixtinischen Kapelle. In der Anlage schliefst Sansovino sich der herkömmlichen Form an, aber die Composition ist freier, die Eintheilung gröfser und klarer. Das Ganze baut sich triumphbogenartig als vertiefte Wandnische auf, welche die in sanftem Schlummer daliegende Gestalt des Verstorbenen enthält. Daneben jederseits eine kleinere Wandnische mit der Statue einer Tugend, eingefafst durch schlanke Wandsäulen; oben ein erhöhter Mittelbau mit schönem Madonnenrelief im Bogenfelde, bekrönt durch Voluten und Muscheln, in der Mitte die Figur des segnenden Gottvater, von zwei lebhaft bewegten Engeln mit Fackeln begleitet. Die niedrigeren Seitentheile sind durch je eine sitzende Gestalt abgeschlossen;

*) *Vasari*, ed. Lemonn. VIII, S. 171. Note 2.

**) Bezeichnet: „Sansovinus Florentinus faciebat". — Am 13. Januar 1503 erhielt er vom florentinischen Magistrat die Erlaubnifs, die fertigen Statuen abzusenden; 1504 ging er der Aufstellung wegen selbst nach Genua. Vergl. *Gaye*, Carteggio, II. 62 u. 256.

auf den äufserften Pilafterecken ftehen Kandelaber mit Flammen: alles das im Sinne der vorigen Epoche noch ftark decorativ, aber fchön zufammengeftimmt und in den lauterften Formen ausgeführt. Das frühere von beiden Denkmalern ift jenes von Ascanio Sforza, infchriftlich 1505 gefetzt, während das von Girolamo della Rovere mit 1507 bezeichnet ift. Von unvergleichlichem Adel find die Geftalten der beiden Prälaten, in denen die Lebenswahrheit fich zu reinfter Anmuth verklärt. Beide liegen wie in ruhigem Schlummer leicht bewegt, die ftillen Gefichter wie von einem Abglanz ewigen Friedens überhaucht. Ascanio ftützt den Kopf auf die Hand (Fig. 324), während Girolamo den Arm nur leife hinaufgezogen hat: Motive, welche freilich gegen die Strenge der früheren Auffaffung in's Genrehafte hinüberftreifen, aber doch mit folchem Adel, dafs man keine Linie anders wünfcht. Die Statuen der Tugenden find

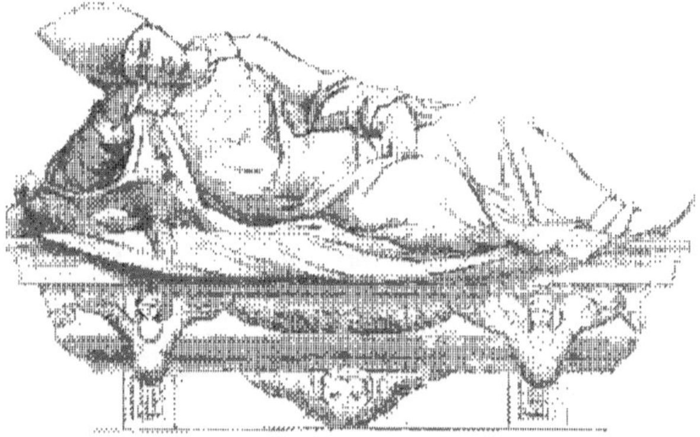

Fig. 324. Von Andrea Sanfovino's Grabmal des Cardinals Sforza. Rom. (Nach Perkins).

reizend belebt, am älteren Monument noch mit etwas zu reichen baufchenden Gewändern, am jüngeren dagegen in vollendet klarem, harmonifchem Flufs der Linien. In auffallender Weife find fie fammtlich fo bewegt, dafs die eine Schulter fich hebt und vordrängt, während die andere Seite ftark eingezogen wird. Es ift das fchon in der Antike herrfchende, dann im 13. Jahrhundert wiederentdeckte und nun neu belebte Prinzip des Gegenfatzes (»contrapofto«), welches Andrea hier, nicht ohne Monotonie, wie in der Freude über die wichtige Errungenfchaft, etwas ausfchliefslich handhabt, und deffen fpätere manieriftifche Uebertreibung hier im zarteften Keime fich erkennen läfst.

Eine der fchönften Freigruppen der neueren Kunft fchuf Sanfovino dann 1512 für S. Agostino, auf Veranlaffung eines deutfchen Prälaten Johannes Coricius (Fig. 325). Es ift die h. Anna neben der Madonna mit dem Kinde, meifterlich in Marmor ausgeführt, edel gruppirt, in vollendet fchönem Linienzuge, innig und herzlich im Ausdruck. Wie die Grofsmutter mit dem reizend bewegten Kinde fpielt, indem fie über die Schulter der Mutter greift, um den Gruppe in S. Agostino.

Kleinen zu liebkofen, und wie die jungfräuliche Maria ganz in freudigen Mutterftolz aufgelöft ift, das gehört zu den herrlichften Infpirationen jener grofsen Zeit.

Cafa Santa zu Loreto.

Den Befchlufs feiner künftlerifchen Thätigkeit machte Andrea mit dem von Bramante begonnenen, von ihm fortgeführten und mit Bildwerken gefchmückten Neubau der Casa Santa in der Kirche zu Loreto. Im Jahre 1513 durch Leo X. dorthin berufen, führte er dies umfangreiche Werk mit Unterbrechungen bis 1528 fort, und erft feine Schüler und Gehülfen brachten es nach dem Tode des Meifters zu Ende. Die ganz mit Marmor bekleidete Kapelle (vgl. Fig. 326) erhielt in den unteren Nifchen Prophetenftatuen, in den oberen Sibyllen nach Sanfovino's Angabe, aufserdem in neun Feldern ringsum Reliefs aus dem Leben und der Legende der Madonna. Von diefen führte Sanfovino felbft mit unendlichem Fleifs das grofse Relief der Verkündigung aus, an welchem er noch im Jahre 1523 arbeitete. Weiter fchuf er eine nicht minder gerühmte Geburt Chrifti mit anbetenden Hirten und fingenden Engeln, die er 1528 vollendete. Die übrigen Arbeiten, fowohl Reliefs wie Statuen, find grofsentheils nach Sanfovino's Entwürfen von feinen Schülern und Gehülfen vollendet worden. Betrachten wir die Hauptfachen eingehender.

Fig. 325. Marmorgruppe von Andrea Sanfovino. S. Agoftino zu Rom.

Die Reliefs.

Unter den Reliefs*) gebührt die erfte Stelle den beiden ganz von Sanfovino's Hand ausgeführten. Die Verkündigung, die fich fonft immer zwifchen dem himmlifchen Boten und der heiligen Jungfrau allein begiebt, ift hier zu einem feftlichen Vorgang erweitert, an welchem die himmlifchen Heerfchaaren jubelnden Antheil nehmen. Maria wendet fich lebhaft erregt zur Seite, Gabriel eilt wie im Sturm heran, eine Schaar von Engeln drängt ihm nach und fchwebt in der Luft herbei. Gottvater felbft erblickt man in ihrer Mitte; ein Gedanke, der aus Michelangelo's fixtinifcher Decke ftammt. Auch Raffael hat dies Motiv bekanntlich in feine Loggien übertragen. — Die Geburt Chrifti. Maria kniet vor dem Kinde, von welchem fie behutfam den Schleier hebt, um es den Hirten zu zeigen. Diefe kommen eilend heran; ein Alter ift ganz vorn fchon auf die Kniee gefunken, hinter ihm folgt ein kräftiger bärtiger Mann, hinter diefem kommt geflügelten Laufes ein fchöner Jüngling. Von der anderen Seite eilt Jofeph mit der Geberde des Erftaunens herbei. In den Lüften fchweben liebliche Engel. Alles ift in diefen beiden Werken von hoher Schönheit und einem wahrhaft rafaelifchen Adel der Erfindung. Befonders holdfelig in jungfräulichem

*) Diefe eingehende Beurtheilung entlehne ich meinem ausführlicheren in der Zeitfchr. für bildende Kunft Bd. VI. gegebenen Berichte.

Fig. 326. Casa Santa zu Loreto.

Ausdruck die Madonna. Die Gestalten heben sich fast rund aus dem Grunde, die Anordnung ist wie immer in dieser Zeit malerisch, aber maassvoll, die wenigen Figuren bewegen sich frei in plastischer Deutlichkeit und in schönem Rhythmus der Massen neben einander. Auch der landschaftliche Hintergrund ist bescheiden zurückgedrängt, nur die architektonische Umgebung, soweit sie zum Verständnifs nothwendig, kräftig betont. Ohne Frage stehen diese beiden Schöpfungen in jeder Hinsicht ebenbürtig mit dem Edelsten, was die gleichzeitige Kunst Italiens geschaffen.

Ihnen kommen zunächst die Anbetung der Könige, von Sansovino begonnen, von *Raffael da Montelupo* und *Girolamo Lombardo* vollendet, aber so völlig im Geiste des Meisters, dafs ein Unterschied weder in Auffassung noch in Durchführung wahrzunehmen ist. Dasselbe Gesetz klarer plastischer Gestaltung beherrscht die aus wenigen Figuren bestehende Composition. Maria beugt sich, vor einem antiken Gebäude weilend, zu dem Kinde nieder, das sie anleitet, die Nahenden freundlich zu empfangen. Hinter ihr eilt Joseph voll Staunen herbei. Vor ihr entfaltet sich die lebhaft bewegte Gruppe der verehrenden Könige mit ihren Begleitern, auch diese auf das Nothwendige beschränkt, aber jede Figur in fein abgewogenem Ausdruck freudiger Hast, hingebender Ehrfurcht, frommer Scheu. Die Gruppe der Mutter mit dem Kinde ist für sich schon ein Meisterstück.

Zu den schönsten Werken gehört ferner die Geburt der Maria. Jeder Zug der Composition weist auf Sansovino, und selbst *Baccio Bandinelli* und *Montelupo*, welche das Relief vollendeten, sind treu den Spuren des Meisters gefolgt. Köstlich in Ausdruck und Bewegung liegt die Gestalt der Mutter da, auf den linken Arm gestützt, auf dem Lager sich aufrichtend, um den Besuch der schönen Frauen, die eben eintreten, zu empfangen. Eine von ihnen trägt ein Kind auf dem Arme, während eine Dienerin den Vorhang zur Seite schiebt. Daneben sind Wärterinnen beschäftigt, das Kind zu baden. Ein Hündchen und ein Kind zerren im neckischen Spiel an den Windeln. Es sind die aus florentinischen Darstellungen des 15. Jahrhunderts entlehnten Züge, aber aus dem beschränkt Realistischen ins Gebiet idealer Schönheit hinaufgehoben.

Das Sposalizio an derselben Seite ist nicht minder eine der schönsten Compositionen, ebenfalls im Gedanken durchaus Sansovino's Werk, wenn auch von *Montelupo* und *Tribolo* vollendet. Alle Figuren sind in edlem plastischem Styl durchgebildet, herrlich bewegt, in ausdrucksvollem Gewandflufs. Im Gefolge der Madonna ist eine der Jungfrauen von der Rückseite dargestellt, blofs dem prächtigen Gewandmotiv zu Liebe, das an ähnliche auf Ghiberti's Thüren erinnert. Ein reizendes Kind sitzt dabei auf der Treppe des Tempels. Tribolo's Figur, welche den Stab zerbricht, ist nicht ein Jüngling, sondern ein schon ältlicher Mann. An diesem Werke tritt in der Ausführung die Hand des Meisters mehr zurück als in dem vorhergenannten. Die beiden kleineren Reliefs der Westseite, die Heimsuchung und die Schätzung zu Bethlehem darstellend, sind von *Montelupo* und *Francesco da S. Gallo* nach des Meisters Angabe vollendet.

Am wenigsten vermag ich die Hand oder auch selbst nur die Erfindung Sansovino's an den beiden Reliefs der Ostseite zu erkennen. Das obere, Mariä Tod, zeigt die Jungfrau auf dem Sterbelager ausgestreckt, von der zu dicht gedrängten Gruppe der Apostel umgeben, welche mehr Neugier und Aufregung als Theilnahme verrathen. Auch der Jüngling an der einen Seite, welcher den Vorhang fortschiebt, sowie die Gruppe von Kriegern an der anderen Seite lassen eine gewisse Lahmheit der Composition erkennen. Ich kann daher nicht glauben, dass Sansovino dies Werk begonnen habe, vermuthe vielmehr, dass dasselbe ausschliesslich von *Domenico Aimo* herrührt, welchem *Francesco da S. Gallo* und *Montelupo* bei der Ausführung behülflich waren. Von *Tribolo* und *S. Gallo* endlich rührt das zweite Relief der Ostseite, die Darstellung der mehrmaligen Versetzungen des heiligen Hauses durch die Engel. Die Composition ist unter sämmtlichen Arbeiten der Casa Santa am entschiedensten als manierirt und übertrieben malerisch zu bezeichnen.

Die Propheten.

Es bleiben nun die zwanzig Statuen von Propheten und Sibyllen zu betrachten. Was zunächst die Propheten betrifft, so stehen sie unter dem Einfluss der grossartigen Gestalten Michelangelo's in der Sixtina. Die Art der Auffassung, der Bewegung der Gewandmotive erinnert an jene, ohne dass jedoch eine direkte Entlehnung nachzuweisen wäre. Lässt sich ein solches Aufnehmen fremder Motive streng genommen schon als Manier bezeichnen, und ist auch an den Prophetengestalten in Loreto mehr eine äusserliche Charakteristik als eine tief aus dem Urquell eigener künstlerischer Inspiration herausströmende innerliche Belebung zu erkennen, so muss doch auch zugestanden werden, dass innerhalb der hier bezeichneten Schranken in maassvoller, edler Weise jede von diesen Gestalten motivirt und durchgeführt worden ist. Sie stehen darin dem Geiste Sansovino's durchweg noch sehr nahe und beruhen grösstentheils sicherlich auf seinen Entwürfen. Die Ausführung wird nur beim Jeremias ihm zugeschrieben; bei den übrigen werden *Girolamo Lombardo* und sein Bruder *Fra Aurelio* namhaft gemacht, während der Moses auf *G. della Porta* zurückgeführt wird.

Die Sibyllen.

Was endlich die Sibyllen betrifft, so werden sie sämmtlich dem *G. della Porta* zugeschrieben, der von allen hier betheiligten Künstlern am meisten den Manieren Michelangelo's gefolgt ist. Bei der Mehrzahl der Sibyllen lässt sich nun diese Richtung nicht verkennen. Andere aber muss man von dieser Gruppe ausnehmen, weil sie in der Conception ächte Sansovino'sche Motive, in der Durchführung, namentlich der Gewänder, noch den von diesem Meister ausgehenden reineren Styl verrathen. So vor allem die delphische Sibylle an der Westseite, ein ächter Gedanke Andrea's, jugendlich schlank, in königlicher Anmuth, das Diadem auf dem schönen Kopfe, in der Wendung des Körpers und dem feinen Gewande auffallend an die Gestalten der Tugenden an den Gräbern in S. Maria del Popolo erinnernd. Die Libysche an derselben Seite, eine Alte mit eingetrockneten Zügen, das Gewand reich, aber nicht ganz frei entwickelt, entspricht eher dem Style della Porta's. An der Südseite gehören die Persische und die Erythräische zu derselben Gattung jugendlich reizender, anmuthig bewegter Gestalten, die unmittelbar auf Sansovino zurückzuführen, jedenfalls aber nach seinen Entwüfen von einem ihm sich nahe anschliessenden Schüler gearbeitet sind. So hold und anmuthvoll diese Wesen vor uns hintreten, so lässt sich nicht verkennen, dass ein Element tieferer Beseelung ihnen meistens fehlt. Doch sind sie auch ebensoweit entfernt von allem falschen, manierirten Haschen nach scheinbarer Bedeutsamkeit.

Resultat.

Zieht man nun die Summe, so sind zunächst von den Sibyllen nur vier im Geiste Sansovino's geschaffen, während von den Propheten die meisten auf seine Erfindung zurückgeführt werden dürfen und auch in der Ausführung sich seinem Style anschliessen. Die Reliefs endlich, mit Ausnahme der beiden an der Ostseite, scheinen mir so vorzüglich, dass, wenn Sansovino nicht ausschliesslich wie bei der Verkündigung und der Geburt Christi die Ausführung besorgt hat, dieselbe doch ganz in seinem Sinne erfolgt ist. Ich glaube daher, dass man die Arbeiten der Casa Santa zu den höchsten Schöpfungen der christlichen Plastik zu zählen hat, und dass das Urtheil, als seien dieselben »im Ganzen« in einem »schon beträchtlich manierirten« Styl ausgeführt, sich auf einen kleinen und zumeist untergeordneten Theil beschränken muss. Die Hauptsache, die grossen Reliefs, sind in der Mehrheit von allererster Schönheit; die Propheten sind

Raffael. grösstentheils tüchtig und edel, wenn auch nicht von grosser geistiger Gewalt der Charakteristik; von den Sibyllen sind immer noch einige von reiner Anmuth.

In diese Reihe gehört nun auch das, was von *Raffael* (1483—1520) oder nach seinen Entwürfen von Andern an plastischen Werken ausgeführt worden ist. Eine eigenhändige Arbeit des Meisters scheint die Marmorstatue des Jonas in der Capella Chigi in S. M. del Popolo zu Rom: eine herrlich bewegte nackte Jünglingsgestalt mit den träumerisch schwermüthigen Gesichtszügen eines Antinous. Höchst anschaulich ist der Moment versinnlicht, wie er aus dem geöffneten Rachen des Ungethüms wieder hervorschreitet an's Licht des Tages. Der Elias ebendort ist nach dem Entwurfe Raffael's von dem Florentiner *Lorenzetto* (1490—1541) in minder geistvoller Behandlung ausgeführt. Dasselbe Verhältniss scheint an der Madonna del Sasso obzuwalten, welche auf dem Altar im Pantheon über dem Grabe Raffael's steht. Ein andres von diesem Künstler nach einem Entwurf Raffael's ausgeführtes Werk ist jener anmuthige von einem Delphin getragene Knabe, von dessen jetzt in England befindlichem Original das Museum zu Dresden einen Gypsabguss besitzt. Lorenzetto's eigne Idee ist dagegen die überlebensgrosse Marmorstatue des Petrus am Eingang der Engelsbrücke zu Rom.

Nachfolger Sansovino's. Ehe wir zur Betrachtung Michelangelo's übergehen, haben wir eine Umschau unter den Künstlern zu halten, welche, im Ganzen noch unberührt vom Einfluss des grossen Meisters, mehr dem Andrea Sansovino sich unmittelbar oder doch durch eine verwandte geistige Richtung anschliessen. Wohl werden auch sie wie alle Gleichzeitigen hie und da gestreift vom Geiste des mächtigen Florentiners; aber es ist noch der Michelangelo der sixtinischen Decke und

Tribolo etwa der Mediceergräber, dessen Inspirationen wir in dieser Epoche begegnen. Im Ganzen behält der milde, maassvolle Schönheitssinn Sansovino's noch die Oberhand. Am nächsten steht ihm *Niccolò Pericoli*, genannt *Tribolo* von Florenz (1485—1550)*), zwar anfangs ein Schüler des später zu betrachtenden Jacopo Sansovino, aber schon durch das Mitarbeiten an der Casa Santa zu Loreto mehr unter dem Einfluss Andrea's. Zu seinen frühesten Werken gehört ein Marmorbild des Apostels Jacobus, welches links in einer Seitennische des

*) So ist die gewöhnliche Angabe seiner Lebenszeit zu verbessern nach *Gaye* II, 380 und *Vasari*, ed. Lemonn. X 243.

Chores im Dom zu Florenz ſich findet. In Rom ſchuf Tribolo für das Grabmal Papſt Hadrian VI. († 1523) im Chor von S. Maria dell' Anima die Statuen der Tugenden in den kleinen Seitenniſchen, während *Michelangelo Saneſe* die liegende Geſtalt des Papſtes arbeitete. Die übrige Ausſchmückung beſteht oben im Bogenfelde aus einem Relief der Madonna mit Heiligen, unten am Fuſs aus einer Scene aus dem Leben des Papſtes, die mir wieder von Tribolo's Hand zu ſein ſcheint. Die Behandlung des Reliefs iſt durchaus maaſsvoll, und das ganze Werk ſteht ſichtlich unter dem Einfluſs von Sanſovino's Prälatengräbern in S. Maria del Popolo *). Gegen 1525 wurde Tribolo nach Bologna berufen, um daſelbſt die Seitenportale der Façade von S. Petronio zu ſchmücken. In der Laibung der Thür und des Bogens arbeitete er die anmuthigen Ge-

Fig. 327. Salzfaſs von Benvenuto Cellini. Wien.

ſtalten der Sibyllen und Propheten, an den Pilaſtern rechts Scenen aus dem Leben Joſeph's und links drei Reliefs mit Geſchichten des Moſes. Auch dieſe Werke gehören zu den reinſten und anziehendſten Schöpfungen der Zeit. Etwas

*) In derſelben Kirche (es iſt die Nationalkirche der Deutſchen) ſieht man links vom Eingange das Grabmal des Cardinals Wilhelm Enckenvoirt († 1534), deſſen Stiftung jenes Denkmal Hadrians VI. iſt. Er liegt, ein würdevoller Greis mit langem prächtigem Bart, auf dem von zwei Adlern getragenen Sarkophag in ſtillem Schlummer; über ihm im Relief der ſegnende Gottvater. Von ähnlicher Tüchtigkeit iſt ebendort ein kleines ausgezeichnetes Grabmal vom Jahr 1518, für Bernhard Schultz und Johann Knibe errichtet, mit den trefflichen Büſten der beiden Landsleute voll ſprechender Lebenswahrheit, umgeben von einer Architektur von raffaeliſcher Anmuth. — In dieſe Reihe gehört auch das Grabmal des Erzbiſchofs Giuliano von Raguſa (1510) in S. Pietro in Montorio. In der Statue des Verſtorbenen hat der Künſtler die Motive des leichten Schlummerns von den Grabmälern Sanſovino's nicht ganz glücklich weiter zu verfolgen geſucht; auch die beiden Ordensheiligen in der Lünette neigen ſich, zu Gunſten des Halbrunds, etwas gezwungen nach vorn. Aber die Madonna mit dem reizend bewegten Kinde berührt wie ein Klang frührafaeliſcher Kunſt.

ſpäter datirt das Marmorrelief der Himmelfahrt Mariä in derſelben Kirche, rechts in der Kapelle Zambeccari, urſprünglich für die Kirche der Madonna von Galiera gearbeitet. Von ſeinen Werken in Loreto war ſchon oben die Rede. In ſeiner ſpätern Lebenszeit war er für Coſimo I. in Florenz als Architekt und Bildhauer hauptſächlich bei der Einrichtung von Feſtdecorationen beſchäftigt. Es war die Zeit gekommen, wo die neue Fürſtenmacht in prunkvollen Schauſtellungen von meiſt ſehr vergänglichem Charakter ſich zu verherrlichen begann.

Franc. da Sangallo. Der ebenfalls in Loreto an der Caſa Santa mitbetheiligte *Francesco da Sangallo* (1498—1570) zeigt ſich in ſeinen ſelbſtändigen Werken als ein minder erheblicher Nachahmer Sanſovino's. So in der Marmorgruppe der Madonna mit der h. Anna auf dem Altare von Or San Michele zu Florenz; ſo auch an dem Grabmal des Angelo Marzi Medici in der Kirche der Annunziata. — Benvenuto Cellini. Selbſtändiger bewährt ſich der doch immer durch ſeine Lebensbeſchreibung ungleich intereſſantere *Benvenuto Cellini* (1500—1572)[*]. Sein Hauptruhm als Künſtler beruht auf jenen zierlichen Goldſchmiedsarbeiten, wie deren die Am-

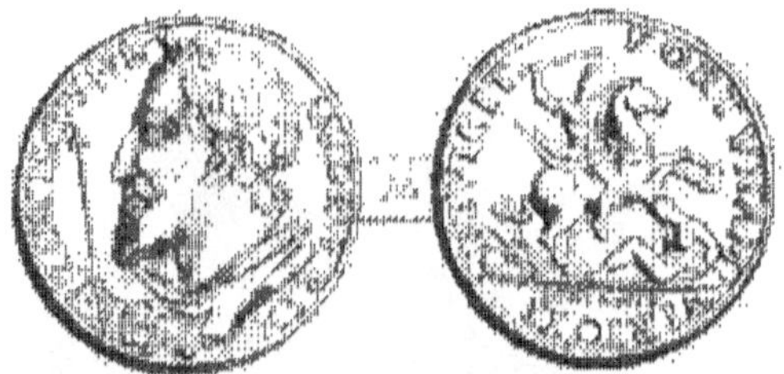

Fig. 328. Benvenuto's Medaille auf Franz I.

braſer Sammlung zu Wien in dem berühmten für Franz I. von Frankreich gearbeiteten Salzfaſs beſitzt (Fig. 327). Mit groſser Feinheit aus Gold getrieben und in maaſsvoller Weiſe durch Emailſchmuck in der Wirkung bereichert, gehört es zu den trefflichſten Arbeiten der Goldſchmiedekunſt. Den Fuſs umzieht ein Fries mit den Reliefgeſtalten der Tageszeiten und der Winde. Aus dem oberen, die Meeresfläche darſtellenden Theile erheben ſich die ſtark zurückgelehnten Figuren des Poſeidon und der Kybele, erſterer für das ſalzſpendende Meer, letztere für die gewürzbietende Erde. Der Gott legt den Arm auf ein zur Aufnahme des Salzes beſtimmtes Schiffchen, während das Gefäſs für den Pfeffer in Form eines reich geſchmückten Triumphbogens neben der Göttin angebracht iſt. Aehnlich prachtvoll und elegant ein mit getriebener Arbeit reich bedeckter Schild in Windſor Caſtle, von welchem übrigens die Urheberſchaft Cellini's zweifelhaft erſcheint. Dagegen beſitzt man von ihm mehrere Medaillen, die er namentlich für Papſt Clemens VII und König Franz I. arbeitete. Sie zeichnen ſich nicht immer durch Trefflichkeit aus, ſondern verrathen meiſt eine gewiſſe Styllosigkeit und ſelbſt Flüchtigkeit. Die

[*]) Vergl. *J. Brinckmann*, Abhandl. über die Goldſchmiedekunſt von B. Cellini. Leipzig 1867.

beste dieser Arbeiten ist eine 1543 für Franz I. geschaffene (Fig. 328). Sie zeigt auf der Vorderseite den lorbeergekrönten Kopf des Königs, auf dem Revers die in antikem Geiste lebensvoll entworfene Darstellung des Perseus auf dem Pegasus, der die am Boden liegende Fortuna niederschlägt. Auch in anderen Sammlungen findet man derartige Arbeiten oft von grossem decorativen Reiz und selbständigem künstlerischen Werthe, die man dem Benvenuto zuzuschreiben pflegt. Franz I. schätzte den Künstler hoch und berief ihn nach Frankreich zur Ausführung bedeutender Arbeiten. Allein weder von den lebensgrossen silbernen Statuen, noch von dem kolossalen Modell eines Mars ist eine Spur noch vorhanden: ein Verlust, der indess schwerlich sehr zu beklagen ist. Denn das grosse Bronzerelief der Nymphe von Fontainebleau, welches im Louvre aufbewahrt wird (Fig. 329), ist zwar von zarter Vollendung und Durchführung, auch in der Anordnung ansprechend; aber der Lage fehlt die eigentliche Freiheit und Leichtigkeit, und die Formen, namentlich der langgestreckten Oberschenkel, erscheinen etwas nüchtern und leer. Weit lebensvoller und markiger ist das später ausgeführte Erzbild des Perseus in der Loggia de' Lanzi zu Florenz (Fig. 330), dessen treffliches Wachsmodell die Sammlung der Uffizien bewahrt*). Ebendort eine vorzüglich ausgeführte überlebensgrosse Erzbüste Cosimo's I.

Fig. 329. Nymphe von Fontainebleau von Benvenuto Cellini. Paris.

Noch ein jüngerer Meister ist hier anzureihen: *Vincenzo Danti* (1530—1576). Vinc. Danti.

*) Unsere Abb. giebt das Werk in umgekehrter Ansicht: die Rechte muss das Schwert, die Linke das Medusenhaupt halten.

den wir ſchon als Vollender von Sanſovino's Taufe Chriſti erwähnten. Für das ſüdliche Portal des Baptiſteriums zu **Florenz** arbeitete er die Enthauptung des Johannes in einer lebensgroſsen Erzgruppe, in welcher die Geſtalt des knieenden Täufers wie ein reiner Nachklang Sanſovino's berührt, während der Henker und das zuſchauende Weib ſich ſchon ſehr conventionell gebärden. Von ähnlicher Art iſt die Erzſtatue Papſt Julius III. auf dem Platze beim Dom von **Perugia**, die er in früher Jugend (1555) ausführte. Von ihm iſt auch die jetzt im Garten Boboli zu **Florenz** vorn rechts am Eingang aufgeſtellte Marmorgruppe eines Jünglings, der einen an Händen und Füſsen gebundenen Alten aufheben und forttragen zu wollen ſcheint. Daſs damit der Sieg der Redlichkeit über den Betrug gemeint ſei, wird freilich Niemand dem Werke anſehen. Ein bezeichnendes Beiſpiel von der Rathloſigkeit, in welche ſelbſt talentvolle Künſtler fortan unrettbar verfielen, ſeitdem die idealen Aufgaben mehr und mehr in einer froſtigen Allegorie geſucht wurden.

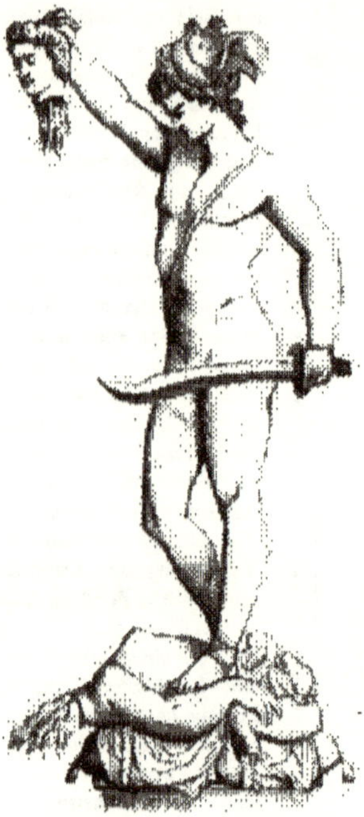

Fig. 330. Perſeus von Benvenuto Cellini.

## 2. Meiſter in Oberitalien und Neapel.

Alfonſo Lombardo.

Für Oberitalien gingen wie in den vorigen Epochen auch diesmal die Anregungen wieder von Florenz aus. In Bologna war es zunächſt Tribolo, der den neuen idealen Styl dort einbürgerte. Gleichzeitig finden wir dort dann einen bedeutenden Meiſter, *Alfonſo Lombardi* von Ferrara (c. 1488—1537), eigentlich von Lucca gebürtig und *Cittadella* geheiſsen*). In ſeinen früheren Werken regt ſich noch ziemlich ſtark der energiſche Naturalismus des 15. Jahrhunderts, beſonders in der durch Mazzoni (vgl. S. 585) begründeten Art der Auffaſſung. So in der bemalten Gruppe des Chriſtus mit den Apoſteln im Querſchiff des Domes zu **Ferrara**; ferner ebendort in S. Giovanni Bapt. an dem Reliefbruſtbild einer Madonna und in S. Domenico an der portraitartig lebendigen Büſte des h. Hyacinthus, welche beide man ihm zuſchreibt. Derſel-

*) *Carlo Frediani*, Ragionam. ſtorico intorno ad Alfonſo Cittadella. Lucca 1834. cf. *Vaſari*, ed. Lemonn. IX. p. 9.

ben Richtung huldigt er auch noch in der bemalten Thongruppe des von den Seinigen beweinten todten Chriftus, in der Krypta von S. Pietro zu Bologna. — Dort aber beginnt der edle Styl Quercia's und fpäter auch die Anmuth

Fig. 331. Der Tod Mariä, von Alfonfo Lombardi. Bologna.

Tribolo's auf ihn zu wirken, und fchon in der grofsen Thongruppe des Todes Mariä im Oratorium bei S. M. della Vita (Fig. 331), welche 1519 vollendet wurde[*],

[*]) Vergl. *Davia*, im Text zu dem von *Giuf. Guizzardi* herausgeg. Werke über die Sculpturen von S. Petronio (Bologna 1834) S. 97.

ſiegt dieſer Geiſt einer geläuterten und ächt plaſtiſchen Schönheit über den einſeitigen Naturalismus. Und doch ſpricht der faſt verklungene heftige Sinn des 15. Jahrhunderts noch einmal vernehmlich mit in der am Boden liegenden Figur eines widerſpenſtigen Juden, auf welchen einer von den Apoſteln, kaum noch von Chriſtus zurückgehalten, ein groſses Buch zu ſchleudern Miene macht. Ein ächter Gedanke aus jener Epoche, welche das Leben um jeden Preis, wäre es ſelbſt auf Koſten der Würde und Schönheit, in leidenſchaftlicher Gewalt darzuſtellen ſuchte.

Der Jugendzeit Alfonſo's glaube ich auch die drei Marmorfiguren am erſten Altar des nördlichen Seitenſchiffes im Dom zu Ceſena zuſchreiben zu dürfen. In der Mitte S. Leonhard in der Mönchskutte, die in groſsen ſchlicht angeordneten Maſſen herabfällt, in den Händen eine Kette, mit welcher er die Rechte erhebt. Den ſchönen Kopf umgiebt ein krauſer dichter Bart. Links iſt S. Chriſtoph dargeſtellt, mit dem lieblichen Chriſtuskinde, das mit ſeinem vollen Barte ſpielt. Seine Bewegung iſt ſchreitend, das kurze leichte Gewand läſst die kräftig und ſchön geformten Schenkel faſt frei; die Hand ſtützt ſich auf einen derben Baumſtamm. Rechts endlich ſieht man S. Euſtachius in der mehr angedeuteten als ausgeführten Tracht eines römiſchen Kriegers, doch mit entblöſstem Oberkörper und nackten Armen, der Mantel iſt an den Schultern herabgeſunken in mehr zierlich elegantem als groſsem Faltenwurf. Der Kopf iſt von hinreiſsender Jugendherrlichkeit, von langem Lockenhaar umfloſſen, Form und Ausdruck an die herrlichen Köpfe Soddoma's erinnernd, eine der köſtlichſten Schöpfungen der goldenen Zeit. Der Meiſter dieſer drei Geſtalten bewahrt in der mehr kleinen liebevollen Gewandbehandlung, der jedoch das einfache Mönchshabit des h. Leonhard einen wirkſamen Contraſt bereitet, noch die Tradition des 15. Jahrhunderts; aber die Körper in ihrer kraftvollen Entfaltung, in den reifen, ſchönen Formen, der vollkommenen Beherrſchung der Geſtalt geben den Eindruck der auf der Höhe der Vollendung angelangten Kunſt. Der Kopf des h. Euſtachius ſtellt ſich dem Schönſten, was Andrea Sanſovino geſchaffen, ebenbürtig zur Seite.

Als Karl V. 1529 nach Bologna kam, fertigte Alfonſo die Statuen für den zum feierlichen Einzug errichteten Triumphbogen und erwarb bald die Gunſt des Kaiſers durch die trefflichen Bildniſſe, welche er in Medaillonform arbeitete. Vorher ſchon (vor 1526) muſs das Denkmal des berühmten Ramazzotto entſtanden ſein, welches dieſer ſich ſelbſt durch Alfonſo in S. Micchele in Bosco errichten lieſs. Der Feldherr liegt im Harniſch ſchlummernd da, eine überaus lebensvolle Geſtalt, und über ihm erſcheint im Relief die Madonna. Noch früher (vor 1525) fallen die überlebensgroſsen Thonfiguren der vier Schutzheiligen Bologna's, die man in den Niſchen der Bögen ſieht, auf welchen der unter dem Namen Torrazzo dell' Arrengo bekannte Stadtthurm ruht. — Um 1526 beginnen dann die Arbeiten an S. Petronio, wo an den Seitenportalen der Façade die Verkündigung und der Sündenfall, beſonders aber im Bogenfelde des Portales zur Linken die Auferſtehung Chriſti von Alfonſo's Hand ſind*). Daran ſchlieſsen ſich drei zierliche Reliefs aus der

*) Letztere wurden ihm 1526 verdungen. Cf. *Vaſari*, ed. Lemonn. IX. S. 11. Note. Abgeb. bei *Cicognara* II. tav. 40.

Geſchichte des Moſes, rechts am Pilaſter deſſelben Portales. Noch anmuthvoller und feiner ſind die fünf kleinen Marmorreliefs, welche er ſeit 1532 am Unterſatze des Sarkophags des h. Dominicus in S. Domenico ausführte. Sie enthalten drei Geſchichten aus der Kindheit des Heiligen, ſeine Aufnahme in den Himmel und die Anbetung der Könige*). Von Thon arbeitete er ſodann für S. Giuſeppe die Büſten von Apoſteln und Heiligen, welche jetzt im Chor von S. Giov. in Monte aufgeſtellt ſind, ausdrucksvolle Köpfe von hohem und reinem Lebensgefühl. Endlich bewährt er ſich auch in einer Arbeit koloſſalen Maaſsſtabes an dem Herkules mit der Hydra in einem oberen Saale des Pal. Pubblico, ebenfalls eine Thonfigur.

Properzia de' Roſſi.

Hier iſt nun auch eine der ſeltenen Künſtlerinnen anzuſchlieſsen, welche ſich der Bildhauerei gewidmet haben: *Properzia de' Roſſi* (c. 1490—1530) von Bologna, die ſich unter dem Einfluſs Lombardi's und Tribolo's gebildet zu haben ſcheint. Zuerſt verſuchte ſie ſich mit glänzendem Erfolg in einer ächt weiblichen Miniaturarbeit, indem ſie aus Pfirſichkernen die ſubtilſten Darſtellungen einer Kreuzigung und ähnlicher figurenreicher Scenen ſchnitt. Als man gegen 1525 an die Ausſchmückung von S. Petronio ging, bewarb ſie ſich mit einer in Marmor ausgeführten Büſte des Grafen Guido Pepoli um einen Antheil an der Arbeit; 1525 und 1526 finden wir ſie mit der Ausführung von Entwürfen Tribolo's dort beſchäftigt. In der Camera von S. Petronio ſieht man jene Büſte und das Relief des vor Potiphars Weib fliehenden Joſeph**), worin ſie nach Vaſari eine eigene Herzensgeſchichte geſchildert haben ſoll, was immerhin bezeichnend iſt für die moderne Zeit und mehr noch für die weibliche Thätigkeit mit ihrer Subjectivität. Von ihr rühren auch die beiden groſsen Engelgeſtalten, welche neben Tribolo's Himmelfahrt Mariä in der Cap. Zambeccari an S. Petronio ſich finden.

Fig. 332. Frauenkopf von Begarelli. Aus der Kreuzabnahme in S. Francesco.

Antonio Begarelli.

Ganz beſondere Wege ſchlägt um dieſelbe Zeit *Antonio Begarelli* von Modena ein, der bis 1565 lebte und in gewiſſer Hinſicht als Fortſetzer der früher daſelbſt durch Mazzoni vertretenen Richtung anzuſehen iſt***). Denn auch er arbeitete in Thon groſse Freigruppen, die in Niſchen zuſammengeſtellt wie lebende Bilder wirken, aber doch nicht mehr bunt bemalt, ſondern mit marmorartig weiſser Färbung verſehen wurden. Eine höhere plaſtiſche Com-

*) Der Contract datirt vom 20. November 1532. Eine Abb. bei *Cicognara* I. tav. 9.

**) Eine Abb. bei *Cicognara* II, tav. 52.

***) *Jac. Burckhardt* a. a. O. 645 ff. giebt eine treffliche Charakteriſtik Begarelli's und eingehende Analyſen ſeiner Werke.

position erstrebt er dabei nicht, und in dieser Hinsicht fallen diese merkwürdigen Werke stark ins Naturalistische und Malerische. Aber die einzelnen Gestalten, in denen er mehr einer unmittelbaren Auffassung des Lebens als antiken Studien folgt, sind meistens von köstlicher Wahrheit und anmuthiger Empfindung (Fig. 332). Es geht ein dem Correggio verwandter Zug durch diese Arbeiten, und sicher ist der Einfluss jenes Meisters bestimmend für die Entwicklung Begarelli's geworden. Vasari erzählt, Michelangelo sei so hingerissen gewesen von der Schönheit dieser anspruchslosen Schöpfungen, dass er ausgerufen habe: »Wenn dieser Thon Marmor würde, dann wehe den antiken

Fig. 333. Aus Begarelli's Kreuzabnahme in S. Francesco zu Modena.

Statuen«. Ein Enthusiasmus, der in mehr als einer Hinsicht bezeichnend ist, in welchen heute jedoch schwerlich Jemand noch einstimmen würde.

Noch ungemäfsigt im scharfen Ausdruck der Leidenschaft ist die Gruppe des von den Angehörigen betrauerten todten Christus in S. M. Pomposa zu Modena. Dagegen erhebt sich der Meister in der Kreuzabnahme in S. Francesco zu hohem Adel der Auffassung bei grofsartiger Bildung des Einzelnen (Fig. 332). Nur die Composition ist im Ganzen nicht mühelos aufgebaut, trotz der herrlichen Gruppe der Frauen (Fig. 333); auch haben die Gewänder manche unschön naturalistische Motive. Voll Adel und Ausdruck ist sodann die Gruppe von Heiligen mit der Madonna im rechten Querarm von S. Pietro, für welche der Contract vom Jahre 1532 noch vorliegt. Die Beweinung des todten Christus im Chor derselben Kirche muss etwas später entstanden sein, denn in ihr ist wohl das einfach Grofsartigste und Ergreifendste gegeben, was der Meister vermochte. Minder erfreulich dagegen sind die Einzelstatuen im Mittelschiff derselben Kirche, denen man deutlich anmerkt, dass sie sich nach Gruppirung in einer Nische sehnen und, so im freien Raume getrennt, sich unbehaglich fühlen. Aus späterer Zeit datirt dann wohl in S. Domenico die Begegnung Christi mit Martha und Maria, eine Arbeit, in welcher sich Einflüsse des römischen Idealismus mit dem noch immer anziehenden Naturgefühl des Meisters berühren.

Im Jahre 1559 wurde Begarelli nach Mantua berufen, wo er viele Statuen für die Kirche S. Benedetto ausführte. Ob dieselben noch vorhanden sind, vermag ich nicht anzugeben. Noch später (bis 1561) arbeitete er in Parma für die Kirche S. Giovanni die Statuen der Madonna mit Heiligen, die man im Kloster daselbst sieht, und welche die Vorzüge und Schwächen seines Styles vereint zeigen.

Parma besitzt aufserdem einige werthvolle Arbeiten dieser Zeit in mehreren Feldherrngräbern der Steccata, von der Hand des *Giov. Francesco da Grado*. Besonders die Gestalten der Verstorbenen sind anspruchslos in edler Lebenswahrheit aufgefasst. — Gräber in Parma.

Aufserdem ist hier nochmals der ausgedehnten plastischen Arbeiten zu gedenken, mit denen auch das 16. Jahrhundert fortfuhr, an der Ausschmückung der Certosa bei Pavia (vgl. S. 575) sich zu betheiligen. Die zahlreichen Statuen der Façade zeigen meist eine etwas scharfe Behandlung in den Gewändern und nur selten ein höheres Lebensgefühl. Als Urheber derselben werden unter Anderen *Angelo Marini* und *Siro Siculi* genannt. Trefflich ist die Medaillonreihe mit Portraitköpfen am Sockel, die zum Theil dem *Agostino Busti*, genannt *Bambaja*, dem *Marco Aurelio Agrate* und dem *Giacomo della Porta* zugeschrieben werden. Die gröfseren Reliefs sind, wie meistens zu dieser Zeit in Marmor übertragene Gemälde. Kleinere Medaillonreliefs dagegen, sowie Büsten und Köpfe, die überall mit verschwenderischer Hand ausgetheilt sind, haben oft eine bewundernswürdig miniaturartige Feinheit der Ausführung bei einfachster Anordnung. — Auch fällt erst in den Schluss dieser Epoche (1562) die Vollendung des prachtvollen Grabmales Giangaleazzo Visconti's (vgl. S. 578) an welchem eine Anzahl von Künstlern thätig waren. — Dagegen sind wieder als Werke der besten Zeit hervorzuheben die beiden hoch aufgebauten Marmortabernakel, welche sich an der Epistel- und Evangelienseite neben dem Hauptaltar erheben und mit letzterem eine plastische Gesammtgruppe von höchster Pracht ausmachen. Die einspringenden Wandflächen neben der Hauptapsis füllend, sind sie in symmetrischer Uebereinstimmung wie hoch aufgebaute Altäre componirt und in fünf horizontalen Abtheilungen mit Sculpturen reich geschmückt. Zuerst kommt eine Reihe von Reliefs, die dem Antependium des Altares entsprechen; dann folgt eine zweite Reihe als Predella. Ueber dieser baut sich mit vier Pilastern eine dreifache Baldachinnische auf, die mittlere, breitere, triumphbogenartig geschlossen, die seitlichen mit Architrav gedeckt. Ueber dem Bogen breiten sich nach beiden Seiten Vorhänge aus, von Engeln gehalten. Andere anbetende und musizirende Engel füllen die krönenden Abtheilungen. Endlich erhebt sich über dem Ganzen in einer Mandorla von Engelköpfen links der auferstandene Christus, rechts die Madonna zum Himmel aufschwebend, von anbetenden Engelchören umringt. Das Ganze ist das Werk — Certosa bei Pavia.

einer ſtyliſtiſch, wie techniſch gleich hoch entwickelten Kunſt, welche ſich die kühnſten Aufgaben ſtellt und dieſelben in ſpielender Weiſe löſt. Der Styl hat nichts mehr von der realiſtiſchen Schärfe des 15. Jahrhunderts, ſondern läſst die Einfluſſe Lionardo's, zum Theil auch die Raffael's erkennen. Das Tabernakel der Evangelienſeite hat in der unterſten Reihe ein Relief der Mannaleſe; darüber eine Nachbildung des Abendmahles Lionardo's in Relief, zu beiden Seiten in ſchmaleren Abtheilungen anbetende Heilige auf den Knieen. Dann folgt eine Triumphbogenniſche, in welcher eine Statue der thronenden Madonna von ebenſo groſsartiger wie anmuthiger Schönheit den Mittelpunkt einnimmt. Ein Kreis von Engeln mit dem Ausdruck inniger Andacht umgiebt die Jungfrau, die ganze Tiefe der Niſche füllend. In den beiden Seitenabtheilungen ſieht man knieende und ſtehende Apoſtelgeſtalten, die ſich ebenfalls verehrend herandrängen. Einige von ihnen ſind den groſsartigſten Geſtalten aus Lionardo's Abendmahl nachgebildet, andere verrathen in Köpfen und Gewandmotiven Raffaeliſchen Einfluſs. Im Hintergrunde der Niſche ſieht man im Bogenfelde den todten Chriſtus in halber Figur über dem Grabe von zwei Engeln an den Armen gehalten; eine Compoſition von innig ſchöner Empfindung. Die ſchwebenden muſizirenden und anbetenden Engel in den oberen Abtheilungen zeigen denſelben feinen und edlen Styl (Fig. 334). Zum Vortrefflichſten gehört aber ganz oben der zum Himmel fahrende Chriſtus, eine Geſtalt von freier ausdrucksvoller Schönheit. Das ganze groſsartige Werk iſt von *Steffano da Seſto*, wahrſcheinlich einem Bruder des Ceſare da Seſto, deſſen Styl ebenfalls aus Einflüſſen Lionardo's und Raffael's gemiſcht iſt. Das Tabernakel der Epiſtelſeite, in Aufbau und Ausſchmückung dem erſteren genau entſprechend, iſt 1510 von *Biagio da Vairano* ausgeführt worden. Dieſer Meiſter zeigt ſich von denſelben Einwirkungen bedingt, nur iſt ihm eine Vorliebe für lebhaftere Bewegungen eigen, die beſonders an den zahlreichen Gruppen anbetender und muſizirender Engel bemerkbar wird. Er beginnt unten mit der Hochzeit zu Cana und dem zwölfjährigen Chriſtus im Tempel; dann folgt das Abendmahl der Apoſtel, endlich in dem groſsen Mittelfelde die Himmelfahrt Mariä. Schaaren anbetender Engel von groſser Anmuth umknieen das leere Grab, über welchem Gottvater erſcheint, um die Seele der Jungfrau aufzunehmen. Maria ſelbſt erblickt man dann ganz oben, von Engeln umringt und zum Himmel geleitet. Es iſt eine edle Geſtalt in langen ſchön drapirten Gewändern.

Fig. 334. Aus der Certoſa bei Pavia.

Mehrere von den an der Certosa beschäftigten Bildhauern findet man wieder zu Mailand. Von *Bambaja* war das Grabmal des Gaston de Foix, das jetzt zerstreut ist, und von welchem sich einzelne Theile in der Ambrosiana und der Brera befinden. Namentlich die holde im Todesschlaf lächelnde Jünglingsgestalt des in erster Jugendblüthe gefallenen Helden (im Museo archeologico der Brera) gehört zu den herrlichsten Inspirationen der Kunst. Nie ist eine vollkommnere Verklärung des individuellen Lebens geschaffen worden. Dazu kommt die wunderbarste Vollendung der Ausführung. Eine feste Anschauung der stylistischen Eigenheiten dieses Meisters läfst sich am besten aus seinen Idealfiguren gewinnen. Diese sind namentlich an zwei im Dome befindlichen Hauptwerken desselben zu erkennen. Das eine ist das Grabmal des Cardinals Caracciolo († 1528) im Chorumgange rechts; ein Wandgrab aus schwarzem Marmor mit Figuren aus weifsem Marmor. Auf dem Sarkophag sieht man die Gestalt des Verstorbenen in ruhigem Schlafe ausgestreckt, den Kopf auf die Hand gestützt, nach dem von Andrea Sansovino zuerst angewandten Motive. Hinter ihm steht Christus, ganz im Typus Lionardo's, zur Seite Petrus und Paulus, ferner ein Bischof und ein Cardinal, sammtlich würdige Gestalten mit schönen Köpfen. Die Gewänder haben durchweg eine gleichförmige Cadenz, indem lauter kleine fast concentrische Parallelfalten sich wie an einem aufgehängten und am unteren Ende zusammengefafsten Vorhange herabziehen. Gerade an dieser conventionellen Draperie erkennt man die Idealfiguren Busti's ganz unzweifelhaft. Die Bekrönung des Grabmals besteht aus einem Medaillonbilde der Madonna mit dem Kinde, das sich in etwas unruhiger Geberde wie zum Segnen von der Mutter abwendet. Denselben Styl erkennt man am Altare der Darstellung Maria im Tempel, welcher sich im südlichen Kreuzarme an der Ostwand dicht beim Eingange befindet*). Die Figuren sind hier übertrieben lang, wie Busti sie gern anwendet, die Köpfchen fein und hübsch; den eigenthümlichen oben geschilderten Faltenwurf zeigt besonders die h. Katharina, übrigens ein schöner Kopf mit herrlichem Augenaufschlag. Oben auf dem Altar steht die Madonna, wie eine Juno den Schleier vom Antlitz fortziehend, neben ihr zwei schöne weibliche Heilige, aufserdem Johannes der Täufer und Paulus, diese sammtlich zu seinen herrlichsten Schöpfungen zählend. Nach diesen Anhaltspunkten sind mehrere Statuen am Aeufseren des Domes als Werke Busti's oder seiner Werkstatt mit Sicherheit zu bestimmen. Auch an den beiden Prachtwerken Busti's in der Brera, dem oben erwähnten Denkmal des Gaston de Foix und dem kleineren, aber nicht minder zierlichen Monumente des Poeten Lancinus Curtius, wiederholen sich dieselben stylistischen Merkmale. Besonders die fünf sitzenden Apostelfigürchen zeigen verwandte Auffassung und Behandlung. Dem *Marco Agrate* begegnet man im Dome in der grafs realistischen Schauergestalt eines völlig geschundenen h. Bartholomäus. Mit naivem Selbstgefühl wird am Sockel ausdrücklich versichert, nicht Praxiteles, sondern M. Agrate habe dies Werk gemacht. Endlich ist noch *Cristofero Solario il Gobbo* zu nennen, von welchem die Sakristei des Domes das Marmorbild eines Christus an der Martersäule besitzt. Von seinen Arbeiten in der Certosa war schon oben (S. 575 ff.) die Rede. Mailand.

*) Abb. dieser Arbeiten bei *Cicognara*, II. tav. 76 ff.

*Jacopo Sansovino.*

Der bedeutendste Plastiker Oberitaliens, der freilich seiner Abstammung und ersten künstlerischen Entwickelung nach Toskana angehört, ist der Florentiner *Jacopo Tatti*, nach seinem Lehrer *Jacopo Sansovino* genannt (1477—1570). Als Architekt und Bildhauer sein langes Leben hindurch viel beschäftigt, gehört er zu den productivsten Meistern der Zeit. Schon vor Beginn seiner Laufbahn zeigte sich in ihm eine Entschiedenheit der künstlerischen Anlage, dafs er alle Hindernisse, welche sein Vater ihm in den Weg legte, besiegte und es durchsetzte, dafs man ihn zu Andrea Sansovino in die Lehre gab. Unter allen Schülern jenes trefflichen Meisters ist Jacopo der begabteste, unter allen hat er am selbständigsten sich nachmals einen eigenen Weg gebahnt. Wichtig war für ihn, dafs er zeitig nach Rom kam und dort mit Eifer nach den Antiken des Belvedere studirte, wie er denn namentlich den Laokoon copirte, der darauf in Erz gegossen wurde.

*Florentiner Arbeiten.*

Nach Florenz zurückgekehrt, erhielt er 1511 den Auftrag, die Marmorstatue Jacobus des älteren für den Dom zu arbeiten [*]), die man daselbst noch jetzt in einer Nische des nördlichen Kuppelpfeilers am Mittelschiff sieht. Es ist ein ausdrucksvolles Werk von edler Lebendigkeit und vorzüglich feiner Durchführung. Bald darauf mufs der marmorne Bakchus entstanden sein, welcher jetzt im westlichen Corridor der Uffizien aufgestellt ist. Der jugendliche Gott schreitet in übermuthiger Lust einher, die Schaale emporhebend und mit ihr liebäugelnd, während die Linke eine Traube hält, an welcher ein kleiner Pan nascht. Einfacher und wahrer kann der Gott der süfsen Trunkenheit nicht geschildert werden, und kaum feiner und lieblicher, bei aller Lebensfrische, in den Formen. Weiter finden wir Jacopo 1514 beschäftigt mit den festlichen Vorbereitungen zum Einzuge Leo's X. in Florenz. Bezeichnend ist dabei, dafs er ein kolossales Pferd aus Thon bildete, welches, sich bäumend, über einen Gefallenen dahinsprengte. Nicht unwichtig scheint es, die Entwicklung solcher Motive in der Kunstgeschichte zu verfolgen. Den gefallenen Krieger unter einem Pferde fanden wir zuerst bei Lionardo. Das sich bäumende Rofs, welches Jacopo Sansovino vielleicht in die Plastik eingeführt hat, kehrt dann 1539 bei dem Reiterstandbilde des Giovanni de' Medici wieder, welches Tribolo mit anderen Festdecorationen bei der Vermählung Herzog Cosimo's errichtete. Die Zopfzeit hat dies willkommene Motiv später dann bis zum Ueberdrufs wiederholt. —

*Arbeiten in Rom.*

Bald darauf ging Jacopo nach Rom, wo er vorzüglich als Architekt in Anspruch genommen wurde und sich mit Erfolg bei der Concurrenz zu der von den Florentinern dort beabsichtigten Nationalkirche S. Giovanni de' Fiorentini betheiligte. Ein plastisches Werk dieser Zeit ist die marmorne Madonna mit dem Kinde in S. Agostino, eine edle Inspiration, rein empfunden und in einfach grofsen Formen durchgeführt. Die Einnahme Rom's 1527 durch den Connetable von Bourbon, welche mit ihren wüsten Zerstörungsscenen das künstlerische Leben der ewigen Stadt auf geraume Zeit knickte, vertrieb auch Sansovino nach Venedig, von wo er sich nach Frankreich in die Dienste Franz I. zu begeben dachte. Aber in Venedig wufste man den Meister zu fesseln und ihm so bedeutende architektonische und plastische Aufgaben zu stellen, dafs er

*) Sie war im Frühling 1513 vollendet. *Vasari*, ed. Lemonn. XIII. S. 75 Note.

gern blieb und nun Venedig jenen Charakter grofsartiger Pracht aufprägte, der sich fortan in einer Reihe glänzender Unternehmungen aussprechen sollte.

Arbeiten in Venedig.

Sansovino beherrschte seit 1529 über vierzig Jahre bis an seinen Tod die Architektur und Bildnerei der Lagunenstadt in einer Ausschliefslichkeit, dafs man sagen darf, sein Geist war Allem eingeschrieben, was während jener Epoche

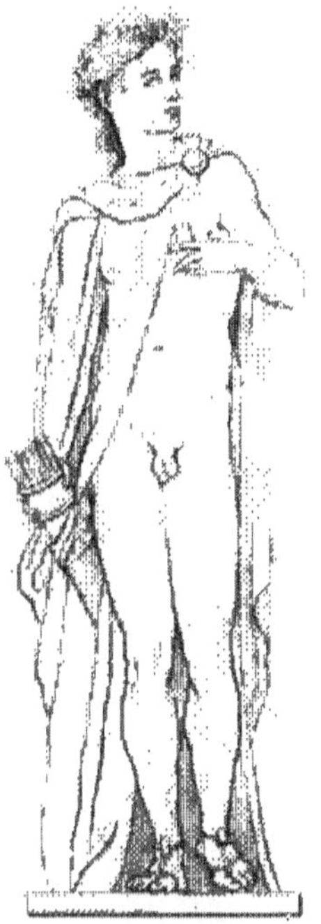

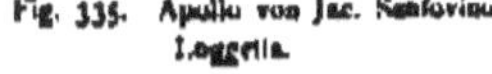

Fig. 335. Apollo von Jac. Sansovino. Loggetta.

Fig. 336. Johannes der Täufer, von Jac. Sansovino. Kirche der Frari.

dort gebaut und gebildet wurde. Die Venezianer verlangten damals mehr als je die Entfaltung üppigster Pracht, wie sie das architektonische Meisterstück Sansovino's, die Bibliothek von S. Marco, so verführerisch an der Stirn trägt. Ein so vielseitiges, massenhaftes Schaffen, wie es dem Meister zugemuthet wurde, ist aber kaum durchzuführen, ohne dafs die Leistungen eine grofse Ungleichheit zeigen, ja manchmal ein äufserliches Wesen verrathen. Man wird daher begreiflich finden, dafs in seinen plastischen Werken dieser Epoche gewisse conventionelle Manieren, gesuchte und gezwungene Stellungen mit unterlaufen, dafs überhaupt die innere Wärme der Empfindung manchmal fehlt. Aber lebendig find doch faft alle diefe Werke, tüchtig hingeftellt und in freier, grofser Auffaffung der Form, fo dafs fie unter den übrigen gleichzeitigen Arbeiten vortheilhaft hervortreten. Nur wird manchmal wohl felbft die Form verkümmert, weil auch Sanfovino fchon zu viel Gewicht auf einfeitig affectvolle Auffaffung legt.

Loggetta. Schon an der feit 1540 entftandenen Loggetta am Thurm von S. Marco find die Erzfiguren des Apollo (Fig. 335) und Mercur, der Pallas und der Friedensgöttin nicht ohne gefuchte Motive in Stellung und Bewegung durchgeführt. Am reinften in der Empfindung ift noch die edle Statue des Friedens. Die Köpfe aber zeigen Schönheit der Form und Adel des Ausdrucks. Ganz

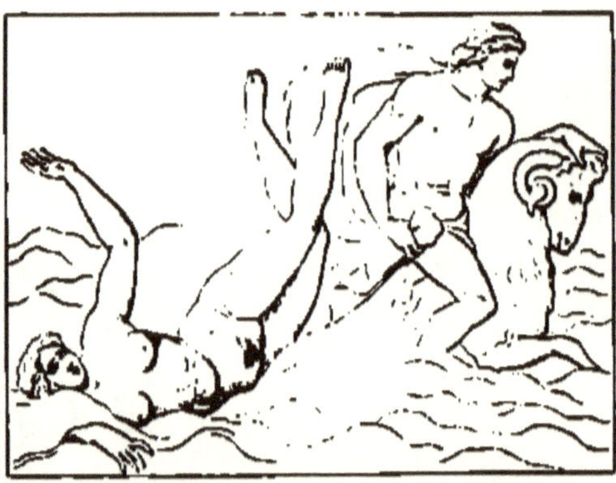

Fig. 337. Relief von Jac. Sanfovino. Venedig.

vortrefflich find fodann mehrere der Reliefs am Sockel mit fein gefühlten mythologifchen Darftellungen voll Frifche und Naivetät, dabei in ächtem Reliefftyl klar entwickelt. Einfacher und liebenswürdiger läfst fich z. B. die Gefchichte von Phrixos und Helle nicht erzählen, als es hier gefchehen (Fig. 337). Wo dagegen gefchichtliche Scenen dramatifche Geftaltung verlangen, wie an

Arbeiten für S. Marco. den fechs Bronzereliefs mit Legenden des h. Marcus im Chor von S. Marco, da fällt Sanfovino faft immer in jene unruhige Ueberfüllung, unter welcher die beften Gedanken nicht zu voller Geltung gelangen*). Diefer Vorwurf trifft auch die beiden Reliefs an der berühmten Bronzethür der Sakriftei von S. Marco (1562 vollendet). In der Grablegung Chrifti regt fich wieder etwas

*) Die Arbeit mufs 1546 fchon zum Theil der Vollendung nahe gewefen fein; denn als im December 1545 durch Unachtfamkeit der Arbeiter die Gewölbe der neuen Bibliothek eingeftürzt waren und Sanfovino zu 1000 Ducati Schadenerfatz verurtheilt wurde, zog man unterm 10. Februar 1546 ihm 300 Ducati für drei diefer Reliefs und 600 Ducati für die vier Statuen an der Loggetta ab. *Mothes* a. a. O. II. 185.

von dem leidenſchaftlichen Drange des 15. Jahrhunderts, doch iſt ſie bei ſtark maleriſcher Behandlung geiſtvoll componirt und zu ergreifender Wirkung zuſammengehalten. Unruhiger und nicht ohne äuſserliche Attitüde iſt die Auferſtehung geſchildert, wo namentlich der Geſtalt Chriſti die feierliche Würde fehlt, die allein das Ganze beherrſchen müſste. Die Köpfe in den Einfaſſungen der Thür ſind voll friſchen Lebens, die kleinen Engel von naiv anmuthiger Bewegung; bei den liegenden Geſtalten der Propheten iſt aber mehr auf das ziemlich geſuchte Motiv, als auf befriedigende Durchbildung der Körper geſehen. Beſſer ſind die ſtehenden Evangeliſtenfigürchen, allein auch in ihnen regen ſich Reminiscenzen an Michelangelo, ſo daſs eine eigentliche Unbefangenheit vermiſst wird. Dieſelbe Anlehnung an Geſtalten Michelangelo's zeigen in noch ſtärkerem Maaſse die vier ſitzenden Bronzeſtatuetten der Evangeliſten auf der Brüſtung vor dem Hochaltare, die ihm 1552 beſtellt wurden. Beträchtlich ſpäter (1565) entſtand die kleine Bronzethür zum Sakramentsaltar im Chore, die in anſprechender Compoſition den von Engeln umſchwebten Chriſtus enthält.

*Frari.*

Von den übrigen Arbeiten Sanſovino's iſt der kleine ſitzende Johannes auf dem Taufbecken in S. M. de' Frari (1554) eine der liebenswürdigſten (Fig. 336); weniger freilich durch den geringen plaſtiſchen Gehalt, als durch den Hauch einer zarten Empfindung, der in dieſer Spätzeit ſo auffallend iſt, daſs er wie der Nachhall einer ſchönen Jugendſtimmung erſcheint. Um dieſelbe Zeit ſchuf

*Grabmäler.*

Sanſovino für S. Salvatore das Grab des Dogen Francesco Venier († 1556). Hier ſind die Statuen der Hoffnung und der Liebe von ſeiner Hand ausgeführt, erſtere eine ſeiner glücklichſten Schöpfungen, ausdrucksvoll und in leichter Bewegung, die andere merklich geringer. Die Portraitſtatue des Dogen in ihrer würdevollen Auffaſſung erinnert an die tüchtigſten Bildniſſe der gleichzeitigen venezianiſchen Maler. Mehr noch iſt dies der Fall mit der kurz vorher (1553) entſtandenen ſitzenden Erzfigur des gelehrten Juriſten Thomas Rangone über dem Portal von S. Giuliano. Vom Jahre 1555 endlich datirt das Denkmal des Erzbiſchofs Potacatharo in S. Sebaſtiano mit zwei guten Reliefs der Grablegung und Auferſtehung Chriſti. Zu den anziehendſten Werken der religiöſen Gattung gehört dann noch die in vergoldeter Terracotta ausgeführte groſse Madonna mit dem Chriſtuskinde und dem kleinen Johannes im Innern

*Madonnen.*

der Loggetta des Marcusthurmes: wieder ein ſchönes Lebensbild aus der goldenen Zeit. Geringer dagegen ſind die Madonnen in der Kapelle des Dogenpalaſtes und im Vorhof des Arſenals.

*Mars und Neptun.*

Endlich ſchuf Sanſovino die beiden berühmten marmornen Koloſſalſtatuen des Mars und Neptun an der Rieſentreppe des Dogenpalaſtes (1554—1566). Will man ihnen gerecht werden, ſo muſs man ſie in Gedanken mit gleichzeitigen Arbeiten verwandter Gattung vergleichen, und man wird dann geſtehen, daſs ſie trotz ihrer geſpreizten Stellung und trotz mancher Mängel der Form doch immer noch durch die groſsartige Behandlung und ächtes inneres Leben einen hohen Rang unter ihres Gleichen behaupten.*)

*) Wegen dieſer Statuen entſpann ſich nach dem Tode des Meiſters ein Proceſs; denn der Contract lautete allerdings nur auf 250 Ducati, aber Sanſovino hatte bloſs für die Marmorarbeit 1130 Ducati ausgelegt, und die Statuen wurden auf 2286 Ducati geſchätzt. Das Urtheil entſchied dahin, daſs auſser den bereits bezahlten 240 Ducati der Sohn Francesco Tatti noch 400 Duc. erhalten ſolle.

Relief in S. Antonio zu Padua.

Aufserhalb Venedigs finden wir noch aus der fpateren Zeit Sanfovino's (etwa 1545—1550) Arbeiten von ihm und feinen Schülern in S. Antonio zu Padua an der Kapelle des Heiligen, wo früher fchon die Lombardi thätig gewefen waren (vergl. S. 560). Von feiner eignen Hand ift das vierte Relief, wo der Heilige eine Selbftmörderin vom Tode erweckt (Fig. 338). Mit richtigem Blick hat der Künftler das eigentliche Wunder als plaftifch undarftellbar vermieden und fich an den Moment gehalten, wo Angehörige und Fremde

Fig 338. Relief von Jacopo Sanfovino. Padua.

voll Theilnahme das unglückliche Opfer umringen. Auch ift der Mittelpunkt der Gruppe fchön empfunden und lebendig angeordnet, aber das Ganze wirkt unerfreulich durch das Haftige der Affecte und das Uebertriebene des faft zur Freigruppe gewordenen Hochreliefs. Es ift als ob hier noch einmal alles unfchön Eckige, alle Härten und Schärfen Donatello's erwacht wären, und wohl mögen die Arbeiten deffelben in S. Antonio den fpäteren Meifter zum Wetteifer gereizt haben.

Die übrigen Reliefs daselbst.

Von den übrigen Reliefs der Kapelle gehört das erfte noch der früheren Zeit an. Es foll 1512 von *Antonio Minelli di Bardi* gearbeitet worden fein. Zu den einfachften und edelften der ganzen Reihe gehörend zeigt es eine Schönheit der Formen und des Ausdrucks, die auf einen von Andrea Sanfovino infpirirten Florentiner fchliefsen läfst. Dagegen find die übrigen vier Reliefs unter dem Einflusse Jacopo's entstanden. Das zweite schildert mit höchster Leidenschaft der Bewegung, wie der Heilige eine von ihrem eifersüchtigen Gemahl ermordete Frau ins Leben zurückruft. Es soll von *Zuan Maria* aus Padua begonnen, von *Paolo Stella* vollendet worden sein. Eins der tüchtigsten ist sodann das achte, so schwer es auch dem Beschauer fallen wird, darin zu erkennen, dafs ein gewisser Aleardino durch ein aus einem Hause herabgeworfenes und nicht zerbrochenes Glas von der Wunderkraft des Heiligen überzeugt wird. Der Künstler (man nennt *Danese Cattaneo* oder *Paolo Peluca*) hat sich bewundernswürdig zu helfen gewufst und dem Vorgang eine dramatische Seite abgewonnen, ohne in Uebertreibung zu fallen. Vielmehr gehört seine Arbeit in Adel und Freiheit der Durchbildung, besonders auch im schönen Styl der Gewänder zu den vorzüglichsten der ganzen Reihe. Zu den einfacheren und edleren zählt auch noch das fünfte Relief, welches die Erweckung eines Jünglings vom Tode schildert. Freilich neigt es ebenfalls schon zu überstarker Ausladung und übertriebener Heftigkeit des Ausdrucks. Ueber den Künstler ist man ebenso ungewifs wie bei dem vorigen. Dagegen lernt man einen der vorzüglichsten Schüler Sansovino's in dem dritten Relief kennen, abermals einer Todtenerweckung, durch die Inschrift als Werk des Veronesers *Girolamo Campagna* bezeichnet. Obwohl nicht frei von Härten, sind Anordnung und Linienführung ächt plastisch und die Gestalten schön und lebensvoll durchgebildet. Im Ganzen, mufs man gestehen, hat die Plastik in diesem Kampfe mit dem Unsinn solcher Legendenstoffe sich ruhmvoll bewährt und das Mögliche dem spröden Gegenstande abgerungen.

Dem Campagna begegnet man auch in Venedig an mehreren tüchtigen Arbeiten*). Für S. Giorgio maggiore schuf er die Erzgruppe des Hochaltars, Christus auf einer von den Evangelisten getragenen Erdkugel, eine bei aller Trefflichkeit der Ausführung doch in plastischer Hinsicht höchst unglückliche Idee, die stets eine Vorstellung von akrobatischen Künsten und von der Gefährlichkeit solcher Stellung hervorrufen mufs. In S. Giuliano ist das ausdrucksvolle Hochrelief des todten Christus, der von zwei Engeln betrauert wird, ebenfalls von ihm. Eine tüchtige Aktfigur stellte er in dem Cyklopen der Zecca hin. (Gegenüber ein unleidlich affectirtes Seitenstück von *Tiziano Aspetti*, einem der schlimmsten Manieristen der Schule.) Zu den besseren Nachfolgern Sansovino's gehören noch *Desiderio* von Florenz und *Tiziano Minio* von Padua mit den trefflichen Reliefs am Deckel des Taufbeckens in S. Marco. Bemerkenswerth durch die grofse Menge seiner allerdings ungleichen Schöpfungen ist sodann *Alessandro Vittoria*, der am besten für sein eignes Grabmal († 1605) in S. Zaccaria gesorgt hat. Es enthält seine Büste und die durch Lebensfülle ausgezeichneten allegorischen Figuren der Architektur und Sculptur. *Danese Cattaneo* erscheint in den Statuen des Ueberflusses und Friedens, der Venezia und der Ligue von Cambray am Grabe des Dogen Lionardo Loredan (1572) in S. Giovanni e Paolo flüchtig und manierirt. Die Schule von Venedig.

Auch nach Neapel dringt mit dem Beginn des 16. Jahrhunderts der Geist Sculptur in Neapel.

*) Das Einzelne s. bei *J. Burckhardt*, Cicerone, 2. Auflage S. 657 ff. Die geschichtlichen Daten bei *Mothes* II. 260 ff.

einer großen und freien Auffaſſung der Bildnerei und giebt ſich zuerſt vielleicht an dem Grabmal des Andrea Caraſa in S. Domenico (erſte Kapelle rechts im Querſchiff neben dem Eingang) vom Jahre 1508 zu erkennen. Trefflich iſt das Profilrelief des Verſtorbenen und von hoher Anmuth die Geſtalten der beiden klagenden Frauen über dem Sarkophage. Neben dieſem und einzelnen andern Werken, in denen man florentiniſche Hand zu erkennen glaubt, läßt ſich ſodann an den zahlreichen prachtvollen Grabmälern der kriegeriſchen Ariſtokratie, ſowie an Altären und mancher einzelnen Statue die Blüthe einer recht verdienſtlichen einheimiſchen Schule erkennen.

Girolamo Santacroce.

*Girolamo Santacroce* (1502—1537) und der an der Spitze einer zahlreichen Werkſtatt äußerſt thätige *Giovanni da Nola*, eigentlich *Giov. Merliano* (1488—1558), dem wir ſchon einmal (S. 689) begegneten, ſind die Hauptträger dieſer neapolitaniſchen Schule, die den engen Kreis der ihr gebotenen Aufgaben mit anmuthiger Mannigfaltigkeit beherrſcht und namentlich in der Auffaſſung der Portraitgeſtalten oft Lebenswahrheit und Würde zu paaren weiß. In der Kirche von Montoliveto ſieht man in der dritten Kapelle rechts einen Antoniusaltar von Santacroce, welcher an der Predella eine klar entwickelte Reliefdarſtellung der Fiſchpredigt des Heiligen enthält. Am Eingange derſelben Kirche ſind rechts und links zwei in der Anordnung und Ausſchmückung völlig übereinſtimmende Altäre aufgeſtellt, Erzeugniſſe des Wetteifers zwiſchen

Giovanni da Nola.

Santacroce und Giov. da Nola. Hier iſt in der Eintheilung und Compoſition der Einfluß der Grabmäler von Andrea Sanſovino unverkennbar. Der Altar links, vom Jahre 1524, enthält in der Hauptniſche die Madonna, auf jeder Seite von einem Heiligen umgeben, Geſtalten, die zum Theil etwas wunderlich geſucht in den Bewegungen erſcheinen. Ein anderes Prachtwerk Giovanni's iſt der Hauptaltar in S. Lorenzo Maggiore.

In S. Giov. a Carbonara findet man in der Kapelle Caracciolo Roſſi ein ausgedehntes Denkmal mit reichem plaſtiſchen Schmuck, an welchem beide Künſtler betheiligt zu ſein ſcheinen. Die Reliefs des Altares daſelbſt ſchreibt man dem Spanier *Pietro della Plata* zu. In S. Domenico enthält das Grabmal des Galeazzo Pandono vom J. 1514 (im rechten Querſchiff) das treffliche Medaillonrelief des Verſtorbenen, darüber im Bogenfeld eine ſehr anmuthige Madonna, die dem Chriſtkind eine Schüſſel mit Obſt darreicht. Es iſt eine Arbeit von Giov. da Nola. Sodann ſieht man in der erſten Kapelle links einen Altar vom J. 1537 mit einer ſehr ſchönen ſtehenden Madonna und zwei etwas überzierlich bewegten Heiligen von demſelben Meiſter. Seine Hand findet man auch an mehreren Grabmälern in S. Severino; ſo an dem der drei Brüder Sanſeverini, die 1516 an demſelben Tage durch ihren Onkel vergiftet wurden. Es gehört zu den früheſten Werken des Künſtlers und iſt nicht frei von Befangenheit. Seine letzte Arbeit iſt ebendort die Pietas in der Kapelle neben dem Hochaltar. Fein und liebenswürdig zeigt er ſich in dem Grabmal des ſechsjährigen Andrea Cicara, in derſelben Kirche. Zu den ſpäteren Werken (nach 1540) gehört endlich das großartige Grabmal, welches der Vicekönig Pietro di Toledo ſich in der Kirche S. Giac. degli Spagnuoli errichten ließ. Am Unterbau werden in ſorgſam ausgeführten Reliefs ſeine Kriegsthaten erzählt; vier Figuren von Tugenden ſind auf den Ecken angebracht. Auf dem Sarkophage knieen der Verstorbene und seine Gemahlin vor Betpulten.

Unter den Schülern Giovanni's wird vorzüglich *Domenico d'Auria* genannt, der mehrfach bei den Arbeiten des Meisters betheiligt war, dann aber auch eine Reihe selbständiger Werke schuf, wie in S. Agnello einen Altar mit dem Relief der Mutter der Gnaden als Schützerin der Seelen im Fegefeuer. Domenico d'Auria.

Außerdem besitzen alle älteren Kirchen Neapel's einen solchen Schatz von marmornen Grabmälern aus dieser Zeit, wie man ihn sonst nur in Rom und Venedig findet. Dadurch erhielt sich hier namentlich die Portraitdarstellung noch lange Zeit auf einer bemerkenswerthen Höhe. Vom Ende des Jahrhunderts (1597) sieht man in der Vorhalle von S. Giac. degli Spagnuoli das Grab der Gemahlin des Don Fernando von Mayorca, mit einer einfach edlen Madonnenstatue und der ebenfalls schlicht und fein aufgefaßten schlummernden Gestalt der Verstorbenen. Minder erfreulich zeigt sich allerdings (gegenüber) der Gemahl der Dame († 1598), und auch der über ihm erscheinende Johannes ist viel nüchterner ausgefallen. Andere Arbeiten.

## 3. Michelangelo und seine Schule.

Gewaltig wie kein anderer Meister tritt der große Florentiner *Michelangelo Buonarroti* in das Gebiet der Plastik ein, um es völlig umzugestalten und ihm neue Grenzen anzuweisen. In seinem langen Leben (1475—1564 *) umfaßt er alle Phasen von den Ausgängen der naturalistischen Kunst des 15. Jahrhunderts, durch die Stufen der höchsten Entwicklung bis in die ersten Regungen des Verfalls und des Manierismus. Man hat nicht mit Unrecht gesagt: Michelangelo ist das Schicksal der modernen Kunst geworden. Aber man darf nicht vergessen hinzuzusetzen, daß eine geschichtliche Nothwendigkeit unaufhaltsam in dies Schicksal hineintrieb, und daß es sich zunächst in seinem Geiste vollzog, weil er von allen der größte war. Selbst in Rafaels späteren Werken ist manche Spur, welche uns schließen läßt, auch Er würde sich schwerlich ganz frei erhalten haben, wenn die verhängnißvolle Gunst des Himmels ihn mit einem eben so langen Leben heimgesucht hätte. Michelangelo's Stellung zur Plastik.

Michelangelo ist Idealist in des Wortes strengster Bedeutung. In seinen frühesten Werken strebt er nach einer vollendeten Schönheit, wie sie in den Schöpfungen der antiken Plastik sich ausspricht. Er sucht für sich nach einem allgemein gültigen Ausdruck und wendet sich vollständig von der durch das ganze 15. Jahrhundert im Vordergrund stehenden Auffassung des individuellen Lebens ab. Er hat kaum jemals ein Portrait gezeichnet oder gemeißelt, weil die zufälligen Züge des Individuums ihm zu weit außerhalb der Linie eines absolut Schönen liegen. Aber der Nachdruck ruht überhaupt bei seinen Gestalten nicht auf der Bildung des Kopfes, sondern in der Bewegung und Form Charakter seiner Kunst.

*) Nach florentiner Zeitrechnung 1474—1563; daher die verschiedenen Angaben, denen man in den Handbüchern begegnet. Für die Lebensgeschichte des Meisters weise ich auf *H. Grimm's* schöne Arbeit. Für die kritische Würdigung seiner Werke steht *Jac. Burckhardt* (Cicerone, Zweite Aufl. S. 664 ff.) weitaus in erster Linie.

des ganzen Körpers. Darin steht er wieder der Antike nahe, mit der zu wetteifern sein höchster Ruhm ist. Gewiss war seit den Zeiten des klassischen Alterthums kein Künstler erstanden von so eminent plastischer Anlage wie er. Wie bedeutende Werke er auch in der Architektur und Malerei schuf, dennoch war und blieb die Sculptur seine Lieblingskunst. Mit der Milch habe er sie eingesogen pflegte er zu sagen, weil die Frau eines Steinmetzen seine Amme gewesen war. Selbst die reinsten und grössten unter seinen gemalten Gestalten, die Sibyllen und Propheten der sixtinischen Kapelle, sind plastische Gedanken, und zwar von den höchsten, deren die neuere Kunst fähig war. Um der menschlichen Gestalt völlig Herr zu werden, gab der junge Michelangelo sich lange Jahre hindurch einem anatomischen Studium hin, wie es so erschöpfend kein zweiter moderner Meister betrieben hat. Für ihn zum ersten Male seit den Zeiten der Alten war die menschliche Gestalt in voller Herrlichkeit wieder um ihrer selbst willen da. Sie in allen erdenklichen Stellungen und Verkürzungen zur Geltung zu bringen, sie so gross und frei in der breitesten Formbehandlung vorzuführen wie die Alten, das war recht eigentlich das Ziel seines Strebens. Um in solchem Glück zu schwelgen, stellte er sich stets neue Probleme, suchte stets neue Schwierigkeiten auf, schaltete er zuletzt in kühner Willkür mit den Bedingungen des menschlichen Organismus.

Was konnte solchem titanischen Ringen der Stoffkreis seiner Zeit bieten? Die christlichen Gestalten und der geistige Inhalt, der sie beseelt, waren am wenigsten geeignet, sich einer Kunst zu fügen, deren Zielpunkt die Verherrlichung des menschlichen Körpers in seiner reinen Schönheit war. Die antike Mythologie war abgestorben, und wenn auch bisweilen eine mythologische Aufgabe sich darbot, so war die Gelegenheit zu selten, und der Gegenstand, bei aller Begeisterung für das Alterthum, doch dem modernen subjectiven Bewusstsein zu fern gerückt. Noch weiter lag das Geschichtliche mit seinen scharf umrissenen individuellen Zügen dem Genius Michelangelo's. Es blieb also nichts übrig, als das Reich der Allegorie, eine bedenkliche Gattung, deren schwankende Gestalten indess noch am ersten den subjectiven Gedanken des Meisters sich als Träger darboten. Damit war aber zugleich der Willkür in gefährlicher Weise Thor und Thür geöffnet. Zum ersten Male tritt durch Michelangelo die rücksichtslose Subjectivität herrschend in die Kunstwelt. Sie erkennt keine objectiven Gestalten in ihrem absoluten Rechte an; sie lässt sich durch keine Tradition mehr leiten. Sie vergräbt sich in ihre innersten Inspirationen und ringt mit Anstrengung danach, ihnen zur grossartigsten Erscheinung zu verhelfen. Das gesammte Schaffen Michelangelo's ist ein unablässiger Kampf erhabenster Ideen, die aus der wunderbaren Tiefe seines Seelenlebens zu Tage streben, und deren Erscheinung daher alle Spuren dieser gewaltigen inneren Erschütterungen an der Stirn trägt. Vor diesen Werken giebt es kein ruhiges Geniessen. Sie reissen uns unwiderstehlich in ihr leidenschaftliches Leben hinein und machen uns, wir mögen wollen oder nicht, zu Genossen ihrer tragischen Geschicke. Das ist der Eindruck, welchen auch die Zeitgenossen meinen, wenn sie von dem Furchtbaren »terribile«, der Werke des Meisters sprechen.

Um der Gewalt jener tiefen und im letzten Grunde kaum bestimmbaren Ideen den angemessenen Ausdruck zu verschaffen, fängt nun Michelangelo bald an, die menschliche Gestalt seine souveräne Willkür empfinden zu lassen. Der

Grundgedanke der gefammten Bewegung, mühfam geboren aus inneren Conflicten, erlangt fo ausfchliefsliche Geltung, dafs die Gefetze des körperlichen Organismus fich ihm beugen müffen. So beginnt denn die Herrfchaft des Motivs über die Form. Ob eine Bewegung natürlich, ungezwungen fei, das gilt dem Meifter gleich, wenn fie nur das ergreifend ausdrückt, was feiner Seele vorfchwebt. Schon fruh an jenem Tafelgemälde der Madonna in der Tribuna der Uffizien bricht diefe Richtung fich Bahn und wirft die Tradition fo rückfichtslos bei Seite, dafs dann freilich ein unbefangen reiner Eindruck nicht mehr möglich ift. Aber auch damit begnügt er fich nicht. Seinen Abfichten zu Gefallen modelt er nach Belieben die menfchliche Geftalt, bildet gewiffe Theile übertrieben mächtig ins Koloffale, fteigert die Kraft der Muskeln und vernachläffigt wieder andere Partien, wie z. B. faft immer den Hinterkopf feiner Statuen, fo dafs er dem menfchlichen Körper neue Gefetze vorfchreibt. So gelangt er oft dahin, dafs, wie Burkhardt treffend fagt, manche feiner Geftalten auf den erften Eindruck nicht ein erhöhtes Menfchliches, fondern ein gedämpftes Ungeheures geben. Nun find an den gröfsten Meifterwerken, felbft bei den Alten, oft gewiffe kleine abfichtliche Fehler gerade Das, worauf die geiftige Wirkung des Ganzen beruht; aber Michelangelo geht in diefer poetifchen Licenz nicht felten zu weit und verfällt ins Uebertriebene und dadurch ins Unfchöne. Indefs darf man wohl daran erinnern, dafs die trefflichften Meifterwerke der Antike, die man damals kannte, ein Torfo und ein Laokoon, die Neigung zu fchwulftiger Muskulatur gleichfam zu fanctioniren fchienen. Auf diefem Wege gelangt endlich derfelbe Meifter, der den höchften Begriff von der Schönheit der menfchlichen Geftalt befeffen hatte, zu einer Auffaffung der Form, die nicht felten der Schönheit gleichfam gefliffentlich aus dem Wege geht und lieber herb und abftofsend als weich und anziehend fein will. In Wahrheit find die Gedanken Michelangelo's fo ftolzer Art, dafs fie fich nicht durch Anmuth der Formen den Sinnen einfchmeicheln mögen. Sie hüllen fich fpröde ein, als fchämten fie fich, durch das Medium der Sinnlichkeit auf den Geift wirken zu müffen. Aber wenn auch oft fchroff und unfchön, nie find feine Geftalten kleinlich oder gewöhnlich. In kühnen Formen, die mit grofsen Linien gezeichnet und in unübertrefflich breiter und freier Behandlung durchgeführt find, ftellt er eine höhere Art von Wefen vor uns hin, in deren Gegenwart alles Niedrige von uns abfällt, und unfer Gefühl diefelbe Läuterung erfährt, wie in der ächten Tragödie. Und was fchliefslich immer von Neuem uns fympathifch hinzieht, felbft zu jenen unter feinen Geftalten, die uns zuerft abgeftofsen haben, das ift: fie find dem Beften in uns, dem Streben nach allem Hohen, Idealen innig wahlverwandt; fie find, fo erhaben immer über menfchliches Maafs, Fleifch von unfrem Fleifch, Geift von unfrem Geift. Wir ahnen noch mehr in ihnen, als wir in ihnen fchauen, und darin beruht das Geheimnifsvolle der modernen Subjectivität. In fofern nimmt denn auch Michelangelo das Streben Donatello's auf höherer Stufe wieder auf. Jener verfchmähte die Schönheit, um der Fülle bewegten äufseren Lebens nachzugehen; diefer verachtet fie, weil fie der Entfaltung des innerlichften Gedankenlebens im Wege fteht.

Frühere Werke.

Wir haben durch chronologifche Betrachtung feiner plaftifchen Werke den Entwicklungsgang Michelangelo's uns vor Augen zu bringen. Von Anfang an war für ihn von gröſster Bedeutung, daſs er noch als jugendlicher Schüler des Malers Domenico Ghirlandajo dem kunſtliebenden Lorenzo de' Medici empfohlen wurde, als dieſer ſich nach talentvollen Jünglingen erkundigte, um ſie für die Plaſtik ausbilden zu laſſen. Lorenzo hatte bei ſeinem Palaſte in den Garten von San Marco eine Sammlung antiker Sculpturwerke aufgeſtellt, nach

Fig. 339. Michelangelo's Engel. Bologna.

welcher Donatello's Schüler Bertoldo die Studien der jungen Bildhauer leitete. So leidenſchaftlich ergriff Michelangelo die neue Thätigkeit und ſo raſch entwickelte er ſich, daſs er ſchon in ſeinem ſiebzehnten Jahre auf des gelehrten Poliziano Anregung in einem Marmorrelief Herkules Kampf mit den Kentauren darſtellte. Die Arbeit, welche noch im Pal. Buonarroti zu Florenz aufbewahrt wird*), verräth durch das Feuer und den Geist der Composition, durch die wundersame Lebendigkeit der Gruppen und Bewegungen die ungewöhnliche Begabung des jugendlichen Meisters, der sich freilich dabei einer gewissen Ueberfüllung in der Anordnung um so weniger enthalten konnte, als die antikrömischen Reliefs nach dieser Seite hin Alles zu erlauben schienen. Ungefähr derselben Zeit (um 1492) wird das ebendort befindliche Flachrelief einer Madonna, die ihrem Kinde die Brust giebt, angehören, ein Werk, das sich durch seine ideale Schönheit von den gleichzeitigen Schöpfungen der übrigen Florentiner Bildhauer merklich unterscheidet. Von der vier Ellen hohen Herkulesstatue, die er 1492 arbeitete und welche in den Besitz Franz I. von Frankreich kam, ist dagegen jede Spur verloren.

Fig. 340. Pietas, von Michelangelo. Rom.

Nach Vertreibung der Medici (8. November 1494) ging Michelangelo nach Bologna, wo er für das Grab des h. Dominicus in S. Domenico den einen der kandelaberhaltenden Engel (links vom Beschauer) arbeitete (Fig 339). Wohl das lieblichste Werk, das er je geschaffen, der Erguss einer ideal gestimmten Jünglingsseele, die noch kaum berührt ist von der herben Wirklichkeit des Lebens. Wenn die Statuette des h. Petronius an demselben Grabmal ebenfalls ein Werk dieser Epoche ist, so lässt sich der schon sehr manieristische Charakter desselben damit schwer in Einklang bringen. Aus derselben Frühepoche stammt auch der marmorne Bacchus der Uffizien, worin er die für so junge Jahre erstaunliche Tiefe seiner anatomischen Kenntniss zur Geltung brachte, übrigens den Ausdruck der Trunkenheit merkwürdig naturalistisch wiedergab. Schwerlich würde man dieses Werk für eine Antike ausgeben können, wie es mit einem 1495 entstandenen, jetzt im Kensington-Museum zu London befindlichen Cupido geschah, den ein Kunsthändler als treffliche Antike nach Rom an den Cardinal von San Giorgio verkaufte. Da der wirkliche Ursprung der Statue indess bald bekannt wurde, so konnte dies nicht verfehlen, die Aufmerksamkeit auf das seltene Talent des jugendlichen Künstlers zu lenken. Noch mehr war dies der Fall, als er 1499, erst fünfundzwanzig-

*) Vergl. die Abb. in *Cicognara* II. tav. 59.

jährig, die grofse marmorne Pietas fchuf, die man rechts im S. Peter zu Rom in der Sakramentskapelle ficht*) (Fig. 340). Es ift vielleicht die vollendetfte Gruppe der neueren Sculptur; ächt plaftifch gedacht, mit dem feinften Liniengefühl aufgebaut; die Formen des nackten Chriftuskörpers fo maafsvoll und befcheiden behandelt, dafs der geiftige Gehalt in den herrlichen Köpfen zur vollen Wirkung kommt. Vor Allem aber gipfelt das Ganze in dem edel verklärten Schmerzensantlitz der Mutter.

Madonna zu Brügge. Ein Nachklang diefer tragifchen Empfindung fchwebt über der fchönen Gruppe der Maria mit dem Kinde, in der Liebfrauenkirche zu Brügge. Ziemlich in Lebensgröfse fitzt die h. Jungfrau da, die rechte Hand ruht mit einem Buche auf dem Schoofse, und die Linke hält das ganz nackte, zwifchen ihren Füfsen ftehende Kind, während der Kleine feine linke Hand um den linken Schenkel der Mutter fchlingt. Die ganze Anordnung ift ebenfo fchön, einfach und grofsartig wie der Ausdruck von ergreifender Tiefe. Der Kopf der Mutter ift fchmal, mit etwas eingefallenen Wangen; die nach der rechten Seite blickenden Augen find halbgefchloffen, wie wenn Gram fie umflorte. Tritt man weiter zurück, fo wirkt gerade diefe Behandlung der Augen ergreifend, weil dann das Helldunkel in den Augenhöhlen den geiftigften Eindruck hervorbringt. Auch der Kleine fcheint mit halbgeöffneten Augen in fchmerzliches Nachfinnen verfunken, als fei er von dem Gram der Mutter kindlich mit ergriffen. Je mehr bei längerer Betrachtung der Eindruck wächft, um fo deutlicher erkennt man in diefem edlen Frauenkopfe den tiefen Seelenfchmerz, die göttliche Bekümmernifs über die Sünde und die Fluth der Leiden, welche durch diefelbe über ihr Kind hereinbrechen wird. Das grofsartig Ernfte, von allem Herkömmlichen Abweichende der Auffaffung zeigt fchon hier den Meifter ganz auf der Höhe feiner Selbftändigkeit.**)

David zu Florenz. Die nächften Aufträge, die Michelangelo zu Theil wurden, beweifen zur Genüge, welches Vertrauen feine Zeitgenoffen fchon damals in feine Kraft fetzten. Im Jahre 1501 übertrug der Cardinal Piccolomini ihm fünfzehn Marmorbilder für den Dom von Siena, von denen indefs, wie es fcheint, keine einzige fertig werden follte. In demfelben Jahre überliefs die Domverwaltung feiner Vaterftadt ihm einen ganz verhauenen Marmorblock, aus welchem er fich anheifchig machte, einen koloffalen David zu meifseln. Und wirklich gelang ihm das fchwierige Werk, und die Arbeit ging fo rafch von Statten, dafs am 25. Januar 1504 eine Commiffion der erften Florentiner Künftler, darunter Meifter wie Andrea Sanfovino und Lionardo da Vinci, ernannt werden konnte, um über die Aufftellung des David zu berathen. In demfelben Sommer wurde die Statue vor dem Palazzo Vecchio aufgeftellt, wo man fie noch ficht. Es ift die meifterlich durchgeführte Aktfigur eines nackten Hirtenknaben, deffen jugendliches Alter und unentwickelte Formen einen Contraft mit dem koloffalen Maafsftab bilden. Daher vermag man bei dem Werke nicht zu einem

*) Oder vielmehr nicht ficht, fo fchlecht ift die Gruppe aufgeftellt und beleuchtet.

**) *H. Grimm*, Michelangelo I. S. 459. Note 21, gebührt das Verdienft, die gefchichtliche Herkunft der Madonna von Brugge und ihre Identität mit der von Condivi und Vafari erwähnten irrthümlich als Bronzewerk bezeichneten Madonna nachgewiefen zu haben. Ein flandrifcher Kaufherr Pierre Moscron („Mofcherone") beftellte das Werk, unter welchem fein Grabftein noch jetzt zu fehen ift.

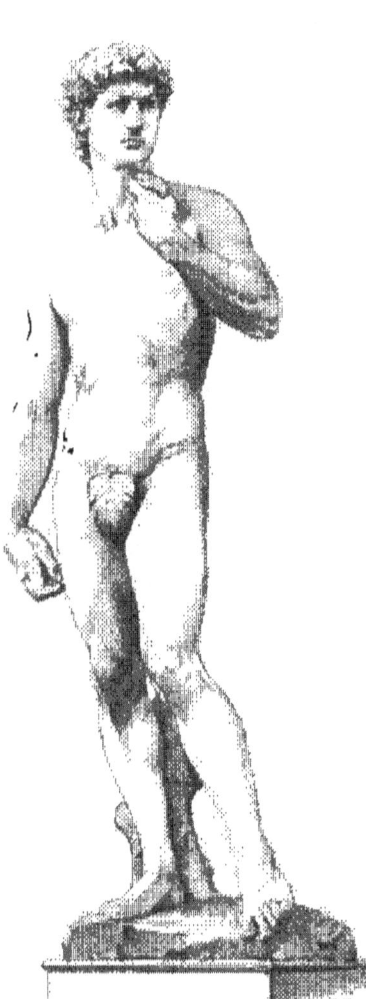
Fig. 341. Michelangelo's David. Florenz.

reinen Genuſſe zu kommen, ſo trefflich auch die Charakteriſtik an ſich gelungen iſt. Wie bezeichnend erſcheint namentlich das läſſige Herabhängen des rechten Armes mit der ſchweren ſchleudergewohnten Hand! und wie ſtimmt dazu der Blick des nach links gewendeten Kopfes! (Fig. 341.)

Andere Aufträge.

Um dieſelbe Zeit hatte er dieſen Gegenſtand noch einmal in einem Erzbilde zu behandeln, welches die Stadt Florenz dem Marſchall von Guiſe zu ſchenken beſchloſſen hatte, um durch ihn die Gunſt und den Beiſtand Franz I. zu erlangen. Die Statue wurde 1508 fertig und nach Frankreich geſchickt, wo ſie verſchollen iſt. Noch waren beide Werke nicht vollendet, als die Domverwaltung dem Künſtler die Marmorſtatuen der zwölf Apoſtel für den Florentiner Dom übertrug, die jedoch unausgeführt blieben, weil um dieſe Zeit Michelangelo's Leben eine neue Wendung nahm. Kaum war nämlich Julius II. auf den päpſtlichen Stuhl gelangt (1503), als er neben anderen groſsen Künſtlern, neben Bramante und Raſael auch Michelangelo berief, um ihn mit groſsen Aufträgen zu betrauen. Es galt vor Allem ein Grabmal für den Papſt zu entwerfen, und der Meiſter ergriff dieſe Gelegenheit mit Begeiſterung, um die volle Macht ſeiner Kunſt zu entfalten.

Er entwarf zuerſt den

Entwurf zum Grabe Julius II.

Plan zu einem grofsen Freibau, der für die Tribuna der neuen Peterskirche bestimmt wurde*). Im Innern follte der Sarkophag des Papftes ftehen; die Wände des im länglichen Viereck angelegten Baues follten aber gefchmückt werden mit den nackten Geftalten gefeffelter Männer. Auf Vorfprüngen follten Mofes und Paulus und andere koloffale Statuen angebracht werden. Die Allegorie war hier fchon eine fubjectiv willkürliche; jene Gefeffelten ftellten die durch den Papft eroberten und die durch feinen Tod in Bande gefchlagenen Künfte vor; Mofes und Paulus waren gar als Vertreter des thätigen und des befchaulichen Lebens aufgefafst. Die allegorifche Bedeutung war aber ficherlich Nebenfache; die Belebung der freigefchaffenen künftlerifchen Motive hing nur äufserlich damit zufammen, und als Ganzes wäre dies Grabmal eins der erften Monumente der Welt geworden. Statt deffen wurde es, nach Michelangelo's eigenem Ausdruck, die Tragödie feines Lebens. Nachdem der Papft zuerft freudig auf den Plan eingegangen war, ftellten fich Hinderniffe aller Art ein. Nicht das geringfte von ihnen war die Decke der fixtinifchen Kapelle, die übrigens ein ebenfo grofses plaftifches als malerifches Wunderwerk ift, und deren Geftalten auf die Entwicklung der gefammten Plaftik wie der Malerei von entfcheidendem Einflufs werden follten. Auch jene heftige Entzweiung zwifchen den beiden gleich gewaltigen Naturen des Papftes und des Künftlers fiel dazwifchen, die erft durch die Zufammenkunft in Bologna (Ende 1506) gütlich ausgeglichen wurde. Seine Befiegelung erhielt diefer Friedensfchlufs durch den Auftrag, für S. Petronio das koloffale Erzbild des Papftes zu arbeiten. Auch diefem fchwierigen Unternehmen widmete Michelangelo fich mit ganzer Energie, fodafs fchon im Februar 1508 die Statue aufgeftellt werden konnte. Sie ftand etwas über drei Jahre an ihrem Platze; als die Bolognefen 1511 die päpftliche Herrfchaft abfchüttelten, wurde Michelangelo's Werk in Stücke zerfchlagen.

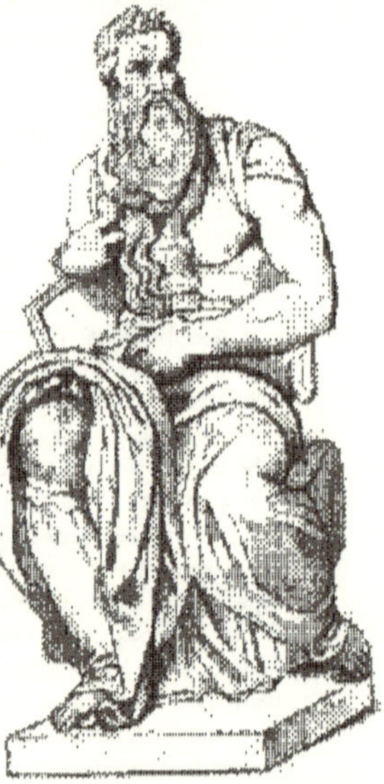

Fig. 341. Mofes von Michelangelo. Rom.

Das Grabmal Julius II.

Die Gefchichte des Denkmals Julius II. zieht fich bis in Michelangelo's Greifenalter hinein. Mehrmals wurde nach dem Tode des Papftes (1513) der Plan geändert, und erft 1545 kam das Grabmal in der verkümmerten Form

*) Ein fkizzirter Entwurf in der Sammlung der Handzeichnungen zu Florenz. Vergl. *d'Agincourt*, Sculpt. Taf. 46.

zur Ausführung, in welcher man es jetzt in S. Pietro in Vincoli zu Rom sieht. Zwischen nüchternen Pilastern zusammengedrückt, liegt der Papst auf dem Sarkophage, gleich den meisten anderen Gestalten von Schülerhänden ausgeführt. Michelangelo's Werk sind die Statuen der Lea und Rahel, die wieder das thätige und beschauliche Leben repräsentiren sollen. Sie sind ziemlich willkürlich bewegt, und die Idealität der Köpfe ist nicht frei von etwas erkältend Abstraktem. Weitaus das bedeutendste ist die berühmte Kolossalstatue des Moses (Fig. 342). Michelangelo hat ihn, seiner Allegorie zu Liebe, aus-

Fig. 343. Die beiden Sklaven von Michelangelo. Louvre.

schliesslich als Mann der That aufgefasst. Als sähen die blitzenden Augen eben den Frevel der Verehrung des goldenen Kalbes, so gewaltsam durchzuckt eine innere Bewegung die ganze Gestalt. Erschüttert greift er mit der Rechten in den herrlich herabfluthenden Bart, als wolle er seiner Bewegung noch einen Augenblick Herr bleiben, um dann um so zerschmetternder loszufahren. Ein gutes Theil von dem eigenen Jähzorn und von der gewaltsamen Heftigkeit eines Julius II. ist unbewusst in diese titanische Gestalt hineingeflossen, und in diesem Sinne kann man Papst Paul III. nicht Unrecht geben, wenn er meinte, der Moses allein genuge, um ein Grabmal wie dieses zu verherrlichen. Grandios ist die ganze Behandlung, und bis ins Detail hinein — namentlich die gewaltigen Hände und Arme — entspricht Alles der grofsartigen Anlage. Nur in dem Kopfe würde man vergebens den Ausdruck höherer Intelligenz suchen; Nichts als die Fähigkeit eines ungeheuren Zornes, einer alles durchsetzenden Energie spricht sich in der zusammengedrängten Stirn aus.

Anderes Zugehörige.

Aufserdem hat sich eine Anzahl von meist nur theilweise vollendeten Statuen erhalten, die zu dem ursprünglichen oder dem zweiten Plane gearbeitet worden sind. Die schönsten unter diesen sind die beiden jetzt zu Paris im Louvre befindlichen Sklaven (Fig. 343). Namentlich der Eine zeigt einen Adel der Formbehandlung, wie sie seit der Antike schwerlich je in gröfserem Style gelungen ist; dabei im Kopfe den Ausdruck eines Schmerzes, der auf tiefe Seelenleiden deutet. Etwas gezwungener im Motiv ist der andere, aber auch in ihm kommt die Grundidee, welche offenbar auf ein mehr trotziges und verzweifelndes Auflehnen gegen die Knechtschaft deutet, ergreifend zur Anschauung. In diese Reihe wird auch wohl die Marmorgruppe im grofsen Saale des Palazzo Vecchio zu Florenz gehören, welche einen nackten Jüngling darstellt, wie er einen besiegten bärtigen (unvollendeten) Gegner mit dem Knie niederhält und im ersten Momente des Ausruhens das zurückgeglittene Gewand wieder ordnet. Ebenso die vier zum Theil erst aus dem Rohen gearbeiteten Statuen, welche man daselbst im Garten Boboli, links vom Eingang, in einer Grotte sieht; auch hier überall im Ausdruck des Stützens oder Anlehnens höchst lebensvolle Bewegungen. Mehreres von diesen Werken mag während der kurzen Herrschaft Hadrians VI. (1522—1523) entstanden sein, welche Michelangelo, wie ausdrücklich bezeugt wird, zur Förderung der Arbeit am Grabe Julius II. benutzte. Von den beiden Sklaven des Louvre dagegen möchte ich nach der ganzen Anlage schliefsen, dafs sie noch bei Julius Lebzeiten gearbeitet wurden.

Christusbild zu Rom.

In der Reihe seiner übrigen Werke aus der früheren römischen Epoche steht der marmorne Christus in S. M. sopra Minerva zu Rom obenan. Es ist eine vollendet edle, freilich mehr im Geiste der Antike vielleicht zu elegant aufgefafste nakte Gestalt, die später mit einem Bronzeschurz bekleidet wurde. Der Ausdruck des etwas allgemeinen Kopfes ist von ruhiger Milde; die Bewegung des zur Linken gewendeten Körpers contrastirt fein mit dem Kreuz, das er an der rechten Seite hält. Das Werk ist so rein und schön empfunden, dafs Grimm's Erklärung, es zeige bereits Manier, mir ungerecht scheint. Denn wir dürfen unsere Vorstellung vom Göttlichen nicht als Maafsstab für ein Werk jener Zeit anlegen, der das Antike und Christliche in einen Schönheitsbegriff zusammenflofs. Die Vollendung des Werkes fällt ins Jahr 1521. Eher früher als später scheint das schöne unvollendet gebliebene Marmorrelief in den Uffizien zu datiren, welches in einem Medaillon die Madonna mit dem Christkinde und dem kleinen Johannes darstellt. Trefflich in den Raum geordnet, edel im Ausdruck und in den Linien, gehört es zu den reinsten, absichtslosesten Schöpfungen des Meisters. Ein anderes Relief desselben Gegenstandes besitzt die Sammlung der Akademie zu London*). Wahrscheinlich gehört auch die

*) Dies Relief habe ich trotz aller Bemühung ebenso wenig zu sehen bekommen wie den daselbst befindlichen Karton Lionardo's. Beide Werke seien wegen der Vorbereitungen zur internatio-

angefangene Statue eines jugendlichen Apollo, der in den Köcher greift (Sammlung der Uffizien), noch in diese Epoche. Das Motiv der Bewegung ist von sprechendem Ausdruck.

Wir kommen nun zur zweiten Hauptarbeit seines Lebens, den Mediceergräbern in S. Lorenzo zu Florenz. Ende März 1520 trug Leo X. dem Meister auf, die neue Sakristei an S. Lorenzo zu erbauen und für dieselbe die Gräber seines Bruders Giuliano und seines Neffen Lorenzo zu entwerfen. Im April 1521 wird in Carrara ein Contract mit dortigen Bildhauern gemacht, welche sich verpflichten, binnen Jahresfrist eine sitzende Madonna für die Sakristei vorzuarbeiten. Es ist die noch dort befindliche, später zu besprechende Statue. Während der Belagerung seiner Vaterstadt, die er mit dem Eifer eines glühenden Patrioten und Republikaners vertheidigte, war Michelangelo in stillen Mussestunden an den Grabmälern in S. Lorenzo thätig. Nach dem Fall der Stadt, nachdem er geächtet, geflohen, dann wieder begnadigt und zurückgekehrt war, Gräber der Mediceer.

Fig. 344. Aurora und der Abend, von Michelangelo.

scheint er sich mit verzweifelnder Anstrengung in die Arbeit versenkt zu haben, um seinem Gram über den Untergang der alten Freiheit zu entfliehen. Im September 1531 sind die beiden weiblichen Statuen ganz, die beiden männlichen zur Hälfte vollendet, und Clemens VII. selbst muss dem Meister anbefehlen, von seinem anstrengenden Schaffen auszuruhen. Nicht lange nachher wurden die Denkmäler — nicht vollendet, sondern in dem halbfertigen Zustande, wie sie noch jetzt sind, stehen gelassen; denn mit dem Tode des Papstes (25. Sept. 1534) brach Michelangelo seine Arbeit plötzlich ab.

Allein auch in diesem unvollendetes Zustande gehören sie zu den ergreifendsten Monumenten der neueren Sculptur. In der Anordnung verfuhr der Meister völlig frei, ohne auf irgend ein Herkommen Rücksicht zu nehmen. Die Architektur dient hier nur als loser Rahmen für die Bildwerke, die völlig um ihrer selbst willen geschaffen sind. In Wandnischen sitzen die Gestalten der Verstorbenen; unter ihnen lagern auf den schräg abgerundeten, sehr abschüssigen Deckeln des Sarkophags je eine männliche und eine weibliche Figur, bei Giuliano

nalen Kunstausstellung (1862) unsichtbar, hiess es. Wenn man aber solche Schätze besitzt, dünkt mich, hat man die Verpflichtung, sie auch zugänglich zu erhalten.

die Gestalten des Tages und der Nacht, bei Lorenzo der Aurora und des Abends (Fig. 344). Was Michelangelo zu diesen ganz allgemeinen und nicht einmal charakteristischen Allegorien bestimmte, war vielleicht nur der Wunsch, den an solcher Stelle üblichen Tugenden aus dem Wege zu gehen. Daher bildete er hier gewaltige Menschengestalten, theils im Schlummer, theils in träumerischem Brüten hingelagert. Die Gegensätze der nackten Glieder mit der kühnen Verschiebung der Linien sind bei der Aurora und dem Abend ganz zwanglos in herrlicher Bewegung entfaltet. Viel gezwungener stellen sie sich im Tage und der Nacht heraus, und doch überwältigt das majestätisch Trauervolle, wie in unendlichen Gram Verlorene in der berühmten Figur der Nacht

Fig. 345. Giuliano de' Medici.

Fig. 346. Lorenzo de' Medici.

den Beschauer so unwiderstehlich, dass er das unnatürliche Stützen des rechten Armes auf den linken heraufgezogenen Schenkel fast vergisst. Auch das herb Abstossende in den Formen des Oberkörpers verliert wenigstens durch die grandiose Behandlung etwas von dem Verletzenden. Denn so absichtsvoll und erkünstelt hier Manches ist, so empfindet man darin doch die Gedanken eines Geistes, der stets nur das Erhabene wollte.

Die beiden Medici.

Die beiden Mediceer (Fig. 345 u. 346) sind nicht Bildnissfiguren im hergebrachten Sinne, wohl auch kaum ideale Portraits der beiden Fürsten, sondern allem Anscheine nach rein poetische Gestalten, nur den ganz allgemein erfundenen künstlerischen Motiven zu Liebe ausgeführt. Der gedankenvoll vor sich hinblickende, in tiefes Sinnen verlorene Lorenzo, dem seit alter Zeit der bezeichnende Name »il pensiero« gegeben wurde, ist ein sofort verständlicher Gegensatz zu seinem Pendant, dem Herzog von Nemours, Giuliano, der den

Kommandostab ruhig in den Händen auf dem Schoofse hält und mit dem Auge des Feldherrn um sich zu blicken scheint. Selbst ohne directen Bezug auf das Geschichtliche beider Persönlichkeiten, — eine Rücksicht, die dem Geiste Michelangelo's fern lag —, ist nicht zu leugnen, dafs eine grofsartige und ergreifende ideale Charakteristik in diesen Gestalten lebt. Das Einfache der Behandlung, das Freie und Leichte der Stellung, besonders die ausdrucksvolle Haltung und Bildung der Hände, das Alles wirkt zu diesem bedeutsamen Eindruck zusammen. Wie Heroen, so erscheinen Beide über das gemein Menschliche hinausgehoben.

Die sitzende Madonna, welche man zwischen den von Schülerhand nach Skizzen des Meisters ausgeführten Heiligen Cosmas und Damianus in derselben Kapelle sieht*), ist zwar unvollendet geblieben, aber dennoch spricht sie vernehmlicher und gewaltiger zum Beschauer, als die meisten Darstellungen desselben Gegenstandes. Michelangelo hat wieder eine Erhabenheit des Eindrucks erreicht, die einen tragischen Grundton hat, und es ist gewifs bezeichnend, dafs er in seinen Hauptdarstellungen der Madonna stets die ernste oder gar schmerzliche Saite anschlägt. Auch diese Madonna sitzt wie traumverloren da, das eine Knie über das andere geschlagen, mit der Rechten sich rückwärts auf ihrem Sitze stützend. Rittlings auf ihrem Schoofse und nach vorn gewendet sitzt der Kleine. Plötzlich überkommt ihn das Verlangen nach der Mutterbrust, und indem er gewaltsam den Oberkörper herumdreht, mit der Linken sich an der Schulter der Mutter festhält und mit der Rechten ihre Brust sucht, giebt er sich mit Eifer seinem kindlichen Genusse hin. Gewifs leidet auch dies Motiv an Absichtlichkeit, und die Bewegung ist so gezwungen wie möglich: dennoch sind die Linien im Aufbau des Ganzen, in der Ueberschneidung der Theile so herrlich, und es schwebt ein so tiefer, fast tragischer Hauch über der Gruppe, dafs sie trotz jener Mängel und trotz ihres unfertigen Zustandes einen unauslöschlichen Eindruck macht. — Die Madonna in S. Lorenzo.

Zu den Werken der späteren Lebenszeit Michelangelo's gehört vor Allem die Marmorstatue des todt hingesunkenen Adonis in den Uffizien. Die Linien des zusammengebrochen daliegenden Körpers haben etwas grofsartig Unwillkürliches in der Bewegung; der Körper ist herb und keineswegs anziehend, und der Kopf vollends hat etwas maskenhaft Manierirtes. Gleichwohl ist die Wirkung eine unmittelbar ergreifende, tragische. Sodann steht im Chore des Doms zu Florenz die grofse Gruppe einer aus einem Marmorblocke, angeblich aus einem Kapitäl des Friedenstempels gearbeiteten Pietas: der todte Christus im Schoofse der Mutter, von Nikodemus betrauert. Sie ist gewaltsam und gequält, aufserdem unvollendet geblieben. Ihre Entstehung fällt zwischen 1545—1549. Die nur erst angefangene Apostelstatue im Hofe der Akademie von Florenz, interessant und bezeichnend für die heftige Art, wie Michelangelo mit dem Meifsel auf den Marmor losstürmte, um die in demselben schlummernde Gestalt zu befreien, wird dagegen wohl vor 1534, noch während seines florentinischen Aufenthaltes entstanden sein. Doch gehört sie gewifs nicht zu den 1503 für den Dom bestellten Apostelstatuen. Ein ideales Charakterbild von — Der Adonis. — Pietas in Florenz. — Apostelstatue.

*) Diese drei Statuen waren ursprünglich für ein Grabmal des Lorenzo Magnifico bestimmt. *Vasari*, ed. Lemonn. XIII. S. 29. Note.

*Brutusbüste.* herber Grösse ist die unvollendete Büste des Brutus, jetzt im Museum des Bargello: ein Republikaner von abschreckend grandiosem und dadurch eben fesselndem Gepräge, der Knochenbau fast trotzig sich vordrängend; genial erfunden wie eine physiognomische Divination. Schwerlich hat dagegen Michelangelo seine eigne, übrigens treffliche Bronzebüste, im Conservatorenpalast zu Rom, selbst geschaffen. Portraitdarstellungen vermied er wo es irgend anging.

*Die Nachahmer.* Bei Michelangelo's Tode gab es kaum noch einen selbständig empfindenden und schaffenden Bildhauer. Das Beispiel seiner dämonischen Subjectivität riss alle Zeitgenossen mit sich fort. Keiner, der nicht Spuren seines Einflusses trüge; die Mehrzahl gab sich ihm wehrlos gefangen. Die Motive gewaltsamer Bewegungen, kühner Gegensätze, welche er ausgeprägt hatte, wurden auf lange Zeit die idealen Zielpunkte der Kunst; aber es fehlte sein hohes Liniengefühl, seine Gedankentiefe, es fehlte vor Allem jene innerste Nothwendigkeit, welche in seinen Schöpfungen uns sogar mit dem Abstossenden aussöhnt. Die Grösse seiner Formbehandlung wurde bei den Nachahmern eitle Hohlheit und Oede; die Köpfe, schon bei ihm in den späteren Werken grösstentheils indifferent allgemein, wurden vollends seelenlose Masken. Die Plastik sank zu einer leeren Schaustellung prahlerischer Glieder herab.

*Rafael da Montelupo.* Am wenigsten Selbständigkeit zeigen die Künstler, welche unter den Augen des Meisters als Gehülfen bei seinen Arbeiten thätig waren. So *Rafael da Montelupo* (c. 1503 — c. 1570)*), jenes älteren Baccio da Montelupo Sohn, der ausser dem Damian in der Mediceerkapelle auch am Grabmal Julius II. half. Von ihm sind daselbst die Statuen des Propheten und der Sibylle. Für die Grabmäler Leo's X. und Clemens VII. im Chor von S. M. sopra Minerva zu Rom arbeitete er mit *Nanni di Baccio Bigio* die nicht eben bedeutenden Statuen der sitzenden Päpste*). Von seiner Thätigkeit an der Casa Santa zu Loreto war oben die Rede. — Ein anderer Gehülfe Michelangelo's, *Fra Giov. Angelo Montorsoli* (bis 1563), der in der Mediceerkapelle den Cosmas ausführte,

*Montorsoli.* wird von verschiedenen Einflüssen der bedeutenderen Zeitgenossen gestreift und gehört zuletzt auch zu den manieristischen Nachfolgern Michelangelo's. Sein Hauptwerk ist der gesammte plastische Schmuck von S. Matteo in Genua, der Familienkirche der Doria, welche er im Auftrage des Andrea Doria (bis 1547) herstellte: ein in seiner Art einziges Prachtstück plastischer Decoration. Von ihm sind auch die beiden stattlichen Brunnen zu Messina, jener auf dem Domplatz und der Neptunbrunnen am Hafen, treffliche Beispiele jener grossartigen öffentlichen Anlagen, wie sie seitdem überall mit Anwendung eines glänzenden Apparates von mythologischen und allegorischen Figuren errichtet wurden**).

*Pierino da Vinci.* Einen begeisterten Nacheiferer hatte Michelangelo ferner an dem Neffen Lionardo's, dem jugendlichen *Pierino da Vinci* (c. 1520 — c. 1554), den nur ein frühzeitiger Tod an bedeutenderer Entfaltung seines Talentes hinderte. Er lernte zuerst die Kunst bei Tribolo, ging aber dann nach Rom, wo er sich nach Michelangelo bildete. Manche kleinere Arbeiten seiner Hand werden

*) Die interessante Autobiographie Montelupo's in *Vasari*, ed. Lemonn. VIII. S. 189 ff.

**) Beide abgebildet bei *Hittorff* und *Zanth*, Architecture moderne de la Sicile.

noch jetzt für Werke des Letzteren ausgegeben. So das Relief, welches den Hungertod Ugolino's und seiner Söhne darstellt, im Palast des Grafen della Gherardesca zu Florenz. So auch ein Relief in der Sammlung des Vatican, worin er das von Herzog Cosimo wieder erbaute und verschönerte Pisa schildert. Eine anmuthige und lebendige in zartem Flachrelief ausgeführte Composition der Madonna, welche das Christuskind stillt, sieht man in den Uffizien, im Corridor der toskanischen Sculptur. Ein Fieber, das er sich bei einem Aufenthalt in Genua zugezogen hatte, raffte den vielversprechenden Künstler in jugendlichem Alter hin.

Zu den tüchtigeren Nachfolgern Michelangelo's gehört *Guglielmo della Porta*, der Neffe des bei der Certosa von Pavia erwähnten Giacomo della Porta, ein Lombarde, dessen frühere Arbeiten in Genua minder erheblich sind, als das später um 1551 in Rom entstandene Hauptwerk: Papst Paulus III. Grabdenkmal in der Tribune von S. Peter. Der sitzende Papst mit segnender Rechten ist eine würdevoll und trefflich durchgeführte Erzfigur. Die Gestalten der Gerechtigkeit und Klugheit, die auf dem Sarkophag ausgestreckt liegen, sind eins der ersten Beispiele vom Einfluss der Mediceergräber. Nicht unbedeutend in der Auffassung, fehlt ihnen doch die innere Lebensgewalt, die der Grösse der Formen entspräche; die Gerechtigkeit zeigt statt dieser mangelnden Erhabenheit ein stärkeres Betonen sinnlicher Schönheit. Aehnlich die beiden ebenso angeordneten Statuen des Friedens und des Ueberflusses, die ursprünglich dazu gehörten, jetzt im Pal. Farnese aufgestellt. Gugl. della Porta.

Ein anderer Lombarde, *Prospero Clementi* eigentlich *Spani* (—1584), zeichnet sich unter der Gruppe der Nachahmer durch einfachen Schönheitssinn aus. In der Krypta des Doms zu Parma sieht man ein Jugendwerk vom Jahre 1542, ein Grabmal mit zwei recht würdigen sitzenden Statuen von Tugenden. Hauptsächlich lernt man ihn in seiner Vaterstadt Reggio kennen, wo er nach 1561 für den Dom seine vorzüglichste Arbeit, das Denkmal des Bischofs Ugo Rangoni, schuf. Sein eignes Grabmal ebendort enthält die treffliche Büste des Künstlers. Prospero Clementi.

Bei keinem aber wird die unwiderstehliche Gewalt, mit welcher Michelangelo seine Zeitgenossen fortriss, sichtbarer als bei dem widerwärtigen *Baccio Bandinelli* (1487—1559). Von Hause aus nicht ohne Anlage, suchte dieser missgünstige, eitle und ränkevolle Künstler sein Talent zur Nebenbuhlerschaft mit seinem grossen Landsmann hinaufzuschrauben, ohne dadurch etwas Anderes zu erreichen, als dass er einer der befangensten Nachtreter der Schwächen und Manieren desselben wurde. Schon als er an der Casa Santa zu Loreto mitarbeitete, zettelte er Intriguen gegen Andrea Sansovino an, so dass dieser ihn entfernen musste. Sein Verhältniss zu Michelangelo offenbart sich am klarsten und kläglichsten in der 1534 aufgestellten Marmorgruppe des Herkules und Kakus. Der Gegenstand war bei Michelangelo als Seitenstück zu seinem David bestellt gewesen, und der Marmorblock hatte lange schon in Carrara gelegen[*]. Bandinelli wusste durch seine Intriguen (1525) durchzusetzen, dass ihm der Baccio Bandinelli.

[*] Das Kensington-Museum zu London soll die Skizze besitzen, welche *Michelangelo* dafür entworfen.

Marmorblock und der Auftrag übertragen wurde. Er glaubte Michelangelo besiegt zu haben; wer aber dies hohle prahlerische Werk ohne alles dramatische Leben, ohne Gefühl für Aufbau und Linie gesehen, der weifs, wie es neben dem David so ganz nichtig dasteht*). Nicht glücklicher wetteiferte Bandinelli mit der berühmten Pietas Michelangelo's in den beiden Darstellungen desselben Gegenstandes, die man zu Florenz in der Annunziata und in S. Croce sieht. Gleichzeitig und unbedeutend sind auch die Bilder der Tugenden an den Grabmälern Leo's X. und Clemens VII. in S. M. sopra Minerva zu Rom. Dies Denkmal hatte Bandinelli durch Intriguen dem Alfonso Lombardi, dem es schon versprochen war, weggenommen. — Die Statuen von Adam und Eva im Pal. Vecchio zu Florenz (1551) erheben sich nicht über das Niveau eines gewöhnlichen Naturalismus. Das einzige leidliche Werk des Unleidlichen sind die marmornen Chorschranken des Domes, die er mit seinen Schülern und Gehülfen in der späteren Zeit seines Lebens ausgeführt. Sie sind mit 88 in ganz flachem Relief dargestellten Figuren von Aposteln, Propheten und Heiligen geschmückt, die meistens einen klaren, einfachen Styl, gute Ausfüllung des Raumes und zum Theil eine ungezwungene, selbst edle Bewegung zeigen, im Ganzen aber doch einen sehr monotonen Eindruck machen. —

Giovanni dall'Opera. Unter Baccio's Schülern ist *Giovanni dall' Opera*, eigentlich *Bandini*, hervorzuheben, der bei der Ausführung der Chorschranken betheiligt war und am Grabmal Michelangelo's in S. Croce, das nach Vasari's Entwürfen errichtet ward, die charaktervolle allegorische Figur der Architektur arbeitete, während *Valerio Cioli* die Sculptur, *Battista Lorenzi* die Malerei und die Büste des Meisters schufen; das Ganze einfach und würdig.

---

# VIERTES KAPITEL.

## Die Bildnerei von 1550 bis 1760.

Gesteigerte Thätigkeit der Plastik. Durch Michelangelo waren die Grenzen und Gesetze der Sculptur erschüttert, ihr Wirkungskreis aber bedeutend erweitert worden. Nachdem er einmal Werke geschaffen hatte, in deren Bewunderung Alles übereinstimmte, glaubte man fortan nur das Gröfste und Höchste von der Plastik erwarten zu dürfen. Sie wird in den beiden folgenden Jahrhunderten in einer Weise in Anspruch genommen, dafs an Masse die Leistungen dieser Zeit den noch er-

*) Bei der Enthüllung der Gruppe regnete es von scharfen Epigrammen, deren einige so sehr das Maafs überschritten, dafs die Polizei als modernste Kunstbeschützerin sich in's Mittel legte und einige der Urheber in's Gefängnifs steckte. Bandinelli war der würdige Liebling der Herzöge Alessandro und Cosimo.

haltenen des Alterthums und des Mittelalters zusammengenommen gleichkommen mögen. Auch an Begabung sind die Meister dieser Epoche nicht gering anzuschlagen; vielmehr weckt die Fülle der Aufgaben eine Reihe von wirklich bedeutenden Talenten. Fragen wir aber nach dem geistigen Gehalt, nach dem unvergänglichen Werth ihrer Schöpfungen, so schmilzt die grosse Masse des Hervorgebrachten erschreckend zusammen, und die Persönlichkeiten der meisten Künstler verschwinden in dem typischen Manierismus, der fast Allen gemein ist. Denn alle nationale Selbständigkeit hat in der Kunst jetzt für lange Zeit ein Ende erreicht. Die zur todten Manier gewordene italienische Kunst beherrscht alle Länder mit der Gewalt einer Mode, der Alle sich beugen.

Seltsames Geschick jener modernen Subjectivität, die Michelangelo zuerst in seinen Werken als oberstes Kunstgesetz proclamirt hatte! Sie vermochte in ihrer Consequenz wohl die heilsamen Schranken, die allem künstlerischen Schaffen gezogen sind, niederzureissen und das Individuum seinem Stoff und seinen Aufgaben souverän gegenüber zu stellen; aber das wahrhaft Ursprüngliche individuellen Schaffens ging gerade dadurch verloren. Denn in Ermangelung der wahren Gesetze der Kunst lehnte man sich an die falschen Vorschriften des Manierismus. Freiheit des individuellen Geistes gedeiht nur innerhalb des Gesetzes; sie verstummt unter der Herrschaft der Anarchie. Die Erzeugnisse der Plastik dieser Epoche haben in allen Ländern unter sich eine Familienähnlichkeit wie die Statuen des 13. Jahrhunderts sie nur hatten; doch mit dem Unterschiede, dass jenen eine wahre Empfindung, diesen in der Regel nur die Affectation einer solchen zu Grunde liegt. Schwinden der indiv. Selbständigkeit.

Woher kam aber diese Affectation? Sie entsprang im letzten Grunde daraus, dass die Kunst nicht mehr mit dem Volksgeiste zusammenhing. Das Zeitalter des Despotismus war angebrochen; die Völker, die sich während des Mittelalters in einem ununterbrochenen Krieg Aller gegen Alle erschöpft hatten, sanken fast widerstandslos unter ein Joch, welches sie zu Sklaven herabdrückte. Geistige Interessen gab es nur noch in den »höheren Kreisen der Gesellschaft«. Losgelöst vom Boden des Volksbewusstseins, musste dies geistige Leben in sich selber vertrocknen. Die Kunst am meisten; denn sie bedarf der Erfrischung aus den Fluthen des Gesammtlebens. Jetzt wurde sie vornehm, höfisch, diente nur der Verherrlichung der Macht. Daher Mangel an Ideen, Ueberfluss an Phrasen; daher Kälte und ein äusserliches Spiel mit Formen ohne Seele. Wo sie aber auf Kommando Begeisterung zeigen soll, da echauffirt sie sich ohne innere Wärme, wird theatralisch, affectirt, lügenhaft. Nur die Malerei, beweglicher wie sie ist und auf breitere Basis gestellt, weiss sich neue Gebiete zu erobern, in denen das wieder naturalistisch gesinnte Zeitalter eine wirkliche Bereicherung des Anschauungskreises erfährt. Die Plastik dagegen, dadurch nur noch mehr zu abermaligem Wetteifer mit jener angespornt, fällt in neue stylistische Verirrungen. Nur wo sie mehr naturalistisch verfahren darf, wie im Portrait, erlangt sie noch immer glänzende Erfolge. Mangel an geistigem Gehalt.

## I. Von Michelangelo bis Bernini.

Italienische Plastik.

In Italien bewegt sich die Plastik während der letzten Decennien des 16. Jahrhunderts unverändert in den Bahnen, welche Michelangelo vorgezeichnet hatte. Nicht bloss italienische, auch fremde Künstler strömten immer ausschliesslicher nach Rom, um dort die Weihe des einzig gültigen Styles zu empfangen. Was die Fremden etwa an selbständigem Kunstgefühl mitbrachten, suchten sie möglichst schnell zu vergessen. Sie hätten sich geschämt, nicht auf der Höhe der Zeit zu stehen. Dieser Umschwung war ein innerlich nothwendiger. Denn die Kunst hatte durch Michelangelo eine so entschiedene Richtung auf das Grosse und Hohe erhalten, dass seinen mächtigen Formen gegenüber alles Bisherige klein und schwächlich erschien. Er hatte die menschliche Gestalt für seine Zwecke mit solcher Sicherheit und Bestimmtheit gehandhabt, hatte durch die kühnen Contraste der Bewegung ihr Leben so gesteigert, dass man Alles errungen zu haben glaubte, wenn man ihm nur die äusseren Kunstgriffe abgesehen hatte. Vor der bewussten Grösse seines plastischen Styles schien namentlich das malerisch Dilettantische, welches den nordischen Werken bis dahin in ihrer Mehrzahl anhaftete in nichts zusammenzusinken. Erinnern wir uns, dass nur selten, nur ausnahmsweise die früheren deutschen Meister zum Begriff des eigentlich plastischen Styles durchdrangen. Hier schien er nun in unübertrefflicher Grösse errungen zu sein, denn selbst durch seine Irrthümer bestach er die Welt. So versuchte man nun durch Nachahmen sich dieselben Vorzüge anzueignen. Dass man aber auf solchem Wege nur einen äusseren Schematismus erlangt, wer hatte das gefürchtet? So musste es wohl dahin kommen, dass man in den meisten Werken dieser Epigonenzeit durch das Allgemeine der Formbildung, durch eine abstracte Leere der Köpfe erkältet wird.

Bartol. Ammanati.

Unter den jüngeren Nachfolgern Michelangelo's gebührt dem als Baumeister indess bedeutenderen Florentiner *Bartolommeo Ammanati* (1511—1592) hier ein Platz. Denn er gehört zu den manierirtesten Nachahmern des Meisters. Zu welch ruhmredigem Style die Sculptur damals sich bequemte, sieht man an dem Denkmale, welches der gelehrte Marco Mantova Benavides sich bei Lebzeiten (1546) durch Ammanati in den Eremitani zu Padua errichten liess. Unten Wissenschaft und Ermüdung, dann des Gefeierten Ehre und Ruhm, oben die Unsterblichkeit, begleitet von zwei anderen Genien. Wenn irgend Etwas, so bezeichnen solche hohle, prahlerische Allegorien den Verfall der Kunst. Welch eine Kluft trennt dieses Denkmal von den edlen Gräbern der früheren Zeit, wo der Verstorbene in der Madonna und seiner Schutzheiligen Hut getrost einem besseren Leben entgegenschlummerte! Nicht viel werthvoller sind die Statuen am Grabmale des Cardinals de' Monti, welches Julius III. um 1550 in S. Pietro in Montorio zu Rom setzen liess. Wirkungslos und in der Composition verfehlt ist endlich der grosse Brunnen auf dem Hauptplatze zu Florenz (1570) mit dem unglaublich lahmen, nüchternen, wasserscheuen Neptun.

Giovanni da Bologna.

Weit lebensvoller und selbständiger eignet sich *Giovanni da Bologna* (1524—1608)*) aus Douay in Flandern die Kunstrichtung Michelangelo's an. Zwar haben auch seine Gestalten etwas zu Allgemeines in Formen und Aus-

*) Nach *Baratti's* Abecedario wäre er erst 1529 geboren.

druck, aber sie sind meist prächtig bewegt, kühn hingestellt und mit grofsem Schönheitssinn und mehr Frische als bei den meisten Zeitgenossen durchgebildet. Sein Meisterwerk ist der eherne Merkur, der auf einem Windhauche durch die Lüfte getragen wird, jetzt in der Sammlung der Uffizien. Giebt man ihm den allerdings wunderlichen ehernen Windhauch zu, so ist das Werk wegen der Schönheit der Linien und der kecken Lebendigkeit wie wegen der vollkommenen Durchführung eine der vorzüglichsten derartigen Leistungen der ganzen neueren Kunst. Geschickt und klar componirt, aber etwas zu unruhig im Umrifs, und nicht frei von Manier in den Formen ist die berühmte Marmorgruppe des Raubes der Sabinerin in der Loggia de' Lanzi. (An der Basis sehr lebensvolle, wenngleich ganz malerisch behandelte Reliefs.) Ebendort die Gruppe des Herkules, der den Nessus überwältigt, keck aufgebaut, aber in den Formen auch schon äufserlich. Verwandter Art ist im Saal des Pal. Vecchio die Marmorgruppe der Tugend, die das Laster besiegt. Alle diese Arbeiten können bei unleugbar grofsem Talent doch die Gleichgültigkeit nicht überwinden, mit der wir diesen etwas zu prunkenden Kraftaufwand betrachten.

Fig. 347. Brunnen von Giov. da Bologna zu Bologna.

Dagegen gehören die Brunnencompositionen Giovanni's wegen der trefflichen Gesammtanordnung und der lebensvoll decorativen Wirkung zu den vorzüglichsten ihrer Art. So der prächtige Oceanusbrunnen auf der Insel im Garten Boboli, besonders aber sein Meisterwerk auf diesem Gebiete, der 1564 errichtete Brunnen vor dem Pal. Pubblico zu Bologna (Fig. 347). Wie frei und stattlich steht hier der Neptun! wie naiv und lebendig sind die Kinder, und welch prächtige Linien bilden am Unterbau die Sirenen! Vortrefflich ist ferner das Reiterbild Cosimo's I. auf der Piazza del Granduca zu Florenz (1590), nicht sowohl wegen des etwas schweren Pferdes oder gar der manierirten Reliefs an der Basis, als wegen der einfach edlen Portraitstatue mit der wahrhaft vornehmen Haltung ohne alles Pathos. Unbedeutender ist das aus seiner letzten Zeit stammende Reiterbild Ferdinands I. auf dem Platze der Annunziata. Seine letzte Arbeit war die Reiterstatue Heinrich's IV., die nach des Meisters Tode von seinem Schüler *Pietro Tacca* 1611 vollendet wurde, und von welcher nur noch einige Bruchstücke im Museum des Louvre aufbewahrt werden. Am wenigsten erquicklich ist Giovanni in kirchlichen Aufgaben, wie in der Erzfigur des h. Lukas am Or S. Michele; am manierirtesten, wenn auch oft noch voll guter Gedanken im Relief, wie die Arbeiten an der Hauptpforte des Doms zu Pisa und in seiner eignen Grabkapelle an S. Annunziata beweisen.

**Francavilla.** Geringer ist sein Landsmann *Pietro Francavilla* (*Francheville* 1548 bis c. 1618) aus Cambray, der besonders in Florenz und in Genua thätig war. In seiner späteren Lebenszeit (seit 1601) für Heinrich IV. in Paris beschäftigt, vollendete er 1618 die vier ehernen Sclaven für das Postament des oben erwähnten Reiterbildes dieses Königs. Gegenwärtig dem Museum des Louvre gehörend, zeichnen sich diese Gestalten durch lebendige, wenn auch nicht schwungreiche Bewegung und tüchtige, naturwahre Körperbildung aus. Ebendort sieht man noch einige Werke des Künstlers. — Von einem anderen Zeitgenossen *Taddeo Landini* rührt

**Landini und Andere.** eine der anmuthigsten und geistreichsten Brunnen-Compositionen der ganzen neueren Zeit, die keck und zierlich aufgebaute, auch im Figürlichen reizend bewegte Fontana della Tartarughe in Rom (1585). Kein Wunder, dafs man von einem zu Grunde liegenden Entwurf Raffael's spricht. — Wie jene mythologischen Kampfgruppen Nachahmung fanden, sieht man an den von *Vincenzo de' Rossi* mit nüchterner Virtuosität im Saale des Pal. Vecchio zu Florenz ausgeführten Herkuleskämpfen. Aufserdem ist etwa noch *Gio. Batt. Caccini* zu nennen, der im Querschiff von S. Spirito das Tabernakel ausführte. — Was in Rom gleichzeitig an den damaligen Papstgräbern geleistet wurde, ist unglaublich schwach. Die Geistlosigkeit hält dabei genau mit der zunehmenden Kolossalität gleichen Schritt.

**Girolamo Lombardo.** Während so überall der hohle Manierismus sich breit macht, hält in Loreto ein gediegener Meister an der Spitze einer thätigen Schule die Traditionen der goldenen Zeit noch bis in's 17. Jahrhundert fest*). Es ist *Girolamo Lombardo*, der von 1534—1560 für Loreto gearbeitet haben soll und jedenfalls zu den Hauptmeistern der Casa Santa gehört. Für die zahlreichen Gufswerke richtete er in dem benachbarten Recanati, wo er sich niedergelassen hatte, ein Giefshaus ein. Die Recanatenser wufsten die Vortheile, welche ihrer Stadt aus einer solchen künstlerischen Niederlassung erwachsen mufsten, so wohl zu würdigen, dafs sie dem Meister für sich und seine vier Söhne *Antonio*, *Pietro*, *Paolo* und *Giacomo* das Bürgerrecht ertheilten. Zunächst arbeitete er die vier

*) Das Folgende ausführlicher in meinem Reiseberichte, Zeitschr. für bild. Kunst, Bd. VI.

Thüren der Casa Santa, nicht blofs Meisterwerke in technischer Durchbildung, sondern in architektonischer Gliederung, in Schönheit der Ornamente und im Styl der figürlichen Darstellungen zum Vorzüglichsten ihrer Epoche gehörend. Jede Thür enthält in zwei Feldern Scenen aus dem Leben Christi, mit wenigen Figuren in einem kräftigen Reliefstyl entworfen, von lebendiger, selbst dramatischer Charakteristik, wie denn z. B. die Geifselung Christi eine treffliche Composition ist. Die Figuren sind noch ohne alle Manier behandelt. Der Meister hat offenbar die Traditionen einer besseren Epoche festgehalten, so dafs seine Auffassung etwa dem edlen Styl der gleichzeitigen Eklektiker entspricht. — Sodann schuf Girolamo das Hauptportal der Kirche zu Loreto, das unter des Meisters Leitung von seinen vier Söhnen ausgeführt wurde. Es ist ein Werk, in welchem der gröfste Reichthum der Decoration durch architektonische Gesetzmäfsigkeit gezügelt wird. Jeder Flügel enthält in wenigen Figuren mehrere Scenen aus dem alten Testamente, ungemein energisch bewegt, in kühner dramatischer Entwicklung, und in einer Auffassung, die von vollendeter künstlerischer Meisterschaft zeugt. Die Hauptfelder enthalten, von oben beginnend, die Erschaffung der Eva, den Sündenfall und die Vertreibung aus dem Paradiese: Compositionen, die an Prägnanz, Lebendigkeit des Ausdrucks, Schönheit der Zeichnung und an Feinheit markiger Modellirung nichts zu wünschen übrig lassen. Die drei andern: Adam und Eva bei der Arbeit, Kain's Brudermord und seine Flucht haben eine an Donatello erinnernde wilde Energie, leiden aber an etwas zu langen Körperverhältnissen. Sie zeigen entschieden eine andere Hand. — Auch die Madonna über dem Hauptportal, das letzte Werk Girolamo's, beweist, dafs der Künstler dem Geiste der früheren Epoche treu geblieben ist. Stehend, in reicher Gewandung, die in den grofsen Massen den Bau des Körpers deutlich zeichnet und keine Spur von den überzierlich, kleinlich getheilten Draperien der meisten gleichzeitigen Werke erkennen läfst, hält sie das Kind sorglich auf den Armen. Der vom Schleier bedeckte Kopf neigt sich in mildem Ausdruck der Demuth. Diese Haltung, die so gar nichts von dem siegesgewissen Selbstbewufstsein verräth, welches in der damaligen Kunst sich überall sonst so breit macht, erinnert stark an die Anspruchslosigkeit der Werke des 15. Jahrhunderts, namentlich an den Charakter der Arbeiten aus der älteren Lombardenschule.

Aus Girolamo's Schule geht zunächst *Tiburzio Vercelli* von Camerino hervor, der von den beiden Seitenportalen der Kirche zu Loreto das nördliche ausführte. Die beiden kleineren Portale der Façade weichen in der Eintheilung von dem Hauptportal ab, suchen dasselbe aber an Reichthum noch zu überbieten. Dennoch ist auch hier die architektonische Eintheilung eine so klare, die Behandlung des Reliefs eine bei durchweg malerischer Wirkung so maafsvolle, dafs auch diese Werke unter den gleichzeitigen Schöpfungen, wenn man sie z. B. mit dem äufserst manierirten Hauptportal des Giovanni da Bologna am Dom zu Pisa vergleicht, einen hohen Rang einnehmen. Giebt man einmal die durch Ghiberti in die Kunst eingeführte Behandlung des Reliefs mit reichen malerischen Gründen zu, so halten die Thüren von Loreto an den Prinzipien dieser Reliefauffassung fest, ohne in die Ausschweifungen der meisten anderen gleichzeitigen Plastiker zu verfallen. Allerdings hat die Behandlung der mensch- Vercelli.

lichen Figur, befonders im Faltenwurf und in der Kopfbildung, eine Neigung zu den Manieren der Zeit, aber doch in befcheidener Weife und gemildert durch die lebensfrifchen Züge der gröfstentheils vorzüglichen Compofitionen. Jeder Flügel enthält fünf Bildfelder mit meiftens trefflichen Compofitionen aus dem alten Teftament. Dazu kommen aber in dem breiten Rahmen, welcher die Hauptbilder umgiebt, noch eine Anzahl kleinerer ebenfo figurenreicher Reliefelder, welche in miniaturhafter Feinheit ausgeführt find. Sechs Querftreifen zunächft enthalten Friefe von je zwei Genien, welche in Akanthusranken auslaufen und ein Wappenfchild zwifchen fich halten. Die fenkrechten Ornamentftreifen, welche jeden Thürflügel einrahmen, bilden fich in fchöner Abwechfelung aus Blumenfträufsen und kleineren fowie gröfseren ovalen Medaillons, Alles unter einander durch Bandfchleifen zierlich verknüpft. So entftehen in jeder Reihe fünf gröfsere ovale Felder, im Ganzen alfo zwanzig, theils mit eleganten Geftalten von Propheten und Sibyllen, theils mit weiteren Scenen aus dem alten Teftamente gefchmückt. Aber felbft die fechzehn kleineren ovalen Medaillons haben noch biblifche Reliefs erhalten, deren minutiöfe Ausführung von der höchften Virtuofität Zeugnifs ablegt. Sodann fchuf Verzelli das koloffale bronzene Taufbecken in der erften Kapelle des linken Seitenfchiffs, gleich beim Eingange. Ueberreich decorirt, zeigt es in den ornamentalen Details fchon viele barocke Elemente, im Figürlichen jedoch manches treffliche Motiv und in der Ausführung wieder diefelbe hohe Meifterfchaft, welche diefer ganzen recanatenfifchen Schule eigen ift. Alle Flächen find mit figürlichen Scenen, alle Einrahmungen mit Arabesken, Putten, Wappen, Emblemen, Feftons und Voluten bedeckt, das Einzelne fchon ftark barock, die Gefammtwirkung überladen, aber Alles in bewundernswürdiger Vollendung mit miniaturartiger Feinheit ausgeführt.

Antonio Calcagni. Ein anderer tüchtiger Meifter diefer Schule ift *Antonio Calcagni*. Diefer Künftler, 1536 in Recanati geboren, erlernte die Bronzetechnik bei Girolamo Lombardo, hielt fich aber in feinen Werken nicht frei von den Manieren der Zeit. Befonders mit dem etwas kleinlich detaillirten Faltenwurf fowie dem conventionellen Typus feiner Köpfe zahlt er gewiffen Gefchmacksrichtungen der Epoche feinen Tribut. Sein Werk ift das füdliche Seitenportal zu Loreto, das er feit 1590 entwarf und modellirte. Nach feinem 1593 erfolgten Tode wurde es von feinen Schülern vollendet. Die Thür fchliefst in der Eintheilung und Ausfchmückung fich der nördlichen an, nur find einige kleine Abänderungen beliebt worden. Im Uebrigen ift Alles in derfelben reichen Pracht angelegt und in ähnlicher Feinheit durchgeführt, nur dafs die Geftalten in einem weniger einfach klaren Style behandelt find. Die Hauptfelder enthalten ebenfalls Scenen aus dem alten Teftamente, von Kain's und Abel's Opfer bis zu Efther's Bitte vor dem Könige. — Etwas früher, 1587—1589, fchuf Calcagni das Denkmal Sixtus V, welches auf der prächtigen Marmortreppe vor der Façade der Kirche fich erhebt. Die fitzende Statue des gewaltigen Papftes ruht auf einem achteckigen Marmorpoftament, welches an den vier Hauptfeiten mit Infchrift, Wappen und den etwas überfüllten Reliefdarftellungen des Einzugs Chrifti in Jerufalem und der Austreibung der Käufer und Verkäufer aus dem Tempel gefchmückt ift, während die vier Diagonalfeiten die etwas manierirten Bronzeflatuen der vier Cardinaltugenden enthalten. In der Statue des fitzenden Papftes ift nichts von den Manieren der Zeit zu finden; es ift vielmehr ein edles Werk voll Grofsartigkeit der Anlage, feiner Charakteriftik und bewundernswerther technifcher Vollendung.

Anftatt uns in eine Einzelbetrachtung der um und nach 1600 tief gefunkenen italienifchen Plaftik einzulaffen, wenden wir unfern Blick nach dem Norden, wo fich die Einflüffe der italienifchen Kunft langfamer verbreiten und die Infpirationen der guten Zeit fich noch eine Zeit lang in anziehender Frifche geltend machen. Die bedeutendfte Thätigkeit finden wir in Frankreich. Es entfpricht das genau den äufseren Verhältniffen. Denn da die Plaftik nun ein- Nordifche Plaftik. in Frankreich.

Fig. 348. Diana von Jean Goujon. Louvre.

mal vorzugsweife weltlich und höfifch geworden war, fo mufste ein glänzender Hof wie der franzöfifche, der befonders feit Franz I. die Kunft zu pflegen und von ihr fich verherrlichen zu laffen für eine königliche Obliegenheit anfah, der jetzigen Bildnerei in hohem Grade fich förderlich erweifen. Eine Reihe von Meiftern bildet die von zahlreichen Italienern eingebürgerte Auffaffung oft zu reinem Adel, immer zu hoher Eleganz und einer mitunter freilich ins Kokette hinuberfchweifenden Grazie aus.

Der vorzüglichfte unter diefen Meiftern ift *Jean Goujon*, der als Architekt und Bildhauer bis 1562 thätig war und feine künftlerifche Ausbildung wohl Italien verdankt. Er gehört zu den wenigen Kunftlern diefer Zeit, die in der malerifchen Entartung der Plaftik fich einen richtigen Begriff vom ächten Reliefftyl gebildet haben. Vielleicht verdankte er dies dem Umftande, dafs er feine Werke meiftens für die unmittelbare Verbindung mit der Architektur fchuf. War Jean Goujon.

er doch von 1555—62 am Louvre befchäftigt, der in feinen alten Theilen eins der zierlichften Beifpiele des Zufammenwirkens beider Künfte bietet. Im Streben nach Anmuth giebt Goujon feinen Figuren meift überfchlanke Verhältniffe, wie fie durch Primaticcio in Frankreich eingeführt und feitdem vorherrfchend wurden. Im Uebrigen weifs er die Form mit feinem Verftändnifs zu behandeln und durch einen zierlichen, nach römifchen Gewandfiguren vielleicht etwas zu ftudirten Faltenwurf hervorzuheben. Als eine Nachwirkung der oben (S. 703) befprochenen Compofition Cellini's kann man das leicht und anmuthig hingegoffene, in den überfchlanken Formen freilich auf eine mehr äufserliche Eleganz hinauslaufende Marmorbild der ruhenden Diana betrachten (Fig. 348), das jetzt im Louvre aufbewahrt wird. Urfprünglich gehörte es zu einem Brunnen im Schloffe von Anet, welches Heinrich II. 1548 feiner Geliebten, Diana von Poitiers, erbauen liefs. Im Kopfe der Statue glaubte man früher (ohne Grund) das Portrait jener Dame zu erkennen. — Die früheften bekannten Werke Goujon's find aber die Sculpturen vom Lettner in S. Germain l'Auxerrois, welche er von 1541—44 ausführte. Erhalten haben fich davon fünf jetzt im Louvre befindliche Reliefs der vier Evangeliften und einer Grablegung Chrifti. Sie zeigen fämmtlich eine Feinheit der Behandlung und eine Klarheit des ächten Flachreliefftyls, wie fie in diefer Zeit nur ausnahmsweife gefunden wird. Schlicht und dabei ergreifend ift die Grablegung, felbft im leidenfchaftlichen Ausdruck des Schmerzes noch würdevoll, bei reicher Durchführung doch von grofsartiger Wirkung. Die Evangeliften neigen etwas zu michelangelesken Motiven, doch in ganz freier Empfindung und fehr bedeutfamer Charakteriftik. Nicht minder vorzüglich bewährt fich der Meifter an den um 1550 entftandenen Reliefs der Fontaine des Innocents, von denen drei in das Mufeum des Louvre verfetzt find. Die beiden Nymphen (Fig. 349) ftehen zwar nicht ganz ungezwungen auf dem engen Felde zwifchen den beiden Pilaftern; auch zeigen fie fehr geftreckte Verhältniffe; aber fie gehören doch wieder zum Anmuthigften der Zeit und erfreuen durch die befcheidene Zartheit des Reliefftyls. Voll reizender Frifche find dann die ebenfo behandelten auf Delphinen reitenden fchäkernden nackten Kinder. Aus derfelben Zeit datiren die vier in den Gewändern überreichen Karyatiden in dem Schweizerfaale des Louvre.

Fig. 349. Von der Fontaine des Innocents, Paris.

Grabmal zu Rouen. Ferner wird Goujon das Grabmal zugefchrieben, welches Diana von Poitiers ihrem Gemahl, dem Herzog Louis von Brézé († 1531), in der Kathedrale zu

Rouen setzen liess. Es ist sehr bezeichnend für die Zeit und die Stifterin, und die Hauptfiguren rühren vielleicht wirklich von Goujon her. Wenigstens weiss man, dass er in Rouen 1541—42 für den Dom und S. Maclou thätig war. Der Aufbau des Ganzen in schulmässig antikisirenden Formen entspricht der herkömmlichen Anordnung. Auch die Auffassung des Verstorbenen, der im Leichentuche mit dem herben Ausdruck des Todes starr daliegt — eine trefflich gearbeitete Statue — war schon früher für die französischen Monumente üblich geworden. Aber die trauernde Wittwe, die ihm zu Häupten kniet, so fein sie dargestellt ist, kreuzt doch die Arme über der Brust gar zu elegant und weiss sich zu viel mit ihrem Kummer. Wo sich so viel falscher Schmerz breit macht, ist es in der Ordnung, dass die Madonna am Fussende mit ihrem Kinde ganz kalt und theilnahmlos dabeisteht. Ihre Gewänder sind überdem gar zu zierlich und studirt. Im Bogenfelde zeigt sich der Verstorbene zu Ross stattlich und kühn, tüchtig bewegt, soweit Panzer und Pferdedecke es erkennen lassen. Die vier Karyatiden in der oberen Ordnung sind affectirt, in der Ausführung gering, von trockner Schärfe. In einer Nische krönt die kalte, nüchterne Virtus das Ganze.

Endlich stehe ich nicht an, Goujon als den Meister jener vier Reliefs im Louvre (Abtheilung der modernen Sculptur Nr. 134—137) anzuerkennen, die man ihm abwechselnd zugeschrieben und wieder abgesprochen hat. Sie stellen drei Nymphen mit einem Genius des Wassers und einer Venus dar und zeigen jene ausserordentliche Zartheit im Umriss, jene feine Behandlung des ganz flachen Reliefs, die wir nur bei Goujon finden. Obwohl etwas überschlank, gleich seinen übrigen Werken, zeichnen sie sich durch Anmuth der Formen und weichen Schwung der Linien aus*). Rel. im Louvre.

Eine verwandte Richtung vertritt, jedoch in bereits manierirter Weise, *Germain Pilon* († 1590), bei welchem der Einfluss Primaticcio's stärker und einseitiger zur Geltung gelangt. Das sieht man besonders an seiner berühmten Marmorgruppe der drei Grazien, jetzt im Museum des Louvre. Steife und gespreizte Gestalten, bei denen die übergrosse Schlankheit nicht wie in Goujon's Werken durch Anmuth der Linien und Feinheit des Ausdrucks gemildert wird; die Gewandung schon ganz willkürlich im Faltenwurf, voll kleinlicher Manieren. Die drei Damen sind dicht zusammenstehend dargestellt, die Hände berühren sich wie zum Reigentanz. Auf ihren mit gezierten Kopfputz versehenen Häuptern (»gracieusement coiffées« sagen die Franzosen) trugen sie ursprünglich das Herz Heinrichs II. in einer Urne. Das Werk liess gegen 1560 Katharina von Medici ausführen und in der Cölestinerkirche aufstellen. Man hat die drei Grazien wohl als die himmlischen Tugenden erklären wollen. Dem widerspricht aber die Inschrift, welche besagt, dass die Charitinnen mit Recht dies Herz, ihren ehemaligen Sitz, auf dem Haupte trügen. Ein zweites Distichon behauptet nicht minder wahrheitsliebend, dass die Königin dies Herz lieber in ihrem Busen bergen möchte. Mit demselben Rechte sagt Diana von Poitiers auf dem oben Germain Pilon.

*) Der einzige Grund, der gegen Goujon geltend gemacht ist (vgl. den sehr gewissenhaft gearbeiteten Katalog 1855 S. 71) beruht darauf, dass man vermuthet, diese Reliefs seien von einem erst nach Goujon's Tode errichteten Triumphbogen der Porte S. Antoine. Mir scheinen die Gegenstände vielmehr auf einen Brunnen hinzuweisen.

besprochenen Grabe ihres Gemahls: »wie früher unzertrennliche und treueste Gattin im Ehebett, werde sie's dereinst auch im Grabe ihm sein.« Für solche monumentale Dreistigkeiten war die lateinische Sprache eine treffliche Auskunft. Wie sollte aber bei derartiger Verlogenheit die Kunst ächt und wahrhaft bleiben?

Anderes im Louvre.

Außerdem besitzt die Sammlung des Louvre eine Anzahl von einzelnen Arbeiten dieses fruchtbaren und vielseitigen Künstlers. Die überschlanken Holzfiguren der vier Cardinaltugenden, welche ehemals in S. Geneviève den Reliquienkasten der Heiligen trugen, sind bei großer Zierlichkeit nicht ohne Willkür in den Gewändern und haben manierirte Köpfe. Dagegen gehört zu seinen trefflichsten Arbeiten das Bronzerelief des von den Seinigen betrauerten todten Christus, das bei ziemlich starker Ausladung durch klare Anordnung, maassvoll edlen Styl und ergreifenden Ausdruck hervorragt. Manierirter sind ebendort die Steinreliefs von vier Tugenden mit den Marterinstrumenten, welche von einer Kanzel der ehemaligen Augustinerkirche stammen. Weiter schreibt man ihm dort die Ueberreste vom Denkmal des Kanzlers Réné de Birague und seiner Gemahlin zu, welches 1574 errichtet wurde. Die Dame ist nicht mehr im Gebet, sondern in nachlässiger Lage lesend dargestellt; auch das Schoosshündchen darf nicht fehlen, um die Boudoirstimmung zu vollenden. Hier macht sich denn auch das bauschige Reifrock-Unwesen breit, als Feind jeder plastischen Entfaltung der Formen. Aber auch jetzt noch liebt man es, gegenüber solchem genrehaften Lebensbilde den Contrast des Todes in ungemilderter Schroffheit hervorzuheben. Der nackte, nur halb vom Leichentuch verhüllte Leichnam der Verstorbenen, skeletartig abgemagert, das lange Haar wirr und aufgelöst, ist von fürchterlicher Wahrheit, die durch die Meisterschaft der Durchführung nur noch erschütternder wirkt. Daß übrigens das Bildniß jetzt die starke Seite der Plastik bleibt, sieht man ebendort an der Marmorbüste eines Kindes, vielleicht Heinrich III., das mit seinem unschuldigen Lächeln ganz naiv und liebenswürdig aufgefaßt ist. — Nicht minder trefflich ebendort die Alabasterbüsten Heinrichs II. und Karls IX.

Grabmal Heinrichs II.

Das Hauptwerk Pilons ist das Grabmal Heinrichs II. und der Katharina von Medici, welches letztere nach dem Tode ihres Gemahls in der Kirche zu S. Denis errichten ließ. Der Künstler arbeitete daran in den Jahren 1564—1583, nachdem er ebendort schon früher (1558) an dem Prachtmonument Franz I. betheiligt gewesen war*). Hier erkennt man schon in den derberen, kühleren Formen der schweren Architektur die inzwischen umgewandelte künstlerische Auffassung. Die auf den Ecken angebrachten Statuen der vier Tugenden sind ebenfalls schon sehr conventionell, etwas zu schlank, aber in den Gewändern vorzüglich fein durchgeführt mit trefflicher Motivirung. Die ausgestreckt liegenden Marmorstatuen der Verstorbenen zeigen das Streben, die früher übliche Herbigkeit durch idealisirende Behandlung und durch eine gewisse Mannigfaltigkeit der Bewegungen bei großer Tüchtigkeit und Bestimmtheit der Naturauffassung zu mildern. In diesem Sinne sind sie sehr werthvoll und trefflich stylisirt. Die oben knieenden Erzstatuen derselben, voll sprechenden Ausdrucks, erscheinen in den reich durchgebildeten Gewändern etwas studirt und in den

*) *Comte de Laborde*, la renaissance des arts, I. S. 461. 570. 511. 514 etc.

Bewegungen nicht unbefangen genug, ſondern etwas äuſserlich und geſucht. Sie kommen nicht mehr recht zum Beten, ſondern es bleibt bei einem demonſtrativen Geſtus. Im Techniſchen ſind ſie trefflich. Die kleinen Marmorreliefs am Sockel bewähren durch klare Anordnung und einfache Behandlung die Tüchtigkeit der damaligen franzöſiſchen Bildhauer in dieſer Gattung. Conventionell erſcheinen die auf den Ecken des Unterbaues angebrachten Erzbilder der Cardinaltugenden, überſchlank, aber in den Gewändern vorzüglich fein durchgeführt.

Ponzio.

Zwei von letzteren Figuren ſind als Arbeiten des damals in Frankreich vielbeſchäftigten Italieners *Ponzio* („*Maître Ponce*") bezeugt, von dem es jetzt wahrſcheinlich, daſs er identiſch mit dem als *Ponce Jacquio* öfter erwähnten Meiſter iſt [*]). Sein früheſtes dort ausgeführtes Werk, das Grabmal des Prinzen Albert von Savoyen (um 1535), jetzt im Louvre, zeigt im Kopf der Statue eine gewiſſe naturaliſtiſche Schärfe, übrigens aber groſse Einfachheit und Ruhe in der Haltung. Vom Jahre 1556 datirt die Grabſtatue des Charles de Magny ebendort, ein trefflicher, fein aufgefaſster Kopf; auch die Geſtalt trotz des Panzers anmuthig leicht bewegt. Ferner von 1558 das Bronzerelief des André Blondel de Rocquencourt, Generalcontroleurs der Finanzen unter Heinrich II., nicht gerade durch beſondere Feinheit, aber durch lebendige Naturwahrheit anziehend. Sodann arbeitete er von 1559—71 an den Königsgräbern von S. Denis, und zwar ſowohl an dem Denkmal Franz I. wie an dem Heinrichs II. [**]), ſodaſs ſeine Thätigkeit in Frankreich während eines Zeitraumes von faſt vierzig Jahren nachgewieſen iſt. Auch hier bewährt ſich, unter der Gunſt eines glanzliebenden Hofes und ſeiner Ariſtokratie, die Portraitplaſtik noch lange in gediegenem Naturgefühl, während die idealen Compoſitionen ſchon zuſehends dem Manierismus verfallen.

Rouſſel.

Weiter betheiligte ſich ein franzöſiſcher Bildhauer *Fremin Rouſſel*, der von 1540—50 in Fontainebleau arbeitete, an der Ausſchmückung des Grabes Heinrichs II. in S. Denis, wo unter den Bildwerken des Unterbaues das anmuthige Relief einer Caritas als Werk ſeiner Hand bezeichnet wird. Im Louvre ſieht man von ihm noch das Marmorrelief einer ſchlummernden Nymphe, umgeben von Kindergenien und einem Faun, und die Marmorſtatue einer jugendlichen allegoriſchen Geſtalt.

Couſin.

In dieſe Reihe gehört ferner *Jean Couſin* (c. 1500—c. 1589), den wir als Maler, Bildhauer und Architekt ebenfalls in Fontainebleau beſchäftigt finden, und der, gleich den meiſten dieſer Künſtler, den Einfluſs des Primaticcio verräth [***]). Von ihm beſitzt die Sammlung des Louvre mehrere Portraitbilder von einfacher, edler Auffaſſung und zwei Alabaſterſtatuen von Genien, die etwas ins Unruhige und Manierirte neigen.

Barthélemy Prieur.

Sehr tüchtig in verwandter Richtung iſt endlich auch *Barthélemy Prieur*, als deſſen Hauptwerk die treffliche Marmorſtatue des Herzogs Anne von Montmorency († 1567), ehemals in der Kirche von Montmorency, jetzt im Louvre,

---

*) Vergl. den Katalog des Louvre, Moderne Sculpt. S. 21.

**) *Comte de Laborde*, a. a. O. I. S. 479 ff.

***) Ueber ihn vergl. *Villot*, Notice des tableaux du Louvre. Ecole Françaiſe. 1860. S. 82 ff.

gilt. In voller Rüstung ausgestreckt, zeigt er im Kopfe den edelsten Ausdruck einfacher Lebenswahrheit. Schlicht und still in der Haltung, ist doch alles Starre vermieden, und selbst der Panzer zu weicheren Formen gezwungen. Nicht minder ausgezeichnet ist die Gemahlin des Connétable dargestellt, der Kopf voll Liebe und Güte, die Hände von vornehmer Feinheit, und nur im Gewande verdirbt eine kleinlich gezierte Faltenspielerei viel von dem edlen Eindruck. Elegant ist ebendort die allerdings in der Decoration schon schwulstige Marmorsäule mit den drei Erzfiguren des Friedens, der Gerechtigkeit und des Ueberflusses, die von dem Monumente desselben Marschalls von Montmorency aus der Cölestinerkirche stammen. Die Gestalten sind zwar in den Bewegungen nicht ganz frei, aber doch ohne Affectation und zierlich reich in der Gewandung.

Diese Schule mit ihren schönen Traditionen, ihrer lebendigen und klaren Reliefbehandlung, der anmuthigen und meistens nur wenig gezierten Auffassung, vor Allem der edlen, schlichten Darstellung der Bildnisse, erhält sich bis in die ersten Decennien des 17. Jahrhunderts hinein. Sowohl in der Sammlung des Louvre, wie unter den Statuen im Schlofs zu Verfailles trifft man noch manches würdevolle und feine Werk aus dieser späteren Zeit. Nur der Ausdruck wahrer Frömmigkeit scheint den Künstlern immer schwerer zu werden, ohne Zweifel weil sie ihn auch bei ihren Originalen nicht mehr fanden. An die Stelle wirklicher Andacht tritt immer mehr die blofse Attitude, wie z. B. bei den Marmorstatuen Michel de Montigny's und seiner Gemahlin (1610) in der Krypta der Kathedrale zu Bourges. Ganz schön und innig dagegen in der Kathedrale zu Dijon noch um 1613 die Marmorfiguren eines Ehepaares de la Berchère.

Reliefs zu Chartres. Wie eine Ausnahme unter den Werken dieser Zeit stehen die umfangreichen Reliefs da, mit welchen man den früher (S. 678) begonnenen Schmuck der Chorschranken in der Kathedrale zu Chartres vollendet hat. Es sind die östlicheren Theile, und sie knüpfen mit den Scenen aus dem Leiden Christi an das Frühere an. Der neuere Meister (man liest *T. Boudin*, 1611) hat sich möglichst dem Styl des älteren angeschlossen und recht tüchtige Arbeiten geliefert, welche wenig von den Manieren seiner Zeit verrathen. So stellt er die Maria mit dem Leichnam Christi, bis auf die zu demonstrative Handbewegung, edel und schön dar, etwa wie ein van Dyck. Die Kreuzaufrichtung ist geschickt in das Langfeld hineincomponirt und voll innigen Ausdrucks, namentlich in der Gruppe der Frauen. Dann folgen die Dornenkrönung mit einem würdevollen Christus, die Geifselung, Christus vor Pilatus, der Judaskufs, das Gebet am Oelberg, wo der sinkende Erlöser durch zwei raffaelisch schöne Engel unterstützt wird; weiter der Einzug in Jerusalem, die Heilung des Blinden, die sehr lebendige Scene mit der Ehebrecherin. Hier findet sich die Jahrzahl 1612, und die Arbeiten werden von da ab etwas äufserlicher. Die Reihenfolge geht bis zu Christi Taufe und zum Kindermord herab, letzteres eine leidenschaftliche, wild affectirte Darstellung. Das architektonisch Decorative in diesen Theilen ist in der Gesammtanlage gothisirend, in den Ornamenten, besonders an den unteren Flächen eine überaus feine und edle Frührenaissance, die schwerlich später als 1550 datirt.

So besitzt denn zum ersten Male seit dem 13. Jahrhundert Frankreich in dieser Epoche wieder eine glänzende, schwungvoll betriebene Plastik. Wenn dieselbe jetzt auch minder ursprünglich ist als jene frühere, wenn sie mehr durch fremde Vorbilder hervorgerufen wird, so bildet sie doch sich zu nationaler Selbständigkeit aus. Der ruhige Adel, die schlichte Stille der Portraitbilder, und mehr noch die Feinheit der Reliefbehandlung sind ganz originale Verdienste dieser anziehenden Schule, deren Meister wohl auch von der Einfachheit der Sculpturen des 13. Jahrhunderts Manches gelernt haben. —

Deutschland.

In umgekehrtem Verhältnifs kann **Deutschland** sich während dieser Epoche keiner Plastik rühmen, die an Ursprünglichkeit und Frische mit der vorhergehenden Zeit zu wetteifern vermöchte. Wohl wird durch den Luxus der Fürsten und der Städte noch manches glänzende Werk hervorgerufen, allein die Künstler zeigen eine Abnahme selbständiger Empfindung und geben sich den Impulsen der italienischen Kunst vollständig hin. Waren solche Einflüsse in der vorigen Epoche nur leichter Art und mehr im Geiste der Frührenaissance, so tritt jetzt die kühlere, conventionellere Form der römischen Schule ausschliefslich hervor. Aufserdem merkt man bald, dafs die religiösen Wirren, die gewaltigen Bewegungen der Reformation und die Kämpfe, welche dieselbe um ihre Existenz zu führen hatte, die Geister mit sich fortrissen und vom ruhigen künstlerischen Schaffen abzogen. Kein Wunder daher, dafs man italienische und niederländische Meister immer mehr nach Deutschland zog und mit den bedeutenderen Aufträgen betraute. Die Aufgaben, welche diese Zeit der Plastik stellte, beweisen auch hier die zunehmende Verweltlichung der Kunst. Prachtvolle öffentliche Brunnen, sowie die Ausschmückung der fürstlichen Paläste, vor Allem die Ausführung reicher Grabdenkmale umschreiben den Kreis, innerhalb dessen sich die Bildnerei fast ausschliefslich bewegte. Bezeichnend ist vor Allem die veränderte Gesinnung, in welcher man jetzt die Grabmonumente anordnete. Schon an dem oben besprochenen Denkmal Kaiser Maximilian's zu Innsbruck (S. 672), dessen Vollendung allerdings erst in diese Zeit fällt, dessen Plan aber aus dem Anfang des 16. Jahrhunderts datirt, hatte die kirchliche Auffassung kein Wort mehr mitzureden. Selbst die Reliefs des Sarkophages erzählen nur von den kriegerischen und politischen Thaten des Gefeierten, und die vier Tugenden auf dem Deckel sind mehr allgemein menschlicher, als kirchlicher Art.

Denkmal Kurfürst Moritz in Freiberg.

Demselben Geiste begegnen wir dann an dem fast ebenso umfangreichen und nicht minder prachtvollen Denkmal des Kurfürsten Moritz, welches geraume Zeit nach seinem Tode († 1553) im Dome zu **Freiberg** errichtet wurde. Zur Herstellung desselben wandte man sich, wie berichtet wird, an niederländische Künstler, welche die Arbeit 1588—94 vollendeten. Der schwarz marmorne Sarkophag ist reichlich mit Reliefs und Statuetten von weifsem Marmor geschmückt, unter denen die trauernden Musen und Grazien den michelangelesken Styl mit anmuthiger Lebendigkeit wiedergeben. Der Deckel ruht prachtvoll auf acht ehernen Greifen und trägt die einfach edle knieende Alabasterfigur des Verstorbenen. Zu diesem Denkmal gesellt sich nun das Gesammtmonument sächsischer Fürsten im Chor, welches aus acht vergoldeten Erzbildern in einer pomphaften Architektur von verschiedenfarbigem Marmor besteht. Für dieses Prachtwerk berief man ebenfalls ausländische Künstler, und

Erzbilder sächsischer Fürsten.

zwar für die Architektur *Gio. Maria Noſſeni* aus Lugano, der dieſelbe 1593 vollendete, während die Erzbilder von dem Venezianer *Pietro Boſelli* ausgeführt wurden. Auf Poſtamenten von Marmor knieen im Gebet die Fürſten und Fürſtinnen Heinrich der Fromme († 1541), Auguſt I., Chriſtian I., Anna, Katharina und Johann Georg († 1656). Tüchtige lebensvolle Auffaſſung und meiſterliche technifche Durchführung bis in die feinen Einzelheiten der reichen Coſtüme zeichnen dieſe Werke aus. Die beiden Erzfiguren der Caritas und Juſtitia ſind dagegen nicht frei von dem manierirten Idealſtyle der Zeit. Zu alledem kommen aber noch zehn groſse und ſechzehn kleinere gravirte Erzplatten mit Bildniſsdarſtellungen der fürſtlichen Familie, die von 1541 bis 1617 datiren. Wo dieſe Werke ausgeführt wurden, iſt nicht bekannt; vielleicht war der Freiberger Erzgieſser *Wolf Hilger* dabei betheiligt, von dem man in der Peterskirche zu Wolgaſt das etwas decorativ aufgefaſste Denkmal Herzog Philipp's I. von Pommern († 1560) ſieht.

Bronzewerke in Nürnberg. In Nürnberg erhält ſich die Erzbildnerei noch fortwährend in ſchwungvollem Betriebe, aber nicht mehr auf der künſtleriſchen Höhe der früheren Zeit. Die Arbeiten dieſer Art erhalten zuſehends nur einen decorativen Charakter, und das Bildneriſche an ihnen bewegt ſich in den allgemeinen italiſirenden Manieren der Epoche. So der prachtvolle Neptunbrunnen, welchen *Georg Labenwolf*, Sohn des früher erwähnten Pancraz (S. 670) 1583 für den König von Dänemark goſs*). So auch der luſtig decorative Brunnen bei der Lorenzkirche, mit den ſehr manierirten Figuren der Cardinaltugenden, 1589 von *Benedikt Wurzelbauer* gefertigt. In geringerer Anlage, aber in groſser Mannigfaltigkeit legen von derſelben Richtung die zahlreichen meiſt ornamentalen Erzbildwerke auf den Grabſteinen des dortigen Johannis- und des Rochuskirchhofes Zeugniſs ab.

Bronzen in Würzburg. Spärlicher ſind die Spuren von Erzarbeiten dieſer Epoche in Würzburg. Stumpfer und geiſtloſer als die früheren dortigen Arbeiten iſt im Dom die Grabplatte mit dem Flachreliefbilde Fürſtbiſchof Melchiors († 1558). Ebenfalls nur handwerklich tüchtig, ohne feineres Gefühl, im Neumünſter daſelbſt das Bruſtbild des Veit Krebſer († 1594), doch im Ornamentalen nicht ohne Reiz. Von in Aſchaffenburg. höherem Kunſtwerth iſt dagegen in der Stiftskirche zu Aſchaffenburg das eherne Epitaphium des Ritters Melchior von Graenroth, inſchriftlich 1584 durch *Hieronymus Hack* gegoſſen. Es zeigt den Ritter neben Maria und Johannes unter dem Kreuze knieend, an welchem ein ausdrucksvoll und edel gebildeter Chriſtus hängt. Auch die übrigen Figuren halten ſich frei von den Manieren der Zeit und ſind in einer reinen, ſchlichten Empfindung dargeſtellt, die als ein Nachklang der Viſcherſchen Auffaſſung erſcheint. Konnte doch der Künſtler in derſelben Kirche an Werken jenes groſsen Meiſters und ſeiner Schule ſich bilden. Vielleicht iſt dieſer Hieronymus ein Sohn des *Jakob Hack*, der inſchriftlich 1540 als Gieſser der beiden ſtattlichen Meſſingleuchter im Neumünſter zu Würzburg ſich nennt.

Welch gediegenen Luxus jene üppige Zeit damals mit Erzarbeiten trieb,

*) Ob derſelbe noch vorhanden, weiſs ich nicht anzugeben. In *Doppelmayr's* Nachrichten von den Nürnbergiſchen Mathematicis und Künſtlern (Nürnb. 1730) findet man auf Taf. 11 eine Abbildung.

sieht man am besten in Augsburg, dessen prachtvolle Brunnen wesentlich zu dem Eindruck der königlichen Maximiliansstrafse beitragen. Hier hat man so wenig wie gleichzeitig in Sachsen der Kraft einheimischer Meister zu vertrauen gewagt, sondern fast ohne Ausnahme zu den wichtigeren Werken Niederländer berufen, die schon seit der Mitte des 16. Jahrhunderts in immer gröfserer Ausschliefslichkeit ihre künstlerische Bildung in Italien suchten. Zeit- und Gesinnungsgenossen des Giovanni da Bologna, haben sie meistens einen Antheil an der frischeren kräftigeren Auffassung, die jenem tüchtigen Meister eigen ist. Der Augustusbrunnen, der alle anderen an Reichthum und Pracht übertrifft, wurde 1593 von *Hubert Gerhard* gegossen. Am Postament sind wasserspeiende Delphine mit nackten Kindern, dazwischen weibliche Hermen, gleich den Tugenden am Nürnberger Brunnen aus den Brüsten Wasserstrahlen spendend; auf den Ecken des weiten Beckens zwei weibliche und zwei männliche Flufsgötter, Alles in gediegener Körperbildung fast ohne Manier durchgeführt. Auch die elegant bewegte Gestalt des Augustus, der mit huldreich ausgestreckter Rechten das Ganze krönt, ist noch ziemlich unbefangen. Im Wetteifer mit Gerhard schuf um dieselbe Zeit (1599) *Adrian de Vries* den Herkulesbrunnen. Von allen der schönste im Aufbau läfst er schon darin wie im Figürlichen erkennen, dafs der Künstler in der Schule des Giovanni da Bologna gebildet war. Oben in lebendiger Bewegung Herkules, mit der Keule gegen die Hydra ausholend; am Postamente vier Najaden, aus Urnen Wasser giefsend oder sich die triefenden Haare ausringend. Dazwischen nackte Kinder, lustig auf wasserspeienden Schwänen reitend. Alle Figuren zeigen eine kraftvolle Lebendigkeit und in den Formen noch eine maafsvolle naturwahre Behandlung. Etwas früher*) scheint derselbe Künstler den Merkurbrunnen geschaffen zu haben, dessen Hauptfigur die elegante Statue des Gottes, mit dem Caduceus etwas absichtsvoll nach oben weisend, während ein Amorin ihm den Flügelschuh am rechten Fufse befestigt. Auch in diesem ansprechenden Werke ist das kecke Linienprinzip des Giovanni da Bologna nicht zu verkennen.

Brunnen in Augsburg.

Wenn man dagegen eifert, dafs diese Werke ihren Schmuck aus der Mythologie des Alterthums nehmen, so ist dagegen einfach zu sagen, dafs schwerlich Etwas an die Stelle zu setzen wäre, das dem Liniengefühl und der Freude an der bewegten Menschengestalt nur entfernt ähnlichen Anlafs zur Befriedigung geben könnte. In dieser Hinsicht vermögen wir heute nur mit Neid auf die lebensvolle Naivetät jener Zeit zu blicken. —

Auch das letzte und kleinste dieser Werke, der Neptunsbrunnen, mit der leicht bewegten den Dreizack schwingenden Gestalt des Gottes, deutet auf niederländische Hand und dürfte am ersten dem de Vries angehören. Dafs es nicht von dem in Augsburg ansäfsigen Ulmer Giefser *Wolfgang Neidhart* stammen kann, der später ein nach Schweden gekommenes Standbild Gustav Adolfs gofs, hat Nagler nachgewiesen. Dagegen fertigte dieser Künstler die metallenen Zierden des Rathhauses, und ein anderer einheimischer Giefser, *Johann Reichel*, arbeitete vor 1607 die stark manierirte Statue des Erzengels Michael über dem Portal des dortigen Zeughauses.

*) Vor 1594, denn aus diesem Jahre datirt der von Wolfgang Kilian ausgeführte Stich des Brunnens.

Erzplastik in München.

Dem *Hubert Gerhard* begegnen wir wieder in München, wo er nach dem Entwurf eines anderen daselbst vielbeschäftigten Niederländers, des Architekten, Malers und Bildhauers *Peter de Witte* (von den Italienern *Candido* genannt), die schon stark manierirte, namentlich in den Gewändern unruhige Kolossalstatue des h. Michael an der Façade der gleichnamigen Kirche goss. Für das Fugger'sche Schloss zu Kirchheim arbeitete er die jetzt zu München in der Erzgiesserei befindliche Gruppe des Mars und der Venus, welche jüngst die Prüderie unsrer Zeit zu einer offiziellen Kundgebung aufgeregt hat. Umfassender ist dann die Thätigkeit *Peter de Witte's*, der die rechte Hand Kurfürst Maximilians I. bei dessen bedeutenden künstlerischen Unternehmungen war. Er fertigte die Zeichnungen zu den Erzwerken, mit deren Guss wir einen einheimischen Bildhauer und Giesser, den *Hans Krumper* von Weilheim, beschäftigt finden. Zunächst die prachtvollen beiden Erzportale und die Madonna an der Vorderseite der alten Residenz, deren Bau 1612 begann; die Madonna eine der besten Statuen der Zeit, würdevoll und edel aufgefasst, in einfach klarem Gewandfluss; die liegenden Gestalten der vier Cardinaltugenden an den Portalen mehr conventionell und gleichgültig. Sodann im vorderen Hofe der Residenz den grossen Brunnen mit dem Standbild Otto's von Wittelsbach, mehreren tüchtig durchgeführten allegorischen Gestalten und einer Anzahl köstlich phantastischer Thiergruppen voll Humor und Laune. Im Grottenhofe daneben ein zierlicher kleinerer Brunnen mit einer Nachbildung des Perseus von Benvenuto Cellini und kleinen selbständigen Erzwerken, die in den umgebenden Gärtchen vertheilt sind. Sodann in der Frauenkirche das grossartige Denkmal für Kaiser Ludwig, das 1622 vollendet wurde. Ein prachtvoller Sarkophag erhebt sich über dem einfachen aus früherer Epoche stammenden Grabstein (S. 631). Auf seinem Deckel ruht, von den allegorischen Gestalten der Tapferkeit und Weisheit bewacht, die Kaiserkrone; Engelknaben halten auf den Ecken die Wappen. Werthvoller als diese conventionellen Figuren und als die etwas steif gespreizten vier Krieger, welche in voller

Fig. 350. Herzog Wilhelm von Baiern. Frauenkirche zu München.

Rüftung, Standarten in den Händen, an den Fufsenden knieen, find die beiden Erzbilder der Herzöge Albrecht V. und Wilhelm V. (Fig. 350), welche an den Seiten der Tumba ftehen. Nicht gerade geiftreich aufgefafst, erfreuen fie durch die fchlichte Treue der Darftellung und die vollendete Gediegenheit der bis ins Kleinfte technifch meifterlichen Durchführung. In der Anlage des ganzen Denkmals erkennt man fogleich den Einflufs des grofsen Innsbrucker Monuments. Endlich die Madonna auf der 1638 errichteten Säule des Marienplatzes, ein tüchtiges Werk von trefflicher Bewegung, im Charakter der Madonna in der Refidenz verwandt, und wie jene fehr beachtenswerth, wenn auch in diefen religiöfen Aufgaben jene Epoche den Mangel einer tieferen Empfindung nicht verleugnen kann.

Auch weiter im Norden wirkt die Sitte eherner Grabdenkmäler an einzelnen Punkten noch fort, allein die Herkunft der einzelnen Werke ift meiftens nicht nachzuweifen. Dahin gehören zunächft mehrere Grabplatten in der Stadtkirche zu Coburg, die vielleicht auf die Nürnberger Giefsereien zurückzuführen find. So die Bronzetafel Johann Friedrich's II. von Sachfen († 1595), tüchtig und lebenswahr, wenngleich nicht eben geiftvoll aufgefafst, in der Technik durchweg noch fehr gediegen. Ebenfo von fprechender Charakteriftik die Grabplatte feiner 1594 verftorbenen Gemahlin Elifabeth, offenbar von derfelben Hand. Weit härter und fteifer dagegen fchon das Epitaph Johannes Cafimir's (†1633), obwohl in der technifchen Behandlung immer noch achtungswerth, in der Compofition effectvoll. Diefen Werken verwandt erfcheint die Bronzeplatte der Landgräfin Chriftina von Heffen † 1549 im Chor der Martinskirche zu Caffel, allein die Modellirung ift viel mangelhafter, die Auffaffung ohne Leben, das reiche Beiwerk zwar zierlich, aber zu hart und fcharf gefchnitten. Ebenfo fieht man im Dom zu Magdeburg eine Bronzetafel des 1616 verftorbenen Ludwig von Lochow, welche den ganzen Manierismus der Zeit mit weinenden, fich die Haare raufenden Engeln und affectirten allegorifchen Geftalten von Tugenden zeigt, während die ornamentale Behandlung der Wappenbeiwerke noch elegant und zierlich ift. Steif und leer erfcheint fodann auf einer grofsen Bronzeplatte Cuno von Lochow († 1623), das Koftum mit lächerlicher Gefpreiztheit behandelt, während das dazu gehörende Relief der Grablegung Chrifti den zwar conventionellen, aber fein durchgebildeten Styl italienifcher Eklektiker verräth.

Norddeutfche Erzwerke. Coburg. Caffel. Magdeburg.

Für die Steinfculptur diefer Epoche find vor Allem die immer prunkvolleren Grabmäler das ergiebigfte Feld. Die Sucht nach Verherrlichung der durch ihre Lebensftellung hervorragenden Stände führt zu einem regen Wetteifer, und die oft lebensvolle, treue Auffaffung der Bildniffe läfst gerade an diefen Werken die günftigfte Seite des damaligen Schaffens hervortreten. Selbft die beigegebenen religiöfen Darftellungen halten fich noch eine Zeitlang frei von äufserlichen Manieren und gewähren manchmal den Eindruck einer lauteren und fchönen Empfindung. Höchft prachtvoll ift die Reihe von elf Bildern fürftlicher Vorfahren, welche feit 1574 Herzog Ludwig in der Stiftskirche zu Stuttgart errichten liefs. Von einer phantafievollen Architektur eingerahmt, ftehen die überlebensgrofsen Geftalten, jede in einer Nifche und keck über einen Löwen dahinfchreitend, in elaftifch freier, bisweilen etwas gezierter Bewegung da, mit reichen Rüftungen angethan, ein immerhin anziehendes Bild ritterlicher

Deutfche Steinfculptur. Stuttgart.

Tüchtigkeit. Interessant ist, dass der Künstler mehrfach zu dem Mittel griff, welches in früherer Zeit schon bei englischen Grabmälern vorkam: die Gestalten mit gekreuzten Beinen darzustellen [*]). —

Ein anderes umfangreiches Gesammtdenkmal der Steinplastik dieser Epoche sind die fürstlichen Grabmäler im Chor der Stiftskirche zu Tübingen. Diese gehen auf die einfache Form des Sarkophages zurück, auf welchem die lebensgrosse Gestalt des Verstorbenen ruht. Bezeichnend für das lange Andauern mittelalterlicher Kunstüberlieferung, sind die meisten dieser Werke noch vollständig bemalt. Ziemlich hart und trocken erscheinen die früheren dieser Bilder: Eberhard im Bart, ein anderer Eberhard, ein Ulrich, Sabina (†1564) und Eva Christina († 1575), letztere jedoch mit lebendigem Kopf und feinen, weichen Händen. Im Uebrigen werden aus den Frauenbildern, vermöge der abscheulichen Reifröcke, ganz steife Gliederpuppen, bei denen man sich an dem prächtigen Brokat und der mit Geschick durchgeführten Bemalung schadlos halten muss. Zu diesen früheren gehört auch das Bild des trefflichen Herzogs Christoph († 1568), auch noch scharf naturalistisch, aber doch von charakteristischem Ausdruck. Zu den vorzüglichsten Schöpfungen der Zeit, voll Adel, Schönheitsgefühl und Leben, zählt das Denkmal Ludwigs IV. und Mechthildis, der Eltern Eberhards im Bart. Der Graf liegt in edler Ruhe da, in voller Rüstung; seine Gemahlin nimmt mit der einen Hand den Mantel auf, dass er in herrlichem Faltenwurf niederwallt, während die andere Hand sanft auf der Brust ruht. Das prachtvollste und grösste dieser Denkmale, ganz aus weissem Marmor gearbeitet, ist aber jenes von Ludwig dem Frommen, Herzog Christophs jüngerem Sohne († 1593). Der Sarkophag ist mit Atlanten, bewegten Figuren, üppigem Ornamentwerk und äusserst pathetischen und theatralischen Reliefs geschmückt, Heldenthaten aus dem alten Testament und das jüngste Gericht darstellend. Darüber kleinere Scenen der Erschaffung Adams und Eva's, des Sündenfalls und der Vertreibung aus dem Paradiese, miniaturartig fein wie Elfenbeinschnitzereien. Die Gestalt des Verstorbenen ist würdig; die Engel dagegen, sammt den sechs Königsgestalten, die ihn umgeben, und selbst der Hirsch zu seinen Füssen steif und ohne Verhältniss. Fast ebenso reich und ähnlich angeordnet ist das Grabmal seiner Gemahlin Dorothea Ursula († 1583), nur dass hier in der leblosen Reifrockfigur die Mode über Schönheit und Natur einen völligen Sieg davonträgt, während der Kopf ausdrucksvoll edel und die Hände fein in den Formen sind. Conventionelle Figuren der Cardinaltugenden sitzen zu ihren Füssen, die zierlichen Marmorreliefs des Sarkophags sind zum Theil sehr pathetisch, zum Theil von würdig einfachem Styl. Merkwürdig, dass hier die christliche Symbolik noch einmal in der Zusammenstellung beziehungsreicher Scenen des alten und des neuen Testamentes auftaucht. Man sieht Christus und die Schächer am Kreuz, die Kreuzabnahme, Grablegung, Auferstehung; dagegen Moses und die Gebeine der erschlagenen Israeliten, die eherne Schlange, und den vom Wallfisch ausgespienen Jonas. —

Werke von ähnlicher Pracht aus derselben Zeit besitzt sodann der Chor

---

[*]) Vergl. die Abbildungen in den Jahresheften des Würtemb. Alterth.-Vereins, und in *Heideloff*, Kunst d. M.-A. in Schwaben.

der Schlofskirche zu Pforzheim an den Denkmälern der Markgrafen von Baden-Durlach. Zunächst der Sarkophag des Markgrafen Ernst († 1553) und seiner Gemahlin Ursula († 1538), er in voller Rüstung auf seinem Helm ruhend, die linke Hand an's Schwert legend, die Rechte in die Seite stützend, die Dame eine breite, matronale Gestalt in weitem pelzverbrämtem Mantel, die Hände kreuzend. Weich und lebensvoll sind die Köpfe, etwa an Portraits von Georg Pencz erinnernd. Außerdem noch fünf einzelne, ein doppeltes und ein dreifaches Denkmal in prunkvollen Renaissanceformen als Wandgräber aufgebaut. Im Decorativen von grofser Pracht und zum Theil von hohem künstlerischem Werthe, neigen diese stattlichen Werke im Figürlichen bereits zu der Gespreiztheit der meisten damaligen Grabdenkmäler, in welcher die überladene, steife Tracht jeden freieren künstlerischen Fluss erschwert. Das Hauptwerk ist das grofse Grabmal des Markgrafen Karl († 1577) mit seinen beiden Gemahlinnen Kunigunde († 1558) und Anna († 1586), im Architektonischen und Decorativen vortrefflich, die Gestalten aber sehr unerquicklich, besonders die in ungeheure Reifröcke eingespannten Damen, die Köpfe jedoch fein und lebensvoll. Aehnlich das Doppeldenkmal von Ernst Friedrich († 1604) und Jakob († 1590) dessen Architektur zum Elegantesten in ihrer Art gehört, während die steifleinenen spreizbeinigen Gestalten an grofser Unbehülflichkeit leiden. Die Köpfe sind noch voll individueller Feinheit, die beigegebenen Gestalten der Tugenden freilich manierirt und überschlank. Pforzheim.

So erlebt in dieser späten Zeit noch die schwäbische Plastik eine nicht verächtliche Nachblüthe, von welcher auch an anderen Orten manche Spuren sich erhalten haben. Ich nenne nur in der Kapelle zu Mühlhausen am Neckar zwei Denkmale; zuerst den Grabstein Jakobs von Kaltenthal († 1555), der das etwas steife, aber doch im Ausdruck des Kopfes lebendige, auf einem Löwen stehende Bildnifs des Ritters zeigt. Sodann vom Jahre 1586 das Monument Engelholts von Kaltenthal und seiner Frau; Beide vor einem Crucifix knieend, in schöner Empfindung, die Dame mit halbverhülltem Antlitz niederblickend, ihr stattlicher Gemahl vertrauensvoll aufschauend. Hier mag denn auch aus etwas früherer Zeit (1534) ein ausgezeichnet edler Grabstein mit geistvoll aufgefasstem Brustbilde eines Herrn von Rothenhan, in der Franziskanerkirche von Gmünd angeschlossen werden. Denkmale zu Mühlhausen.

In Nürnberg hebe ich aus der Masse geringerer Arbeiten, die dort sehr bald ins Aeufserliche, Decorative umschlagen, das vorzügliche Marmorrelief mit dem Untergang Pharao's, in der Kapelle der Burg, vom Jahre 1550 hervor. Trotz malerischer Ueberfüllung ist es durch seine Lebendigkeit anziehend. Nürnberg.

Weiter sind dann die bischöflichen Denkmäler auch in dieser Zeit ein Gradmesser für die künstlerischen Leistungen. Allein in dem Maafse als die profaner gewordene Sculptur oft mit grofsem Talent das Ritterliche, Stattliche der weltlichen Personen wiedergiebt, wird sie minder geeignet der geistlichen Würde den entsprechenden Ausdruck zu leihen. Und das um so weniger, als die hohen Würdenträger der Kirche selbst völlig sich verweltlicht und den übrigen Fürsten gleichgestellt hatten. So werden diese Grabmäler, deren man eine gute Anzahl in den verschiedenen Kathedralen antrifft, pomphaft äufserlich und decorativ prunkend behandelt. Beispiele im Dom zu Würzburg die Bischöfliche Denkmäler in Würzburg.

Grabdenkmale der Fürstbischöfe Melchior († 1558), Friedrich († 1573) und Sebastian Echter († 1575). Ferner im Dom zu Mainz die Erzbischöfe Sebastian (1555) und Daniel (1592) und das treffliche Denkmal Erzbischof Wolfgangs (1606); endlich im Dom zu Köln die fein durchgeführten, 1561 errichteten Monumente der Erzbischöfe Adolf und Anton von Schauenburg.

in Mainz

und Köln.

Anderes am Rhein.

Auch sonst findet man am Rhein in dieser Zeit prächtige Grabmäler ritterlicher und fürstlicher Geschlechter. So das edle Denkmal des Johann von Neuburg (1569) in der Hospitalkirche zu Cues an der Mosel; so in der Stiftskirche zu S. Goar um 1583 das Grab Landgraf Philipp des Jüngeren von Hessen und seiner Gemahlin; vorzüglich aber die ausgezeichnete Reihenfolge von Denkmälern des pfalzgräflich Simmern'schen Hauses (bis 1598) in der Kirche zu Simmern, und manches Andere.

Einzelnes in Sachsen.

Vereinzelter sind die Spuren bildnerischer Thätigkeit im nördlichen Deutschland. Zierlich, aber ohne höheren Werth ist z. B. das Grabmal eines Schulenburg (1571) in der Stadtkirche zu Wittenberg, als dessen Urheber *Georg Schröter* aus Torgau genannt wird. Bedeutender in derselben Kirche ein Denkmal vom Jahre 1586, mit dem Marmorrelief der Grablegung Christi, das durch Klarheit der Anordnung und maasvolle Empfindung über die meisten ähnlichen Leistungen der Zeit sich erhebt. Prunkvoll, aber meistens ziemlich geschmacklos sind die zahlreichen Epitaphien vom Ende des 16. und Anfang des 17. Jahrhunderts, welche der Dom zu Magdeburg bewahrt. Auch die alabasterne Kanzel, 1595 von *Christian Kapup* aus Nordhausen ausgeführt, ist in hohem Grade barock, die Einzelfiguren sehr manierirt. Dagegen zeigen die kleinen Reliefs aus dem alten und dem neuen Testamente recht gute, mit Virtuosität behandelte Motive in Nachwirkung des rafaelischen Styles. Die Kanzel wird von einer großen tüchtig durchgeführten Gestalt des h. Paulus getragen.

Schloß zu Heidelberg.

Schließlich ist noch eines Prachtstückes plastischer Decoration zu gedenken: der Statuen, mit welchen die Hoffaçaden des Schlosses zu Heidelberg geschmückt wurden. Der Otto-Heinrichsbau (1556—59), auch in der Architektur der elegantere, zeigt in zahlreichen Nischen meist gut bewegte antikisirende Statuen des David, Herkules, Simson und anderer Helden, des Apoll, Merkur, der Diana und sonstiger Götter und Göttinnen. Sie sind laut einem Contract vom Jahre 1558 mit der gesammten plastischen Decoration dieses Schloßtheiles von *Alexander Colins* aus Mecheln hergestellt worden, der kurze Zeit darauf die zierlichen Arbeiten am Grabmal Maximilians zu Innsbruck (vergl. S. 676) ausführte. In den Verhältnissen nicht immer glücklich, sind diese Arbeiten doch von guter decorativer Wirkung und meist noch ohne theatralische Manier. Schwerfälliger, mit der Architektur im Einklange, erscheinen die Standbilder des Friedrichsbaues (1601—1607), fürstliche Personen in den Kostümen der Zeit mit einer gewissen derben Tüchtigkeit hingestellt.

Plastik in England.

In England erreicht auch während dieser Epoche, obwohl sie den glänzenden Aufschwung des Reichs unter Elisabeth umfaßt, die Bildnerei keine nationale Selbständigkeit, wenn auch die Porträtdarstellung an den Grabmälern immer noch eine tüchtige Nachblüthe treibt. Ein edles Werk dieser Gattung lernt man in der Kathedrale von Salisbury an dem Grabe der Gräfin v. Hertford († 1563) kennen. Der schöne Kopf ist weich und liebenswürdig aufgefaßt, und das Gewand in reichem Faltenwurf fließend behandelt. Ihre beiden daneben knieenden ritterlichen Söhne zeigen lebendige Wahrheit des Ausdrucks. Steife Gleichgültigkeit und Rohheit herrscht dagegen, durch die Mode der Reifröcke veranlaßt, in den Grabstatuen der beiden Königinnen Elisabeth und Maria Stuart, um 1606 in Westminster errichtet. Aber welche großartige Charakteristik der Köpfe! welcher Ausdruck in den vornehmen, feinen Handen! Hier berührt uns Etwas von dem ächten historischen Geiste, in welchem damals der gewaltigste dramatische Dichter seinen Landsleuten die Gestalten ihrer Geschichte in unvergänglichen Schöpfungen vorführte. Kein Wunder, daß vor der erschütternden Wirkung solcher monumentalen Dichtungen die übrigen Künste fortan bescheiden in zweite Linie traten oder gar verstummten.

Eine besondere Stellung nimmt die Bildnerei dieser Zeit in Spanien ein. Anknüpfend an die glanzenden Leistungen der vorigen Epoche (vergl. S. 687) erhebt sie sich nun, im Wetteifer mit einer Malerei, welche sich jetzt erst anschickte, ihre eigenthümliche Vollendung zu erreichen, zur höchsten Bedeutung. Ihre Schule macht sie mit der Malerei bei den großen Meistern Italiens durch; aber aus dem nationalen Geiste strömt ihr so viel frischer Natursinn und ausdrucksvolle Lebendigkeit zu, daß ihre Schöpfungen niemals conventionell, sondern durchaus eigenartig erscheinen. Bezeichnend für ihre Richtung ist schon der Umstand, daß es noch jetzt vorzugsweise die großen Holzschnitzaltare sind, an welchen die spanische Plastik ihre Kraft versucht. Dieses Material zieht eine reich durchgeführte Bemalung nach sich, die auf geglätteter Oberfläche ausgeführt wird, so daß die Arbeiten ein emailartiges Aussehen gewinnen. Der große coloristische Sinn der spanischen Künstler vermag sich in solchen Schöpfungen zu bewähren. Es erscheint daher auch nicht zufällig, daß häufig Maler und Bildhauer in demselben Meister vereinigt sind. In Spanien.

Fig. 351. Relief von Alonso Berruguete. Toledo.

Den italienischen Einfluß bringt zunächst der bedeutendste und vielseitigste unter den damaligen spanischen Künstlern, *Alonso Berruguete*, (1480—1561) zur vollständigen Geltung. Er begab sich um 1503 nach Italien, wo er in Florenz und in Rom sich nach Michelangelo und der Antike bildete und bis 1520 weilte. Als er dann nach seinem Vaterlande zurückkehrte, brachte er die damals noch auf reiner Höhe weilende ideale Auffassung der italienischen Kunst nach Spanien und führte sie als Architekt, Bildhauer und Maler in vielen bedeutenden Werken zur ausschließlichen Herrschaft. Von seinen plastischen Arbeiten werden die Reliefs im Chore der Kathedrale von Toledo, der Altar in der Kirche S. Benito el Real zu Valladolid, die Arbeiten im Collegio Mayor zu Salamanca vorzüglich gerühmt. Sein letztes Werk ist das Grabmal des Cardinals und Großinquisitors Don Juan de Tavera in der Kirche des Alonso Berruguete.

Johannes-Hospitals zu Toledo. Den Sarkophag schmucken Darstellungen aus der Geschichte des Täufers Johannes, in einfach klarem Reliefstyl durchgeführt (Fig. 351). Die auf dem Deckel ruhende Gestalt des Verstorbenen scheint von grofsartiger Behandlung. Die mit Berruguete nach Spanien gelangte italienische Auffassung wurde zunächst von seinen Schülern aufgenommen*). So führte Jordan. *Estéban Jordan* mehrere Retablos (Altaraufsätze) in Valladolid aus, welche dem Style Berruguete's, nur mit noch stärkerer Hinneigung zu Michelangelo, entsprechen. Grofsartiger und origineller sind die Arbeiten des Architekten Hernandez. und Bildschnitzers *Gregorio Hernandez*, der 1566 in Galizien geboren wurde, aber in Valladolid thätig war. In der Kirche S. Lorenzo sieht man seine herrliche Virgin de los candeles, und in der Kirche Las Huelgas einen grofsartigen Altar vom Jahre 1616 mit der Himmelfahrt Mariä, den beiden Johannes und dem knieenden S. Bernhard. Mehrere ausgezeichnete Werke des Meisters befinden sich jetzt daselbst im Museum der Akademie. Vor allen andern Plastikern Spaniens zeichnet sich Hernandez durch Tiefe und Grofsartigkeit des Ausdruckes sowie durch die reine Schönheit in der Zeichnung des Nackten Juni. aus. Als Gegensatz zu ihm wird *Juan de Juni* († 1614) geschildert, der seine Studien in Italien gemacht hat und zwar nicht ohne Grofsartigkeit der Auffassung, aber im Ausdruck doch schon so übertrieben, so manierirt in den Stellungen, so bauschig in den Gewändern ist, dafs man ihn den Bernini Spaniens nennen könnte. Eins seiner Hauptwerke ist der Retablo des Hauptaltars in der Kirche Nuestra Señora de la Antigua zu Valladolid, aus einzelnen Heiligen in Nischen bestehend, deren Bewegungen voll Affectation sind. Anderes von ihm sieht man dort im Museum der Akademie.

Montanes. Im südlichen Spanien gehört zu den berühmtesten Kunstlern *Juan Martinez Montañes* († 1649), welchen Waagen als einen Bildhauer ersten Ranges bezeichnet. Nach diesem Gewährsmann verbindet er mit vollständiger Beherrschung aller darstellenden Mittel einen hohen Sinn für Formschönheit, eine wunderbare Reinheit und Tiefe des Gefühls, endlich eine Anmuth der Motive und eine Lauterkeit des Styls in den Gewändern, wie man sie in Italien nur bis etwa 1550 findet. Zu seinen edelsten Schöpfungen rechnet man die Conception der Kapelle des h. Augustinus in der Kathedrale zu Sevilla. In der jetzigen Universitätskirche derselben Stadt ist ein grofser Altar mit einer trefflichen Madonna und vielen einzelnen Heiligen, ebenfalls ein bedeutendes Werk des Meisters. Der lebensgrofse Christus daselbst soll im Ausdruck an van Dyck erinnern. Andere Einzelstatuen sieht man im Museum der Stadt.

Alonso Cano. Noch bedeutender ist der Schüler dieses Meisters, *Alonso Cano* (1601—1667), der als Architekt, Maler und Bildschnitzer Ausgezeichnetes leistete. Tiefe des Ausdrucks, Innigkeit der Empfindung und lautere Schönheit der Form vereinigen sich in seinen Bildwerken; namentlich haben seine Madonnenköpfe eine seltene Lieblichkeit. In der Sakristei der Kathedrale zu Granada befinden sich mehrere Statuetten, darunter zwei Conceptiones von hinreifsender Schönheit. Die Bemalung dieser Werke in der von den Spaniern »estofado«

*) Vgl. *Passavant*, christl. Kunst in Spanien S. 45 ff. und *Waagen's* Bericht in den Jahrb. für Kunstwissensch. I.

genannten Weise, welche den Holzarbeiten den weichen Duft des Emails verleiht, wird höchlich gepriesen. Zwei kolossale Büsten, als Adam und Eva bezeichnet, beim Eingang zum Chor der Kathedrale aufgestellt, sind von grossartigem Charakter. — Mit *Pedro Roldan* (1624—1700), der ebenfalls aus Montañes Schule hervorging, wendet sich die Sculptur auch in Spanien zu manierirter Auffassung und Uebertreibung, obwohl seine Werke immer noch durch bedeutende Motive anziehen. Eine seiner Hauptarbeiten ist die Gruppe der Grablegung hinter dem Altar der Kirche der Caridad zu Sevilla, ein Werk von äusserst naturalistischer Behandlung, welche durch die Bemalung noch gesteigert wird. Mit Roldan, der schon der folgenden Epoche angehört, erlischt die Reihe der grossen Bildschnitzer Spaniens. Roldan.

## 2. Von Bernini bis Canova.

Das geistige Kapital der Kunst des 16. Jahrhunderts war gegen den Ausgang desselben so vollständig verbraucht, dass eine tiefe Erschöpfung auf allen Punkten hervortrat. Der alte Idealismus, zur greisenhaften Manier herabgekommen, konnte Niemanden mehr befriedigen. Am wenigsten vermochte er dem neu belebten Katholicismus zu genügen, der aus den Kämpfen mit der Reformation hervorgegangen war. Der Jesuitismus, die Seele dieser Restauration, die sich mit den Waffen des spanischen Despotismus gewaltsam durchsetzt hatte, erkannte, dass es neuer Reizmittel bedürfe, die Massen für sich zu gewinnen. So entstand der prunkvolle Barockstyl in der Architektur mit seinen weiten grossräumigen Kirchen, die nun mit sinnebetäubender Pracht geschmückt werden mussten. Die Malerei warf sich zuerst in dies neue Darstellungsgebiet und brachte, getragen von dem Aufschwung jener kirchlichen Agitation, eine neue grosse Blüthe hervor. Ihren Anfang nahm dieselbe in Italien, aber ihren Höhenpunkt fand sie in den Niederlanden und in Spanien, wo Rubens und Murillo sie zu voller berauschender Pracht entfalteten. Restauration der Kirche und der Kunst. Neue Blüthe der Malerei.

Was man jetzt vor Allem von der Kunst verlangte, waren Effect und Affect um jeden Preis. Das Eine wurde durch das Andere erreicht. Eine leidenschaftliche Aufregung pulsirt in dem ganzen künstlerischen Schaffen; die ideale Ruhe der früheren Altarbilder genügte nicht mehr. Sehnsüchtige Andachtsgluth, stürmisches Entzücken, schwärmerische Ekstase, das sind die Ziele der neuen Kunst. Nicht mehr die feierliche Würde der Heiligen, sondern die nervösen Visionen verzückter Mönche sind ihr Ideal. Daneben labt sie sich an erschütternden Schilderungen von Martyrien, und alles das sucht sie so wirksam und packend wie möglich hinzustellen. Es ist die handgreifliche Tendenz, die kirchlich-politische, welche sich der Kunst bemächtigt hat und sie ganz für ihre Zwecke ausbeutet. Dass unter solchen Verhältnissen die Malerei doch eine neue wahrhaft künstlerische Bedeutung erreicht, liegt vor Allem an den grossen Meistern, die jetzt sich ihr zuwenden, mehr aber noch daran, dass die Stimmung der Zeit ihr in seltenem Maasse förderlich war. Sie bedurfte kräftiger, begeisternder Impulse, und wenn diese auch nicht mehr von der Reinheit der früheren Zeit waren, und also auch nicht ebenso reine Werke wie die früheren hervorrufen konnten: an nachhaltiger Energie und Schwungkraft fehlte es ihnen wenigstens nicht.

Verderben der Plastik. Derselbe Geist aber, welcher der Malerei eine ächte Bedeutung einhauchte, brachte der Bildnerei das Verderben. Wenn irgend eine Epoche, so ist diese ein Beweis dafür, dafs die gröfsten Talente, wenn sie einer verkehrten Zeitströmung anheimfallen, eben durch ihre Begabung nur um so gewiffer zu Grunde gehen. Was in günstigen Zeiten sie zu Sternen am Kunsthimmel erheben würde, das läfst sie jetzt zu Irrlichtern herabsinken, deren Glanz fein trügerisches Dasein nur den Miasmen verdankt. Diese auffallende Thatsache erscheint für den ersten Blick unerklärlich; doch läfst sie sich aus dem verschiedenen Wesen beider Künste wohl begreifen. Die Plastik hatte schon früher mit der Malerei gewetteifert und dadurch, namentlich im Relief, manche unverkennbare Trübung ihres eigentlichen Wesens erlitten. Damals aber war die Malerei selbst noch voll architektonischer Strenge und plastischen Formenadels. Jetzt, wo es ihr auf schlagende Wirkung, auf effectvolle Schilderung leidenschaftlicher Seelenbewegung ankam, mufste sie tief ins Naturalistische hinabsteigen, zu freieren Anordnungen, zu frappanteren, mit der Wirklichkeit wetteifernden Formen ihre Zuflucht nehmen. Wollte aber die Plastik, die auf solchem Gebiete mit dem Schmelz der Farbe, den geheimnifsvollen Reizen des Helldunkels, die ihre Rivalin ins Feld führte, nicht Schritt halten konnte, irgendwie es der Malerei gleich thun, so mufste sie sich rückhaltslos in denselben Naturalismus der Formen, in dieselben kühnen Affecte hineinstürzen, mit denen die Malerei so grofse Wirkungen erreichte. Und das that die Bildnerei ohne die mindesten Scrupel, und an diesem Mangel eines plastischen Gewissens ging ihre ganze Herrlichkeit zu Grunde. Wohl brachte sie in diesem Taumel des Drauflos-componirens eine Unmasse von Prunkwerken hervor; wohl wurden ungeheure Mittel verschwendet und tüchtige Talente in Bewegung gesetzt: aber eine solche innerliche Hohlheit stiert uns mit entseeltem Auge aus der Mehrzahl dieser Werke an, dafs wir uns mit Widerwillen, oft mit Ekel von ihnen abwenden. Nur die Hauptpunkte in dieser etwa anderthalb Jahrhunderte langen Krankheitsgeschichte der Sculptur hebe ich hier hervor. Wer Eingehenderes verlangt, den verweise ich auf J. Burkhardt, der in seinem Cicerone mit tief eindringender Sonde diese pathologischen Partieen der Kunstgeschichte untersucht und dargelegt hat.

Lorenzo Bernini. *Lorenzo Bernini* von Neapel (1598—1680) ist der reichbegabte Künstler, der diesen Styl ausgebildet und über ein halbes Jahrhundert hindurch in einer grofsen Anzahl architektonischer und plastischer Werke zur Geltung gebracht hat. Seit Michelangelo war kein Meister mehr aufgetreten, der so vollständig und so lange seine ganze Zeit beherrschte. Unter dem Pontifikate von sechs Päpsten, besonders unter dem des baulustigen Urban VIII., dessen Liebling er war, füllte er Rom mit seinen Werken an und prägte der Stadt im Wesentlichen den Stempel seiner Kunst auf. Von Ludwig XIV. wurde er nach Frankreich berufen und mit fürstlichen Ehren empfangen, um seinen Rath wegen der Hauptfaçade des Louvre zu geben. Unbestritten ward er als der erste Künstler seiner Zeit angesehen. Wenn wir eine Auswahl seiner bezeichnendsten Werke betrachten, so erhalten wir einen Durchschnitt dessen, was die ganze Epoche in Italien leistete.

Vor Allem ist bei Bernini schon die Behandlung des Körpers meist so widernatürlich, theils prahlerisch mit aufgedunsenen Muskeln, theils widerlich lüstern in übertriebener Weichheit, dafs die manierirtesten Antiken dagegen keusch und einfach erscheinen. Schon in seinem Jugendwerk: Apollo, der die plötzlich zum Lorbeerbaum verwandelte Daphne verfolgt (Villa Borghese zu Rom), zeigt sich neben der vollständigen Verkennung der Grenzen des plastischen Gebietes, diese raffinirte Richtung. Den Gipfel derselben erreicht er aber erst in seinem Raube der Proserpina, in der Villa Ludovisi (Fig. 351), wo der Gegenstand möglichst lüstern und für jede feinere Empfindung abstofsend aufgefafst ist. Wie in der Malerei damals Bathseba im Bade, Lot mit seinen Töchtern, Joseph und Pothiphar's Frau beliebt waren, so verlangte die Ueppigkeit des Zeitalters von der Plastik solche Entführungsscenen, die uns zuerst im Raube der Sabinerin von Giovanni da Bologna begegneten. Aber welcher Abstand von jenem Werke, wo der Gegenstand bei aller Bravour noch rein künstlerisch behandelt ist, bis zu diesem brutalen Pluto, dessen rohe Fäuste sich in das mürbe Fleisch der koketten Proserpina so widerlich eingraben, dafs man die Göttin auf immer mit blauen Flecken gekennzeichnet fühlt. Hier ist alles Raffinement der Marmorbehandlung aufgeboten, um eine Wirkung hervorzubringen, die jenseits der Grenzen ächter Kunst liegt. Es ist überhaupt bezeichnend, dafs diese Zeit überwiegend sich dem Marmor zuwendet, dessen Schmelz und Schimmer solchen Gegenständen ungleich mehr zu Statten kommt als das strengere Erz. Wie niedrig und gemein überhaupt die Auffassung Bernini's ist, beweist in der Villa Borghese der jugendliche David, der mit krampfhafter Anspannung sich zum Schleuderwurf anschickt; beweist noch mehr das kolossale marmorne Reiterstandbild Constantin's in der Vorhalle von S. Peter. Seit diesem renommistisch hohlen Werke wurde das affectirt theatralische Einhersprengen Ideal für solche Reiterfiguren.

Fig. 351. Bernini's Raub der Proserpina. Rom.

Wo es gilt, einzelne Heiligenbilder, wie die h. Bibiana in ihrer Kirche zu

Kirchliche Statuen. Rom, der h. Longinus in einer der vier Pfeilernischen der Kuppel von S. Peter u. A.; oder wo es darauf ankommt, eine ganze Reihenfolge derselben zu geben, wie die 162 nach Bernini's Zeichnungen angefertigten der Colonnaden von S. Peter, oder die Engelsgestalten auf der Engelsbrücke, da wird irgend ein Affect des frommen Entzückens, Staunens, der Ekstase, ein Moment angeblich tiefen Versunkenseins in Andacht oder visionären Aufzuckens, pathetischen Deklamirens gewählt, um Abwechselung hineinzubringen und bewegte, mannigfaltige Umrisse zu erzielen. Der geistige Gehalt solcher Werke ist meistens ganz nichtig, aber als bloſse Decoration betrachtet haben sie einen selbständigen Werth wegen der Sicherheit, mit welcher sie in klarer Silhouette sich abzeichnen. Das gilt besonders von den als Bekrönung dienenden Statuen, wie an der Façade von S. Peter und mehr noch an der vom Lateran, wo sich die Figuren gegen die Luft äuſserst wirksam absetzen. Das Resolute und Bestimmte in solchen ganz äuſserlichen Arbeiten ist ein für die Architektur nicht gering anzuschlagendes Verdienst, hinter welchem unsre meist lahmen und matten Leistungen dieser Gattung weit zurückstehen.

Scenen des Leidens. Mit besonderer Vorliebe wendet sich Bernini Darstellungen des Leidens zu. Bisweilen hält er in ihnen eine maaſsvoll edle Stimmung fest, wie sie etwa Guido Reni und Domenichino in ähnlichen Werken zeigen. In der Krypta der Kapelle des h. Andreas Corsini im Lateran gehört die Gruppe der Pietas zu seinen wenigen Werken, in denen eine ächte Empfindung ausgesprochen ist. Von gleichem Gehalt erscheint der todte Christus, den man in der Krypta der Kathedrale zu Capua sieht. Nur freilich darf man auch in diesen Werken keine plastische Anlage suchen; denn das macht jetzt den Stolz der Bildnerei aus, völlig ins Malerische sich zu verlieren. Daher schildert sie gern die Märtyrer in dem Momente des Todes, am Boden liegend und in den letzten Zügen. So die selig gesprochene Ludovica Albertoni in S. Francesco a Ripa (Cap. Altieri) und der nach Bernini's Modell ausgeführte h. Sebastian in S. Sebastiano, bei denen die edlere Auffassung doch immer nicht vergessen macht, daſs die Wirkung auf Kosten aller wahrhaft plastischen Gesetze erkauft ist. Ihren höchsten Triumph feiert aber in den Augen der Zeitgenossen diese Sculptur, wenn sie, in völliger Vermischung des Heiligen und Profanen, Scenen vorführt, wie die berüchtigte Gruppe der h. Therese in S. Maria della Vittoria. Hier ist die Heilige in hysterischer Ohnmacht rücklings auf eine marmorne Wolke gesunken, während ein verbuhlter Engel im Begriff ist, ihr den Pfeil (der göttlichen Liebe) ins Herz zu schleudern. Daſs die religiöse Ekstase hier ins sinnlich Lüsterne umschlägt, ist, wie kaum bemerkt zu werden braucht, nicht entfernt Resultat einer beabsichtigten Travestie, sondern jener natürliche psychologische Prozeſs, dem die überreizte religiöse Stimmung in der Regel anheimfällt. Glaubt man doch, gewisse tändelnde Verse pietistischer Gesangbücher hier in Marmor übertragen zu sehen. Fragt man aber, wo diese verbuhlte Atmosphäre entstanden ist, so läſst sich nicht verkennen, daſs ihre ersten Keime deutlich in Correggio's späteren Andachtsbildern zu finden sind, wo das Liebäugeln zwischen den Heiligen und der Madonna denn doch schon einen bedenklichen Grad erreicht hat.

Correggio ist auch der Ausgangspunkt für jene willkürliche Compositionsweife, welche nun in die Plaftik eindringt. Er zuerft hat jenes Balanciren, Reiten und Voltigiren auf Wolken in die Altarbilder eingeführt, welches den architektonifchen Bau derfelben ebenfo ficher untergrub, wie feine Frofchperfpective in den Kuppelgemälden zu Parma der Frescomalerei ihr monumentales Gefetz zerftörte. Aber gemalte Wolken, die durch den Schmelz der Farbe und den Zauber des Lichtes den Schein ätherifcher Leichtigkeit erhalten, laffen fich noch vertheidigen. Wie will man aber Bernini's barocken Einfall in Schutz nehmen, ganze Nifchen über den Altären als freien Raum zu behandeln und denfelben mit Geftalten zu füllen, die auf marmornen Wolkenballen einherrutfchen? Und doch bezauberte diefe ungeheuerliche Erfindung die Zeitgenoffen dermafsen, dafs fortan dies das Ideal aller Altar- und Nifchen-Compofitionen wurde. Hundertfach wird das Auge in den Kirchen Italiens von folchen ungereimten Marmorherrlichkeiten abgeftofsen, wo auf Wolken eine Anzahl unwürdiger Heiligen in theatralifcher Verzückung gefticulirt und von einem Chor ebenfo entarteter Engel fecundirt wird. Altargruppen.

Nach alledem kann es nicht Wunder nehmen, dafs nun auch die Grabmäler dem Zeitgefchmack entfprechend umgewandelt werden. Maffenhaft in leerem Pomp dehnen fie fich aus, ftrotzend von koftbaren Marmorforten; aber die Ruhe des Todes felbft wird mit theatralifchem Pathos entweiht, und die beigegebenen allegorifchen Geftalten kokettiren mit erlogenem Schmerz und falfchem Wehklagen, oder werden geradezu in eine dramatifche Beziehung zu einander gefetzt. Diefer Gefinnung entfpricht es, dafs Bernini die fcheufslige Skeletgeftalt des Todes in diefe Darftellungen einführt. So an einem feiner früheften Gräber, dem Denkmal Urban's VIII. in S. Peter, wo der Tod mit feiner Knochenhand die Grabfchrift auf einem Marmorblatt vollendet. Wenn in früheren Zeiten Skelette auf Gräbern vorkamen, fo erinnerten fie in ihrer Todesruhe, allerdings furchtbar genug, an das allgemeine Menfchenloos. Hier aber, wo das Scheufal in gefchäftiger Haft thätig dargeftellt wird, ift der Eindruck der eines jenfeits aller Aefthetik liegenden Grauens. Ebenfo an dem fpäten Grabmal Alexander's VII., wo das Skelet gefpenftig unheimlich den riefigen Marmorvorhang, der die Thür zur Gruft verbergen follte, aufhebt, als wolle es zum Eintreten auffordern. Auch diefe Marmordraperieen find eine koloffale Uebertreibung der an mittelalterlichen Gräbern vorkommenden befcheidenen Vorhänge. Das Befte an folchen Denkmälern find noch die Portraitftatuen, obwohl auch an diefen der kokette Naturalismus mit virtuofenhafter Darftellung der Kleiderftoffe prahlt. — Grabmäler.

Wie nun in diefem berninifchen Styl alle Geftalten in dramatifche Bewegung gefetzt werden, fo können auch die allegorifchen Figuren, mit denen man eine grofse Verfchwendung treibt, nicht mehr in der ihnen fo nothwendigen Ruhe verharren. Sie müffen fich an dem allgemeinen Komödienfpiel betheiligen und irgend eine Scene möglichft gewaltfam aufführen. Da giebt es Lafter, die fich mit den Tugenden herumbalgen; Zweifel und Ketzerei, die von der Religion unbarmherzig zu Boden gefchmettert werden, und was dergleichen feine Erfindungen mehr find. Der Widerfinn der Charakteriftik fteht mit dem Aberwitz des Einfalles auf gleicher Höhe. Keiner unter diefen Künftlern hat fo viel richtigen Takt, zu empfinden, dafs allegorifche Figuren Allegorifche Figuren.

in demſelben Maaſse unwahrer und unwahrſcheinlicher werden, als ſie aus dem ruhigen Sein herausſchreiten und uns allerlei theatraliſche Scenen vorgaukeln. Am wenigſten verträgt man dergleichen in der ſo handgreiflich an den Stoff gebundenen Plaſtik; viel leichter in der Malerei, und am erſten in der Poeſie. Immer jedoch gehört dies Gebiet nicht zum lebensvollſten im Reiche des Schönen.

*Gewandbehandlung.*

Was endlich die Gewandung betrifft, ſo entſpricht ſie in Styllosigkeit genau dem Uebrigen. Von der plaſtiſchen Bedeutung der Draperie hat Bernini keine Ahnung mehr, und es iſt das der ſtärkſte Beweis für die Macht einer falſchen Mode, wenn man bedenkt, welche Maſſe der ſchönſten Antiken dort das Auge überall umgiebt. Flatternd, bauſchend, unruhig, in Zipfeln auslaufend, den Körper nirgends mehr markirend, höchſtens in widerlichem Raffinement ihn durchſcheinen laſſend, ſo zeigt ſich die ganze ideale Gewandung dieſer Zeit. Während in der früheren Epoche die Malerei ſogar ihren Gewandſtyl der Plaſtik und der Antike nachbildete und dadurch zu der unvergleichlich hohen Reinheit raffaeliſcher Geſtalten durchdrang, ahmt die Plaſtik umgekehrt jetzt die entarteten Draperieen der Malerei nach. Und auch dieſe Entartung der Schweſterkunſt iſt in ihren erſten Keimen auf Correggio zurückzuführen, von welchem die Barockzeit überhaupt am meiſten gelernt hat. Aber ſie bringt es dann in der Plaſtik ſo weit, daſs die Bewegung des Körpers nicht mehr das Motiv für den haſtig wirren Faltenwurf abgiebt, ſondern daſs die Gewänder ſich eine ſelbſtändige Bewegung anmaſsen, die ebenſo falſch und erlogen iſt wie alles Uebrige. —

*Andere Meiſter.*

Ich beſchränke mich im Folgenden darauf, einige der bezeichnendſten Exceſſe, aber auch einige der beſſeren Werke der berniniſchen Richtung und Zeit hervorzuheben. Um mit den letzteren zu beginnen, ſei zunächſt das Marmorbild der todt daliegenden Cäcilia in S. Cecilia zu Rom als ein zwar maleriſch gedachtes, aber innig und einfach empfundenes Werk des *Stefano Maderna* (1571—1636) genannt. Bedeutender iſt *François Duquesnoy* von Brüſſel und deſshalb »*il Fiammingo*« genannt (1594—1644), der nicht allein in Kinderfiguren ächte Naivetät entfaltete (u. A. die berühmte Brunnenfigur des Manneken-Pis in Brüſſel), ſondern auch in ſeiner h. Suſanna (in S. Maria di Loreto zu Rom) und im koloſſalen S. Andreas (in der Peterskirche) Beweiſe einer ſchlichten, edlen Auffaſſung gab.

*Stefano Maderna. Duquesnoy.*

Die Mehrzahl freilich, namentlich unter den Italienern, geht eifrig in den Irrwegen Bernini's. So *Aleſſandro Algardi* (1598—1654), deſſen Darſtellung des Attila, auf dem Altare Leo's I. im linken Seitenſchiff der Peterskirche, die ganze maleriſche Ausſchweifung des damaligen Reliefſtyles, verbunden mit Reminiſcenzen aus Raffael's Frescobilde deſſelben Gegenſtandes zeigt. Einer der affectirteſten iſt *Francesco Mocchi* (—1646), wie ſeine marmorne Verkündigung im Dom zu Orvieto beweiſt. Maria und der Engel ſtehen auf Wolken, und während dieſer in künſtlichſter Weiſe ſo dargeſtellt iſt, daſs er haſtig im Fluge daher zu ſchweben ſcheint, nimmt die demüthige Magd des Herrn eine höchſt theatraliſche Miene der Entrüſtung an, als weiſe ſie eine ungebührliche Zumuthung zurück. Von Mocchi ſind auch die würdeloſen 1625 vollendeten ehernen Reiterbilder des Aleſſandro und Ranuccio Farneſe auf dem

*Algardi.*

*Mocchi.*

Marktplatze zu Piacenza. Sodann lernt man in dem Franzosen *Pierre Legros* (1656—1719), dessen Hauptthätigkeit Rom angehört, einen späteren exaltirten Nachtreter berninischer Ueberschwänglichkeit kennen. In der Kirche del Gesù sieht man am Altare des h. Ignatius eine jener läppischen Allegorien, mit denen die Jesuiten damals ihre Kirche zu schmücken liebten: die Religion, eine klösterlich verhüllte Frau, in der Linken unbehülflich genug Kreuz und Buch haltend, in der weit ausholenden Rechten einen Blitz schwingend, schmettert die Ketzerei in den Abgrund. Letztere ist würdig vertreten durch einen zwischen Schlangen und den Büchern Luther's und Calvin's sich am Boden windenden Mann und durch ein häfsliches altes Weib, das sich die Haare ausrauft. Wenn solcher Wahnwitz noch durch erträgliche Formen geniefsbar würde! So aber stehen Composition und Formbildung auf gleich tiefem Niveau. Von ähnlich geistreicher Erfindung ist die ebenbürtige Gruppe, welche *Trudon* für die andere Seite des Altares arbeitete: der Glaube wirft die Abgötterei zu Boden. Legros.

Die Kokketterie mit durchscheinenden Gewändern tritt besonders widrig an zwei vielbewunderten Marmorwerken der Kapelle S. Maria della Pietà de' Sangri in Neapel hervor. Das eine ist der von *Sammartino* gearbeitete todte Christus, dessen Formen durch das dünne Leichentuch sichtbar sind. Wenn es gewifs bezeichnend für die Gedankenlosigkeit des frivolen Virtuosenthums ist, einen solchen Gegenstand zum Schauplatz derartiger Künstelei herabzuwürdigen, so wirkt doch die ebendort von *Corradini* in derselben Weise dargestellte sogenannte »Schamhaftigkeit« noch viel widerwärtiger, weil ihre Formen eben dadurch nur um so schamloser sich bemerkbar machen. Der dritte im Bunde ist *Queirolo* mit dem »getäuschten Laster«, d. h. einem Manne, der sich unter Beistand eines Genius aus einem grofsen Netze zu befreien sucht. Wie immer hält hier das freche Virtuosenthum mit der Fadheit des Inhalts gleichen Schritt. Und das sind Werke aus der Mitte des vorigen Jahrhunderts! So lange also hielt der Barockstyl sich aufrecht. Dagegen thut es wohl, auch einmal dem Ausdruck wirklicher Andacht und stiller Sammlung des Gemüthes zu begegnen, wie in der schlichten Statue des h. Bruno in der Karthäuserkirche von S. M. degli Angeli zu Rom, von einem der damals dort vielbeschäftigten französischen Künstler, *Jean Antoine Houdon* (1741—1828). Doch damit stehen wir auch an den Grenzen der Epoche und spüren schon das Wehen einer reineren Atmosphäre. Von Houdon ist auch die fein behandelte Statue Voltaire's im Theatre français zu Paris. Die Sammlung des Louvre besitzt von seiner Hand eine ausgezeichnet geistvolle Bronzebüste Rousseau's und die Erzstatue einer ganz nackten Diana, von trefflicher Durchführung, fein und leicht, wenn auch mehr im Charakter einer Venus. In der Revolution wurde der Künstler angeklagt, weil er ein altes Bild der h. Scholastica in seinen Mufsestunden überarbeitet hatte, und nur ihre Umwandlung in eine Statue der Philosophie rettete sein Leben. Sammartino. Corradini. Queirolo. Houdon.

In Frankreich ist die Plastik dieser Zeit weltlicher als in Italien. Ihre Aufgaben bewegen sich um die Verherrlichung der Fürsten und des prachtliebenden Hofes. Aber eben defshalb genügt sie in den meisten Fällen weit mehr, weil die religiöse Stimmung in dieser Zeit doch einmal voll Unwahrheit war. Allerdings lag für die Bildnerei hier eine andere Gefahr nahe: im Sinne Plastik in Frankreich.

ihres Gebieters, Ludwigs XIV., des »grofsen Königs«, in einen renommiflifchen Apotheofenftyl zu verfallen. Wie man es ihm am beften recht machen konnte, beweift feine Marmorbüfte von *Bernini* im Mufeum zu Verfailles (Galerie 96 des erften Stocks No. 1889): ganz Theaterhalbgott, hochnafig, kalt und perückenumwölkt, die Karikatur eines Jupiter! Derfelbe incarnirte Despot, der die fchlichte Wahrheit niederlandifcher Genrebilder mit dem bezeichnenden Ausfpruch von fich wies: »qu'on m'ôte ces magots-là«, mufste wohl von der Kunft das hohle theatralifche Pathos verlangen, das fein ganzes Wefen ausmacht und das fein Lieblingsmaler Lebrun fo meifterlich verftand. Auch die Plaftik bleibt nicht frei von diefem pathetifch Aufgedonnerten; aber im Ganzen weifs fie fich doch viel Gediegenheit und Ernft der Auffaffung zu erhalten, der vor Allem in ihren Bildnifsdarftellungen zur Erfcheinung kommt. Zwar hielt die Zeittracht mit ihren Perücken, Reifröcken und dem ganzen aufgebaufchten Wefen ihr manche Klippe entgegen, die fie auch durch Aufnahme des römifchen Koftüms und naive Verbindung deffelben mit der Allongeperücke nicht gänzlich umfchiffte. Dennoch wetteifert fie, innerhalb gewiffer Grenzen, in Feinheit der Auffaffung mit den Bildniffen eines Mignard und Rigaud, die freilich felbft aus dem, was der Sculptur Nachtheil brachte, dem üppigen Zeitkoftüm, für fich Vortheile zu ziehen wufsten.

Simon Guillain. Von einem der älteren Künftler, die den Uebergang zu diefer Epoche bilden, *Simon Guillain* (1581—1658), befitzt die Sammlung des Louvre drei tüchtig gearbeitete Erzbilder des zehnjährigen Ludwig XIV. und feiner Aeltern, die von dem im Jahre 1648 errichteten Pont au Change ftammen. Von demfelben Denkmal rührt ebendort das Steinrelief mit Gefangenen und Trophäen, etwas überfüllt, aber in klarer Anordnung und trefflicher Auffaffung. Es ift noch ein fchöner Nachklang der guten Zeit. Auch von *Jacques Sarrazin* (1588—1660) fieht man dafelbft mehrere tüchtige Arbeiten, unter denen namentlich die Bronzebüfte des Kanzlers Pierre Séguier voll Leben und feiner Naturwahrheit. Auch *François Anguier* (1604—1669), den Schüler Guillains, lernt man dort als einen fehr tüchtigen Bildhauer verwandter Richtung kennen. An dem aus einer Marmor-Pyramide beftehenden Denkmal der Herzöge von Longueville find die Statuen der vier Tugenden durchaus edel, ohne Manier, fchlicht affectlos in fein entwickelten Gewändern. Dagegen haben die vergoldeten Marmorreliefs alle gute Tradition der früheren Epoche abgeftreift und zeigen fich in wirr und übertrieben malerifcher Anordnung. Die Marmorftatue des berühmten Parlamentspräfidenten de Thou, welcher knieend vor einem Betpulte dargeftellt ift, läfst zwar eine bedeutendere Auffaffung vermiffen, erfreut aber doch durch fchlichte Wahrheit und würdige Haltung. Wo es dagegen auf Affect ankommt, wie bei dem Marmorgrabmal des Johanniterritters Jaques de Souvré († 1670), da wird Anguier unfehlbar theatralifch. Der Ritter ift fterbend dargeftellt, von einem Genius betrauert. Auch die Marmorftatue des kühnen und unglücklichen Herzogs Heinrich II. von Montmorency († 1632), welche feine Gemahlin 1652 errichten liefs (jetzt in der Kapelle des Collège zu Moulins), ift im Streben nach weicher Eleganz nicht ganz unbefangen geblieben. Der Held ruht etwas zu anmuthig halb liegend hingegoffen, in römifchem Feldherrnkoftüm; aber der Kopf ift fein und lebendig wie ein van

Dyck. Seine Gemahlin dagegen, zu einer Art büfsender Magdalena von Carlo Dolci ftylifirt, fitzt und ringt die Hände mufsig im Schoofse. Die frühere Zeit hätte fie ficher noch betend dargeftellt. Von ähnlicher Feinheit der Portraitauffaffung ift das Marmordenkmal des Herzogs von Rohan († 1655), jetzt in Verfailles (ebenda No. 1892); aber die beiden Genien, von denen der eine dem Sterbenden den Kopf ftützt, der andere ihn feufzend mit dem Herzogs-

Fig. 352. Der Proferpinaraub von Girardon. Verfailles.

mantel bedeckt, find ganz manierirt. So ergreift das Dramatifche auch diefe ernften Denkmale, in welchen früher der Verftorbene entweder todt oder lebend, nie aber im Momente des Sterbens dargeftellt war. Auch hier wollte der Affect fein Recht.

Von *Michel Anguier*, des François jüngerem Bruder (1612—1686), befitzt die Sammlung des Louvre die treffliche Marmorbufte Colberts. — Von *François Girardon* (1628—1715) ficht man dort eine recht lebendig aufgefafste

Michel Anguier.

Girardon.

Bronzestatuette Ludwigs XIV. zu Pferde, das Modell zu dem in der Revolution zerstörten Reiterbilde des Königs. Außerdem eine meisterlich durchgeführte, lebensfrische Marmorbüste Boileau's. Energisch und sehr geschickt aufgebaut ist sodann die Gruppe des Raubes der Proserpina, im Garten von Versailles (Fig. 352). In der Kirche der Sorbonne zu Paris rührt von seiner Hand das Grabmal des Cardinals Richelieu. –

Puget. Einer der berühmtesten und übertriebensten Künstler dieser Zeit ist der vielseitige und vielbeschäftigte *Pierre Puget* (1622–1694). Voll Natur und energischen Lebens, aber durch den brutalen Gegenstand abschreckend wirkt seine Gruppe des Milon von Kroton, der sich vergeblich bemüht, von den zerfleischenden Krallen des Löwen sich zu befreien; zudem häßlich in den Linien und manierirt im Aufbau (inschriftlich 1682). Ebenfalls in der Sammlung des Louvre ist die aus dem J. 1684 datirende Gruppe des Perseus, der Andromeda befreit; wieder rein malerisch componirt und mit großer Keckheit bewegt, in den Formen aber edler und im Ausdruck lebendig. Meisterhaft naturalistisch in ganz malerischem Hochrelief ist ebendort sein Alexander und Diogenes. In diesen und anderen daselbst befindlichen Werken giebt er sich als einen der entschiedensten Nachfolger Bernini's zu erkennen. Auch der Nieder-

Desjardins. länder *Martin Desjardins*, eigentlich *M. van den Bogaert* (1640–94) gehört mit seinen im Louvre befindlichen Werken durchaus der französischen Schule an. Das Marmorrelief des vom Ruhme gekrönten Herkules ist ziemlich akademisch, dabei nur mäßig theatralisch und gut durchgeführt. Von dem Reiterstandbilde Ludwigs XIV., welches er für den Siegesplatz in Paris schuf, sind nur die sechs Bronzereliefs des Fußgestells übrig geblieben. Fleißig ausgearbeitet, leiden sie an der malerischen Willkür, an affectirtem Pathos und übertrieben langen Gestalten. Die Marmorbüste des Marquis Eduard Colbert, Bruder des Ministers, ist etwas hart, flach und äußerlich. – Endlich haben wir

Coysevox. in dieser Reihe als einen der tüchtigsten *Charles Antoine Coysevox* von Lyon zu nennen (1640–1720). Seine Bildnißdarstellungen, die man in der Sammlung des Louvre sieht, wie die geistreiche Marmorbüste Richelieu's, das etwas theatralische aber trefflich behandelte Marmorstandbild Ludwig XIV., die höchst lebendigen Büsten von Bossuet, Lebrun und Mignard, dessen nervöser Kopf mit einer Feinheit gegeben ist, als ob er sich selbst gemalt hätte, die edle naturwahre Büste der Marie Serre, Mutter von Hyazinthe Rigaud, das sind Arbeiten, die nur selten durch einen Anflug von Attitüde getrübt werden. Mit bewundernswürdiger Technik sind dabei die pompösen Lockenungeheuer der Allongeperücken behandelt. Sein Hauptwerk ist aber ebendort das großartig aufgebaute, opulente, im Umriß vortreffliche Grabmal Mazarin's. Der Marmorstatue des knieenden Ministers fehlt freilich die innere Empfindung, aber sie ist im Sinn einer würdevollen Repräsentation edel aufgefaßt und mit vollendeter Meisterschaft durchgeführt. In den drei auf den Stufen des Monumentes sitzenden Erzfiguren der Klugheit, des Friedens und der Treue herrscht eine reine, von der Antike und den Traditionen des 16. Jahrhunderts genährte Auffassung, die bei feinster Durchbildung der Köpfe, Hände und Gewänder jede kleinliche Manier der Zeit vermeidet. Auch die beiden Marmorgestalten der Caritas und der Religion sind bei etwas weicherem Style, etwa in der Weise Guido Reni's, recht edel.

Fig. 353. Flora, Marmorfigur von René Frémin.

Spätere Künstler.

Im Laufe des 17. Jahrhunderts geht die französische Sculptur zu einer zahmeren Eleganz über, die sich besonders in einer selbstgefälligen süsslichen »Grazie« nicht genug zu erschöpfen weiss. Ein Hauptvertreter dieser Richtung ist *René Frémin* (1674—1744), der in Paris vielbeschäftigt war und selbst nach Spanien berufen wurde, wo er für den Palast von S. Ildefonso Mehreres arbeitete. Am besten gelingen ihm, wie der Mehrzahl seiner Zeitgenossen, Werke einer leichten zierlichen, ins Decorative hinüberspielenden Gattung (Fig. 353).

Frémin.

Die beiden Coustou.

Meistens verbindet sich mit dieser äusserlichen Eleganz ein gespreizt kokettes Wesen, wie in Coyzevox' Neffen und Schüler *Nic. Coustou* (1658—1733), dessen Marmorstatue Ludwigs XV. in der Sammlung des Louvre ganz in äusserlichste, nichtigste Theater-Attitüde aufgeht. Ebendort von ihm ein nicht minder bezeichnendes Relief: »Apollo zeigt dem dankbar entzückten Frankreich die Büste Ludwigs XIV.« Nicht minder manierirt ist der jüngere Bruder dieses Künstlers, *Guillaume Coustou* (1678—1746), wie man z. B. an dem Marmorstandbilde der Maria Leczinska in der Sammlung des Louvre ficht, wo der allerdings weich und fein behandelte Kopf nicht entfchädigt für die affectirte Anordnung des Ganzen. Es ift dies ein Beifpiel, wie man damals felbft in der fchlichten Bildnifsauffaffung kein Genüge mehr fand. Allerlei Attribute und Allegorien werden herbeigequält, um eine poetifch-ideale Darftellung zu erreichen, ohne dafs man merkt, wie Alles nur auf die Karikatur einer folchen hinausläuft. So auch hier: »L'oiseau de Junon, posé derrière la reine, indique aux mortels la femme de Jupiter.« — Schöner Jupiter! — Wenn die römifchen Imperatoren fich fo apotheofiren liefsen, fo hatte das noch einen halben Sinn; hier aber, bei der modernen Traveftie des römifchen Imperatorenthums, fammt ihren Reifröcken, Perücken und dem übrigen koftbaren Koftumplunder wird dergleichen zum lächerlichen Aberwitz. Von demfelben Künftler find die beiden manierirten Roffebändiger am Eingang der Champs Elyfées, ehemals im Schlofsgarten zu Marly. — Endlich fei noch *Edmé Bouchardon* (1698—1762), ein Schüler des jüngeren Couftou, genannt, welcher das in der Revolution zerftörte Reiterbild jenes modernen »Jupiter« gegoffen hatte, das nach feinem Tode von *Jean Baptifte Pigalle* (1714—1785) vollendet wurde. Von letzterem fieht man in der Sammlung des Louvre eine elegante Büfte des Marfchalls Moritz von Sachfen, die einem in Marmor überfetzten Bilde von Pesne gleich kommt. Sodann arbeitete er von 1765—76 das prachtvolle Denkmal diefes ausgezeichneten Feldherrn für die Thomaskirche in Strafsburg. Das Monument, welches die ganze Schlufswand des Chores ausfüllt, ift allerdings durchaus malerifch, oder vielmehr wie eine grofse Bühnenfcene gedacht, aber im Einzelnen doch edler durchgeführt als die meiften gleichzeitigen Werke. Die elegante Heldengeftalt des Marfchalls fchreitet in vornehmer Haltung ohne theatralifches Pathos, voll ruhigen Selbftgefühls, die Stufen hinab, die, ohne dafs er es zu merken fcheint, auf das offene Grab führen. (Giebt man einmal die ganze unplaftifche) Gattung zu, fo mufs man eingeftehen, dafs die Vorftellung von dem unvermutheten Tode, der mitten im Frieden den Helden hinraffte, nicht eindringlicher gegeben werden konnte. Während er hinabfchreitet, unbekümmert darüber, dafs eine theilnehmende Frauengeftalt (Frankreich) ihn zurückzuhalten fucht, lauert am offnen Sarge der Tod, deffen Skelet durch die halbe Verhüllung in ein grofses Leichentuch nur noch graufiger wird. Geradezu lächerlich wirkt aber der weinende Herkules, und mehr noch die drei Wappenthiere Hollands, Englands und Oefterreichs (Löwe, Leopard, Adler), welche aus Furcht vor dem Helden wild übereinanderpurzeln. Es find alfo auch hier die bedenklichen Mittel berninifcher Kunft, durch welche vor Allem ein frappanter Effect erzeugt wird. Das Befte ift und bleibt die elegante Geftalt des Marfchalls. —

Bouchardon.

Pigalle.

Sculptur in den Niederlanden.

In den Niederlanden wird die Plaftik nicht fo fchwungvoll und glänzend betrieben, zeichnet fich aber durch kräftigeren Naturfinn und ein längeres Fefthalten an der gefunden Tradition aus. Auch hier laffen fich die Einflüffe der gleichzeitigen Malerei nicht verkennen, und das energifche Lebensgefühl der Meifter mahnt an die bedeutenden Leiftungen eines Rubens und feiner Schule. Von Duquesnoy war oben fchon die Rede. Hier ift fein begabter Schüler *Arthur Quellinus*, 1607 zu Antwerpen geboren, als einer der tüchtigften und erfindungsreichften Bildhauer der Zeit zu nennen. Als die Stadt Amfterdam, wie zur Bekräftigung der fiegreich durchgeführten Kämpfe für

Quellinus.

die Freiheit des Landes, 1648 ihr grofsartiges Rathhaus zu erbauen begann, erhielt Quellinus den Auftrag, daffelbe mit Bildwerken zu fchmücken. Von ihm find die zahlreichen Sculpturen des Innern, deren einfach edler Styl (Fig. 354) an die würdevolle Schönheit der Werke feines Meifters erinnert. In den beiden Giebelfeldern brachte er grofse Compofitionen an, in denen die Seemacht der reichen Handelsftadt verherrlicht wird; in dem vorderen thront fie felbft, eine üppige Rubens'fche Geftalt, umraufcht von dem Jubel der phantaftifchen Meergottheiten, die der Herrfcherin ihre Huldigungen darbringen. Malerifche Gefetze bedingen allerdings auch hier die Anordnung; aber innerhalb derfelben ift doch eine gute plaftifche Wirkung erreicht, die durch kräftiges Naturleben und eine frifche Behandlung der Formen fich anziehend ausfpricht.

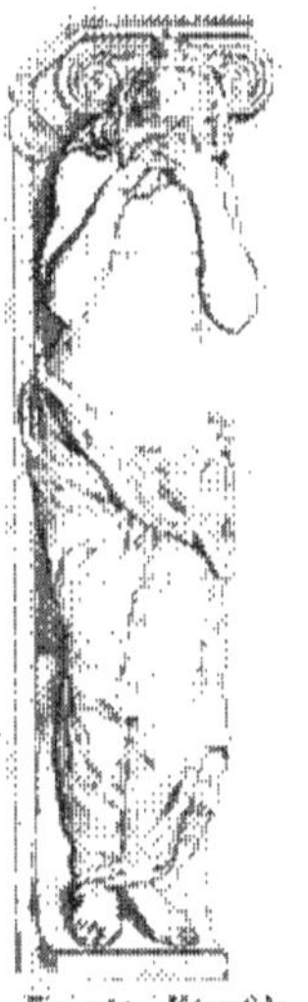

Fig. 354. Karyatide von Quellinus.

Deutsche Bildnerei.

Deutfchland wird im 17. Jahrhundert durch die Verheerungen des 30jährigen Krieges nicht allein von allem künftlerifchen Schaffen abgehalten, fondern für lange Zeit in eine Erfchöpfung und Muthlofigkeit geftürzt, die dem Aufblühen einer felbftändigen Kunftthätigkeit den geiftigen und materiellen Boden entzog. Auch hier ift es dann bezeichnend, dafs eine neue Triebkraft in dem Staate zuerft hervorbricht, der durch den Heldenfinn des gröfsten Fürften der Zeit fich damals in jugendlicher Frifche erhob. Brandenburg unter feinem grofsen Kurfürften verbindet mit der politifchen Erneuerung des Lebens fofort auch die künftlerifche, und das gefinnungsverwandte Holland mufs ihm feine Baumeifter und Bildhauer leihen, um diefen Umfchwung vollziehen zu helfen. So knüpft man denn in Deutfchland die vielleicht nie abgebrochene Verbindung, welche in der früheren Epoche fchon mit den Niederlanden ftattfand, wieder an. Arthur Quellinus gehört zu diefen Künftlern, und eins der tüchtigften älteren Denkmale in Berlin, das Grabmal eines 1666 geftorbenen Grafen Sparr, im Chor der Marienkirche, fcheint auf feine Hand zu deuten.

Niederländischer Einfluss.

Andreas Schlüter.

Von folchen Einflüffen geht der grofse Baumeifter und Bildhauer *Andreas Schlüter* aus, der durch feine architektonifchen und plaftifchen Werke den erften Grund zur heutigen künftlerifchen Bedeutung Berlin's gelegt hat. In Hamburg um 1662 geboren, kam er früh mit feinem Vater, einem mittelmäfsigen Bildhauer, nach Danzig, wo damals meift durch niederländifche Künftler bedeutende Bauten ausgeführt wurden. Schlüter, der fich mit gleichem Eifer der Architektur und der Bildnerei zuwandte, fcheint feine weitere Entwicklung fowohl in den Niederlanden als in Italien gefördert zu haben. Um 1691 finden wir den noch nicht Dreifsigjährigen in Warfchau mit königlichen Aufträgen betraut. Schon 1694 wird er nach Berlin gerufen und dort zuerft als Bildhauer, dann auch als Baumeifter befchäftigt. Von ihm rührt der gefammte plaftifche Schmuck des von Nehring erbauten Zeughaufes: an den Aufsenfeiten die prächtig in fchöner Gruppirung angeordneten Trophäen, welche den edlen Bau bekrönen, befonders aber im Hofe über den Fenftern die Köpfe sterbender Krieger (Fig. 355 u. 56). Tiefsinnig erfunden, ergreifend ausgeführt, bilden sie die Kehrseite jenes freudigen Waffenglanzes der Façaden und erinnern mit tiefer Wahrheit des Ausdruckes an die tragische Bedeutung des Schlachtenlebens. Zugleich entstand 1697 das von *Jakobi* gegossene eherne Standbild Kurfürst Friedrichs III., eine charakteristisch lebensvolle Arbeit, jetzt in Königsberg aufgestellt. Seit 1698 schuf er dann sein Hauptwerk, das Reiterbild des großen Kurfürsten auf der langen Brücke zu Berlin (Fig. 357). Schon 1700 wurde das Werk von *Jakobi* gegossen und 1703 aufgestellt. Obwohl in den Formen der Zeit befangen, die für ideale Portraitbilder dieser Art das römische Kostüm vorschrieben, ist der Reiter auf seinem gewaltigen

Fig. 355 und 356. Masken sterbender Krieger von Schlüter. Berlin.

Friesenrosse so machtvoll energisch aufgefaßt, von so hoher geistiger Willenskraft erfüllt, so edel in der Haltung, und so unaufhaltsam in seinem Einherreiten, daß kein anderes Reiterbild an feuriger Majestät sich diesem vergleichen kann. Ebenso meisterhaft ist der Aufbau des Ganzen, namentlich durch die vier gefesselten Sklaven des Unterbaues, denen man darum einen gewissen Uebendrang der Bewegungen und der Formen gern zu Gute hält.

Außerdem sieht man im königlichen Stadtschloß zu Potsdam und in den Schlössern zu Charlottenburg und Berlin noch zahlreiche treffliche Decorationen Schlüters. Mitten auf der Höhe seines künstlerischen Wirkens (1706) traf ihn das Mißgeschick, daß ein alter Thurm, welchen Schlüter für Anbringung eines in Holland gekauften Glockenspiels — es war die Zeit dieser geschmacklosen Liebhaberei! — herrichten und bedeutend erhöhen sollte, wegen fehlerhafter Construction den Einsturz drohte und abgetragen werden mußte. Schlüter wurde vom Schloßbau entfernt und behielt nur seine Stelle als Hofbildhauer; aber feine Kraft war gebrochen. Innerlich zerruttet blieb er noch bis 1713 in Berlin. Durch Peter den Grofsen fodann nach Petersburg berufen, ftarb er dort fchon 1714. Seine Werke der Baukunft*) und der

Fig. 337. Der grofse Kurfürft, von Andreas Schlüter. Berlin.

Bildnerei gehören zu den lebensvollften und edelften Kunftfchöpfungen der ganzen Epoche.

*) Einen grofsen Baumeifter nenn' ich ihn trotz des Unglücks mit dem Münzthurme. Und wenn neuerdings auch das Maafs feiner eigenen Verfchuldung auf kritifcher Goldwaage feftgeftellt worden ift (durch *F. Adler* in der Zeitfchrift für Bauwefen, 1863), damit ja nicht etwa auf dem „grofsen Mäcen" der damaligen Berliner Kunft, König Friedrich I. der „fchwerfte Vorwurf" haften bleibe, fich durch Intriguen haben beftimmen zu laffen, fo fcheint mir doch der Vorwurf feftzuftehen, dafs man einen folchen Mann von der Leitung des Schloffes zurücktreten liefs und feine ganze künftlerifche Schöpferkraft untergrub, um Mittelmäfsigkeiten an die Stelle zu bringen. Man foll es wohl gar den

Im übrigen Deutſchland.

In den übrigen Gegenden Deutſchlands iſt wohl ſeit dem Ende des 17. Jahrhunderts noch manches plaſtiſche Werk, namentlich für Grabmäler und Altäre, ausgeführt worden; allein das Meiſte erhebt ſich nicht über eine kraftloſe, in allen Manieren der Zeit befangene Mittelmäſsigkeit. Hie und da weiſs wohl noch ein Künſtler reinere Klänge anzuſchlagen; ſo *Johann Lenz*, der 1685 in einem edlen, weichen Naturalismus und ſchöner Empfindung die Marmorfigur der ſchlummernden h. Urſula auf dem Grabe der Heiligen in ihrer Kirche zu Köln arbeitete. Aber ſolche Werke, in denen ſich gleichwohl der naturaliſtiſche Sinn der Zeit charakteriſtiſch ſpiegelt, gehören zu den ſeltenen Ausnahmen.

Donner.

Im Anfang des 18. Jahrhunderts iſt in Wien ein ebenſalls durch reineren Schönheitsſinn und edles Maaſs der Auffaſſung bemerkenswerther Meiſter *Georg Raphael Donner* thätig (1692–1741). Von ihm ſind die in Blei gegoſſenen eleganten Figuren der Vorſehung und der vier Hauptflüſſe Oeſterreichs an dem 1739 errichteten Brunnen auf dem neuen Markte zu Wien. Aber ſelbſt ſolchen vereinzelten Erſcheinungen eines friſcheren Naturgefühls merkt man es an, daſs ſie ſich in einer Zeit allgemeiner manieriſtiſcher Erſchlaffung kaum vor der Anſteckung zu bewahren vermögen.

# FÜNFTES KAPITEL.

## Die Bildnerei seit Canova.

Entartung des Lebens und der Kunſt.

Gegen Mitte des vorigen Jahrhunderts waren das Leben und die Kunſt auf einem äuſserſten Punkte der Unnatur und Verſchrobenheit angelangt. Was im 17. Jahrhundert wenigſtens mit einer überſtrömenden Fülle von Kraft aufgetreten war, welkte jetzt in ſchwächlicher Nachblüthe, der nicht ſelten die Zeichen greiſenhaften Aberwitzes aufgeprägt ſind. Wohl verſuchten Einzelne ſich aus dieſer Verſunkenheit zu befreien, indem ſie eine »Rückkehr zur Natur« predigten; aber es muſsten erſt tiefer eindringende, den inneren und äuſseren Zuſtand der europäiſchen Menſchheit von Grund aus umgeſtaltende Umwälzungen vor ſich gehen, ehe jener Drang nach Wahrheit und Natur zu bleibenden Erfolgen führen konnte. Wie die erſchöpfte Zeit nach einer erfriſchenden Wiedergeburt lechzte, das fühlen wir dem ſtürmiſchen Enthuſiasmus an, mit welchem dieſer Geiſt zu Tage ringt. Mit der jugendlichen Energie einer Sturm- und Drang-Epoche tritt er in unſerer nationalen Literatur auf; aber von allen Seiten

Umwälzung.

„groſsen Mäcenen" danken, wenn ſie ſich's gefallen laſſen, daſs groſse Künſtler ihnen Paläſte bauen, wie das Berliner Königsſchloſs?

begegnen sich, wie durch elektrische Berührungen erregt, die Gemüther, und auf allen Höhen des Geistes flammen gleichzeitig, wie auf geheime Verabredung, die Feuerzeichen dieser Revolution des gesammten Lebens empor. Rousseau's Emil erscheint 1762; Winckelmann's Geschichte der alten Kunst 1764, genau zweihundert Jahre nach dem Hinscheiden Michelangelo's; und abermals zwei Jahre darauf, 1766, giebt Lessing seinen Laokoon heraus. Welche Blüthe unsere Dichtkunst nach solcher neuen Befruchtung hervorbrachte, das braucht nur angedeutet zu werden. Von Göthe's Götz (1773) und Werther (1774), von Schiller's Räubern (1777) bis zur Iphigenia (1786) und zu Schiller's Meisterdramen durchläuft sie in staunenswerth kurzer Zeitfrist alle Stadien von wilder Gährung bis zu klassischer Vollendung.

Umschwung der Kunst.

Es genügt, an alles dies zu erinnern, um darauf hinzuweisen, wie die Neubelebung der Kunst gegen Ende des vorigen Jahrhunderts mit der Umgestaltung des ganzen Zustandes Europa's zusammenhängt. Wie wichtig vor allen Dingen die trotz ihrer furchtbaren Auswüchse ewig glorreiche französische Revolution auch für die Kunst geworden ist, darf nicht verschwiegen werden. War doch alles künstlerische Schaffen zuletzt nur noch auf eine schmeichlerische Vergötterung irdischer Macht hinausgelaufen. In diesem unwürdigen Sclavendienste war die Kunst zu einem gedankenlosen Virtuosenthum herabgesunken. Sie hatte keine höchsten Ideen mehr darzustellen; selbst die »Tugenden« waren ihr zuletzt fast abhanden gekommen, und eine seelenlose Schaar von Schemen wie »Ruhm und Ehre«, begleitet von koketten »Genien«, war die dürftige allegorische Zukost, mit der sie ihre Helden und Halbgötter schmackhaft zu machen suchte. Die Revolution setzte dieser eitlen Selbstvergötterung ein Ende. Sie brachte wieder den Gedanken in die Welt, dass die Völker Alles sind und die Dynastieen Nichts, wenn sie nicht vom Volksgeiste getragen werden. Seitdem kann die Kunst wieder Ideen darstellen, kann wieder wie im Mittelalter und zur Zeit der Griechen den höchsten sittlichen und religiösen, den nationalen und geschichtlichen Anschauungen der Völker zum Ausdruck verhelfen.

Studium der Antike.

Für die Plastik*) bedurfte es aber vor Allem einer neuen tieferen Auffassung der Antike, um zur ersten Voraussetzung gesunden Schaffens, zu einer Läuterung der Form zu gelangen. Dafür ist Winckelmann's Auftreten der epochemachende Wendepunkt. Zweimal schon, zur Zeit Nicola Pisano's und in den Tagen Lorenzo Ghiberti's, war die antike Kunst das läuternde, kräftigende Stahlbad für die Plastik geworden. Ein Jahrhundert später hatten dann Meister wie Andrea Sansovino und Michelangelo die Bildnerei, die wieder zu entarten drohte, auf die Bahnen der antiken Einfachheit und Schönheit zurückgeführt. Im Norden waren die Meister des 13. Jahrhunderts in einem richtigen künstlerischen Instinkt von ganz anderer Seite aus auf eine der Antike trotz aller Verschiedenheit doch analoge ideale Läuterung des Styles gekommen, und im Anfang des 16. Jahrhunderts war es Peter Vischer, in welchem der Begriff einer verwandten Formvollendung sich zu reiner Schönheit entfaltete. In allen diesen Epochen hatte die Antike unmittelbar oder mittelbar einen umgestaltenden Einfluss geübt.

*) Eine reiche Uebersicht der Leistungen moderner Plastik in den „Denkmälern der Kunst". Fol. Stuttgart. Ebner & Seubert.

Jetzt wurde sie abermals die Führerin der Plastik. Aber diesmal war es von der gröfsten Bedeutung, dafs ein Deutscher, der ebensoviel vom Tiefblick des Gelehrten wie vom Formgefühl des Plastikers und der begeisterten Empfindung des Dichters befafs, der neue Dollmetscher der antiken Kunst wurde. Durch Winckelmann lernte die Welt jene Schöpfungen zum ersten Mal in ihrer ganzen inneren Bedeutung erfassen; durch ihn ward namentlich der Begriff der griechischen Kunst, wenn auch zunächst für die Werke aus der Zeit des Phidias mehr durch Ahnung als durch Anschauung, wiedererweckt. Aber bald darauf sollte aus dem blofs Geahnten ein voll Angeschautes werden; denn seit die Denkmäler Athens, die dem Gedächtnifs Europa's fast entschwunden waren, durch Stuart und Revett (1761) zuerst in architektonischen Aufnahmen wieder bekannt gemacht wurden, war die Aufmerksamkeit auf jenen Sitz der edelsten Kunst hingelenkt. Bald lernte man auch ihren plastischen Schmuck schätzen, und seit Lord Elgin die Bildwerke des Parthenon und anderer attischer Monumente nach England versetzte, ist für die Wissenschaft die volle Würdigung, für die Kunst die erhabenste Anschauung der ewig gültigen Muster gesichert.

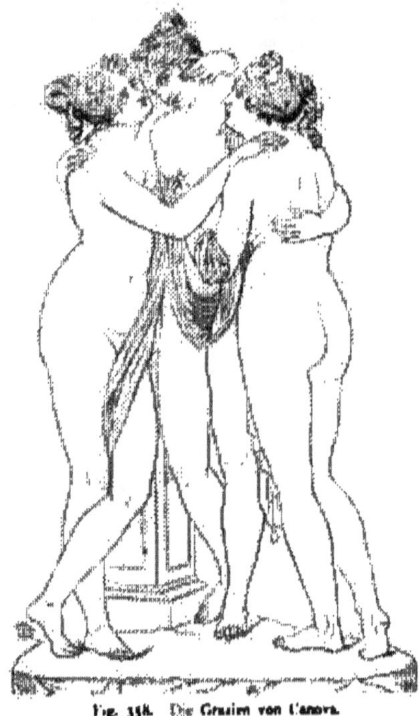

Fig. 358. Die Grazien von Canova.

Antonio Canova.

Der Venezianer *Antonio Canova* (1757—1822) ist der Erste, welcher der Bildnerei ein neues Leben einhaucht. Reichbegabt und von beweglicher Phantasie, wendet er der Antike sein Studium zu und schöpft aus ihrem Stoffkreise die Anregungen für seine hervorragendsten Werke. Dennoch vermag er sich nicht ganz von den Manieren der Zopfkunst zu befreien, findet noch nicht den Weg zur vollen Reinheit und Naivetät der Auffassung und bleibt namentlich im Relief ganz in den malerischen Netzen der früheren Zeit. Auch für die Einzelgestalt und mehr noch für die Gruppe fehlt ihm jene Ruhe und Abgeschlossenheit, welche die Grundbedingung aller ächt plastischen Schönheit ist. Am besten gelingt ihm das Anmuthige weiblicher Jugendgestalten, aber auch hier bleibt

Fig. 359. Mars und Venus von Canova.

er faſt nie ohne einen halb ſinnlichen, halb ſentimentalen Anflug, ohne jene kokette Grazie, welche ſeiner Zeit eigenthümlich war. Denn im überkünſtelten Haarputz, im weichlichen Lächeln, ſelbſt im Schnitt ſeiner Frauenköpfe erinnert er an jene Modegeſtalten, welche nach dem Untergang der Reifrockherrſchaft in lächerlich engen Gewändern, hochgegürtet und wohlfriſirt, ſich ganz aſpaſiſch vorkamen. Zu den reinſten Gebilden weiblicher Anmuth gehören ſeine Hebe im Muſeum zu **Berlin** und ſeine Pſyche in der Reſidenz zu **München**. Dagegen ſind ſeine Tänzerinnen etwas zu bewuſst und überzierlich, und der Mangel an Naivetät bezeichnet auch die Polyhymnia, ſowie die verſchiedenen Venusdarſtellungen, in denen ihm die ohnehin ſchon abſichtsvolle mediceiſche als Muſter vorſchwebte. Aber ſelbſt ſolche bereits raffinirte Schöpfungen der Antike ſtehen an Einfachheit über ſeinen meiſten verwandten Werken. Denſelben Mangel an Unbefangenheit bemerkt man an den Grazien (Fig. 358), die obendrein als Gruppe wieder rein maleriſch gedacht ſind. Ihnen entſprechen die drei Muſen Aglaia, Thalia und Euphroſyne, welche ſich gefallen laſſen müſſen, an ſchmachtender Koketterie mit jenen zu wetteifern. Wie völlig übrigens damals die Nachahmung der Antike vorherrſchte, und was man an der Antike vor Allem ſchätzte, erkennt man am beſten aus der Marmorſtatue von Napoleons Schweſter Pauline in der Villa Borgheſe zu **Rom**, die »im Koſtüm der mediceiſchen Venus« auf einem Polſterbett ausgeſtreckt liegt*).

Etwas wohlthuender berühren ſeine männlichen Idealgeſtalten. So der Paris in der Glyptothek zu **München**, und der Hektor im Beſitze des Grafen Sommariva. Auch in manche Gruppencompoſition geht dieſe einfachere Empfindung über, wie in die bekannte von Mars und Venus (Fig. 359). Wo dagegen die Aufgabe eine leidenſchaftlichere Bewegung verlangt, da verliert Canova ſich in übertriebene Muskulatur und in theatraliſche Affectation. Maaſsvoll erſcheint noch eins ſeiner früheſten Werke, der den Kentauren bezwingende Theſeus, im ſog. Theſeustempel zu **Wien**; aber in ſeinem Perſeus tritt ſchon eine unglückliche Nachahmung des Apoll von Belvedere zu Tage, die um ſo ungünſtiger wirkt, als man dem modernen Werke die gefährliche Ehre erwieſen hat, dicht bei den berühmteſten Antiken im Belvedere des **Vaticans** aufgeſtellt zu werden. Wenn man vollends ebendort die beiden Fauſtkämpfer Kreugas und Damoxenes ſieht mit ihrer widerlich übertriebenen Körperbildung, dem gemeinen Ausdruck der Köpfe und der brutalen Rohheit des ganzen Gegenſtandes, ſo wird man geſtehen müſſen, daſs Canova bei allem Verdienſt die Plaſtik doch wieder hart an den Abgrund geführt hat, und daſs es anderer Meiſter bedurfte, um ſie vollends zu läutern und zu befreien. Ein wo möglich noch abſcheulicheres Werk dieſer Gattung iſt der raſende Herkules, welcher den Lichas gegen einen Felſen ſchleudert. Hier entſpricht dem Abſchreckenden des Stoffes die ſchwülſtige Körperbildung und der ins Graſſe geſteigerte Ausdruck.

Denkmäler Canova's.

Gegenüber allen dieſen Werken, die ſelten einen reinen Eindruck gewähren, iſt nun aber auf einige groſse Grabdenkmäler hinzuweiſen, in welchen

*) Die ſtrenge Wahrheit verlangt indeſs die Bemerkung, daſs die Dame nur zur Hälfte nackend dargeſtellt iſt.

Canova zuerst wieder einen ächt plastischen Ton angeschlagen hat. Zunächst in S. Apostoli zu Rom (1782) das Monument Clemens XIV. Ganganelli; oben der sitzende Papst, zu beiden Seiten Unschuld und Mäfsigkeit. Hier ist, nachdem mit den Grabmälern so lange Zeit hindurch Komödie gespielt wurde,

Fig. 360. Grabmal Clemens XIII. von Canova. Peterskirche zu Rom.

wieder wahrhaft plastische Anordnung, Ernst und Würde. Sodann in S. Peter das Denkmal Clemens XIII. Rezzonico vom Jahre 1792 (Fig. 360) mit der edel empfundenen Gestalt des betenden Papstes und den gewaltigen Löwen als Grabeswächtern. Zwar fehlt der Figur der Religion, die mit Strahlenkranz und grofsem Kreuz dabeisteht, eine ächte innere Erhabenheit, und der schlafende Genius mit umgeftürzter Fackel, ihr gegenüber, fällt etwas ins Weichliche: aber dennoch berührt die ernfte Einfachheit, die feierliche Ruhe des Ganzen wohlthuend. Im Vergleich mit den theatralifchen Monumenten der Barockzeit fühlt man fich hier mit einem Schlage in eine reinere Atmofphäre verfetzt. Später (1796—1805) fiel zwar Canova bei dem prachtvollen Grabmal der Erzherzogin Chriftiana, in der Auguftinerkirche zu Wien, wieder in die mehr malerifche Anordnung zurück und liefs eine Scene wie in einem lebenden Bilde fich vor den Augen des Befchauers entfalten: aber wenn dies auch abermals beweift, dafs feine plaftifchen Grundfätze nicht vor unklaren Schwanken gefichert waren, fo ift es doch eine ernfte, würdevolle Stimmung, die auf dem ftillen Trauerzuge lagert. Aufserdem fchuf er für S. Croce zu Florenz das Grab Alfieri's, und für S. Maria de' Frari zu Venedig das Denkmal Tizians, welches letztere nach feinem Tode mit leichten Aenderungen dort für ihn felbft errichtet wurde. In feinem Geburtsort Poffagno errichtete er kurz vor feinem Tode ein prachtvolles Gotteshaus, für welches er ein koloffales Marmorbild der Religion und eine Pietas arbeitete. Letztere wurde nach feinem Modell in Marmor ausgeführt.

Andere gleichzeitige Meifter. Gleichzeitig mit Canova machten in Rom mehrere begabte Bildhauer ebenfo eifrig ihre Studien nach der Antike, deren einfache Schönheit jeder nach Kräften fich anzueignen bemüht war. Aber nicht blofs die eigene Individualität, fondern auch die nationalen Verfchiedenheiten fprachen mit und beftimmten die gröfsere oder geringere Tiefe ihres Eindringens. Denn faft jedes Volk fandte in diefem grofsen Wettkampf feinen Vertreter, durch den es fich bei diefer Neubelebung der Bildnerei betheiligte. Von den Franzofen war es

Chaudet. *Antoine Denis Chaudet* (1763—1810), der in ftrenger Hingabe an die Gefetze der antiken Plaftik fich einen Styl bildete, deffen Reinheit freilich etwas von dem kühlen Hauche fpüren läfst, welcher fämmtlichen klafficiftifchen Beftrebungen der Franzofen anhaftet. In diefer Richtung fchuf er für die Säulenhalle des Pantheons zu Paris das Relief eines fterbenden Kriegers, der vom Genius des Ruhmes in den Armen aufgefangen wird. Seine Statue des Cincinnatus, für den Saal des Senats gearbeitet, ift vollkommen fchlicht und edel, und das ebenfalls antik aufgefafste Marmorftandbild Napoleons, jetzt im Mufeum zu Berlin, gehört zu den würdevollften Darftellungen diefer Art.

Dannecker. Unter den Deutfchen gebührt *Johann Heinrich Dannecker* aus Stuttgart (1758—1841) das Verdienft, die Schönheit der Antike mit edler Innigkeit aufgefafst und in anmuthigen Werken rein ausgefprochen zu haben. In feinen früheren Werken vermag er fich, wie Canova, noch nicht ganz von der Auffaffungsweife des vorigen Jahrhunderts frei zu machen, wie es namentlich in der oft überzierlichen Behandlung des Haares und der Gewänder, fowohl bei Idealbildern wie bei Portraits zu Tage tritt. Später läutert fich fein Styl zu hoher Reinheit und klaffifcher Anmuth, fo dafs manche feiner Schöpfungen zu den vollendetften der neueren Plaftik gehören. So der ganz in antikem Geifte gefchaffene Amor und, als Gegenfatz zu demfelben, die reizende Pfyche im Schloffe Rofenftein bei Stuttgart, ferner der naive, in fchlichter Naturwahrheit durchgeführte Faun im Schlofsgarten zu Ludwigsburg, vor Allem aber die berühmte Ariadne, die in weicher Ruhe auf dem breiten Rücken eines Panthers hingegossen liegt, im Bethmann'schen Hause zu Frankfurt. In seinem Hektor, welcher Paris der Weichlichkeit anklagt, erkennt man noch einen Nachklang von dem theatralischen Pathos der Kunst des vorigen Jahrhunderts, so meisterlich auch das Werk vollendet ist; dagegen gehören wieder zu seinen lautersten Schöpfungen das Mädchen, welches um den todten Vogel trauert, die herrlich componirte Nymphe, welche Wasser ausgiefst, auf einem Brunnen der Neckarstrafse zu Stuttgart, in Sandstein ausgeführt, und die Gruppe der beiden ruhenden Nymphen am Bassin des Schlofsgartens daselbst. Diese Werke zeigen, welch feines architektonisches Gefühl in Aufbau und Linienführung dem Meister eigen war. Minder frei entfaltet sich seine Kunst in Reliefcompositionen. Dagegen spricht sich ein hohes, lautres Naturgefühl in seinen Bildnissen aus, von denen vor Allen die lebensgrofse allbekannte Büste Schillers und die Kolossalbüste desselben in der Kunstschule zu Stuttgart hervorgehoben werden mag. Ebendort sieht man ein nicht minder meisterhaftes Selbstportrait des Künstlers, sowie eine Büste des Freiherrn von Taubenheim, beide in Thon ausgeführt. Das edelste Leben athmet auch die Marmorbüste Lavater's in der Stadtbibliothek zu Zürich, obwohl in dieser wie in den meisten anderen Bildnisarbeiten die Behandlung des Haares etwas zu zierlich erscheint. Gleichwohl ist das hohe Stylgefühl, verbunden mit der feinsten und lebensvollsten Naturauffassung, in allen seinen Portraits bewundernswerth. So in der Büste des Componisten Zumsteeg, des Generals Benkendorf, des Fürsten Metternich, des Erzherzogs Karl von Oesterreich und mehreren andern. Endlich wagte Dannecker auch den Versuch eine Idealgestalt Christi (für die Kaiserin von Rufsland) zu schaffen, die er später für das Grabmal des Fürsten von Thurn und Taxis in der Klosterkirche zu Neresheim in Schwaben nochmals ausprägte. Dieses Werk zeigt neben dem lauteren Schönheitssinne, edle Einfachheit der Behandlung und das Streben, die Plastik für den Ausdruck christlicher Anschauungen zu gewinnen. Derselben Richtung huldigt er in der Marmorstatue des Evangelisten Johannes, für die Kapelle auf dem Rothenberg ausgeführt, und in der innigen Gestalt einer knieenden Beterin für das Grabmal der Erbprinzessin Ida in der Kapelle auf dem Friedhof zu Oldenburg, wo sich auch die Klage der Ceres von der Hand desselben Meisters befindet.

Sergell. Etwas früher noch hatte der schwedische Bildhauer *Johann Tobias Sergell* (1736—1813) sich in Rom dem Studium der Antike zugewendet, dem er in Werken wie Amor und Psyche, Mars und Venus, der liegende Faun und Diomedes mit dem geraubten Palladium, sämmtlich im Museum zu Stockholm, einen Ausdruck gab. Sein Nachfolger und Schüler *Johann Nikolaus Byström* (geb. 1783) verfolgte mit grofser Begabung diese Richtung und wandte sich vorzüglich Darstellungen weiblicher Anmuth und bacchantischer Lebenslust zu. Sein trunkener Amor, seine berauscht-liegende Bacchantin, eine in's Bad steigende Venus, eine Tänzerin und manche ähnliche Arbeiten werden höchlich gepriesen. Auch *Fogelberg* hat sich mit seinem Paris, seinem Merkur als Argustödter dem antiken Stoffkreise zugewandt, zugleich aber in einer Statue des Odin den Versuch gemacht, eine Gestalt der nordischen Mythologie plastisch zu versinnlichen.

Byström. Fogelberg.

Auch England tritt nun mit einem bedeutenden Plastiker selbstschaffend

Flaxman. in die Entwicklung der Bildnerei. *John Flaxman* (1755—1826) gehört zu denen, welche am frühesten und am reinsten die Anschauungen der antiken Welt zu neuem Leben erweckt haben. Namentlich darf man ihn als den ersten Wiederhersteller des griechischen Reliefstyls bezeichnen, den er hauptsächlich durch das Studium der Vasenbilder sich zu eigen machte. In diesem Sinne sind seine berühmten Umrisse zum Homer, später die ähnlichen Compositionen zu Aeschylos und Dante durchgeführt: Werke von klassischer Lauterkeit und meistens von einer ungesuchten Anmuth. Auch seine Reliefdarstellung des Achillesschildes, nach den Worten der Ilias, der dann mehrmals in vergoldetem Silber nachgebildet wurde, athmet denselben Geist antiker Kunst. Indess darf nicht geläugnet werden, dass manche unter diesen Compositionen durch zu flüchtige Ausführung wieder in's Leere und Allgemeine fallen und selbst nicht frei von Manier sind. In England schuf der Meister dann in edlem Styl und würdevoller Anordnung eine Reihe von Grabdenkmälern, von denen das des Lord Mansfield in Westminster, das der Gemahlin von Sir Francis Baring und die Monumente der Admirale Howe und Nelson in S. Paul zu London hervorzuheben sind. In seinen letzten Lebensjahren versuchte Flaxman sich im christlichen Stoffgebiet. —

Fig. 361. Ganymed, vom Adler emporgetragen. Von Thorwaldsen.

Thorwaldsen. Neben allen diesen Meistern wuchs aber ein jüngerer heran, der sie sämmtlich überflügeln und mit genialer Schöpferkraft Das zur Vollendung bringen sollte, was Jene angestrebt und theilweise erreicht hatten. In dem Dänen *Bertel Thorwaldsen* (1770—1844), den man wie Schinkel einen nachgebornen Griechen nennen darf, schien das Alterthum zu neuer Blüthe wieder auferstanden zu sein*). Denn in seinem langen Leben schuf er mit unerschöpflicher Phantasie-

*) Thorwaldsens Leben, von *J. M. Thiele*. 3 Theile. Deutsche Ausg. Leipzig 1856. Dazu desselben Verf. Umrisse nach des Meisters Werken.

Fig. 362 bis 364. Vom Alexanderzug Thorwaldsen's.

fülle eine unabsehbare Reihe von Werken, in welchen der sittliche Adel und die keusche Anmuth der besten hellenischen Zeit noch einmal auflebte. Als er 1797 nach Rom kam, stand dort Canova's Gestirn in seinem Zenith; aber schon 1803 angesichts der ersten gröfseren Schöpfung Thorwaldsens, des Jason, dessen erstes Modell er zertrümmert hatte, um ein schöneres an die Stelle zu setzen, gestand der neidlose Canova selbst ein, hier sei »un stile nuovo e grandioso«. Der edle Italiener mochte schon damals ahnen, dafs einem Gröfseren die Herrschaft der Plastik zufallen werde. In einer Reihe herrlicher Reliefs, von denen ich Achill und Briseis, Achill und Priamus, den vom Adler emporgetragenen Ganymed (Fig. 363), den in neun Tagen vollendeten Tanz der Musen, Sommer und Herbst, Tag und Nacht unter unzähligen anderen nur beispielsweise herausgreife, entzückte Thorwaldsen die Welt durch eine Klarheit, eine strenge Einfachheit und vollendete Formschönheit, welche seit den Zeiten der Griechen im Reliefstyl nicht mehr erblickt worden war. Seitdem darf man sagen, sind die einzig wahren Gesetze dieser Gattung wieder als Richtschnur für die Kunst hingestellt. In welcher Weise Thorwaldsen der Antike zu folgen und doch dabei neu und reich an eigenen Ideen zu sein wufste, bewies er besonders in dem **Alexanderzuge** (Fig. 362 bis 364), den er zunächst 1811 im Auftrag Napoleon's für den Quirinal in Gyps, nachmals für die Villa des Grafen Sommariva am **Comer See** in Marmor ausführte. Wiederholt wurde das Werk dann für die Christiansburg zu **Kopenhagen**.

Reliefs.

Statuen.

Von den zahlreichen Statuen und Gruppen der idealen Gattung mögen ebenfalls nur beispielsweise einige wenige hervorgehoben werden. Thorwaldsen hat auch in diesen Werken den Grundaccord griechischer Plastik wieder angeschlagen: stille Einfalt und Ruhe. Das Leidenschaftliche, Enthusiastische liegt ihm fern; milde Würde und keusche Anmuth sind das Lebenselement seiner Kunst. In unbefangenem Selbstgenügen wie antike Götterbilder stehen auch seine Gestalten da. Sie lächeln nur in sich hinein, als Ausdruck innerer Heiterkeit und Klarheit. Seit Michelangelo sind es zum ersten Male wieder Wesen, die um ihrer selbst willen, nicht des Beschauers wegen existiren. Freilich fehlt ihnen jene dämonische Macht, jene tragische Hoheit, die den Gebilden des grofsen Florentiners innewohnt. Sie sind nicht wie jene aus Sturmeswogen eines leidenschaftlichen Gemüthes, sondern aus dem klaren Spiegel einer gelassenen Seele geboren. Aber eben defshalb theilen sie uns einen schönen Widerhall der eigenen heiteren Ruhe mit. Meist sind es jugendliche Göttergestalten, welche er gebildet hat: Venus, Merkur, Mars, Ganymed, Amor, Psyche, Hebe, Apollo. In diesen anmuthigen Wesen verkörpert er eine Schönheit, deren edler Formenreiz auf dem tiefen Grunde eines ethischen Gefühlsinhaltes ruht. In ächt antikem Geiste sind dann andere Bildwerke geschaffen, wie die schöne Statue des Hirtenknaben und die herrlich empfundene der Hoffnung.

Gruppen.

Sind diese Einzelgestalten Muster ächt plastischer Bildung, so tritt das Gesetz plastischer Abgeschlossenheit noch unverkennbarer bei seinen Gruppen hervor. Will man den Fortschritt Thorwaldsens über Canova in klarem Bilde sehen, seinen höheren Formenadel, die Reinheit der Empfindung, das Absichtslose, in sich selbst Ruhende seiner Werke schätzen, so mufs man seine Grazien (Fig. 365) mit jenen von Canova vergleichen. Jedes weitere Wort der Erklärung wäre

Fig. 363. Die Grazien von Thorwaldsen.

hier überflüffig. Von anderen Gruppen hebe ich nur noch hervor: Bacchus und Ariadne, Mars und Venus, Amor und Pfyche und die köftlich aufgebaute des Ganymed, welcher dem Adler des Zeus zu trinken giebt (Fig. 366).

Grabmäler. Neben folchen Werken einer rein idealen Gattung fchuf Thorwaldfen eine Reihe von Grabdenkmalern für Italien, England und Deutfchland, von denen die wichtigften hier kurz zu nennen find. Vor Allem das einfach würdevolle Grabmal Papft Pius VII. in S. Peter zu Rom (1824—30) mit der fitzenden Geftalt des Papftes, den edlen Figuren der Weisheit und Klugheit und den Genien der Zeit und der Gefchichte. An dem 1830 vollendeten Monument des Herzogs Eugen von Leuchtenberg, in der Michaelskirche zu München, ift der Fürft dargeftellt, wie er an der Pforte des Grabes die Zeichen der Hoheit niederlegt und der Mufe der Gefchichte den Kranz überreicht, den er von feinem Haupte

Fig. 366. Ganymed und der Adler von Thorwaldfen.

genommen. So rein das Werk in den Formen und der Empfindung ift, ftreift es doch wieder an jene fcenifchen Compofitionen der früheren Zeit.

Denkmäler. Von Standbildern und Denkmälern find erwähnenswerth der ergreifend einfache fterbende Löwe, als Sinnbild der Treue bis in den Tod, an dem berühmten Denkmal zu Luzern (1821), die eherne Reiterftatue Kurfürft Maximilians I. zu München, das Marmorbild des unglücklichen Konradin, welches der König Max von Baiern in S. Maria del Carmine zu Neapel nach Thorwaldfens Entwurf errichten liefs; ferner das Standbild Guttenbergs zu Mainz und das Schillerdenkmal zu Stuttgart, fämmtlich zwifchen 1832—39 ausgeführt. Bei diefen Werken, fo viel Edles und zum Theil Gelungenes fie auch aufweifen, fühlt man jedoch, dafs Thorwalfens Genius zu ausfchliefslich dem Idealgebiete angehörte, um die fcharf ausgeprägte Geftalt gefchichtlicher Individuen in charakteriftifcher Beftimmtheit wiederzugeben.

Chriftliches. In feiner fpäteren Lebenszeit wandte fich Thorwaldfen ähnlich wie Dannecker und Flaxman dem chriftlichen Stoffgebiete zu und fchuf feit den zwanziger Jahren einen Kreis biblischer Gestalten, der wie eine zweite Welt jenen Werken klassisch-antiker Anschauung gegenüber tritt. Kein Gebäude neuerer Zeiten hat einen Schmuck aufzuweisen wie die Frauenkirche zu Kopenhagen, deren gesammte plastische Ausstattung von Thorwaldsen hergestellt wurde. Im Giebelfelde sieht man Johannes den Täufer in der Wüste predigend, in der Vorhalle einen grofsen Fries mit dem Einzug Christi in Jerusalem, sodann in der Kirche noch eine Anzahl Reliefs aus dem Leben Christi, seine Taufe und die Einsetzung des Abendmahls, die Standbilder der zwölf Apostel und in der Altarnische die kolossale Christusstatue, zu der er sechs Modelle gemacht, da ihm keines der ersten fünf genügte. Ferner gehört zu dieser unvergleichlichen Ausstattung der schöne Engel, der das Taufbecken hält, und in der Altarnische eine umfangreiche Friesdarstellung des Zuges Christi nach Golgatha, die man an Ausdehnung und Bedeutung dem Fries des Alexanderzuges gegenüberstellen kann. In diesen Werken, besonders in der edlen Christusgestalt hat antike Formschönheit mit christlichem Inhalt von Neuem ein inniges Bündnifs geschlossen.

Die Fruchtbarkeit Thorwaldsens war so grofs, dafs sein Lebensbeschreiber die Anzahl seiner einzelnen Werke auf mehr als 560 angiebt. So skizzenhaft die Andeutung ist, auf die ich mich hier beschränken mufs, so erhellt doch auch daraus zur Genüge, welch durchgreifenden Einflufs der grofse Meister auf die Entwicklung der modernen Bildnerei gewonnen hat. In wahrhafter Neubelebung antiken Schönheitsinnes bildet er mit Göthe dem Dichter und Schinkel dem Architekten eine Dreizahl, welche dem gesammten Reiche der Kunst neue Gesetze erobert hat.

Diese Wiederherstellung einer ächten Idealkunst sollte aber auch für jene andere Seite des bildnerischen Schaffens von gröfster Bedeutung werden, welche sich mehr der Darstellung des geschichtlich und individuell bedingten Lebens widmete. In den letzten Zeiten der absterbenden Zopfkunst hatte man den Bildnissen, namentlich bei öffentlichen Denkmalen, eine falsche, hohle, aus Affectation hervorgegangene Idealität gegeben. Statt zu idealisiren war man dadurch schliefslich in unfreiwilliges Karikiren gerathen. Gegen diese Manier bedurfte es eines Zurückgehens auf die einfache Wahrheit der Natur. Schon im 15. Jahrhundert hatte der deutsche Kunstgeist die ihm innerlich vorzugsweise zusagende Auffassung des individuellen Lebens in seiner ganzen Schärfe mit grofsem Erfolge zur Herrschaft gebracht, ja sogar auf Gegenstände eines ewig gültigen idealen Gehaltes angewendet. Jetzt galt es diese alte längst verschüttete Bahn wieder zu eröffnen und durch tiefes Eingehen auf das Charaktervolle der individuellen Erscheinungen auch diese Seite des plastischen Schaffens neu zu beleben.

Das Verdienst, diesen Weg mit Entschiedenheit eingeschlagen zu haben, gebührt dem Berliner *Johann Gottfried Schadow* (1764—1850). Schon sein Lehrer *Johann Taffaert* (1729—88), der letzte Ausläufer jener Kette von niederländischen Künstlern, die in Berlin thätig waren, hatte in den Standbildern der Generale Seidlitz und Keith auf dem Wilhelmsplatze sich der Anwendung des Zeitkostüms zugeneigt, aber noch nicht ganz unbefangen darin bewegt. Schadow's Werke geben nun in anspruchsloser Schlichtheit den vollen Eindruck Schadow.

des Lebens, der individuellen Wahrheit. So mit liebenswürdiger Friſche die Marmorſtandbilder des Generals Ziethen und des Fürſten Leopold von Deſſau, bisher gleich denen ſeines Meiſters auf dem Wilhelmsplatz in Berlin aufgeſtellt, jetzt durch bronzene Nachbildungen verdrängt*). So ferner das Denkmal des Grafen von der Mark in der Dorotheenkirche daſelbſt, und das Standbild Friedrichs des Groſsen auf dem Theaterplatze zu Stettin. An dem Lutherdenkmal auf dem Markt zu Wittenberg vermiſst man den vollen Ausdruck der geiſtigen Energie des groſsen Reformators; an dem Blücherbilde zu Roſtock muſste Schadow ſich wider Willen idealiſtiſchen Anſprüchen fügen.

Berliner Schule. Die weitere Entwicklung dieſer Richtung iſt nirgends mit ſo ſchönem Erfolge gefördert worden wie in der Berliner Schule. Zwar fehlt es auch hier nicht an Solchen, die vorzüglich in antikiſirender Anſchauung wurzelten,
Tieck. wie *Friedrich Tieck* (1776—1851), der die plaſtiſche Ausſchmückung des von Schinkel erbauten Schauſpielhauſes ſchuf; allein der Schwerpunkt der dortigen Leiſtungen ruht auf der durch Schadow neubegründeten Auffaſſung. Der vor-
Rauch. züglichſte Nachfolger deſſelben war *Chriſtian Rauch* (1777—1857), der in ſeinem langen thätigen Leben durch Lehre und Beiſpiel dieſer Richtung den Sieg verſchafft hat**). Er vermochte dies aber nur dadurch, daſs er die zeitlich und individuell bedingte Form geſchichtlicher Erſcheinungen in ganzer Beſtimmtheit gelten lieſs, aber die Schärfen und Härten, zu welchen eine ſolche Darſtellungsweiſe in ihrer Einſeitigkeit führen muſs, durch einen Hauch antiken Schönheitsgefühls milderte. Dieſe vermittelnde Stellung erkennt man ſchon in einem ſeiner früheſten Werke, dem 1813 vollendeten Marmorbild der Königin Luiſe im Mauſoleum zu Charlottenburg, dem an Adel der Empfindung und Schönheit der Durchführung wenig moderne Werke gleichkommen (Fig. 367). Eine vereinfachte Wiederholung, bei welcher der Ernſt des Grabdenkmals etwas ſtärker zur Geltung gebracht iſt, ſchuf der Meiſter für Potsdam; ſpäter dann, noch ſchlichter und groſsartiger, das Denkmal der Königin von Hannover für das Mauſoleum zu Herrnhauſen. Auch bei anderen Aufgaben, wo die Schwierigkeiten des modernen Koſtüms zu überwinden waren, wie bei den Marmorſtandbildern der Generale Scharnhorſt und Bülow (1815—22), neben der Hauptwache in Berlin, verbindet ſich eine wahrhaft monumentale Auffaſſung von ſtrengem Adel mit einem unübertrefflich ſchlichten und feinen Naturſinn. In den Reliefs der Poſtamente ſind mit wenigen ſinnbildlichen Geſtalten von klaſſiſcher Reinheit die gedanklichen Bezüge der Aufgabe ausgeſprochen. Zu gleicher Zeit (1820) entſtand das Erzbild Blüchers für den Blücherplatz zu Breslau, das den »Marſchall Vorwärts« in kühn vorſtürmender Bewegung darſtellt. Es iſt das einzige von Rauchs Werken, welches, durch eine Zeichnung Schadows veranlaſst, ſtatt der plaſtiſchen Geſchloſſenheit ein mehr maleriſch bewegtes Momentbild zur Erſcheinung bringt. Mehr in ſeiner eigenſten Weiſe

*) Die Art, wie bei dieſer Umgeſtaltung verfahren wurde, beweiſt wenig Reſpect vor den Kunſtdenkmalen. Dem Vernehmen nach ſind die Originale in den Hof des Kadettenhauſes verſetzt worden. Es ſcheint demnach, daſs dort die atmoſphäriſchen Einflüſſe minder ſchädlich ſind als auf dem Wilhelmsplatze.

**) Eine treffliche Charakteriſtik des künſtleriſchen Entwicklungsganges dieſes Meiſters gab *F. Kugler* im Deutſchen Kunſtblatt 1858.

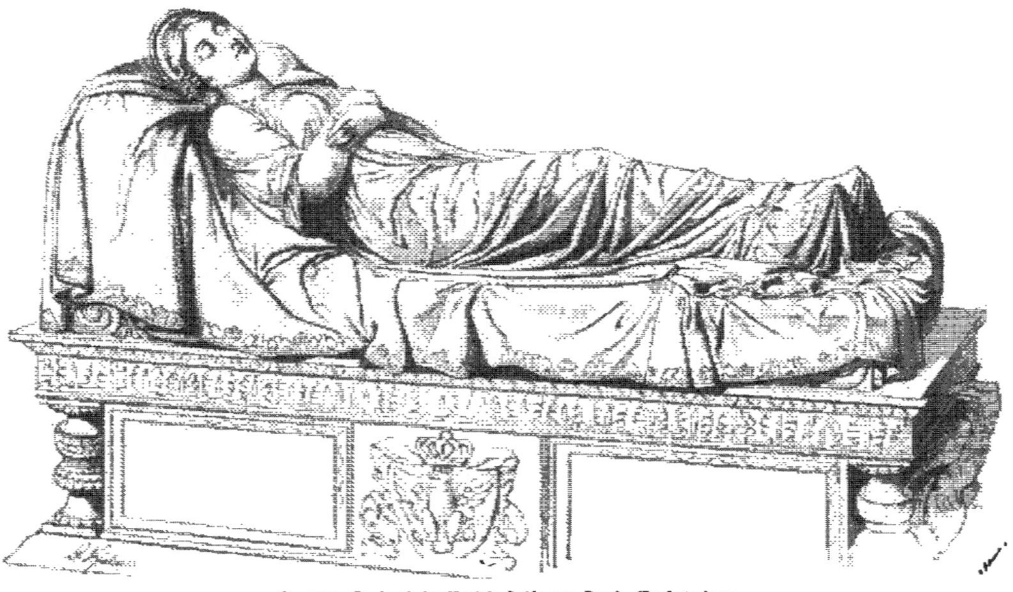

Fig. 367. Denkmal der Königin Luise, von Rauch, Charlottenburg.

gab der Meister ein Bild des Helden in dem für den Opernplatz zu Berlin ausgeführten Erzdenkmal (1826), das bei strenger plastischer Fassung das Kühne, Kampfbereite des Greisenjünglings mächtig hervorhebt. In den reichen Reliefcompositionen des Postamentes sieht man theils schlicht im Zeitkostüm behandelte historische Momente, theils mehr sinnbildliche Darstellungen, welche jedoch nicht zu völlig harmonischer Wechselbeziehung durchgedrungen sind.

Aus dem Jahre 1826 datirt dann das eherne Denkmal August Hermann Franke's zu Halle. Es besteht aus einer Gruppe, deren Mittelpunkt jener edle Mann, der Stifter des berühmten Waisenhauses, bildet (Fig 368). In ächt plastischer Klarheit ist sein Verhältniss zur Jugendwelt durch zwei naiv und innig empfundene Kinder ausgedrückt, welche ihn umgeben. Von ähnlichem Adel ist die Gruppe der beiden ersten christlichen Polenfürsten im Dom zu Posen. Daran schliessen sich ferner das würdevolle Standbild Albrecht Dürers zu Nürnberg und das reich und edel durchgeführte Monument des Königs Maximilian I. zu München. Sodann fällt in die Epoche von 1839—1851 das grossartige Friedrichs-Denkmal zu Berlin, eines der bedeutsamsten und originellsten Bildwerke der modernen Zeiten, unerschöpflich reich an trefflichen Einzelzügen, meisterlich in der Charakteristik der verschiedensten Gestalten wie in der liebevollen Durchführung bis in Kleinste. Der Aufbau des pyramidal ansteigenden Werkes, welches die kolossale Reiterstatue des grossen Königs krönt, ist von wirkungsvoller Kühnheit; die Hauptfigur voll markig individuellen Lebens. Indess thut das Ganze einen starken Schritt ins Malerische, und die von der Freigestalt bis zum Flachrelief abgestuften Gruppen der vier Hauptseiten des Postaments nähern sich, wenn auch auf dem Wege klassisch feiner Detailbildung, jenen malerischen Compositionen des Mittelalters. Aber bewundernswürdig bleibt die jugendlich rüstige Kraft des greisen Meisters, der in diesem Riesenwerke mit so lebendigen Zügen ein ächt volksthümliches Denkmal des grossen Königs geschaffen hat. Ein vorübergehendes Nachlassen seiner Kraft ist nur in den beiden Erzbildern der Generale York und Gneisenau (1855) zu spüren; doch lagen die Hindernisse einer ganz freien Lösung der Aufgabe wohl in der Bedingung, beide Werke, in der Nähe des Blücherdenkmals aufzustellen und mit diesem in Beziehung zu setzen. Denn in den letzten Standbildern aus dem hohen Greisenalter des Meisters, dem Kant für Königsberg und dem Landwirth Thaer für Berlin, erhebt sich noch einmal die Auffassung des Individuellen zu energischer Geistesfrische und lebensvoller Naturwahrheit.

Neben diesen Denkmälern, in welchen die Erscheinung des Individuellen zu historischer Würde und zum Gepräge der Unvergänglichkeit erhoben ist, schuf Rauch auf idealem Gebiete einige Werke von klassischer Vollendung. Namentlich sind es die sechs marmornen Victorien für die Walhalla (1833—42), in denen das Wesen der siegverleihenden Gottheiten zu individuell abgestuftem Ausdruck einer allgemein menschlichen Empfindung entwickelt ist. Aus seinen letzten Jahren datirt dann die nach seinem Modell ausgeführte Marmorgruppe des von Aron und Hur im Gebet unterstützten Moses. Plastisch in unübertrefflicher Schönheit des Linienzuges aufgebaut, hat sie in den Formen doch etwas zu Allgemeines, das sich sonst nirgends in den Idealwerken Rauchs

**Fig. 369. Denkmal** des Aug. Herm. Francke zu Halle.

findet. Der Grund liegt wohl in dem durchaus Unplastischen des Gegenstandes, dessen Bedeutung nur in einem Relief, oder besser noch in einem Gemälde zur Darstellung kommen kann. Durch seine Isolirung hat das Werk etwas erkältend Tendenziöses bekommen und man fühlt, dafs die Aufgabe dem Meister aufgedrungen wurde, um die Idee des vom Priester und vom Soldaten unterstützten Herrscherthumes zur Erscheinung zu bringen. Damit hat denn die Sculptur sich, wie sie eben konnte, abgefunden, und wenigstens ein Meisterstück plastischer Linienführung geschaffen.

Wenn ich schliefslich noch erwähne, dafs Rauch aufser diesen grofsen Werken unzählige Bildnifsdarstellungen, namentlich Marmorbüsten von höchster Vortrefflichkeit geschaffen hat, in denen die geistvolle Auffassung des Individuellen sich durch eine musterhafte Vollendung der technischen Behandlung zu erkennen giebt, so ist ein immerhin dürftiger Umrifs seines Wirkens gegeben. Man erkennt daraus, dafs Rauch, sehr verschieden von Thorwaldsen, nicht in überströmender Phantasie eine Fülle idealer Anschauungen zu verkörpern suchte, sondern dafs er fast ausschliefslich von einer gegebenen Persönlichkeit ausging, diese aber mit treuester Hingabe an ihre ganze individuelle Erscheinung zu einem Adel des Styls, zu einer historischen Bedeutsamkeit erhob, welche selbst in Gestalten vom schärfsten Realismus den idealen Gehalt und eine monumentale Wirkung zur Geltung brachte. Dies liebevolle Eingehen, dies sorgsame Durchbilden gab aber der Berliner Schule jene gediegene Grundlage, auf welcher sie sich zu so bedeutenden Resultaten entwickelt hat. Als wichtig und bezeichnend mufs aufserdem hervorgehoben werden, dafs Rauch sich dem christlichen Ideenkreise in seinen Schöpfungen fern gehalten und ebensowenig der romantischen Auffassung Zugeständnisse gemacht hat.

Rauchs Schule Drake.

Von den Nachfolgern und Schülern Rauchs ist zunächst als einer der tüchtigsten und thätigsten *Friedrich Drake* hervorzuheben. Allbekannt ist das schlicht anspruchslose Standbild Friedrich Wilhelm III. im Thiergarten mit dem reizend naiven Relieffries des Postamentes. In ihm hat der Künstler das Leben einfacher Menschen in der Natur in einer Reihe fein empfundener Scenen als köstliches Band um den runden Sockel geschlungen und dadurch sein Denkmal in sinniger Weise mit der Umgebung verknüpft. Verwandter Art ist das Marmorstandbild des verstorbenen Fürsten von Putbus für den Schlofspark zu Putbus, anspruchslos und edel, am Postament wieder mit Reliefs geschmückt, welche die Pflege von Wissenschaft und Kunst durch den Verstorbenen darstellen. Zu seinen Idealgestalten gehört die Kolossalfigur einer Winzerin, welche durch lebendige Bewegung und kraftvolle Anmuth ausgezeichnet ist. Drake weifs in solchen Schöpfungen eines idealen Genres ächt deutsche Empfindung zur Geltung zu bringen, ähnlich wie sie aus Weber's Melodien zu uns spricht. So auch in den acht Kolossalfiguren der preufsischen Provinzen, welche in Gyps ausgeführt den weifsen Saal des Berliner Schlosses schmücken. Für die Schlofsbrücke in Berlin schuf er eine der Marmorgruppen, durch markiges Leben und schönen plastischen Flufs der Linien ausgezeichnet. Es ist die nervige Gestalt eines Kriegers, der eben nach vollbrachten Kampfesthaten das Schwert in die Scheide stöfst und in diesem Augenblicke von der heranschwebenden Victoria bekränzt wird. Unter seinen monumentalen Standbildern gehört das Erzdenkmal von

Fig. 369. Standbild Schinkel's von Drake.

Justus Möser, 1836 in Osnabrück errichtet, zu seinen früheren Arbeiten. Es giebt die Gestalt des redlichen deutschen Patrioten charaktervoll wieder. Das Standbild Johann Friedrichs des Grossmüthigen für den Markt zu Jena ist von acht monumentaler Haltung, wobei die Wucht des mittelalterlichen Panzers und die breiten Massen des Kurfürstenmantels geschickt für die Charakteristik verwerthet sind. Bedeutender ist jedoch das kolossale eherne Reiterstandbild König Wilhelms von Preussen für das eine Portal der Eisenbahnbrücke in Köln. Frei und kühn auf kraftvollem, lebhaft dahinschreitendem Schlachtross, bietet sich die Gestalt des heldenhaften Fürsten dar, in markiger und doch ganz schlichter Erscheinung. Schade dass das Werk an seinem ungünstigen Standorte nicht gewürdigt werden kann, und dass es auch nicht im Stande ist, die Unbill wieder gut zu machen, welche die unverantwortliche Lage der monströsen Brücke dem ehemals so herrlichen Anblick der Stadt zufügt. Von öffentlichen Monumenten Drake's nennen wir noch die edle Marmorstatue Christian Rauch's, welche in der Vorhalle des Museums aufgestellt worden ist; sodann das Erzbild Schinkel's auf dem Platze vor der Bauakademie (Fig. 369), welches den grossen Meister in classisch bewegter Stellung und seiner Charakteristik vorführt, während am Postament vier Karyatiden die einzelnen Künste in klassischen Gestalten vorführen, in welchen er sich ausgezeichnet hat. Auf demselben Platze sind die Reliefs am Standbilde Beuth's von Drake's Hand, Compositionen voll Leben und Frische, in welchen das Aufblühen gewerblicher Thätigkeiten unter der Pflege des Gefeierten in prächtigen Zügen geschildert wird. Man sieht den Aufschwung der Eisenindustrie durch Borsig und andere Koryphäen des Faches repräsentirt; der Zeugdruck und der Bücherdruck werden vorgeführt, wobei in sinnreicher Weise Alexander von Humboldt's Gestalt mit eingeflochten ist; weiter sieht man einen Photographen seine Kunst ausüben, das Alles voll schöner, trefflich erfundener Motive. Charakteristisch ist auch das Standbild Melanchthon's, welches Drake für den Markt in Wittenberg in Erz ausgeführt hat.

Fig. 370. Vom Fries im griechischen Hofe des Neuen Museums zu Berlin.

Zu seinen idealen Compositionen gehören noch die edlen Statuen der christlichen Tugenden am Grabmal der Herzogin Pauline von Nassau auf dem Friedhofe zu Wiesbaden und das 1869 ausgeführte für Aachen bestimmte Denkmal des gefallenen Kriegers, der von einem herbeieilenden Engel gestützt und im letzten Augenblicke getröstet wird.

Schievelbein. Durch Reichthum der Erfindung zeichnete sich der zu früh verstorbene *Hermann Schievelbein* (1817—1867) aus. Edle Auffassung, liebevolle Durchführung und ein liebenswürdiger poetischer Sinn herrschen in seinen zahlreichen Arbeiten, in welchen er die von Rauch begründete Richtung der Schule in treuem Festhalten fortgebildet hat. Sein Hauptwerk ist der grossartige über zweihundert Fuss lange, leider nur in Stuck ausgeführte Fries, welcher im griechischen Hofe des neuen Museums zu Berlin an sehr ungünstiger Stelle angebracht, und desshalb zu wenig bekannt und gewürdigt ist. Er schildert in einer Reihe ergreifender Scenen den Untergang Pompeji's. In der Mitte thront die düstere unheilverkündende Gestalt des Hades, auf beiden Seiten tauchen Helios und Selene in die Nacht hinab, als wollten sie das Entsetzliche nicht schauen. Scenen wilder Flucht und Verzweiflung füllen den weiten Raum, aus denen wir nur die Katastrophe beim Isistempel abbildlich hervorheben wollen (Fig. 370). Trotz einzelner Mängel der Reliefcomposition ist das Ganze voll ergreifender Gewalt, voll poetischer fesselnder Züge. Für die Schlossbrücke arbeitete Schievelbein eine der Marmorgruppen, Athene, welche den Krieger im Gebrauch der Waffen unterweist, durch Schönheit der Linien und lebensvolle Bewegung ausgezeichnet. In das Gebiet historischer Charakteristik trat der Künstler bei dem kolossalen in gebranntem Thon hergestellten Relief für die Dirschauer Brücke, welches die Einführung der christlichen Cultur durch die Ordensritter in Preussen darstellt. Der Meister hat in dieser anziehenden Composition mit Recht den Nachdruck auf die allgemein menschlichen Züge gelegt, die er mit der ihm eigenen Milde und Feinheit hervorgehoben hat. Auch die Kolossalfigur des Hochmeisters Hermann von Salza für die Marienburger Brücke gehört in dies Gebiet. Die sinnige Empfindungsweise des Künstlers führte ihn sodann auch zu religiösen Stoffen, und sicherlich gehört zu den edelsten modernen Schöpfungen auf diesem Gebiete sein Entwurf eines Johannisbrunnens, durch dessen Ausführung die Kunst wahrhaft bereichert und gefördert werden würde. Seine letzten nicht ganz mehr vollendeten Arbeiten gehören der modernen Welt an. Zunächst das für den Lustgarten bestimmte Standbild Stein's, welches den bedeutenden Staatsmann in markiger Charakteristik vorführt, während am Postamente Scenen aus den Befreiungskriegen angebracht werden, und auf den Ecken vier Statuen von Tugenden ihren Platz finden sollen. Endlich entwarf Schievelbein für das von Bläser für Köln auszuführende Reiterdenkmal Friedrich Wilhelms III. die reichen Bildwerke des Unterbaues: einen grossen Reliefstries und sodann vier Reiterfiguren, welche nebst acht andern stehenden Gestalten das Postament umgeben sollen. Es ist eine Composition, in welcher, abgesehen von der Schönheit des Einzelnen, die malerische Anordnung des Friedrichsdenkmals sich in bedenklicher Weise nicht bloss wiederholt, sondern sogar steigert.

Eine tüchtige Kraft in verwandter Richtung ist *Gustav Bläser*, von welchem eine der schönsten Gruppen der Schlossbrücke herrührt: Pallas Athene den Krieger im Kampfe unterstützend, schwungvoll bewegt und von markiger Energie des Ausdrucks. Für Magdeburg schuf er das einfach gediegene Erzstandbild des Bürgermeisters Franke, für die Dirschauer Brücke das grosse Terracottarelief, welches die Einweihung der Brücke durch König Friedrich Wilhelm IV. schildert, ein Gegenstand, bei welchem das moderne Costüm die freie Entfaltung der Composition erschwerte. Denselben König stellte er dann in einer kolossalen für das zweite Portal der Kölner Eisenbahnbrücke bestimmten Reiterfigur dar, würdig und angemessen, obwohl, wie es der nichtsweniger als reisige Charakter des Geschilderten mit sich brachte, ohne kühneren Schwung. Für Köln hat der Künstler sodann neuerdings den Auftrag zu jenem Reiterstandbilde König Friedrich Wilhelm's III. übernommen, dessen Postament Schievelbein entworfen hat. Bläser.

Zu den Bildhauern, welche für die Schlossbrücke thätig waren, gehört ferner *Albert Wolff*, dessen Gruppe freilich den minder gelungenen beizurechnen ist. Das Thema: Athena führt den Krieger in den Kampf, bot allerdings einer plastischen Behandlung wenig Anhalt, wie denn überhaupt der gar zu enge Kreis, innerhalb dessen sich die bildnerische Aufgabe bei diesem prächtigen A. Wolff.

Monument zu halten hatte, nur durch die geniale Conception eines hervorragenden Meisters sich lebensvoll hätte gestalten lassen. Erfreulicher ist die Reiterstatue des Königs Ernst August für Hannover, welche die stattliche Erscheinung des Fürsten in kleidsamer Husaren-Uniform mit seiner Charakteristik wiedergiebt. Auch eine leidenschaftlich bewegte Gruppe schuf der Künstler in dem Bronzewerk eines zu Rosse von einem Löwen angefallenen Jünglings, welches als Gegenstück zu der Amazone die eine Treppenwange des Museums zu Berlin

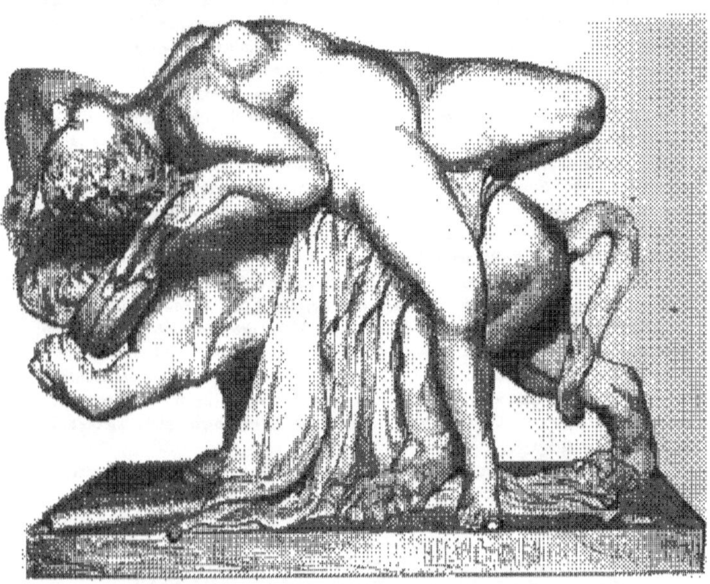

Fig. 371. Th. Kalide's Bacchantin.

A. Kiss. schmückt. Der Schöpfer der letzteren, *August Kiss* (1802 — 1865), einer der älteren Meister der Berliner Schule, hat sich durch jene ungemein energisch entworfene und mit grosser Naturwahrheit durchgebildete Gruppe einen Weltruhm erworben. Er gehört im Uebrigen weniger zu den Idealbildnern, sondern der Schwerpunkt seines Schaffens beruht auf der trefflichen Darstellung des Pferdes, und selbst in seinen Reiterstatuen gelingt es ihm besser, das natürliche Leben des Thieres als den geistigen Ausdruck des Menschen vollgültig auszuprägen. So in den Monumenten König Friedrich Wilhelm's III., welche er für Breslau und für Königsberg geschaffen hat. Minder günstig wirkt das schlichte Standbild desselben Königs, welches Potsdam von seiner Hand besitzt. Für Dessau schuf er ebenfalls ein Denkmal des Herzogs Leopold Friedrich Franz, welches gleich allen übrigen Arbeiten dieses Meisters in Erz ausgeführt ist. Seinem Lieblingsgebiete wendete er sich schliesslich nochmals in den kolossalen Bronzegruppen des h. Michael und des h. Georg im Kampf mit dem Drachen zu, Arbeiten, welche jedoch eine gewisse Uebertreibung naturalistischer Auffassung verrathen.

Im Gegensatze zu diesem Meister war ein anderer Künstler derselben Schule, *Ludwig Wichmann* (1788? — 1859), ausschliesslich in der Marmorarbeit Wichmann.

Fig. 372. Amor's Tränkung. Von R. Begas.

zu Hause, und dies Material entsprach seinem mehr aufs Liebliche gewendeten Sinn. Trefflich gelangen ihm manche Genrefiguren sowie geistvoll aufgefasste Portraitbüsten; dagegen zeigt seine Schlossbrückengruppe: die Siegesgöttin, welche den verwundeten Krieger aufrichtet, den Mangel monumentalen Ernstes. Aehnliches gilt von der Gruppe des klassisch gebildeten *Wredow*, welche den Wredow. von der Victoria emporgetragenen Krieger darstellt. In antiken Stoffen, wie der feinen Statue eines Ganymed, zeigt sich eine hohe Formvollendung, die jedoch über den Mangel an schöpferisch quellender Phantasie nicht täuschen kann. Voll sprühenden Lebens, das sich aber bisweilen in ungezügelter Derb-

T. Kalide. heit ausſprach, war *Theodor Kalide* (1801—1863), deſſen Knabe mit dem Schwan eine mit Recht wegen ihrer Naivetät beliebte Brunnenfigur geworden iſt, während die ſich über den Panther hinwerfende Bakchantin von üppiger Gewalt ſinnlichen Lebens durchpulſt erſcheint (Fig. 371). Eine überwiegend ideale H. Heidel. Richtung verfolgte der zu früh verſtorbene *Hermann Heidel* (1810—1865), der in dem blinden Oedipus, von ſeiner Tochter geführt, ſowie in der Iphigenie, beſonders aber auch in den Compoſitionen zu Anakreon und zur Odyſſee mit ſchönem Erfolg antike Stoffe mit ſeelenvoller Empfindung zu durchdringen gewuſst hat. Für Halle ſchuf er die einfach tüchtige Statue des Componiſten Händel.

A. Fiſcher. Dagegen gehört *A. Fiſcher*, beſonders mit ſeinen für den Belleallianceplatz entworfenen idealen Gruppen aus den Befreiungskriegen zu den in maaſsvollem, durchgebildetem Styl mit Erfolg ſich der Rauch'ſchen Richtung anſchlieſsenden Haagen. Künſtlern. Endlich iſt *Haagen* nicht zu vergeſſen, der in langjähriger Arbeit bei der Ausführung der ſpäteren Werke Rauchs beſchäftigt war und das Thaer-Denkmal mit friſch empfundenen Reliefs geſchmückt hat. — Unter dem jüngeren R. Begas. Nachwuchs hat neuerdings *Reinhold Begas* durch ſeinen ſchwungvollen Entwurf zum Schillerdenkmal, ſowie durch mehrere fein empfundene, wenn auch bisweilen in der Behandlung des Fleiſches etwas zu naturaliſtiſche Werke der Genreplaſtik die Aufmerkſamkeit auf ſich gezogen. Der alte Faun, welcher einen jungen auf der Flöte unterweiſt; die Venus, welche den weinenden Amor tröſtet; die Tränkung des Amor (Fig. 372) und ähnliche Scenen gehören an Friſche und Naivetät des Naturgefühls trotz einer bisweilen zu ſtarken Neigung zum Maleriſchen zu den köſtlichſten, geiſtvollſten Schöpfungen dieſer Gattung. W. Wolf. — Als trefflicher Thierbildner iſt endlich *Wilhelm Wolf* zu nennen*).

Ernſt Rietſchel. Vor Allen aber ragt *Ernſt Rietſchel* (1804—1860) durch Tiefe der Auffaſſung, Feinheit der Empfindung, Vielſeitigkeit der Schöpferkraft hervor. Er arbeitete zuerſt unter Rauch in München am Maximiliansmonument, ging dann nach Italien und ſchuf, von dort zurückgekehrt, erſt 27jährig die ſitzende Erzgeſtalt des Königs Friedrich Auguſt von Sachſen für den Zwingerhof zu Dresden. Seitdem dort anſäſſig, brachte er in einer Reihe von Jahren, von Kränklichkeit vielfach gebeugt, eine Anzahl von Schöpfungen hervor, in denen geiſtige Friſche, Zartheit der Empfindung und Adel der Form ſich vermählen. Dem idealen Gebiet gehören die Compoſitionen für die Giebelfelder des abgebrannten Theaters in Dresden und des Opernhauſes in Berlin an, in denen Gegenſtände der antiken Mythe lebensvoll geſchildert ſind. Auch kleinere Darſtellungen ſolcher Art, wie die Reliefs der vier Tageszeiten und der von Amor gebändigte, ſowie der mit Amor durchgehende Panther ſind von hinreiſsender Naivetät und voll Anmuth. Idealen Gehaltes ſind ferner die zahlreichen nach ſeinen Entwürfen ausgeführten Reliefs am Muſeum zu Dresden, während die für daſſelbe gearbeiteten Statuen groſser Künſtler, wie früher ſchon die Dichterſtatuen für das Theater, einen eben ſo rein entwickelten Sinn für die Auffaſſung des Individuellen bekunden.

---

*) Ueber die moderne Berliner Plaſtik vgl. meinen Aufſ. in Weſtermann's Monatsheften 1858, erweitert abgedr. in den Kunſthiſtoriſchen Studien. Stuttgart 1869.

Letztere ſollte dann in einer Reihe öffentlicher Standbilder zu monumentaler Geltung kommen. Das erſte war das einfach würdige Denkmal Thaers in Leipzig. Bedeutender aber iſt die berühmte Erzſtatue Leſſings in Braunſchweig (Fig. 373). In dem ſcharfen Betonen des Beſonderen, durch die Zeit und Individualität Bedingten ging er noch einen Schritt über das von Rauch Gegebene hinaus und führte einen ſtärkeren Grad von Realismus in die Monumentalplaſtik ein, wuſste denſelben jedoch durch geiſtvoll energiſche

Fig. 373. Leſſingſtatue. Braunſchweig.

Fig. 374. Lutherſtatue. Worms.

Charakteriſtik, durch tiefe Auffaſſung und Wiedergabe der ganzen Perſönlichkeit zu adeln. Sein Göthe-Schiller-Denkmal für Weimar giebt in dieſem Sinn eine muſtergültige Darſtellung jedes Einzelnen der beiden Dichter, in welcher man gleichſam den plaſtiſchen Wiederhall ihres eigenſten Weſens empfindet: allein durch das (gegebene) ſinnbildliche Motiv des Kranzes, welches eine Handlung in die Gruppe bringt, die ein- für allemal beim erſten Eindruck nicht von ſchlagender Klarheit iſt, muſste die Geſammtwirkung nothwendig leiden. Es folgte dann das treffliche Denkmal für Karl Maria von Weber in Dresden, wo die schwierige Aufgabe, das Wesen eines Tondichters plastisch auszusprechen, bewundernswürdig einfach und fein gelöst ist. Endlich das Lutherdenkmal für Worms, ein in der ganzen Anlage höchst großartiges Werk, für welches Rietschel selbst noch kurz vor seinem Tode das Luther-Standbild (Fig. 374) im Modell vollendet hat. Der Reformator ist in seiner kühnen Wahrhaftigkeit, seinem felsenfesten Gottvertrauen so einfach gross, so ergreifend und vollwichtig monumental hingestellt, dass er dem Bilde des anderen Befreiers, Lessing, mindestens ebenbürtig zur Seite tritt. In beiden Werken hat die Plastik das höchste Ziel dieser Gattung erreicht: sie hat die geistigen und sittlichen Ideale des Volkes in den Gestalten seiner edelsten Vertreter zu unvergänglicher Bedeutung in monumentale Form gebracht.

Endlich hat auch der tief religiöse Sinn des Meisters in einer herrlichen plastischen Schöpfung, der Marmorgruppe der Maria mit dem Leichnam ihres Sohnes, welche für die Friedenskirche in Sanssouci ausgeführt wurde, einen nicht minder schönen, ergreifenden Ausdruck gefunden.

A. Wittig. A. Donndorf. G. Kietz. Unter Rietschel's Schülern ist *A. Wittig*, jetzt in Düsseldorf, wegen seiner herrlichen Hagargruppe hervorzuheben. Außerdem *Ad. Donndorf* und *Gust. Kietz*, welchen die Vollendung des Lutherdenkmals übertragen war. Der Meister hatte das Werk zu einem Gesammtdenkmal der Reformation gestaltet. Deshalb sieht man Luther auf einem hohen Postamente, an welchem die vier Vorkämpfer Peter Waldus, Johann Wiklef, Girolamo Savonarola und Johannes Huss sitzend angebracht sind. Unter diesen rührt die tiefsinnige, herrlich bewegte Gestalt Wiklefs noch von Rietschel selbst her, der feurige, gewaltige Bussprediger Savonarola und der anziehende, hell um sich blickende Waldus von Donndorf, der überhaupt neben Rietschel das Beste zu dem Monumente beigetragen hat. Der Huss von Kietz entspricht in seiner schlaffen, sentimentalen Erscheinung entfernt nicht dem Bilde des fanatischen Böhmen. Um diesen mittleren Theil des Denkmals zieht sich an drei Seiten eine zinnengekrönte Mauer, den Gedanken der «festen Burg» versinnlichend. Die vordere, ganz offene Seite enthält den Zugang. Auf den vier Ecken der Mauer erheben sich an der Rückseite Melanchthon und Reuchlin, vorn Friedrich der Weise und Philipp von Hessen, als Förderer der Reformation. In Reuchlin hat Donndorf den freien Humanisten glänzend charakterisirt, in Friedrich dem Weisen ebenfalls eine gediegene echt monumentale Gestalt geschaffen, während Kietz den Melanchthon gar zu schulmeisterlich aufgefasst, und nur in der kecken Figur Philipps eine gewisse Frische bewährt hat. Inmitten der drei Mauerseiten sieht man sitzende Frauen: die tief empfundene trauernde Magdeburg von Donndorf, die sehr geringe Figur der Augsburg von Kietz, endlich die etwas zu äusserlich aufgefasste Speier, für welche erst nachträglich *Schilling* eintrat. Schwach sind durchgängig die Reliefs aus dem Leben des Reformators am mittleren Postamente. Die Bedenken, welche die Gesammtcomposition einflösst, habe ich an anderm Orte ausgesprochen*). Bei alledem bezeichnet das mächtige Werk, ähnlich wie das Friedrichsdenkmal, einen Höhepunkt im plastischen Schaffen

*) In der Zeitschr. für bildende Kunst Jahrg. IV.

der Gegenwart, wenngleich beide grofsartige Schöpfungen fich nicht frei von einem Ueberwiegen malerifcher Tendenzen halten.

Fig. 375. Die Kirchenmufik. Von Hähnel's Beethovendenkmal.

Neben Rietfchel hat *Ernft Hähnel* zu Dresden eine Reihe von plaftifchen Schöpfungen hervorgebracht, in denen ein felbftändiges Zurückgehen auf die Antike durch eine fchwungvoll erregte Phantafie zum Ausdruck kommt. So Hähnel.

in dem stürmisch bewegten bakchantischen Fries an der Attika des Theaters; so auch in den nach seinen Entwürfen ausgeführten zahlreichen Reliefs des Museums, in dessen plastische Ausschmückung er sich mit Rietschel getheilt hat. In den für dasselbe Gebäude gearbeiteten Statuen von Künstlern, von denen ich nur Raffael und Michelangelo nenne, hat er in stylvoller Wiedergabe des individuellen Lebens nicht minder Anziehendes erreicht. Aus früherer Zeit (1845) datirt das kräftig aufgefaste Denkmal Beethovens in Bonn, mit geistvoll componirten Reliefs am Postament, welche in seiner Charakteristik die Kirchenmusik (Fig. 375), die weltliche Musik und die Symphonie schildern. Geistvoll ist besonders die letztere, deren einzelne Sätze durch Genien, welche die Hauptfigur umschweben, symbolisirt werden; sodann das Standbild Karls IV. zu Prag, an dessen Postament die fein charakterisirten Gestalten der vier Facultäten. Neuerdings schuf Hähnel (bis 1867) das Denkmal Königs Friedrich August II. für Dresden: auf hohem, von den sitzenden Gestalten der vier Regententugenden umgebenen Postament erhebt sich die Gestalt des Fürsten, vom Königsmantel umflossen, die Linke an den Degen legend, in der Rechten die Verfassungsurkunde haltend. Endlich erhielt Wien (1867) von des Meisters Hand das Reiterbild des Fürsten Schwarzenberg.

Wie in Hähnels Kunst das Streben nach Idealität überwiegend ist, wesshalb ihm die in dieses Gebiet fallenden Aufgaben am besten gelingen, so schliesst sich in dieser Richtung der reichbegabte schon beim Lutherdenkmal erwähnte *Johannes Schilling* ihm an, von welchem die Brühl'sche Terrasse in Dresden die beiden edlen Gruppen des Tages und der Nacht erhalten hat, die zu den gelungensten modernen Schöpfungen der Plastik gehören. Wir geben unter Fig. 376 von der hochpoetischen Gruppe der Nacht eine Abbildung.

Ein klassisch durchgebildeter, fein empfindender Künstler war auch *Eduard von der Launitz* (1797—1869), der in Thorwaldsen's Schule zuerst die Richtung auf feine Aufnahme der Antike erhielt, welche später in allen seinen Arbeiten sich als edles Stylgefühl geltend machte. Ausser zahlreichen Grabdenkmalen, in welchen er jener klassischen Richtung huldigte, bewährte er in manchen Bildnissdarstellungen den Sinn für feine und charaktervolle Schilderung des individuellen Lebens. Die klassisch edle plastische Decoration des Theaters zu Frankfurt, sowie die Statuen an der dortigen Börse und dem Heiligengeistspital sind sein Werk. Ein schöner Entwurf zu einem Grabdenkmal für den 1855 verstorbenen Kaiser Nikolaus von Russland kam nicht zur Ausführung; dagegen erhielt Frankfurt 1857 von seiner Hand das Guttenbergdenkmal zur Jubelfeier der Erfindung der Buchdruckerkunst. Auf einem reich gegliederten Unterbau, der die Standbilder der vier Hauptorte ältester Buchdruckerofficinen, Strassburg, Mainz, Frankfurt und Venedig und die sitzenden Statuen der Theologie, Poesie, Naturwissenschaft und Industrie enthält, erheben sich die Kolossalfiguren der drei verbündeten Erfinder Guttenberg, Schöffer und Fust, charaktervolle Gestalten, in der stylvoll behandelten Tracht ihrer Zeit. Es ist jedenfalls eines der bedeutendsten und werthvollsten öffentlichen Denkmale Deutschlands, würde indess noch an Lebendigkeit gewinnen, wenn man endlich seinen Charakter als Brunnen, den der Meister beabsichtigt hat, verwirklichen wollte. Zwei einfachere Denkmale, für den Gründer der Frankfurter Promenaden Guiollet und den um die Stadt hochverdienten Moritz von Bethmann sieht man in den schönen die Stadt umgebenden Anlagen.

Eine wesentlich abweichende Richtung schlug in München *Ludwig Schwanthaler* ein (1802—1848). Er ging, angeregt durch wiederholten Studienaufenthalt in Rom, von antiken Anschauungen aus, wie sie dort durch Thor- Schwanthaler.

Fig. 376. Schilling's Gruppe der Nacht. Dresden.

waldsen erneuert worden waren. In dieser Richtung schuf er die innere plastische Ausstattung der Glyptothek, deren edle Reliefwerke bei hoher Anmuth des Styls von trefflichem Compositionstalente zeugen. Auch für den neuen Königsbau hatte er die bildnerische Decoration zu liefern, die zum Theil in verwandtem Anschauungskreise sich bewegt, zum Theil aber, in dem 266 Fuss langen Fries der Kreuzgänge, (für den Saalbau entworfen) zu einer Verschmelzung antiken Formgefühls mit romantischem Inhalt übergeht. Eine überströmende Phantasie, eine seltene Unerschöpflichkeit der Erfindung quillt in diesen Werken und beweist, welch' fliessende Leichtigkeit des Schaffens dem Meister eigen war. An Fülle der schöpferischen Kraft steht er vielleicht unter allen modernen Bildhauern als der erste da. Aber die Hinfälligkeit eines kränklichen Körpers und wohl auch die Schnelligkeit, mit welcher König Ludwig seine Münchener Schöpfungen betrieb, liessen Schwanthaler in den meisten Fällen nicht zu einer reinen Durchbildung der Gestalten kommen, so dass vielen seiner Arbeiten, bei geistreicher Lebendigkeit des Entwurfes doch die wahrhaft lebensvolle Ausprägung fehlt, und mehr eine flüchtig decorative Wirkung hervorgebracht wird.

Für die Walhalla schuf Schwanthaler die Marmorgruppen der beiden Giebelfelder, das eine, nach Rauchs Entwurf, die zweite Befreiung Germania's, das andere die Hermannsschlacht darstellend; letztere bei trefflichen und ergreifenden Einzelzügen doch ohne zwingende Gewalt im Gesammteindruck.

Sodann hat Schwanthaler eine Anzahl von grossen, zum Theil kolossalen Erzdenkmälern geschaffen. Unter diesen steht das 54 Fuss hohe Idealbild der Bavaria vor der Ruhmeshalle als ein im Ganzen ächt monumental gedachtes und zu entsprechender Wirkung durchgebildetes Werk da. Wenn eine volle Individualisirung dabei nicht gelang, so lag das hauptsächlich an der eigenthümlichen Aufgabe, die etwas durchaus Abstractes hat. Unter den übrigen Werken sind ihm die Gestalten aus dem Mittelalter am besten gelungen. So die zwölf prachtvollen vergoldeten Erzfiguren bairischer Herrscher im Thronsaal des Königsbaues zu München, offenbar eine Nachbildung des Innsbrucker Maximilian-Denkmals. Ritterlich bewegt und stattlich hingestellt, zeigen sie, welchen Blick und Griff für ächt monumentale Haltung Schwanthaler besass. Verwandter Art sind die Standbilder Tilly's und Wrede's in der Feldherrnhalle. In solchen Werken, wie in der Walhallagruppe, dem Kreuzzugfriese klingt uns der romantische Geist der Zeit entgegen, wie er, zuerst durch die Befreiungskriege gefördert, nachmals im Leben, in der Literatur und Kunst so vielfach hervorbrach. Wo es dagegen galt, Träger modernen Geisteslebens plastisch auszuprägen, da fehlt bei oft anerkennenswerther monumentaler Gesammtanlage ein tieferes Versenken in den besonderen Geist der Aufgabe und jene feinere Durchführung, die in jeder Linie den Grundcharakter des Ganzen nachtönen lässt. Am besten gelang dies noch bei der Statue Kreittmayr's für München; dagegen sind Werke wie das Göthebild in Frankfurt und das Mozartdenkmal zu Salzburg geradezu als verfehlt zu bezeichnen.

Schwanthaler's Schule.

Die Schule Schwanthaler's hat gerade diesen Mangel an Empfindung für das feinere Leben der Form, für die plastische Beseelung der ganzen Gestalt bis zur Gleichgültigkeit und Rohheit herabsinken lassen. Am besten sind noch die älteren Werke, besonders Orlando di Lasso von *Widnmann* und Gluck von *Brugger*, die neuerdings vom Odeonsplatze nach dem Promenadenplatze haben wandern müssen.*) Aber wenn man die jüngsten Erzbilder der Maximilians-

*) Dies Promeniren der Statuen ist eine unbegreifliche Rohheit, und beweist, wie man heutzutage bei hoher theoretischer Bildung in der Aesthetik doch in der Praxis allen Sinnes für das monumental Schickliche baar sein kann. Freilich ist es für viele solcher modernen Standbilder ganz gleich, wo

straſse und gar das Denkmal Kurfürst Max Emmanuel's auf dem Promenadenplatze sieht, so muſs man an der Entwicklung der dortigen Bildnerei gerechte Zweifel hegen. Das Reiterbild König Ludwig's von *Widnmann* unterscheidet sich zwar durch Feinheit der Ausbildung und liebevolle Sorgfalt der Durchführung vortheilhaft von den meisten übrigen dortigen Denkmälern; allein die Grundidee desselben — König Ludwig ist halb mittelalterlich, halb modern gefaſst, und sein Pferd wird von zwei Pagen begleitet — hat etwas so Unplastisches, Schwankendes, daſs nothwendig die monumentale Wirkung und die harmonische Gesammthaltung darunter empfindlich leiden muſste.

Neuerdings ist *Joseph Knabl* als glücklicher Erneuerer mittelalterlicher Holzschnitzerei aufgetreten, deren innerliche Empfindung er in edel geläuterten Formen zur Anschauung bringt. So an dem prächtigen Hochaltar der Frauenkirche. Nur ist leider ein richtiges Verhältniſs zur Polychromie des Mittelalters dabei noch nicht wieder gefunden. In solchen Fragen wie überall kommt man nicht mit halben Maaſsregeln durch. Entweder hat der Künstler an Farben gar nicht gedacht, und dann ist jede Bemalung vom Uebel; oder er hat sich auf den Beistand der Farben verlassen, dann muſs die Polychromie in entschiedener Weise durchgeführt werden. In München hat man einen unglücklichen Mittelweg eingeschlagen. Knabl.

In Wien gehörte der frühverstorbene *Hans Gasser* (1817—1868) zu den hervorragendsten Bildhauern Oesterreichs. Sowohl in lebensvoll aufgefaſsten Portraitbüsten, von denen wir Jenny Lind, Rahl, Marko, Szechenyi hervorheben, wie in frisch empfundenen Idealgestalten, z. B. Statuen für die Arsenale in Wien und Triest, für das Karltheater, das Waffenmuseum und das neue Opernhaus in Wien hat er sich als begabter Künstler bewährt. Sodann schuf er für Weimar das einfach würdige Erzstandbild Wieland's. Ferner hat in Wien ein Schüler Schwanthaler's, *Fernkorn*, durch einen frischeren Naturalismus jene romantische Richtung zu beleben versucht. So in der effectvoll bewegten Composition des h. Georg, der den Lindwurm erlegt. Das Reiterstandbild des Erzherzogs Karl verräth dagegen bei kräftig entwickelter Bewegung einen empfindlichen Mangel an plastischer Geschlossenheit und fällt mehr in's malerische Gebiet. Ueberaus bewegt ist auch das Reiterbild des Prinzen Eugen (1865), obwohl dasselbe doch den plastischen Charakter nicht so sehr vermissen läſst wie jenes. Dadurch daſs das Pferd des Reiters bäumend aufgefaſst ist, hat der Künstler sich die Linienführung nicht wenig erschwert. — Wien. Gasser. Fernkorn.

In Frankreich hat die moderne Bildnerei sich seit dem Ende des vorigen Jahrhunderts, wo Chaudet ihr das Streben nach strengem Klassicismus gab, in ähnlichen Richtungen ausgebildet, wie in Deutschland. Aber doch mit ganz anderen Erfolgen. Der Franzose strebt in allem Schaffen, durch sein groſses formales Talent getrieben, nach äuſserlicher Vollendung, nach dem Reiz der sinnlichen Erscheinung. Fülle der Gedanken, Tiefe der Empfindung läſst er nur so weit zu, als ihm darüber die flüssige Ausprägung der Form nicht be- Französische Plastik.

---

sie stehen, weil sie überall schlecht sind und bleiben. Um auf dem Promenadenplatz die fünf jetzt dort versammelten Statuen zur Ansicht zu bringen, hat man schlieſslich eine zweite Barbarei begangen und die eine Reihe der Bäume daselbst umgehauen!

einträchtigt wird. Daher hat er gerade für plastisches Schaffen eine unleugbare Begabung, die schon im 13. Jahrhundert glänzend hervortrat. Aber er fällt, wie damals ebenfalls ersichtlich wurde, auch um so leichter in conventionelle Manier. Dazu kommt die Neigung zu leidenschaftlich bewegten Schilderungen, die aber, anstatt auf tiefer Auffassung des Psychologischen zu beruhen, sich gar leicht mit theatralischen Affecten, mit declamatorischem Pathos abfindet. Daher sind ihre Bildwerke fast immer von einer äusserlich bestechenden, ja blendenden Form, die aber häufig ohne tieferen Ideengehalt ist.

Am meisten tritt dies bei der idealistischen Sculptur hervor. Dafs dieselbe in Frankreich sehr ausgedehnte Pflege fand, verdankt sie dem innigen Verhältnifs, in welches sie zur Architektur gebracht wurde. Eine Reihe von bedeutenden Bauwerken verlangten und erhielten ihre Ausschmückung von der Plastik, die dadurch sich in architektonische Raumbedingungen fügen lernte und ein klares Stylgesetz erhielt. Aber fast alle diese Werke stehen um einen merklichen Grad kühler, reflectirter, decorativer da als die ähnlichen in Deutschland geschaffenen. Die besten Leistungen der Franzosen auf diesem Gebiet verhalten sich zu den besten der Deutschen, wie die französische Tragödie zur deutschen, wie Racine's Phädra etwa zu Göthe's Iphigenia; und das schliefst ihre Vorzüge wie ihre Mängel ein.

Bosio. An der Spitze dieser klassicistischen Reihe von Bildhauern steht *François Joseph Bosio* (1769—1845), den man in einigen Marmorwerken der Sammlung des Louvre (Hyazinth, die Nymphe Salmacis, Aristäos) als glücklichen Nachahmer der Antike kennen lernt, während eben dort eine Madonnenbüste auffallend nichtssagend und empfindungslos erscheint. Eine Art Martyrium seiner klassischen Richtung erlitt er bei der Aufgabe, die Reliefs für die Vendômesäule zu arbeiten. Ausserdem schuf er das Viergespann für den Triumphbogen des Carousselplatzes. In der Chapelle expiatoire, welche Ludwig XVIII. errichten liefs, ist die Gruppe rechts ein recht edel empfundenes, wenn auch nicht ganz glücklich aufgebautes Werk. Sie zeigt Ludwig XVI., wie er von einem Engel getröstet wird. — Die Gruppe zur Linken, welche die Königin Marie Antoinette von der »Religion« unterstützt darstellt, arbeitete *Jean Pierre*
Cortot. *Cortot* (geb. 1787, gest. 1843). In den Linien trefflich entwickelt, läfst sie eine tiefere Empfindung vermissen. Die Abstraction hat zu viel Antheil daran, und die Gestalt der Religion ist nicht lebendig genug aufgefafst. Sie sollte lieber das schwere Kreuz bei Seite legen, um der unglücklichen Königin ernsthafter zu helfen.

Von Cortot ist auch die Gruppe im Giebelfelde des Palastes der Deputirtenkammer, eine allegorische Verherrlichung Frankreichs und der Verfassung von 1830. Am Arc de l'Etoile arbeitete er das Relief, welches Napoleon, gekrönt von der Victoria, darstellt. Es ist klassisch langweilig.

Pradier. Die weibliche Schönheit in dem rein sinnlichen Zauber ihrer Erscheinung hat keiner so vollendet geschildert wie der Genfer *James Pradier* (1790—1852). Die höchste Vollendung einer schwellend weichen Marmorbehandlung kommt ihm dabei zu Statten, wie seine Phryne und die »leichte Poesie« zur Genüge beweisen. Einige von seinen der Antike nachgedichteten Werken, die man in der Sammlung des Louvre sieht, zeigen ein bedeutendes Talent für Aufbau und Linienführung, ein feines Gefühl für den Umrifs und dabei vollendete technische Meisterschaft. Wie grofsartig und energisch Pradier bisweilen sein kann, beweist der gefesselte Prometheus; wie lebendig und kühn in der Bewegung, bezeugt der Niobide (1822). Reizend und liebenswürdig ist die Psyche, auf deren Oberarm ein Schmetterling sich niedergelassen hat; lebensvoll anmuthig Atalante, die sich die Sandalen befestigt (1850); ganz vortrefflich auch die verzweifelnde Sappho, das letzte Werk des Meisters. Dafs Pradier seiner ganzen Richtung nach sich am wenigsten für religiöse Darstellungen eignet, beweist er in den für St. Clotilde und für die Madeleine gelieferten Arbeiten. Um so trefflicher sind dagegen seine mehr in decorativem Sinne geschaffenen Werke. So die Statuen der ernsten und der komischen Muse an der Fontaine Molière; so auch die allegorischen Figuren an dem schön aufgebauten Springbrunnen in Nîmes, wo Feinheit der Form, edle und klare Behandlung der Gewänder und besonders ein treffliches Liniengefühl sich verbinden. Die beiden Schüler Pradiers, *Lequesne* und *Guillaume* sind als tüchtige Nachfolger ihres Meisters hervorzuheben. Entschieden ins Ueppige und selbst Lüsterne hat sich *A. J. Clésinger* verirrt, der durch die von einer Schlange gestochene Frau (1847) und die Bacchantin (1848) zuerst ein Auffehen erregte, an welchem die ächte Kunst den geringsten Antheil hatte. Clésinger.

Der klassischen Richtung huldigt auch *Philippe Henri Lemaire* (geb. 1798), der für das Giebelfeld der Madeleine das grofse Relief des jüngsten Gerichts (1826—34) arbeitete, damit aber den Beweis lieferte, wie wenig die rein antikisirende Sculptur dem Geiste solcher christlichen Aufgaben gerecht zu werden vermag. Aufserdem widerspricht dieser Gegenstand, den das Mittelalter vermöge seiner Raumsymbolik so trefflich zu schildern und so bedeutsam räumlich abzustufen vermochte, der Anordnung in einem Tempelgiebel, der auf demselben Plane den Weltrichter, die Engel und Heiligen, die Auferstandenen und die Verdammten vereinigt. Lemaire.

Unter denen, welche das Stadium einer streng klassicistischen Auffassung überwunden haben und ihre Werke aus einem feinen, an der Antike geläuterten Naturgefühl hervorwachsen lassen, ist *François Rude* (1785—1855) einer der trefflichsten. Von geistreicher Kühnheit, schlank aufgebaut, edel in den lebensfrischen Formen ist sein eherner Merkur im Louvre. Hier hat die mythologische Bezeichnung nur noch den äufseren Anlafs gegeben, um eine jugendliche Gestalt in freier Bewegung sich entfalten zu lassen. Mit der rechten Hand an den Flügelschuh des rechten Fufses greifend, den er auf einen Baumstamm gesetzt hat, schwingt er in der Linken hoch seinen Stab. Dieselbe Frische des Ausdrucks, nur vielleicht noch naiver und liebenswürdiger, spricht aus der ebendort befindlichen Marmorstatue eines jungen neapolitanischen Fischers, der mit einer Schildkröte spielt. Trefflich in der Intention ist auch das Marmorbild der Jungfrau von Orleans im Garten des Luxembourg: aufhorchend scheint sie eben den überirdischen Ruf zu vernehmen, der ihre Bestimmung ihr anzeigt. Nur ist vielleicht die Bewegung etwas zu gewaltsam entwickelt. In's unschön Uebertriebene fällt aber auch dieser tüchtige Meister beim ehernen Standbilde des Marschalls Ney, welches am Ausgang des Luxembourg-Gartens aufgestellt ist. Hier entgeht er so wenig, wie die meisten seiner Landsleute, Rude.

dem unvermeidlichen Hange zum Forciren, der den Franzosen eine würdevolle Monumentalplastik historischer Art so schwer macht. Noch viel unglücklicher ist Rude in dem Hochrelief am Arc de l'Etoile, worin er den Ausmarsch der Franzosen im Jahre 1792 zur Vertheidigung der Republik schildert. Abgesehen von dem wirr Gedrängten der Anlage ist die massive, über der feurig belebten Männergruppe schwebende Bellona mit häslich zum Schreien aufgerissenem Munde, trotz ihres grofsen Flügelpaares heftig ausschreitend dargestellt, so dafs sie völlig wie ein gespreizt auf zwei Pferden stehender Kunstreiter erscheint. Endlich hat Rude an dem Denkmal des Publizisten Godefroy Cavagnac (1847) auf dem Montmartre-Kirchhof in der ausgestreckt daliegenden Erzfigur des Entschlafenen einen Schritt in's extrem-naturalistische Gebiet gethan, zu welchem die Sitte der älteren französischen Grabmäler ihn wohl verleitete. In herber Wahrheit liegt die Leiche da, der Kopf mit struppig wildem Bart starr zurückgeworfen, die Arme und Hände steif ausgestreckt, Hals, Brust und Schulter nackt. Den übrigen Körper bedeckt das trefflich in grofsen Massen angeordnete Leichentuch. Die Ausführung ist, wie immer bei Rude's Werken, höchst gediegen.

Duret. Noch unmittelbarer, frischer und anziehender bewegt sich *François Joseph Duret* im Gebiet einer idealen Naturauffassung. Sein neapolitanischer Fischer, der die Tarantella tanzt (1833), jetzt im Luxembourg, ist ein Meisterstück fein und glücklich dargestellter momentaner Bewegung, der Körper in jugendlicher Elasticität und in zarten Formen durchgebildet, auch als vollendete Leistung des Erzguffes bewundernswerth. Nicht minder vorzüglich ebendort der improvisirende Winzer (1839). — Aus der grofsen Zahl der übrigen Plastiker

Andere Meister verwandter Richtung. dieser Richtung erwähne ich noch *François Jouffroy* mit der anmuthigen Statue eines jungen Mädchens, das der Venus ihr erstes Geheimnifs mittheilt (1839); die Schüler Pradier's, *Charles Simart* («Orest») und *Etex* (zwei von den Reliefs am Arc de l'Etoile), *A. Ottin* (innig empfundenes Marmorbild der Laura Petrarca's im Garten des Luxembourg), *Denis Foyatier* (Spartacus) und *Courtet* (üppig bakchantische Gruppe eines Fauns und einer Kentaurin), endlich *Jules Cavelier* mit seiner Penelope (1849) und den talentvollen Schüler Rude's, *Carpeaux*, der in Genrefiguren und Portraitbüsten feine Naturempfindung bekundet. Durch die reiche Ausschmückung, welche Paris in seinen öffentlichen Plätzen und Gärten (Tuilerien und Luxembourg), an seinen Brunnen (auf der Place de la Concorde, Fontainen von S. Sulpice, von S. Michel, auf dem Louvois-Platze) und seinen Neubauten (die meist mifslungenen Statuen und Reliefs am neuen Louvre und dem Opernhaus) erhalten hat und fortwährend erhält, wird der idealistischen Plastik ein unbegrenztes Feld der Thätigkeit freigehalten: aber die Production verliert sich dabei auch vielfach in's Aeufserliche, Decorative.

David von Angers. Neben dieser massenhaften Idealsculptur tritt die ausschliefslich realistische Richtung entschieden zurück, obwohl sie einen der kühnsten und genialsten Vorfechter, *Pierre Jean David* von Angers (1793—1856), aufzuweisen hat. Dieser bedeutende und rastlose Künstler ging gleich seinen Zeit- und Strebensgenossen vom Studium der Antike aus; aber früh schon entwand er sich der Abhängigkeit von einem bei seinen Landsleuten sehr conventionell gehandhabten Formencanon und warf sich einem rücksichtslosen Naturalismus in die

Arme, dessen Ziele häufig auf den nackten Realismus, auf Verkörperung der zufälligen und selbst der niedrigen Wirklichkeit hinauslaufen. Sein Philopömen im Louvre, der sich den Pfeil aus dem Schenkel zieht, zeigt in seiner kühnen Bewegung die scharfe Ausdrucksweise eines energischen Naturalismus. Als David (bis 1837) das große Relief für das Giebelfeld des Pantheons schuf, trat sein Gegensatz gegen die damals in Paris herrschende antikisirende Auffassung am schlagendsten hervor. Die Composition illustrirt die Aufschrift des stolzen Gebäudes: »Aux grands hommes la patrie reconnaissante«. In der Mitte die ernste Gestalt des Vaterlandes in strengem antikem Faltenwurf; auf beiden Seiten die großen Männer, die Helden des Geistes und des Schwertes, darunter der General Bonaparte, welcher hastig neben den finsteren Kriegern der Republik vorstürmt, um einen der dargereichten Siegeskränze zu erobern. Das realistisch Bunte der Gruppen in ihren keck behandelten Zeitkostümen, das malerisch Freie der Anordnung läßt einen eigentlich plastischen Eindruck nicht zur Geltung kommen, und aller Geist, alle charaktervolle Lebendigkeit läßt doch nicht vergessen, daß hier mit den unumstößlichen Fundamentalgesetzen architektonisch-plastischer Darstellung ein übermüthiges und unschönes Spiel getrieben ist.

Daß David nach seiner Sinnesrichtung am bedeutendsten sein muß, wo es gilt, das individuelle Leben darzustellen, läßt sich vermuthen und bestätigt sich durch die unabsehbare Anzahl höchst geistreicher, lebensprühender, meisterlich behandelter Portraitbüsten. Die berühmtesten Männer der neuern Zeiten, Corneille, Racine, Fénélon, Montesquieu, Lafayette, Cuvier, Alexander von Humboldt, Goethe, Schelling, Tieck, Rauch und viele andere sind von David in Statuen und Büsten so dargestellt worden, daß man die geistigen Sympathieen des trefflichen Meisters aus der frischen Unmittelbarkeit seiner Auffassung empfindet. Weniger glücklich war David, wo es sich um monumentale Werke dieser Art handelte. Zwar fehlen solchen Arbeiten niemals die Vorzüge sprechender Aehnlichkeit und lebensvoller Natürlichkeit; allein da der Meister verschmähte, seinen Naturalismus durch die ächt plastischen Stylgesetze zu dämpfen, so fehlt diesen Standbildern das Element, wodurch sie aus der Sphäre gewöhnlicher Wirklichkeit in das Reich des Dauernden, allgemein Gültigen gehoben würden. Daß er solchen Mißgriffen, wie bei der Statue des großen Condé (jetzt vor dem Schloß zu Versailles) verfiel, den er in dem Momente darstellte, wie er seinen Commandostab in die feindliche Schanze wirft, um ihn kämpfend zurückzuerobern, läßt sich um so leichter begreifen, da unter seinen Landsleuten selbst strengere Stylisten bei solchen Gelegenheiten dem nationalen Drange nach dem effectreich gesteigerten Ausdruck des Momentanen nicht entgingen. Doch ist sein Guttenberg-Denkmal in Straßburg darin weit glücklicher und darf überhaupt als eins seiner gelungensten Monumentalwerke bezeichnet werden.

Hier ist nun die Bemerkung nicht zu unterdrücken, daß es den Franzosen doch auffallend schwer, wenn nicht unmöglich zu werden scheint, ein ächtes historisch-monumentales Bildwerk zu schaffen. Liegt es daran, daß sie so ungern Maaß halten und gar zu leicht in das Extreme gerathen? oder daß es ihnen nicht gegeben ist, die stille Größe eines bedeutenden Charakters zu würdigen und stets eine bestechende, blendende, fortreissende Aeusserung, sei sie selbst theatralisch und übertrieben, zum Gradmesser der Schätzung machen? Oder sind die Ursachen noch tiefer zu suchen, in der Richtung ihres gesammten politischen Lebens, das dem freien Individuum keine Bahn der Wirksamkeit mehr gestattet, sondern Alle unterschiedlos dem gleichen Zwanggesetze unterwirft?

Obwohl David eine zahlreiche Schule gebildet und auf seine Zeitgenossen vielfachen Einfluss geübt hat, kann man von eigentlichen Nachfolgern seiner Richtung nicht sprechen. Doch glänzt in der naturalistischen Auffassung wenigstens noch ein grosser Meister hervor: der Thierbildner *A. L. Barye*, der das Thierleben mit einer Feinheit und Schärfe der Beobachtung wiederzugeben weiss, in welcher ihm kein Anderer auf demselben Gebiete gleich kommt. —

Plastik bei den übrigen Völkern.

Neben den Deutschen und Franzosen treten die übrigen Völker im plastischen Schaffen der Gegenwart so sehr zurück, dass eine Betrachtung der vereinzelten lokalen Leistungen für die gesammte geschichtliche Uebersicht kaum von Werth erscheint. Zwar fehlt es nicht an Künstlern, auch nicht an Aufträgen, aber ein nachhaltigeres Wirken, eine erfolgreichere Bethätigung lässt sich nirgends erkennen. Belgien ist vorwiegend abhängig von französischen Einflüssen und hat aus seiner glücklichen nationalen Erhebung nur für seine Lieblingskunst, die Malerei, aber keineswegs für die Plastik eine kräftige Neubelebung geschöpft. Wohl errichtet man auch dort den grossen Männern Denkmäler, aber zu einer ächten historisch-monumentalen Plastik sind die Ansätze noch dürftiger als in Frankreich. Selbst der gefeierte *Wilhelm Geefs* hat in seinem Rubens zu Antwerpen, und seinem Grétry zu Lüttich keine wahrhaft lebensvollen Gestalten hinzustellen gewusst. Besser gelingen ihm wie seinen Kunstgenossen *Fraikin*, (Marmorstatue des gefangenen Cupido) *Simonis* u. A. die rein genrehaften Darstellungen. *Geerts* hat sich durch seine meisterlichen Chorstühle im Dom zu Antwerpen als Erneuerer mittelalterlicher Schnitzkunst bewährt.

Belgien.

England.

In England, wo der historische und politische Sinn so hoch entwickelt ist, sollte man vor Allem eine bedeutsame Monumentalkunst erwarten. Aber so wenig die Engländer Sinn und Talent für die höhere geschichtliche Malerei haben, so wenig vermag sich bei ihnen eine bedeutsame Plastik zu entwickeln. Es fehlt nicht an einer beträchtlichen Anzahl von Denkmälern ihrer grossen Männer: aber sie sind durchweg so unglücklich ausgefallen, so styllos und doch zugleich selbst ohne alle energische Naturauffassung, dass man jegliches höhere bildnerische Talent bei ihnen in Zweifel ziehen muss. Man braucht nur den unbedeutenden Wellington zu sehen, der auf seiner schmächtig eleganten Stute quer über den Triumphbogen von Hyde Park dahinreitet, um zu begreifen, was dort im Bereich monumentaler Plastik möglich ist. Diese Anschauung gewinnt von historischer Seite eine Bekräftigung, wenn wir uns erinnern, dass schon im 13. Jahrhundert sich Züge genrehafter Auffassung selbst in ihre Grabstatuen einschlichen, und dass dann bald ein nüchterner Realismus Platz griff, der nur ausnahmsweise durch continentale Einflüsse verdrängt wurde. Dagegen lässt sich ein gewisses Talent für die Genreplastik den heutigen englischen Künstlern nicht absprechen, nur dass auch dabei weniger das frische Naturleben als eine süssliche Sentimentalität vertreten ist. Nirgends hat Canova's Geist so angesprochen und solche nachhaltige Wirkung ausgeübt wie dort. Weitaus der edelste und stylvollste von den heutigen englischen Bildhauern ist *Gibson* (1791—1866), der in Rom lebte und streng genommen der dortigen Schule anzureihen wäre. In der Portraitplastik wird *François Chantrey* († 1839) vorzüglich geschätzt. Von den übrigen namhaften Bildhauern mögen *R. Wyatt*, *Macdowell*, *Macdonald*, *Campbell* die beiden *Westmacott* und *Marshall* genannt werden.

Mehr als anderswo zehrte in **Italien** bis vor Kurzem die gesammte bildende Kunst von der Vergangenheit, von deren Gröfse sie sich sichtlich niedergedrückt fühlt. Lange Zeit hatten die Schicksale des namenlos gesegneten und namenlos unglücklichen Landes jeden frischeren Aufschwung des künstlerischen Lebens unmöglich gemacht. Erst wenn seine politische Wiedergeburt in Wahrheit gelingt, lassen sich auch für die Kunst neue Blüthen erwarten. Ueber das von Canova Geleistete hatte sich die Plastik nicht wesentlich emporgeschwungen. Wohl fand jene höhere keusche Läuterung der Form, wie sie durch Thorwaldsen eingeführt wurde, in *Tenerani* (1798—1869) einen würdigen Vertreter, allein auch hier kommt man nicht über den Eindruck einer in edlem Styl durchgeführten, mit meisterlicher Technik vorgetragenen conventionellen Auffassung hinaus. Diese Vollendung der Marmortechnik aber, die durch Jahrhunderte in ununterbrochener Tradition dort heimisch ist und eine Menge der in den übrigen Ländern entworfenen Werke in die ausführende Hand italienischer Bildhauer bringt, bestimmt überwiegend den Charakter der dortigen Schöpfungen. Denn nicht selten macht sich die Virtuosität in jenen auch früher geübten durchsichtigen Verschleierungen breit wie in der »Vestalin« des Mailänders *Monti*. Andere suchen, wie *Fraccaroli* in seinem vom Pfeile getroffenen Achill die herkömmlich antikisirende Auffassung durch den jähen Ausdruck von Leidenschaft zu beleben, oder jenem Stoffgebiete, nach dem gelegentlichen Vorgange Canova's, Momente von drastischer Wirkung abzugewinnen wie der Florentiner *Bartolini* (1777—1850) in seinem Pyrrhus, der den Astyanax über die Mauern Troja's schleudert oder *Pio Fedi* mit seinem in der Loggia de' Lanzi zu Florenz aufgestellten Raube der Polyxena*). Werke anmuthigeren Inhalts kennen wir von *Carlo Finelli* aus Carrara, von *Magni*, *Demi*, *Bienaimé*, vom Mailänder *Vela* eine ausdrucksvolle Marmorstatue des auf S. Helena sterbenden Napoleon, u. A.

Italien.

Eine Neubelebung der italienischen Plastik, die schon Bartolini erstrebte, ohne sie zu erreichen, ist erst durch *Giovanni Duprè* von Siena (geb. 1817) begonnen worden. In seinem todten Abel befreite er sich von den Fesseln akademischer Convenienz, und in seinem Kain ging er sogar zu einem Naturalismus über, der fast abstofsend wirkt und jedenfalls die Plastik leicht wieder auf Abwege führen könnte. Zu seinen edelsten Gestalten gehört dagegen die 1857 entstandene Sappho, die in tiefer Melancholie hinbrütend auf einem Felsen sitzt, an welchem die vielleicht etwas zu zierlich ausgeführte Lyra lehnt. Wie sehr aber dem Künstler, ähnlich der gesammten modernen Plastik Italiens, das architektonische Stylgefühl mangelt, beweist das völlig misslungene Grabmal einer Gräfin Ferrari-Corbelli in S. Lorenzo zu Florenz. Etwas besser ist das

Duprè.

*) Abb. in der Zeitschr. für bildende Kunst. Jahrg. II.

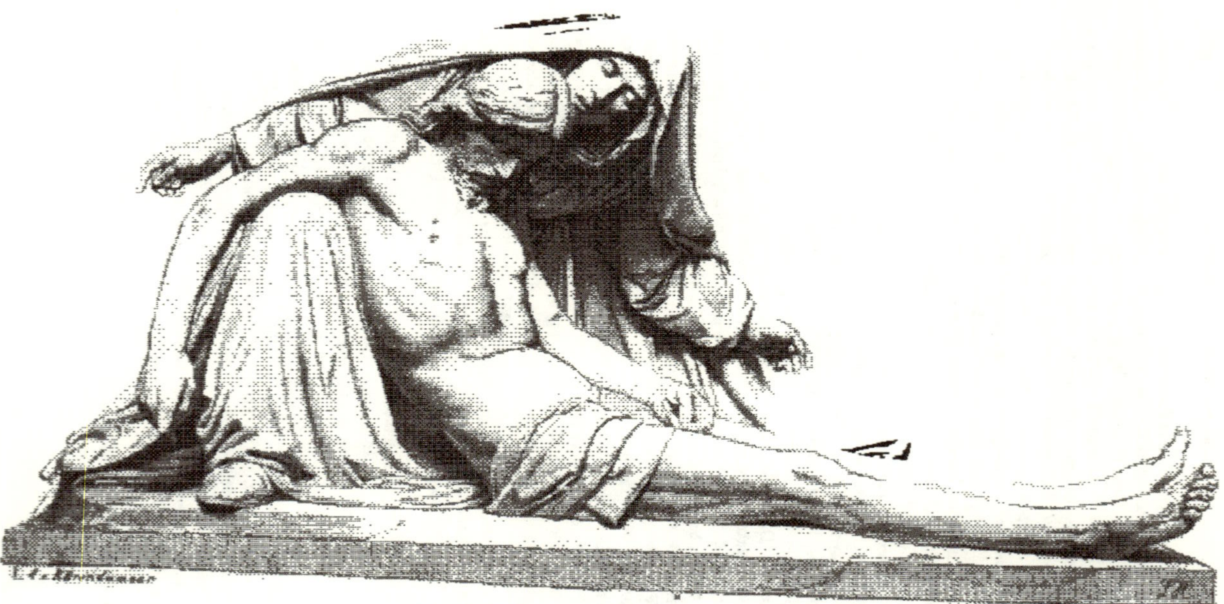

Fig. 377. Pietà. Marmorgruppe von Giovanni Duprè.

Relief im Hauptportal von S. Croce, welches den Triumph des Kreuzes darstellt. In seiner Pietà endlich, welche er bis 1865 für den Kirchhof der Misericordia in Siena auszuführen hatte, ist der todte Christus eine der ausdrucksvollsten Gestalten der heutigen religiösen Kunst, und nur die Bewegung der Madonna, deren Kopf voll tiefer Empfindung, läfst Einiges zu wünschen. (Fig. 377.)

So zeigt sich auch in diesem begabten und strebsamen Künstler immer noch in den meisten Fällen ein gewisser Bruch zwischen Idee und Ausführung, und sein Naturalismus ist noch nicht im Stande gewesen sich völlig mit den Gesetzen des plastischen Schaffens in Einklang zu setzen. Wie sehr aber eine frischere Belebung der italienischen Kunst Noth thut, und wie allgemein diese Nothwendigkeit empfunden wird, beweisen Erscheinungen wie der zu früh verstorbene *Bastianini* aus Fiesole († 1868), dessen für das Louvre erworbene Terracotta-Büste Benivieni's eine so vollendete Meisterschaft im Style der grofsen Florentiner des 15. Jahrhunderts bekundet, dafs die gewiegtesten Kenner in Paris das Werk als ein altes bezeichneten. Wer indefs in Florenz die übrigen Arbeiten des Frühverstorbenen, namentlich die Büste Savonarola's im Museum von San Marco gesehen, zweifelt nicht an seiner Urheberschaft und bedauert, dafs eine so geniale Kraft durch jähen Tod in ihrer weiteren Entwicklung gehemmt worden ist.

Der römischen, durch Canova und Thorwaldsen ausgebildeten Schule gehört endlich eine Anzahl von Plastikern der verschiedenen Nationen an, die dort eine zweite Heimath gefunden und im Festhalten am strengen Idealismus, an den von der Antike vorgeschriebenen Gesetzen ihr gemeinsames Erkennungszeichen haben. Von dem Engländer Gibson, der hieher gehört, war schon die Rede. Unter den Deutschen ist wohl der bedeutendste *Martin Wagner* (1773—1858) aus Baiern, der im Auftrage König Ludwigs die plastische Ausstattung des Siegesthores zu München und den grofsen Fries der Völkerwanderung für die Walhalla geschaffen hat. Sodann der sinnige *Karl Steinhäuser* aus Bremen, welcher aus der streng klassischen Richtung den Weg zu einer edlen, innig empfundenen Darstellung christlicher Stoffe, (Madonna, Ansgarius) aber auch allgemeiner poetischer Figuren, wie Mignon, der Violinspieler u. A. gefunden hat; ferner der frühverstorbene *Rudolf Schadow*, der überaus thätige *Emil Wolff*, der durch sein aufgefafste Bildnisse und Idealfiguren (Marmorkamine für die Königin Olga von Würtemberg im Schlosse zu Stuttgart) sich auszeichnende *Joseph Kopf*, der liebenswürdig empfindende *E. Cauer* aus Creuznach, der Holländer *Matthias Kessels* (1784—1838) u. A. m. Römische Schule.

---

Werfen wir schliefslich einen Rückblick über den zuletzt verflossenen Zeitraum, so drängt sich uns die erfreuliche Thatsache auf, dafs die Bildnerei seit dem Auftreten Canova's bis auf diesen Tag in stetigem Fortschreiten sich bewegt hat. Vergleicht man vollends ihre Leistungen mit den gleichzeitigen ihrer populäreren Schwesterkunst, der Malerei, so wird kaum bezweifelt werden können, dafs wir wieder in einer jener Epochen stehen, wo die Plastik der Rückblick.

Malerei um einen merklichen Schritt vorangeeilt ist. Denn trotzdem, dafs die gröfsere Maffe des Schaffens und die bedeutenderen Aufträge der letzteren zufallen, hat sie es kaum zu so vollkommenen, mustergültigen Lösungen ihrer höchsten Aufgaben bringen können, wie die Bildnerei deren eine ganze Reihe aufzuweisen hat, und leidet vielfach noch theils an einem Uebermaafs des Naturalistischen, theils an einem Mangel gediegener technischer Durchbildung. Daher kommt es denn, dafs die nothwendige Vorausfetzung alles künstlerischen Schaffens, die Meisterschaft im Technischen, von der einen Seite für überflüssig, wohl gar für unwürdig, von der anderen bereits für eine künstlerische Leistung an sich betrachtet wird. Bei der Plastik versteht sich dagegen von selbst, was bei der Malerei vielfach noch einen Gegenstand seltsamen Streites ausmacht. Und in diesem Sinne kann man sagen, es sei ein Glück für die Bildnerei, dafs sie nicht die allbeliebte Modekunst des Tages ist. Was sie trotzdem an allgemeiner Gunst zu erringen wufste, hat sie der widerstrebenden Zeit abgerungen. Denn wir dürfen hier nicht unterlassen daran zu erinnern, dafs auch in anderen Beziehungen die Plastik heutigen Tages nicht auf Rosen gebettet ist. Wie leicht wurde es dem griechischen Bildhauer gemacht, seine Phantasie mit den reinsten Formen zu füllen; selbst gegen seinen Willen hätte er nicht umhin gekonnt eine Reihe von vollendet schönen, harmonischen Bildern in sich aufzunehmen! Auch der Bildhauer des 13. Jahrhunderts war darin glücklich gestellt, und selbst die Meister des 15. u. 16. Jahrhunderts konnten aus ihrer Umgebung wenigstens charaktervolle, lebensfrische Eindrücke empfangen. Wie steht es mit den heutigen Künstlern! Selbst wenn die gesammte äufsere Erscheinung unserer Zeit, wenn unser Kostüm nicht ebenso unnatürlich als abgeschmackt wäre, selbst wenn unsere Frauen nicht so monströs eingeschnürt und aufgebauscht, und wir Männer nicht so nüchtern eingewickelt wären, wie wir sind: schon der häufige Wechsel der Mode liefse das Auge nicht zu ruhigen Eindrücken kommen. Durch wie viele Wandlungen hat diese launenhafteste und modernste aller Göttinnen bereits seit Canova's Auftreten die heutige Welt hindurchgeschleppt und mit welchen Ueberraschungen beschenkt sie uns noch jeden Tag! Selbst an die ungünstigste Tracht kann sich die Bildnerei gewöhnen, und selbst der widerstrebendsten Form vermag sie einen gewissen plastischen Reiz abzugewinnen; aber wenn das Auge fortwährend in dem gestört wird, was es als die normalen Verhältnisse einer menschlichen Gestalt aufzufassen hat; wenn es sich bald an mathematisch dürre Parallelfiguren, bald an wandelnde Glockenungeheuer als das allgemein Gültige der menschlichen Erscheinung gewöhnen soll, so verliert es die Ruhe und die nothwendige Sicherheit der Ueberzeugung in diesem kaleidoskopischen Wechsel der Formen. Wir verlangen heutigen Tages mit Recht, dafs die gefeierten Männer unserer Geschichte, dafs unsere Dichter, Denker und Befreier uns in voller leibhaftiger Gestalt, wie sie unter uns gewandelt haben, nicht in einer antikisirenden Verkleidung vorgeführt werden; aber wir vergessen, dafs wir durch unsere modische Veränderungssucht den Bildhauern die Lösung dieser Aufgabe unendlich erschweren.

Hindernisse der Plastik.

Werth bei antiken Studien.

Erwägt man dies Alles, so wird schon daraus die Nothwendigkeit des fortgesetzten Studiums der antiken Werke für unsere Plastik sich ergeben. Denn je weiter eine Zeit in ihrer äufseren Erscheinungsform sich von der menschlichen

Schönheit ins Barbariſche entfernt — und recht gründliche Barbaren ſind wir in dieſer Hinſicht — um ſo mehr thut ihr Noth, den gefährdeten Schönheitsſinn zu ſtärken und zu läutern durch die Schöpfungen einer Epoche, die Allem was ſie hervorgebracht, das Gepräge des ewig Gültigen zu verleihen wuſste. Und ſogar die letzte Spur von Gefahr, die ehemals in ſolchen Studien liegen konnte, iſt jetzt verſchwunden. Denn wer vermöchte mit gelehrten Exercitien nach der Antike unſerer Gegenwart den Eindruck eigenſter künſtleriſcher Schöpfungen zu geben! Machen wir doch dieſelbe Erfahrung ſo oft auf der Bühne, wo ſelbſt die geiſtvollſten Reconſtructionen antiker Stoffe keinen freien Herzensantheil mehr zu wecken vermögen. Unſere Kunſt muſs innerlich national ſein, das heiſst nicht in dem engherzigen politiſch tendenziöſen Sinn, den man ſo oft dabei unterlegt, ſondern in der allein wahren Bedeutung, daſs ihre Schöpfungen aus dem Boden unſeres eigenſten geiſtigen Lebens aufblühen. Hält man dieſe Grundlinie feſt, ſo wird ſich ſelbſt aus dem allegoriſch-ſymboliſchen Ziergarten, deſſen Beihülfe die Sculptur nicht entbehren kann, ſofern ſie ihre knappe ſtylgemäſse Ausdrucksweiſe nicht mit der geſchwätzigen maleriſch-landſchaftlichen vertauſchen ſoll, mancher Schöſsling mit ſo viel innerlicher Lebenskraft ausſtatten laſſen, daſs er nicht den Eindruck des fremdartig Froſtigen macht, ſondern uns unmittelbar nah und verwandt erſcheint. Wer verſteht nicht ſofort das Symbol des ſterbenden Löwen auf dem Denkmal zu Luzern! Wie hätte der Gedanke einfacher, ergreifender ausgedrückt werden ſollen! Und ſolcher Art könnte man Manches anführen, ſowohl aus den Werken Thorwaldſen's und Rauch's als auch ihrer geiſtesverwandten Nachfolger.

Daſs aus dem Studium der Antike eine läuternde belebende Kraft in jene Genreplaſtik hinüberdringt, welche die einfache Darſtellung anmuthiger Natur zur Aufgabe hat, braucht kaum hervorgehoben zu werden. Wohl aber darf man das Eine nicht vergeſſen, daſs gegen jede Art von Uebertreibung, von Ausſchreiten ins üppig Sinnliche und gar Lüſterne die Antike wieder den feſten Damm bildet, ſeit wir die keuſchen Schöpfungen ächt griechiſcher Kunſt uns unverlierbar zu eigen gemacht haben. Aber auch jenes Gebiet der Plaſtik, das dieſen Grenzen am fernſten zu liegen ſcheint, die Schilderung des individuellen Lebens, bedarf eines ſtarken Stromes antiken Schönheitsgefühles, um den auf dieſen Wegen liegenden Gefahren des einſeitig Charakteriſtiſchen, niedrig Realiſtiſchen zu entgehen. Je ſicherer dieſen Schöpfungen die lebendigſte Sympathie des Volkes zu Theil wird, um ſo wichtiger iſt es, ihnen eine würdige ſtylvolle Faſſung zu geben. Wer ſehen will, wie nichts von dem ſchärfſten Ausdruck des Sonderlebens geopfert und doch das Ganze in jene groſse Auffaſſung getaucht iſt, welche wir immer wieder aus den Alten ſchöpfen, und die darauf hinausgeht, das Weſentliche, ewig Gültige aus der verwirrenden Maſſe des Zufälligen zu löſen und zu einem charaktervollen Gebilde auszuprägen, der betrachte die Charakterbilder Rauchs und Rietſchels. Naturalismus.

Haben wir nun den Ueberblick über den Stoffkreis der heutigen Plaſtik gehalten, ſo fragt ſich ſchlieſslich: iſt es unſerer Zeit nicht gegeben, eine ächte Idealkunſt hervorzutreiben und damit alſo auch den höchſten, ewigen Gedanken Ausdruck zu leihen? Iſt unſere Zeit ſo ideenarm, oder ſind ihre Ideen ſo wi- Idealkunſt.

derspänstiger Natur, dass sie sich der plastischen Verklarung entziehen? Gewiss nicht. Wohl aber sehen wir die Völker heut in einem Zustand gewaltigen Ringens, dessen Ziel dahin geht, die fast überall noch lastenden Fesseln vergangener Zeiten, welche eine freie, menschenwürdige Entwicklung hemmen, abzustreifen, aus dem frisch vordringenden Leben der Gegenwart die faulenden Ueberreste überwundener Culturstufen zu entfernen, die sich für das allein Lebensfähige halten, weil eine verkehrte Staatsraison aus solchen morschen Balken die Stützen des wankenden Staatsgebäudes zu machen beliebt. Diese Kämpfe werden zu Ende geführt werden, und wer zweifelt daran, dass die Völker siegen müssen? Sind aber erst jene freien Staatsverfassungen, das Ideal des gesammten modernen Ringens, geschaffen, in welchen die Menschheit sich nach langer Unruhe und Unbehaglichkeit wieder wohnlich einrichten und zu fortschreitender Verbesserung sich entwickeln kann, dann erlebt auch die Kunst wieder eine Zeit wahrer, höchster Blüthe. Den Monumenten, die wir jetzt schon unseren grossen Männern setzen, werden dann noch ganz andere folgen.

Religiöse Plastik.

Aber auch die religiöse Kunst, die in eminentem Sinn ideale, wird dann eine neue grosse Blüthe erleben. Warum sie heute darniederliegt, das verschuldet nicht etwa eine Irreligiosität des Zeitalters, sondern die Feindseligkeit, welche die Vertreter der spezifischen Kirchlichkeit gegen die Freiheitsbestrebungen der Gegenwart hegen, die gehässige Ausschliesslichkeit, mit welcher die Träger der confessionellen Parteien sich überall als Erbpächter des einzig wahren Christenthums geriren. Findet die Kirche in dem freien Staate der Zukunft ihre eigene Freiheit, gewinnt sie ihre vielfach verscherzte Würde dadurch wieder, dass sie sich nicht mehr in das weltliche Gebiet des Staates mischt, dann wird es sich zeigen, dass die Zeiten nicht irreligiös geworden sind. Nur dazu ist die Gegenwart zu entwickelt, dazu hat sie zu viel vom Wirken und Walten der Geschichte und des christlichen Geistes in der Geschichte kennen gelernt, um ferner mit leeren dogmatischen Gerüsten, mit hohlem kirchlichen Formelwesen ihr religiöses Gefühl abfinden zu lassen. Sie will lebendiges Brod, nicht mehr Steine. Wer heutigen Tages auf den sittlichen Gehalt des Christenthums als das allein Wahre, Schöpferische der Weltreligion hinweist, dem wird das wohlfeile Spottwort des »Rationalismus« zugeworfen. Sei es drum: dennoch liegt in jener sittlichen Macht das einzig Weltbewegende der Christuslehre. Und das ist gewiss: sobald dies anerkannt und zur Geltung gebracht wird, haben wir wieder ein christliches Gesammtgefühl, unbeschadet der mannigfachen kirchlichen Formen, in die nebenbei sich die Religiosität der Einzelnen und der Völker kleiden mag. Nur aus einem solchen Gesammtgefühl kann eine ächt religiöse Kunst wieder erwachsen. Bis dahin werden wir höchstens eine kirchliche Tendenzkunst haben. Dann aber werden wahrhaft religiöse Werke des tiefsten christlichen Gehaltes wie Rietschels Pietas nicht mehr vereinzelt bleiben.

# KÜNSTLER-VERZEICHNISS.

# ORTS-VERZEICHNISS.

www.ingramcontent.com/pod-product-compliance
Lightning Source LLC
Chambersburg PA
CBHW032139010526
44111CB00035B/619

*9783742808196*